江苏省高等学校重点教材

（编号 2021-2-024）

SAS编程与统计分析

主　编　高祖新　言方荣
副主编　阎航宇　江　波　蒋丽芸
编　委　王　菲　刘颖博　江　波
　　　　言方荣　高祖新　阎航宇
　　　　蒋丽芸

扫码进入线上
学习资源

南京大学出版社

图书在版编目(CIP)数据

SAS 编程与统计分析 / 高祖新,言方荣主编. —南京:南京大学出版社,2022.10
ISBN 978-7-305-26166-4

Ⅰ.①S… Ⅱ.①高… ②言… Ⅲ.①统计分析—应用软件—研究生—教材 Ⅳ.①C819

中国版本图书馆 CIP 数据核字(2022)第 174596 号

出版发行	南京大学出版社		
社　　址	南京市汉口路 22 号	邮　　编	210093
出 版 人	金鑫荣		

书　　名　SAS 编程与统计分析
主　　编　高祖新　言方荣
责任编辑　甄海龙　　　　　　　　编辑热线　025-83595840
照　　排　南京开卷文化传媒有限公司
印　　刷　常州市武进第三印刷有限公司
开　　本　787 mm×1092 mm　1/16　印张 35　字数 980 千
版　　次　2022 年 10 月第 1 版　2022 年 10 月第 1 次印刷
ISBN 978-7-305-26166-4
定　　价　78.00 元

网　　址:http://www.njupco.com
官方微博:http://weibo.com/njupco
微信服务号:njuyuexue
销售咨询热线:(025)83594756

* 版权所有,侵权必究
* 凡购买南大版图书,如有印装质量问题,请与所购图书销售部门联系调换

前言 Preface

SAS(Statistical Analysis System)作为国际上极为著名权威的专业统计分析软件,是一个大型集成信息分析管理系统,集数据访问、数据管理、数据分析、数据挖掘等功能于一体,被誉为国际标准统计软件系统,被广泛应用于医药卫生、金融、经济、保险、教育和科研等领域。

本教材最早源于主编高祖新在20世纪90年代初在南京大学开设国内最早的SAS应用课程(SAS统计分析)所编写的教材讲义《统计计算与软件包——下册:统计软件包(SAS应用)》,并历经《SAS软件统计应用教程》(2000年)、《SAS编程与统计分析》(基础篇,2012年)、《SAS编程与统计分析》(提高篇,2013年)、《SAS编程与统计分析》(修订版,2021年)等几轮教材修订,先后用于南京大学、中国药科大学等高校研究生和统计专业本科生等的SAS课程教学,取得了很好的教学效果。2014年以该教材为基础的中国药科大学课程《SAS编程与统计分析》荣获江苏省优秀研究生课程,2021年本教材被评为江苏省高等学校重点教材进行教材修订的重点建设。

在南京大学出版社的大力支持下,我们在《SAS编程与统计分析》原讲义教材基础上进行全面修订,积30多年统计领域的教研和教材建设之丰富经验,汇国内外SAS软件应用与统计理论的教研成果,以生物统计、应用统计等专业教学中统计理论基础与SAS软件应用能力培养并重为目标,在内容方面强化SAS编程基础的学习,配以表格化的简洁清晰形式,使SAS编程指导更加全面系统翔实,同时介绍了便于入门的SAS菜单界面的操作运用,并融入统计原理和方法应用的主线,体系更加完善,专业应用针对性更强。新编教材内容包括SAS系统概述、SAS系统的菜单界面、SAS编程基础、SAS数据步与数据处理、SAS过程步与实用过程、SAS宏编程、SQL过程、描述性统计分析、列联表分析、参数统计推断、方差分析、非参数统计分析、相关分析、回归分析、Logistic回归分析、主成分分析、因子分析、判别分析、聚类分析、生存分析、统计作图等二十多章,具有统计原理清晰透彻、统计方法系统全面、SAS编程具体翔实、SAS功能覆盖完整、案例丰富操作实用、理论软件深度融合、图表形式概括简明等特色。而本教材扉页二维码连接的丰富的线上教学资源,包括教材配套的视频课程、教学课件PPT、主要案例应用的SAS程序、中英文对照词汇等,使之成为既适合师生的教和学,又便于读者提升和拓展的线上线下立体化创新教材,同时也为各领域的科技工作者提供了一本统计分析的实用参考手册。

总之,本书编写的SAS编程系统全面,统计理论深入浅出,SAS操作具体翔实,医药案例实用广泛,写作风格简明流畅,结构合理条理清楚,线上线下立体融合,便于读者深入学习SAS软件的编程语言和操作运用并进行上机训练,使其在掌握SAS的语言基础、功能和操作使用的基础上,扎实掌握各种常用的现代统计分析方法和应用,真正提高其数据处理与统计分析的综合应用和实践创新能力,为其正确应用统计方法及SAS软件解决实际问题打下坚实的基础。

  本书由高祖新、言方荣共同负责全书的编著修订和统稿纂定。本书编著时注重博采众长,汲取国内外相关优秀教材和参考文献的精华,同时还得到南京大学出版社的大力支持,编辑在本书的策划出版和编辑中做了大量的工作,在此一并表示衷心的感谢。

  本书虽经认真编著修订,但由于编者编写时间和水平能力有限,疏漏不当之处在所难免,恳请各位专家、师生和读者批评指正。所提宝贵意见和教材等相关事宜请与 gaozuxin @ aliyun.com 联系。

编者

2022 年 9 月于南京

Contents 目 录

Chapter 01　SAS 系统概述

第一节　SAS 概述 ……………………… 2
　一、SAS 发展概况 ……………………… 2
　二、SAS 的组成与特点 ………………… 3
第二节　SAS 的窗口界面 ………………… 6
　一、子窗口 ……………………………… 6
　二、菜单栏 ……………………………… 7
　三、其他栏目 …………………………… 10
第三节　SAS 系统的文件管理 …………… 11
　一、SAS 逻辑库与 SAS 文件 …………… 12
　二、SAS 数据集 ………………………… 13
　三、SAS 数据集的列表法创建 ………… 14
　四、外部数据集的菜单法导入 ………… 16

Chapter 02　SAS 系统的菜单界面

第一节　INSIGHT 模块的界面 …………… 20
　一、INSIGHT 模块的调用 ……………… 20
　二、INSIGHT 模块的功能 ……………… 21
　三、INSIGHT 模块的数据预处理 ……… 22
第二节　【分析家】模块的界面 ………… 27
　一、【分析家】模块窗口的启动 ………… 27
　二、【分析家】模块的数据管理 ………… 29
第三节　ASSIST 模块的界面 …………… 34
　一、ASSIST 模块窗口的调用 ………… 34
　二、ASSIST 模块的数据分析示例 …… 37

Chapter 03　SAS 编程基础

第一节　SAS 语言基础 …………………… 42
　一、SAS 程序的组成 …………………… 42
　二、SAS 程序的基本结构 ……………… 44
　三、SAS 程序的操作执行 ……………… 45
　四、编程法建立逻辑库 ………………… 47
第二节　SAS 数据集的创建 ……………… 48
　一、直接输入数据创建数据集 ………… 48
　二、外部文件数据创建数据集 ………… 49
　三、数据库导入文件创建数据集 ……… 50

Chapter 04　SAS 数据步与数据处理

第一节　SAS 数据步语句 ………………… 54
　一、SAS 数据步语句概述 ……………… 54
　二、数据集创建语句 …………………… 55
　三、数据管理语句 ……………………… 60
　四、数据信息处理语句 ………………… 77
第二节　SAS 编程的控制语句 …………… 87
　一、条件语句 …………………………… 87
　二、循环语句 …………………………… 89
　三、编程控制语句 ……………………… 92
第三节　常用 SAS 函数 …………………… 97
　一、SAS 函数的基本形式 ……………… 97
　二、常用 SAS 函数 ……………………… 98
　三、调用子程序的 CALL 语句 ………… 107

Chapter 05　SAS 过程步与实用过程

第一节　SAS 过程步及其语句 …………… 110
　一、SAS 过程步基本格式 ……………… 110
　二、过程步常用语句概述 ……………… 111
　三、SAS 过程步语句 …………………… 113
第二节　SAS 全程语句 …………………… 119
　一、SAS 全程语句概述 ………………… 119
　二、常用 SAS 全程语句 ………………… 119

· I ·

第三节　SAS实用过程 …………………… 123
　一、输出数据集PRINT过程 …………… 123
　二、数据排序SORT过程 ………………… 124
　三、格式化定义FORMAT过程 ………… 126
　四、数据集转置TRANSPOSE过程 …… 128
　五、添加观测APPEND过程 …………… 129
　六、数据集比较COMPARE过程 ……… 130
　七、计算秩次RANK过程 ……………… 132
　八、数据标准化STANDARD过程 …… 134
　九、数据库管理DATASETS过程……… 137

Chapter 06　SAS宏编程

第一节　宏变量 …………………………… 140
　一、宏变量的定义 ………………………… 140
　二、宏变量的引用 ………………………… 142
第二节　宏过程 …………………………… 146
　一、宏过程 ………………………………… 146
　二、宏参数 ………………………………… 147
　三、宏语句 ………………………………… 149
　四、宏函数 ………………………………… 153
第三节　宏变量的存储与显示 …………… 155
　一、宏变量的存储与显示 ………………… 155
　二、全局宏变量与局部宏变量 …………… 156

Chapter 07　SQL过程

第一节　SQL过程与语句格式 …………… 160
　一、SQL过程概述 ………………………… 160
　二、SQL过程的格式 ……………………… 161
　三、SQL过程和语句的特点 ……………… 163
第二节　SQL过程的操纵语句及应用 …… 164
　一、表或视图的创建语句 ………………… 164
　二、查询与删除语句 ……………………… 166
　三、信息显示与修改语句 ………………… 170
　四、插入与更新语句 ……………………… 172
　五、子查询语句 …………………………… 174
　六、SQL过程应用实例 …………………… 175

Chapter 08　描述性统计分析

第一节　描述性统计分析概述 …………… 180

　一、统计学的基本概念 …………………… 180
　二、数据位置（集中趋势）统计量 ……… 181
　三、离散程度统计量 ……………………… 181
　四、分布形状统计量 ……………………… 182
第二节　描述性统计分析的SAS过程 …… 183
　一、MEANS均值过程 …………………… 183
　二、UNIVARIATE单变量过程 ………… 187
　三、TABULATE制表过程 ……………… 189
第三节　描述性统计分析的界面操作 …… 193
　一、INSIGHT模块进行描述性统计 …… 193
　二、【分析家】模块进行描述性统计 …… 195

Chapter 09　列联表分析

第一节　列联表分析的基本原理 ………… 202
　一、列联表分析概述 ……………………… 202
　二、属性变量的关联性分析 ……………… 203
　三、属性变量的关联度计算 ……………… 204
　四、定序变量的关联性分析 ……………… 204
第二节　列联表分析的SAS过程 ………… 205
　一、FREQ频数过程 ……………………… 206
　二、单变量列联表分析 …………………… 209
　三、交叉列联表分析 ……………………… 212
　四、n维列联表分析 ……………………… 219
第三节　Kappa值与一致性分析 ………… 220
　一、Kappa值与一致性分析概述 ………… 220
　二、二值变量的一致性分析 ……………… 221
　三、定序变量的一致性分析 ……………… 222
第四节　列联表分析的界面操作 ………… 224

Chapter 10　参数统计推断

第一节　统计推断的基本原理 …………… 230
　一、统计推断概述 ………………………… 230
　二、参数估计 ……………………………… 230
　三、假设检验概述 ………………………… 231
第二节　参数统计推断的SAS过程 ……… 234
　一、样本t检验的TTEST过程 ………… 234
　二、单样本均值检验和区间估计 ………… 235
　三、两独立样本的均值比较检验和区间估计
　　……………………………………………… 238

四、两配对样本的均值比较检验和区间
　　估计 ……………………………… 243
第三节 【分析家】模块进行统计推断 …… 246
一、单个总体均值的区间估计 …………… 246
二、单样本均值的 t 检验………………… 247
三、两独立样本均值的 t 检验…………… 248
四、两配对样本均值的 t 检验…………… 250

Chapter 11　方差分析

第一节　方差分析概述 ……………………… 252
第二节　单因素方差分析 …………………… 253
一、单因素方差分析的基本原理 ………… 253
二、单因素方差分析的解题步骤 ………… 255
三、方差分析的进一步检验 ……………… 255
第三节　多因素方差分析 …………………… 256
一、多因素方差分析的基本原理 ………… 256
二、多因素方差分析的基本步骤 ………… 257
第四节　方差分析的SAS过程 ……………… 258
一、ANOVA 方差分析过程 ……………… 258
二、单因素方差分析的SAS实例应用 … 262
三、GLM 一般线性模型过程 …………… 265
第五节　常用实验设计的方差分析 ………… 272
一、随机区组设计的方差分析 …………… 272
二、拉丁方设计的方差分析 ……………… 276
三、析因设计的方差分析 ………………… 278
四、正交设计的方差分析 ………………… 282
五、重复测量资料的方差分析 …………… 286
第六节　协方差分析 ………………………… 290
一、协方差分析的基本思路 ……………… 290
二、协方差分析的数学模型和步骤 ……… 291
三、协方差分析的SAS实例应用 ………… 292
第七节　方差分析的界面操作 ……………… 297
一、INSIGHT 模块进行方差分析 ……… 297
二、【分析家】模块进行方差分析 ……… 300

Chapter 12　非参数统计分析

第一节　非参数统计分析概述 ……………… 306
第二节　单样本非参数检验 ………………… 307
一、单样本非参数检验方法 ……………… 307
二、单样本非参数检验的SAS实例应用
　　………………………………………… 308
第三节　两独立样本非参数检验 …………… 310
一、两独立样本非参数检验方法 ………… 310
二、NPAR1WAY 非参数检验过程 …… 311
三、两独立样本非参数检验的SAS实例应用
　　………………………………………… 313
第四节　两配对样本非参数检验 …………… 315
一、两配对样本非参数检验方法 ………… 315
二、两配对样本非参数检验的SAS实例应用
　　………………………………………… 316
第五节　多独立样本非参数检验 …………… 317
一、多独立样本非参数检验方法 ………… 317
二、多独立样本非参数检验的SAS实例应用
　　………………………………………… 318
第六节　分布检验 …………………………… 320
一、分布检验方法 ………………………… 320
二、分布检验的SAS实例应用 …………… 322
第七节　非参数统计分析的界面操作 ……… 325

Chapter 13　相关分析

第一节　相关分析的基本原理 ……………… 330
一、散点图与线性相关 …………………… 330
二、相关分析的基本原理 ………………… 331
三、不同类型常用的相关系数指标 ……… 332
四、偏相关分析的基本原理 ……………… 334
五、相关分析有关注意事项 ……………… 335
第二节　相关分析的SAS过程 ……………… 335
一、CORR 相关分析过程 ………………… 335
二、相关分析的SAS实例应用 …………… 336
第三节　典型相关分析 ……………………… 341
一、典型相关分析概论 …………………… 341
二、CANCORR 典型相关过程 …………… 342
三、典型相关分析的SAS实例应用 ……… 343
第四节　相关分析的界面操作 ……………… 347
一、INSIGHT 模块进行相关分析 ……… 347
二、【分析家】模块进行相关分析 ……… 348

Chapter 14　回归分析

第一节　线性回归分析 ……………………… 353

一、线性回归分析模型 ·············· 353
二、回归方程的统计检验 ·········· 355
三、多元回归分析中的其他问题 ··· 359
第二节　线性回归分析的SAS过程 ··· 361
一、REG回归分析过程 ············ 361
二、线性回归分析的SAS实例应用 ··· 365
第三节　逐步回归分析的SAS过程 ··· 370
一、逐步回归模型概述 ·············· 370
二、逐步回归分析的SAS实例应用 ··· 371
第四节　线性回归分析的界面操作 ··· 374
一、一元线性回归分析的界面操作 ··· 374
二、多元线性回归分析的界面操作 ··· 377
三、逐步回归分析的界面操作 ······ 380
第五节　非线性回归分析的SAS过程 ··· 381
一、非线性回归分析的基本原理 ··· 381
二、NLIN非线性回归过程 ······ 382
三、非线性回归分析的SAS实例应用 ··· 384

Chapter 15　Logistic回归分析

第一节　Logistic回归分析的基本原理 ··· 388
一、二项Logistic回归模型 ······ 388
二、Logistic回归方程回归系数和优势比
　　　　　　　　　　　　　　　　　389
三、Logistic回归方程的检验 ······ 390
四、Logistic回归分析中的虚拟变量 ··· 392
五、Logistic回归方程中的自变量筛选
　　　　　　　　　　　　　　　　　392
第二节　Logistic回归分析的SAS过程 ··· 393
一、LOGISTIC回归分析过程 ······ 393
二、二项Logistic回归分析的SAS实例应用
　　　　　　　　　　　　　　　　　396
第三节　有序多分类Logistic回归分析 ··· 401
一、有序多分类Logistic回归模型 ··· 401
二、有序多分类Logistic回归分析的SAS实
　　例应用 ·············· 403
第四节　无序多分类Logistic回归分析 ··· 407
一、无序多分类Logistic回归模型 ··· 407
二、CATMOD属性数据过程 ······ 408
三、无序多分类Logistic回归分析的SAS实
例应用 ·············· 409

Chapter 16　主成分分析

第一节　主成分分析概述 ·············· 414
一、主成分分析的基本原理 ·········· 414
二、主成分分析的数学模型 ·········· 414
三、主成分数量的确定 ·············· 416
四、主成分分析的步骤 ·············· 416
五、主成分分析的用途 ·············· 416
第二节　主成分分析的SAS过程 ······ 417
一、PRINCOMP主成分分析过程 ··· 417
二、主成分分析的SAS实例应用 ··· 418
第三节　主成分分析的界面操作 ······ 421
一、【分析家】模块进行主成分分析 ··· 422
二、INSIGHT模块进行主成分分析 ··· 425

Chapter 17　因子分析

第一节　因子分析的基本原理 ········ 430
一、因子分析概述 ·············· 430
二、因子分析的数学模型和相关概念 ··· 431
三、因子分析的基本步骤 ·········· 432
四、因子分析的注意事项 ·········· 433
第二节　因子分析的SAS过程 ······ 433
一、FACTOR因子分析过程 ······ 433
二、因子分析的SAS实例应用 ······ 436
第三节　INSIGHT模块进行因子分析 ··· 440

Chapter 18　判别分析

第一节　一般判别分析 ·············· 446
一、一般判别分析概述 ·············· 447
二、DISCRIM判别分析过程 ······ 447
三、一般判别分析的SAS实例应用 ··· 450
第二节　典型判别分析 ·············· 453
一、典型判别分析概述 ·············· 453
二、CANDISC典型判别过程 ······ 454
三、典型判别分析的SAS实例应用 ··· 455
第三节　逐步判别分析 ·············· 459
一、逐步判别分析概述 ·············· 459
二、STEPDISC逐步判别过程 ······ 459

三、逐步判别分析的 SAS 实例应用 ……… 461

Chapter 19　聚类分析

第一节　聚类分析概述 …………………… 470
　一、聚类分析概念 ………………………… 470
　二、聚类分析中"亲疏程度"的度量 …… 470
第二节　系统聚类分析 …………………… 473
　一、系统聚类法 …………………………… 473
　二、不同类间度量的常用系统聚类法 … 474
　三、确定适当分类结果的准则 ………… 476
第三节　系统聚类的 SAS 过程 ………… 476
　一、CLUSTER 聚类分析过程 ………… 477
　二、TREE 聚类作图过程 ……………… 478
　三、系统聚类的 SAS 实例应用 ………… 479
第四节　变量聚类的 SAS 过程 ………… 483
　一、变量聚类方法概述 ………………… 483
　二、VARCLUS 变量聚类过程 ………… 484
　三、变量聚类的 SAS 实例应用 ………… 485
第五节　快速聚类的 SAS 过程 ………… 488
　一、快速聚类方法概述 ………………… 488
　二、FASTCLUS 快速聚类过程 ………… 489
　三、快速聚类的 SAS 实例应用 ………… 490

Chapter 20　生存分析

第一节　生存分析概述 …………………… 494
　一、生存分析常用术语 ………………… 494
　二、生存时间函数 ……………………… 495
　三、生存分析的研究内容 ……………… 496
　四、生存分析的基本方法 ……………… 496
第二节　生存分析的 SAS 过程 ………… 497

　一、LIFEREG 生存回归过程 …………… 497
　二、LIFEREG 过程的 SAS 实例应用 … 500
　三、LIFETEST 生存检验过程 ………… 503
　四、LIFETEST 过程的 SAS 实例应用
　　　………………………………………… 505
　五、PHREG Cox 回归过程 …………… 508
　六、PHREG 过程的 SAS 实例应用 …… 514
第三节　【分析家】模块进行生存分析 …… 516

Chapter 21　绘制统计图形

第一节　【分析家】模块绘制统计图形 …… 520
　一、条形图与饼图 ……………………… 520
　二、直方图与盒形图 …………………… 523
　三、散点图与概率图(P-P 图) ………… 525
第二节　INSIGHT 模块绘制统计图形 … 528
　一、直方图与盒形图 …………………… 528
　二、散点图 ……………………………… 530
第三节　绘制统计图形的 SAS 过程 …… 531
　一、GPLOT 过程绘图 ………………… 531
　二、GCHART 过程绘图 ……………… 535
　三、CAPABILITY 过程绘图 …………… 539
　四、其他统计过程绘图 ………………… 542
第四节　图形编辑 ………………………… 545

参考文献 …………………………………… 547
(线上配套学习资源,扉页扫描二维码)
附录一　中英文对照词汇
附录二　重要例题 SAS 程序
附录三　课程教学 PPT 课件
附录四　SAS 课程教学视频(主编　高祖新主讲)

Chapter 01
SAS 系统概述

第一节　SAS 概述
　　一、SAS 发展概况
　　二、SAS 的组成与特点
第二节　SAS 的窗口界面
　　一、子窗口
　　二、菜单栏
　　三、其他栏目
第三节　SAS 系统的文件管理
　　一、SAS 逻辑库与 SAS 文件
　　二、SAS 数据集
　　三、SAS 数据集的列表法创建
　　四、外部数据集的菜单法导入

SAS(Statistical Analysis System 即统计分析系统的缩写)是当今国际上流行的数据统计分析软件系统,具有完备的数据存取、管理、分析和展现功能。其创业产品——统计分析系统部分,以应有尽有、包罗万象和强大精准的数据分析能力,一直为业界推崇,被视为最权威的统计分析标准软件。

第一节 SAS 概述

一、SAS 发展概况

SAS 最早由美国北卡罗来纳州州立大学的 Jim Goodnight 和同事于 20 世纪 60 年代从事生物统计试验研究数据分析时开发的。随着统计软件需求市场增大,1976 年成立了 SAS 软件研究所,主要从事统计计算软件 SAS 的开发和销售,逐步发展成为全球一流的商业智能软件和服务提供商。SAS 也由最初的统计分析系统演变为大型的集成应用软件系统,而在数据处理和统计分析领域,SAS 系统被誉为国际上的标准软件,堪称统计软件界的巨无霸。《财富》全球 100 强企业中有 90 多家是 SAS 客户;1999 年起,美国食品和药品管理局(FDA)就将 SAS 定为新药审批分析数据的唯一的标准软件;在国际上,能熟练使用 SAS 系统进行统计分析是许多公司和科研机构选才的条件之一。目前 SAS 已被全世界 145 个国家和地区的科研机构和人员普遍采用,涉及教育、科研、金融、医药、生产、运输、通信、政府机构等各个领域,在当今大数据时代正起着越来越大的作用,成为广大用户首选的统计分析软件。

表 1-1 SAS 发展编年简史

年 份	事 件
1976	SAS 软件研究所在美国北卡罗来纳州成立,由 7 名员工组成,Base SAS 软件上市
1980	SAS/GRAPH 软件和 SAS/ETS 计量经济学软件以及 SAS 时间序列分析软件的图形展现模块发布
1984	以 C 语言改写 SAS 系统,SAS 软件从大型机扩展到微型计算机,推出 PC 版本的 SAS(V6.02),SAS/AF、SAS/DMI 软件推出
1986	SAS 软件研究所与微软公司建立合作关系;SAS/QC、SAS/IML 和 SAS/STAT 上市
1991	与 Intel 公司合作;在中国成立分公司;数据可视化功能集成到 SAS/INSIGHT 软件覆盖范围越来越广的决策支持工具中
1992	SAS 制药行业的临床分析系统上市;SAS/CALC、SAS/TOOLKIT、SAS/PH-Clinical 和 SAS/LAB 软件上市
1997	推出适用于 Windows 的 V6.12 版,SAS 的全球员工人数达 5 000 人;在《财富》杂志的"美国 100 强公司"评比中排名第三

续表

年份	事件
1999	美国食品和药品管理局(FDA)选择SAS作为分析数据的标准软件,SAS公司收入达10亿美元
2001	用户评选SAS为分析软件冠军
2004	SAS历史上最重要的版本SAS 9发布,新的SAS 9软件对商业智能行业带来革命性的影响
2008	销售收入为20多亿美元;SAS在全球约有45 000家客户;销售收入的22%用于研发投入
2020	SAS公司有员工12 000多人,收入为30多亿美元,SAS的客户遍及全球145个国家,全球约82 000个企业、政府和大学都是SAS客户。《财富》杂志全球500强企业前100名企业中,有91家是SAS客户

二、SAS的组成与特点

(一) SAS的组成

SAS系统由40多个模块组成,其中,Base SAS模块是SAS的核心,其他各模块均在Base SAS提供的环境中运行,用户可选择需要的模块与Base SAS一起构成一个用户化的SAS。表1-2中简要介绍了SAS的各主要模块及功能。

表1-2 SAS的各主要模块及功能

模块	功能
Base SAS 基本模块	SAS的核心,负责数据管理、交互应用环境管理、进行用户语言处理以及调用其他SAS模块。Base SAS为SAS的数据库提供了丰富的数据管理功能,还可进行基本的描述性统计、相关系数的计算、正态分布检验等及制作比较复杂的统计报表。
SAS/GHARH 绘图模块	可将数据及其包含着的深层信息以多种图形生动地呈现出来,如直方图、圆图、星形图、散点相关图、曲线图、等高线图及地理图等,提供全屏幕编辑器,支持各种类型的图形输出设备以及标准的图形交换文件
SAS/ASSIST 菜单辅助模块	为SAS提供了面向任务的菜单界面,借助它可以通过菜单系统使用SAS的其他产品。它自动生成的SAS程序既可辅助有经验的用户快速编写SAS程序,又可帮助用户学习SAS
SAS/STAT 统计模块	覆盖了所有实用的统计分析方法,是国际统计分析领域的标准软件,可进行各种不同模型和不同特点数据的回归分析,为多种试验设计模型提供了方差分析工具,还有处理一般线性模型和广义线性模型的专用过程,为主成分分析、典型相关分析、判别分析和因子分析、聚类分析方法等多变量统计分析提供了许多专用过程
SAS/AF 应用开发模块	交互式全屏幕软件应用系统,是一个应用开发工具。可将包含众多功能的SAS软件作为方法库,利用SAS/AF的屏幕设计能力以及屏幕控制SCL语言的处理能力可以快速开发各种功能强大的应用系统,它也采用OOP(面向对象编辑)技术,使用户可方便快速开发各类具有图形用户界面(GUI)的应用系统
SAS/EIS 决策模块	快速应用开发的决策工具,完全采用新兴的面向对象的编程模式(OOP)。EIS以生动直观方式(图或表)将关键性或总结性信息呈现出来

续　表

模　块	功　能
SAS/ACCESS 数据库模块	提供了与许多流行数据库软件的双向的接口,对不同格式的数据进行查询、访问和分析,并可建立一个访问其他外部数据库的统一的公共数据界面,对一些经常使用的外部数据,可以利用 SAS/ACCESS 提取进入 SAS 数据库
SAS/QC 质量控制模块	为全面质量管理提供了一系列工具,并提供一套全屏幕菜单系统引导用户进行标准的统计过程和试验设计,具有多种控制图的制作与分析功能
SAS/ETS 时序分析模块	提供丰富的计量经济学和时间序列分析方法,是研究复杂系统和进行预测的有力工具。它包含全面的时间序列时域分析和谱域分析,提供许多处理时间序列数据的实用程序、方便的模型设定手段、多样的参数估计方法
SAS/OR 运筹学模块	提供全面的运筹学方法,是一种功能强大的决策支持工具。包含通用的线性规划、混合整数规划和非线性规划的求解,还包含用于项目管理、时间安排和资源分配等问题的一系列方法
SAS/IML 矩阵计算模块	完整的面向矩阵的交互式矩阵编程语言。该语言处理的基本数据元素是数据矩阵,包含大量的数学运算符、函数和例行程序,用这种语言可方便地处理各种复杂的矩阵运算,帮助用户研究新算法、解决 SAS 中没有现成算法的专门问题
SAS/FSP 数据快速处理	用来进行快速数据处理的交互式菜单系统,具有全屏幕数据录入、编辑、查询和数据文件创建等功能。可以对一条记录进行操作,也可以在一个屏幕上操作多个记录,同时也是一个开发工具
SAS/WA 数据仓库模块	WA 即 Warehouse Administrator 的缩写,它是建立数据仓库的集成工具,包括定义数据仓库和主题,数据转换和汇总,更新汇总数据,Metadata 的建立、管理和查询,Data marts 和 Info marts 的实现
SAS/MDDB Server 多维数据库模块	SAS 的多维数据库产品,主要用于在线分析处理(OLAP),可将从数据仓库或其他数据源导入的数据以立体阵列的方式存储,以便用多维数据浏览器等工具快速和方便地访问
SAS/GIS 地理信息模块	集地理信息系统与空间数据显示分析于一体的软件。它提供层次化的地理信息,用户可交互式地缩小或放大地图,设定各层次显示与否,并利用各种交互式工具进行数据显示与分析
SAS/ITSV IT 服务模块	ITSV (IT Service Vision)是用于企业的全面 IT 服务的性能评估和管理的软件,这些 IT 服务包括计算机系统、网络系统、Web 服务器和电话系统等。它将不同来源的数据进行整理和组织,存放于性能数据仓库中,用 GUI 或批处理的方式生成的报告
SAS/CFO Vision 财会模块	用于财务整合和报告,它包含了会计知识,为日常财务工作提供了现成的程序,并提供了访问所有主要数据源的接口。主要用于访问财务相关信息整合财务数据,并通过一个财务信息仓库来管理业务结构,通过财务报告和分析帮助理解财务的结果,交流关键的业务结果信息

　　SAS 的分析功能散布在几乎所有的模块之中,较为集中的具有统计分析功能的是 SAS BASE,SAS/STAT,SAS/QC,SAS/INSIGHT,SAS/ETS 等模块,通过编程可调用各种分析功能。

　　随着图形界面、用户友好等程序思想的发展,SAS 也陆续提供了一些不需要学习 SAS 编程就能进行数据管理、分析、报表、绘图的功能,其中做得比较出色的有 INSIGHT 模块和

【分析家】(Analyst)。INSIGHT 是在基本的 SAS 系统基础上添加的一个模块，提供了数据交互输入、数据探索、分布研究、相关分析以及各种图形功能。【分析家】则为常见的数据管理和统计功能提供了一个简单易用的图形界面，还能够把用图形界面进行的操作以普通 SAS 程序的形式记录下来供学习参考。

对于常用的一些统计分析方法，SAS 系统中的如下三种方法可以达到同样的目的：

- INSIGHT（交互式数据分析）模块
- 【分析家】(Analyst)模块
- 直接编程方式

一般来说，INSIGHT 模块在数据探索方面比较有特色，最为直观，便于步步深入；【分析家】可提供自动形成的程序，而且在属性数据分析和功效函数计算方面较 INSIGHT 强；编程方式是功能最强的，尤其是一些特殊或深入的分析功能只能用编程实现，但相对来说，编程较难熟练掌握。

本书将分别介绍使用 INSIGHT 模块、【分析家】和直接编程方式来完成常用统计分析功能并说明 SAS 输出结果的含义。

（二）SAS 的特点

SAS 的最大特点就是将数据管理和数据分析融为一体，完成以数据为中心的操作，全面涵盖各项统计分析功能。主要有以下一些重要特点。

1. 数据交换便捷

SAS 可以用多种格式读入数据值，然后将数据转换成 SAS 数据集。它具有很强的与外部文件交换信息的功能，可以用文件操作管理方法把不同数据库的数据组合在一起，供 SAS 过程分析处理，也可以将 SAS 数据集的数据转换成其他格式的数据文件，供其他软件处理。

2. 操作简单方便

SAS 软件操作简单，用户无须详细地了解各种统计分析具体的计算步骤，通过现成的 SAS 语句，即可方便地实现各种统计分析功能。同时，对于没有编程基础的用户，SAS 还提供了方便的图形界面操作方式，通过鼠标操作即可完成常用的统计分析功能。

3. 功能强大全面

SAS 系统涵盖了常用的数据统计分析功能，包括假设检验、参数估计、描述性统计分析、回归分析、方差分析、判别分析、聚类分析、时间序列分析等。同时，与一般的统计软件相比，SAS 又具有强大的数据、文件管理能力。

4. 结果专业权威

作为目前国际上公认的最为权威的统计软件，SAS 为用户提供了翔实、专业的分析结果。用户执行相应的统计分析程序后，完整的统计分析结果将在结果输出窗口以文本的形式输出。同时，结果也可以以专业图表的形式展现。

第二节　SAS 的窗口界面

SAS 系统启动后,进入 SAS 操作窗口界面。SAS 操作窗口界面的标准名称为 SAS Application WorkSpace(SAS 应用工作空间),简称 SAS AWS。

与 Windows 应用程序一样,SAS AWS 是一个多窗口界面:在一个主窗口内包含若干个子窗口,并有菜单栏、工具栏、状态栏等,如图 1-1 所示。

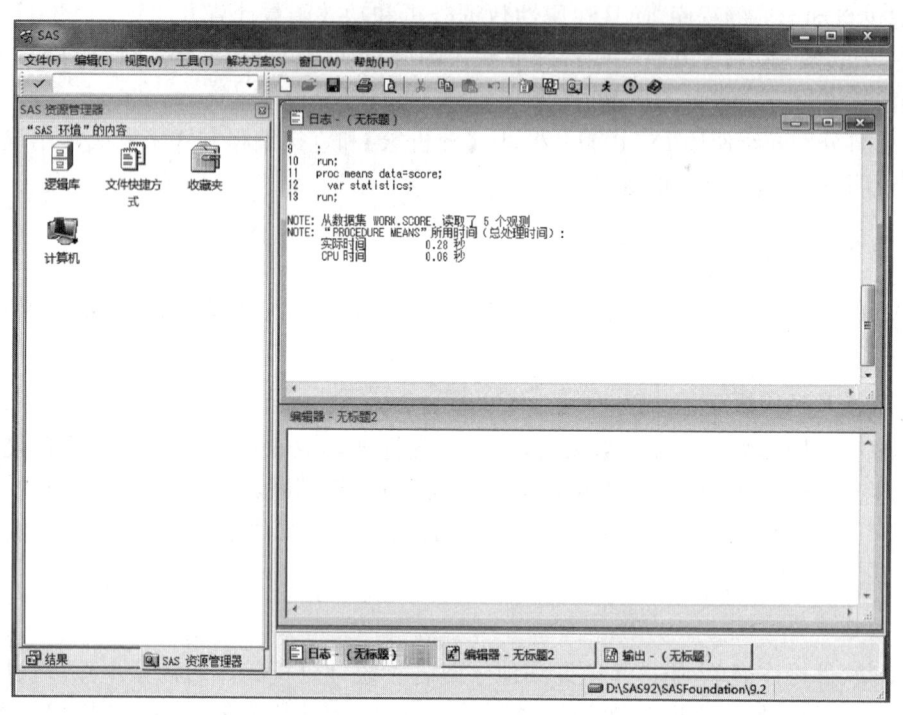

图 1-1　SAS AWS 多窗口界面

一、子窗口

SAS 是一个典型的多文档界面程序,因此在其窗体内可以有多个子窗口。但当前子窗口只有一个,即标题栏深色显示的那个。我们所做的操作均是针对当前子窗口的,如果要对其他子窗口进行操作,则需切换为当前子窗口。

SAS 系统的子窗口有十几个,但初始状态下能见到的是最常用的五个子窗口:编辑器(Editor)窗口、日志(Log)窗口、输出(Output)窗口、结果(Results)窗口和资源管理器(Explorer)窗口,通过点击工作区下方窗体条的窗口标签可以切换当前子窗口。

通常,在编辑器窗口输入 SAS 程序,选择菜单项"运行→提交",或者直接点击工具栏上的 ⚡ 按钮就可以运行程序。在输出窗口查看程序运行结果,如果有图形输出,则会在另外一个图形(GRAPH)窗口呈现图形结果;如果进行了多次输出,输出窗口便保存了多次的结果,从结果窗口查看结果可以更清楚。日志窗口给出了程序运行的日志信息,如果程序有错误,则给出相应的提示,可以根据提示修改错误。资源管理器窗口用于查看和管理 SAS 逻辑库和存放其中的 SAS 数据集及外部数据集等。在下列表 1-3 给出了这五个常用子窗口的功能和特点。

表 1-3 五个常用子窗口的功能和特点

窗 口	功能和特点
编辑器窗口 Program Editor	增强的程序编辑器,用于 SAS 程序编写,具有良好的程序编辑能力; 程序不同内容的颜色区分,例如蓝色表示程序的关键字,并对 SAS 命令的语法进行检查; 可以对程序输入时的自动缩进,可以折叠和扩展程序块。对所编辑 SAS 程序进行选中、复制、剪切、粘贴、清除等,对程序文件保存、打印等; 选择菜单项"查看→增强编辑器"或输入命令行"pgm"可以打开程序编辑器窗口
日志窗口 Log	记录程序的运行情况,显示运行是成功还是出错,运行所用时间等信息; 用不同的颜色区别不同的日志内容:黑色显示程序执行情况,蓝色显示以 NOTE 开始的提示语句,红色显示以 ERROR 开始的错误信息,绿色显示 WARNING 开始的警告语句; 选择菜单项"查看→日志"或输入命令行"log"可以打开日志窗口
输出窗口 Output	主要显示利用 SAS 系统进行分析的结果,结果较多时分页显示,可以保存为输出文件; 并不是所有的 SAS 程序都在输出窗口中创建输出,有些程序将打开交互式窗口,而有些程序仅在日志窗口中生成消息; 选择菜单项"查看→输出"或输入命令行"output"可以打开输出窗口
结果窗口 Results	管理 SAS 程序的输出结果,用户执行 SAS 程序的结果将以目录树的形式展现; 单击相应的结果目录,可在右侧输出窗口打开相应的结果。并可对该输出结果进行查看、存储、打印和删除等操作; 在 SAS 主界面,结果窗口与资源管理器窗口的位置相同,默认时显示资源管理器窗口; 选择菜单项"查看→结果"或输入命令行"results"可以打开结果窗口
资源管理器窗 Explorer	类似于 Windows 的资源管理器窗口,管理 SAS 逻辑库和存放其中的 SAS 数据等文件; 可以实现对 SAS 数据库、数据文件、程序及其他文件的查看、打开、新建、删除等基本操作,还可以直接运行 SAS 系统之外的其他软件; 用户可以依次浏览其中包括的文件,并打开相应的子目录,同时也可以通过工具栏中的图标具 或者选择"查看→向上一级"返回上一级目录; 选择菜单项"查看→SAS 资源管理器"或输入命令行"explorer"可打开资源管理器窗口

二、菜单栏

SAS 主窗口标题栏下是主菜单。SAS 菜单是动态的,其内容随上下文而不同,即光标在不同窗口其菜单也不同。图 1-2 是光标在编辑器窗口时的菜单栏,其对应功能如表 1-4 所示。

图 1-2 编辑器窗口对应的菜单栏

表 1-4 编辑器窗口的主菜单及功能

菜 单	功 能
文件	SAS 程序的新建、打开、保存和关闭、导入/导出数据、打印、打印设置、打印预览、退出等
编辑	对 SAS 程序的编辑操作，包括复制、粘贴、选定、查找、剪切、清除、撤销、恢复、替换等
查看	查看增强型编辑器、程序编辑器、日志、输出、图形、结果、SAS 资源管理器、仅显示内容、收藏夹等
工具	查询、表编辑器、图形编辑器、报表编辑器、图像编辑器、文本编辑器、键盘宏、添加缩写、定制和选项
运行	SAS 程序(或一行、N 行)的提交、登录、远程提交/获取/显示、注销
解决方案	数据分析、开发和编程、报表、附件、ASSIST、桌面(Desktop)、EIS/OLAP 应用程序生成器
窗口	新建窗口、最小化所有窗口、层叠、垂直平铺、水平平铺、调整大小、调整停放视图的大小、编辑器、日志、SAS 资源管理器、输出、结果等窗口
帮助	使用该窗口、SAS 帮助和文档、SAS 软件入门、学习 SAS 程序、SAS 网站和关于 SAS 系统

其中菜单项"运行"用于程序执行、远程调用等，是编辑器窗口特有的。菜单项"解决方案"是 SAS 图形操作界面模块的入口，如图 1-3 所示，INSIGHT、【分析家】(Analyst)、ASSIST 等模块的调用都可以通过该菜单进行。

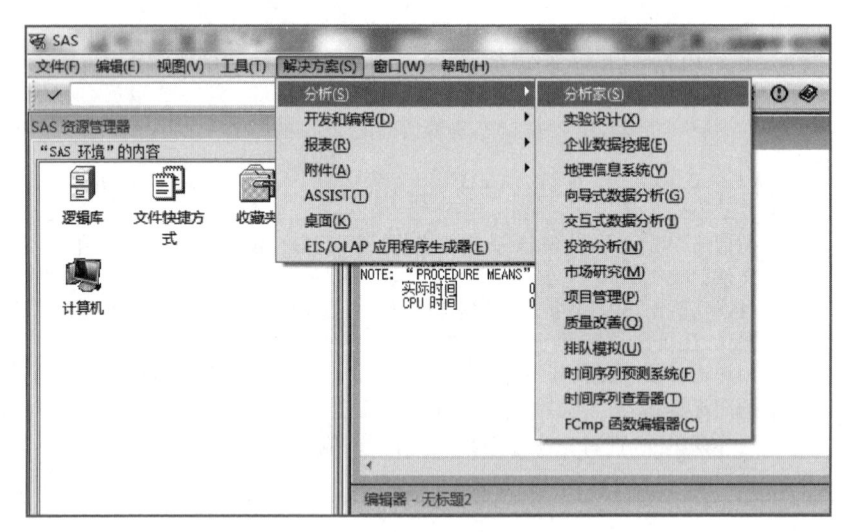

图 1-3 【解决方案】中【分析】的选项

表 1-5 主菜单项"解决方案"的子菜单及功能

菜 单	功 能
分析	提供了分析家、实验设计、企业数据挖掘、地理信息系统、向导式数据分析、交互式数据分析、时间序列预测系统等模块的入口,详见表 1-6
开发和编程	提供了 SAS 用于开发和编程的工具,包括 ETS/OLAP 应用程序生成器、框架生成器、类浏览器、源控件管理器、数据仓库管理员和 OLAP
报表	可用于报表和报表库的生成,同时提供设计报表的操作菜单
附件	提供了 SAS 程序的一些附件功能,包括图形测试案、注册表编辑器、元数据浏览器、DDE 三元组和游戏等
ASSIST	提供了用户进入 SAS/ASSIST 模块的入口
桌面	提供类似于 Windows 操作的桌面环境模块 SAS/DESKTOP 的入口
EIS/OLAP 应用程序生成器	可打开 ETS 桌面操作的窗口

表 1-6 主菜单"解决方案"中子菜单"分析"的主要选项及功能

选 项	功 能
分析家	打开 STAT/Analyst 模块,可以完成输入数据及统计分析全过程
实验设计	打开 ADX 模块
地理信息系统	打开 SAS/GIS 模块,利用它可显示分析地图或其他一些特别的数据,如人口统计、住房密度、交通状况等
向导式数据分析	打开 SAS/LAB 模块,可执行回归、方差分析等分析并对结果进行解释
交互式数据分析	打开 SAS/INSIGHT 模块,提供多种图形显示,可进行变量分布、相关、主成分、广义线性模型等分析
项目管理	打开 PROJMAN 模块
质量改善	打开 SQC 模块,提供不需编程的质量管理图表和分析
时间序列预测系统	打开 FORECASTING 模块,用于建立时间序列模型,可自动建模和预报

在 SAS 主菜单中还为用户提供了专门的帮助窗口,可以方便用户学习和使用 SAS 软件,其中 SAS 为用户提供了简单的帮助文档,如图 1-4 所示。

在 SAS 帮助窗口左侧区域的小窗口中包含"目录"、"索引"、"搜索"和"收藏夹"等四个标签,方便用户高效使用 SAS 的帮助文档。其中:

- "目录"标签:显示文档的树形目录,单击相应子目录可进入不同的帮助内容中。
- "索引"标签:显示了文档中按照字母 A~Z 顺序排列的索引信息。
- "搜索"标签:显示了搜索对话框,可以在其中根据关键词对帮助文档进行全文搜索。
- "收藏夹"标签:显示了收藏的帮助信息,可以方便用户重复查看帮助信息。

图 1-4　SAS 帮助窗口

三、其他栏目

(一) 工具栏

主菜单下是一个命令框和工具栏。工具栏图标提供了常见任务的快捷方式，比如保存、打印、帮助等。鼠标光标在某一工具栏图标上停留几秒可以显示一个说明。工具栏也是动态的，当光标在编辑窗口时工具栏图标的解释如图 1-5 所示。

图 1-5　编辑窗口时工具栏图标的意义

其中提交程序按钮 ★ 最为常用，点击该按钮即可运行编辑器窗口的 SAS 程序。

(二) 命令行

在 SAS 视窗管理系统中主菜单的下方是命令框 ✓ ▭▭▭▭▭ ，它是执行 SAS 命令行的窗口。在命令框中输入命令行，点击命令框前面的"√"或按下"ENTER"键，可快速地执行相关的 SAS 命令，实现对窗口的管理功能。同时，对于使用过的命令，还可以在命令行的下拉列表框中选择。表 1-7 是一些比较常用的命令行及意义。

表 1-7　常用的命令行及意义

指　　令	意　　义	指　　令	意　　义
BYE	退出 SAS 系统	NUMS	打开编辑窗口数字区
CLEAR	清除当前窗口中的内容	NUMS OFF	关闭编辑窗口数字区
END	退出当前窗口,返回编辑窗口	SUBMIT	提交编辑窗口的程序代码
LIBNAME	确定 SAS 数据库的内容	LOG	进入日志窗口
ENDSAS	退出 SAS 系统	OPTIONS	进入参数定义窗口
FILE 'filename'	将当前窗口的内容存储到指定文件	INCLUDE 'filename'	调用指定文件
HELP	进入帮助窗口	PGM	进入编辑窗口
OUTPUT	进入输出窗口	RECALL	调用上次执行的程序
KEYS	进入快捷键定义窗口	INSIGHT	进入 INSIGHT 模块
ANALYST	进入【分析家】模块窗口	ASSIST	进入 ASSIST 模块窗口

(三) 窗体条与状态栏

在 SAS 窗口的下方提供了窗体条,如图 1-6 所示,可用于当前窗口的快速切换。单击窗体条上相应窗口的标签可以恢复原先最小化的窗口,激活窗体成为当前窗口。

图 1-6　窗体条

状态栏在 SAS 界面的最下方,以显示当前工作目录,这是文件打开、保存的默认目录。双击此处可以更改当前工作目录。

(四) SAS 的退出

在 SAS 应用工作空间中用鼠标单击关闭按钮,或者选择菜单"文件→退出",就打开退出对话框,单击 确定 ,即可退出 SAS。

在命令框中键入命令"BYE"或"ENDSAS"可直接退出 SAS 系统。

第三节　SAS 系统的文件管理

SAS 作为专业统计软件,具有强大的文件管理能力、编程和图形界面操作能力,从而高效地进行各类统计分析,满足用户的各种统计分析的需求。

在 SAS 系统中建立的众多 SAS 文件,可按不同需要将其归入若干个 SAS 逻辑库,以便对 SAS 文件进行访问和管理。资源管理器窗口可以管理逻辑库和各种 SAS 文件,一般来说,对于 SAS 文件的复制、查看和删除等操作,在资源管理器窗口下进行比在 Windows 下更为方便。

一、SAS 逻辑库与 SAS 文件

(一) SAS 逻辑库

SAS 逻辑库是 SAS 中特有的概念,在 SAS 系统中,逻辑库专门用于组织 SAS 数据集文件,可用于指向特定的物理路径。在 Windows 环境下,一个逻辑库就是存放在同一文件夹中的一组 SAS 文件。在 SAS 系统的信息组织中,总共只有两个层次:SAS 逻辑库是高一级的层次,低一级的层次就是 SAS 文件本身。

SAS 的逻辑库分为临时库和永久库两种。临时库只有一个,名为 Work,其他的库均为永久库。SAS 每次启动时会自动指定四个库标记:Work、Sasuser、Sashelp、Maps。存放在 Work 中的 SAS 文件叫临时文件,当退出 SAS 系统时这些临时文件会被自动删除。其他的库是永久逻辑库,永久逻辑库中的数据文件为永久文件,每次启动 SAS 系统时都可以使用,其中 Sasuser 库保存与用户个人设置有关的文件,Sashelp 库保存与 SAS 帮助系统、例子有关的文件,Maps 库存放一些地理相关的地图数据文件。

由此可见,SAS 文件分为临时文件和永久文件:临时文件存放在临时库 Work 中,在退出 SAS 系统时自动被删除;永久文件保存在永久库中,在退出 SAS 系统时不会自动被删除。所以,通常把作为中间结果或练习使用的数据集保存为临时数据集,存放在 Work 库中,而需要以后再用的数据集则可以保存为永久数据集。如果需要备份,最好在退出前把临时文件复制到其他的库中。

(二) SAS 文件

SAS 文件是指储存在 SAS 逻辑库中的成员,SAS 的用户文件的主要类型有两种:SAS 数据集和 SAS 程序。访问一个 SAS 文件,一定要指明它所在的逻辑库,格式为:逻辑库名.文件名。如在 Sasuser 库下建立一个名为 SCORE 的数据集,访问时,要用 SASUSER.SCORE。如果不指明逻辑库名,则表示存储在临时逻辑库 WORK 中 SAS 文件。

(三) SAS 的名字

SAS 逻辑库和数据集都有名字,这些名字的命名应该尽量使其能反映数据集中储存的信息的内容。对所有的 SAS 的名字(数据集名、变量名、逻辑库名等等)有以下命名规则:
- 名字只能由英文字母、数字和下划线组成,不能包含特殊字符;
- 第一个字符必须是字母或下划线;
- 不区分大、小写字母;
- SAS 逻辑库名最多用 8 个字符,数据集和变量的名字最多用 32 个字符。

比如 name, abc, aBC, xl, Year12, _NULL_ 等是合法的名字,且 abc 和 aBC 是同一个名字,而 class-1(有减号)、a bit(有空格)、serial#(有特殊字符)、l2abc(首字符为数字)等不是合法的名字。

(四) 逻辑库的创建

用户在将需要使用的数据集文件存储到逻辑库前,需要首先创建一个永久逻辑库。永久逻辑库的创建方法主要包括以下三种。
- 菜单法:资源管理器窗口的逻辑库文件夹里单击右键菜单"新建"菜单项。
- 工具条法:主界面上的🗎工具。
- 编程法:通过语句"LIBNAME 逻辑库名　路径"。

【例 1.1】　将计算机的桌面新建为 SAS 永久逻辑库"zm"。

(1) 在资源管理器窗口的逻辑库目录下单击"新建"菜单,或单击主界面上的🗎工具,即可弹出的"新建逻辑库"对话框,如图 1-7 所示。

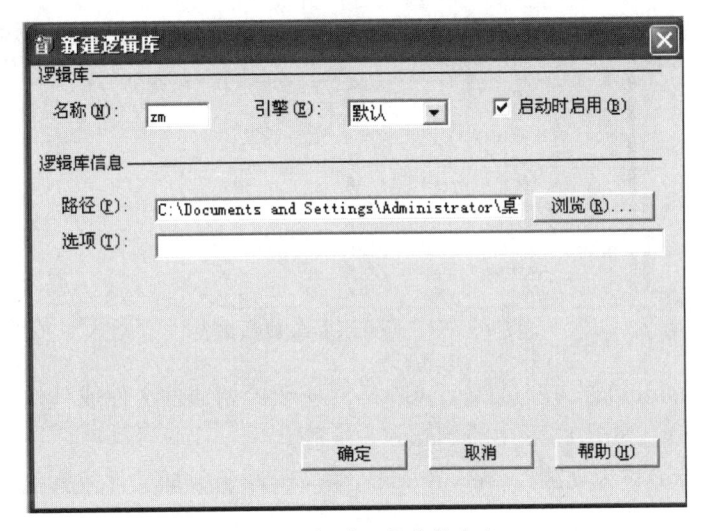

图 1-7　新建逻辑库的定义

(2) 在弹出的"新建逻辑库"对话框中输入逻辑库名称"zm",勾选"启动时启用"复选框,并在 路径(P) 框中通过点击 浏览 将计算机的桌面选定为该逻辑库的 路径 ,如图 1-7 所示。

(3) 单击【新建逻辑库】对话框中 确定 ,完成永久逻辑库的新建工作,在资源管理器窗口将产生一个名为"zm"的逻辑库文件,以后用户可以把数据文集文件存放在该逻辑库下。

二、SAS 数据集

(一) SAS 数据集

与一般统计软件不同,SAS 中存在一种特殊的数据文件,称为 SAS 数据集,SAS 的核心是 SAS 数据集,SAS 中一切统计分析只能对数据集中的数据进行分析。因而,对于各类数据,我们首先必须创建数据集文件,而一般的数据集的来源主要分为外部文件和内部创建的两种,其中外部文件需要通过一定的接口转换为 SAS 内部的数据集,而一些简单的数据资料可以直接在 SAS 系统中输入。

SAS 数据集是 SAS 文件的一种,一般由描述部分和数据部分这两部分组成。

(1) 描述部分:包含该数据集的一般信息,即数据集的名字及其成员类型、数据集建立的日期和时间、观测的数目、变量的数目以及数据集中每一个变量的特征信息,包括:Name(变量名)、Type(类型)、Length(长度)、Format(输出格式)、Informat(输入格式)、Label(标签)。

(2) 数据部分:包含该数据集中收集的数据的值,可以看作是一个矩形的表格。在资源管理器窗口,依次点击"逻辑库→Sashelp→Class",就可打开 SAS 自带的数据集 Sashelp.Class,其数据表如图 1-8 所示,其中包含了 19 个学生的有关信息。

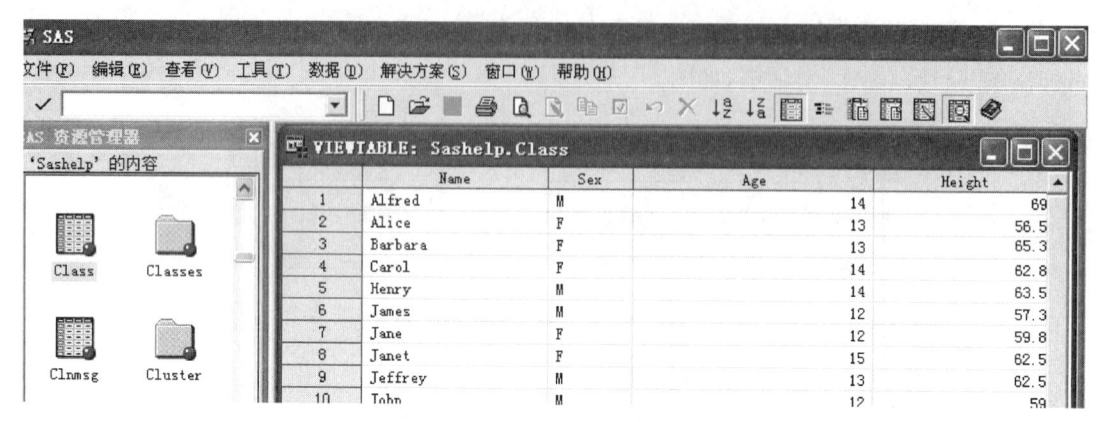

图 1-8 Sashelp.Class 数据集表

表格的列(columns)称为变量(variables),对应于原始数据文件或其他一些外部数据库所称的字段(fields)。如图 1-8 中的 Name、Sex 等。

表格的行(rows)称为观测(observations),对应于原始数据文件或其他一些外部数据库所称的记录(records)或数据行(data lines)。

图 1-8 的第一行显示的是变量名,虽然 SAS 的变量名不支持中文字符,但是标签可以使用中文名称。

三、SAS 数据集的列表法创建

SAS 数据集的创建主要是创建一个数据表的过程,然后用户可以在新建的数据表中输入数据。数据表的新建可以通过菜单和资源管理器两种方式实现。

- 程序法:编写 SAS 程序,提交执行,详见第 3 章。
- 菜单法:单击主界面上的菜单"工具→表编辑器"。
- 资源管理器法:在资源管理器的逻辑库文件夹中的子目录下,单击"新建"菜单,选择新建表选项。

【例 1.2】 利用资源管理器在 SASUSER 库中新建 SAS 数据集 SCORE,存放某小组 8 名同学的姓名、性别和成绩。

打开资源管理器的逻辑库文件夹下的 SASUSER 子目录,在其中的右键弹出式菜单中单击"新建"菜单项,如图 1-9(a)所示,将打开【Sasuser 中的新成员】窗口,在其中选择新建

【表】。单击 确定 后,将打开如图 1-9(b)所示的【VIEWTABLE】窗口的空数据表文件。

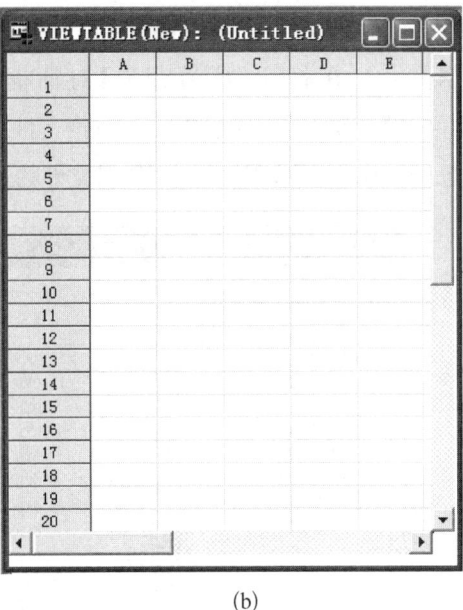

(a)　　　　　　　　　　　　　　(b)

图 1-9　资源管理器中数据表的新建

在【VIEWTABLE】窗口的空数据表文件中输入数据,本实例的数据为某小组同学的姓名、性别和统计课的成绩等信息的统计。用户可以在表中直接输入变量的值,如图 1-10 所示。

在数据表中每一行是一个观测,本实例中我们输入了 8 位同学的姓名、性别、成绩信息,每列数据为一个变量,包含的变量为 name(姓名)、sex(性别)、score(成绩)。

图 1-10　数据表数据的输入　　　　　图 1-11　【Column Attributes】对话框

在变量输入的过程中有时需要对每列数据的标签、数据类型和数据长度等基本数据格式进行设置。以其中的 name 变量为例,在【VIEWTABLE】数据表中的 name 变量所在列中右键单击【Column Attributes】菜单,打开如图 1-11 所示的【Column Attributes(列属性)】对话框。在列属性编辑对话框中,设置其数据名称属性 Name 为"name",数据标签属性 Label 为"姓名",其他为系统默认项,如数据长度属性 Length 为"8"等。

类似地可将变量 sex、score 的数据标签属性 Label 分别设置为"性别"和"统计课成绩"。在数据输入完毕后,一般需要及时保存数据文件,以便下次可以直接使用。数据表文件保存类似于一般文件的保存方法,可以通过单击主界面上"文件→保存"菜单或工具栏中的 ![] 工具保存数据文件。在打开的【另存为】对话框中,如图 1-12 所示,先选择逻辑库为"Sasuser",再在【成员名】右侧框中输入数据文件名"score",点击 保存 。由此即建立了 SAS 数据文件 SASUSER.SCORE。SAS 数据文件的后缀为"sas7bdat"。

图 1-12 数据保存的对话框

四、外部数据集的菜单法导入

建立数据集的方法很多,但是,无论是在资源管理器窗口中使用 VIEWTABLE 界面,或是后面将要介绍的 INSIGHT 模块和【分析家】(Analyst)模块等图形操作界面,还是使用编程操作中的 SAS 程序来建立数据集,都需要将数据现场录入,费时费力。较为简便的方法还可利用 Excel 录入数据,并作简单处理,然后将 Excel 数据表导入 SAS 数据集中。

【例 1.3】 将 Excel 数据文件(居民体检数据.xls,见图 1-13)导入 SAS 数据集。

注意:在 Excel 数据集〈居民体检数据.xls〉中,已将第一行设置为 SAS 数据集中将采用的英文变量名。

将 Excel 数据表导入 SAS 数据集步骤如下。

(1) 在 SAS 中,选择菜单"文件→导入数据",打开【Import Wizard(导入向导)】对话框,首先选择导入类型(Select import type),默认类型为 Excel,单击 Next 。

图 1-13　Excel 数据表：居民体检数据.xls

（2）在打开的【Connect to MS Excel】对话框中，单击 Browse ，在【打开】对话框中选择所需导入的 Excel 文件：居民体检数据.xls，单击 打开 返回。单击 OK ，如图 1-14 所示。

图 1-14　【Connect to MS Excel】对话框

（3）在打开的【Select Table】对话框中，对默认的选项，单击 Next 。

（4）在打开的【Select library and member】对话框中，选择导入数据集所存放的逻辑库（如：SASUSER）以及数据集的名称（如：PHY_CHECK），单击 Next ，如图 1-15 所示。

（5）在打开的【Create SAS Statements】对话框中，如图 1-16 所示，可以选择将系统生成的 SAS 程序代码存放的位置，本例不做选择，直接单击 Finish ，完成导入过程。

在资源管理器窗口中，双击逻辑库 SASUSER 中的文件 PHY_CHECK，即可看到新导入的 SAS 数据集，如图 1-17 所示。

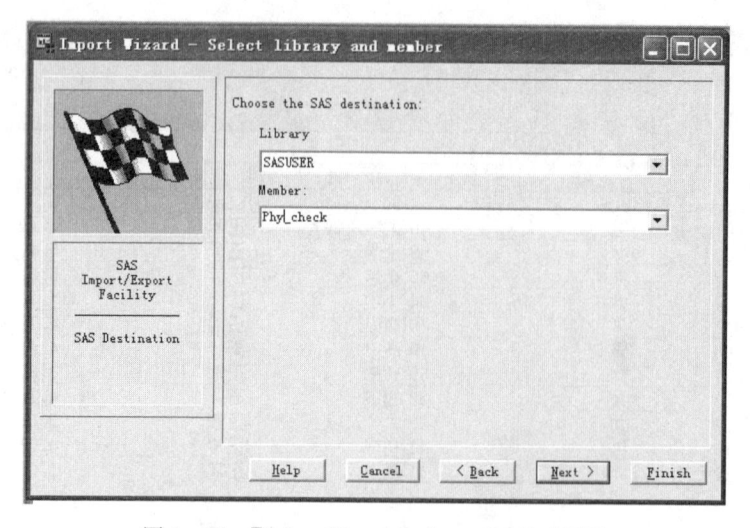

图 1-15 【Select library and member】对话框

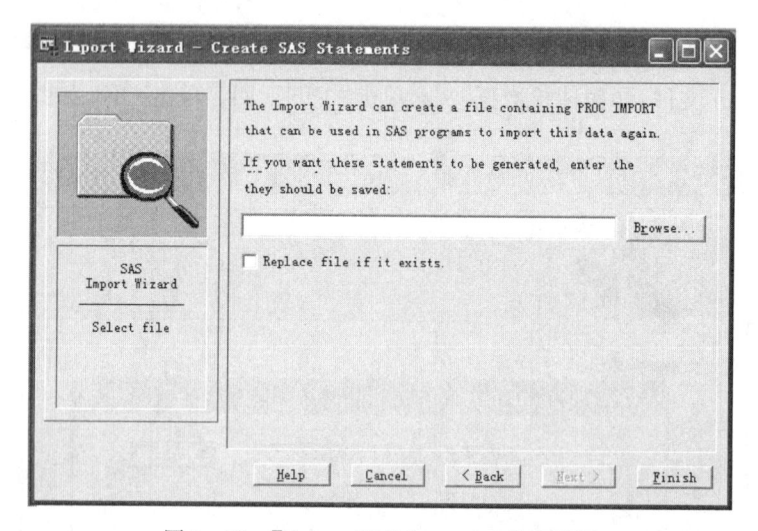

图 1-16 【Create SAS Statements】对话框

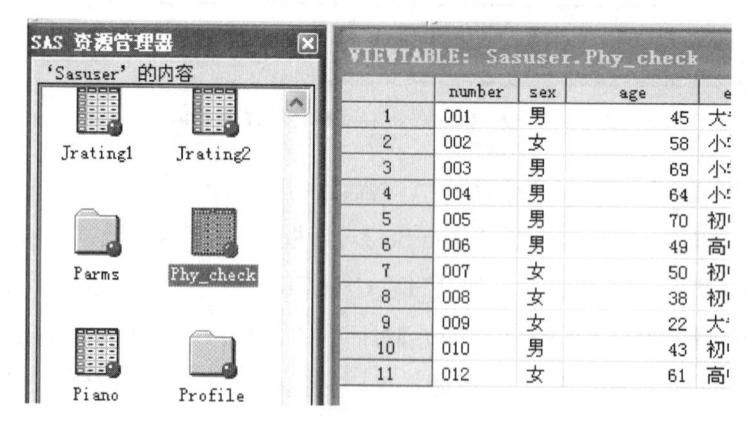

图 1-17 已导入的 SAS 数据集

(言方荣)

Chapter 02
SAS 系统的菜单界面

第一节　INSIGHT 模块的界面
　　一、INSIGHT 模块的调用
　　二、INSIGHT 模块的功能
　　三、INSIGHT 模块的数据预处理
第二节　【分析家】模块的界面
　　一、【分析家】模块窗口的启动
　　二、【分析家】模块的数据管理
第三节　ASSIST 模块的界面
　　一、ASSIST 模块窗口的调用
　　二、ASSIST 模块的数据分析示例

在 SAS 中提供了图形化的菜单界面操作方式，即【分析家】、INSIGHT、ASSIST 和桌面（DESKTOP）四个模块的界面操作，便于用户方便地实现 SAS 主要统计分析功能。

第一节　INSIGHT 模块的界面

INSIGHT 模块集成了 SAS 常用的程序设计模块的主要功能，可用于实现数据输入输出、数据分析、各种图形绘制等功能的图形化的操作界面。

一、INSIGHT 模块的调用

在 SAS 中，INSIGHT 的启动包括以下两种方法。
（1）命令行法：在命令行窗口中输入 Insight 命令。
（2）菜单法：单击 SAS 主界面菜单中"解决方案→分析→交互式数据分析"菜单项。

通过上述两种方式均可打开如图 2-1 所示的【INSIGHT：打开】对话框。在该 INSIGHT 启动窗口，可以新建或者打开一个已存的数据文件，用于后续的统计分析。单击 INSIGHT 启动窗口中的 打开 ，可在 SAS 逻辑库中打开一个已存的数据文件；单击 新建 可新建一个空的电子表格，可在其中输入数据。

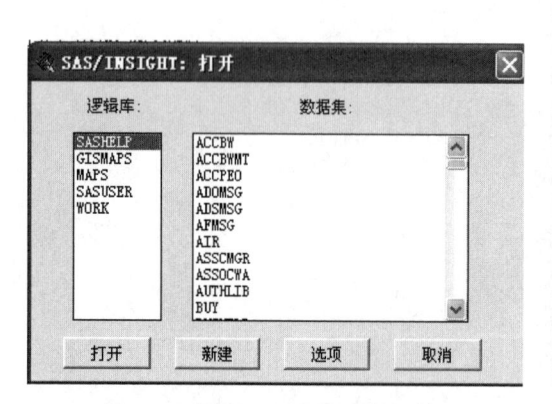

图 2-1　【INSIGHT：打开】对话框　　　　图 2-2　打开 INSIGHT 的数据窗口

例如，在该对话框中，在逻辑库选项中选择：SASUSER，数据集选项中选择：CLASS，单击 打开 ，即可在 INSIGHT 中打开数据集 SASUSER.CLASS 窗口，如图 2-2 所示，INSIGHT 提供了一个类似于电子表格的数据窗口来管理数据集。

数据窗口的左上角给出了变量个数和观测个数；每个观测有一个观测序号，观测序号前的符号表示该观测在作图时使用的符号和颜色；数据集的变量在数据窗的顶部标明，每个变量都标以区间型（Int）或列名型（Nom）。

在 SAS 数据集中，变量分为两种类型：字符型变量和数值型变量。在 INSIGHT 中，为了区分变量在分析中的不同作用，又按变量的测量水平分为两类：

● 区间型变量(interval variable)：区间型变量必须是数值型变量，可以对其观测值进行四则运算，计算各种统计量；

● 列名型变量(nominal variable)：列名型变量可以是数值型的，也可以是字符型的，在 INSIGHT 中常起分类作用。

字符型变量只能是列名型的，对取值不多而用以区分不同类别的数值型变量也可看作列名型的。在默认情况下，INSIGHT 对所有数值型变量冠以区间型测量水平，对所有字符型变量冠以列名型测量水平。如果需要，可将数值型变量改为列名型测量水平。

二、INSIGHT 模块的功能

INSIGHT 是一个交互式的数据探索和分析的工具，用这一模块可以实现以下功能：

● 通过多窗口连动的图形和分析结果，对数据进行探索；
● 分析单变量分布；
● 用相关分析和主成分分析法研究多变量间的关系；
● 用方差分析和回归分析拟合变量间关系的模型。

这些功能在 INSIGHT 窗口中主要通过其菜单来实现，如图 2-3 所示，INSIGHT 窗口的主菜单包括文件、编辑、分析、表、图形、曲线、变量、窗口和帮助等 9 个菜单。

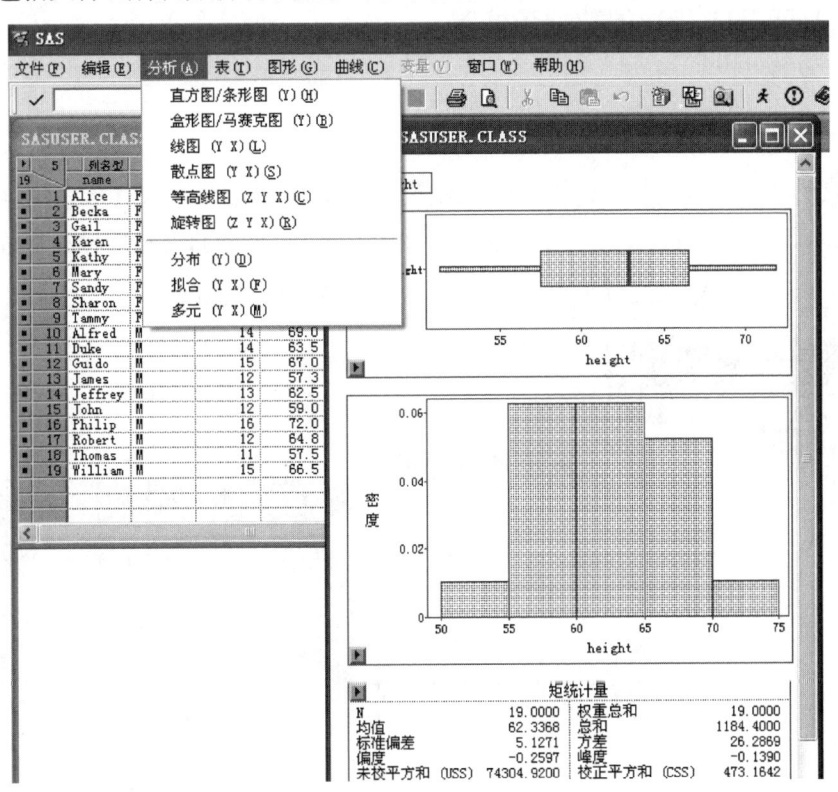

图 2-3　INSIGHT 的操作主界面窗口

其中文件、窗口菜单的功能与表 1-4 类似,其他几个菜单的功能如表 2-1 所示,而表、图形、曲线、变量菜单在 INSIGHT 模块产生结果时有效。

表 2-1　INSIGHT 窗口主要菜单及功能

主菜单	主要功能
编辑	实现基本的编辑操作,包括窗口管理、变量变换、数据选择、输出格式设置、复制、删除等
分析	用于作图和分析功能,包括绘制直方图/条形图、盒型图、线图、散点图等,进行分布拟合、线性模型(包括回归分析、方差分析等)、多变量分析等常用的统计分析功能
表	显示分析结果的各种表(方差分析、检验、区间估计等表)的功能
图形	生成与分析结果有关的各种图形(残差图、曲面图等)的功能
曲线	与分析结果有关的各种曲线(置信曲线、样条曲线等)的功能
变量	由分析结果形成的新变量(预测值、残差等)的功能
帮助	包括选定对象的帮助、介绍、技巧、参考、索引、SAS 系统、创建样本等

INSIGHT 的一般操作步骤为:
(1) 打开数据窗口,在数据窗口对数据集进行各种预处理;
(2) 在菜单栏【分析】中选择相应的菜单项,进行分析;
(3) 查看各种分析结果。
其 INSIGHT 操作界面如上页图 2-3 所示。

三、INSIGHT 模块的数据预处理

(一) 在数据窗口中移动列

(1) 单击数据窗口左上角处的三角按钮▶,打开数据窗菜单,选择【移至第一个】,如图 2-4(a)所示,在弹出的【移动至首】对话框中(如图 2-4(b)所示),选择欲移动到首列的变量 sex,单击 确定 ,即可将该变量 sex 移到第一列,如图 2-4(c)所示。

(a)　　　　　　　　　　(b)　　　　　　　　　　(c)

图 2-4　移动变量到首列

将某变量移到最后一列的操作类似。

（2）移到某两列中间：选择主菜单"编辑→窗口→工具"，打开【工具】对话框，如图 2-5 所示。单击手形按钮，光标变为手形，鼠标指向移动变量（例如 weight）的顶部，按住鼠标左键拖动到适当地方（变量 age 前列）即可。

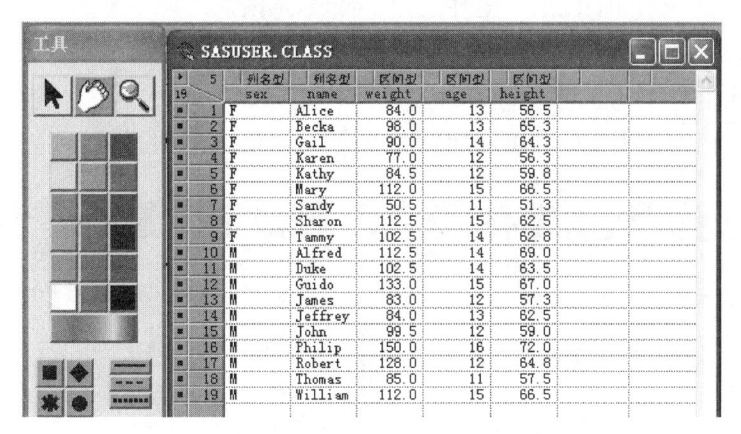

图 2-5　移动变量到指定列

（二）对数据集排序

单击数据窗口左上角处的三角按钮，打开数据窗口菜单，选择【排序】，在打开的【排序】对话框（图 2-6(a)）中，选择排序的变量 height，单击 Y，将变量 height 选定，然后单击 确定，即可按变量 height 的大小升序排序。

还可同时根据多个变量进行排序，默认是升序排序。可单击选定排序的变量名，再点击 升序/降序 切换到降序。例如：按 name 进行升序排列，按 age 进行降序排列，如图 2-6(b) 所示，再单击 确定 即可。

说明：若先用鼠标选中欲排序的变量，则选择【排序】菜单项后，将立即对该列排序，而不再打开【排序】对话框。

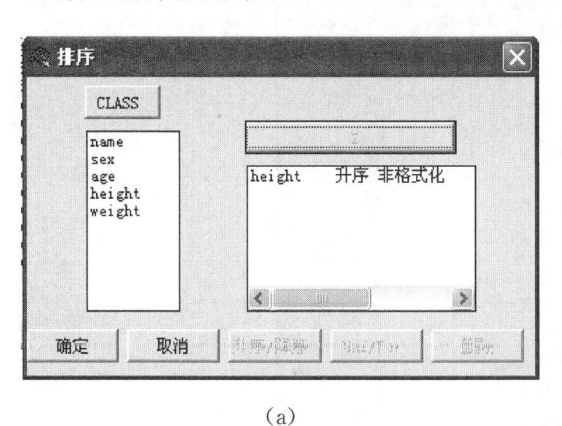

(a)　　　　　　　　　　　　(b)

图 2-6　对数据集排序

(三) 创建新的变量

选择主菜单"编辑→变量→其他",打开【编辑变量】对话框,如图2-7(a),可通过原变量的关系定义新的变量。例如:根据学生体重与身高之比建立新变量D_weight:

(1) 选中变量weight,单击Y,选中变量height,单击X;
(2) 在【变换】列表框中选择运算:Y/X;
(3) 在【标签】栏中注明:体重身高比;
(4) 单击 确定 ,数据集中即可增加新变量列D_weight,如图2-7(b)所示。

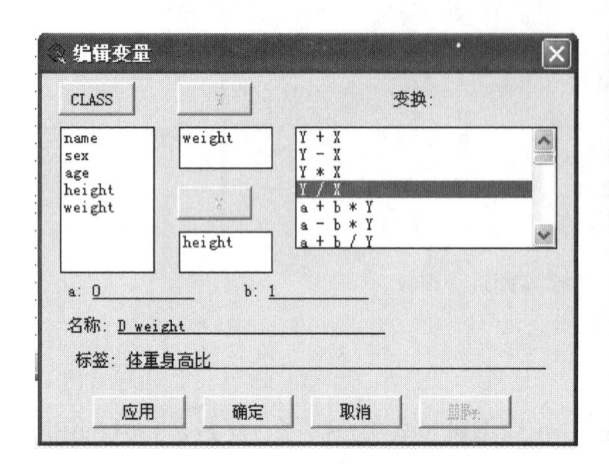

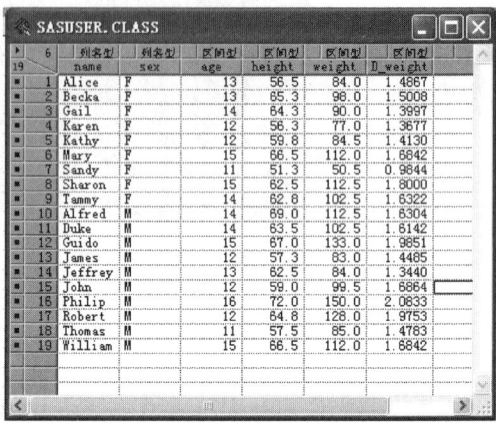

(a)　　　　　　　　　　　　　　　(b)

图2-7　创建新的变量

注意:其中变量名D_weight是系统默认的,可以修改。

下面再介绍一下INSIGHT窗口常用的右键弹出式菜单,如图2-8所示,选定某个数据后,该右键弹出式菜单,与单击数据窗口左上角处的按钮 所打开的菜单一样,可快速实现常用的一些数据操作功能,其功能如表2-2所示。

图2-8　INSIGHT窗口的右键弹出式菜单

表 2-2 INSIGHT 窗口的右键弹出式菜单的功能

菜 单	功 能
查找下一个	在选定观测后,查找其下一个的观测,并把该观测显示到窗口的第一行
移至第一个	把选定的行或列数据移至第一行或第一列
移至最后	把选定的行或列数据移至最后一行或最后一列
排序	可以对单列或多列数据进行排序
新建观测	快速地新建多个观测,即在数据表中增加行数据,默认为 100 行
新变量	快速地新建多个变量,即在数据表中增加列数据,默认为 1 列
定义变量	完成数据集内变量的定义,包括类型、观测水平、默认任务、名称和标签的定义
填充值	生成等差数列的数据填充到变量中
抽取	从原数据集中抽取出指定的变量数据,构建新的数据集
数据选项	设置在数据窗口中按 Enter 或 TAB 键时光标移动方向(上、下、左、右)

(四) 建立数据集的子集

下述方法可以建立当前已打开数据集的子集。如欲找出所有男生的观测:

(1) 选择主菜单"编辑→观测→查找",打开【查找观测】对话框,确定建立新数据表的关系式;

(2) 在变量名称列表中选择 sex,在 Value(值)列表中选择 M,单击 确定 ,如图 2-9(a) 所示;数据窗口中所有男生观测被选中,如图 2-9(b)所示;

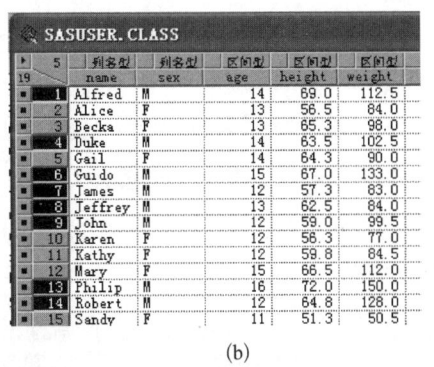

图 2-9 建立数据集的子集

(3) 单击数据窗口左上角处的三角按钮▶,打开菜单,选择【抽取】,生成新数据集,如图2-9(c)所示。

(4) 若要保存数据集,选择菜单"文件→保存→数据",如图2-10,在打开的【保存数据】对话框中选择保存的逻辑库名(如 SASUSER),并输入数据集名(如 CLASS_M),单击$\boxed{确定}$即可。

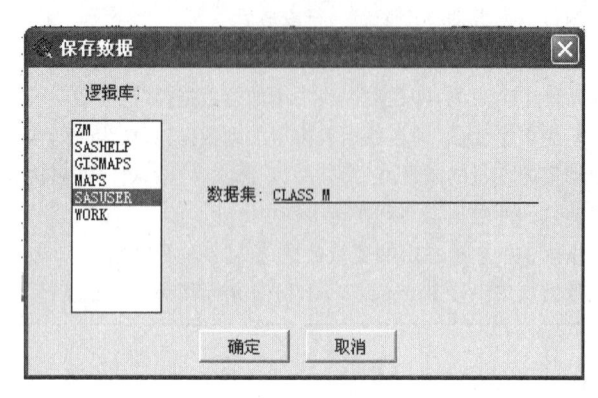

图2-10 保存所新建的数据集子集

(五) 直接输入数据建立新数据表

在 INSIGHT 中创建新数据表步骤如下:

(1) 选择主菜单"文件→新建",即可建立一个新数据集;

(2) 单击数据窗口左上角处的三角按钮▶,打开菜单,选择【新变量】,如图2-11(a);在打开的对话框中输入变量个数,如图2-11(b);再选择【定义变量】,在打开的对话框中变量类型和测量水平、输入变量名称(如 Name)、变量标签(姓名)等,单击$\boxed{确定}$即可定义第一个变量:name,如图2-11(c)所示,如此依次定义数据集的各个变量;

(3) 在各列(变量)的单元格内输入数据,每输入一个数据后按$\boxed{Enter}$键确认;

(4) 选择菜单"文件→保存→数据",在打开的【保存数据】对话框中选择保存的逻辑库名,并输入数据集名,单击$\boxed{确定}$即可保存新建的数据集。

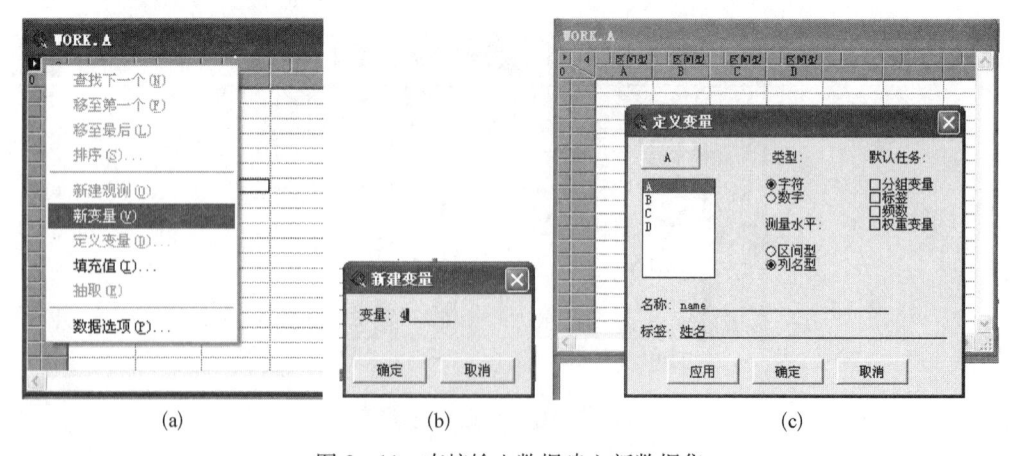

(a)　　　　　　(b)　　　　　　(c)

图2-11 直接输入数据建立新数据集

第二节 【分析家】模块的界面

【分析家】(ANALYST)窗口是 SAS 系统提供的又一个集数据管理和统计分析功能于一体的界面操作窗口,通过该窗口,可以方便地实现常用的统计分析功能。

一、【分析家】模块窗口的启动

(一)【分析家】模块窗口的启动

可以用下面两种方法启动【分析家】,打开如图 2-12 所示【分析家】窗口:
- 命令行法:在主界面上的命令行窗口输入"Analyst";
- 菜单法:单击主菜单"解决方案→分析→分析家"。

【分析家】窗口包括左右两部分,左边是自动建立的一个新项目(New Project),其中包含一个未命名的新数据集(Untitled),而【分析家】窗口的右半部分可用于显示数据。如图 2-12 所示。

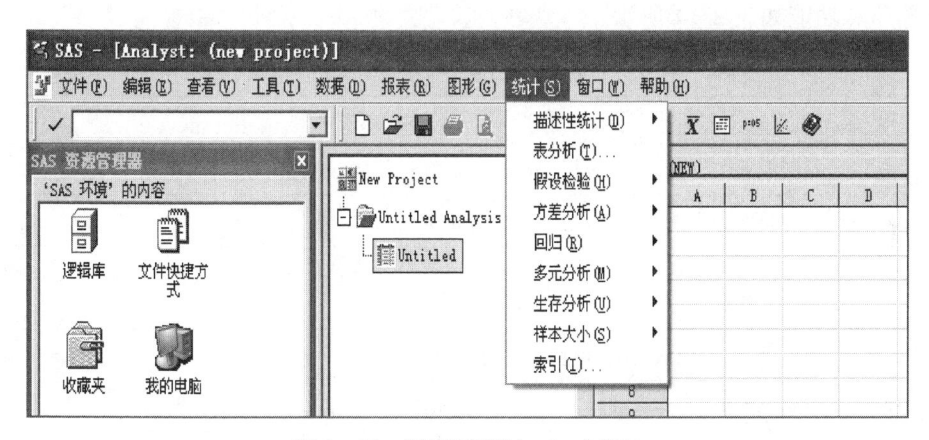

图 2-12 【分析家】(Analyst)窗口

(二)【分析家】模块功能概述

【分析家】的左侧随着分析的进行将形成一棵目录树,树的第一级分支记录着所进行的各项分析任务,第二级分支包含该任务的输出结果、输出图形和产生结果的 SAS 程序。可以像使用 Windows 的资源管理器一样来查询所进行的分析结果。

在 SAS 中随着打开的窗口的不同,其界面上的主菜单也将依据各窗口的功能不同而发生动态变化。【分析家】窗口下的主菜单包括文件、编辑、查看、工具、数据、报表、图形、统计、窗口和帮助菜单。其中窗口和帮助菜单的功能与表 1-4 类似,其他菜单的功能如表 2-3 所示。

表 2-3 【分析家】窗口主要菜单及功能

主菜单	主要功能
文件	提供数据文件的新建、打开、按 SAS 名称打开、保存、查询、项目管理、打印等功能
编辑	对 SAS 数据文件的常用的编辑操作,包括插入列、添加行、模式等,其中模式分为编辑和浏览:编辑模式可对数据进行编辑操作,而浏览模式只能浏览数据集中的数据
查看	主要实现列数据的显示和表属性的设置操作
工具	提供分析操作过程中的工具的参数设置,包括标题的设置、样本数据的导入、查看器设置、图形设置、新建逻辑库、定制工具栏、窗口选项的设置。
数据	主要实现数据的预处理功能,包括数据的过滤、排序、拆分、转置和按组汇,生成随机变量,合并表,随机抽样等
报表	主要实现统计分析报表的生成,包括数据列表和表
图形	主要实现常用图形的绘制,包括条形图(水平/垂直)、饼图、直方图、盒形图、概率图、散点图(二维/三维)、等高线图和曲面图的绘制
统计	实现常用的统计分析功能,详见表 1-10

【分析家】(ANALYST)模块作为 SAS 系统提供的一种操作简便的常用统计分析功能的界面操作窗口,其最为常用的主菜单是【统计】,选用"分析家→统计",主菜单【统计】的子菜单的选项和功能如表 2-4 所示。

表 2-4 【分析家】窗口主菜单【统计】的子菜单及功能

菜 单	功 能
描述性统计	做汇总统计量、相关分析、分布、频数统计等常规的基本统计分析
表分析	对属性数据的表分析,如列联表分析等
假设检验	单样本或多样本的假设检验,其中又可分为均值的 T 检验、均值的 Z 检验、比例检验、方差检验
方差分析	单因素、多因素、混合模型等的方差分析
回归	简单的回归、多元线性回归和 Logistic 回归分析
多元分析	多元分析包括主成分和典型相关分析
生存分析	生存分析包括生命表和生存分析
样本大小	参数检验和样本的置信区间估计等基本的统计分析
索引	根据索引快速查询需要进行的统计分析

在【分析家】窗口下的功能主要通过上述菜单来实现,在后续章节中将详细叙述这些菜单项的使用方法。同时,也可以通过右键弹出式菜单实现上述功能,【分析家】窗口的右键弹出式菜单与其窗口下的主菜单基本相同,如图 2-13 所示。

图 2-13 【分析家】窗口的右键弹出式菜单

二、【分析家】模块的数据管理

(一) 打开数据集

选择主菜单"文件→按 SAS 名称打开",打开【选择成员】对话框,选择一个数据集作为项目的成员,例如,选择数据集 SASUSER.CLASS,打开的数据集就作为项目的一个成员,如图 2-14 所示。

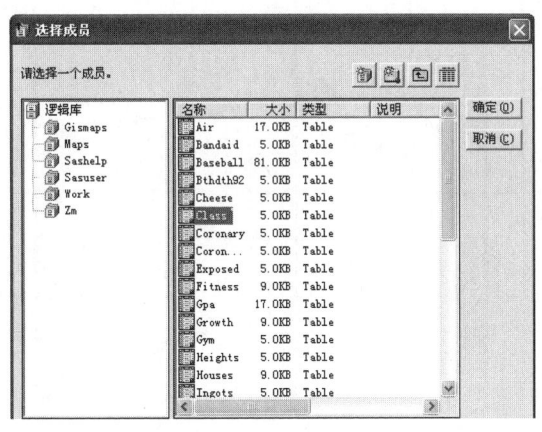

(a)【分析家】窗口【选择成员】对话框　　　　(b)【分析家】窗口打开数据集

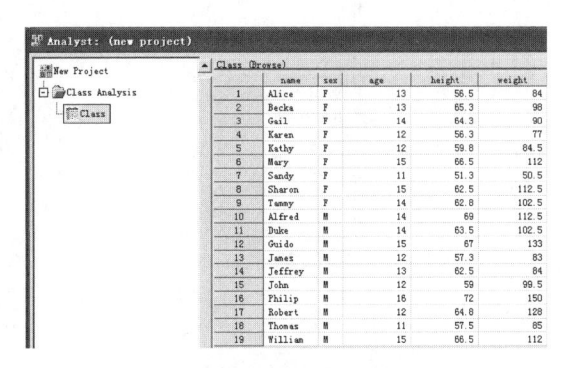

图 2-14

(二) 导入 Excel 数据表

在【分析家】中,可直接将 Excel 数据表转换为 SAS 数据集,其步骤如下:

(1) 选择主菜单"文件→打开",在【打开】对话框中,选择文件类型为 Microsoft Excel Spreadsheet,选定 Excel 文件(例如,居民体检数据.xls),单击 打开 ;

(2) 在打开的【SAS Import:Spreadsheet Options】对话框,单击 OK ;在打开的【Import Wizard】对话框,选定导入文件的 Excel 类型后,单击 Next ;在打开的【Connect to MS Excel】对话框,如图 2-15(a)所示,在 Workbook 右侧列表框中,选定 Excel 数据集。

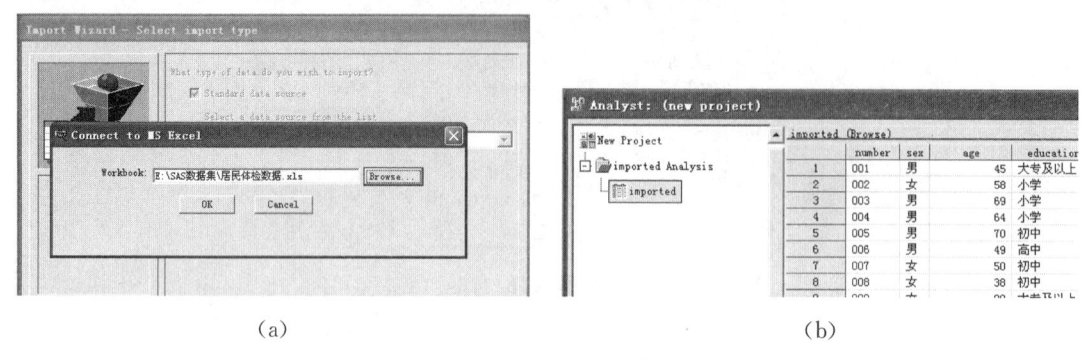

(a)　　　　　　　　　　　　　　(b)

图 2-15　将 Excel 数据表导入 SAS

(3) 选择主菜单"文件→按 SAS 名称另存为",如图 2-16,在打开的【另存为】对话框中,选择所要保存的逻辑库名,并输入数据集名(成员名),单击 保存 ,即可将导入的 Excel 数据表保存为 SAS 数据集。

图 2-16　保存为 SAS 数据集 　　　图 2-17　【Move Columns】对话框

(三) 改变变量显示的次序

选择菜单"查看→列→移动",打开【Move Columns】对话框,如图 2-17 所示。在列表中选择变量名后,使用上、下箭头,单击 OK 后,即可改变变量显示次序。

(四) 浏览和编辑

已打开的 SAS 数据集可处于浏览(Browse)或编辑(Edit)两种不同的状态,浏览方式只允许显示 SAS 数据集的内容,编辑方式允许修改 SAS 数据表的内容。

可以通过选择菜单"编辑→模式→编辑"或"编辑→模式→浏览"进行两种模式的切换。

(五) 对数据集排序

对数据集排序的方法如下:

(1) 在 Edit(编辑)方式下,选择菜单"数据→排序",打开【Sort】对话框;

(2) 选中欲排序的变量名,单击 Sort By ,将排序变量选入右框,可选多个变量;

(3) 在右列表框中,选中排序变量,单击 Ascend/Descend 可以在升序或降序之间切换。

图 2-18 所示为先按 sex 进行升序(A)排列,再按 age 进行降序(D)排列的选项,最后单节 OK 即可。

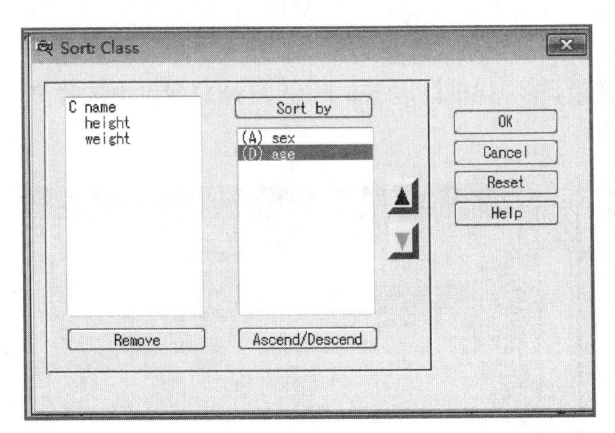

图 2-18 【Sort(排序)】对话框

(六) 创建新的变量

在 Edit(编辑)模式下,在数据集中有两种方式添加新的变量。

(1) 直接插入变量

选择菜单"编辑→插入列→字符型(或数值型)",指定插入变量的类型,即可在数据集中插入一个新的变量。

(2) 根据原变量的关系计算得到新变量

选择菜单"数据→变换→计算",打开【Compute(计算)】对话框,在对话框中确定变量关系式,例如:在 SASUSER.CLASS 中加入一个名为 ratio 的数值型体型指标,其值等于 weight/((height/100)^2),如图 2-19 所示,在打开对话框中输入变量名"ratio",在=后的计算式框中输入 SAS 表达式"weight/((height/100)**2)",单击 OK 后,数据集中增加了一个新变量:ratio。增加新变量 ratio 的数据集见图 2-20。

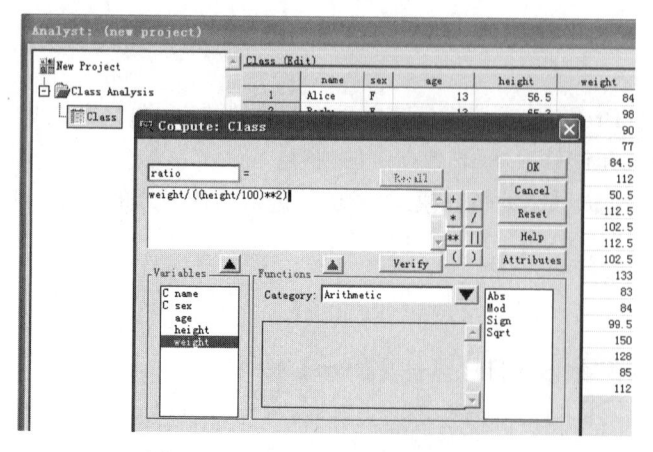

图 2-19 【Compute(计算)】对话框

图 2-20 增加新变量 ratio 的数据集

(七) 创建数据集的子集

考虑由 SASUSER.CLASS 数据集产生一个仅包括男生(sex＝M)的子集。

在【分析家】窗口打开数据集 SASUSER.CLASS 后，选择菜单"数据→过滤→取数据子集"，打开【Subset】对话框；在列表中选择变量，在弹出的【Operators(运算符)】列表中选择算子"EQ"(表示"等于")，如图 2-21(a)所示。

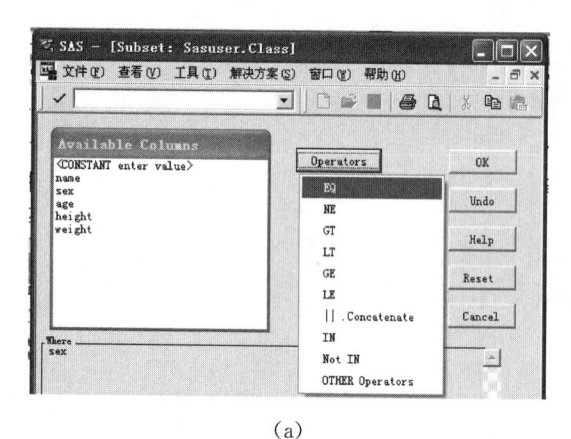

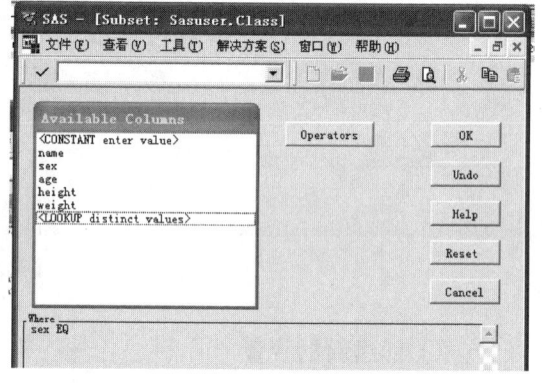

图 2-21 【Subset】对话框

用鼠标单击列表框中的〈LOOKUP distinct values〉(见图 2-21(b))，再在弹出的【Lookup Values】对话框中选择该变量的可能取值"M"，单击 OK，即可生成仅包括男生(sex＝M)数据的子集，如图 2-22 所示。

若要保存新生成的子集，可以选择菜单"文件→按 SAS 名称另存为"。若想恢复数据集的所有观测，可以选择菜单"数据→过滤→无"，即可解除"过滤"。

图 2-22　生成仅含男生观测的子集

(八) 由数据集随机抽样

选择菜单"数据→随机抽样",在打开的【Random Sample】对话框中,可设定样本的容量或抽取的比例(Ratio)。例如,图 2-23 所示即为创建容量为 8 的样本时的设置。单击 $\boxed{\text{OK}}$,即可生成所需样本,如图 2-24 所示。

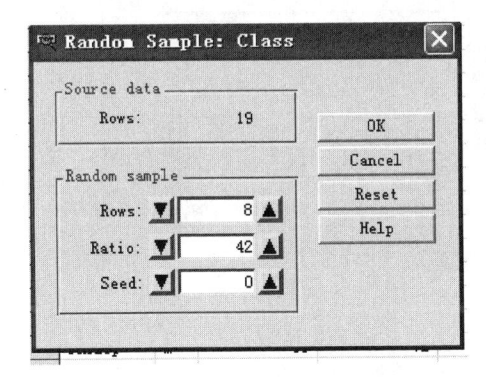

图 2-23　【Random Sample】对话框　　　图 2-24　随机抽样生成的样本数据

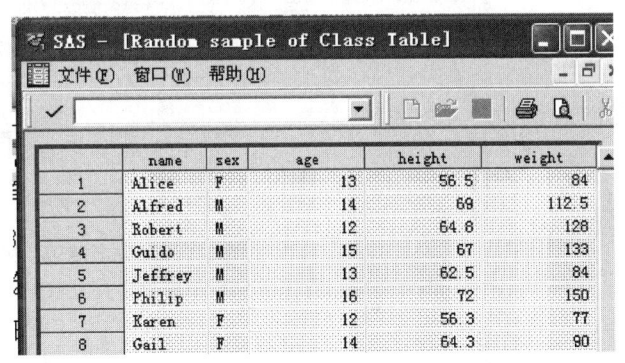

(九) 数据集的转置

在 SAS 具有分析功能的过程中,有时需要将数据阵转置,即进行全体数据的行列对换。在【分析家】窗口进行数据阵转置的方法如下:

选择菜单"数据→转置",打开【Transpose(转置)】对话框;选择列表中的变量名,单击 $\boxed{\text{Transpose}}$,将变量名选入 $\boxed{\text{Transpose}}$ 下的列表框,如图 2-25 所示。单击 $\boxed{\text{OK}}$,即可将原有数据集转置(如图 2-26 所示)。

也可按某个变量的值分组进行转置,如对 SASUSER.CLASS 数据集按变量 sex 不同值分组进行转换,在【Transpose】对话框中,先将变量 sex 选入【Group By】下框,再将其他变量选入 $\boxed{\text{Transpose}}$ 下框,单节 $\boxed{\text{OK}}$ 即可。转置后的数据集如图 2-27 所示。

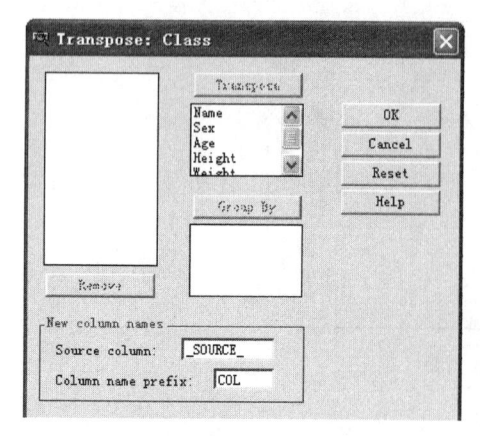

图 2-25 【Transpose(转置)】对话框

图 2-26 转置后的数据集

图 2-27 分组转置后的数据集

第三节 ASSIST 模块的界面

为了更好地使用 SAS 软件,在 SAS 中还提供了类似于 Windows 操作风格的面向任务的菜单驱动界面 ASSIST 窗口,在该窗口中通过图形界面操作可以输入、转换、编辑数据,管理、分析数据并生成报表,快速实现常用的统计分析功能。该模块自动生成的 SAS 程序,既可辅助有经验的用户快速编写 SAS 程序,又可帮助我们学习 SAS 语言。

一、ASSIST 模块窗口的调用

(一) ASSIST 窗口的启动

在命令行中输入"ASSIST"命令或单击菜单"解决方案→ASSIST"可以启动如图 2-28 所示的 ASSIST 的窗口。

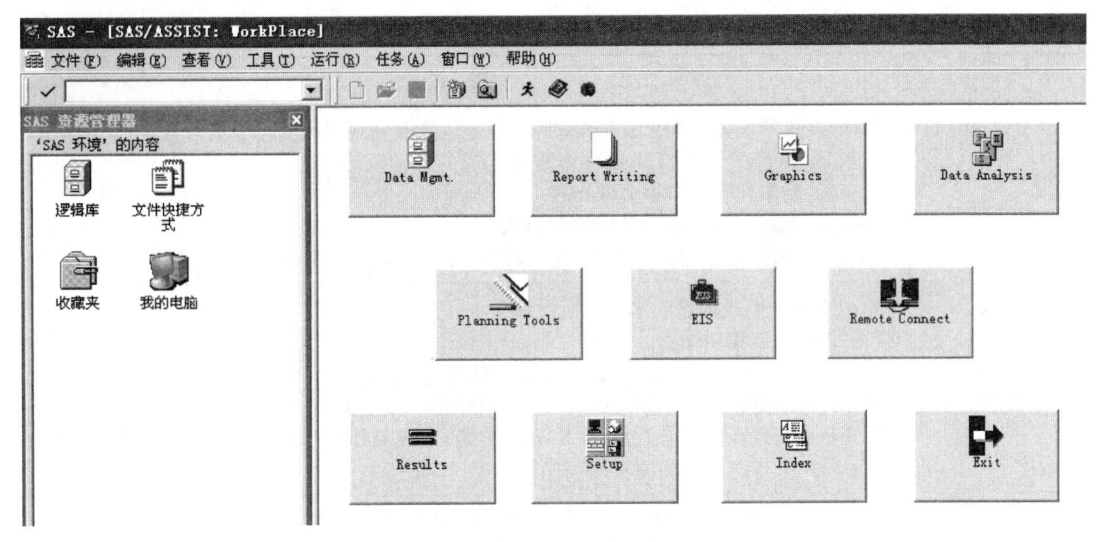

图 2-28　ASSIST 窗口主界面

窗口的最上方是菜单栏,包括文件、编辑、查看、工具、运行、任务、窗口和帮助等 9 个菜单。其中编辑菜单主要包括标题、脚注、页面尺寸、页眉等编辑功能,任务菜单主要包括数据管理、编写报表、图形、数据分析、规划工具、EIS、远程、结果和设置等功能,其他菜单的功能与表 1-4 类似。

(二) ASSIST 窗口的菜单及功能

ASSIST 主窗口的左侧是结果窗口和资源管理器窗口,可浏览资源管理器和分析结果。右侧是功能面板,包含了 11 个图形化的按钮,它们可分别用于实现相应统计分析模块:Data Mgmt(数据管理)、Report Writing(编写报表)、Graphics(图形)、Data Analysis(数据分析)、Planning Tools(规划工具)、EIS(SAS/EIS 模块)等功能。单击各个按钮可以打开数据管理、报表生成、图形、数据分析、计划工具、EIS、远程连接、结果管理、SAS/ASSIST 设置、功能索引的子界面或菜单。选择 Exit 按钮退出 SAS/ASSIST 界面。主界面中的按钮或菜单可以用鼠标左键单击进行选定。也可以用键盘上 TAB 和回车键来选择执行。这 11 个图形化按钮的子界面或菜单及其功能如表 2-5 所示。

表 2-5　SAS/ASSIST 主界面中各图形化按钮的子界面或菜单及其功能

菜单项	功　能
Data Mgmt 数据管理	Query:用图形界面方式进行 SQL 查询 Edit/Browse:提供了用 FSVIEW 窗口浏览、编辑数据集的能力 Import data/Export data:提供了导入/导出文本或特殊格式数据的入口 Create data:用于创建临时或永久数据集 Combine:可以合并两个或多个数据集 Design Format:用来设计输出格式和输入格式 Sort:用来对数据集进行排序 Utilities:提供数据集变量属性、文件转换、重排数据、数据集转置等实用程序 DBMS Access:利用 SAS/ACCESS 管理 SAS 数据库和生成外部数据库文件

续 表

菜单项	功 能
Report Writing 编写报表	Listing:用列表方式列出数据集的观测,可以选部分观测和变量子集 Tabular Report:制作 Tabulate 过程能生成的各种统计报表 Counts:制作列联表与频数分布表 Design Report:交互式设计或修改报表 Utilities:制作标签、日历、汇兑,显示数据集属性,设计输出格式等应用程序
Graphics 图形	Bar Charts:生成垂直或水平的条形图 Pie Charts:制作饼图 Plots:制作一个变量对另一变量的曲线图、散点图等 Maps:可以制作世界多数地区的几种不同比例尺的地图 Utilities:实现图形组合重放、生成测试图案、生成制作条形图、曲线图、地图用的数据集等几个与绘图有关的实用程序
Data Analysis 数据分析	Elementary:提供基本的统计分析,如描述、相关、频数表等 Regression:提供线性回归、Logistic 回归和时间序列回归等 Anova:提供方差分析、非参数检验和 t 检验 Multivariate:提供主成分分析等多元分析方法 Quality Ctrl:进入质量控制模块 Interactive:提供了 SAS/INSIGHT 模块和 SAS/LAB 模块的入口 TimeSeries:可以进行季节调整,或进行有自回归误差项的回归 Utilities:对数据标准化、计算秩或分位数,生成时间序列数据等一些应用程序
Planning Tools 规划工具	Loan Analysis:一分析贷款信息,一包括贷款方案的比较 Design of Exp:菜单式自动试验设计 ADX 模块 Subset/Copy:对数据集生成子集、对变量做变换、复制数据集 Project Mgmt;PROJMAN 项目管理 Spreadsheet:用电子表格管理目录项 Forecasting:打开 FORECASTING 模块进行时间序列建模和预报 Utilities:制作日历、转换时间序列频率等应用程序
EIS(EIS 模块)	调用 SAS/EIS 模块,是快速应用开发决策工具,以图表呈现信息
Remote Connect 远程连接	建立远程连接、运行保存的程序、传输数据、结束连接、编辑远程设置、显示结果等
Results(结果)	提供了对保存的任务的管理
Setup(设置)	提供了设置 SAS/ASSIST 的功能
Index(索引)	提供了 ASSIST 全部功能的索引列表,可直接调用 SAS/ASSIST 任一项功能
Exit(退出)	退出 SAS/ASSIST,返回 SAS 主界面

在 ASSIST 窗口中,上述图形化的按钮实现相应统计分析模块的功能操作,也可以通过菜单栏中主菜单【任务】的选项功能实现。以【Data Analysis】图形化按钮所展开的子菜单中【Elementary】→【Summary Statistics】子选项为例,依次单击主菜单"任务→数据分析→基础→汇总统计量",如图 2-29 所示,可以打开相同的操作界面,其功能也一样。

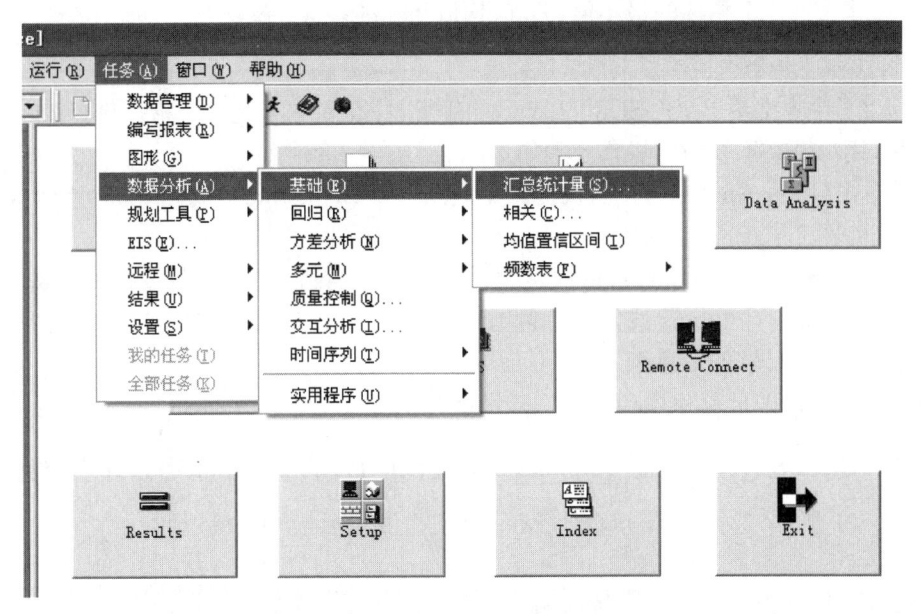

图 2-29　ASSIST 界面中的菜单选项

SAS/ASSIST 提供了 10 个示例数据集,可以利用这些数据集来学习 SAS/ASSIST 的使用。在 SAS/ASSIST 中,选择"任务→设置→文件管理→样本表"菜单命令,如图 2-30(a),打开【Sample tables】对话框,在其中点选【Create sample tables】,进入【Create sample tables】对话框,选择这 10 个样本数据集,点击 确定 ,即可生成示例数据集,见图 2-30(b)。生成的示例数据集位于 SASUSER 库中。

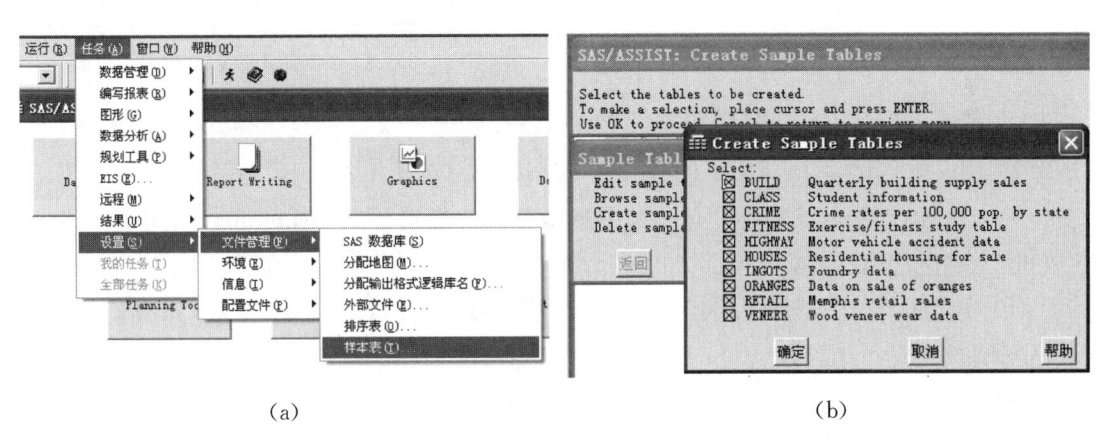

(a)　　　　　　　　　　　　(b)

图 2-30　ASSIST 窗口中生成示例数据集

二、ASSIST 模块的数据分析示例

下面我们以一个例子来说明 ASSIST 窗口的使用方法。

【例 2.1】 在 SAS 的样本数据集 SASUSER.CLASS 中记录了某班学生的姓名、性别、年龄、身高和体重情况,现用 ASSIST 窗口的操作对该数据进行简单的统计描述,计算其年龄、身高和体重这3个指标的最小值、总和、均值和标准差。

1. 进行统计基本描述分析

对例2.1中数据集SASUSER.CLASS的年龄、身高和体重这3个指标进行简单的统计描述分析，用ASSIST视窗的操作步骤如下：

（1）单击【Data Analysis】弹出快捷菜单，再选择"Elementary→Summary Statistics"菜单项，打开如图2-31所示的【Summary Statistics】对话框。

（2）【Summary Statistics】对话框是统计描述的主窗口，它由一些按钮和复选框组成。注意，Table按钮和Columns按钮的右侧写着"－REQUIRED－"，表示这两项必须加以定义，否则程序没有足够的信息来运行。

首先定义所分析的数据集：单击 Table ，打开【Select Table】对话框，从中选取 SASUSER.CLASS 表。再点击 Columns ，弹出【Select Table Variable（选择表变量）】对话框，如图2-32所示，选择age，height，weight三个变量后按 OK 键返回。

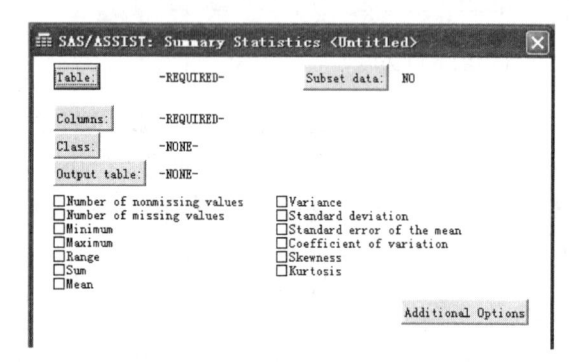

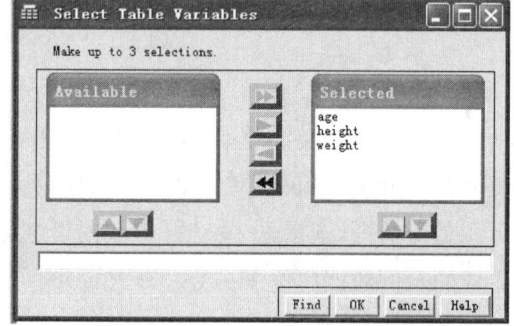

图2-31 【Summary Statistics】对话框

图2-32 【Select Table Variable】对话框

（3）现在我们输入的信息已经满足了运行程序的最低要求，如果我们还想将结果按性别分类输出，则单击 Class ，在选择变量窗口中用鼠标双击变量名"sex"，再单击 OK 返回。

（4）选择所需要生成的统计量。选中想做分析的复选框，如 Minimum（最小值）、Sum（求和）、Mean（均值）、Standard deviation（标准差）等。

（5）单击工具栏中的提交图标 开始执行程序，最后自动弹出输出窗口，如图2-33所示，显示最终的运行结果。

图2-33 ASSIST示例的运行结果

2. 查看 SAS 程序代码

当我们单击图标 ✈ 提交给 SAS 系统执行时,系统会根据设定生成 SAS 程序代码,然后执行该程序。我们可以在设计的同时查看 SAS 程序,用鼠标右击主界面空白处,在右键弹出菜单中选择"查看→查看源代码",便可看到如图 2-34 所示的 SAS 程序代码信息。

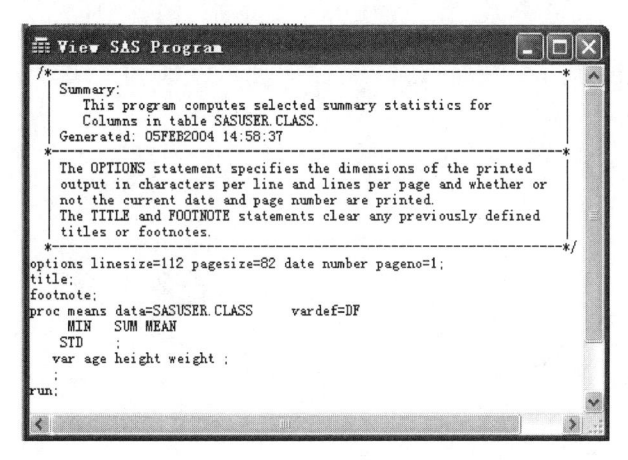

图 2-34 SAS 程序代码信息

我们可以选择菜单"文件→另存为"或"文件→另存为对象"将程序代码保存在磁盘文件中。

(言方荣)

Chapter 03
SAS 编程基础

第一节　SAS 语言基础
　　一、SAS 程序的组成
　　二、SAS 程序的基本结构
　　三、SAS 程序的操作执行
　　四、编程法建立逻辑库
第二节　SAS 数据集的创建
　　一、直接输入数据创建数据集
　　二、外部文件数据创建数据集
　　三、数据库导入文件创建数据集

SAS 系统的数据管理、统计分析、报表图形等功能都可以用编程语言来实现。本节简单介绍 SAS 语言的基本结构和主要特征。SAS 编程语言功能强大,又可灵活运用,它包括语句、表达式、函数和 CALL 子程序、选项、输出格式及输入格式等内容,这些都是众多编程语言所共有的元素。常用的大部分 SAS 程序都是通过称为 SAS 过程的内置程序库来实现的,这大大简化了编程的难度,用户只需要做很少的编程工作即可完成分析功能。

本章起的三章将主要介绍 SAS 语言的规范、程序基本结构、常用的语句、函数等程序设计的基本知识,通过本章的学习,读者将对 SAS 程序设计有初步的认识。

第一节 SAS 语言基础

作为一门编程语言,SAS 语言具有特殊的编程语言规范。与其他的程序设计语言相比,SAS 具有较为宽松的编程规范,比如不区别大小写、语句可以分多行写等。本节将主要介绍 SAS 语言的这些编程规范。

一、SAS 程序的组成

(一) SAS 语句

SAS 程序由 SAS 语句组成,SAS 语句以关键词开始(除赋值、累加、注释和空语句以外),分号用于标识语句结束。SAS 语句的这种以关键词开始和分号结束的机制,使得在程序设计过程中不需要为每句语句单独分配一行的代码空间,即支持一行多句和多句一行。同时,还需要注意 SAS 语句不区分大小写,且可以在任意位置放入空行或空格,可以在任意列位置开始程序。不过为了程序的易读性,还是建议读者一句一行书写 SAS 语句,并为各语句设置合适的代码缩进格式。

在 SAS 系统中也存在注释语句。为程序适当地加上注释可以便于代码的阅读,方便他人学习使用代码。同时,在程序调试时也可以为一些不需要执行的代码加上注释符,使其成为注释语句。

在 SAS 系统中,注释语句的添加方式类似 C 语言,包括如下两种方式:
- 在程序代码后,通过"/* 注释语句 */"表示注释,注释语句可以占多行;
- 单独使用一行添加注释语句,以" * "号开头,用于标识注释。

(二) SAS 变量

变量是 SAS 语言的重要组成部分。在 SAS 系统中,所有数据以变量形式存在,且每一列数据为一个合法变量。在 SAS 中,变量的类型包括字符型和数值型两种。
- 字符型变量:字符型变量为字符、数字和一些特殊字符的组合,其存储长度为 1～32 767 个字节,默认情况下定义的字符型变量的长度为 8 个字节。字符型变量定义后需在其后加"$"以标识其为字符型变量。

- 数值型变量:数值型变量由数字组成,可以定义的数值范围从 $\pm 10^{-307} \sim \pm 10^{308}$。数值型变量的存储长度为 2~8 个字节,默认情况下为 8 个字节。

同时,SAS 系统中的变量除了可以赋予具体的值外,还可以赋予其他一些属性,包括:
- 变量名称(Name)、变量类型(Types)、变量长度(Length)
- 变量输入格式(Informat)、变量输出格式(Format)、变量标签(Label)

用户可以通过变量定义时对列属性的设置完成这些属性的赋值。

(三) SAS 常量

SAS 常量(或常数)用来表示具有固定值的数值、字符串或其他一些特殊字符。
- 数值型常量:直接通过具体的数值表示,例如 1、2、0.03 等。
- 字符型常量:由单引号引起来的字符串,例如'I am a student'等。
- 日期型常量:由单引号引起的日期,并在其后加字符 D、T、DT 分别代表日期、时间、日期时间,例如:'12:37'T。

(四) SAS 操作符

SAS 操作符表示需要进行算术计算、比较关系、逻辑运算、字符操作等操作的符号,其表示和意义如表 3-1 所示。SAS 基本操作有:算术运算(即数学运算)、关系比较、逻辑运算、字符操作。
- 算术操作符主要用于进行常规的四则运算。
- 关系操作符用于比较两个变量之间是否存在一定关系的比较,返回的结果为关系判断后的真假值;主要用于条件语句或赋值语句。
- 逻辑操作符可用于连接逻辑比较表达式,进行逻辑关系的判断。
- 字符操作符用于两个或多个字符的拼接。

表 3-1 SAS 运算符及意义

算术运算		关系运算		逻辑运算		字符操作	
操作符	意义	操作符	意义	操作符	意义	操作符	意义
+	加	=(EQ)	等于	&(AND)	与(同时成立)	‖(或!!)	拼接字符
−	减	>(GT)	大于	｜(OR)	或(之一成立)		
*	乘	<(LT)	小于	^(NOT)	非(不成立)		
/	除	>=(GE)	大于等于				
**	乘方	<=(LE)	小于等于				
()	括号	~=(NE)	不等于				

(五) SAS 表达式

SAS 表达式是用操作符将变量、常量和函数等连接起来的式子,可用于变量的赋值、变量的转换、变量的计算和逻辑运算。例如:X+5、LOG(n/(n-1))、Y**2+ 4Y-5、weight>100、state='SC'‖state='NE'等都是有效的 SAS 表达式。

二、SAS 程序的基本结构

SAS 程序的基本结构为由多个 SAS 语句构成，而 SAS 语句按照功能的不同可以分为数据步(DATA)和过程步(PROC)。数据步主要用于对程序中数据文件的管理，例如引用需要分析的数据、输入数据等；过程步指进行相关统计分析的命令语句，对于不同分析功能，一般都需要通过指定格式的语句来实现。这两类程序步构成了常用的 SAS 程序，它们既可以单独使用，也可以结合使用。

对于一般的 SAS 程序，前半部分为数据步，用于分析时数据集的导入；后半部分为过程步，用于指定需要进行的统计分析。本节将重点介绍 SAS 中的这两类语句。以下是 DATA 步和 PROC 步结合使用的例子。

【例 3.1】 用数据(DATA)步创建一个含有姓名、性别、统计和英语成绩共 4 个变量的数据集 SCORE。采用在 SAS 系统内直接输入数据的模式创建数据集。并用过程(PROC)步对统计课成绩作基本统计分析。

```
data score;
 input name$ sex$ statistics English;
cards;
李达成 男 92 76
张丽萍 女 89 93
王春雷 男 86 90
刘刚 男 78 89
张颖 女 80 79
;
run;
proc means data= score;
   var statistics;
run;
```

以上是完成例 3.1 要求的 SAS 程序，它有如下 3 个特征：

(1) 以 SAS 关键字开头；
(2) 单条语句始终以分号结束；
(3) 以 RUN 关键字结尾。

数据步以关键字 DATA 开头，过程步以关键字 PROC 开头。RUN 语句用于向 SAS 说明要处理当前程序步中该语句之前的所有行。通常，RUN 语句或新的数据步或过程步的开始即标志着上一程序步的结束。

SAS 语句的格式具有以下特点：
- 语句可以在某一行上的任意位置开始和结束；
- 一个语句可延续数行；多个语句可位于同一行上；
- SAS 语句不区分大小写；
- 可以使用空格或特殊字符分隔 SAS 语句中的"单词"。

三、SAS 程序的操作执行

（一）程序的运行

当程序语句被确认正确无误后，可以将程序提交系统运行。提交程序的方法有：

- 点击工具栏的提交图标 ★；
- 点击主菜单中的"运行→提交"；
- 使用功能键 F8 。

例如，如图 3-1 所示，在 SAS 的编辑器窗口编写例 3.1 的 SAS 程序，点击工具栏的提交图标 ★ 或选择菜单项"运行→提交"均可以提交该 SAS 程序。此时，每一个 DATA、PROC 或 RUN 语句会导致前面的程序步被分别执行。所以，一个 SAS 程序应以 RUN 语句结束，否则，最后一个程序步不会被执行。

SAS 程序执行时，SAS 系统会产生一个日志(Log)窗口，如图 3-2 所示，记录执行过程中的信息和可能发生的任何错误。

图 3-1　在编辑器中输入例 3.1 程序并提交　　　　图 3-2　显示例 3.1 程序运行的日志窗口

SAS 程序执行结果根据程序的不同而有所不同：通常 SAS 程序包括的一些过程步（如本例的 MEANS 过程）会创建报表形式的结果，在输出(Output)窗口显示，如图 3-3 所示。有些 SAS 程序执行诸如新建数据集或数据处理过程（例如本例的 DATA 步），除了在日志

图 3-3　例 3.1 的程序提交后的输出结果

中的记录之外,不产生可见的输出结果。

例 3.1 的程序运行后,在资源管理器窗口的 Work 逻辑库中出现了一个名为 Score 的数据集,打开此数据集,程序中写入的记录就会显示在数据窗口中,如图 3-4 所示。

图 3-4 例 3.1 的程序在 WORK 库生成的 Score 数据集

(二) 程序的修改与保存

通常情况下,在程序运行完毕后,要先检查日志窗口中的日志,看程序语句有无错误。如果程序语句编写有误,而且该错误能被 SAS 系统纠正,则在日志窗口中会出现红色下划线和错误标记,并用绿色字体提示错误,而程序照常运行。如果所犯的错误无法被 SAS 系统纠正,则日志窗口中会出现红色字体提示错误,而且程序不会运行。此时需修改程序语句,才能完成运算。

修改程序语句时,只需切换到编辑器窗口,在原来程序有错误的地方进行语句修改,然后再提交运行。有时需反复几次,直到日志窗口不再出现错误提示。如果在编辑器窗口已无程序显示,只要选择菜单栏"运行→重新调用上次提交"或者使用功能键 F4,即可将原来执行过的程序调回编辑器窗口。

程序语句编辑无误后,可以将编辑好的程序以文件的形式保存下来,以备以后检查或修改。保存程序可以通过菜单"文件→保存"选项来保存程序文件。

有时,程序已经以文件的形式保存下来了,再作同样的处理时可不必再编辑程序,可以调用已有的程序完成运算。调用程序可用菜单"文件→打开程序"选项来完成。

(三) SAS 程序的常见错误

1. 关键词、过程名、变量名等拼写错误,由此会导致程序无法执行。

如果提交了含有错误拼写关键词的程序,SAS 系统会自动对一些常见的关键词拼写错误做校正,程序可以按照校正后的代码正常执行。在日志窗口会指出程序关键词被错拼,并给出校正的关键词。

2. 语法错误是由于不正确地使用 SAS 语言造成的,主要是因为用户对 SAS 语言规范未牢固掌握,同时受到其他编程语言的影响,写出了一些不符合 SAS 程序设计规范的语句,导致程序出错。

常见的错误介绍如下。

(1) 分号";"的漏用

分号的漏用是入门读者经常会犯的错误。不同于一般的程序设计语言,SAS 程序需要在每句程序语句后都强制加上";"。如果遗漏分号,SAS 系统将无法识别语句的结束,而对之后语句关键词等的识别也都将出错。同时,使用 CARDS 语句输入数据后,在数据输入结束时,也需要强制加上分号,标志数据输入的完成。

(2) RUN 语句的漏用

未使用 RUN 语句的 SAS 过程,在程序执行过程中只能向 SAS 系统提交相关的代码,系统接收代码后未接到 RUN 语句的执行命令,程序无法执行。此时日志窗口不会给出任何提示信息,也无法得到计算结果。

(3) 错用中文标点符号

在 SAS 系统中使用的标点符号必须为英文符号。中文的标点符号对于 SAS 系统来说都是无效的符号,例如错误使用中文状态的分号,无法起到标识语句结束的作用。

(4) 引号或括号的不配对使用

引号或括号的不配对使用在程序设计中经常会遇到,由于在程序中没有中括号、大括号等区别,所有的括号都用小括号,多层小括号使用的时候易出现不配对的情况。

四、编程法建立逻辑库

在前面第 1 章第三节中介绍了在 SAS 浏览器中建立逻辑库的方法,下面介绍使用编程的方法建立逻辑库。

建立逻辑库,又称为指定逻辑库,其实质是把一个库名和一个实际文件夹联系起来,指定逻辑库的命令语句为全程语句,其格式如下:

```
LIBNAME 逻辑库名 "路径";
```

例如指定的库名为 Mylib,路径为:E:\sas data\,SAS 语句如下:

```
libname mylib "E:\sas data\";
```

下面的语句可以显示所有已指定的逻辑库名:

```
libname _all_ list;
```

若要取消指定的逻辑库名,可以使用如下格式:

```
libname  逻辑库名 clear;
```

例如,用 libname mylib clear;即可取消所建立的 mylib 指定的逻辑库名。若要取消所有指定的逻辑库名,可以使用如下语句:

```
libname _all_ clear;
```

当然,不包括系统默认的逻辑库名:Sashelp、Sasuser、Sasmap、Work。

第二节 SAS 数据集的创建

一、直接输入数据创建数据集

在 SAS 系统中,直接输入数据,创建 SAS 数据集的基本句法格式为

SAS 程序格式	说 明
DATA 数据集名;	创建数据集并命名
INPUT 变量列表;	列出数据集的变量名
[其他 DATA 步语句;]	可选用其他 DATA 步语句
CARDS;	数据区开始的标志
数据块	数据块
;	空语句,数据区结束的标志
RUN;	数据步程序提交运行

在上述格式中,方括号内的语句是可选用的语句。

◆ DATA 语句　用于指定数据集名,并标识数据步的开始。所创建的数据集可以是在指定永久逻辑库下,此时数据集名应为"逻辑库名.数据集名",如果省略逻辑库名,创建的数据集将存储在 Work 临时逻辑库下,在 SAS 软件关闭后将不存在。

◆ INPUT 语句　用于顺序列出输入数据的变量名,各个变量之间通过空格间隔,默认情况下输入的变量为数值型。如果输入的数据为字符串型,需要在变量名后加"$"符号。

◆ 其他需要选用的 DATA 步语句,可用在 INPUT 语句与 CARDS 语句之间。

◆ CARDS 语句　用于标识数据的开始,且输入的数据各列应与 INPUT 语句定义的变量顺序一致。如果 CARDS 后面的数据行有多组观测,可以在 INPUT 语句的末尾增加行停留符"@@",以便接着读入后续的数据。

◆ 数据　将在 CARDS 语句后开始输入,各个数据之间至少通过一个空格间隔,且输入的数据的顺序应该与 INPUT 语句中列出的变量名顺序相同。如果输入的数据中有缺失值,需要使用"."标识。最后,所有数据输入完毕后,";"分号(空语句)不可以忘记加上。

◆ RUN 语句　用于向 SAS 系统提交数据步的程序。

前面的例 3.1 数据步即为内部输入数据创建 SAS 数据集的例子,下面再给出在 INPUT 语句中用"@@"以连续读入数据,最后在输出窗口显示所见建数据集的例子。

【例 3.2】　输入 5 位同学的学号与姓名,建成 SAS 数据集,要求在同一行数据连续读入。

```
data ex3_2;
  Input number name $ @@;
cards;
202141001 杨士诚   202141002 张婷玉   202141003 王予凡
202141004 许馨丹   202141005 陈哲恺
  ;
run;
proc print;
run;
```

本例新建数据集 EX3_2,并在 INPUT 语句的末尾增加行停留符"@@",即可在读入数据时在同一行读入多组数据,读完后再换行。程序最后的"proc print;run;"为将所建的数据集在输出窗口显示的 PRINT 过程语句。例 3.2 程序运行的日志记录见图 3-5,输出结果见图 3-6。

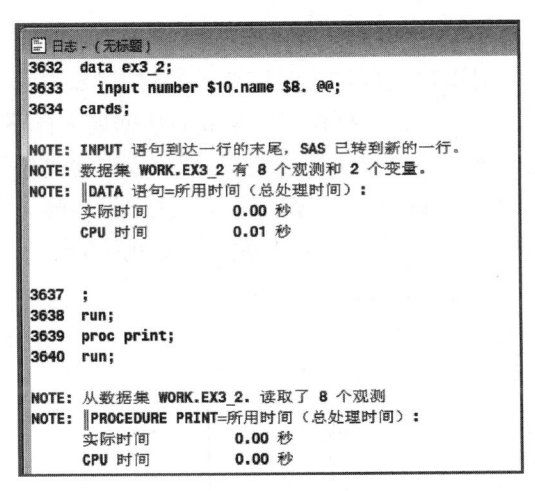

图 3-5　例 3.2 程序运行的日志记录

图 3-6　例 3.2 的输出结果

二、外部文件数据创建数据集

对于存放在外部文件上的数据集,通过 DATA 步语句创建 SAS 数据集基本语言格式为:

SAS 程序格式	说　明
DATA 数据集名; 　INFILE '外部文件路径'[选项]; 　INPUT 变量列表; 　[其他 DATA 步语句;] RUN;	创建数据集并命名 从指定的路径读取外部文件数据 列出数据集的变量名 数据步程序提交运行

其中,INFILE 语句用于从指定的文件路径下读取数据文件,此处的文件路径应为完整的文件路径,同时选项中可以设置 SAS 读取数据的相关参数,例如读取的数据行数等。SAS 系

统中支持的从外部读取的文本文件类型包括后缀为 txt、dat 和 csv 的数据文件。类似于第一种的数据步格式,INPUT 语句用于顺序列出读取的变量名。

【例 3.3】 (数据步的使用:外部文件数据)现有例 1.3 的〈居民体检数据〉保存于名为 test1 的文本文件中,并存在"E:\sasdata"文件夹下,下面通过含 INFILE 语句的数据步实现 SAS 数据集的输入。

```
data ex3_3;
  infile 'E:\sasdata\test1.txt';
  input name$  sex$  h  w;
run;
```

在编辑器窗口执行上述程序后,将从外部文件'E:\sasdata\test.txt'输入数据建成 SAS 数据集 WORK.EX3_3。

三、数据库导入文件创建数据集

对于 Excel 生成的外部数据文件,通过数据步建立数据集时需要先通过 SAS 过程步中的 IMPORT 过程生成 SAS 可以识别的数据集,然后再根据需求对生成的数据集进行整理。

对于 Excel 格式外部数据文件,SAS 建立数据集时分两步来处理,第一步先通过过程步 SAS 内部过程 IMPORT 把 Excel 格式外部文件不做任何处理生成 SAS 数据集;第二步根据需求再对已经生成的数据集进行数据处理。该 Excel 数据文件存储形式如图 3-7 所示。

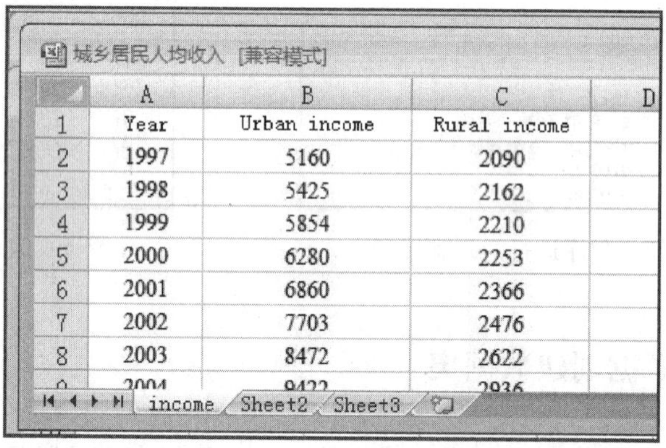

图 3-7 Excel 数据文件

通过 SAS 内部 IMPORT 过程,先把 Excel 文件通过数据库导入读取出来,转换成 SAS 数据集的导入程序格式如下。

SAS 程序格式	意 义
PROC IMPORT OUT= SAS 数据集名	调用 IMPORT 过程,指定输出的 SAS 数据集名
DATAFILE= "Excel 存储文件路径";	指明要导入的 Excel 文件的完整路径与文件名
SHEET= "表单名";	指明数据所在的 Excel 电子表格中的表单名字
GETNAMES= YES;	指出第一行是否有字段名:YES(有)或 NO(没有)
RUN;	提交上述程序运行,过程步结束

【例 3.4】 现有 Excel 类型的数据文件"城乡居民人均收入",如图 3-7 所示,其文件存储路径为"D:\sastest\城乡居民人均收入.xls",数据在其名为"income"的表单里,需生成的 SAS 数据集名为 P_INCOME,保留里面的 Year、Urban_income、Rural_income 等字段,存储路径为"D:\sastest"。

通过 IMPORT 过程生成数据集 P_INCOME 的程序为:

```
libname  xy  'd:\sastest';
proc import out= xy.p_income         /* 输出的 sas 数据集名*/
    datafile= " d:\sastest\城乡居民人均收入.xls ";
    /* 要导入的 excel 文件的完整路径与文件名,写清楚文件的扩展名*/
    sheet= " income ";                /* 指出电子表格中的表单名*/
    getnames= yes;                    /* 指出第一行是否有字段名*/
proc print  data= xy.p_income;       /* 打印输出数据集 p_income */
run;
```

读取 Excel 文件时,如果第一行记录是字段名,则 getnames=yes;如果第一行记录不是字段名,则 getname=no。

执行上述程序后,将建成的 SAS 数据集 P_INCOME,输出结果如图 3-8 所示。

Obs	Year	Urban_income	Rural_income
1	1997	5160	2090
2	1998	5425	2162
3	1999	5854	2210
4	2000	6280	2253
5	2001	6860	2366
6	2002	7703	2476
7	2003	8472	2622
8	2004	9422	2936
9	2005	10493	3255
10	2006	11760	3587
11	2007	13786	4140
12	2008	15781	4761
13	2009	17175	5153
14	2010	19109	5919
15	2011	21810	6977
16	2012	24565	7917
17	.	.	.

Obs	Year	Urban_income
1	1997	5160
2	1998	5425
3	1999	5854
4	2000	6280
5	2001	6860
6	2002	7703
7	2003	8472
8	2004	9422
9	2005	10493
10	2006	11760
11	2007	13786
12	2008	15781
13	2009	17175
14	2010	19109
15	2011	21810
16	2012	24565
17	.	.

图 3-8 例 3.4 数据集的输出结果　　图 3-9 例 3.5 数据集的输出结果

【例 3.5】 如果只需要建立城市人均收入的 SAS 数据集 CITY_INCOME,即需要在例 3.4 中已建好的数据集 P_INCOME 中保留变量 year、urban_income,则可通过下列程序来实现。

```
data  xy.city_income;                          /* 建立数据集 city_income */
  set  xy.p_income (keep= year urban_income); /* keep 选项取要保留的变量*/
run;
proc print  data= xy.city_income;             /* 输出窗口输出数据集 city_income */
run;
```

执行上述程序后,将建成仅保留变量 year、urban_income 的 SAS 数据集 CITY_INCOME,输出结果如图 3-9 所示。

(高祖新)

Chapter 04
SAS 数据步与数据处理

第一节 SAS 数据步语句
  一、SAS 数据步语句概述
  二、数据集创建语句
  三、数据管理语句
  四、数据信息处理语句
第二节 SAS 编程的控制语句
  一、条件语句
  二、循环语句
  三、编程控制语句
第三节 常用 SAS 函数
  一、SAS 函数的基本形式
  二、常用 SAS 函数
  三、调用子程序的 CALL 语句

第一节 SAS 数据步语句

一、SAS 数据步语句概述

在 SAS 系统中,数据步(DATA 步)的语句包括数据集创建语句、赋值语句、数据管理语句、数据信息语句、控制语句、数组语句等,其关键词、基本格式和作用如表 4-1 所示。

表 4-1 数据步的常用语句

语句类型	基本格式	作用
DATA	DATA [数据集名列表] [选项];	表示 DATA 步开始并创建一个 SAS 数据集
INPUT	INPUT 变量名列表 [选项];	用于列出数据集的变量名
CARDS	CARDS;	用于导引输入的数据行(不含分号)
CARDS4	CARDS4;	用于导引输入的数据行(含分号)
DATALINES	DATALINES;	CARDS 语句的另一种写法
DATALINES4	DATALINES4;	CARDS4 语句的另一种写法
;	;	空语句,表示输入的数据行的结束
;;;;	;;;;	空语句,表示输入的数据行(含分号)的结束
RUN	RUN;	用于向 SAS 系统提交数据步(或过程步)的程序
INFILE	INFILE '外部文件路径' [选项];	规定 DATA 步要输入的外部文件
赋值语句	变量=表达式;	将表达式计算的值赋予指定的变量
累加语句	累加变量+表达式;	用于将一个表达式的结果加到累加变量上
PUT	PUT 变量名[=];	主要用于把数据输出到日志窗口
FILE	FILE PRINT 或 '文件路径';	与 PUT 语句联用,把数据输出到结果窗口或外部文件中
LENGTH	LENGTH 变量名[$]变量长度;	定义变量的长度,字符型变量需添加符号"$"
LABEL	LABEL 变量名=标签名;	为输入的变量加上标签,标签可为中文符号
KEEP	KEEP 变量名列表;	用于变量的选择,保留需使用变量
DROP	DROP 变量名列表;	删除指定变量,实现有用变量的保存
WHERE	WHERE 表达式;	选择数据集中符合一定条件观测
SET	SET 数据集名列表 [选项];	从 SAS 数据集中读取观测数据
MERGE	MERGE 数据集名 1 [选项] 数据集名 2 [选项]…;	将多个数据集中的观测合并为一个观测,并生成合并后的新数据集
BY	BY [DESCENDING] 变量名;	规定分组变量,对数据集的各种操作进行控制
RENAME	RENAME 原变量名=新变量名;	更改数据集中的变量名,用于变量的重新命名
UPDATE	UPDATE 主数据集名 [选项];	通过修改主数据集的观测来更新 SAS 数据集
MODIFY	MODIFY 主数据集名 [选项];	扩充 DATA 步的功能,修改 SAS 数据集

SAS 数据步是利用 SAS 系统处理数据的最为关键的一步,只有将数据准确无误地输入数据集,生成有效合理的 SAS 数据集,才能调用合适的 SAS 过程对 SAS 数据集中的数据进行分析和利用。而生成有效 SAS 数据集的关键在于正确应用这些数据步语句。

下面我们结合 SAS 程序例子介绍和了解这些数据步常用语句的具体用法。

二、数据集创建语句

数据步即 DATA 步用于创建或管理 SAS 数据集,同时也可用来生成报表、计算新变量的值,通过对现有数据集取子集、合并和更新来生成新的 SAS 数据集等。这里我们首先介绍 SAS 数据集创建所用的主要语句。

(一) DATA 语句

DATA 语句用于表示数据步的开始,并规定要创建的 SAS 数据集名。其语句格式为:

```
DATA [数据集名列表] [选项];
```

其中"数据集名列表"规定要创建的 SAS 数据集名字,语句的"选项"中包括"VIEW＝创建 DATA 步数据视窗文件"和"PGM＝存储被编辑程序"等。

下面作为示例,给出 DATA 语句的一些例句。

```
data;  (或 data data;)         /* 系统自动规定数据集名 datan*/
data a;                        /* 创建临时数据集 a */
data mylib.a;                  /* 创建永久数据集 mylib.a */
data class_m class_f;          /* 创建两个临时数据集 class_m 和 class_f */
data _null_;                   /* 特殊名,不创建 sas 数据集,主要用于输出*/
data class_h (drop= weight);   /* 去掉数据集 CLASS_H 中变量 weight */
data new (keep= _numeric_);    /* 保留数据集 NEW 中所有数值变量*/
```

DATA _NULL_ 语句一般和 PUT 语句一起用。由 PUT 输出结果,只输出到日志窗口,不会产生 SAS 数据集。

【例 4.1】 不产生数据集,计算当 x＝3 时,y＝ln(x),z＝sin(y)的计算结果。

```
data _null_;
  x= 3;
  y= log(x);
  z= sin(y);
  put x=  y=  z= ;
run;
```

执行上述程序,即可在日志窗口显示其计算结果,如图 4-1 中所示:x=3 时,y= 1.0986122887,z=0.8905770417

```
3641    data  null;
3642         x=3;
3643         y= log (x);
3644         z=sin(y);
3645         put x=  y=  z=;
3646    run;

x=3 y=1.0986122887 z=0.8905770417
NOTE: 数据集 WORK.NULL 有 1 个观测和 3 个变量。
NOTE: |DATA 语句=所用时间（总处理时间）：
```

图 4-1　例 4.1 在日志窗口显示的结果

（二）INPUT 语句

INPUT 语句是最为常用的向 SAS 系统中读入变量数据的语句，其常用的读取数据形式有列表模式和列模式。

1. 列表模式

列表输入模式是较为简单的数据读入格式，对读取的数据有以下要求：
- 每个变量为一列数据，变量与变量之间通过分隔符分隔。
- 缺失的数据需以"."号表示。

采用列表模式输入时，只需在 INPUT 语句中按顺序列出变量列表，SAS 系统读取时会按变量顺序逐个读取数据，遇到分隔符就读取下一个变量。INPUT 语句的基本格式为：

> INPUT　变量名[$][选项][@@];

其中输入数据如果为字符型数据，需要在其后加"$"符号。选项参数可用于设置输入数据的格式。系统默认一个数据行仅读取一组数据观测，即系统输入完所有变量后会自动转入下一数据行进行数据读取。如果一个数据行要读取多组观测数据，需用符号@@表示。

INPUT 语句缺省的变量分隔符为空格，因此对于其他分隔符（例如逗号、制表符等），需要通过 INFILE 语句设置，设置语句为
- INFILE 文件路径 DLM='分隔符号';
- INFILE CARDS DLM='分隔符号';

INPUT 语句读取的字符型数据的默认长度为 8 个字符，超过 8 各字符的变量，需要通过 LENGTH 语句定义其长度。LENGTH 语句的格式为

> LENGTH　变量名 $ 长度;

【例 4.2】　INPUT 列表模式数据输入。

```
data ex4_2;
  input number $10.  name $   @@;
cards;
202141001 杨士诚    202141002 张婷玉    202141003 王予凡
202141004 许馨丹    202141005 陈哲恺    202141004 刘子沐
;
run;
```

上述程序通过 INPUT 列表模式实现数据输入，INPUT 语句后加了"@@"符号，可在一行读取多组观测数据，直至没有数据后转入下一行，输入的数据如图 4-2。如果 INPUT 语句未加"@@"符号，系统默认一行读入一组观测数据，即转入下一行，最后仅读取了 2 次观测数据进入数据集中，如图 4-3 所示。

图 4-2　INPUT 语句加@@的输入数据　　　图 4-3　INPUT 语句未加@@的输入数据

2. 列模式

对于没有固定分隔符的数据，如果已按列排列好，不同观测的各变量均从相同的列开始，即可使用列模式的数据输入方式。可以通过列模式指定每个变量所在的数据列输入数据。其 INPUT 语句的基本格式为：

```
INPUT  变量名1[$]起始列数- 终止列数 ...变量名n[$]起始列数- 终止列数；
```

【例 4.3】(INPUT 列模式数据输入)　利用 INPUT 语句列模式读入身份证的号码 ID (第 1～18 列)，并根据身份证各位号码的含义按列顺序向数据集 EX4_3 输入 province (第 1～2 列)、city(第 3～4 列)、region(第 5～6 列)、birthday(第 7～14 列)、rank(第 15～17 列)、verify(第 18 列)等变量的数据。

```
data  ex4_3;
  input id$ 1- 18  province$ 1- 2  city$ 3- 4  region$ 5- 6  birthday$ 7- 14
     rank$ 15- 17  verify$18;
cards;
320105197506173452
160512200612052235
310102196804123228
;
run;
proc print;
run;
```

其输出的结果如图 4-4 所示。

Obs	id	province	city	region	birthday	rank	verify
1	320105197506173452	32	01	05	19750617	345	2
2	160512200612052235	16	05	12	20061205	223	5
3	310102196804123228	31	01	02	19680412	322	8

图 4-4　例 4.3 读入身份证号码的输出结果

（三）CARDS 和 CARDS4 语句
（或 DATALINES 和 DATALINES4 语句）

1. CARDS 语句（或 DATALINES 语句）

CARDS 语句或 DATALINES 语句表示后面跟着的是 SAS 数据行，并要用空语句";"作为数据行的结束。其语句基本格式是

```
CARDS;（或 DATALINES;）
[数据行]
;
```

如果数据已保存在外部文本数据文件中，应使用 INFILE 语句代替 CARDS（或者 DATALINES）语句指出数据存储的位置。

如果 DATALINES 语句后面某数据行含有缺失值，即某组数据数少于变量数，则读入该组数据时，其数据数不足就转下一行读入，导致读数据混乱。为此可使用语句 INFILE DATALINES MISSOVER;从 DATALINES 后的数据行读数据，若某组数据不足时，将按缺失数据处理，而不会转下一行去读。

【例 4.4】　读入 x、y、z 变量数据建立数据集，其中第 2 组数据含有缺失值。

```
data ex4_4;
   infile  datalines  missover;
   input x y z;
datalines;
3 1.67  54
4 1.80
6 1.76  75
7 1.68  60
;
proc print;
run;
```

Obs	x	y	z
1	3	1.67	54
2	4	1.80	.
3	6	1.76	75
4	7	1.68	60

图 4-5　例 4.4 输出的数据集

执行上述程序，所得数据集的输出如图 4-5 所示，其中缺失值处已标志为"."。

2. CARDS4（或 DATALINES4）语句

SAS 程序中分号标志着数据行的结束，但如果数据行中含有分号时，必须用 CARDS4（或 DATALINES4）语句代替 CARDS（或者 DATALINES）语句。数据的最后使用 4 个分

号";;;;"作为结束。其语句基本格式是

```
CARDS4;(或 DATALINES4;)
[数据行(含分号)]
;;;;
```

(四) NULL 语句(空语句)

空语句是仅有一个分号(;)或4个分号(;;;;),用于固定位置,表示数据行的结束。其语句格式为:

```
;(或;;;;)
```

其中一个分号(;)的空语句用于 CARDS 或 DATALINES 语句后的数据行的结束,如上述例4.4 所示。4 个分号(;;;;)的空语句用于 CARDS4 或 DATALINES4 语句后的数据行(该数据行中含有分号)的结束。

虽然空语句没有执行动作,但它是可执行语句。在 DATA 步中,CARDS(或 DATALINES)语句表示后面紧跟着的是数据行,当 SAS 遇到空语句(;)时,就表明数据行结束了。

实用中,当数据行后面第一个语句(如 PROC PRINT;)中包含一个分号,空语句也可以省略。

(五) INFILE 语句

INFILE 语句可用于打开存放在外部文本文件中的数据文件以创建 SAS 数据集。在 INFILE 语句中需指定输入的文本文件的完整路径,其后需要使用 INPUT 语句进一步读取出文本文件中的数据集。INFILE 语句的基本格式为:

```
INFILE 文件路径 [选项];
```

- 文件路径应包含文件完整路径和文件名,如果是默认文件路径,系统将在当前路径下寻找"文件名"的数据文件。
- 可选参数"选项"可设置输入数据的基本格式,可用 DELIMITER 选项设置数据输入的分隔符,默认分隔符为空格。

例 4.5(INFILE 语句的使用) 新建数据文件 TEST1.TXT,存放于 F:盘下的 SASDATA 文件夹中,其中存放数据:

```
1,2,3,4,5,6,7,8,
```

而","为数据间隔符。试将其作为外部输入数据文件,依次作为 x、y 的值读入 SAS 系统,并在日志窗口显示结果。

```
data ex4_5;
 infile 'f:\sasdata\test1.txt'
   delimiter= ',';
 input  x  y  @@;
 put  x=   y= ;
run;
```

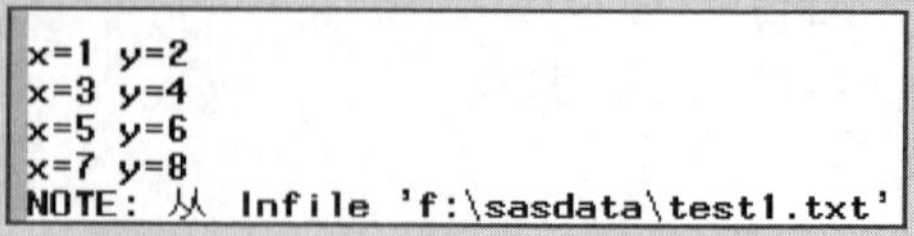

```
x=1 y=2
x=3 y=4
x=5 y=6
x=7 y=8
NOTE: 从 Infile 'f:\sasdata\test1.txt'
```

图 4-6　例 4.5 的日志显示结果

执行上述程序,在日志窗口将显示输入的 SAS 数据集,如图 4-6 所示。

三、数据管理语句

(一) 赋值语句与累加语句

1. 赋值语句

赋值语句用于将表达式结果赋予一个变量。其语句格式为

```
变量= 表达式;
```

其中"变量"规定新变量或者已存在的变量,可以是变量名和数组元素;"表达式"为任意有效的 SAS 表达式。

例如,下面语句都是有效的赋值语句:

```
● x= 4;
● cityname= '南京';
● s(4)= max(of x1- x6)+ (x3+ x4)/2;
● y= y+ x;
```

赋值语句中,如表 4-2 所示,其结果变量类型由表达式中的变量类型决定。

表 4-2　由表达式中的变量类型决定结果变量的类型

表达式中的变量类型	结果变量类型
全为数值型	数值型
全为字符型	字符型
既有数值型又有字符型	数值型

对于同时含有数值与字符变量的表达式,SAS 系统先将表达式中的字符变量转换为数值变量,然后进行运算,不能转换时,系统发布错误信息。

赋值语句中,结果变量的长度是第一次扫描结果的长度,除非事先由 LENGTH 语句规定好结果变量的长度。

2. 累加语句

累加语句用于将一个表达式的结果加到累加变量上。其语句格式:

```
累加变量+ 表达式;
```

其中累加变量必须是数值变量,其观测在读入之前为 0,需要时可由 RETAIN 语句来给出其非 0 的初始值;而"表达式"为有效的 SAS 表达式,并且可以使用比较算符,当表达式的计算结果为缺失值时以 0 代替。

累加语句等于使用 SUM 函数和一个 RETAIN 语句:

> 变量= SUM(变量,表达式,0);
> RETAIN 变量 0;

例如,下面语句都是有效的累加语句:

- sumx+ x* x;   /* 每次执行时将 x* x 的结果加到 sumx 上*/
- A+ (-B)   /* A+(-B)不能写成 A−B,这里的+是必须的*/
- nx+ x^= . 或 nx+ (x^= .)
/* 该累加语句使用比较算符"^="。当 x 的值不是缺失值表达式是真的,值为 1;当 x 的值是缺失时,表达式的值是 0。于是 nx 表示具有 x 非缺失值的观测个数*/

【例 4.6】 在班级同学数据集 SASHELP.CLASS 中,用累加语句 n+1 依次选出 10 个 height 大于 60 的同学建成数据集 EX4_6,并用 sum_h 变量统计入选同学的累积身高。

```
data ex4_6;
  set sashelp.class;
    if height> 60 then do;
      n+ 1;
      sum_h+ height;
      output;
    end;
  if n= 10 then stop;
run;
proc print data= ex4_6;
run;
```

程序中,累加语句"n+1;"等价于 n=n+1,每执行一次,累加变量 n 就增加 1;每次执行累加语句"sum_h+height;"累加变量 sum_h 则会增添新入选观测的身高 height 值。语句"if n=10 then stop;"则要求 SAS 系统当 n=10 时终止创建这个数据集。

执行上述程序,所得数据集由 PRINT 过程输出,结果如图 4-7 所示。

Obs	Name	Sex	Age	Height	Weight	n	sum_h
1	菲利普	男	16	72.0	150.0	1	72.0
2	阿尔弗雷德	男	14	69.0	112.5	2	141.0
3	罗纳德	男	15	67.0	133.0	3	208.0
4	威廉	男	15	66.5	112.0	4	274.5
5	罗伯特	男	12	64.8	128.0	5	339.3
6	亨利	男	14	63.5	102.5	6	402.8
7	木弗瑞	男	13	62.5	84.0	7	465.3
8	玛丽	女	15	66.5	112.0	8	531.8
9	芭芭拉	女	13	65.3	98.0	9	597.1
10	莱迪	女	14	64.3	90.0	10	661.4

图 4-7 例 4.6 建立的数据集结果

（二）数据集的复制调用与 SET 语句

可以用 SET 语句把一个已有的 SAS 数据集复制到一个新数据集中，同时还可以进行修改。SET 语句的基本格式为：

SAS 程序格式	说　明
DATA 新数据集名；	创建数据集并命名
SET 数据集名[选项]；	从指定的 SAS 数据集中读取数据
[KEEP 变量列表；]	[列出在新数据集中要保留的变量名]
[DROP 变量列表；]	[列出在新数据集中要删除的变量名]
[其他语句]	
RUN；	数据步程序提交运行

SET 语句对生成的一个或多个 SAS 数据集进行处理，可以实现对多个 SAS 数据集复制或纵向合并等功能。其语法格式为：

SET[数据集名1][选项][数据集名2][选项]．．．；

SET 语句功能是复制数据集或纵向合并数据集，其语句的选项说明见表 4-3。

表 4-3　SET 语句选项说明

选　项	意　义
数据集名	指定复制或合并的数据集名
NOBS=变量名	记录数据集的总观测数，赋值给此变量
END=变量名	规定临时变量，作为文件结束的标识
POINT=变量名	指定读入数据集观测序号
KEY=索引名	创建一个新自动变量_IORC_，显示 I/O 操作的观测序号
KEY=UNIQUE	从数据集索引开头开始搜索

SET 语句的功能主要有：

- 调用或者复制 SAS 数据集
- 实现相同属性数据集纵向合并
- 通过 KEEP=，WHERE=，RENAME=等语句选项对 SAS 数据集的变量、观测等进行选择处理

1. 如果仅有 SET 语句，即作数据集的简单复制。

【例 4.7】　将例 3.1 的数据集 WORK.SCORE 复制为数据集 EX4_7，只要用如下程序：

```
data ex4_7;
   set score;
run;
```

【例 4.8】　在例 4.7 复制过程的同时用赋值语句给数据集增加一个新的变量（输出见图 4-8）：

```
data ex4_8;
  set score;
  avg = statistics * 0.6+ English * 0.4;
run;
proc print;
run;
```

Obs	name	sex	statistics	English	avg
1	李达成	男	92	76	85.6
2	张丽萍	女	89	93	90.6
3	王春雷	男	86	90	87.6
4	刘刚	男	78	89	82.4
5	张颖	女	80	79	79.6

图 4-8 增加新变量的新数据集

2. 使用 IF-THEN" 语句可以在复制的同时对生成的数据集进行修改。

【例 4.9】 在例 3.1 的 SCORE 数据集中将英语成绩 90 分及以上的成绩都加 5 分,可以用如下程序实现:

```
data ex4_9;
  set score;
  if English>= 90 then
    English= English+ 5;
run;
proc print;
run;
```

Obs	name	sex	statistics	English
1	李达成	男	92	76
2	张丽萍	女	89	98
3	王春雷	男	86	95
4	刘刚	男	78	89
5	张颖	女	80	79

图 4-9 IF 语句复制修改数据

输出结果如图 4-9 所示。

3. 使用 KEEP 语句指定要保留的变量。

【例 4.10】 在例 4.8 所建的 SAS 数据集 EX4_8 中仅保留 name 和 avg 变量,生成数据集 EX4_10。

```
data ex4_10;
   set ex4_8;
   keep name avg;
run;
```

此时生成的数据集 EX4_10 中只包含 name 和 avg 两个变量。

4. 使用 DROP 语句删除变量。

例 4.10 的 KEEP 语句可以换成:

```
drop sex statistics English;
```

用这种方法可以取出数据集的一部分列组成的子集。

5. 使用 IF 语句可指定一个条件,取出数据集中满足该条件的观测数据组成新子集。

【例 4.11】 在 EX4_8 数据集中,取出统计成绩 80 分以上、英语成绩 90 分以上的学生的观测组成新的数据集。可以用如下的子集 IF 语句的程序来实现:

```
data ex4_11;
   set ex4_8;
   if statistics>= 80 and English ge 90;
run;
proc print;
run;
```

Obs	name	sex	statistics	English	avg
1	张丽萍	女	89	93	90.6
2	王春雷	男	86	90	87.6

图 4-10 例 4.11 取观测的输出结果

程序输出结果如图 4-10 所示。
SET 语句还可选用下列句法格式

SAS 程序格式	说 明
DATA 数据集名; 　SET 数据集名[选项]; 　IF 条件表达式 [THEN 语句]; RUN;	创建数据集并命名 从指定的 SAS 数据集中读取数据 设置从数据集中选择观测的条件 数据步程序提交运行

上述 SET 语句格式中可用的[选项]及作用如表 4-4 所示。

表 4-4　SET 语句中常用选项及作用

选　项	作　用
KEEP=变量名	表示读入数据集时要保留的变量
DROP=变量名	表示读入数据集时要删除的变量
WHERE=（表达式）	从数据集中选择满足表达式的观测数据读入
RENANE=（原变量名=新变量名）	规定变量新的名称
FIRSTOBS=n	规定从数据集中的第 n 行开始读入
OBS=m	规定到数据集中的第 m 行结束读入

上述选项 KEEP=、DROP=、WHERE=、RENANE=分别与 KEEP 语句、DROP 语句、WHERE 语句、RENANE 语句的功能类似。

【例 4.12】 读取 SASHELP.CLASS 数据集中前 13 名同学的 name 和 weight 变量，选出其中 weight>90 的同学生成 EX4_12 数据集。

```
data ex4_12;
 set sashelp.class
   (keep= name weight where= (weight> 90) obs= 13 );
run;
proc print;
run;
```

执行程序后生成的数据集 EX4_12 只包含前 13 名同学中符合条件的 11 人的 name 和 weight 变量，结果如图 4-11 所示。

```
Obs    Name           Weight
 1     菲利普          150.0
 2     阿尔弗雷德      112.5
 3     罗纳德          133.0
 4     威廉            112.0
 5     罗伯特          128.0
 6     亨利            102.5
 7     约翰             99.5
 8     玛丽            112.0
 9     芭芭拉           98.0
10     凯露           102.5
11     雅妮特          112.5
```

图 4-11 例 4.12 的输出数据集

（三）数据集输出与 OUTPUT 语句

使用 SET 和 OUTPUT 语句可以根据某一分类原则把数据行分别存放到不同的数据集，其语法格式为：

SAS 程序格式	说　明
DATA 新数据集 1 新数据集 2 …; 　SET 数据集［选项］; 　SELECT(选择表达式); 　　［WHEN(条件 1) OUTPUT 新效据集 1;］ 　　［WHEN(条件 2) OUTPUT 新级据集 2;］ 　END; RUN;	创建新数据集 1、新数据集 2、…并命名 从指定的 SAS 数据集中读取数据 设置从数据集中选择观测到不同新数据集条件 当读入数据满足条件 1 时，输出到新数据集 1 中 当读入数据满足条件 2 时，输出到新数据集 2 中 退出选择语句块 该数据步程序结束，提交运行

OUTPUT 语句将当前的观测输出到被创建的数据集中。其语句格式

```
OUTPUT  [数据集 1]…[数据集 n];
```

如果没有选项则将当前观测输出到 DATA 语句中命名的所有数据集中。

OUTPUT 语句的作用主要有：

- 由一个输入数据行创建多个观测；
- 由一个输入数据文件创建多个 SAS 数据集；
- 由几个输入数据行合并为一个观测。

【例 4.13】 现需将数据集 SASUSER.CLASS 中的所有男生的观测放到数据集 CLASS_M 中，把所有女生的观测放到 CLASS_F 中，并删除 sex 变量，最后用 PRINT 过程输出仅含男生(sex=M)的数据集 CLASS_M。可以使用如下程序：

```
data class_m class_f;
 set sasuser.class;
 select(sex);
```

```
        when('M') output class_m;
        when('F') output class_f;
        otherwise put sex= '有错';
      end;
    drop sex;
 run;
 proc print data= class_m;
 run;
```

```
Obs    name       age    height    weight
 1     Alfred     14      69.0      112.5
 2     Duke       14      63.5      102.5
 3     Guido      15      67.0      133.0
 4     James      12      57.3       83.0
 5     Jeffrey    13      62.5       84.0
 6     John       12      59.0       99.5
 7     Philip     16      72.0      150.0
 8     Robert     12      64.8      128.0
 9     Thomas     11      57.5       85.0
10     William    15      66.5      112.0
```

图 4-12 例 4.13 输出拆分的男生数据集结果

执行该程序，仅输出拆分后的男生数据集，输出结果如图 4-12 所示。

这个程序中有两个地方需要注意：在 DATA 语句中，我们指定了两个数据集名，这表示要生成两个数据集。程序中用 SET 语句引入了一个数据集，如何将这个数据集的观测分配到两个结果数据集中呢？关键在于 OUTPUT 语句。OUTPUT 语句是一个可执行语句，它命令把当前观测写到语句指定的数据集中。这样，根据 SELECT 的结果把不同性别的观测分别放到了两个不同数据集中。

（四）数据集的合并与 MERGE 语句

1. 数据集的纵向合并

使用 SET 语句可以将几个结构相同的数据集上下连接到一起。其语法格式为：

SAS 程序格式	说　明
DATA 新数据集； 　SET 数据集名[(IN= 变量名 1)] 　　　　数据集 2[(IN= 变量名 2)]…； 　[IF 变量名 1= 1 THEN 变量名= 值 1;] 　[IF 变量名 2= 1 THEN 变量名= 值 2;] 　… RUN；	创建新数据集并命名 从指定的不同 SAS 数据集中读取不同变量数据 设置从数据集中选择观测到不同新数据集条件 对读入的数据变量名 1 定义新变量名及对应值 对读入的数据变量名 2 定义新变量名及对应值 … 该数据步程序结束，提交运行

【**例 4.14**】　在例 4.13 中我们把 SASUSER.CLASS 数据集按男、女拆分成了 CLASS_M 和 CLASS_F 两个数据集并删除了性别 sex 变量，现需将这两个数据集连接并恢复性别信息。可以用如下程序：

```
data newclass;
 set class_m(in= male) class_f(in= female);
 if male= 1 then sex= '男';
 if female= 1 then sex= '女';
 run;
 proc print data= newclass;
 run;
```

在数据步中，如果观测来自 CLASS_M，则变量 male 值为 1，如果观测来自 CLASS_F，则变量 female 值为 1,可以使用这两个变量的值定义新变量 sex。用数据集选项的 IN＝指定的变量不能直接进入结果数据集而只能用于数据步程序中。结果如图 3－11 所示。

在上述基本格式中,如果所有选项都不选,则可直接将多个数据集纵向合并为一个大数据集。例如,有一个年级共四个班的学生情况的数据集 Class1～Class4,每个数据集包含一个班学生的学号、姓名、性别信息,我们希望把这些数据集合并为一个大数据集,可以用如下程序代码:

Obs	name	age	height	weight	sex
1	Alfred	14	69.0	112.5	男
2	Duke	14	63.5	102.5	男
3	Guido	15	67.0	133.0	男
4	James	12	57.3	83.0	男
5	Jeffrey	13	62.5	84.0	男
6	John	12	59.0	99.5	男
7	Philip	16	72.0	150.0	男
8	Robert	12	64.8	128.0	男
9	Thomas	11	57.5	85.0	男
10	William	15	66.5	112.0	男
11	Alice	13	56.5	84.0	女
12	Becka	13	65.3	98.0	女
13	Gail	14	64.3	90.0	女
14	Karen	12	56.3	77.0	女
15	Kathy	12	59.8	84.5	女
16	Mary	15	66.5	112.0	女
17	Sandy	11	51.3	50.5	女
18	Sharon	15	62.5	112.5	女
19	Tammy	14	62.8	102.5	女

图 3－11　例 3.5 生成合并数据集输出结果

```
data grade;
 set class1 clase2 class3 class4;
run;
```

2. 数据集的横向合并

两个(或多个)数据集如果包含了同样的一些观测的不同变量,且各数据集的观测按顺序是一一对应的,就可以用如下带有 MERGE 语句的数据步把它们左右横向合并到一个数据集,其语法格式为:

SAS 程序格式	说　明
DATA 新数据集; 　MERGE 数据集列表; 　[BY 变量]; RUN;	创建新数据集并命名 从 SAS 数据集列表依次读取数据 设置对观测进行排序的相同变量 该数据步程序结束,提交运行

MERGE 语句用于实现数据集的横向合并,其语法格式:

MERGE [数据集名 1][选项][数据集名 2][选项]…;

其中的选项是处理数据用到的如 KEEP＝、DROP＝、RENAME＝、WHERE＝、IN＝等。

MERGE 与 SET 语句区别:MERGE 语句实现横向合并;SET 语句是将两个或多个数据集纵向合并,SET 语句还有复制数据集等功能。

MERGE 语句在横向合并数据集时分为一对一合并和匹配合并两种。

● 一对一横向合并　所谓横向合并是两个或多个数据集其观测顺序一致时,横向拼接成一个数据集。即将各数据集中的第一条观测合并成新数据集的第一条观测记录,第二条观测合并成新数据集的第二条观测记录,依次类推,没有的用缺失值替代。

● 匹配合并　根据 BY 语句指定的公共变量的值实现横向合并,此处的 BY 语句中的变量为横向合并各数据集的公共变量,要将各数据集对公共变量进行排序,然后再进行合并。

【例 4.15】　现有数据集 DATA_BASE 包含学生的姓名、性别,数据集 DATA_MATH 包含学生的姓名、数学成绩,数据集 DATA_ENG 包含学生的姓名、英语成绩,数据集的观测是按顺序———对应的,就可以用如下带有 MERGE 语句的数据步把它们左右横向合并到一个数据集 EX4_15。

```
data ex4_15;
 merge data_base data_math data_eng;
run;
```

一般而言,当横向合并数据集其观测顺序不一致时,应该采用按公共变量先排序再合并的匹配合并法,即先把每个数据集按照相同的、能唯一区分各观测的变量(BY 变量)排序,然后用 MERGE 语句和 BY 语句联合使用进行横向合并。

(五) 数据输出与 PUT 语句和 FILE 语句

1. PUT 语句(输出语句)

PUT 和 FILE 语句主要用于 SAS 系统中的数据步数据的输出。其中,PUT 语句主要用于把数据输出到日志窗口,其基本格式为:

```
PUT   变量名;
```

同时,为了便于查看输出的变量名,PUT 语句的格式也可以表示为:

```
PUT   变量名=;
```

采用上述格式的输出结果为"变量名=变量的值"。例如语句"put x=;"执行后将在日志窗口输出"x=值"。

此外,PUT 语句还可以指定输出变量在窗口中显示的列数,例如"put x 5—10"将在日志窗口的第 5—10 列显示变量 x 的值。

【例 4.16】 (PUT 语句的使用)

下面的程序使用 PUT 语句将相关的变量输出到日志窗口,具体程序如下:

```
data;
 x= 3;   y= sin(x)+ 1;
 put   x;
 put   y=  x= ;
 put   x 5- 10;
```

执行上述程序后将在日志窗口输出以上 3 个 PUT 语句的结果,如图 4-14 所示。

```
3680    data;
3681    x=3;   y=sin(x)+1;
3682    put   x;
3683    put   y= x=;
3684    put   x 5-10;
3685    run;

3
y=1.1411200081 x=3
        3
NOTE: 数据集 WORK.DATA5 有 1 个观测和 2 个变量。
```

图 4-14 例 4.16 的日志显示结果

2. FILE 语句(输出文件语句)

FILE 语句也是 SAS 数据步中常用的输出语句,该语句需要与 PUT 语句联合使用,可以把数据步中的数据输出到结果窗口或外部文件中,其语句的基本格式为:

```
FILE  PRINT[选项];
FILE  '文件路径'[选项];
```

其中,第一种格式的 FILE 语句用于指示 SAS 系统 PUT 语句的结果输出到结果窗口中;第二种格式的 FILE 语句可以使数据输出到外部指定的文件中。

下面我们通过两个例子来看一下 FILE 语句的这两种格式的使用。

【例 4.17】(FILE 语句:结果输出到结果窗口) 用 FILE 语句将 1 到 5 的平方数的计算结果输出到结果窗口。具体程序如下:

```
data ex4_17;
 file print;
 do i= 1 to 5 by 1;
   x= i* i;
   put i=  x= ;
 end;
run;
```

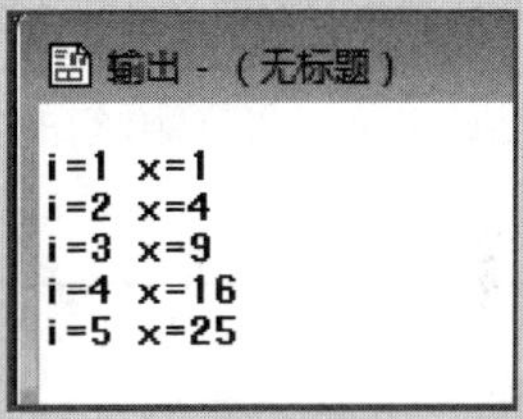

图 4-15 例 4.17 在输出窗口的输出结果

执行上述程序结果,由于 FILE 语句的作用,PUT 语句将结果输出到结果输出窗口,而不是日志窗口,如图 4-15 所示。

【例 4.18】(FILE 语句:结果输出到外部文件) 下面的程序利用 FILE 语句,将结果输出到指定的外部文件中,具体程序如下:

```
data ex4_18;
 file 'f:/sasdata/test4_18.txt';
 do i= 1 to 5 by 1;
   x= i* i;
   put i=  x= ;
 end;
run;
```

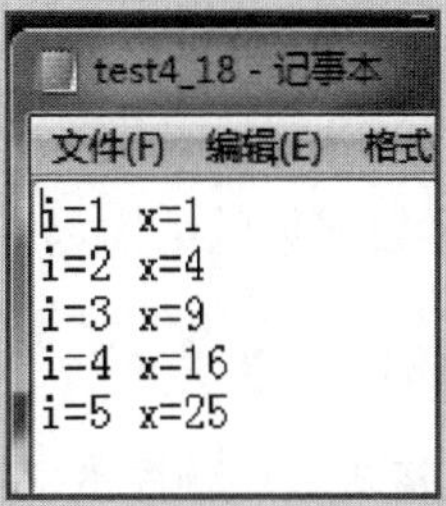

图 4-16 例 4.18 外部文件输出结果

执行上述程序,计算的结果将写入外部的文本文件,在 F 盘的 SASDATA 文件夹中将生成文件"TEST4_18.TXT",打开该文件,其中包含输入的数据,如图 4-16 所示。

(六) 数据行列出与 LIST 语句

LIST 语句用于在日志窗口上列出正处理观测的输入数据行。LIST 语句被执行时,在列出的第一行记录之前,显示一条指示列数的标尺。其语句格式为

```
LIST;
```

【例 4.19】 用 INPUT 语句读入可疑数据行(x<0)时使用 LIST 语句显示。

```
data ex4_19;
  input x y;
  if x< 0 then list;
cards;
26  15
42  24
- 12  13
- 46  - 12
;
run;
```

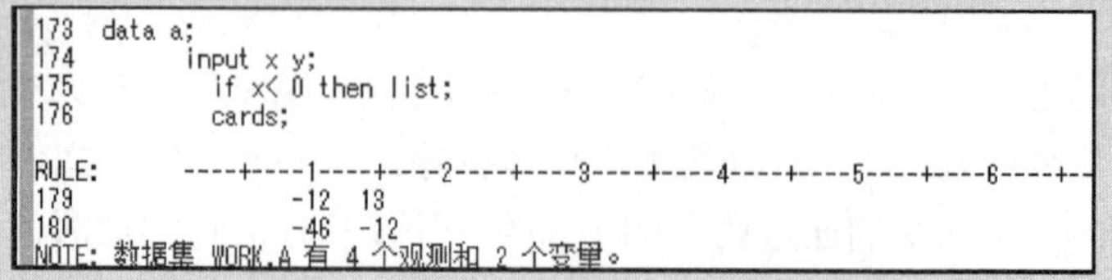

```
173    data a;
174        input x y;
175        if x< 0 then list;
176        cards;
RULE:    ----+----1----+----2----+----3----+----4----+----5----+----6----+-
179            -12 13
180            -46 -12
NOTE: 数据集 WORK.A 有 4 个观测和 2 个变量。
```

图 4-17 例 4.19 的日志窗口显示可疑数据

执行上述程序,在 SAS 日志窗口明确显示了 x<0 的两组可疑数据,如图 4-17 所示。

PUT 语句也可将数据行输出到 SAS 日志窗口,但 PUT 语句的功能比 LIST 语句要更强。PUT 语句与 LIST 语句的比较见表 4-5。

表 4-5 LIST 语句与 PUT 语句的比较

LIST 语句	PUT 语句
在 DATA 步每次重复结束之后输出	执行程序时立即输出
严格按变量的输出格式输出数据	可以定义输出数据的格式
只能在日志窗口(LOG)输出	可以输出到任意文件中
仅当数据用 INPUT 语句读入时才有效	对任意读入数据语句都有效
遇到非打印字符时就输出十六进制值	指定十六进制格式时才用十六进制字符表示

(七) 数据集修改更新与 MODIFY 语句和 UPDATE 语句

1. MODIFY 语句(修改数据集语句)

MODIFY 语句用于对已建好的数据集进行修改,如替换、删除和追加观测等,但不能修改 SAS 数据集的结构,如不能添加新变量。其语法格式有两种格式:

● MODIFY 数据集 1 [选项];

该格式采用顺序的、随机的存取方式来读取和修改 SAS 数据集中的记录。

● MODIFY 数据集 1 [选项] 数据集 2 [选项];
    BY 变量;

该格式必须跟随一个 BY 语句,提供按 BY 变量匹配的存取方法,用数据集 2 的观测记录来修改数据集 1 的观测记录。

上述格式中,"数据集 1"规定主数据集,主数据集必须同时写在 DATA 语句中;"数据集 2"规定修改数据集,只有当 DATA 步中包含 BY 语句时才能使用。

PROC MODIFY 语句可选用的选项说明如表 4-6 所示。

表 4-6 PROC MODIFY 语句的选项说明

选 项	意 义
NOBS=变量	规定一个临时变量,其值为输入数据集的观测总数
END=变量	规定一个临时变量,其值为作为文件结束的标识
POINT=变量	规定一个临时变量控制读入的观测序号
KEY=索引名	规定被修改 SAS 数据文件中的索引名
UNIQUE	规定 KEY=总是从索引的开头开始搜索
UPDATEMODE=MISSINGCHECK	若修改数据集中有缺失值,则保留主数据集中相应数据,默认项
UPDATEMODE=NOMISSINACHECK	允许将主数据集中的相应数据更新为缺失

MODIFY 语句是对原数据集上的直接修改处理数据集中的某个变量的属性,可以调用 FORMAT、INFORMAT、LABEL、RENAME 等语句对变量属性进行修改。需要注意的是,如果修改数据集时突然异常中断,可能会造成数据的丢失。

MODIFY 语句也可以通过 DATASETS 过程修改数据集。

【例 4.20】 对逻辑库 SASHELP 中的班级同学数据 CLASS,先复制该数据集为 EX4_20,增加其年龄与 14 岁之差值的变量 diff=age−14。再对数据集 EX4_20 的 height 变量进行修改:大于 14 岁的身高下降 diff*3,小于 14 岁的身高上升 diff*2.8,等于 14 岁的不变。即将 height 调整为大家都是 14 岁时的模拟身高值。其程序为

```
data ex4_20;
    set sashelp.class;
    diff= age -14;
run;
proc print data= ex4_20;
run;
title 'Height when age= 14';
data ex4_20;
    modify ex4_20;
    if age> 14 then height= height- diff* 3;
    else if age< 14 then height= height- diff* 2.8;
run;
proc print data= ex4_20;
run;
```

上述程序执行后,第一次 PRINT 过程输出的数据集 EX4_20 为复制得到的 SASHELP.CLASS 班级同学原数据集,如图 4-18 所示;第二次 PRINT 过程输出的数据集 EX4_20 是已通过 MODIFY 语句将数据集中的变量 height 按题目要求修改为大家都是 14 岁时的模拟身高值,其输出结果如图 4-19 所示。

The SAS System

2022年06月30日 星期四

Obs	Name	Sex	Age	Height	Weight	diff
1	菲利普	男	16	72.0	150.0	2
2	阿尔弗雷德	男	14	69.0	112.5	0
3	罗纳德	男	15	67.0	133.0	1
4	威廉	男	15	66.5	112.0	1
5	罗伯特	男	12	64.8	128.0	-2
6	亨利	男	14	63.5	102.5	0
7	杰弗瑞	男	13	62.5	84.0	-1
8	约翰	男	12	59.0	99.5	-2
9	托马斯	男	11	57.5	85.0	-3
10	詹姆斯	男	12	57.3	83.0	-2
11	玛丽	女	15	66.5	112.0	1
12	芭芭拉	女	13	65.3	98.0	-1
13	茱迪	女	14	64.3	90.0	0
14	凯露	女	14	62.8	102.5	0
15	雅妮特	女	15	62.5	112.5	1
16	简	女	12	59.8	84.5	-2
17	爱丽丝	女	13	56.5	84.0	-1
18	罗伊斯	女	12	56.3	77.0	-2
19	乔伊斯	女	11	51.3	50.5	-3

图 4 - 18　例 4.20 第一次 PRINT 过程输出的数据集

Height when age=14

2022年06月30日 星期四

Obs	Name	Sex	Age	Height	Weight	diff
1	菲利普	男	16	66.0	150.0	2
2	阿尔弗雷德	男	14	69.0	112.5	0
3	罗纳德	男	15	64.0	133.0	1
4	威廉	男	15	63.5	112.0	1
5	罗伯特	男	12	70.4	128.0	-2
6	亨利	男	14	63.5	102.5	0
7	杰弗瑞	男	13	65.3	84.0	-1
8	约翰	男	12	64.6	99.5	-2
9	托马斯	男	11	65.9	85.0	-3
10	詹姆斯	男	12	62.9	83.0	-2
11	玛丽	女	15	63.5	112.0	1
12	芭芭拉	女	13	68.1	98.0	-1
13	茱迪	女	14	64.3	90.0	0
14	凯露	女	14	62.8	102.5	0
15	雅妮特	女	15	59.5	112.5	1
16	简	女	12	65.4	84.5	-2
17	爱丽丝	女	13	59.3	84.0	-1
18	罗伊斯	女	12	61.9	77.0	-2
19	乔伊斯	女	11	59.7	50.5	-3

图 4 - 19　例 4.20 第二次 PRINT 过程输出的数据集

2. UPDATE 语句(更新数据集语句)

UPDATE 语句用于将一个数据集更改另一个数据集,可以添加新变量。其语法格式为:

```
UPDATE 数据集 1 [选项] 数据集 2 [选项];
BY 变量名;
```

其中,"数据集 1"是 UPDATE 语句要修改更新的主数据集,"数据集 2"是用来更新数据集 1 的副数据集。"选项"可根据需求设置选项,如 KEEP=, DROP=等。BY 语句指定更新主数据集的共同变量名。共同变量是指主数据集和副数据集具有唯一值的公共变量。

UPDATE 语句可以对原数据集有错误的数据进行更正,通过一个修改数据集中的观测来修改主数据集。注意:UPDATE 语句修改数据集先对数据集排序,必须与 BY 语句一起使用,主数据集中的共同变量必须是唯一值,副数据集根据共同变量的观测修改主数据集。当主数据集根据指定公共变量进行更新时,如果主数据集里有重复记录,只更新重复记录的第一条记录即可。

【例 4.21】(数据集的更新)　这里先创建原数据集 GRADE2021 和存储更新数据信息的数据集 GRADE_NEW,再通过 UPDATE 语句用数据集 GRADE_NEW 去更新原数据集 GRADE2021,得到更新后的数据集 EX4_21。

```
data grade2021;
  input num sex $ math;
cards;
202141001 男  89
202141002 女  95
202141003 男  76
202141004 男  65
;
run;
data grade_new;
```

```
  input num sex $ math;
cards;
202141001  .  91
202141004  女  .
;
run;
data  ex4_21;
 update  grade2021 grade_new;
 by num;
proc print  data= ex4_21;
run;
```

```
Obs      num        sex    math

 1    202141001     男      91
 2    202141002     女      95
 3    202141003     男      76
 4    202141004     女      65
```

图 4-20　例 4.21 的 UPDATE 更新后的数据集

执行上述程序后将输出通过 UPDATE 语句更新后的数据集 EX4_21，如图 4-20 所示。

(八) 观测选择与 WHERE 语句与子集 IF 语句

1. WHERE 语句

WHERE 语句和 IF 语句可以实现数据集中观测的选择。WHERE 语句用于对 SAS 数据集选择部分满足条件的观测，其调用格式为：

```
WHERE  表达式;
```

其中 WHERE 后的表达式为对观测进行选择需满足的条件。

用于 WHERE 表达式的特殊算符如表 4—7 所示。

表 4-7　仅用于 WHERE 表达式的特殊算符

算　符	意　义
Between-And	选择一定数值范围内的观测
Is Missing|Is Null	选择变量值为缺失值的所有观测
Contains	选择包含规定字符串的观测
Like	匹配选择观测
Same And	增加多个从句

注意：表中算符的否定形式都是在前面加 Not，如 Not Contains，Not Like 等。

【例 4.22】(WHERE 语句的使用)　下面的 WHERE 语句用于数据步中查找符合一定条件的数据变量。

```
● where x> 80;
● where total between 150 and 170;
● where number in (200141001, 200141003, 200141006);
● where  statistics> = 80 & English> = 90;
```

2. 子集 IF 语句

用求子集的 IF 语句，使 SAS 系统仅选取符合 IF 语句条件规定的观测。该 IF 语句不含

子句,所得数据集是原数据集的子集。子集 IF 语句的格式是:

```
IF 表达式;
```

如果表达式是真的,SAS 语句对正被创建的观测继续执行 DATA 步的语句;如果表达式是假的,SAS 立即返回到 DATA 步的开始对其他观测执行。

IF 语句的另外一种形式是条件 IF 语句,含有一个 THEN 子句或 ELSE 子句,可参见本节四、SAS 编程的控制语句的(一)条件语句部分。

【例 4.23】 对例 4.1 中建立的数据集 SCORE,建立只保留其前三个观测的数据子集。

```
data ex4_23;
 set score;
 if _n_ < = 3;
run;
proc print;
run;
```

Obs	name	sex	statistics	english
1	李达成	男	92	76
2	张丽萍	女	89	93
3	王春雷	男	86	90

图 4-21 例 4.23 的子集 IF 所得数据集

程序运行所得结果如图 4-21 所示,为 SCORE 数据集的前三个观测的数据子集。这里的 IF 不可以用 WHERE 代替。

3. DATA 步 WHERE 语句和子集 IF 语句的差别

WHERE 语句和 IF 语句都可以实现数据集中观测的选择。但 DATA 步中 WHERE 语句和子集 IF 语句是有差别的,其最大的差别是 WHERE 语句在观测读入程序数据向量之前起作用,而 IF 语句则对已经在程序数据向量的观测起作用。WHERE 语句不是可执行语句,它起不到 IF-THEN 语句的作用。两者的差别如下列表 4-8 所示。

表 4-8 DATA 步 WHERE 语句和子集 IF 语句的差别

WHERE 语句	子集 IF 语句
在观测读入程序数据向量之前起作用	对已经在程序数据向量的观测起作用
不是执行语句,有自己的表达式	是可执行语句,使用"SAS 表达式"
仅仅从 SAS 数据集的观测中选择	从已有的 SAS 数据集或用 INPUT 语句产生的观测中选择
从大的 SAS 数据集中选择小的子集时效率高	从大的 SAS 数据集中选择小的子集时效率低

(九) 观测删除与 DELETE 语句和 REMOVE 语句

1. DELETE 语句(删除观测语句)

DELETE 语句用于停止处理当前观测,该观测值不被读入创建的数据集,SAS 系统返回到 DATA 步的开头处理其他观测。其使用格式是:

```
DELETE;
```

【例 4.24】 输入学生的成绩数据,建立英语成绩及格学生的数据集,在日志窗口输出 English 值小于 60 的观测的编号并删除该观测。

```
data students;
    input num $ english test1 test2 @@;
    if  english< 60 then do;         /* 如果英语成绩＜60 则*/
      put num;
      delete;                         /* 输出学号,删除此观测*/
    end;
    total= sum(of test1 test2 english);
datalines;
21008011  100  78  90  21008012  97  86  100
21008013  55  68  88
;
run;
```

DELETE 语句通常用作 IF 语句中的 THEN 子句,或作为有条件地执行 DO 语句的一部分。如果对于每一个观测都执行了 DELETE 语句,则新数据集将不含有任何观测。

上述程序运行的日志窗口显示结果见图 4 - 22。

```
187       DELETE;                    /*输出学号，删除此观测*/
188       END;
189       total=SUM(OF test1 test2 English);
190   DATALINES;
21008013
NOTE: INPUT 语句到达一行的末尾, SAS 已转到新的一行。
NOTE: 数据集 WORK.STUDENTS 有 2 个观测和 5 个变量。
```

图 4 - 22 例 4.24 使用 DELETE 语句的日志窗口输出

通常,对从数据集中排除观测的条件容易说明时使用 DELETE 语句;对于保留观测的条件容易说明时则使用产生子集的 IF 语句。

2. REMOVE 语句(移除观测语句)

REMOVE 语句必须和 MODIFY 语句一起使用,用于删除 SAS 数据集的观测,可以执行物理或逻辑删除,对所有数据操作都是有效的。其语句格式:

```
REMOVE  [数据集列表];
```

REMOVE 语句若没有数据集的选项,则删除由 DATA 步命名数据集的所有观测。

【例 4.25】 从某个 SAS 数据集中移走一个观测。

```
data ex4_25;
  input num saving;
  cards;
1001 1500
1002 4900
1003 30000
;
data ex4_25;
  modify  ex4_25;
```

```
        if num= 1002 then remove;    /* 移走 num= 1002 的观测*/
        title'Remove from Data Set';
      run;
      proc print;
      run;
```

```
Obs      num      saving
 1      1001       1500
 3      1003      30000
```

图 4-23　例 4.25 的输出结果

程序运行所得结果如图 4-23 所示,其中 num＝1002 的观测已被移走。

(十) 数据步停止与 STOP 语句和 ABORT 语句

1. STOP 语句(停止数据步语句)

STOP 语句用于强制停止当前处理的数据步,其语句格式为:

```
STOP;
```

注意:SAS 系统当前数据步遇到 STOP 语句时,正处理的该条观测数据不会被添加到新数据集。

【例 4.26】(STOP 语句停止当前数据步)　对 SAS 系统自带的数据集 SASHELP.CLASS,利用 STOP 语句建立仅包括前 6 条观测数据的数据集。

```
data ex4_26;
  set sashelp.class;
  if _n_ = 7 then stop;
proc print;
run;
```

此程序通过 DATA 步自动变量_n_记录的观测序号控制读入观测记录,语句"if _n_＝7 then stop;"要求系统当_n_＝7(即观测序号为 7)时停止当前数据步,此时数据集中第 7 个观测序号的数据没有添加到数据集 EX4_26,数据集 EX4_26 只有前 6 条观测记录,其输出结果如图 4-24 所示。

```
Obs   Name        Sex   Age   Height   Weight
 1    菲利普       男    16    72.0     150.0
 2    阿尔弗雷德   男    14    69.0     112.5
 3    罗纳德       男    15    67.0     133.0
 4    威廉         男    15    66.5     112.0
 5    罗伯特       男    12    64.8     128.0
 6    亨利         男    14    63.5     102.5
```

图 4-24　例 4.26 的输出结果

2. ABORT 语句(跳停语句)

ABORT 语句在数据步中用于停止当前的数据步,其语句格式为:

```
ABORT;
```

当数据步执行中遇到 ABORT 语句时,可以终止并跳出当前数据步,继续执行其他数据步或过程步。

【例 4.27】 ABORT 语句对当前输入错误的数据给予终止,继续执行下一个数据步或过程步。

```
data  ex4_27;
 input  x y;
 if _error_ then abort;
 /* 当 SAS 内部变量 error 信息为真,就停止当前数据步*/
 s= x+ y;
cards;
1 2
3 z  /* 这里"z"字母是输入错误项*/
;
proc print;
run;
```

```
Obs    x    y    s
 1     1    2    3
```

图 4-25 例 4.27 的输出结果

IF 语句中的_error_记录错误信息,当_error_ =1 时,显示读取存在错误,执行 ABORT 语句结束当前数据步,继续执行下面的打印过程步。数据集 EX4_27 只有一条记录,其输出如图 4-25 所示。

四、数据信息处理语句

(一) INFORMAT 语句和 FORMAT 语句

1. 变量的输入格式与输出格式

SAS 系统对变量有许多确定的输入和输出方式。其输入、输出格式的形式分别为

输入格式:[$]有效输入格式 [w].[d]
输出格式:[$]有效输出格式 [w].[d]

其中所有输入格式或输出格式(表示为输入|输出格式)必须包含一个点(.)作为名字的一部分,$ 规定为字符输入|输出格式,w 规定输入|输出数据的列数,d 为格式中保留小数的位数。若省略 w 和 d 值,输入|输出格式使用系统缺省值 8.2。

输入|输出格式使用方法可通过使用 INPUT 语句、INPUT 函数、DATA 步或者 PROC 步中用 INFORMAT(或 FORMAT)、ATTRIB 语句来实现。其中 DATA 步规定的输入|输出格式是永久的;PROC 步规定的输入|输出格式是临时的,仅在该 PROC 步有效。

输入|输出格式类型常用的包括数值输入|输出格式、字符输入|输出格式、日期时间输入|输出格式、使用 FORMAT 过程自定义的输入|输出格式。

数值型变量的常用输入|输出格式如表 4-9 所示。

表 4-9 数值型变量的常用输入|输出格式

输入|输出格式	输入说明	输出说明
w. d	读入标准数值数据	输出标准数值数据
BINARYw. d	转换正二进制数值为整数	转换数值为二进制表示法输出
DOLLARw. d		用含有美元号、逗号和小数点的格式来输出
Ew.	读入科学表示法数值	用科学 E 表示法输出值
BZw. d		
BESTw.	转换空格为 0	选择最佳表示法输出数值
CORNMAw. d	读入包含字符的数值	用含有逗号、小数点格式来输出

字符型变量的常用输入|输出格式如表 4-10 所示。

表 4-10 字符型型变量的常用输入|输出格式

输入|输出格式	输入格式说明	输出格式说明
$ w.	读入标准字符数据	输出标准字符数据
$ CHARw.	读含有空格的字符数据	输出标准字符数据
$ VARYINGw.	读可变长度的字符值	输出可变长度的字符值
$ QUOTEw.	从数据值中移走引号	输出带引号的数据值
$ UPCASEw.	转换数据值为大写	用大写字母输出所有字符

无论怎样规定输出格式中的小数位,输出格式都不会影响存储的数据值;规定的输出格式宽度太窄小时,对字符格式截去右边的字符,对数值格式转换为 BESTw.的格式。

在 SAS 的日期时间的输入|输出格式中,一般用 date 表示日期、time 表示时间、dd 表示日份、mm 或者 mon 表示月份、yy 或 year 表示年份、week 代表星期、q 代表季度、hh 代表小时、mm 代表分钟、ss 代表秒钟,w 规定输入|输出数据的列数。日期时间的常用输入|输出格式如表 4-11、表 4-12 所示。

表 4-11 日期时间的常用输入|输出格式

输入|输出格式	描述	输入|输出例子
DATEw.	ddmmyy	输入:ljan2003;01jan03;1-jan-2003 输出:27MAR2003;27MAR03;27MAR
DATETIMEw.	ddmmyyhh:mm:ss.ss	输入:01jan03:8:56:10.2;01jan2003:8:56:10 输出:27MAR03:12:05:05.49;27MAR03:
DDMMYYw.	ddmmyy	输入:010103;01/01/03;01-Q1-03;01 01 03 输出:27/03/2003;27/03/03;270303;27
MMDDYYw.	mmddyy	输入:01 01 03;01-01-03;010103;01/01/03 输出:03/27/03;03;032703
MONYYw.	mmddyy	输入:jan03 输出:MAR2003

续 表

输入|输出格式	描 述	输入|输出例子
TIMEw.	hh:mm:ss.ss	输入：14:22:25 输出：378996:05:05.49
YYMMDDw.	yymmdd	输入：03 01 01；03/01/01；030101；20030101 输出：2003-03-27；03-03-27；03

表 4-12　日期时间的其他输出格式

输出格式	描 述	输出例子
DAYw.	输出某月的日期值	27
DOWNAMEw.	输出日期为星期几	Thursday
HHMMw.d	输出小时和分钟	378996:05.09
HOURw.d	时间值用十进制	378996.08
MMSSw.d	输出转换为分秒数形式	22739765:05.49
MONNAMEw.	输出某月的名称	November
MONTHw.	输出某年的月份	3
MONYYw.	输出月和年	MAR2003
NENGOw.	输出本日的日期值	H.15/03/27；H15/03
QTRw.	输出某年的季度	1
TIMEw.d	hh:mm:ss.ss	378996:05:05.49
TODw.	输出时间部分	12:05:05.5
WEEKDATEw.	输出星期和日期值	Thu,Mar 27,2003；Thursday；Thu
WEEKDATXw.	输出星期和日期值	Thu,27 Mar 2003；Thursday
WEEKDAYw.	输出星期几	5
WORDDATEw.	mmddyyyy	March 27,2003；Mar 27,2003
WORDDATXw.	ddmmyyyy	27 March 2003
YEARw.	输出日期值中的年份	2003；03
YYMMDDw.	yymmdd	2003-03-27；03-03-27；03
YYMONw.	yymm	2003MAR；03MAR

2. INFORMAT 语句（输入格式语句）

INFORMAT 语句是把输入格式与变量联系起来的语句，常用于为列在 INPUT 语句中的变量指定输入格式。其语句格式：

```
INFORMA 变量 [输入格式] [DEFAULT= 缺省输入格式] …;
```

选项 DEFAULT=可以出现在 INFORMAT 语句中的任何位置，用于规定临时的缺省输入格式，仅适用于当前的 DATA 步。没有规定临时的缺省输入格式时，使用 SAS 系统规定的缺省输入格式，数值型变量为 8.2。

如果需要删除变量在此前规定的输入格式，可用下列语句来实现。

```
INFORMAT 变量;
```

【例 4.28】（规定临时的缺省输入格式）

```
data ex4_28;
  informat default=$char5. default=4.1;
  input  name$  x1-x3;
  put    name   x1-x3;
cards;
Thomson    111  122  100
Elizabeth  135  172   99
run;
proc print;
run;
```

```
Obs   name    x1     x2     x3
 1    Thoms  11.1   12.2   10.0
 2    Eliza  13.5   17.2    9.9
```

图 4-26　例 4.28 所建立数据集的输出结果

该例在 INFORMAT 语句中规定了缺省输入格式：数值型变量为 4.1，字符型变量为 $CHAR5.。INPUT 语句列出的变量均没有说明输入格式，故用缺省输入格式，即用格式 $CHAR5.输入 name，格式 4.1 输入 x1－x3。

故上述程序提交后，所建立的数据集的输出结果如图 4-26 所示。其中的 name 都仅有 5 个字符，x1～x3 都含有一位小数。

3. FORMAT 语句（输出格式语句）

FORMAT 语句用于在 DATA 步中将变量与输出格式联系起来。其语句格式：

FORMAT 变量 [输出格式] [DEFAULT= 缺省输入格式]…;

输出格式可以是 SAS 提供的格式或者使用 PROC FORMAT 过程自己定义的格式。当 SAS 系统输出这些变量的值时，将使用所联系的格式来输出这些值。选项 [DEFAULT=] 仅适用于当前的 DATA 步。没有规定临时的缺省输出格式时，使用 SAS 系统规定的缺省输入格式。

DATA 步使用 FORMAT 语句可永久地把格式同变量联系起来。PROC 步用 FORMAT 语句指定的格式仅仅在 PROC 步起作用。

对于日期和时间量，除输入时必须使用 SAS 已经定义的格式外，输出时通常应指定一种输出格式，否则其输出的结果就不易理解。

【例 4.29】（输入与输出格式）对输入的变量 name 和 birthday 数据资料，用 INFORMAT 语句将变量 birthday 与输入格式 mmddyy8.联系起来，用 FORMAT 语句将输出格式 WORDDATE.与变量 birthday 联系起来。

```
data ex4_29;
  informat birthday mmddyy8.;
  input name $ birthday;
  format birthday worddate.;
datalines;
王子鸣 03-15-89
李玉坤 07/22/85
;
```

```
Obs    birthday        name
 1   March 15, 1989   王子鸣
 2   July 22, 1985    李玉坤
```

图 4-27　例 4.29 的格式的输出结果

```
proc print;
run;
```

程序提交执行后所得的使用 WORDDATE.格式的输出结果如上页图 4-27 所示。

在实际应用中,经常需要自己定义一些格式。比如,对年龄进行分组,或者将输入时使用的代码在输出时还原成确切的意思,可以利用 FORMAT 过程完成。

【例 4.30】 (自定义输出格式)

```
proc format;
   value sexfmt 1= '男' 2= '女';
run;
data ex4_30;
   input name $ sex @@;
   format sex sexfmt. ;
cards;
Jane 2 Bill 1 Tom 1  Rose 2
;
proc print;
run;
```

Obs	name	sex
1	Jane	女
2	Bill	男
3	Tom	男
4	Rose	女

图 4-28　例 4.30 自定义输出格式结果

程序提交执行后,所得的使用自定义的 sexfmt.格式的输出结果如图 4-28 所示。

例中,用 FORMAT 过程定义输出格式 sexfmt.。在 DATA 步中 FORMAT 语句将 sexfmt.格式与变量 sex 联系起来。当 PRINT 过程输出 sex 值时,"男"和"女"替代 1 和 2 被输出。

(二) LENGTH 语句、LABEL 语句和 ATTRIB 语句

1. LENGTH 语句(变量长度语句)

在 SAS 数据步中,LENGTH 语句用于定义变量的长度,其基本格式为:

```
LENGTH 变量名 [ $ ]  变量长度;
```

其中,对于字符型的变量,需要在其后添加符号"$",数值型变量可以设置的长度范围为 2~8,字符型变量可以设置的长度范围为 1~32767。LENGTH 语句主要用于设置字符串变量的长度,而系统默认的变量长度为 8 个字节,而数值型变量一般不会超过 8 个字节。而字符串变量的长度较易超过这个范围。

【例 4.31】 未使用 LENGTH 语句增长字符串变量的长度。

```
data ex4_31;
   input name $   number @@;
   put name=   number= ;
cards;
杨士诚 202141001
张婷玉 202141002
```

```
阿衣森巴提·金额斯别克 201141010
;
run;
```

执行上述程序,在日志窗口输出系统中输入的变量情况,如图 4 - 29 所示,从中可以看出字符串变量只能显示前 8 个字符,而阿衣森巴提·金额斯别克的姓名显示不完整。

```
3706    data ex4_31;
3707      input name$  number @@;
3708      put name=  number=;
3709    cards;
name=杨士诚 number=202141001
name=张婷玉 number=202141002
name=阿衣森巴 number=202141010
NOTE: INPUT 语句到达一行的末尾,SAS 已转到新的一行。
NOTE: 数据集 WORK.EX4_31 有 3 个观测和 2 个变量。
```

图 4 - 29　例 4.31 的输入结果在日志窗口显示

2. LABEL 语句(变量标签语句)

在 SAS 数据步中,LABEL 语句为输入的变量加上标签。标签可以为中文字符,其基本的格式为:

```
LABEL 变量名= 标签名;
```

通过上述语句可以为一个或多个变量加上标签,同时,当变量的标签名赋值为空时,可以删去变量的标签。

【例 4.32】　对例 4.31 的数据集,使用 LENGTH 语句增长字符串变量的长度,并用 LABEL 语句为数据集内各变量加上中文标签,以方便理解各变量的意义。

```
data ex4_32;
  length name $ 24;
  label name= '姓名'  number= '学号';
  input name $   number @@;
cards;
杨士诚 202141001
张婷玉 202141002
阿衣森巴提.金额斯别克 202141010
;
run;
```

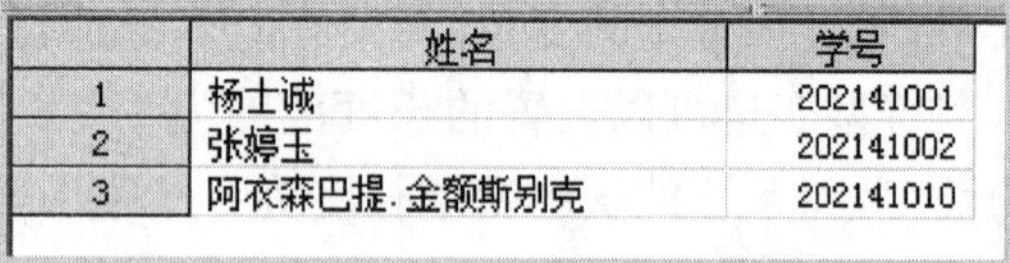

	姓名	学号
1	杨士诚	202141001
2	张婷玉	202141002
3	阿衣森巴提.金额斯别克	202141010

图 4 - 30　例 4.32 的输出结果

执行上述程序,就可以打开 SAS 逻辑库 WORK 下的 EX4_32 数据集查看输入的数据,如图 4 - 30 所示,从中可以看出字符串变量姓名可以显示完整,而且为输入的数据变量 name 和 number 分别加上了中文标签"姓名"和"学号"。

3. ATTRIB 语句(变量属性语句)

DATA 步的 ATTRIB 语句可用来规定一个或几个变量的输出格式、输入格式、标签和长度。其语法格式为:

```
ATTRIB 变量列表 [属性列表];
```

其中"变量列表"规定想定义属性的那些变量名字。"属性列表"规定一个或几个变量的属性。ATTRIB 语句中可规定的属性格式和功能等如表 4-13 所示。

表 4-13 ATTRIB 语句可规定的属性格式和功能

属性格式	功 能	备 注
FORMAT=输出格式	规定同对应变量列表联系的输出格式	格式是 SAS 提供或自定义的输出格式
INFORMAT=输入格式	规定同对应变量列表联系的输入格式	格式是 SAS 提供或自定义的输入格式
LABEL='标签'	规定同对应变量列表联系的标签	
LENGTH=[$]长度	规定对应变量列表的长度	若变量是字符变量,在长度前要加$符号

例如下列语句是 DATA 步有效的 ATTRIB 语句

```
attrib name length= $12 label= '姓名'
   birthday  informat.= mmddyy. format = wordate. label= '生日';
```

(三) KEEP 语句和 DROP 语句

KEEP 和 DROP 语句可用于变量的选择,通过 KEEP 语句保留 SAS 数据集中需要使用的变量,用 DROP 语句删除指定变量。同一个 DATA 步不可同时使用 DROP 和 KEEP 语句。KEEP 和 DROP 语句的基本格式为:

```
KEEP 变量名列表;
DROP 变量名列表;
```

【例 4.33】(KEEP 语句的使用) 下面程序通过 KEEP 语句保留数据集中的部分变量。

```
data ex4_33;
 input name $ sex $ statistics english;
 total= statistics+ english;
 keep name total;
cards;
李达成 男 92  76
张丽萍 女 89  93
王春雷 男 86 90
刘刚 男 78 89
张颖 女 80 79
;
run;
proc print;
run;
```

图 4-31 例 4.33 的输出结果

Obs	name	total
1	李达成	168
2	张丽萍	182
3	王春雷	176
4	刘刚	167
5	张颖	159

执行上述程序后,在结果窗口输出 EX4_33 数据集如上页图 4-31 所示,其中仅存储了变量 name 和 total。

如果上述程序中不用 KEEP 语句,而改用下列 DROP 语句:

```
drop sex statistics english;
```

则生成的数据集将删除变量 sex、statistics、english,仅存储了变量 name 和 total。输出结果与上述例 4.33 的图 4-31 是一样的。

(四) RETAIN 语句和 RENAME 语句

1. RETAIN 语句(保留变量值语句)

RETAIN 语句用于对变量赋初始值。SAS 的 DATA 步每次执行时,SAS 系统对由 INPUT 或赋值语句建立的变量自动地置为缺失值。若对某变量开始时就有某个值,可用 RETAIN 语句定义并在语句中给予变量初始值。RETAIN 语句的格式是:

```
RETAIN [变量]...[初始值];
```

这里,"变量"是要保留其值的变量名字。如果没列出任何变量,保留在数据步中所有变量的值。"初始值"为前面变量指定初值。如果初值没被指定,数值变量初始值是缺项值,而字符型变量初值是空格。

例如:`RETAIN month1- month5 20 year 180 A 'good';`

该例句中,变量 month1 至 month5 被设置的初值均为 20,year 初值为 180;变量 A 的初值被设为"good"。

【例 4.34】(RETAIN 语句应用) 求 y=2x+3 的和,x 初始值为 5。

```
data  ex4_34;
 retain  x  5;      /* x 初始值为 5*/
 y= 2*x+3;          /* y 值为 2x+ 3 的和*/
 proc  print;
 run;
```

Obs	x	y
1	5	13

图 4-32 例 4.34 的输出结果

输出窗口显示输出结果,如图 4-32 所示。

2. RENAME 语句(修改变量名语句)

RENAME 语句用于对变量修改名字。其语法格式为:

```
RENAME 旧变量名= 新变量名
```

其中"旧变量名"是输入数据集中出现的变量名字,"新变量名"是在输出数据集中将旧变量名修改后的名字。

在一个 RENAME 语句中可以对多个变量修改名字,因为新变量名将在输出数据集中起作用,故在当前 DATA 步中仍然要用旧变量名。

【例 4.35】(RENAME 语句) 将例 4.32 所建立的数据集 EX4_32 中的变量名 number

修改为 student_id。

```
data  ex4_35;
   set ex4_32;
   rename number= student_id;
run;
proc print;
run;
```

```
Obs   name                       student_
                                    id
 1    杨士诚                    202141001
 2    张婷玉                    202141002
 3    阿衣森巴提.金额斯别克      202141010
```

图 4-33 例 4.35 用 RENAME 修改变量名的结果

执行上述程序后,在输出数据集 EX4_35 中已用 RENAME 语句将原变量名 number 修改为 student_id,如图 4-33 所示。

(五) 数组定义与 ARRAY 语句

SAS 系统中的数组通常是由一组同类变量构成的,若需统一处理多个同类型的(全是数值型的或全是字符型的)变量,就可先用 ARRAY 语句将该组变量定义成数组中的元素,后续数据处理时即可用该数组中的元素去代替它所代表的变量进行操作。

使用数组前必须用 ARRAY 语句对数组进行定义,即规定所用的数组名称、元素个数及所代表的变量。ARRAY 语句的基本格式为:

```
ARRAY 数组名[{n}][$] 数组元素表;
```

其中"数组名"必须是与同一 DATA 步的 SAS 变量名不同的有效 SAS 名;"{n}"是说明数组中元素个数的下标;"$"表示数组中的元素是字符型的;"数组元素表"为构成数组的由 INPUT 语句定义过的变量名列表。

数组只在数据步(DATA 步)中有效,数组的标号从"1"开始。定义数组时,一个变量可作为不同数组中的元素,但不能将这个数组元素作为另一个数组中的元素。

数组元素的下标可用数字或星号"*",或任何有效的 SAS 表达式,用括号如[ ]或{ }括起来。例如 TEST{4}表示下标变量是 TEST,下标元素有 4 个,如 test1~test4。也可用下列语句来定义:

```
array test{* } test1- test4;
```

多维数组是有多个下标值的数组,例如:

```
array x{5,3} score1- score15;
```

定义了一个 5 行 3 列的二维数组。

在 SAS 系统中,各个变量置于多维数组中是通过从数组的左上角开始,按顺序填满各行来实现的。在此例中,变量 score1 置于 x{1,1}中;变量 score2 置于 x{1,2}中,等等。

【例 4.36】 在下列程序中提取 GRADE 数组中的第 4 个和第 6 个元素。

```
data ex4_36;
   input score1- score6  sc1- sc6;
   array grade[8] score2- score5  sc1- sc4;
   put grade(4)=   grade(6)= ;
```

```
datalines;
1  2  3   4  5  6    101 102 103 104 105 106
11 12 13  14 15 16   211 212 213 214 215 216
;
run;
```

PUT 语句输出 GRADE(4)和 GRADE(6)的值,即 GRADE 数组中第 4、第 6 两元素即 score5 与 sc2 的值。结果见图 4-34。

```
1107                PUT GRADE(4)=  GRADE(6)=;
1108                DATALINES;
SCORE5=5 SC2=102
SCORE5=15 SC2=212
NOTE: 数据集 WORK.EX4_45 有 2 个观测和 12 个变量。
```

图 4-34 例 4.36 的数组引用在日志窗口的显示

数组还可在循环 DO 语句,DO WHILE 或是 DO UNTIL 语句进行应用处理。在循环 DO 语句组中使用 DO 语句的指针变量作为数组的下标。

【例 4.37】 现有 4 位同学的 5 次考试成绩,试将其中的 54～59 分成绩提升到 60 分。

```
data ex4_37;
  input score1- score5 @@;
  array score[5] score1- score5;
  do i= 1 to 5;
    if 54< = score[i]< = 59 then score[i]= 60;
  end;
cards;
89  56  78  68  92  58  70  85  95  53
91  67  92  88  98  73  84  74  59  79
;
proc print;
run;
```

执行上述程序,利用 DO 循环对数组 SCORE[5]进行处理,将其中的考试成绩 56、58、59 均改为 60 分,输出的提升成绩后的新数据集如图 4-35 所示。

```
Obs   SCORE1   SCORE2   SCORE3   SCORE4   SCORE5   I
1      89       60       78       68       92     6
2      60       70       85       95       53     6
3      91       67       92       88       98     6
4      73       84       74       60       79     6
```

图 4-35 例 4.37 用数组提升成绩的数据集结果

第二节　SAS 编程的控制语句

SAS 编程的控制语句主要包括条件语句和循环语句等,下面分别加以介绍。

一、条件语句

条件语句使程序根据一定的判断条件选择相应执行的操作。根据需要判断条件和执行的相应程序的不同,SAS 中的条件语句可以使用以下几种语句格式。

(一) IF-THEN 语句

其基本格式为

SAS 程序格式	说　明
IF 条件语句 THEN 语句 1;	如果 条件 为真,则执行 语句 1

例如:

```
IF x<0 THEN x= - x;
```

该语句的功能为如果 x 小于 0,则执行语句"x=－x"。

(二) IF-THEN DO;-END 语句块

其基本格式为

SAS 程序格式	说　明
IF 条件语句 THEN DO; 　多条语句 END;	如果 条件 为真,则执行 　多条语句 该语句块结束

例如:

```
IF x<0 THEN DO;
  PUT 'x 小于 0';
  x= - x;
END;
```

(三) IF-THEN-ELSE 语句

其基本格式为

SAS 程序格式	说明
IF 条件语句 THEN 语句 1; ELSE 语句 2;	如果条件为真,则执行语句 1; 否则,执行语句 2

注意:SAS 系统中的 IF 分支语句与其他的编程语言不同,它不用 ENDIF 结束。SAS 的 IF 结构允许嵌套,但 SAS 不提供 IF-ELSE IF-ELSE 的多分支结构。

【例 4.38】 (IF-THEN-ELSE 语句)输入 x、y 的一组数据,当 x>60 时,数据归为一类 (class=1),否则归为 2 类(class=2)。

```
data ex4_38;
  input x y @@;
  if x>60 then class= 1;
  else class= 2;
cards;
34 56 67 34 56 55 23 74 78 55
;
run;
proc print;
run;
```

```
Obs    x     y    class
 1    34    56     2
 2    67    34     1
 3    58    55     2
 4    23    74     2
 5    78    55     1
```

图 4-36 IF-THEN 语句输出结果

在生成数据集 EX4.38 的同时,为其增加变量 class,当 x>60 时 class=1,否则 class=2。最后,PRINT 过程输出数据集中的数据结果,如图 4-36 所示。

(四) SELECT 语句

SAS 中的 IF 语句不支持"ELSE IF",即其他条件的判断,但是可以通过 SELECT 语句完成多个选择条件的判断。

SELECT 语句的基本格式为:

SAS 程序格式	说明
SELECT(条件表达式); 　WHEN(值列表 1) 语句 1; 　WHEN(值列表 2) 语句 2; 　… 　OTHERWISE 语句; END;	对 SELECT 后的条件表达式进行判断: 若值在值列表 1 中,则执行语句 1,并退出 SELECT 语句块; 若值在值列表 2 中,则执行语句 2,并退出 SELECT 语句块; … 若可供选择条件都不能满足,执行 OTHERWISE 后语句; 该语句块结束

SELECT 语句的另一种调用的基本格式为:

SAS 程序格式	说明
SELECT; 　WHEN(条件 1) 语句 1; 　WHEN(条件 2) 语句 2; 　… 　OTHERWISE 语句; END;	SELECT 语句开始,对 WHEN 语句后的条件进行判断: 若条件 1 成立,则执行语句 1,并退出 SELECT 语句块; 若条件 2 成立,则执行语句 2,并退出 SELECT 语句块; … 若所有的条件都不能满足,执行 OTHERWISE 后的语句; 该语句块结束

【例 4.39】 将例 3.1 所建立的 SCORE 数据集中各位同学的统计课成绩转换成按 60 以下(不及格)、60～84(良好)、85 以上(优秀)的等级成绩在日志窗口显示。可由下列程序实现：

```
data;
  set score;
  select;
    when(statistics<60) put name '统计课不及格';
    when(statistics<85) put name '统计课良好';
    otherwise put name '统计课优秀';
  end;
run;
```

以上程序中，DATA 语句表示只进行数据步操作，不创建新数据集。第二个 WHEN 语句条件等价于 60≤statistics<85，因为如果成绩小于 60 的话则会执行第一个 WHEN 语句，然后退出 SELECT 结构，根本不会判断第二个条件。这与其他语言中的 IF-ELSE IF-ELSE 结构的用法是一致的。而 PUT 表示将结果输出到日志窗口，故本例程序的结果只在日志窗口显示，如图 4-37 所示。

图 4-37 例 3.6 的日志窗口显示结果

二、循环语句

在 SAS 系统中的循环可以分为 DO、DO-WHILE 和 DO-UNTIL 三种不同的循环，下面具体介绍这三种循环格式的语句。

(一) DO 循环

DO 循环用于变量在一定范围内执行相应的循环，可控制循环次数，其基本格式为：

SAS 程序格式	说　明
DO 循环变量= 初值 TO 终值 BY 步长； 循环体语句块； END；	循环开始，循环控制变量的取值从初值开始 执行循环体语句块 每执行一次，按照步长改变对循环变量的值后再执行，当循环变量的值超过终值后终止循环。

上述结构中的"BY 步长"省略时，步长默认值为 1。如果步长取负值，则继续循环的条件是循环变量大于等于结束值。在循环体中可以用 LEAVE 语句来跳出循环(见例 4.4)；用 CONTINUE 语句来结束本轮循环，而且调整循环变量进行下一轮循环(见例 4.47)。

【例 4.40】 利用 DO 循环语句，计算 1～10 内各个数的平方并输出，若平方数超过 80 时，则停止。

```
data;
    do i= 1 to 10 by 1;
      x= i * i;
      put i= x;
      if x> 80 then leave;
    end;
run;
```

执行上述程序,在日志窗口输出每次循环计算的 i 值和平方数变量 x,见图 4-38。

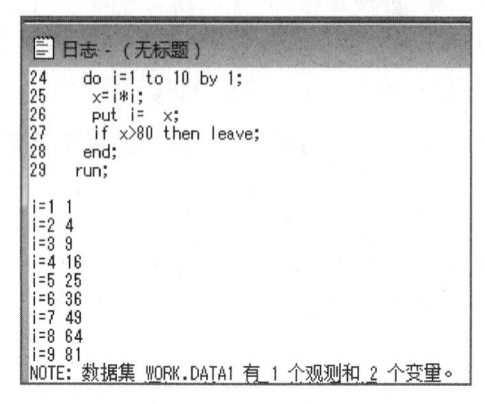

图 4-38　例 4.40 日志窗口的输出结果

【例 4.41】 输入 x、y 的一组数据,其数据对 x、y 依次为一类(class=1)、2 类(class=2)交替排列,试产生该数据集,包括变量 x、y 和 class。

```
data ex4_41;
 do class = 1 to 2;
   input x y @@;
   output;
 end;
cards;
34 56 78 90 35 67 89 10 23 65 77 45
;
run;
proc print;
run;
```

在该数据步中建立的数据集为 WORK 库的 EX4_41,循环开始,循环控制变量为 class,取值从 1 到 2,要输入的变量为 x 和 y,并且采用数据连续读入方式,用 OUTPUT 语句将循环控制变量写入数据集中。所得结果用 PRINT 过程在输出窗口显示,如图 4-39 所示。

注意:在数据步中,我们不需用语句改变循环变量的大小,

图 4-39　例 4.41 的输出结果

系统会自动改变。

(二) DO-WHILE 循环

DO-WHILE 循环语句通过条件控制程序的执行，其基本格式为：

SAS 程序格式	说　明
DO WHILE(循环继续条件); 　循环体语句块; END;	循环开始，判断若满足 WHILE 语句后的循环继续条件时 执行循环体语句块 不满足循环继续条件时，退出循环

当程序满足 WHILE 语句后的条件时，将执行循环体语句块，否则退出循环。

【例 4.42】 利用 DO-WHILE 循环语句，生成包括从 200 开始依次递减 13 的各个正数的数据集。

```
data ex4_42;
 x= 200;
 output;
 do while(x>0);
   x= x-13;
   output;
 end;
run;
proc print;
run;
```

Obs	X
1	200
2	187
3	174
4	161
5	148
6	135
7	122
8	109
9	96
10	83
11	70
12	57
13	44
14	31
15	18
16	5
17	-8

图 4-40　例 4.42 的输出数据集结果

执行上述程序，在输出窗口显示数据集 EX4_42 的结果，如图 4-40 所示。

(三) DO-UNTIL 循环

DO-UNTIL 循环语句用于根据循环的终止条件完成循环的终止，其基本格式为：

SAS 程序格式	说　明
DO UNTIL(循环退出条件); 　循环体语句块; END;	循环开始，若没达到 UNTIL 后的循环退出条件时 执行循环体语句块 若达到循环退出条件时，退出循环

当循环的终止条件不满足时，执行循环体语句，否则退出循环。

【例 4.43】 本例利用标准正态分布的随机数函数 RANNOR(0) 建立一个符合递推公式 $Y(t)=0.9*Y(t-1)+r$ 的时间序列数据(100 个)，并打印出来，其中 r 表示均值为 2、方差为 1 的服从正态分布的随机数($r=2+\text{RANNOR}(0)$)。

下面的程序利用 DO-UNTIL 循环语句执行循环，直到满足循环条件退出 DO 循环。

```
data ex4_43;
  n= 0;
  y= 16;
  do until(n>= 100);
   n+ 1;
   r= 2+ rannor(0);
   y= 0.9*y+ r;
   output;
  end;
run;
proc print;
run;
```

在该程序中引用了均值为 0、方差为 1 的标准正态分布的随机数函数 RANNOR(0)（参见本章第三节）。当 $n \geq 100$ 时，循环结束。OUTPUT 语句用于将 y 的值等结果输出到数据集 EX4_43 中，PRINT 过程将数据集在输出窗口显示，如图 4-41 所示。

Obs	n	y	r
1	1	15.3070	0.90696
2	2	15.4624	1.68618
3	3	16.5108	2.59464
4	4	15.6977	0.83797
5	5	15.0576	0.92967
6	6	16.4424	2.89055
7	7	16.6106	1.81246
8	8	17.2317	2.28214
9	9	16.5865	1.07795
10	10	16.4715	1.54365
11	11	17.2593	2.43499
12	12	16.6650	1.13161
13	13	17.7077	2.70924
14	14	17.6109	1.67396
15	15	17.8446	1.99474
16	16	17.0078	0.94771

图 4-41　例 4.43 所建数据集的结果

三、编程控制语句

（一）GOTO 语句

GOTO 语句用于转向在 GOTO 语句中标号指向的语句，并接着向下执行。GOTO 语句和跳向的目标语句须在同一个 DADA 步中，通过标号来标明。GOTO 语句的格式为：

```
GOTO 标号;
```

其中"标号"为 GOTO 目标的语句标号。

GOTO 语句常作为 IF-THEN 语句的 THEN 子句出现。注意：GOTO 不能分开写成 GO TO，否则在程序编辑时会显示出错误。

【例 4.44】(GOTO 语句应用)　读入变量 x、y、score 的一组值,对 score 的值进行累加。并且当 x+y 值不超过 3 时将 x、y 的值都清为 0,并计数这种情形出现的次数。

```
data   ex4_44;
  input x y score @@;
  if   x+ y> 3   then goto LAB;
    x= 0;
    y= 0;
    count+ 1;
LAB: sump+ score;
datalines;
2  3  46  1  2  26
3  5  63  1  1  23
5  9  72
;
proc print;
run;
```

Obs	x	y	score	count	sump
1	2	3	46	0	46
2	0	0	26	1	72
3	3	5	63	1	135
4	0	0	23	2	158
5	5	9	72	2	230

图 4-42　例 4.44 的输出结果

运行上述程序,即可达到题目的要求,其输出结果见图 4-42。

本例中,不论 x+y 为何值时,标识为"LAB"的语句都要进行 score 的累加。但是如果要求当 x+y 值≤=3 时,不再累加 score,就应使用 RETURN 语句返回到 DATA 步的开始,继续执行 INPUT 语句重新读如数据,如下列例 4.45 所示。

(二) RETURN 语句

RETURN 语句用于在数据步的当前点上停止执行各语句,返回到一个预定的位置继续执行,返回的位置取决于 RETURN 语句出现时的环境。其语句格式为:

```
RETURN;
```

【例 4.45】(RETURN 语句应用)　读入 x、y、score 的一系列数据值,对 score 的值进行累加。但当 x+y 值不超过 3 时将 x、y 的值都清为 0,此时不累加其 score 的值,并计数这种情形出现的次数。

```
data   ex4_45;
  input x y score @@;
  if   x+ y> 3   then goto LAB;
    x= 0;
    y= 0;
    count+ 1;
    return;
  LAB: sump+ score;
  datalines;
```

```
2  3  46  1  2  26
3  5  63  1  1  23
5  9  72
;
proc print;
run;
```

Obs	x	y	score	count	sump
1	2	3	46	0	46
2	0	0	26	1	46
3	3	5	63	1	109
4	0	0	23	2	109
5	5	9	72	2	181

图 4-43 例 4.45 的输出结果

运行上述程序,其输出结果见图 4-43。

本例中,语句"LAB: sump+score;"只有当观测的 x+y>3 时才被执行。执行 RETURN 语句,SAS 系统把当前观测输出到数据集 EX4_45 中,并返回到 DATA 步开始处,进行一次新的 INPUT 语句的执行。

(三) LINK 语句

LINK 语句用于使 SAS 系统立即跳向标号指定的语句,并从该标号语句开始执行,直至遇到 RETURN 语句,再返回到 LINK 语句,继续执行跟在 LINK 后面的语句。LINK 语句和标号语句必须在一个 DATA 步中。LINK 的语句格式是:

```
LINK 标号;
……
标号:SAS 语句;
……
RETURN;
```

注意:LINK 语句通常和 RETURN 语句一起使用,RETURN 是回到 LINK 后的下一条语句去执行;而 GOTO 语句使用一般没有 RETURN 语句,如果 GOTO 后有 RETURN 语句也是返回到 DATA 步的开始去执行。

在子程序中,可以放置另一个 LINK 语句形成子程序调用嵌套。当多个 LINK 语句被执行时,RETURN 语句将控制转回到最后执行的 LINK 语句后面所跟的语句去执行。

【例 4.46】(使用 LINK 语句) 现有一组学生的两门课程的成绩,需要通过 LINK 语句,将所有小于 60 的成绩都改为 60,建立改动成绩后的数据集,并在日志窗口显示成绩改动学生的姓名。

```
data ex4_46;
  input name $ math stat;
  score= math; link OK;        /* 应用 LINK 语句,指定标号为 OK */
  math= score;
  score= stat; link OK;        /* 应用 LINK 语句,指定标号为 OK*/
  stat= score;
  OK:if score< 60 then do;     /* 标号 OK 所指示的语句 */
    score= 60;
    put name= ;                /* 日志窗口输出成绩改动学生的姓名 */
  end;
```

```
return;
cards;
刘俊峰 85  78
王玉明 45  86
范佳慧 85  68
张丽莉 78  56
;
run;
proc print;
run;
```

上述程序中一共使用了两个 LINK 语句，每当读到一个成绩都先赋予变量 score，随后跳转到标号 OK 的位置，执行一个 IF-THEN-DO 的 DO 组语句：如果变量 score<60，则将 score 的值改为 60，并在日志窗口输出姓名。执行完 DO 组语句后，因为遇到了 RETURN 语句，立即返回 LINK 语句，执行后面的语句—将 score 的值再返回给原变量。这样通过 LINK 语句，将所有小于 60 的成绩都改为 60，并记录下相应学生的姓名。日志窗口显示的信息见图 4－44，程序运行的数据集输出结果见图 4－45。

```
865          return;
866          cards;

name=王玉明
name=张丽莉
NOTE: 数据集 WORK.EX4_44 有 4 个观测和 4 个变量。
NOTE: “DATA 语句”所用时间（总处理时间）：
```

图 4－44　例 4.46 在日志窗口显示的信息

Obs	name	math	stat	score
1	刘俊峰	85	78	78
2	王玉明	60	86	86
3	范佳慧	85	68	68
4	张丽莉	78	60	60

图 4－45　例 4.46 建数据集的输出结果

（五）CONTINUE 语句

CONTINUE 语句用于停止 DO 循环中当前的这次循环过程，并继续进行下一次循环。其语句格式为：

```
CONTINUE;
```

CONTINUE 语句一般和 IF-THEN 语句联用，根据某个条件来停止当前这次循环，进而转入下一次循环。

【例 4.47】（应用 CONTINUE 语句）　对一组员工根据其表现是否合格来决定是否发放 3 000 元的奖金。输入其工号、姓名和表现，输出仅保留发放奖金人员的数据集。

```
data ex4_47;
  do work_id= 3301 to 3306;
   input name $ status $ ;
   if status= '不合格' then continue; /* 如果 status 为不合格，则停止此次循环 */
    bonus= 3000;
    output;
   end;
```

```
    cards;
    樊锦诗  合格
    韩秀丽  合格
    孙志强  不合格
    张立华  合格
    王俊生  合格
    刘东辉  不合格
    ;
    run;
    proc print;
    run;
```

Obs	Work_ID	name	status	bonus
1	3301	樊锦诗	合格	3000
2	3302	韩秀丽	合格	3000
3	3304	张立华	合格	3000
4	3305	王俊生	合格	3000

图 4-46 例 4.47 的数据集输出结果

上述程序中使用了循环 DO 语句来输入数据。当变量 status 的值为"不合格"时,由 CONTINUE 语句停止此次循环,接着进行下一次循环。最后生成的数据集中总共有 4 个 status 的值为"合格"而且发放奖金的员工观测,如图 4-46 所示。

(六) LEAVE 语句

LEAVE 语句停止当前的循环 DO 语句或 SELECT 语句,并继续执行它们后面的其他语句,其语句格式为:

```
LEAVE;
```

LEAVE 语句也常和 IF-THEN 语句联用,根据某个条件来停止当前的 DO 语句或 SELECT 语句,进而执行后面的语句 LEAVE 语句。

CONTINUE 语句与 LEAVE 语句的区别在于:

- CONTINUE 语句停止当前循环,继续下一次循环;
- LEAVE 语句跳出当前循环,并执行下一句 SAS 语句。
- CONTINUE 语句只用于 DO 循环中;
- LEAVE 语句可同时用于循环 DO 语句或 SELECT 语句

【例 4.48】(应用 LEAVE 语句) 输入一组员工的姓名和入职年份,根据其到 2022 年的任职年限每一年发 500 元酬金,3 000 元封顶,试应用 LEAVE 语句来建立该组员工入职年份和发放酬金的数据集。

```
data ex4_48;
  input name $ entry_y ;
  reward= 0;                          /* reward 的初值均为 0*/
  do  year= entry_y to 2021;
    if reward= 3000 then leave;      /* 当变量 reward 的值超过 3000 时,停止循环语句*/
    reward= reward+ 500;             /* 每次循环,变量 reward 的值增加 500*/
  end;
  cards;
```

```
樊锦诗    2018
韩秀丽    2014
孙志强    2017
张立华    2010
王俊生    2016
刘东辉    2020
;
run;
proc print;
run;
```

Obs	name	entry_y	reward	year
1	樊锦诗	2018	2000	2022
2	韩秀丽	2014	3000	2020
3	孙志强	2017	2500	2022
4	张立华	2010	3000	2016
5	王俊生	2016	3000	2022
6	刘东辉	2020	1000	2022

图 4-47 例 4.48 所生成的数据集输出结果

在上述程序中通过循环 DO 语句为各员工的 reward 赋值。从入职年份 entry_y 的值开始到 2021 每增加 1 年，reward 的值增加 500。但是由于设置了 LEAVE 语句，当 reward 的值超过 3 000 时，停止循环语句。因此，所有员工的 reward 值最大只能为 3 000。所生成的数据集的输出结果如图 4-47 所示。

第三节　常用 SAS 函数

为了方便 SAS 程序设计的进行，SAS 系统将经常需要使用的程序封装为 SAS 函数的形式，SAS 函数就是 SAS 内部已经编译好的功能程序的封装，是把数学公式或其他子功能通过函数来实现，用户只需在函数中输入相应的参数或自变量即可返回计算结果。有效地调用这些函数可以实现强大的编程能力，提高程序的可读性和执行效率。

一、SAS 函数的基本形式

SAS 函数的基本形式为：

函数名(变量列表)

其中变量列表的书写格式可以表示为："of 变量 1 变量 2…变量 n" 或 "变量 1，变量 2，…，变量 n" 或 "变量 1—变量 n"。

例如，求多个变量均值的函数形式包括：

- mean(of x1 x2 x3 x4)
- mean(of x1- x4)
- mean(x1,x2,x3,x4)

在 SAS 系统中提供的标准函数包括数学函数、统计函数、概率分布函数、随机数函数、分位数函数、字符串函数、日期函数、数组函数等 20 多类，在 SAS 系统的帮助菜单中选 SAS FUNCTIONS：Function Categories 进行查询，即可得到如表 4-14 所示的 SAS 函数分类表。

表 4-14 SAS 函数分类表

函数类别	意 义
Application Response Measurement(ARM)	应用程序响应测量(ARM)
Arithmetic Functions	算术函数
Bitwise Logical Functions	逐位逻辑函数
Character Functions	字符函数
Character String Matching Functions	字符串匹配函数
Currency Conversion	货币转换函数
Date and Time Functions	日期和时间函数
DBCS Functions	DBCS(双字节字符)函数
Dynamic Link Library	动态连接库
External File Functions	外部文件函数
Financial Functions	金融函数
Library and Catalog Functions	库和目录函数
Mathematical Functions	数学函数
Probability and Density Functions	概率和密度函数
Quantile Functions	分位数函数
Random Number Functions	随机数函数
Sample Statistic Functions	统计量函数
SAS File I/O Functions	SAS 文件输入输出函数
Special Functions	特殊函数
State and Zip Code Functions	州和邮政编码函数
Trigonometric Functions	三角函数
Truncation Functions	截取函数
Variable Information Functions	变量信息函数
Noncentrality Functions	非中心分布函数
Web Tools	网络工具

SAS 系统提供的标准函数比一般高级语言丰富得多,为编写 SAS 程序带来极大的便利。下面介绍几类常用的 SAS 函数。

二、常用 SAS 函数

(一) 数学函数

数学函数主要用于进行相关的数学运算,主要包括算术函数、三角函数、对数函数、截取函数等,如表 4-15 所示。

表 4-15 数学函数及功能

数学函数	功 能	数学函数	功 能
ABS(x)	x 的绝对值	SIN(x)	正弦函数
MAX(x)	x 的最大值	COS(x)	余弦函数
MIN(x)	x 的最小值	TAN(x)	正切函数

续 表

数学函数	功 能	数学函数	功 能
MOD(x,y)	x 除以 y 的余数	ARSIN(x)	反正弦函数
SQRT(x)	x 的平方根	ARCOS(x)	反余弦函数
CEIL(x)	大于等于 x 的最小整数	ATAN(x)	反正切函数
FLOOR(x)	小于等于 x 的最大整数	SINH(x)	双曲正弦函数
INT(x)	x 的整数部分	COSH(x)	双曲余弦函数
ROUND(x,n)	x 按 n 指定精度取舍入值	TANH(x)	双曲正切函数
EXP(x)	e 的 x 次方	ERF(x)	误差函数
LOG(x)	以 e 为底的自然对数	GAMMA(x)	GAMMA 函数
LOG2(x)	以 2 为底的对数	LGMAMMA(x)	GAMMA 函数的自然对数
LOG10(x)	以 10 为底的对数	SIGN(x)	返回符号函数值 1、-1 和 0

【例 4.49】 新建包括 x、y、z 三个变量的数据集,其中 x 取 2 至 20 之间的偶数,y 为 x 的平方根,若 y 的值大于 3,则计算 z 的值为 y 自然对数值。

```
data ex4_49;
 do x= 2 to 20 by 2;
   y= sqrt(x);
   if y<3 then continue;
   z= log(y);
   output;
   format y 10.5 z 15.5;
 end;
run;
proc print data= ex4_49;
run;
```

上述程序中,调用了数学函数 SQRT(x)、LOG(y) 来分别计算 x 的平方根、y 的自然对数;其中"if y<3 then continue;"表示若 y 的值小于 3,则结束本轮循环,调整 x 的值转入下一轮循环;而 OUTPUT 语句用于输出每一次循环的 x、y、z 的值,FORMAT 语句定义了 y 和 z 的输出格式,10.5 表示 y 变量的数据占 10 位,其中小数位占 5 位。输出结果见图 4-48。

```
Obs    x         y              z
 1    10      3.16228        1.15129
 2    12      3.46410        1.24245
 3    14      3.74166        1.31953
 4    16      4.00000        1.38629
 5    18      4.24264        1.44519
 6    20      4.47214        1.49787
```

图 4-48 例 4.49 程序的输出数据集结果

【例 4.50】 利用 MOD(x,y) 函数来编写程序,判断 11111 是不是素数? 其中素数是指:在大于 1 的自然数中,除了 1 和整数自身外没有其他除数的数。

```
data prime;
 x= 11111;
 i= 3;
   do while (mod(x,i)^= 0);
```

```
    i= i+ 2;
  end;
 if i<x  then put  x  '不是素数,除数为' i;
 else put x  '是素数';
run;
```

上述程序中,“mod(x,i)^=0”表示“x除以i的余数不为0”,是继续循环的条件。由于PUT语句作用,执行该程序的输出结果在日志窗口显示,如图4-49所示,其结果是:“11111不是素数,除数为41”。

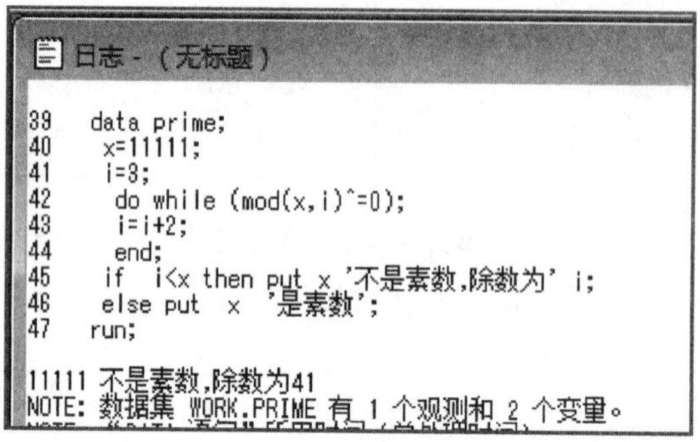

日志 - (无标题)

```
39   data prime;
40    x=11111;
41    i=3;
42     do while (mod(x,i)^=0);
43      i=i+2;
44     end;
45    if  i<x then put x '不是素数,除数为' i;
46    else put  x  '是素数';
47   run;

11111 不是素数,除数为41
NOTE: 数据集 WORK.PRIME 有 1 个观测和 2 个变量。
```

图4-49　例4.50程序执行后的日志显示结果

(二) 统计函数

对于简单的统计分析功能,SAS系统提供了统计函数,可以利用这些函数快速计算出样本数据的描述性统计结果,这些统计函数如表4-16所示。

表4-16　统计函数及功能

统计函数	功　能
MEAN(x1,x2,…,xn)	计算所有输入数据或变量的均值
MAX(x1,x2,…,xn)	计算所有输入数据或变量中的最大值
MIN(x1,x2,…,xn)	计算所有输入数据或变量中的最小值
N(x1,x2,…,xn)	计算输入数据或变量中的非缺失数据的个数
NMISS(x1,x2,…,xn)	计算输入数据或变量中缺失数值的个数
SUM(x1,x2,…,xn)	计算所有输入数据或变量的和
VAR(x1,x2,…,xn)	计算所有输入数据或变量的方差
STD(x1,x2,…,xn)	计算所有输入数据或变量的标准差
CV(x1,x2,…,xn)	计算所有输入数据或变量的变异系数
RANGE(x1,x2,…,xn)	计算所有输入数据或变量的极差
CSS(x1,x2,…,xn)	计算所有输入数据或变量的离差平方和
USS(x1,x2,…,xn)	计算所有输入数据或变量的平方和
SKEWNESS(x1,x2,…,xn)	计算所有输入数据或变量的偏度
KURTOSIS(x1,x2,…,xn)	计算所有输入数据或变量的峰度

（三）数组函数

为便于用户对数组执行相关操作，SAS 提供了如表 4-17 所示的专门用于数组计算的函数。

表 4-17　数组函数及其功能

数组函数	功　　能
DIM(x)	计算数组 x 第一维的元素个数
DIMk(x)	计算数组 x 第 k 维的元素个数
LBOUND(x)	计算数组 x 第一维的下界
HBOUND(x)	计算数组 x 第一维的上界
LBOUND k(x)	计算数组 x 第 k 维的下界
HBOUND k(x)	计算数组 x 第 k 维的上界

（四）字符函数

字符是程序设计中经常涉及的一类数据，为了方便用户对字符串进行快速有效的操作，SAS 提供了一系列专门用于字符操作的函数，如表 4-18 所示。

表 4-18　字符函数及其功能

字符函数	功　　能
BYTE(n)	返回 n 所对应的 ASCII 或 EBCDIC 码字符
COMPBL(X)	删掉字符串 X 各字符之间的空格
COMPRESS(X, 字符)	从字符串 X 中删掉指定"字符"
DEQUOTE(X)	删掉字符 X 值中的引号
INDEX(source, 字符串)	寻找指定"字符串"在原始字符串 source 中的起始位置
INDEXC(source, e1, e2, …)	寻找 e1, e2, …第一次出现在的原始字符串 source 中的位置
INDEXW(source, 字符串)	寻找特定"字符串"在原始字符串 source 中的位置
LEFT(X)	将字符表达式 X 左对齐
LENGTH (X)	返回变量 X 的长度值
LOWCASE(X)	将变量 X 中所有字母转换成小写
QUOTE(X)	将字符 X 加上双引号
RANK(X)	返回字符 X 在 ASCII 或 EBCDIC 码对应序列中的位置
REPEAT(X, n)	字符表达式 X 重复 n 次
REVERSE(X)	反转字符表达式 X
RIGHT(X)	将字符表达式 X 右对齐
SCAN (X, n[, delimiters])	返回字符表达式 X 中的第 n 个词
SOUNDEX(X)	将字符串 X 编码以方便搜索
SUBSTR(X, p [, n])	从字符串 X 的第 p 个位置开始取 n 个字符
TRANSLATE(source, …)	在字符串 source 中用特殊字符代替

续 表

字符函数	功 能
TRANWRD(source, target, replacement)	替换字符表达式 source 中的特定字符
TRIM(X)	删掉字符表达式中结尾空格,表达式缺失时返回空格
UPCASE(X)	将变量中所有字母转换成大写
VERIFY(source, e1, e2, …)	返回 source 中没出现在其余自变量 e1, e2, …中的字符位置

(五) 时间函数

对于同一个时间,可以通过不同形式来记录,而在 SAS 系统中为了方便对不同时间变量的管理,会统一把所有的时间变量转换为数值变量,转换的原则为 1960 年 1 月 1 日 0 时 0 分 0 秒对应为值 0,通过距离该时间的秒数来转换时间变量相应的数值,即在这之后的时间变量为正数,之前的时间变量为负数。例如 1960 年 1 月 1 日 0 时 1 分 0 秒对应的数值为 60。为了在 SAS 系统中方便地使用这些时间变量,SAS 系统提供了如表 4-19 所示专门的时间函数。

表 4-19 时间函数及其功能

时间函数	功 能
TODAY( )	取当前日期作为 SAS 日期值
DATE( )	取今天日期作为 SAS 日期值
TIME( )	取当前时间作为 SAS 时间值
DATETIME( )	取当前日期时间作为 SAS 日期值
MDY(m, d, n)	取 n 年 m 月 d 日作为 SAS 日期值
YEAR(date)	取 SAS 时间值 date 作为年
MONTH(date)	取 SAS 时间值 date 作为月份
DAY(date)	取 SAS 时间值 date 作为日期
WEEKDAY(date)	取 SAS 时间值 date 作为星期几
QTR(date)	取 SAS 时间值 date 作为季度值
HMS(h, m, s)	取 h(时)、m(分)、s(秒)作为 SAS 时间值
DHMS(d, h, m, s)	取 d(日)、h(时)、m(分)、s(秒)作为 SAS 时间值
DATEPART(d)	取 SAS 日期时间值 d 作为日期部分

(六) 概率分布函数

SAS 系统中还提供以下可用于常用分布下概率计算的函数,如表 4-20 所示。

表 4-20 概率分布函数及其功能

概率分布函数	功 能
PROBNORM(x)	标准正态分布 $N(0,1)$ 的分布函数,即概率 $P\{X \leqslant x\}$
PROBT(x, df, nc)	t 分布函数,即概率 $P\{X \leqslant x\}$,自由度为 df,非中心参数为 nc

续 表

概率分布函数	功 能
PROBCHI(x,df,nc)	χ^2（卡方）分布函数，即概率 $P\{X\leqslant x\}$，自由度为 df，非中心参数为 nc
PROBF(x, df1, df2, nc)	F 分布函数，即概率 $P\{X\leqslant x\}$，其自由度为 $(df1, df2)$，非中心参数为 nc
PROBBETA(x,a,b)	Beta 分布函数，即概率 $P\{X\leqslant x\}$，其 Beta 分布的参数为 (a,b)
PROBGAM(x,a)	Gamma 分布函数，即概率 $P\{X\leqslant x\}$，Gamma 分布的参数为 a
PROBBNML(p,n,m)	二项分布的概率分布函数，即概率 $P\{X\leqslant x\}$，二项分布的参数为 (n,p)
POISSON (lambda,n)	泊松分布的概率分布函数，即概率 $P\{X\leqslant x\}$，泊松分布的参数为 lambda
PROBHYPR(N,M,n,x,r)	超几何分布的概率分布函数，即概率 $P\{X\leqslant x\}$，超几何分布的参数为 N，M,n,r。其中 r 为不匀率，默认时取 1

对 t 分布的分布函数 PROBT(x, df, nc)、χ^2 分布的分布函数 PROBCHI(x, df, nc) 和 F 分布的分布函数 PROBF(x, df1, df2, nc)，若其非中心参数 nc 没有规定或者取为 0，则被计算的是其对应的中心分布的分布函数。

【例 4.51】 现有 100 件药品，其中 10 件是次品，随机从中抽取 5 件，则抽到的次品至多为 2 件的概率是多少？

可用超几何分布函数计算 x＝2 时所求的概率 PROBHYPR(100,10,5,x,1)，其中不匀率 r 取 1，并在日志窗口输出。SAS 程序如下：

```
data ;
 p= probhypr(100,10,5,2,1);
 put p= ;
run;
```

在日志窗口查看程序输出结果，如图 4－50 所示，p＝0.993 362 087 1。故所求概率为 0.993 36。

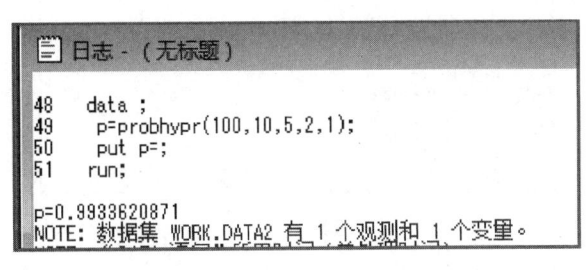

图 4－50 例 4.51 在日志窗口的显示结果

（七）分位数函数

分位数函数为概率分布函数的逆函数，即通过分位数函数可以计算出一定概率 p 下的分布函数 F(x) 的分位数 x。SAS 系统提供了表 4－21 所示的常用的 6 种分布的分位数函数。

表 4-21 分位数函数及其功能

分位数函数	功　能
PROBIT(p)	标准正态分布 N(0,1) 的 p-分位数
TINV(p, df, nc)	t 分布的 p-分位数,其自由度为 df,非中心参数为 nc
CINV(p, df, nc)	卡方分布的 p-分位数,其自由度为 df,非中心参数为 nc
FINV(p, df1, df2, c)	F 布的 p-分位数,其自由度为 $(df1, df2)$,非中心参数为 nc
GAMINV(p, a)	Gamma 分布的 p-分位数,其参数为 a
BETAINV(p, a, b)	Beta 分布的 p-分位数,其参数为 (a, b)

对 t 分布的分位数 TINV(p, df, nc)、χ^2 分布的分位数 CINV(p, df, nc) 和 F 布的分位数 FINV(p, df1, df2, nc),若其非中心参数 nc 没有规定或者取为 0,则被计算的是其对应的中心分布的 p-分位数。

【例 4.52】 计算 $p=0.95$,自由度 df=3,nc=0 或 3.5 的 t 分布、χ^2 分布的分位数。

```
data;
  q1_t= tinv(0.95,3);      put q1_t= ;
  q2_t= tinv(0.95,3,3.5);  put q2_t= ;
  q1_c= cinv(0.95,3);      put q1_c= ;
  q2_c= cinv(0.95,3,3.5);  put q2_c= ;
run;
```

执行上述程序,即可求得 t 分布、χ^2 分布的分位数结果,在日志窗口显示结果如图 4-51 所示。

图 4-51　例 4.52 在日志窗口显示的分位数结果

(八) 随机数函数

为便于生成随机数,完成程序的模拟,SAS 系统还提供了表 4-22 所示的 9 种分布的随机数函数。随机数函数可用于生成各种对应分布下的随机数。其中函数的输入参数 seed 为随机数生成的种子数,对 UNIFORM 和 NORMAL,需取为 0 或 5~7 位的奇数,其他随机数分布的输入参数 seed 需取为小于 $2^{31}-1$ 的任意常数,系统将根据设置的种子数生成随机数,因而如果在不同的程序段中输入相同的随机数,则会产生相同随机数列。

表 4-22 随机数函数及其功能

随机数函数	功　　能
UNIFORM(seed) 或 RANUNI(seed)	生成均匀分布的随机数,其随机数生成的种子数为 seed（下同）
NORMAL(seed) 或 RANNOR(seed)	生成标准正态分布的随机数。若需要生成参数为(mu,sigma)的正态分布随机数,其语句为： 　　mu+NORMAL(seed) * sigma 或 mu+RANNOR(seed) * sigma
RANEXP(seed)	生成指数分布的随机数。其参数为 1。若需生成参数为 lambda 的指数分布随机数,其语句为：RANEXP(seed)/lambda
RANGAM(seed, alpha)	生成 Gamma 分布随机数,其参数为 alpha
RANTRI(seed,h)	生成三角分布随机数,其参数为 0~1 范围内的 h
RANCAU(seed)	生成标准 Cauchy 分布随机数 　　如果要生成位置参数为 alpha、尺度参数为 beta 的 Cauchy 分布,其语句为：alpha+RANCAU(seed) * beta
RANBIN(seed,n,p)	生成二项分布随机数,其参数为 n 和 p
RANPOI(seed,lambda)	生成泊松分布随机数,其参数为 lambda
RANTBL(seed, p_1, …, p_n)	生成离散分布随机数,其概率分别为 p_1,…,p_n

【例 4.53】 利用 RANNOR(seed)函数生成 1 000 个服从均值为 2,标准差为 3 的正态分布 $N(2,3^2)$ 的随机数。

```
data ex4_53;
 do n= 1 to 1000;
  x= 2+ 3 * rannor(0);
  output;
 end;
run;
proc print;
run;
```

该程序利用产生标准正态分布的随机数函数 RANNOR(seed)进行变换：

$$\mu+\sigma * \text{RANNOR(seed)}$$

即可产生均值为 μ、标准差为 σ 的正态分布 $N(\mu,\sigma^2)$ 的随机数函数。当程序运行后,在输出窗口中就会出现如图 4-52 数据集结果,其中 x 为产生的随机数数据。

为了验证随机数的分布特征,可用 SAS 的【分析家】系统对数据集 EX4_53 中的随机数变量 x 绘制频率直方图,如图 4-53 所示。显然,该分布形态基本符合正态分布 $N(2,3^2)$。

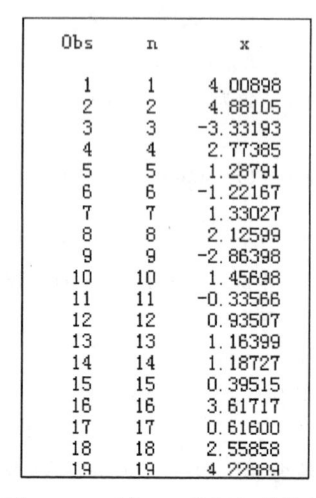

图 4-52　例 4.53 的随机数结果　　　　　图 4-53　例 4.53 由随机数绘制的频率直方图

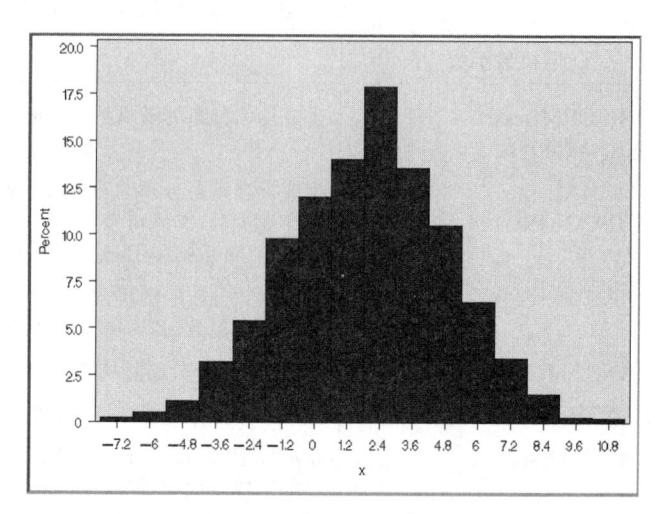

（九）金融函数

SAS 系统还提供了许多金融函数，包括投资计算函数、折旧计算函数、偿还率计算函数及其他金融函数。这些函数为财务分析提供了极大的便利。利用这些函数，可以进行一般的财务计算，如确定贷款的支付额、投资的未来值或净现值，以及息票的价值等等。SAS 系统提供的常用金融函数，如表 4-23 所示。

表 4-23　常用金融函数及其功能

金融函数	功　　能
COMPOUND(amount, future, rate, number)	返回复利的参数
CONVX(y, f, c(1), …, c(k))	返回列举现金流的凸度
CONVXP(A, C, n, K, k0, y)	返回定期现金流的凸度
DACCDB(period, value, years, rate)	返回用余额递减折旧法计算的累计折旧值
DACCDBSL(period, value, years, rate)	返回用余额递减折旧法换为直线折旧法计算的累计折旧值
DACCSL(period, value, years)	返回用直线折旧法计算的累计折旧值
DACCSYD(period, value, years)	返回年限总和法计算的累计折旧额
DACCTAB(period, value, tl, …, tn)	返回以指定比值计算的累计折旧额，tl, …, tn 为每期折旧比例
DEPDB(period, value, years, rate)	返回余额递减折旧法计算的折旧额
DEPDBSL(period, value, years, rate)	返回用余额递减折旧法换为直线折旧法计算的折旧值
DEPSL(period, value, years)	返回直线折旧法计算的折旧额
DEPSYD(period, value, years)	返回年限总和法计算的折旧额
DEPTAB(period, value, tl, …, tn)	返回由指定数据表计算的折旧
DUR(y, f, c(1), …, c(k))	返回列举现金流的修正期

续 表

金融函数	功 能
DURP(A,c,n,K,k0,y)	返回定期现金流的修正期
INTRR(frequency,c0,c1,…,cn)	返回用小数表示的内部盈利率
IRR(frequency,c0,c1,…,cn)	返回用百分比表示的内部盈利率
MORT(amount,payment,rate,number)	返回分期付款参数
NETPV(rate,frequency,c0,c1,…,cn)	返回净现值,利率由小数表示
NPV(rate,frequency,c0,c1,…,en)	返回净现值,利率由百分比表示
PVP(A,c,n,K,k0,y)	返回定期现金流的现值
SAVING(future,payment,rate,number)	计算定期储蓄的终值
YIELDP(A,c,n,K,k0,p)	返回定期现金流的定期收益

三、调用子程序的 CALL 语句

CALL 语句用于调用子程序,产生随机数或者执行其他的系统功能。其语句格式:

```
CALL 子程序 (参数 1,[...,参数 n]);
```

CALL 语句可调用的随机数子程序如表 4-24 所示,特殊子程序如表 4-25 所示。

表 4-24 CALL 语句可调用的随机数子程序

子程序格式	功 能
RANBIN(种子,n,p,随机数变量)	产生二项分布的随机数
RANCAN(种子,随机数变量)	产生柯西分布的随机数
RANEXP(种子,随机数变量)	产生指数分布的随机数
RANGAM(种子,参数,随机数变量)	产生伽马分布的随机数
RANNOR(种子,随机数变量)	产生正态分布的随机数
RANPOR 种子,参数,随机数变量)	产生泊松分布的随机数
RANTRL(种子,概率值 1,…,概率值 n,随机数变量)	产生离散分布的随机数
RANTRI(种子,参数,随机数变量)	产生三角分布的随机数
RANUNI(种子,随机数变量)	产生均匀分布的随机数

表 4-25 CALL 语句可调用的特殊子程序

子程序名	格 式	功 能
SOUND	Call Sound(频率,持续时间)	产生声音
SYMPUT	Call Symput(宏变量,值)	创建包含 DATA 信息的宏变量
SYSTEM	Call System(命令)	发布操作系统命令

续 表

子程序名	格 式	功 能
LABLE	Call Lable(变量1,变量2)	规定变量1的标签为字符变量2的值
VNAME	Call Vname(变量1,变量2)	规定变量1的名字为变量2的值
EXECUTE	Call Execute(字符表达式)	执行字符表达式规定的操作

【例 4.45】 用 CALL 语句产生声音。

```
data  null;
    call sound(20,800);
run;
```

例中用 CALL 语句调用 SOUND 子程序即可产生声音。其中频率为 20,即每秒产生 20 次声音,每次时间为 800 * 1/80 秒,即持续时间为 10 秒钟。

(高祖新、王菲)

Chapter 05
SAS 过程步与实用过程

第一节　SAS 过程步及其语句
　　一、SAS 过程步基本格式
　　二、过程步的其他常用语句
　　三、SAS 过程步语句
第二节　SAS 全程语句
　　一、SAS 全程语句概述
　　二、常用 SAS 全程语句
第三节　SAS 实用过程
　　一、输出数据集 PRINT 过程
　　二、数据排序 SORT 过程
　　三、格式化定义 FORMAT 过程
　　四、数据集转置 TRANSPOSE 过程
　　五、添加观测 APPEND 过程
　　六、数据集比较 COMPARE 过程
　　七、计算秩次 RANK 过程
　　八、数据标准化 STANDARD 过程
　　九、数据库管理 DATASETS 过程

SAS 过程步是用 SAS 内部已经编译好的过程,对生成的数据集进行处理、分析、作图和制表,SAS 过程步运用关键在于根据需求对所调用过程进行选项参数设置。本章重点学习每个 SAS 过程的主要功能和过程步经常用到的语句。

第一节　SAS 过程步及其语句

一、SAS 过程步基本格式

在 SAS 系统中需要使用的统计分析和数据处理等功能一般都封装为完善的 SAS 过程,用户只需要通过对 SAS 过程的调用即可完成相应的统计分析和数据的操作处理等。SAS 过程步以"PROC"为开始标识,通过"PROC"语句调用过程名和数据集,输出分析报告、图形或对数据集处理的动态执行过程。在 SAS 系统中过程步的基本格式为:

SAS 程序格式	说　明
PROC 过程名 [DATA= 数据集][选项]; [其他过程步语句] RUN;	过程步开始,指定需要进行的过程和相关数据集 选用其他过程步语句 向 SAS 系统提交过程步中的语句,过程步结束

PROC 语句中数据集名或选项均可以省略,在这时该过程按最通常的情况来处理,即:
- 处理最新建立的 SAS 数据集;
- 处理所有的变量(或对一个计算过程来说处理全部数值变量);
- 处理整个数据集而不是某个子集。

PROC 语句用于指定需要进行的统计分析过程和相关数据集,其中"过程名"为需要进行的统计分析的名称;"DATA=数据集"对于数据集的指定是可选的,默认情况下使用最近生成的数据集;"选项"是可选的,用来规定过程运行的一些设置,如果有多个选项,则用空格分开。

PROC 过程语句将结合具体的统计过程进行详细讲解,统计过程不同,过程语句的具体应用和选项等也有差异。

SAS 系统主要的过程名及其功能如表 5-1 所示,在后续章节会对这些过程的使用进行详细的介绍。

表 5-1　SAS 系统主要的过程名及其功能

过程名	基本功能	过程名	基本功能
MEANS	数值数据的均值基本统计	TABULATE	绘制分类统计量的表格
FREQ	属性数据的频数统计分析	DATASETS	数据库管理
UNIVARIATE	基本的统计量分析	STANDARD	数据的标准化

续 表

过程名	基本功能	过程名	基本功能
APPEND	数据添加	RANK	计算秩次
TRANSPOSE	数据集转置	COMPARE	数据集比较
FORMAT	变量格式化	PRINT	数据列表的打印输出
CORR	相关分析	GCHART	统计图形的绘制
TTEST	假设检验	GRAPH	统计图形的绘制
SORT	数据排序	CANCORR	典型相关分析
ANOVA	方差分析	LOGISTIC	LOGISTIC 回归
REG	回归分析	DISCRIM	距离判别分析
GLM	线性模型拟合	CANDISC	典型判别分析
CLUSTER	聚类分析	STEPDISC	逐步判别分析
PRINCOMP	主成分分析	LIFEREG	生存分析回归过程
FACTOR	因子分析	LIFETEST	生存分析检验过程

过程步一般以 RUN 语句结束,也可以省略 RUN 语句而在下一个过程步或数据步的开始处结束,另外还有一种"交互式过程"可以在遇到 RUN 语句时不结束过程运行,只有遇到 QUIT 语句或者下一个过程步、数据步时才结束。

二、过程步常用语句概述

过程步在 PROC 语句之后、结束之前可以有若干个过程语句。通常情况下,过程语句与数据步中的语句不同,数据步中的语句不能用在过程步中。过程步语句一般以某一个关键字开头,如 VAR、BY、TABLES、WEIGHT 语句等。语句中如果有选项,通常写在斜杠后,其语法格式为"过程语句/选项"。常用的过程步语句如表 5-2 所示。

表 5-2 过程步的常用语句

语句类型	基本格式	作 用
PROC	PROC 过程名 [选项];	PROC 步开始,指定使用的过程名等信息
VAR 语句	VAR 变量列表;	指定需要分析的变量
OUTPUT 语句	OUTPUT OUT=输出数据集名 关键字=变量名 …;	指定输出结果存放的数据集及存放结果的变量名
BY 语句	BY 变量;	指定分类变量,用于对数据分组分析,需先排好序
CLASS 语句	CLASS 变量;	指定进行分组的分类变量,不需先排序
WHERE 语句	WHERE 表达式;	指定进行分析的观测所需满足的条件
MODEL 语句	MODEL 因变量列表=自变量列表;	规定模型的因变量和自变量
ID 语句	ID 变量;	规定用于识别观测的变量
WEIGHT 语句	WEIGHT 变量;	规定权重变量

续 表

语句类型	基本格式	作 用
FREQ 语句	FREQ 变量;	规定频数变量
FORMAT 语句	FORMAT 变量名 输出格式 …;	为变量输出规定一个输出格式
LABEL 语句	LABEL 变量名=标签名 …;	为变量指定一个临时标签

在生成数据集的 DATA 步中也可以用 FORMAT 语句规定变量的输出格式,用 LABEL 语句规定变量的标签,用 LENGTH 语句规定变量的存储长度,用 ATTRIB 语句同时规定变量的各属性。在数据步中规定的变量属性是附属于数据集本身的,是永久的;在过程步中规定的变量属性(标签、输出格式等)只用于此过程的本次运行。

某些 SAS 过程步是对数据集作某种变换(如 SORT 过程对数据集排序),不生成显示结果;多数过程步是对数据集做某些分析、报表,这时结果出现在输出(OUTPUT)窗口,高精度绘图过程的输出在图形(GRAPHICS)窗口。对输出窗口的结果,我们可以用菜单"文件→另存为"把它保存到一个文本文件进行进一步的修饰,插入其他文档中,也可以用菜单"文件→打印"直接打印。

【例 5.1】 对 SASUSER.CLASS 数据集,计算其身高变量 height 的均值、方差和标准差,并将其结果保存在 WORK. RESULT 中,在输出窗口输出,标题为"身高的统计量"。

```
proc means data= sasuser.class;
   var height;
   output out= result  n= n mean= ave_h
      var= var_h std= std_h;
run;
title '身高的统计量';
proc print data= result;
run;
```

该程序运行的输出结果有两部分,第一部分是 MEANS 过程对变量 height 计算而输出的简单统计量,标题为默认的"SAS 系统",如图 5-1 所示。第二部分结果是由 MEANS 过程中 OUTPUT 语句生成的结果数据集 RESULT,通过执行 PRINT 过程而在输出窗口显示,如图 5-2 所示,其标题因 TITLE 语句的作用已变为"身高的统计量"。

		MEANS 过程		
	分析变量:height Height in inches			
N	均值	标准偏差	最小值	最大值
19	62.3368421	5.1270752	51.3000000	72.0000000

图 5-1 例 5.1 的 MEANS 过程输出结果

	'身高的统计量'			2022年06月30日 星期四		
Obs	_TYPE_	_FREQ_	n	ave_h	var_h	std_h
1	0	19	19	62.3368	26.2869	5.12708

图 5-2　例 5.1 的输出数据集 WORK.RESULT 的显示

三、SAS 过程步语句

SAS 过程步的基本语句是对所调用过程进行辅助分析，通过对过程步过程语句的选择，使分析和处理数据集的功能更强大。

下面我们对各过程步的基本语句作简要介绍，各语句在 SAS 的 PROC 步的具体应用将在以后各章节的 SAS 过程介绍中逐步熟悉和掌握。

（一）PROC 语句

PROC 语句为过程语句，用于 PROC 步的开始，并用来指定要使用的 SAS 过程。其语句格式为

```
PROC 过程名 [选项];
```

PROC 语句规定的选项因调用不同的过程而有差异，请看后续章节各个过程的介绍。其中下面三类选项是共同使用的：
- 关键词：是该过程进一步要求的单个关键词
- 关键词＝值：规定关键词和值（可以是数值或字符串）
- 关键词＝SAS 数据集名：规定输入或输出的 SAS 数据集

PROC 过程语句的常用选项说明见表 5-3。

表 5-3　PROC 过程语句的常用选项说明

选项	意义
DATA＝数据集名	指明统计分析的数据集名
SUMSIZE	指明内容大小，合理设置可以提高分析效率
THREADS|NOTHREADS	指明操作系统的线程
FW＝n	指明域宽度、打印和显示输出中显示的域宽度
MAXDEC	规定显示的小数最多位数
NOOBS	规定不显示观测序号
NOPRINT	输出窗口不显示统计分析输出结果
MISSING	规定缺失值有效
统计关键词	统计分析时设置的统计指标参数的关键字，参见第 8 章表 8-4

（二）VAR 语句与 MODEL 语句

VAR 语句为变量语句，用于指定过程的分析变量。其语法格式：

    VAR 变量名列表;

其中变量名列表指定需要分析的变量，多个变量用空格分开。省略该语句时默认对数据集的所有变量进行统计分析。例如：

- var x y z;
- var x1- x6 y2- y5 z;

VAR 语句在 SAS 过程步的应用可参见本节前面的例 5.1。

MODEL 语句为模型语句，用于不同的 SAS 统计过程中指定统计建模的模型，寻找变量与变量之间的关系。其语法格式为：

    MODEL 因变量= 自变量表/[选项];

该语句功能是过程步中对用到的分析过程指定分析模型，并给出模型用到的因变量和自变量的变量名和个数。其具体应用和选项可参考统计分析各个过程的具体介绍。例如

- model y= x1- x3;
- model y1 y2= a b c d;

这里 y＝x1－x3 相当于多元线性方程 y＝a0＋a∗x1＋b∗x2＋c∗x3，y 作为因变量是随着自变量 x1、x2、x3 的变化而变化。

MODEL 语句在 SAS 过程步中的应用可参考第 11 章例 11.2 和第 14 章例 14.1。

（三）BY 语句与 CLASS 语句

BY 语句为分组语句，用于指定分组变量，然后对分好组的观测调用过程做组内分析。多个变量之间用空格分隔。BY 语句的语法格式：

    BY 变量名列表;

注意：使用 BY 语句的过程步中，要先对所分析的数据集用 SORT 过程排序，然后再通过 BY 语句对排序后的数据集分组分析。

CLASS 语句为分类语句，指定一个或几个分类变量，再对已分类的组进行组内分析。其语法格式：

    CLASS 变量名列表;

对用于分析的数据集，CLASS 语句不需要按分类变量排序后再分析，这是与 BY 语句的不同之处。

BY 语句与 CLASS 语句在 SAS 过程步中的应用和差别可参考本章第三节例 5.10 和例 5.11。

（四）FREQ 语句与 WEIGHT 语句

FREQ 语句为频数变量语句，用于将变量设置为过程分析的频数变量。其语法格式：

```
FREQ 变量名；
```

FREQ 语句将变量设置为一个数值变量，其值表示数据集中观测重复出现的频数。注意：FREQ 语句中指定的频数变量只能是数值型变量，且系统对频数变量的值自动取整数，若其值小于 1，则观测不加以计算。

【例 5.2】 建立一个数据集，包括变量 sex、age、number 三个变量的 4 个观测记录，先对 age 做均值过程分析，再加入 FREQ 语句后对 age 做均值过程分析，试比较两次均值过程的结果的差异。

```
data ex5_2;
 input sex $ age number @@;
cards;
f 18 14 f 19 27
m 19 24 m 20 18
;
proc means;
   var age;
run;
title 'freq action';
proc means;
   var age;
   freq number;
run;
```

执行上述程序，得到两次均值过程的结果分别如图 5-3 和图 5-4 所示。

```
              MEANS PROCEDURE
              分析变量：age
 N      均值        标准差       最小值        最大值
 ─────────────────────────────────────────────
 4    19.0000000   0.8164966   18.0000000   20.0000000
```

图 5-3 例 5.2 的首次 MEANS 过程输出结果

```
              freq action        2022年06月30日 星期四 下午03时
              MEANS PROCEDURE
              分析变量：age
 N      均值        标准差       最小值        最大值
 ─────────────────────────────────────────────
 83   19.0481928   0.6228106   18.0000000   20.0000000
```

图 5-4 例 5.2 的带 FREQ 语句 MEANS 过程输出结果

图 5-3 的结果是数据集中 4(N=4)个观测(男女各 2 个)对 age 平均的结果,平均年龄是 19 岁。

而在 MEANS 过程中加入"freq number;"语句后,其 MEANS 过程的结果如图 5-4 所示,此时 number 是频数变量,其输出结果代表了 14 个 18 岁女生、27 个 19 岁女生、24 个 19 岁男生、18 个 20 岁男生,总共 83(N=83)个观测对 age 的平均,其均值 19.0481928 是这 83 人 age 的平均值。

WEIGHT 语句为权重变量语句,用于将变量设置为过程分析变量的权重变量,其语法格式:

```
WEIGHT 变量名;
```

此处的权重是指分析变量的权重,即分析变量对应的观测记录中占总观测记录的比重,即百分比。通过 WEIGHT 语句可以看出此变量在总体中的相对重要程度。WEIGHT 语句中的变量只能是数值类型变量,当变量对应值为 0 或缺失时此观测记录不作为分析数据,该观测记录被剔除分析过程。

WEIGHT 语句与 FREQ 语句的区别在于:FREQ 变量表示观测出现的次数,而 WEIGHT 变量给出观测的相应权重。当每个观测的权重都是整数时,WEIGHT 语句也可用于 FREQ 语句。

WEIGHT 语句在 SAS 过程步中的应用可参考第 9 章例 9.3。

(五) ID 语句与 WHERE 语句

ID 语句为标识语句,用于将变量设置为对每个观测有唯一标识的区别变量。其语法格式:

```
ID 标识变量名;
```

SAS 系统通常默认用 OBS(观测序号)来标识观测记录。引用 ID 语句,过程步就会用 ID 来替代 SAS 默认的 OBS(观测序号)进行观测记录的标识。

ID 语句在 SAS 过程步中的应用可参考本章第三节例 5.10。

WHERE 语句是过滤条件语句,是根据条件取出数据集中的观测数据用于分析处理。其语法格式:

```
WHERE 过滤条件;
```

有了 WHERE 语句,过程步仅对 WHERE 列出的符合条件的观测记录部分进行分析或操作,其用法与 DATA 步中的 WHERE 语句类似。

WHERE 语句在 SAS 过程步中的应用可参考本章第三节例 5.9。

(六) OUTPUT 语句与 QUIT 语句

OUTPUT 语句为输出语句,用于将过程步分析结果输出到指定的新数据集中。其语法格式:

```
OUTPUT OUT= 新数据集名[关键字= 变量名];
```

如果没有 OUT＝新数据集名的选项，OUTPUT 语句默认将分析结果输出到输出窗口。

OUTPUT 语句在 SAS 过程步中的应用可参考本章第一节例 5.1。

QUIT 语句为退出语句，用于结束一个交互式的过程。其语法格式：

```
QUIT;
```

当提交 QUIT 语句时，这个交互式过程的所有余下的语句都不再被执行，而且在这个过程结束前显示输出的结果。为了结束一个交互式的过程，可以通过提交其他的 DATA 或 PROC 语句，QUIT 语句和 ENDSAS 语句，或者用显示管理系统的 BYE 命令。但为了使用微机到主机连接的遥控提交性能，则必须用 QUIT 语句结束交互式的过程。

QUIT 语句在 SAS 过程步中的应用可参考第 11 章例 11.3。

（七）LABEL 语句、FORMAT 语句和 ATTRIB 语句

LABEL 语句、FORMAT 语句和 ATTRIB 语句是过程步中常用变量属性语句，在过程步中对变量的属性进行操作处理，确定其标签、输出格式、长度等具体属性。其用法与它们在数据步的形式相同。

LABEL 语句为标签语句，用于给变量指定标签，便于理解解释变量的意义，语法格式与数据步中的定义语法格式相同：

```
LABEL 变量名 1= '标签名' 变量名 2= '标签名' …;
```

LABEL 语句中的多个变量标签之间用空格分隔。LABEL 语句可以出现在过程步中的任意位置，只对该过程中定义的标签有效。

FORMAT 语句为变量输出格式语句，定义输出变量的字符型、数值型或日期时间型格式。其语法格式与数据步中所定义的相同：

```
FORMAT 变量名 输出格式 …;
```

过程步中的 FORMAT 语句定义变量输出格式与数据步 INPUT 语句和 FORMAT 语句定义变量格式方式相同，可参考第 4 章第一节四(一)中的相关介绍。

【例 5.3】 打印输出 SASHELP 数据库里的 BUY 数据集，指定变量 date、amount 的标签分别为"销售日期"和"金额"；指定变量 date 的输出日期格式为 yymmdd10.。

```
* 调用打印过程 PRINT;
proc print data= sashelp.buy  label;
   label date= '销售日期' amount= '金额';
   format date yymmdd10. ;
run;
```

上述程序在 PRINT 过程步中，用 LABEL 语句指定变量 date、amount 的标签分别为"销售日期"和"金额"；用 FORMAT 语句指定变量 date 的输出日期格式为 yymmdd10.；而 PROC PRINT 语句中的选项 LABEL 表示输出结果时用标签替代变量名。执行该程序，其

打印输出结果如图 5-5 所示。

Obs	销售日期	金额
1	96-01-01	-110000
2	97-01-01	-1000
3	98-01-01	-1000
4	99-01-01	-51000
5	00-01-01	-2000
6	01-01-01	-2000
7	02-01-01	-2000
8	03-01-01	-2000
9	04-01-01	-2000
10	05-01-01	-2000
11	06-01-01	48000

图 5-5　例 5.3 的打印输出结果

ATTRIB 语句为变量属性语句,在过程步中用于指定一个或几个变量的标签、输入格式、输出格式、长度等具体属性,其语法格式与数据步中定义的语法格式相同:

```
ATTRIB 变量名 定义变量属性;
```

ATTRIB 语句可以通过以下选项定义变量的具体属性:
- LENGTH=[$]w.d:定义上述变量的长度,字符型变量前面加 $ 符号。
- FORMAT=格式:定义上述变量联系的输出格式。
- INFORMAT=格式: 定义上述变量联系的输入格式。
- LABEL='标签':定义上述变量的标签。

通过 ATTRIB 语句定义上述变量属性时可以根据需求任取一个或几个选项。在过程步规定的属性同过程步的这个变量以及由该过程建立的包括该变量的任何输出数据集联系起来。

【例 5.4】 对 SASHELP 数据库里的 BUY 数据集,利用 ATTRIB 语句中的 FORMAT= 和 LABEL= 两个属性定义,实现与例 5.3 同样的功能打印输出结果。

```
proc  print  data= sashelp.buy label noobs;
  attrib date format= yymmdd10. label= '销售日期'  amount  label= '金额';
  /* attrib 语句定义变量输出格式和标签名*/
run;
```

该 PRINT 过程步中,程序通过 ATTRIB 语句中的 FORMAT= 和 LABEL= 两个属性对 BUY 数据集中的变量定义输出格式和变量标签。执行该程序得到的输出结果与例 5.3 的结果一样,如图 5-5 所示。

第二节 SAS 全程语句

一、SAS 全程语句概述

SAS 全程语句与一般语句不同,一般语句必须用在数据步或过程步内,作为数据步或过程步的一部分;而全程语句则既可以用在数据步和过程步内,又可以单独使用(在数据步、过程步外部),即这些 SAS 语句可以用在程序的任何地方,故称为全程语句。全程语句的作用一般有持续性,即全程语句的效果将持续到退出 SAS 系统或用另一个同样的全程语句来修改它。

下面我们列出 SAS 系统中的各全程语句及其功能一览表,如表 5-4 所示。

表 5-4 SAS 系统中的全程语句

语句关键词	功　能
注释语句	在 SAS 程序中加入的注释信息,与程序一起输出,但系统不予执行
DM	发布显示管理命令或文本编辑命令作为 SAS 语句
X	发布主机操作系统(如 PC-DOS)的命令
TITLE	规定 SAS 输出一起被打印的标题行,默认时为"SAS 系统"
FOOTNOTE	规定同 SAS 输出一起被打印的脚注行
RUN	提交上述 SAS 程序开始执行
ENDSAS	执行 DATA 步或 PROC 步后终止 SAS 作业或会话
FILENAME	对一个外部文件定义文件标记
LIBNAME	定义一个 SAS 数据库的库标记
%INCLUDE	从外部文件等调出 SAS 语句和数据行
%RUN	结束由加 * 号的 %INCLUDE 语句要求的从键盘输入的源语句
%LIST	列出在当前会话中输入的行
MISSING	指定输入数据的一些大写字符,以表示输入数值数据的特殊缺失值
PAGE	指定 SAS 日志换到新的一页
SKIP	指定 SAS 日志跳过规定的行数
OPTIONS	用于改变 SAS 系统一个或几个系统设置选项

二、常用 SAS 全程语句

这里我们将结合 SAS 案例程序对一些常用的 SAS 全程语句及其语法格式等加以简要介绍。

(一) 注释语句

为了更好地理解程序的功能和用途，往往会对 SAS 程序添加注释语句。注释语句就用于在程序中加入一些注释，以解释程序的作用或变量的意义。在语句开头加"＊"就表示该语句的内容是注释信息而在 SAS 系统中不予执行。

SAS 添加注释的方式有两种方式：

(1) ＊注释语句；

以＊(星号)开始，中间写注释语句，以"；"(分号)结束。

即单句的注释语句只需要以"＊"开头即可。任何一个 SAS 语句在前面加上星号(＊)就变成系统不执行的注释语句。例如：

```
* ex3.1 is a means analysis program;
```

(2) /＊注释语句块＊/

注释语句块以"/＊"开始，中间写注释语句(可多句)，以"＊/"结束。即对于大段信息的注释语句(例如多个 SAS 语句)，可用"/＊"(开头)和"＊/"(结尾)将信息部分刮起来即可作为注释语句使用。例如：

```
proc sort;  /* 调用排序过程* /
```

在调试 SAS 程序时，常将不需要执行的程序部分(例如已调试好的部分)用"/＊"和"＊/"括起，以加快程序的调试。

【例 5.5】 对例 5.1，若程序初次运行时，错将 PROC PRINT 拼成 PROC PINT，数据集已建立，但 PRINT 过程没执行。将此段程序调回修改，在发送前，可将数据步用注释符括起以加快运行。

```
/* proc means data= sasuser.class;
    var height;
  output out= result  n= n mean= ave_h
      var= var_h std= std_h;
run; * /
title '身高的统计量';
proc print data= result;
run;
```

上述程序执行时，仅执行了第二个 PROC 步(PROC PRITN)，其输出结果如图 5－6 所示。第一个 PROC 步(PROC MEANS)已被设置为注释语句块，故 SAS 系统直接跳过，不予执行。

'身高的统计量'

2022年06月30日 星期四

Obs	_TYPE_	_FREQ_	n	ave_h	var_h	std_h
1	0	19	19	62.3368	26.2869	5.12708

图 5－6 例 5.5 的 PROC 步输出结果

(二) OPTIONS 语句

OPTIONS 语句用于改变 SAS 系统的设置。其语句格式为

```
OPTIONS 选项1[选项2]...;
```

OPTIONS 语句为全程语句,即可以放在 SAS 程序中的任何位置上。OPTIONS 语句所做的系统设置改变在本次 SAS 会话期间一直起作用,直至被另一个 OPTIONS 语句取代。语句选项如表 5-5 所示。

表 5-5 OPTIONS 语句的常用选项说明

选 项	意 义
DATE	输出页显示日期,SAS 系统默认输出页显示日期
NODATE	输出页不显示日期
LINESIZE=n	指定显示日志和输出信息的行宽度
NUMBER	输出显示页号,SAS 系统默认输出页显示页号
NONUMBER	输出不显示页号
PAGESIZE=n	指定每个输出页显示的行数,取值范围在[15,32767]的整数值
CENTER	输出页信息居中,SAS 系统默认输出信息居中
NOCENTER	输出页信息不居中
NOTES	日志窗口默认显示注释
NONOTE	设置日志窗口不显示注释
NOSOURCE	日志窗口不显示编写的程序信息
FIRSTOBS=n	指定 SAS 数据集中被处理的第一个观测的序号
OBS=n	指定 SAS 数据集中被处理的最后一个观测的序号

【例 5.6】 通过 OPTIONS 语句使输出窗口不显示日期,日志窗口不显示注释,每页显示 60 行信息。

```
options nodate notes linesize=64 pagesize=60;
  /* options 语句改变 sas 默认输出页信息*/
proc print data=sashelp.buy label noobs;
run;
```

OPTIONS 语句设置 SAS 输出页和日志信息。nodate 指明输出信息不显示日期,notes 指示不在日志窗口显示注释信息,LINESIZE=64 规定输出每行最宽不超过 64 个字符(这是允许的最小行宽),PAGESIZE=60(或 PS=60)规定输出每页为 60 行,不足时用空行补齐。

(三) TITLE 语句和 FOOTNOTE 语句

1. TITLE 语句(标题语句)

在进入 SAS 系统后,在每页输出结果上面有一行标题,内容为"The SAS System"。利

用 TITLE 语句就可以指定自己的标题来取代 SAS 默认的标题"The SAS System"。

TITLE 语句用于对过程步输出信息加入标题信息。其语法格式：

```
TITLE [n] '标题内容';
```

其中"n"为整数值，指明在第 n 行显示标题信息。省略时为第一行，即取代 SAS 默认的标题"The SAS System"。

例如，在前一例的程序前面加上一行：

```
title '班级同学信息';
```

则输出结果的标题为"班级同学信息"。

注意：一旦加入一个标题，该标题的作用将持续下去，即使以后过程没有用 TITLE 语句指定该标题，仍然会一直出现在后面的输出页上，直至被新的标题取代。为了取消这个标题，只要用一个没有规定内容的空 TITLE 语句即可：

```
TITLE;
```

这时输出页的首行没有标题了，连默认的"The SAS System"标题也没有了。

2. FOOTNOTE 语句（脚注语句）

FOOTNOTE 语句用于对过程步输出信息的页底打印脚注信息，其用法基本同 TITLE 语句。其语法格式：

```
FOOTNOTE '脚注信息';
```

FOOTNOTE 语句的作用域也较大，设置后所有的输出都将添加相同的脚注，可以通过空的 FOOTNOTE 语句来取消添加的脚注。

```
FOOTNOTE;
```

【例 5.7】 对数据集 SASHELP.CLASS，调用 PRINT 过程，脚注信息为"学生的身高与体重数据"。

```
proc print data= sashelp.class;
    footnote '学生的身高与体重数据';/* footnote 语句输出页底脚注信息*/
run;
```

（四）MISSING 语句

为区分某些数值型数据缺失的不同原因，可用 MISSING 语句来定义代表缺失值的大写字母，而不是普通的缺失值"."，这样录入数据时这些大写字母代表数值型数据的缺失值。该语句通常出现在 DATA 步，但它的使用范围是全局性的。MISSING 语句格式：

```
MISSING 字符1 字符2 ...;
```

其中"字符"为输入数据中代表特殊缺失值的字符，为大写字母或下划线_，不能用小写字母。

【例 5.8】 进行某项调查,调查项 answer 为数值型变量,正常值为 1、2。调查结果用字母"N"代表在调查时回答记不清了,"R"代表拒绝回答。程序中,用 MISSING 语句定义数据值"N"和"R"是特殊的缺失值,而非无效数据。程序如下:

```
data ex5_8;
  missing N R;
  input number  answer @@;
datalines;
201001 2  201002  R  201003 1
201004 N  201005  2
;
proc print;
run;
```

Obs	number	answer
1	201001	2
2	201002	R
3	201003	1
4	201004	N
5	201005	2

图 5-7 例 5.8 的输出结果

执行上述程序,其利用 MISSING 语句的输出结果如图 5-7 所示。

第三节　SAS 实用过程

SAS 系统统计分析与数据处理作用的强大在于其内部已经编译好了丰富的各类过程,可以根据需求直接通过过程步来调用以实现各类统计分析、数据处理或操作应用等。由于 SAS 系统过程较多,限于篇幅本节只介绍一些常用的实用过程。

一、输出数据集 PRINT 过程

PRINT 过程是最常用的 SAS 过程之一,在生成一个数据集之后,如果不是太大,一般都用 PRINT 过程来列出数据集的内容,这样可以检查变量与值之间的对应是否正确,数据输入是否正确。

PRINT 过程的语法格式为:

SAS 程序格式	意　义
PROC PRINT [DATA=数据集名][选项];	对"DATA="指定的数据集在输出窗口输出
VAR 变量列表;	规定要输出的变量和顺序
BY 变量;	按变量分组输出
WHERE 条件表达式;	指定只输出满足条件表达式的观测数据
FORMAT 变量列表 格式名;;	对输出变量定义输出格式
ID 变量;	指定输出标识,以替代 OBS 序号输出标识
LABEL 变量='标签';	对输出变量定义标签
PAGEBY 变量;	在指定的变量值改变时在新的一页输出
SUM 变量;	对规定的变量计算总和

续 表

SAS程序格式	意 义
TITLE[N] ['标题']; FOOTNOTE '脚注内容'; RUN;	对输出添加标题 打印输出加脚注 向 SAS 系统提交过程步中的语句

PROC PRINT 过程语句的常用选项如表 5-6 所示。

表 5-6 PRINT 过程常用选项说明

选 项	意 义
NOOBS	指定不打印输出的序号标识 OBS 项
LABEL	指定打印变量名标签
DOUBLED	指定输出观测记录之间插入空行
OBS=n	指定输出观测记录数

【例 5.9】 对例 3.1 所建的数据集 SCORE，输出其中李达成、刘刚的 English 和 statistics 成绩数据。

```
proc print data= score;
   var name English statistics;
   where name in('李达成''刘刚');
run;
```

图 5-8 列出了数据集 SCORE 中的变量 name、English 和 statistics 的值。

注意：对照图 3-4，这已不是生成数据集 SCORE 时的变量顺序，而且变量 sex 未列出。同时，由于 WHERE 语句的选择，结果中只列出了李达成和刘刚

```
Obs    name     English    statistics
 1     李达成      76          92
 4     刘刚        89          78
```

图 5-8 例 5.9 的 PRINT 过程输出结果

两个人的观测数据，注意到其观测序号分别为 1 和 4，这是生成 SCORE 数据集时确定的。

二、数据排序 SORT 过程

排序过程 SORT 用于对数据集中的观测进行重新排序。在 SAS 过程中用 BY 语句可以把观测分类进行处理，但在此之前需要先用 SORT 过程排序。SORT 过程可以把数据集按某一个或若干个变量的次序进行排序。其语法格式为：

SAS程序格式	意 义
PROC SORT [选项]; BY [DESCENDING]变量…; RUN;	对"DATA="指定的或新建数据集进行排序 确定进行排序所依据的变量，默认为升序排序。若在变量名前加 DESCENDING 选项，则对该变量是降序排序 提交过程步中的语句

其中 PROC SORT 语句可用的选项如表 5－7 所示。

表 5－7　PROC SORT 语句的选项说明

选　项	意　义
DATA=数据集	规定被排序数据集，缺省时为最新创建数据集
OUT=数据集	创建输出数据集，省略时用排序后数据集替换原数据集
NATIONAL	规定按习惯排序
SORTSEQ=选项	规定按其中任一标准排序：SCII、EBCDIC、DANISH、FINNISH、ITALIAN、NORWEGIAN、SPANISH、SWEDISH
REVERSE	颠倒字符变量的次序进行排序
EQUALS | NOEQUALS	规定是否保持 BY 组内原来的相对顺序
NODUPKEY	检查和删除 BY 值重复的观测
NODUPREC | NODUP	在排序后检查和删除相邻的重复观测值

SORT 过程必须使用 BY 语句。BY 语句中规定多个变量时，SORT 过程首先按第一个变量排序，然后是第二个变量等。BY 语句的变量前可用选项为 DESCENDING，表示对该变量按下降次序排序，默认时为上升次序排序。

【例 5.10】 对例 3.1 的数据集 SCORE 的观测（行）先按性别 sex 排序，并在男生、女生内部按英语成绩变量 English 由高到低排序，可以用以下程序：

```
pros sort data = score;
   by sex descending English;
run;
proc print;
id name;
run;
```

注意：这样用 DATA=指定的数据集既是输入数据集又是输出数据集，过程的结果在输出窗口没有显示，只是把数据集按要求进行了排序。BY 语句中在变量名 English 前面加上 DESCENDING 关键字表示此变量 English 的排序是降序。排序过程的结果可以用“proc print; run;”显示出来，其中 ID 语句将变量 name 列为标识变量，排在第一列，取代了通常位于首列的观测序号 OBS（参考图 5－8），如图 5－9 所示。

name	sex	statistics	English
王春雷	男	86	90
刘刚	男	78	89
李达成	男	92	76
张丽萍	女	89	93
张颖	女	80	79

图 5－9　例 5.10 的 SORT 过程输出结果

【例 5.11】 对班级同学的数据集 SASUSER.CLASS，分别用 CLASS SEX 和 BY SEX 语句进行 MEANS 过程的不同性别的分组均值统计分析。其中用 BY SEX 语句进行分组分析时需要先按变量 SEX 进行分类排序，而用 CLASS 语句进行分组分析则不需先排序。

```
title 'class 语句';
proc means data= sasuser.class;
  class sex;
run;
proc sort data= sasuser.class out= classout;
  by sex;
run;
title 'by 语句';
proc means data= classout;
  by sex;
run;
```

执行上述程序，通过 CLASS 语句和 BY 语句的 MEANS 均值过程所得输出结果分别见图 5 - 10 和图5 - 11。

'class语句'　　16

2022年07月21日 星期四 下午03时52分11秒

MEANS PROCEDURE

Gender	观测的个数	变量	标签	N	均值	标准差	最小值
F	9	age	Age in years	9	13.2222222	1.3944334	11.0000000
		height	Height in inches	9	60.5888889	5.0183275	51.3000000
		weight	Weight in pounds	9	90.1111111	19.3839137	50.5000000
M	10	age	Age in years	10	13.4000000	1.6465452	11.0000000
		height	Height in inches	10	63.9100000	4.9379370	57.3000000
		weight	Weight in pounds	10	108.9500000	22.7271864	83.0000000

图 5 - 10　例 5.11 用 CLASS 语句所得的分组输出结果

'by语句'　2022年07月21日 星期四 下午03时52分11秒　17

Gender=F

MEANS PROCEDURE

变量	标签	N	均值	标准差	最小值	最大值
age	Age in years	9	13.2222222	1.3944334	11.0000000	15.0000000
height	Height in inches	9	60.5888889	5.0183275	51.3000000	66.5000000
weight	Weight in pounds	9	90.1111111	19.3839137	50.5000000	112.5000000

Gender=M

变量	标签	N	均值	标准差	最小值	最大值
age	Age in years	10	13.4000000	1.6465452	11.0000000	16.0000000
height	Height in inches	10	63.9100000	4.9379370	57.3000000	72.0000000
weight	Weight in pounds	10	108.9500000	22.7271864	83.0000000	150.0000000

图 5 - 11　例 5.11 用 BY 语句所得的分组输出结果

三、格式化定义 FORMAT 过程

FORMAT 过程可以设定数据的输出格式，对变量的不同值或不同范围的值设定不同的“标签”来显示，其语法格式如下：

SAS 程序格式	说 明

PROC FORMAT;
   VALUE 格式名 范围 1='标签 1'
                 范围 2='标签 2'… ;
   INVALUE 格式名 范围 1='标签 1'
                   范围 2='标签 2'… ;
   PICTURE 格式名 范围 1='标签 1'
                   范围 2='标签 2'… ;
   SELECT '选择格式列表';
   EXCLUDE '选择格式列表';
RUN;
	格式化过程开始
	设定数据的输出格式,对变量的不同值或不同范围
	   的值设定不同的"标签"来显示
	设定数据的输入格式,对变量的不同值或不同范围
	   的值设定不同的"标签"来显示
	给出定义的图示输出格式
	
	选择给出的输入或输出格式的目录子集
	排除给出的输入或输出格式的目录子集
	向 SAS 系统提交过程步中的语句

其中格式名的命名规则与逻辑库名相同。SELECT 语句和 EXCLUDE 语句不能同时出现。

PROC FORMAT 过程语句的选项说明如表 5-8 所示。

表 5-8　PROC FORMAT 语句的选项说明

选　项	意　义
CNTLIN=数据集名 CNTLOUT=数据集名 LIBRARY=逻辑库名	指定一个包含可用于产生输出和输入格式的信息输入控制数据集 指定一个包含可用于产生输出和输入格式的信息输出控制数据集 指定逻辑库

用 FORMAT 过程只是定义好变量类型格式,可以在数据步直接引用,以便于理解输出的 OUTPUT,但不会自动对输出结果实施该格式,必须通过以下方式去调用通过 FORMAT 过程自定义的格式才会生效:

● 在 DATA 中的 INPUT 和 FORMAT 语句中应用该自定义的格式,可以在函数中应用。

● 通过 PROC 过程步中的 FORMAT 语句去赋予变量该自定义的格式。

【例 5.12】　使用 FORMAT 过程的程序设置输出格式"$F_Sex",该格式将原来的值 F、M 分别用男、女表示。再用 PRINT 过程 FORMAT 语句调用该格式,对数据集 SASUSER.CLASS 进行列表输出。

```
proc format;
  value $ f_sex  'F'='女'  'M'='男';
run;
proc print data= sasuser.class;
   format sex $ f_sex.;
run;
```

输出结果如图 5-12 所示。

```
Obs    name      sex   age   height   weight
  1    Alice     女    13    56.5     84.0
  2    Becka     女    13    65.3     98.0
  3    Gail      女    14    64.3     90.0
  4    Karen     女    12    56.3     77.0
  5    Kathy     女    12    59.8     84.5
  6    Mary      女    15    66.5    112.0
  7    Sandy     女    11    51.3     50.5
  8    Sharon    女    15    62.5    112.5
  9    Tammy     女    14    62.8    102.5
 10    Alfred    男    14    69.0    112.5
 11    Duke      男    14    63.5    102.5
 12    Guido     男    15    67.0    133.0
 13    James     男    12    57.3     83.0
 14    Jeffrey   男    13    62.5     84.0
 15    John      男    12    59.0     99.5
 16    Philip    男    16    72.0    150.0
 17    Robert    男    12    64.8    128.0
 18    Thomas    男    11    57.5     85.0
 19    William   男    15    66.5    112.0
```

图 5-12　例 5.12 的 FORMAT 过程输出结果

四、数据集转置 TRANSPOSE 过程

TRANSPOSE 转置过程用于对数据集进行转置。转置就是将数据集的观测行变为变量列，将变量列变为观测行。TRANSPOSE 过程的语法格式为

SAS 程序格式	意　义
PROC TRANSPOSE [DATA=数据集][选项]; 　VAR 变量列表; 　BY [DESCENDING] 变量 1 ...; 　COPY 变量列表; 　ID 变量; 　IDLABEL 变量; RUN;	对"DATA="指定的数据集进行转置 列出要转置的变量名。 规定对每个 BY 组进行转置，BY 变量不被转置 将没有转置的这些变量复制到输出数据集中 规定一个变量，其值为转置后数据集的变量名 规定被转置变量的标签 提交执行程序

其中 PROC TRANSPOSE 语句可用的选项如表 5-9 所示。

表 5-9　PROC TRANSPOSE 语句的选项说明

选　项	意　义
DATA=数据集	规定被转置的 SAS 数据集，省略时为最新创建的数据集
OUT=数据集	转置后的 SAS 数据集，省略时 SAS 系统产生一个名字为 DATAn 的数据集
PREFIX=前缀名	规定转置后数据集变量名的前缀
NAME=变量名	规定转置后数据集中的一个变量名，省略时该变量名为 _NAME_
LABEL='标签名'	规定转置后变量的标签。若省略该选项，该变量标签为 _LABEL_
LET	允许 ID 变量出现相同的值。BY 组内最后一个 ID 值的观测被转置

如果没有 VAR 语句时，则除了列在其他语句里的变量外，其他所有数值变量被转置。字符变量若要转置必须在 VAR 语句中列出。没有被转置的变量从新数据集中删除，要保留时须将它们在 COPY 或 BY 语句中列出。

在没有选项 LET 时，ID 变量的值在数据集中只能出现一次，使用 ID 语句时，ID 变量的缺失值将从输出数据集中删去。

【例 5.13】　对数据库 SASUSER 中的数据集 CLASS 的所有数值型变量进行转置，将 name

的值取为转置后数据集的变量名。原数据集 SASUSER.CLASS 见前面第 2 章图 2-2 所示。

```
proc transpose data= sasuser.class out= ab ;
 id name;
proc print data= ab;
run;
```

本例中,原数据集 SASUSER.CLASS 中变量 NAME 的值为转置后数据集 AB 的变量名,对所有数值变量转置,其转置后的数据集 AB 结果如图 5-13 所示。数据集 AB 中还有一变量名_NAME_和原来的标签变量_LABEL_。

```
Obs  _NAME_   _LABEL_           Alice  Becka  Gail   Karen  Kathy  Mary   Sandy  Sharon
 1   age      Age in years      13.0   13.0   14.0   12.0   12.0   15.0   11.0   15.0
 2   height   Height in inches  56.5   65.3   64.3   56.3   59.8   66.5   51.3   62.5
 3   weight   Weight in pounds  84.0   98.0   90.0   77.0   84.5   112.0  50.5   112.5

Obs  Tammy    Alfred   Duke     Guido  James  Jeffrey  John   Philip  Robert  Thomas  William
 1   14.0     14.0     14.0     15     12.0   13.0     12.0   16      12.0    11.0    15.0
 2   62.8     69.0     63.5     67     57.3   62.5     59.0   72      64.8    57.5    66.5
 3   102.5    112.5    102.5    133    83.0   84.0     99.5   150     128.0   85.0    112.0
```

图 5-13 转置后的数据集 AB 结果

五、添加观测 APPEND 过程

APPEND 过程用于将一个 SAS 数据集的观测添加到另一个 SAS 数据集的后面,而且可以直接把新观测添加到原始数据集的后面。APPEND 过程中只需要一个语句,而且只对 SAS 数据集进行操作,其基本格式为

```
PROC APPEND  BASE= SAS 数据集[DATA= SAS 数据集][选项];
```

PROC APPEND 语句中数据集和选项的说明如表 5-10 所示。

表 5-10 PROC APPEND 语句的选项说明

选　　项	意　　义
BASE=|OUT=数据集名	规定基本数据集的名字
DATA=|NEW=数据集名	规定要添加在基本数据集后面的数据集名,缺省时使用最近创建的 SAS 数据集
FORCE	强制 PROC APPEND 连接两数据集

当 PROC APPEND 用于连接的数据集出现下列之一情况时,需要用选项 FORCE:
- 没有 BASE=的数据集的变量;
- 与 BASE=的数据集中变量的类型不相同;
- 有多于 BASE=的数据集中变量,添加时需要删去。

【例 5.14】 (添加数据)在例 3.2 中所建的 SAS 数据集 EX3_2 中,已输入 5 位同学的学号与姓名,现再添加 3 位同学的学号与姓名。

```
data ex5_14;
  input number $ name $ score ;
cards;
202141011 梁靖康   75
202141014 张梦雅   89
202141015 黄丽媛   84
;
run;
proc append base= ex3_2  data= ex5_14  force;
run;
proc print;
run;
```

Obs	number	name
1	20214100	杨士诚
2	20214100	张婷玉
3	20214100	王子凡
4	20214100	许馨丹
5	20214100	陈哲恺
6	20214101	梁靖康
7	20214101	张梦雅
8	20214101	黄丽媛

图 5-14 例 5.14 的数据集结果

例 5.14 的程序执行后得到的数据集结果如图 5-14 所示。例中将新建数据集中的三个观测加到了 EX3_2 中。由于选用选项 FORCE，故所添加的三个观测中多余的变量 score 被删去。

六、数据集比较 COMPARE 过程

COMPARE 过程用于比较两个数据集的内容，也可用于在单个数据集中比较不同变量的值。该过程在比较执行之后可产生比较结果的报告。

该过程的 SAS 程序格式为

SAS 程序格式	说　明
PROC COMPARE [BASE= 数据集名]； [COMPARE|C = 数据集名][选项]；	调用比较过程对 BASE=指定的基本数据集与 COMPARE|C=指定的比较数据集进行比较
VAR 变量列表；	列出基本数据集中与比较数据集中进行匹配比较的变量名列表
WITH 变量名列表；	必须与 VAR 语句一起使用，列出与 VAR 语句的变量列表相匹配的比较数据集中的变量名列表
BY 变量；	规定基本数据集和比较数据集都必须按 BY 变量排序
ID [DESCENDING]变量；	列出两个数据集中观测进行匹配的基准变量，ID 变量同值的观测进行匹配。省略时将按相同位置进行观测的匹配

PROC COMPARE 过程语句的常用选项说明如表 5-11 所示。

表 5-11 PROC COMPARE 过程语句的常用选项说明

选　项	意　义
BASE=数据集名	指定基本数据集，省略时取最新数据集
COMPARE|C=数据集名	指定比较数据集
OUT=数据集名	指定输出数据集，把匹配变量的差值结果输出到指定数据集
OUTSTATS=数据集名	把匹配变量的概述统计量输出到指定的数据集
NOPRINT	不打印输出到输出窗口
NOMISSING|NOMISS	规定缺失值与任何值相比较都相等。省略时，缺失值仅与另一同类缺失值相等
BRIEF	打印一个简短的摘要

COMPARE 过程用于比较两个 SAS 数据集：BASE＝指定的基本数据集与 C＝指定的比较数据集。当基本数据集和比较数据集有差异时，COMPARE 过程将比较两个数据集的属性、匹配变量情况及其属性、匹配观测情况等，最后比较两个数据集中匹配部分的值，并打印有关比较结果的报告。这里的匹配变量是指两个数据集中的同名变量，或用 VAR 和 WITH 语句明显配对的变量；匹配观测是指 ID 变量具有相同值的观测；若没有规定 ID 语句，则是出现在这些数据集中相同位置的观测。若使用 ID 变量来匹配观测，两个数据集必须按所有 ID 变量排序。

一般地，基本数据集和比较数据集中相应的变量有相同的名字，但 COMPARE 过程也能比较不同名字的变量。当两个数据集中对应变量的变量名不一致时，用 WITH 语句列举它们的名字。WITH 语句必须与 VAR 语句一起使用，WITH 语句的第一个变量对应 VAR 语句中的第一个变量，依次类推。

该过程的 PROC COMPARE 过程语句有许多选项可以控制产生的输出类型、比较的类型和报告的细节等。上述表 5-11 只列出了该语句的常用选项说明。

【例 5.15】 建立 4 位学生成绩的数据集 EX5_15，并与例 5.14 所建的数据集 EX5_14 进行其差异的比较。

```
data  ex5_15;
  input number $10. name $ grade;
cards;
202141011 梁靖康    75
202141012 郭春丽    68
202141014 张梦雅    93
202141015 黄丽媛    84
;
run;
proc compare base= ex5_15 c= ex5_14 out= diff  brief;
  /* brief 选项打印差异摘要信息*/
  id number;
  var  grade;
  with  score;
run;
```

上述程序执行后的输出结果如图 5-15 所示。

本例调用 COMPARE 过程，对 BASE＝指定基本数据集 EX5_15 与 C＝指定比较数据集 EX5_14 进行比较，将比较的结果输出到 OUT＝指定的数据集 DIFF 中，并通过 VAR grade 语句和 WITH score 语句指定名字不同的 grade、score 为匹配变量进行比较，选用 BRIEF 选项指定打印输出比较的摘要信息，如图 5-15 所示。

```
                    COMPARE PROCEDURE
            比较 WORK.EX5_15 与 WORK.EX5_14
                      (METHOD=EXACT)
NOTE: 数据集 WORK.EX5_15 包含 1 个不在"WORK.EX5_14"中的观测。
NOTE: 下列 1 个变量的值经比较不相等: grade^=score

                      变量的值比较结果

                   基准      比较
       number      grade    score      差异     差异(%)

      202141014   93.0000  89.0000    -4.0000   -4.3011
```

图 5-15 例 5.15 的数据集比较的摘要信息

图 5-15 列出了例 5.15 对两个数据集比较的差异结果：

(1) 数据集 WORK.EX5_15 包含 1 个不在"WORK.EX5_14"中的观测。即：EX5_15 中的观测数据"202141012 郭春丽 68"不在 EX5_14 中。

(2) 对 number=202141014 的观测数据，在 EX5_15 中其 grade=93，而在 EX5_14 中，对应的匹配变量 score=89。

七、计算秩次 RANK 过程

在实用中，当数据的总体分布未知或呈明显偏态时，或者为定序(等级)数据时，就不能用参数统计法，而要用非参数统计法。此时就要对原始数据进行秩得分变换，即将变量的原始数据值从小到大排列，再给予序号，这些序号即为原始数据的秩次(rank)。

SAS 系统中，RANK 秩次过程用于对数据集中的一个或多个数值变量的观测计算秩次(rank)，进行秩得分变换，并将秩得分结果输出到新的 SAS 数据集中。

RANK 过程的 SAS 程序语句格式为

SAS 程序格式	说 明
PROC RANK [选项];	调用 RANK 秩次过程对数据集中的变量计算秩次，进行秩得分变换
VAR 变量列表;	指定进行编秩的数值变量。省略此语句，将对数据集中全部数值型变量编秩
RANKS 名表;	对变量的秩次依变量顺序命名，使输出数据集同时包括原始变量和秩次变量 该语句的使用必须同时指定 VAR 语句
BY 变量;	按变量分组进行观测的分析，数据集应先按 BY 变量进行升序排序

PROC RANK 过程语句的选项说明如表 5-12 所示。

表 5-12 PROC RANK 过程语句的选项说明

选 项	说 明
DATA=数据集 TIES = 取秩法	指定进行变量编秩的数据集 指定变量编秩时数据相等情形的取秩法：MEAN(默认)、HIGH 和 LOW，分别取相应秩次的平均值(默认)、最高值和最低值

续　表

选　　项	说　　明
DESCENDING	降序编秩，即数据从大到小按降序排列。默认情形系统按升序排列取秩
GROUPS=n	指定计算分位数秩次时不同的分位组数 n。秩次分为整数 0 到 $n-1$，每组有相等或近乎相等的观测数。常用的 n 值为 100、10 和 4
FRACTION|F	计算分数（小数）秩，小数秩次由过程给出的秩次除以观测数 N 得到
PERCENT|P	计算百分数秩，RANK 过程用无缺项值观测数除以每个秩次，然后乘 100 得到百分数，此选择项默认指定 TIES = HIGH
NORMAL=正态得分	将原始数据计算秩次后计算正态得分，即对秩次进行正态变换，结果变量为正态分布。RANK 过程提供 BLOM、TUKEY 及 VW 三种正态得分
SAVAGE	由秩次计算 SAVAGE（或指数）得分
OUT = 数据集	指定由 RANK 过程建立的包含秩次结果的 SAS 数据集

RANK 过程可以计算多种秩得分：
- 分位数秩次
- 小数与分数秩次
- 正态得分：BLOM、TUKEY、VW，其计算公式为

　　BLOM：　　$y_i = \Phi^{-1}(r_i - 3/8)/(n + 1/4)$
　　TUKEY：　　$y_i = \Phi^{-1}(r_i - 1/3)/(n + 1/3)$
　　VW：　　　$y_i = \Phi^{-1}(r_i)/(n + 1)$

其中 Φ^{-1} 是正态分布函数的逆函数（PROBIT），r_i 是秩，n 是该求秩变量非缺失的观测个数。VW 代表 Van der Waerden，这些得分可用于非参数的位置检验。

- SAVAGE 得分（指数得分），其计算公式为

$$y_i = \left[\sum_{j=n-r_i+1}^{n} (1/j)\right] - 1$$

RANK 过程应用广泛，可用秩得分检查原始数据的分布情况；许多非参数统计方法使用变量的秩而不用其原始值，将定量数据转化为定序数据（等级数据），然后用 ANOVA 或 GLM 过程进行方差分析；用 NPAR1WAY 过程作两样本比较的秩和检验；用 CORR 过程做等级相关分析等。

例如秩得分用于检验数据的分布，本过程可计算正态得分及指数得分，可用来检查数据是否服从正态分布或是指数分布。如果原始数据为正态分布，这时若以原数据为 Y 轴，正态得分为 X 轴作图，图形应近似为直线。

【例 5.16】 利用 RANK 过程检查 SASHELP 逻辑库中 CLASS 数据集的变量 height 数据是否服从正态分布。

```
proc rank data= sashelp.class  normal= vw out= outrank;
   var height;
   ranks rank_h;
   proc print data= outrank;
   title 'normal=vw';
```

```
proc gplot;
 plot  height * rangk_h;
run;
```

上述程序对 SASHELP.CLASS 数据集中的身高（height）变量进行编秩，指定使用 VW 正态得分法作正态变换得正态秩得分变量 rank_k，输出的结果存放在数据集 OUTRANK 中，如图 5-16 所示。再用 height 变量作 Y 轴，由 height 取秩的正态秩得分值 rank_h 作 X 轴绘图来检验 height 变量数据的分布。由 GPLOT 过程所得的该作图结果见图 5-17。

Obs	Name	Sex	Age	Height	Weight	rank_h
1	菲利普	男	16	72.0	150.0	1.64485
2	阿尔弗雷德	男	14	69.0	112.5	1.28155
3	罗纳德	男	15	67.0	133.0	1.03643
4	威廉	男	15	66.5	112.0	0.75806
5	罗伯特	男	12	64.8	128.0	0.38532
6	亨利	男	14	63.5	102.5	0.12566
7	杰弗瑞	男	13	62.5	84.0	-0.18950
8	约翰	男	12	59.0	99.5	-0.52440
9	托马斯	男	11	57.5	85.0	-0.67449
10	詹姆斯	男	12	57.3	83.0	-0.84162
11	玛丽	女	15	66.5	112.0	0.75806
12	芭芭拉	女	13	65.3	98.0	0.52440
13	朱迪	女	14	64.3	90.0	0.25335
14	凯露	女	14	62.8	102.5	-0.00000
15	雅妮特	女	15	62.5	112.5	-0.18950
16	简	女	12	59.8	84.5	-0.38532
17	爱丽丝	女	13	56.5	84.0	-1.03643
18	罗伊斯	女	12	56.3	77.0	-1.28155
19	乔伊斯	女	11	51.3	50.5	-1.64485

图 5-16 例 5.16 的包括 VW 秩得分的输出数据集

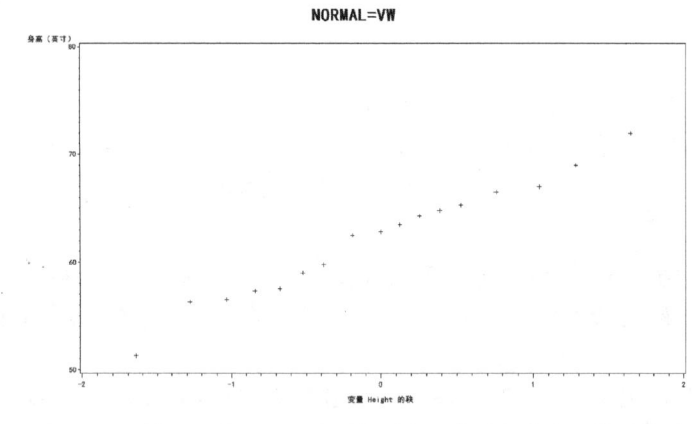

图 5-17 例 5.16 的 height 变量与对应正态秩得分变量作图结果

由图 5-17 可以看出身高 height 数据点基本上是一条直线，说明身高 height 变量数据总体服从正态分布。

八、数据标准化 STANDARD 过程

STANDARD 过程用于对指定变量的数据进行标准化。即将 SAS 数据集中指定的变

量或所有变量的观测按给定的均值和标准差进行标准化变换，并生成一个包括标准化值的新的 SAS 数据集。

STANDARD 过程的 SAS 程序语句格式为

SAS程序格式	说　明
PROC STANDARD [选项];	调用标准化过程对数据集中的变量进行标准化变换
VAR 变量列表;	指定进行标准化的数值变量。省略此语句，将对全部数值型变量标准化
BY 变量;	按变量分组得到标准化处理，数据集应先按 BY 变量进行排序
FREQ 变量;	指定输入数据观测的频数变量，其值表示相应观测重复出现的频数
WEIGHT 变量;	指定作为观测的权重变量

PROC STANDARD 过程语句的选项说明如表 5-13 所示。用户必须使用选项 MEAN=、STD= 或 REPLACE，以免输出数据集与输入数据集完全相同。

表 5-13　PROC STANDARD 过程语句的选项说明

选　项	说　明
DATA=数据集	指定进行变量标准化的数据集
OUT = SAS 数据集	指定由标准化过程建立的包含标准化变量结果的 SAS 数据集
MEAN=M	指定变量标准化后数据的均值为 M。若无此选项，标准化后变量数据的均值与输入数据的均值一样
STD=S	指定变量标准化后数据的标准差为 S。若无此选项，标准化后变量数据的标准差与输入数据的标准差一样
REPLACE	将变量所有的缺失值用变量的均值代替
VARDEF=方差所用分母	确定计算方差所用的分母：DF（自由度，默认）、N（样本数）、WEIGHT（加权后的样本数）、WDF（加权后的样本数–1）
PRINT	对每个标准化变量打印输入数据的频数、均值和标准差。省略时不输出标准化的结果，但将其输出到输出数据集中

STANDARD 标准化过程产生的输出 SAS 数据集包括对给定变量的观测 x_i 进行标准化变换的标准化值 y_i，其计算公式为

$$y_i = \frac{S * (x_i - \bar{x})}{s_x} + M$$

其中 S 是 STD= 规定的值，M 是 MEANS= 规定的值，$\bar{x}$ 和 s_x 该变量输入数据的均值和标准差。STANDARD 标准化过程首先计算变量的输入数据的均值 $\bar{x}$ 和标准差 s_x，再利用上述公式将变量的输入数据变换为变量的标准化值，使得其均值为 M，标准差为 S。标准化的变量值结果将输出到 OUT= 指定的数据集中。

FREQ 语句对指定的数值型变量，其值表示相应观测重复出现的频数。若这个值不是正整数，取整数部分，对于变量值小于 1 或者缺失时相应观测不参加均值和标准差的计算，不过标准化变量时对该观测仍进行变换。

WEIGHT 语句指明求该变量的权重，即其值用来对相应观测加权。此语句只能对应一个变量。WEIGHT 变量的值可以是非整数，用来计算加权均值和加权方差。若 WEIGHT 变量的值小于 0 或缺失时，取为 0。

【例 5.17】 现有 30 名同学的某门课的考试成绩,现要求将该成绩标准化为均值是 80,标准差是 8 的标准化成绩,并将原考试成绩与标准化成绩保存到新数据集中。

```
data ex5_17;
   input test @@;
   newtest= test;    /* 引入新变量,以保留原考试成绩*/
cards;
73  67  70  61  71  52  73  65  57  86
96  64  79  47  81  79  56  73  74  69
62  74  51  86  82  69  94  81  70  57
;
run;
proc standard mean= 80 std= 8 out= new;
   var newtest;
run;
proc print data= new;
proc means data= new  maxdec= 2  n  mean  std;
   /* 用 means 均值过程计算考试成绩与标准化成绩的均值和标准差*/
run;
```

上述程序先建立考试成绩的数据集 EX5_17,并引入新变量 newtest 以存放标准化后的新成绩。如果不引入该新变量,标准化后,原考试成绩将被标准化成绩所替代。然后用 STANDARD 标准化过程对原考试成绩进行标准化,将其变换为均值为 80,标准差为 8 的标准化成绩,并存放到 OUT= 指定的数据集 NEW 中。再调用 PRINT 过程打印输出新数据集 NEW 的数据,包括原考试成绩 test 和标准化成绩 newtest,如图 5-18 所示。最后用 MEANS 过程计算数据集 NEW 中变量的均值和标准差,如图 5-19 所示。原考试成绩 test 的均值为 70.63,标准差为 12.21;标准化成绩 newtest 的均值为 80,标准差为 8。

Obs	test	newtest
1	73	81.5504
2	67	77.6199
3	70	79.5851
4	61	73.6893
5	71	80.2402
6	52	67.7936
7	73	81.5504
8	65	76.3097
9	57	71.0690
10	86	90.0665
11	96	96.6173
12	64	75.6546
13	79	85.4809
14	47	64.5182
15	81	86.7910
16	79	85.4809

图 5-18 例 5.17 新数据集 NEW 的结果

MEANS PROCEDURE

变量	N	均值	标准差
test	30	70.63	12.21
newtest	30	80.00	8.00

图 5-19 例 5.17 新建数据集 NEW 中变量的均值和标准差

九、数据库管理 DATASETS 过程

DATASETS 过程用于管理 SAS 数据库,可以对 SAS 数据库中的文件进行列表、复制、追加、改名及删除所有 SAS 数据库中的文件,能改变 SAS 数据集中的变量名和有关的变量信息,比如输入格式、输出格式或标签。

该过程的 SAS 程序格式为

SAS 程序格式	说 明
PROC DATASETS [选项];	调用 DATASET 过程,选项可指明所在的 SAS 逻辑库
APPEND BASE= 数据集 [选项];	可从一个 SAS 数据集向另一数据集尾部添加观测
MODIFY 数据集 [选项];	改变已经说明的 SAS 数据集的属性
FORMAT 变量[格式]… 变量[格式];	改变或取消变量输出格式
INFORMAT 变量[格式]… 变量[格式];	改变或取消变量输入格式
LABEL 变量=[新标签]…;	改变或取消变量的标签
RENAME 变量=新名…;	为变量赋予一个新的名字
CHANGE 旧变量名=新变量名;	将旧变量名改为新变量名
CONTENTS [data= 逻辑库.]表名];	查看指定的数据集信息
COPY IN= 逻辑库名 OUT= 逻辑库名[选项];	复制 IN=逻辑库的数据集到 OUT=指定的逻辑库中
SELECT 选择数据集名;	选择要处理的数据集
EXCLUDE 排除数据集名;	指定要排除的数据集
DELETE 删除的数据集名;	指定要删除的数据集
SAVE 数据集名[/MEMTYPE= mtype];	指定要保存的数据集

其中 PROC DATASETS 语句的常用选项如表 5-14 所示。

表 5-14 PROC DATASETS 语句的常用选项说明

选 项	说 明
LIBRARY=库名	指定逻辑库,给出要处理的 SAS 逻辑库。省略此选项时处理当前 WORK 逻辑库
MEMTYPE=选项	可以简写为 MTYPE 或 MT,规定一个或几个用于处理的文件类型,可以取值 CATALOG、DATA、ACCESS、VIEW 和 PROGRAM
KILL	删除 SAS 逻辑库中的所有成员
FORCE	对于 APPEND 语句中,FORCE 强制追加数据或者有语法错误时强制退出
NOLIST	不列出在 SAS 的日志中正在处理的成员
PW=密码	给予数据库访问密码
READ=密码	给出读数据库的访问密码
ALTER=密码	给出修改密码

【例 5.18】 将逻辑库 SASHELP 中的数据集 AIR、CARS 和 USECON 复制到 D 盘的逻辑库 XY。

```
libname xy 'd:\sastest';
proc datasets memtype= data;
```

```
copy in= sashelp out= xy;    /* 把 sashelp 逻辑库中的数据集复制到逻辑库 xy */
select air cars usecon;      /* 选择数据集 air、cars、usecon 复制到逻辑库 xy */
run;
```

执行上述程序后,就将逻辑库 SASHELP 中的数据集 AIR、CARS 和 USECON 复制到了 D 盘上的逻辑库 XY 中。

(阎航宇)

Chapter 06
SAS 宏编程

第一节　宏变量
　　一、宏变量的定义
　　二、宏变量的引用
第二节　宏过程
　　一、宏过程
　　二、宏参数
　　三、宏语句
　　四、宏函数
第三节　宏变量的存储与显示
　　一、宏变量的存储与显示
　　二、全局宏变量与局部宏变量

SAS 系统将一个变量、一段程序或者一个文本进行命名,供以后调用,称为宏(Macro)。宏分为宏变量和宏过程,其中宏变量可实现文本替代,宏过程就是对一些 SAS 语句实现某些功能的封装,实现程序的重复利用,相当于关系数据库中的存储过程。通过宏过程可以调用封装在宏中的 SAS 语句,直接调用宏过程名即可实现宏过程的相应功能。

宏的主要功能有:
- 实现功能封装,用时直接调用宏过程名;
- 保持 SAS 程序的独立性和移植性,一段程序在多种情况下均可运行;
- 重复执行 SAS 程序;
- 获取 SAS 系统信息,SAS 启动时就创建了一些自动宏变量,用以存储当前 SAS 进程启动的日期、时间、版本号及其他信息,用户可以在任何情况下使用这些宏变量;
- 开发交互式系统,使用 SAS 宏语言的%Window 语句及一些基本的编程语句开发交互式用户界面。

第一节 宏变量

一、宏变量的定义

宏变量与普通数据变量类似,区别在于:宏变量为字符型的一个值,该值不属于任何数据集。宏变量的值可以是变量名、数字,或者在程序中想要替换的任何文本,例如完整的 DATA 步、PROC 步以及宏语句等。宏变量包含的只是字符数据,但在程序中也可作为数值使用,宏变量值是随着文本的长度而变,最大长度是 65534 个字符。

宏变量的用途是替代 SAS 程序文本,即将一段文本赋值给一个宏变量,从而可以灵活引用这个宏变量来达到使用这段文本的效果。

SAS 系统包含两种类型的宏变量:自动宏变量,由 SAS 系统自动提供;用户定义的宏变量,由用户在程序中定义。而按照宏变量使用范围的不同又可以分为全局宏变量和局部宏变量。

(一) 系统自带的自动宏变量

自动宏变量,在 SAS 进程开始时或程序运行过程中由系统自动创建,是全局宏变量,能在 SAS 的任何地方被引用。这部分宏变量用于提供 SAS 运行阶段的相关信息。表 6-1 列出了主要的 SAS 系统自带的宏变量。

表 6-1 主要的自动宏变量

自动宏变量	意 义
SYSDATE	系统当前的日期,格式以"日月年"显示,例如"10JUL2021"
SYSDATE9	系统当前的日期,格式以"日月年"显示,其中年份信息完整
SYSTIME	系统当前的时间
SYSSCP	系统当前为星期几

续 表

自动宏变量	意 义
SYSDAY	最新的用户生成的数据集信息
SYSVER	当前 SAS 系统的版本信息
SYSLAST	最新创建的 SAS 数据集名字
SYSCMD	来自宏窗口命令行的最后一个不可识别的命令
SYSDEVIC	当前图形设备的名字
SYSDSN	最近使用的 SAS 数据集的两级名称
SYSMSG	宏窗口显示的信息
SYSPUBFF	宏参数值的文本
SYSMENV	当前宏运行的环境

对于表 6-1 显示的系统自带的宏变量,可以通过％PUT 宏语句,在日志窗口内显示这些宏变量的值。下面通过一个实例来查看系统自带的宏变量。

例如,利用系统自带的宏变量,可以显示《SAS 编程与统计分析》编辑的 SAS 系统版本、即时的完成日期和时间。其 SAS 程序为

```
%put《SAS 编程与统计分析》编辑的 SAS 系统版本:&SYSVER.
    完成日期:&SYSDATE9.完成时间:&SYSTIME.;
```

执行后在日志窗口显示:

```
《sas编程与统计分析》编辑的sas系统版本: 9.2    完成日期: 27JUL2022完成时间: 12:50
```

(二) 用户定义的宏变量

用户自定义的宏变量可以按照用户需求定义宏变量,并按用户的要求赋以字符串、数字、数学表达式、表达式等不同的值。

最简单方法是使用宏程序语句％LET。格式如下:

```
%LET 变量名[= 变量值];
```

其中宏变量的命名要遵守 SAS 变量的命名规则,不要使用系统自动宏变量的名称。而宏变量的值只不过是一字符串,这些字符可以包含任意字母、数字或符号;若值的字符串中有宏变量的引用,则先解读,后赋值。例如

```
%let city=NanJing;       /* 宏变量的值是字符串 */
%let x= 10;              /* 宏变量的值是数字 */
%let y=%eval(45+ 34);    /* 宏变量的值是数学表达式 */
```

宏变量的取值为表达式时,需要注意:
- 当宏变量值为一段长的表达式时,需要使用宏语句％STR(表达式),例如

```
%let print=%str(proc print data=test;run;);
```

- 当宏变量被赋予数学表达式时,使用宏语句％EVAL(表达式),可以先计算出表达式

的值,然后将表达式的值赋值给宏变量。

```
%let y=%eval(45+ 123);
```

用户定义宏变量的另一个语句是 call symput,其格式如下:

```
CALL SYMPUT(变量名,变量值);
```

例如下列两个宏变量的定义语句是等价的。

```
%let exa= study;
call symput (exa, study);
```

二、宏变量的引用

在定义完宏变量后,可以在 SAS 程序的任何地方通过宏变量的引用代入宏变量的值。宏变量的引用的格式为:

```
& 宏变量名
```

在 SAS 系统内通过上述宏变量的引用语句,用户可以重复地引用宏变量,宏变量的值将不会改变,直到用户重新通过宏变量赋值语句为宏变量赋予其他的值。

(一) 宏变量的简单引用

【例 6.1】 首先定义两个宏变量 x 和 s,然后在程序中引用宏变量,并对宏变量进行简单的操作,最后在日志窗口显示计算结果。

SAS 程序	通过宏处理器,SAS 系统看到的是
%let x=123; %let s=study marco; data; 　y=&x+100; 　put y; 　put "&s"; run;	定义宏变量 x; 定义宏变量 s; data; 　y=　　+ 100; 　put y; 　put　　　　　; run;

执行上表左侧的 SAS 程序,将在 SAS 的日志窗口显示如图 6-1 的显示结果。

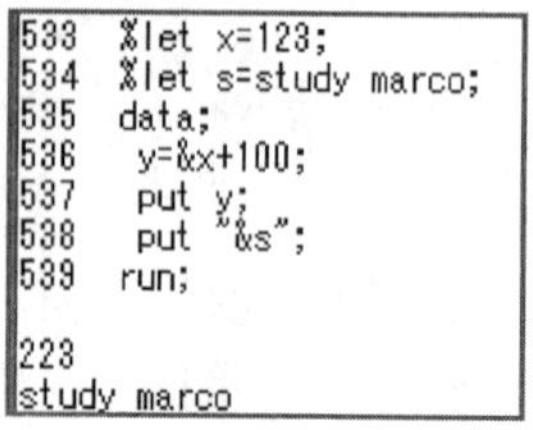

从上述的输出结果可以看到,与宏变量进行加法运算得到的变量 y 的值为 233;定义的宏变量 s 为 study macro。

这里需要注意在引号内引用宏变量的时候需要使用双引号,如果使用单引号,系统只会将单引号内的内容当作一般的字符串处理。例如这里如果使用语句:

```
533  %let x=123;
534  %let s=study marco;
535  data;
536   y=&x+100;
537    put y;
538    put "&s";
539  run;

223
study marco
```

图 6-1 例 6.1 的 SAS 日志窗口显示结果

```
put '&s';
```

在日志窗口显示的结果为：

```
&s
```

【例 6.2】 应用宏变量定义数据集，并显示 SASHELP.CLASS 数据集中男生的数据。

程序首先用%LET 语句定义了宏变量 a，后面每次出现引用的宏变量 &a，宏处理器用 **SASHELP.CLASS** 替代它，所以通过宏处理器后，SAS 看到的语句如下表的右侧所示。

SAS 程序	通过宏处理器，SAS 系统看到的是

%let a=sashelp.class;
data boy;
  set &a;
  where sex= '男';
run;
proc print;
  title "display boys of &a";
run;
	定义宏变量 a；
	data boy;
	  set
	  where sex= '男';
	run;
	proc print;
	  title "display boys of
	run;

注意：最后的 TITLE 语句必须用双引号而不能用单引号围住标题，因为宏变量在引用时放在单引号之间不会被解读，只能在双引号之间才被解读。其 SAS 结果显示如图 6－2 所示。

display boys of sashelp.class
2022年06月30日

Obs	Name	Sex	Age	Height	Weight
1	菲利普	男	16	72.0	150.0
2	阿尔弗雷德	男	14	69.0	112.5
3	罗纳德	男	15	67.0	133.0
4	威廉	男	15	66.5	112.0
5	罗伯特	男	12	64.8	128.0
6	亨利	男	14	63.5	102.5
7	杰弗瑞	男	13	62.5	84.0
8	约翰	男	12	59.0	99.5
9	托马斯	男	11	57.5	85.0
10	詹姆斯	男	12	57.3	83.0

图 6－2　例 6.2 的 SAS 程序执行的结果

（二）表示 SAS 程序段的宏变量的引用

应用%STR 宏函数，将一段段程序赋给一个宏变量，宏变量的值就表示一个完整的 SAS 程序段。在给宏变量赋值时，使用此函数将 SAS 程序括起来，其格式为

```
% STR(SAS 程序);
```

程序视括号内的值为宏变量的值。例如

```
%let print=%str(
        proc print;
        run;
        );
```

在这里我们使用%STR函数围住宏变量的值,使得在这个值内部的分号作为这个文本的部分,而不是%LET语句的结束。

【例 6.3】 执行上列 PRINT 宏变量定义的程序,我们就可以在以后的程序中用 &PRINT 引用这段程序。

SAS 程序	宏变量转换后,SAS 系统看到的语句
data score; 　input stat @@; cards; 71　81 91　34　87 ;run; %let exam=score; data temp; 　set &exam; 　if stat>80; run; &print	data score; 　input stat @@; cards; 71　81 91　34　87 ;run; %let exam=score; data temp; 　set　　； 　if stat>80; run;

其运行结果如图 6-3 所示。

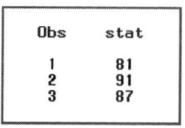

```
Obs     stat
 1       81
 2       91
 3       87
```

图 6-3　例 6.3 的 SAS 程序执行的结果

(三) 嵌套宏变量的引用

可以使用嵌套的宏变量引用来改变一个长的宏变量值,而不必重新定义这个变量。

【例 6.4】 假设要创建数据集 EX6_4 并产生一张散点图,可以将 DATA 步放进一个宏里,而把 PROC 步放在另一个宏里,然后用第三个宏嵌套地调用这两个宏。为了改变在 PROC GPLOT 步中的两个画图变量,首先在宏变量 PLOT 的这个值中使用宏变量引用,再调用宏变量 PLOT 用于画当前数据的散点图。

SAS 程序:定义宏变量	通过宏处理器,SAS 系统看到的是
%let exa=score; %let xvar=math; %let yvar=phys; %let plot=%str(　　proc gplot; 　　plot &xvar * &yvar; 　　run; 　　);	%let exa=score; %let xvar=math; %let yvar=phys; %let plot=% str(　　proc plot; 　　plot 　　run; 　　);

续　表

SAS 程序：调用宏变量	宏变量转换后，SAS 系统看到的语句
data score; 　input math phys @@; cards; 91 81 98 65 70 92 86 75 ; run; data ex6_4; 　set &exa; run; &plot; %macro link(math,phys); 　%data 　%plot %mend link; %link(math,phys);	data score; 　input math phys @@; cards; 91 81 98 65 70 92 86 75 ; run; data ex6_4; 　set run;

上述 SAS 程序的运行结果如图 6-4 所示。

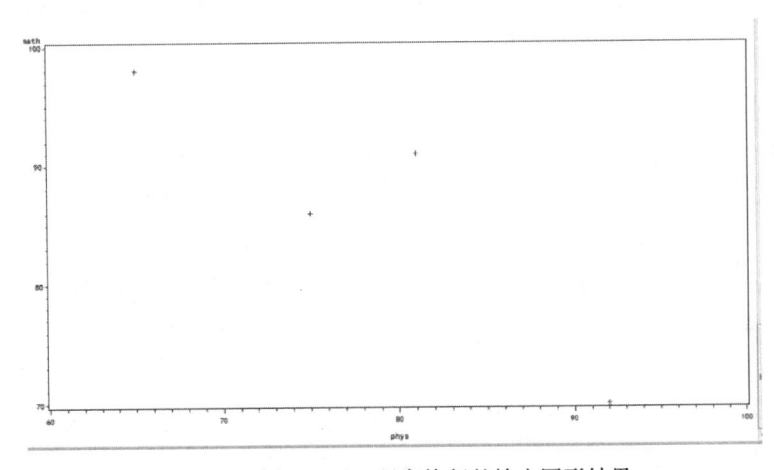

图 6-4　例 6.4 SAS 程序执行的输出图形结果

我们也可以把完整的程序放进宏中，通过调用宏中的固定文本来进行分析。嵌套宏的调用有其独特的优点，可以在定义 LINK 之前，分别重新定义和检验宏 DATA 和 PLOT 中的每一个。在一个大的宏里，模块化的结构是很重要的。

注意：赋值给宏变量的字符串中如果含引号，应加百分号处理，例如：

%let text=Wang's Report;应该写为 %let text=Wang%'s Report;

另外在字符串中引用宏变量时，常用的情况有：文字&宏变量名，&宏变量&宏变量，&宏变量文字。最后一种情况"&宏变量文字"这种类型，要在文字前面加个句号"."作为分界符；如果文字本身就有一个逗号（如库标记），这时就应该在文字前面加两个句号。例如：

```
%let drc= v;
proc gchart data=project;
   &drc.bar region;        /* 表示 vbar region; */
run;
```

第二节 宏过程

在 SAS 系统内宏变量只可以实现对一小段字符串的替换,如果需要对一大段程序的重复利用,则需要定义宏过程。宏是被编辑过的可以从 SAS 程序中调用的程序,通过宏过程,用户不仅可以实现重复代码的简单调用,宏的一些判断语句可以控制文本何时何处输出,宏可以包含参数,通过改变相应的参数来多次使用这个宏。在 SAS 程序中可以定义一个或多个宏。

一、宏过程

SAS 宏为一段编译好的程序,在使用前需要完成 SAS 宏的定义。在 SAS 程序中可以定义一个或多个宏。宏定义的基本格式为:

SAS 程序格式	说 明
%MACRO 宏名称[(宏参数)]; 宏文本 %MEND [宏名称];	定义宏过程的开始,其后需加宏名称,可选宏参数 SAS 功能的宏语句、SAS 一般程序语句 标志 SAS 宏过程的结束,其后需加 SAS 宏开始处定义的宏名称

%MACRO 语句用于定义宏过程的开始,其后需加宏名称,同时可加宏参数,宏参数为通过宏过程的调用可以设置的宏过程的输入参数,宏参数可以为一个或多个,中间用逗号隔开。

SAS 程序可以包括任意多个宏,且在一个程序中可以多次调用一个宏。对于简单文本的阐明,使用宏变量比定义一个宏更有效。然而,当任务比较复杂时,宏比宏变量更有优势。把宏变量和宏结合在一起,将给出一种用宏工具编程的强有力的方法。

【例 6.5】(宏过程的定义) 在下面的程序中将定义一个简单的宏过程 PRINT,该过程用于打印出指定数据集中的数据,具体程序如下:

```
%macro print;
proc print data=&class;
run;
%mend print;
```

执行上述程序可以完成宏过程的定义,但是不会获得结果,宏过程的执行需要通过对宏过程的调用来实现,这里只是完成了对宏过程的编译。

对于定义的宏过程,需要通过对过程的调用才可以实现相应的宏功能。宏过程在调用时只需要知道所要调用的宏过程的名称,是否有输入的宏参数即可。

宏过程调用的格式如下:

```
%宏名称[(参数)]
```

在上面的宏过程调用格式中,百分号为宏过程调用的关键词,其后紧接需要调用的宏名称,后面的宏参数为可选项。带宏参数的宏过程,在调用的时候需要输入相应的宏参数。

下面通过实例来演示对于本书实例 6.5 所定义的宏过程的调用。

【例 6.5】(续)(宏过程的调用) 该宏没有宏参数,因而在宏调用的时候不需要提供宏参数,具体程序如下:

```
%let class= sashelp.class;
%print;
```

执行上述语句,将会调用例 6.5 中所定义的 PRINT 宏过程,在 SAS 结果输出窗口输出图 6-5 的数据集。

Obs	Name	Sex	Age	Height	Weight
1	菲利普	男	16	72.0	150.0
2	阿尔弗雷德	男	14	69.0	112.5
3	罗纳德	男	15	67.0	133.0
4	威廉	男	15	66.5	112.0
5	罗伯特	男	12	64.8	128.0
6	亨利	男	14	63.5	102.5
7	杰弗瑞	男	13	62.5	84.0
8	约翰	男	12	59.0	99.5
9	托马斯	男	11	57.5	85.0
10	詹姆斯	男	12	57.3	83.0
11	玛丽	女	15	66.5	112.0
12	芭芭拉	女	13	65.3	98.0
13	莱迪	女	14	64.3	90.0
14	凯露	女	14	62.8	102.5
15	雅妮特	女	15	62.5	112.5
16	简	女	12	59.8	84.5
17	爱丽丝	女	13	56.5	84.0
18	罗伊斯	女	12	56.3	77.0
19	乔伊斯	女	11	51.3	50.5

图 6-5 例 6.5(续)的 SAS 程序输出结果

二、宏参数

我们可以定义宏变量作为宏过程的%MACRO 语句的一部分,例如:

```
%macro printclass(class);
  proc print data= &class;
  run;
%mend printclass;
```

被定义在一个%MACRO 语句括号内的宏变量称为宏参数。当调用这个宏时,只要给出这些参数的值即可,例如:

```
%printclass(sashelp.class)
```

宏处理器把第 1 个值给第 1 个宏变量名字,第 2 个值给第 2 个宏变量名字,依次类推(因此这些参数也称为位置参数)。以上这个宏执行后可生成下面的语句:

```
proc print data=sashelp.class;
 run;
```

在 SAS 程序中我们可以这样来调用宏 PRINTCLASS:

SAS 程序	通过宏处理器,SAS 系统看到的是
data sashelp.a_b; 　input a b; cards; 31 76 76 92 62 37 ; run; %macro printclass(class); proc print data= &class; run; %mend printclass; %printclass(sashelp.a_b)	data sashelp.a_b; 　input a b; cards; 31 76 76 92 62 37 ; run; 执行带参数的宏过程 printclass(class) proc print data=sashelp.a_b; run;

对参数分配的值只在这个宏执行过程中有效。因此第 2 次调用宏时,还是要给出参数的值。

使用参数有以下几个优点:
- 可以少写几个 %LET 语句;
- 调用宏时不需要知道这些参数的名字,只需要提供这些值的类型即可;
- 使用参数可以保证该变量在宏之外的程序部分不会被引用。

在创建宏参数时,可以指定这些参数为缺省值,例如:

```
%macro printclass(class=sashelp.class);
    proc print data= &class;
    run;
%mend printClass;
```

为了使用缺省值,可以使用以下的语句调用这个宏:

```
%printclass( )
```

宏处理器产生下面的 SAS 程序:

```
proc print data=sashelp.class;
run;
```

用一个等号定义的参数称为关键字参数，因为必须给出关键字(变量名和等号)及跟随着的这个值。用户可以用任何一种顺序给出关键字参数。如果对一个宏定义了位置参数和关键字参数，那么在%MACRO 语句调用这个宏时，位置参数必须放在开头位置。

综上所述，在宏过程中可以定义宏参数，宏参数在宏过程被调用的过程中，将被传递进宏过程内实现相应的功能，同时宏参数值的改变不会影响外部程序的使用。在使用宏过程中，经常需要变动的变量可以定义为宏参数，这样无须每次通过%LET 宏变量赋值语句来改变变量的值，只要传递给宏过程不同的值即可。

下面再通过一个具体的实例来演示宏参数在宏过程中的使用。

【例 6.6】(宏参数的使用)　在下面的程序中首先定义一个带参数的宏过程，在该宏过程中执行了对两个输入的宏参数的求和运算，同时在日志窗口输出求和的值。

```
%macro add_xy(x,y);
%let  sum_xy=%eval(&x+&y);
%put &sum_xy;
%mend add_xy;
%add_xy(5,12);
```

执行上述 SAS 程序，将会在 SAS 的日志窗口输出如图 6－6 所示的输出结果，显然，当调用了宏 ADD_XY 后，输出求和的计算结果为 17。

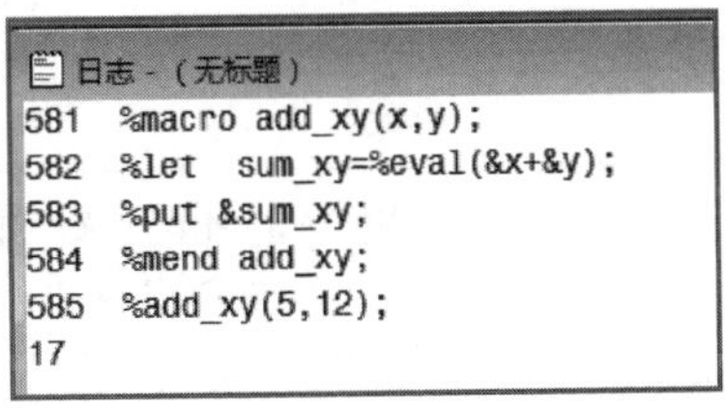
```
日志 - (无标题)
581  %macro add_xy(x,y);
582  %let  sum_xy=%eval(&x+&y);
583  %put &sum_xy;
584  %mend add_xy;
585  %add_xy(5,12);
17
```

图 6－6　例 6.6 的 SAS 日志窗口显示结果

三、宏语句

SAS 宏语句与一般的程序设计的语句功能类似，只是在使用宏语句时的语法格式与之前介绍的过程步和数据步中使用的编程语句有所差异。本节将具体介绍在 SAS 宏编程中常用的一些语句，并结合实例演示 SAS 宏语句的使用。

(一) %PUT 宏语句

SAS 中引用宏变量要加“&”符号。宏过程中可以通过“%PUT”语句把宏变量值输出到日志(LOG)窗口，通过这个可以调试宏过程。调试程序用的%PUT 语句在编写宏过程中经常用到。它可以把信息输出到日志窗口，帮助调试程序。其格式为：

```
%PUT [选项语句];
```

%PUT：输出宏语句，如果后面不带选项语句，输出一个空行到 SAS 日志窗口。

具体常用选项语句见表 6-2,根据需求可以从中选择选项语句,实现不同的功能输出。

表 6-2 %PUT 选项语句说明

选项语句	说　明
&.宏变量名	输出用户定义的宏变量及其赋值信息,如%PUT &.y;
文本内容	直接输入文本信息,输出到日志,如%PUT 'hello';
ALL	显示当前用户所有的宏变量信息,如%PUT _ALL_
AUTOMATIC	显示系统内部所有自动宏变量,如%PUT _AUTOMATIC_
GLOBAL	显示当前用户所定义的全局宏变量,如%PUT _GLOBAL_
LOCAL	显示当前用户所定义的局部宏变量,如%PUT _LOCAL_
USER	显示当前用户所定义的所有宏变量信息,如%PUT _USER_

(二) %DO 循环语句

%DO 循环语句可用于一定条件下程序的重复执行,按照对循环条件判断的不同可以分为以下三种。

1. 循环变量控制循环

通过循环变量控制循环次数,当循环变量的值不符合循环的初值到终值的范围时,停止循环。具体的语法格式如下:

SAS 程序格式	说　明
%DO 循环变量=初值 %TO 终值 [%BY 步长]; 循环体 %END;	表示宏循环的开始,并控制循环变量的变化 为执行的 SAS 程序,即一般的程序语句或宏语句 表示%DO 的结束

下面通过一个实例演示控制循环次数型 DO 循环语句的使用。

【例 6.7】(控制循环次数型 DO 循环语句的使用) 在下面的程序中,通过循环变量 i 控制循环的执行,循环变量的初值为 1,步长每次循环中默认增加 1,当循环变量的值大于 10 时,即循环 10 次后,退出循环。在下面的程序中,循环体中主要执行数据的相乘操作,每循环一次,会在日志窗口打印出计算的变量 y。

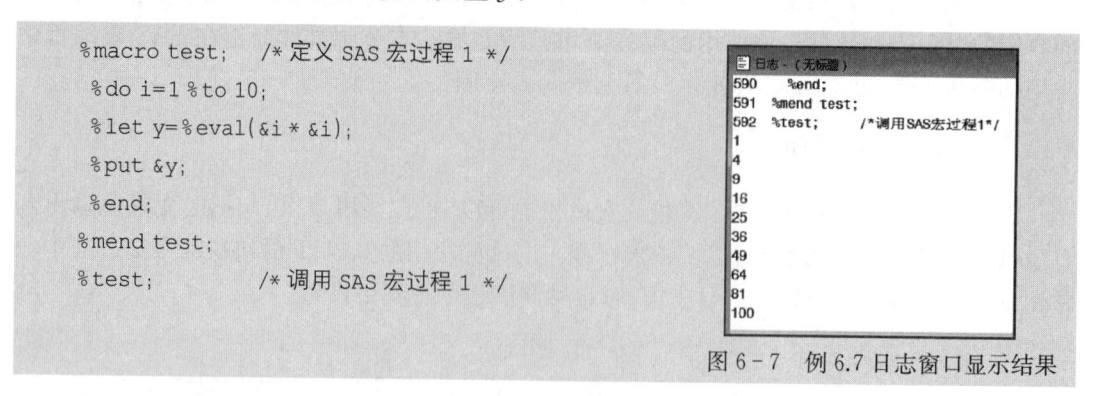

```
%macro test;      /* 定义 SAS 宏过程 1 */
  %do i=1 %to 10;
  %let y=%eval(&i*&i);
  %put &y;
  %end;
%mend test;
%test;            /* 调用 SAS 宏过程 1 */
```

图 6-7 例 6.7 日志窗口显示结果

执行上述程序,将在 SAS 的日志窗口输出如图 6-7 所示的 10 次循环的计算结果。

2. WHILE 型 %DO 循环

WHILE 型 %DO 循环只有当循环条件为真时循环执行,一般在循环体中会有对循环条件改变的操作,当循环条件的值变动到不符合循环条件为真的条件时,退出 DO 循环。该 DO 循环的使用格式:

SAS 程序格式	说　明
%DO %WHILE(循环表达式);	表示宏循环开始,当 WHILE 语句内的循环表达式成立时循环执行,否则退出循环
循环体	为执行的 SAS 程序,即一般的程序语句或宏语句
%END;	表示 %DO 的结束

下面通过一个实例具体演示 WHILE 型 %DO 循环的使用。

【例 6.8】 WHILE 型 %DO 循环语句的使用。

下面程序中首先定义两个宏变量 x 和 y,%DO 循环执行的判断条件为 $x<y$,当 WHILE 语句为假时退出循环。

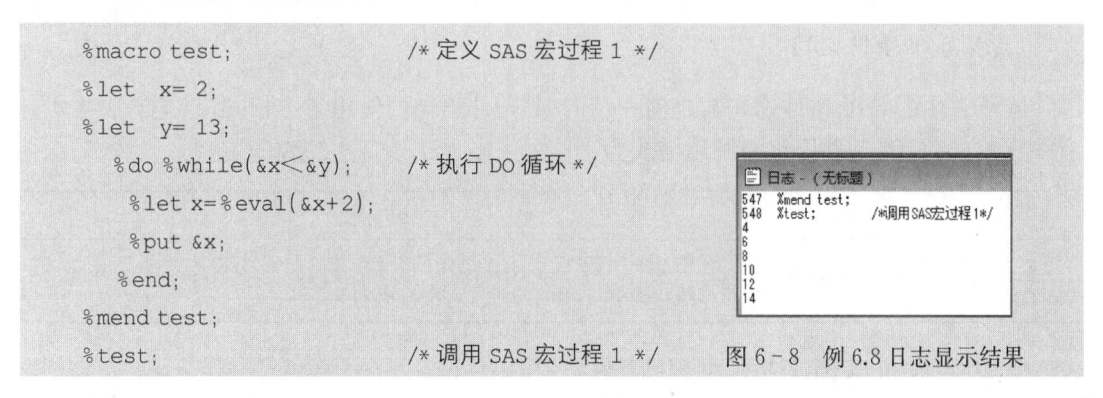

```
%macro test;              /* 定义 SAS 宏过程 1 */
 %let  x= 2;
 %let  y= 13;
  %do %while(&x<&y);      /* 执行 DO 循环 */
   %let x=%eval(&x+2);
   %put &x;
  %end;
%mend test;
%test;                    /* 调用 SAS 宏过程 1 */
```

图 6-8　例 6.8 日志显示结果

执行上述程序将执行循环,至宏变量 x 的值小于变量 y 的条件不成立时停止,在日志窗口将输出宏变量 x 的值如图 6-8 所示。

3. UNTIL 型 %DO 循环

UNTIL 型 %DO 循环将一直执行,直到满足 UNTIL 里的条件表达式。该循环的使用格式为:

SAS 程序格式	说　明
%DO　%UNTIL(循环表达式);	表示宏循环开始,当 UNTIL 语句内的循环表达式成立时退出循环
循环体	为执行的 SAS 程序,即一般的程序语句或宏语句
%END;	表示 %DO 的结束

下面通过一个具体的实例演示 UNTIL 型 %DO 循环语句的使用。

【例 6.9】（UNTIL 型 %DO 循环语句的使用）在下面的循环语句中,循环条件为宏变量 x 的值等于 y 的值,当此循环条件为真时退出循环。

```
%macro test;
 %let   x= 2;
 %let   y= 13;
  %do %until(&x>&y);
    %let x=%eval(&x+ 2);
    %put &x;
  %end;
%mend test;
%test;
```

执行上述程序,将在日志窗口输出宏变量 x 的值如图 6-9 所示。

从上述结果可以发现,使用了不同的%DO 循环格式,而具体实现的功能与实例 6.8 相同,说明使用不同类型的%DO 循环可以实现相同的功能。

图 6-9　例 6.9 日志显示结果

(三) %IF 条件语句

宏语言中的%IF 条件语句与之前介绍的 IF 条件语句的使用基本相同,只是语法格式上有一定差异。%IF 条件语句的调用格式为:

SAS 程序格式	说　　明
%IF 表达式 %THEN 语句 1; %ELSE 语句 2;	%IF 语句用于标识条件语句的开始,其后所跟的表达式如果成立,则执行语句 1,如果为假,则执行语句 2。

下面通过一个实例具体演示%IF 条件语句的使用。

【例 6.10】(%IF 条件语句的使用)　定义一个带参数的宏过程 TEST(x,y),若 $x>y$,则在日志窗口输出 $x-y$ 的值;否则在日志窗口输出 $y-x+10$ 的值。最后用 TEST(2,3)来测试其显示结果。

```
%macro test(x,y);
  %if x>y %then %put %eval(&x-&y);
  %else %put %eval(&y-&x+10);
%mend test;
%test(2,3);
```

图 6-10　例 6.10 日志窗口显示结果

执行上述程序,宏过程调用时,对于 TEST(2,3),宏参数 x 小于 y,执行语句%put %eval(&y-&x+10);如图 6-10 所示,在日志窗口输出结果:11。

注意,上述宏条件语句与数据步的条件语句有很大的区别,表 6-3 对它们的特点以及作用进行了比较分析。

表 6-3　宏与数据步条件语句的比较

宏条件语句	数据步条件语句
只能用在宏定义的程序中	只能用在数据步程序中
在宏执行过程中执行	在数据步执行过程中执行
IF 后面的表达式只能使用宏变量	IF 后面的表达式可使用数据步变量或全局宏变量
决定什么文本送至输入缓冲栈	整个文本送至输入缓冲栈

此外,宏变量的定义语句%LET,宏变量的显示语句%PUT 等,都是较为常用的宏语句,在前面章节中已做了一定介绍,这里不再详细展开叙述。

四、宏函数

在 SAS 宏编程中除了宏语句外,还提供了各种宏函数供使用。在 SAS 内部提供了很多现成的宏函数,可以实现各种功能。本节将介绍常用宏函数的使用,并通过具体实例演示宏函数的使用。

在 SAS 系统内,宏函数的调用和用户定义的宏函数使用方法相同,通过下面格式调用:

```
% 宏函数名(宏参数);
```

(一) %EVAL()宏函数

该函数可以在宏过程中计算数学和逻辑表达式的值,常用于宏变量的赋值。可将计算结果赋值给宏变量;或者用在宏变量的显示中,此时可将计算结果直接显示出来,而不是显示计算的表达式。函数%EVAL()只能用于整型数据的计算,在之前章节的介绍中也曾涉及该函数的使用。下面通过一个实例演示一下该函数的使用。

【例 6.11】　%EVAL()函数的使用。

```
%let x=100;
%let y=%eval(&x+ 20);
%put y=&y;
%put z=%eval(&x+ &y);
```

执行上述程序,在日志窗口将输出如图 6-11 所示。

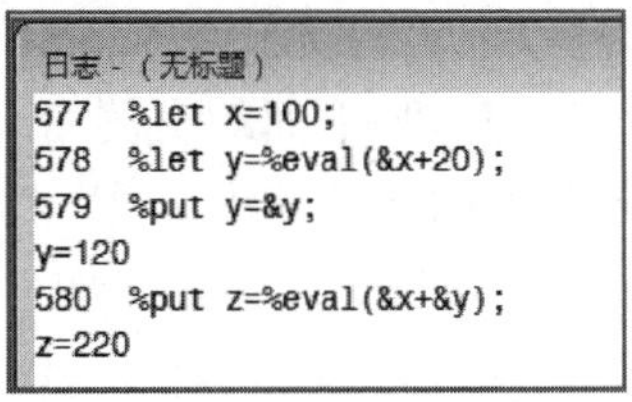

```
日志 - (无标题)
577  %let x=100;
578  %let y=%eval(&x+20);
579  %put y=&y;
y=120
580  %put z=%eval(&x+&y);
z=220
```

图 6-11　例 6.11 日志窗口显示结果

首先是执行三句宏语句,当执行到宏语句"%put $y=\&y$;"时,输出宏变量 $y=120$,然后继续执行后面的%PUT 输出语句,获得宏变量 $z=220$ 的输出结果。

%EVAL()函数只能用于对整型宏变量的计算,但是如果需要进行浮点型宏变量的计算,就需要使用宏函数%SYSEVALF(),该函数的调用格式与%EVAL()函数类似,这里不再详细展开叙述,读者在使用的时候可以参考函数%EVAL()的使用实例。

(二) %INDEX()宏函数

%INDEX()宏函数可用于在字符串中查找指定的字符,并返回字符第一次出现的位置。

函数%INDEX()的语法格式为:

```
% INDEX(字符串或者宏变量,需要查找的字符);
```

下面来演示宏函数%INDEX()的使用。

【例 6.12】(%INDEX()函数的使用) 在本例中使用%INDEX()函数查找字符串“Nanjing”和宏变量中第一次出现字符 n 的位置,返回该字符的位置,并在日志窗口输出,具体程序如下所示。

```
%let city=Nanjing;
%let k=%index(&city,n);
%put k=&k;
%put% index(&city,n);
```

执行上述程序,在日志窗口将输出如图 6-12 的计算结果。

从上面的输出结果中可以看到,以宏变量的引用或者字符串为%INDEX()宏函数的输入参数时,都可以获得返回的指定字符串的位置 3。

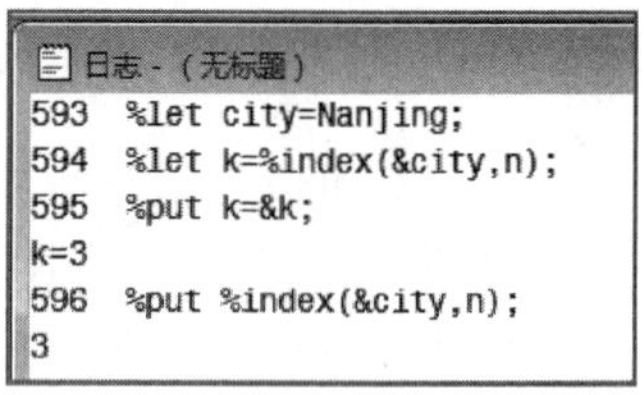
日志 - (无标题)
```
593  %let city=Nanjing;
594  %let k=%index(&city,n);
595  %put k=&k;
k=3
596  %put %index(&city,n);
3
```

图 6-12 例 6.12 日志显示结果

(三) %SUBSTR()宏函数

在使用%INDEX()函数获取了指定字符的位置信息后,常进行下面的操作:从指定字符位置处开始读取需要的字符或字符串。函数%SUBSTR()主要用于在 SAS 宏编程中从指定位置的字符串中读取需要的字符。函数%SUBSTR()的调用格式为:

```
% SUBSTR(字符串或者宏变量,字符位置,读取的字符长度);
```

在上述函数%SUBSTR()的调用格式中,读取的字符长度参数可以默认,此时读取字符位置处开始的所有字符。下面通过一个实例演示函数%SUBSTR()的使用。

【例 6.13】 (%SUBSTR()函数的使用)下面的实例用于从字符串“Shanghai”中读取字符“g”开始的 4 个字符,首先通过函数%INDEX()查找字符“g”,然后利用函数%SUBSTR()读取字符串“Shanghai”中从“g”开始的 4 个字符。具体程序如下:

```
%let city=Shanghai;
%let k=%index(&city,g);
%let s=%substr(&city,&k,4);
%put &s;
```

执行上述程序,将在日志窗口输出如图 6-13 的显示结果。由此可见,函数％SUBSTR()从字符串"Shanghai"中读取字符"g"开始的 4 个字符:ghai。

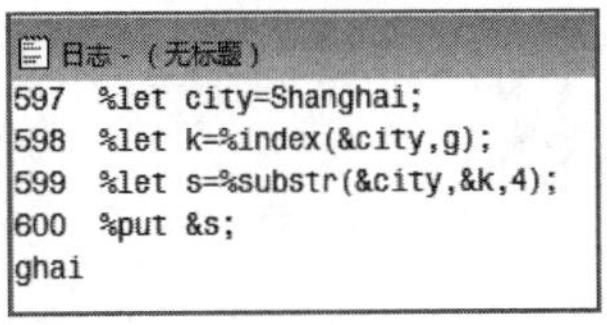

```
597  %let city=Shanghai;
598  %let k=%index(&city,g);
599  %let s=%substr(&city,&k,4);
600  %put &s;
ghai
```

图 6-13 例 6.13 日志显示结果

(四) %UPCASE()宏函数

%UPCASE()宏函数可用于在宏编程中将小写的字符串转换为大写格式,其使用格式为:

% UPCASE(字符串或者宏变量)

【例 6.14】 %UPCASE()函数的使用。在下面的实例中,将字符串"nanjing"转换为大写格式,并在日志窗口输出,具体程序如下:

```
%let city=nanjing;
%let k=%upcase(&city);
%put &k;
%put  %upcase(nanjing);
```

执行上述程序,在日志窗口将输出如图 6-14 所示的程序运行过程和转换为大写的宏变量 CITY:NANJING。

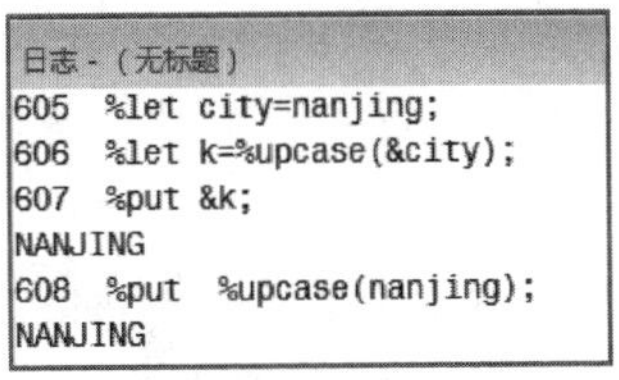

```
605  %let city=nanjing;
606  %let k=%upcase(&city);
607  %put &k;
NANJING
608  %put  %upcase(nanjing);
NANJING
```

图 6-14 例 6.14 日志窗口显示结果

第三节 宏变量的存储与显示

一、宏变量的存储与显示

对于宏变量,不论是自动宏变量还是用户定义的宏变量,系统都将其存在符号表中;符号表有两列,一列是变量名,另一列是值;自动的宏变量都存在一张符号表中,用户定义的宏变量可以存在不同的符号表中。

最简单的显示宏变量值的方法是用%PUT 语句,它将宏变量值或者文本输出到 SAS 日志窗口。%PUT 语句及参数的说明见本章第二节三。

【例 6.15】 显示自定义宏变量的值。

```
%let city= nanjing;
%put &city;
%put here is &city;
```

%PUT 语句在日志窗口显示的结果如图 6－15 所示。

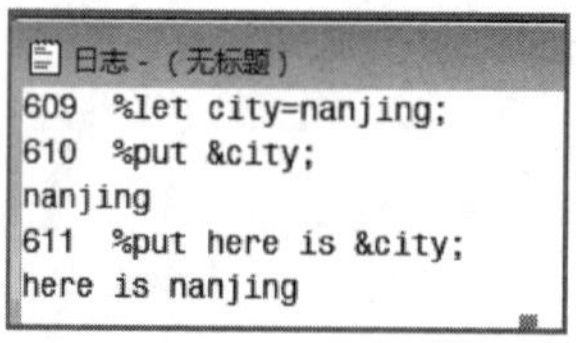
日志 - (无标题)
```
609  %let city=nanjing;
610  %put &city;
nanjing
611  %put here is &city;
here is nanjing
```

图 6－15　例 6.15 日志窗口显示结果

二、全局宏变量与局部宏变量

根据宏变量作用范围的不同，宏变量可分为局部与全局宏变量。一般情况下，局部宏变量是在宏中定义的。而如果宏变量在“开放代码”中定义，即程序中除去宏以外的所有其他代码，这时的宏变量往往是全局的。全局宏变量可以在程序的任何位置使用，但局部宏变量仅可以在自己的宏中使用。编写代码时要避免在宏以外使用局部宏变量以及创建的局部宏变量与全局宏变量的名称相同的错误。

(一) 全局宏变量

全局宏变量包括：(1) 除 SYSPBUFF 的所有自动宏变量；(2) 在任何宏之外创建的宏变量；(3) 由%GLOBAL 语句创建的宏变量；(4) 绝大多数由 CALL SYMPUT 语句创建的宏变量。

可以在 SAS 运行期间任何时间创建全局宏变量，同时除了一些不可改写的自动宏变量外，还可以在 SAS 运行期间的任意时间修改全局宏变量的值。在大多数的情况下，一旦定义了一个全局宏变量，它的值在整个 SAS 运行期间都是有效的，除非被修改。同时全局宏变量可以在 SAS 程序的任何地方使用，在任何地方对全局宏变量的值有所改变后该宏变量的值都会受到影响。

SAS 系统自带的宏变量都为全局变量，用户也可以自己定义全局变量。全局变量的定义可以通过两种方式进行。

- 在宏过程外，使用宏变量定义语句：

```
%LET 宏变量名=宏变量值;
```

- 在宏过程内，使用语句%GLOBAL 进行宏变量的声明：

```
%GLOBAL 全局宏变量名;
```

通过%GLOBAL 语句声明的宏变量在整个程序内都是有效的，通常通过%GLOBAL 语句声明宏变量后，仍需要使用%LET 语句对全局宏变量进行赋值操作。

下面通过两个实例来说明全局宏变量的定义。

【例 6.16】(%LET 定义全局宏变量)

程序在 SAS 宏过程外面定义一个全局宏变量 x，然后在宏过程内使用该变量，具体的程序如下。

```
%let   x=2;      /*定义全局宏变量*/
%macro test;     /*定义 SAS 宏过程*/
  %let y=%eval(&x+ 1);
  %put &y;
%mend test;
%test;           /*调用 SAS 宏过程*/
```

执行上述程序，如图 6-16 所示，将在日志窗口输出宏变量 y 的计算结果 3。

在日志窗口的上述输出结果中，在运行了前 5 行程序时并不给出任何结果，该语句段仅完成了宏的定义工作，不会输出宏变量 y 的值，需要在调用了宏 TEST，即提交语句 "%test;" 后，才会在日志窗口输出宏变量 y 的值为 3。

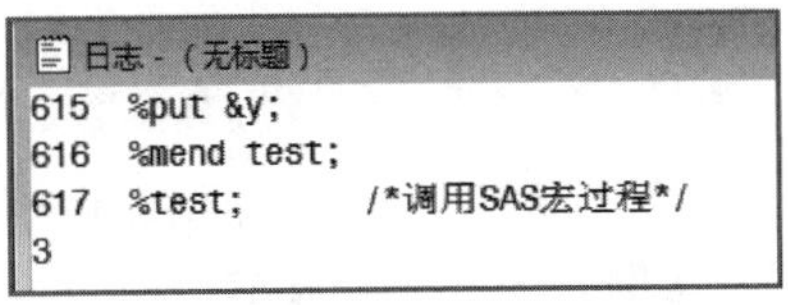

图 6-16　例 6.16 日志窗口显示结果

【例 6.17】(%GLOBAL 定义全局宏变量)　在下面的实例中，首先在宏 TEST 1 中定义全局宏变量 x，然后在第二个宏 TEST 2 中引用该宏变量，测试宏变量的有效范围。

```
%macro test1;        /*定义 SAS 宏过程 1 */
  %global x;         /*定义全局宏变量*/
  %let x=333;
  %put &x;
%mend test1;
%test1;              /*调用 SAS 宏过程 1 */
%macro test2;        /*定义 SAS 宏过程 2 */
  %put &x;
%mend test2;
%test2;              /*调用 SAS 宏过程 2 */
```

执行上述程序将在日志窗口输出如图 6-17 所示的结果。在结果中可以看到，调用两个宏过程的宏变量 x 的值都为 333，说明定义的全局宏变量 x 在两个宏过程中都可以使用。

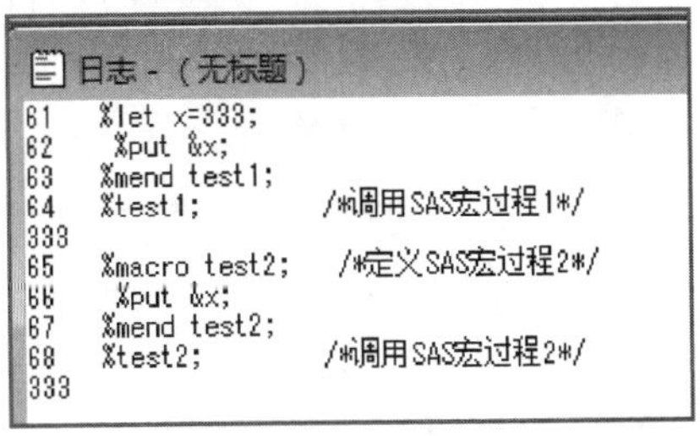

图 6-17　例 6.17 日志窗口显示结果

(二) 局部宏变量

局部宏变量是定义在宏之中的宏变量。每个宏都有自己的局部符号表，这些局部宏变量在宏运行结束后自动消失。

创建局部符号表的方式：(1) 一个或多个宏参数；(2) %LOCAL 语句；(3) 用来定义宏变量的宏语句。宏参数永远都是宏的局部变量。可以把宏参数的值赋值给全局宏变量。

使用%SYMLOCAL 函数来查看一个已经存在的宏变量是否存在于局部符号表。

局部宏变量只能在定义此宏变量的过程中使用，在 SAS 系统内定义局部宏变量的函数格式主要为：

```
% LOCAL 局部宏变量名；
```

下面通过一个实例演示局部宏变量的使用。

【例 6.18】(局部宏变量的定义)　在下面的程序中，首先在宏 TEST1 中定义局部宏变量 z，然后再在宏 TEST2 中使用，测试局部宏变量的使用。

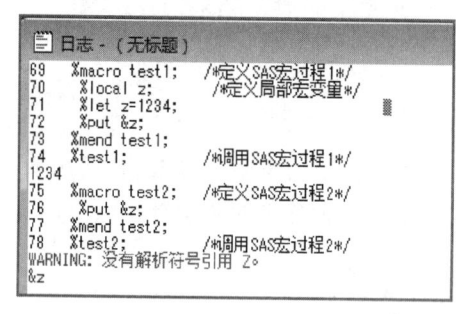

```
%macro test1;          /*定义 SAS 宏过程 1 */
  %local z;            /*定义局部宏变量 */
  %let z=1234;
  %put &z;
%mend test1;
%test1;                /*调用 SAS 宏过程 1 */
%macro test2;          /*定义 SAS 宏过程 2 */
  %put &z;
%mend test2;
%test2;                /*调用 SAS 宏过程 2 */
```

图 6-18　例 6.18 日志显示结果

执行上述程序，在 SAS 日志窗口输出两次调用 SAS 宏过程的结果如图 6-18 所示。

第一个结果为输出的局部变量 z 的值 1234，而第二次调用 SAS 宏过程 TEST 2 时，由于宏变量 z 为局部变量，使用 PUT 语句无法输出局部宏变量 z 的值，系统给出了警告"WARNING：没有解析符号引用 Z."局部宏变量只在定义它的宏过程 TEST1 中有效。

另外，宏调用中的参数也是局部变量，在宏调用过程中对参数的改变不影响宏外变量的使用。

(高祖新)

Chapter 07
SQL 过程

第一节　SQL 过程与语句格式
　　一、SQL 过程概述
　　二、SQL 过程的格式
　　三、SQL 过程和语句的特点
第二节　SQL 过程的操纵语句及应用
　　一、表或视图的创建语句
　　二、查询与删除语句
　　三、修改与信息显示语句
　　四、插入与更新语句
　　五、子查询语句
　　六、SQL 过程应用实例

SQL 是一个标准化的广泛使用的语言,用于检索和更新关系表格和数据库中的数据。SQL 过程是 SAS 内部的一个过程,相当于数据库里的存储过程,功能都封装在此过程里,只需要通过过程步调用就可以运用此过程。通过 SQL 过程可以实现对数据集或关系数据库的表进行查询、修改、创建表、插入数据、更新数据和删除数据等功能,其主要作用有

- 读入、展示和加工 SAS 数据文件;
- 在表中增加和修改数据值;
- 增加、修改和删除表的列;
- 创建表;
- 生成报告;
- 拼接不同类型的数据表为单一的数据表等。

由于 SQL 过程实现结构化查询语言,所以在运行时与其他的过程会有所不同。主要为:SQL 过程的语句被分成一些子句;SQL 过程中使用的 SAS 数据集不需要按某个变量事先排序;提交 SQL 语句时就可以执行,不需要规定 RUN 语句;提交 SQL 过程步后,程序编辑窗口的状态行一直显示"PROC SQL running"。

第一节　SQL 过程与语句格式

一、SQL 过程概述

SQL(Strunctured Query Language)意为结构化查询语言,用于检索和更新关系表格和数据库中的数据。SQL 过程可以处理 SAS 数据集和关系数据库中的表,在 SQL 中,常将它面对的数据文件称为表,在 SAS 系统中使用 SQL 过程,仅需要理解表格及其操作即可。表 7-1 中比较了 SQL 术语和 SAS 术语。

表 7-1　SQL 术语和 SAS 术语的区别

SAS 系统术语	SQL 语言术语	数据处理术语
数据集	表	文件
观测	行	字段
变量	列	记录

SAS 系统的 SQL 过程,在以下几个方面有助于数据的管理。

- 可以用 SELECT 语句去检索和操作存于表中、视图里和由 PROC SQL 接收的数据(由 PROC SQL 生成的 SAS 数据文件在本章中称为表)。可以用 VALIDATE 语句去检查 SELECT 语句句法的准确性,而无须执行它。还可以用 DESCRIBE 语句简单地显示一个 PROC SQL 视图定义。
- 可以用 CREATE 语句在表的列中生成表格、视窗、索引。这些表和视窗可永久地存储在 SAS 数据库内,而且使用逻辑库名调用它。可以用 DROP 语句删除表格、视窗和索引。

- 可以用 UPDATE 语句增加或修改表格的列里的数值,或者用 INSERT 和 DELETE 语句插入或删除行。可以通过 ALTER 语句增加、修改、删除列来修改表格。
- 可以使用许多 RESET 语句的增加、改变或删除的选项。
- 生成报告。
- 可以拼接不同类型的数据表为单一的数据表。

二、SQL 过程的格式

(一) SQL 过程的语句格式

SQL 过程的语法格式:

SAS 程序格式	说 明
PROC SQL [选项]; 数据操纵语句; QUIT;	过程步开始,调用 SQL 过程,执行 SQL 语言 关系数据库结构化语句或对数据集操纵的语句 SQL 过程步结束

注意:SQL 过程的结束语句标识为"QUIT"语句。

SQL 过程可以操作 SAS 数据集,也可以对关系数据库中的表进行操作,功能强大,继承了关系数据库中 SQL 语言的功能。

【例 7.1】 SQL 过程查询 SASHELP 逻辑库中的数据集 BUY。

```
proc sql;
  select * from  sashelp.buy;
/* select 查询语句查询数据集 buy 的信息 */
quit;
```

SAS 系统调用 SQL 过程,执行 SELECT 语句,查询永久逻辑库 SASHELP 下的数据集 BUY 的信息,执行到 QUIT 语句告诉 SAS 系统结束 SQL 过程。输出结果如图 7-1 所示。

图 7-1 例 7.1 的输出结果

(二) SQL 过程中的选项

SQL 过程中的选项是控制 SQL 过程输出显示设置的应用,常用选项见表 7-2。

表 7-2 SQL 过程语句的选项说明

选 项	说 明
PRINT| NOPRINT	规定是否打印 SQL 过程的输出到输出窗口,默认选项为 PRINT
DOUBLE| NODOUBLE	规定是否隔行输出,默认选项是 NODOUBLE
NUMBER| NONUMBER	规定对输出观测记录是否指定行号(ROW),默认选项 NONUMBER
INOBS	指定输入的观测记录行数,取正整数
OUTOBS=m	指定输出的观测记录行数,取正整数

续 表

选 项	说 明
LOOPS=m	指定 SQL 过程内循环的最大次数
ERRORSTOP|NOERRORSTOP	如果遇到出错情况,规定 SAS 系统是否停止处理
EXEC|NOEXEC	规定一个语句在检查其正确性后是否被执行,SAS 系统会一直检查 PROC SQL 语句的准确性,如果没有出错,则执行该 SQL 语句
FEEDBACK|NOFEEDBACK	规定在扩展视图索引或查询语句中作变换后,是否显示这个查询

【例 7.2】 SQL 过程加入 NUMBER、OUTOBS= 和 DOUBLE 选项使查询 SASHELP 逻辑库中的数据集 BUY 显示行号、输出观测记录为 5 条观测并隔行输出。

```
proc sql number outobs=5 double;
  select * from sashelp.buy;
quit;
```

SQL 过程默认没有行号"ROW"这列,加入 NUMBER 选项后输出观测就多了行号这一列;OUTOBS=5 控制只输出 5 条观测记录到输出窗口;DOUBLE 选项在观测记录间添加空行。

输出窗口显示信息如图 7-2 所示。

```
Row      Date        AMOUNT
-----------------------------
 1     01JAN1996    -110000
 2     01JAN1997     -1000
 3     01JAN1998     -1000
 4     01JAN1999    -51000
 5     01JAN2000     -2000
```

图 7-2 例 7.2 的输出结果

(三)数据操纵语句

SQL 过程数据操纵语句是对数据集或关系数据库中的表进行操作的语句,可以实现创建数据集或表、创建索引、更新数据集或表等功能。实际应用时往往是多个 SQL 语句组合应用共同完成一项任务,后面会通过实例进行综合运用讲解。数据操纵语句见表 7-3。

表 7-3 SQL 过程的数据操纵语句功能

数据操纵语句	功 能
CREATE TABLE	创建关系数据库中的表或 SAS 数据集
CREATE INDEX	创建索引,对大表可以提高查询速度
CREATE VIEW	创建视图
SELECT	查询关系数据库中的表或 SAS 数据集的信息
DELETE	删除关系数据库中的表或 SAS 数据集中的行记录
ALTER TABLE	对表或数据集的列变量进行修改、增加或删除列
DROP	删除表、视图或索引
INSERT INTO	插入观测记录
UPDATE	更新表或数据集中的对应列值
DESCRIBE	显示表或视图的定义信息
CONNECT TO	建立与关系数据库的连接
DISCONNECT FROM	断开与关系数据库的连接
VALIDATE	检查所查询语句语法的正确性,并在日志窗口显示其正误信息
RESET	在 SQL 过程不重新运行时对其中的语句选项进行增加、删除或改变

三、SQL 过程和语句的特点

（一）SQL 过程的特点

由于 SQL 过程实现结构化查询语言，所以在运行时与其他的过程会有所不同。
- SQL 过程的语句被分成一些子句。例如 SELECT 语句包含 SELECT 和 FROM 子句，在 SQL 中子句内的项目用逗号","分开，而不像在 SAS 系统中那样是用空格分开。
- SELECT 语句用于查询数据，也自动输出数据，除非规定了 NOPRINT 选项。
- SELECT 和 CREATE VIEW 语句每个都可以包含一个 ORDER BY 字句，以便对数据进行排序，所以 PROC SQL 程序中不需要使用 SORT 过程。在 SQL 过程中使用的 SAS 数据集不需要按某个变量事先排序。
- 提交 SQL 语句时就可以执行，不需要规定 RUN 语句。如果在 PROC SQL 语句后面跟了 RUN 语句，那么 SAS 系统会忽略 RUN 语句，而且像通常情况一样提交这些语句。
- 提交 SQL 过程步后，程序编辑窗口的状态行会一直显示"PROC SQL running"，直至提交另一个程序或 QUIT 语句。

（二）SQL 过程语句的特点

1. PROC SQL 和 RESET 语句

前面的表 7-2 的选项可以在 PROC SQL 语句或 RESET 语句中出现。这些语句在 PROC SQL 语句中使用时，它们说明该选项的初始状态。使用 RESET 语句可以在 PROC SQL 语句之前增加、移动或改变选项。一个选项被复位之前一直保持有效。

2. SQL 过程和 SAS 数据集选项

SQL 过程可应用任何一个 SAS 数据集选项，例如把选项 KEEP= 和 DROP= 应用于表或视图中。在 SQL 过程中，SAS 数据集选项被括在括号里，并紧跟在表名或视图名的后面。

不能将 SAS 数据集选项与 PROC SQL 视图名字联系一起，因为选项仅对视图的基本表有效。例如创建 PROC SQL 视图时，不能将 SAS 数据集选项列在视图名字的后面。

3. CREATE 语句

CREATE 语句能够根据表或其他视图及表中列的索引创建表或视图。

4. SELECT 语句

在查询表达式中最常用的是 SELECT 语句，其可以展示查询结果的数据，可以让数据以一定的格式显示，将报告在 OUTPUT 窗口输出。SELECT 语句的一般形式如下：

```
SELECT  列名1,列名2,...
    FROM 表名
    附加的从句；
```

其中，列名1,列名2,…指明选择的列，若要选择所有的列，可以用符号'*'；"FROM 表名"是设定要查询其行列的数据表。

在过程 SQL 的 SELECT 语句中可以
- 附加 WHERE 从句,可以对表中的观测进行选择;
- 使用 ORDER 从句将显示的数据按选定的变量的值排序;
- 用选项 FORMAT=对选择的数据设定显示时用的格式。

5. ALTER 语句

ALTER 语句向已存在的表中加入列或从表中删除列。它也用于改变一个已存在的表中列的属性。当 ALTER 语句向表中加入一列时,它将该列在表中所有行的值初始化为缺失值,然后用 UPDATE 语句向新的列中加入值。

如果某列已经在表中,那么可以用 MODIFY 子句改变这些列的属性。

若想从一个表中删掉一列及其所有值,可在 DROP 子句中指定列的名字。如果删掉了一列,一定要把其他语句中涉及该列的名字也删掉。

6. DELETE 语句

DELETE 语句从表或 DBMS 表中删去 WHERE 表达式为真的所有行,这个表或 DBMS 表是在 FROM 子句中规定的表。此语句不能引用其 FROM 子句中的 PROC SQL 视图。

如果没有规定 WHERE 子句,DELETE 语句就将表中的所有行都删掉。

第二节　SQL 过程的操纵语句及应用

本节将通过具体的实例操作讲解 SQL 语句的应用,以帮助大家掌握 SQL 过程。

一、表或视图的创建语句

(一) 基本语句创建表

基本语句创建表是根据数据属性定义表名、列名和列具有的属性,其语法格式:

```
CREATE TABEL 表名 (列名1  属性1,列名2  属性2,…);
```

其中"属性"是定义列名具有的数据类型等,可以取的属性有 char、character、date、dec、decimal、float、int、integer、num、numeric、real、smallint、varchar 等。

SAS 系统通过基本语句创建表,实际是创建了一个新数据集,叫法不同意义相同,这个数据集只有数据集结构,也可以称为表结构,没有数据记录。

【例 7.3】　创建一个学生信息表 STUDENT,包含字段为学号、姓名、性别、班级。

```
proc sql;
   create table student (id num(3),name character(8),gender character(2),
```

```
           class int);
/*创建学生信息表,定义表名为 student,括号内为定义的列名和列对应的属性*/
quit;
```

SQL 过程通过创建表语句创建了一个数据集 STUDENT,此数据集存储在默认临时逻辑库 WORK 中,为空数据集。

(二) 查询语句创建表

通过查询语句创建表,实际是复制查询语句指定列的列名及其数据到新表中,相当于数据集的复制,与数据步复制数据集相比,SQL 语句更灵活,可以任意选择列。

语法格式:

```
CREATE TABLE 新表名 AS
SELECT 列名 1,列名 2,…
FROM 旧表名[查询条件];
```

如果只复制查询表的表结构,只需在查询语句中加入"where 1=2"这个条件语句,告诉 SAS 系统只复制表结构即可。

【例 7.4】 (CREATE TABEL 创建表)

查询 SASHELP 中的数据集 BUY,将变量列 date 数据复制到新数据集 COPY_BUY,将新创建的数据集存储到目录"F:\SASTEST"下。

```
libname  fsas  'f:\sastest';
proc sql;
  create  table fsas.copy_buy as
   select date from sashelp.buy;
quit;
```

(三) LIKE 语句创建新表结构

语法格式:

```
CREATE TABLE 新表名
LIKE 旧表名;
```

LIKE 语句只是创建表结构,不复制数据集数据。

【例 7.5】 对例 7.4 进行改造,通过 LIKE 复制 SASHELP.BUY 表的结构。

```
proc sql;
  create table like_buy
   like  sashelp.buy;     /*通过 like 语句复制表结构*/
quit;
```

（四）创建视图语句

对于一些机密数据，有些可以给用户看，有些不宜给用户看，这里可以通过视图访问将可展示的查询信息封装到视图表中。视图其实是一张虚表，不占用存储空间，具有表的特性。有时为节省存储空间，可以对大数据量的查询以视图的形式进行访问。

语法格式：

```
CREATE  VIEW 视图名 AS
SELECT  列名 1,列名 2,...
FROM 数据集名
[WHERE 过滤条件];
```

【例 7.6】(创建视图)　查询 SASHELP 逻辑库中的数据集 CLASS，查询变量为 sex 和 height，条件为 sex=‘男’，创建视图 IN_MAN。

```
proc sql;
   create view  in_man  as
    select  sex,height
    from sashelp.class
    where  sex= '男';
quit;
```

调用 SQL 过程，执行创建视图语句，从数据集 SASHELP.CLASS 中取出 sex=‘男’条件下的观测，以视图形式在 WORK 库中存储查询信息。可在临时逻辑库 WORK 中找到例 7.6 生成的视图 IN_MAN，如图 7-3 所示。

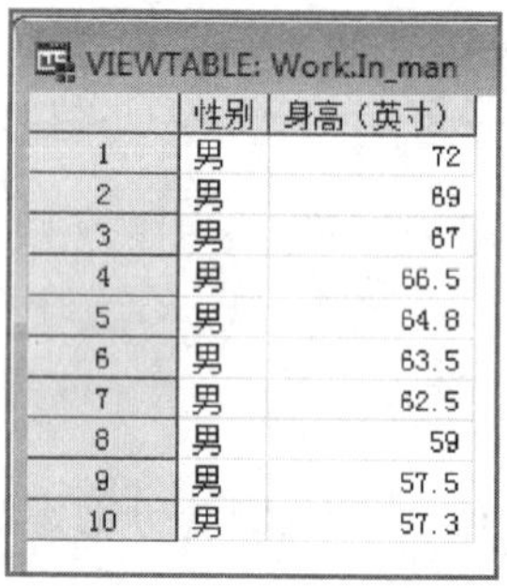
VIEWTABLE: Work.In_man

	性别	身高（英寸）
1	男	72
2	男	69
3	男	67
4	男	66.5
5	男	64.8
6	男	63.5
7	男	62.5
8	男	59
9	男	57.5
10	男	57.3

图 7-3　例 7.6 生成的视图 IN_MAN

二、查询与删除语句

（一）SELECT 查询语句

查询语句是 SQL 语言中使用频率最高的，也是最灵活的语言。SELECT 语句可以实现对数据集和关系数据库中的表进行数据查询，查询语句中可以使用函数，可以对单表和多表进行组合查询，同时查询语句中还可以使用子查询，对于子查询会在综合应用中讲解。

查询语句查询表或视图所有信息，语法格式为：

```
SELECT * FROM FROM_LIST [查询条件];
```

查询语句查询表或视图指定列信息，若去掉重复记录可以在列名前加“DISTINCT”关键字，语法格式为：

```
SELECT [DISTINCT] 列名 1[,列名 2,...]
FROM FROM_LIST [查询条件];
```

FROM_LIST 可取选项见表 7-4。

表 7-4 FROM_LIST 可取选项

FROM_LIST 可取选项	说　明
表名[AS 表别名]	指定查询表名,可以通过 AS 语句给表指定别名
视图名[AS 视图别名]	指定查询视图名,可以通过 AS 语句给视图指定别名
JOIN TABLE	指定表与表的关联,如内连接、左连接和自连接
CONNECTION TO	指定与关系数据库表的连接

FROM_LIST 查询语句中的[查询条件]可取选项见表 7-5。

表 7-5 FROM_LIST 查询条件选项

查询条件可取选项	说　明
WHERE	指定查询语句的过滤条件
GROUP BY	指定查询表或视图的分组列
HAVING	根据指定条件对数据分组,与 GROUP BY 一起使用
ORDER BY	指定排序列,可以降序也可以升序,默认升序

查询条件有严格的顺序,如果多个条件,按上面所列顺序执行。查询语句只在最后语句结束时加一个";"分号,表示查询语句结束。

(二) 单表查询

单表查询是指只对一个表通过查询语句查询表或视图的信息。

单表查询的语法格式:

```
SELECT [ * ]|[指定列(变量)名]
FROM 表名|视图名
[查询条件];
```

注意:[*]和[指定列名]只能取其一。查询整个表或视图取" * ",查询指定列时去掉" * ",它们是互斥项。

单表查询的查询条件为以下 4 种

- WHERE 条件语句;
- GROUP BY 列名 1 [列名 2...];
- HAVING 条件语句;
- ORDER BY 列名 1[,列名 2,...] [ASC] [DESC];

下面予以简要介绍。

(1) WHERE 条件语句

WHERE 语句属于过滤语句,查询语句根据 WHERE 语句指定的条件过滤数据,输出符合条件的数据。WHERE 语句可取的条件语句见表 7-6。

表 7-6 WHERE 语句的比较算符条件语句

比较算符	说　明
=或 EQ	相等条件,如 id=1001 或 id eq 1001
^=或 NE	不相等条件,如 id^=1001 或 id ne 1001
>或 GT	大于条件,如 score>60 或 score gt 60
<或 LT	小于条件,如 score<60 或 score lt 60
>=或 GE	大于等于条件,如 score>=500 或 score ge 500
<=或 LE	小于等于条件,如 score<=500 或 score le 500

WHERE 语句逻辑运算符是实现逻辑判断的条件,如 AND,OR,见表 7-7。

表 7-7 WHERE 语句逻辑算符

逻辑算符	说　明
AND	逻辑且,语句两边的条件同时满足为真,否则为假
OR	逻辑或,语句两边的条件任一个成立或都成立时为真
NOT	逻辑非,取对立面

【例 7.7】 对学生数据集 SASHELP.CLASS,查询身高大于 60 英寸的女学生信息。

```
proc sql;
  select name,sex,height,weight
  from sashelp.class
  where sex='女'and height>60;
quit;
```

运行上述 SAS 程序,其输出结果如图 7-4 所示。

姓名	性别	身高（英寸）	体重（磅）
玛丽	女	66.5	112
芭芭拉	女	65.3	98
莱迪	女	64.3	90
凯露	女	62.8	102.5
雅妮特	女	62.5	112.5

图 7-4 例 7.7 女学生查询结果

(2) GROUP BY 列名 1[列名 2 …]

GROUP BY 语句指定分组列(变量),对数据集或表中的记录按某一列(变量)分组,同时可以使用汇总函数对分组汇总。多个分组列空格分隔。

(3) HAVING 条件语句

HAVING 语句实际应用中经常与 GROUP BY 语句一起使用,对分组数据过滤。如果没有 GROUP BY 语句,HAVING 语句就相当于 WHERE 语句的功能。

【例 7.8】 对 SASHELP.CLASS 数据集按 sex 分组,查询出身高大于 60 和体重大于 100 的学生信息。

```
proc sql;
  select name,sex,height,weight
  from sashelp.class
  group by sex
  having height>60 and weight>100;
quit;
```

运行上述SAS程序,其输出结果如图7-5所示。

姓名	性别	身高（英寸）	体重（磅）
菲利普	男	72	150
阿尔弗雷德	男	69	112.5
罗纳德	男	67	133
威廉	男	66.5	112
罗伯特	男	64.8	128
亨利	男	63.5	102.5
玛丽	女	66.5	112
凯露	女	62.8	102.5
雅妮特	女	62.5	112.5

图7-5　例7.8的满足要求的结果

（4）ORDER BY 列名1[,列名2,…][ASC][DESC]

ORDER BY语句对查询数据集或视图信息按其指定列降序或升序输出查询信息。ORDER BY语句先按列名1降序或升序,如果有多个列然后再按指定列降序或升序。默认是"ASC"(升序),降序将列指定为"DESC"。

【例7.9】 对数据集SASHELP.CLASS,通过ORDER BY语句指定按weight降序输出查询信息,只取男学生信息。

```
proc sql;
    select name,sex,height,weight
    from sashelp.class
    where sex= '男'
    order by  weight  desc;
quit;
```

WHERE语句中sex='男'条件语句把男学生信息提取出来,然后通过ORDER BY语句对输出信息按weight列降序排列。输出信息如图7-6所示。

VIEWTABLE: Work.In_man

	性别	身高（英寸）
1	男	72
2	男	69
3	男	67
4	男	66.5
5	男	64.8
6	男	63.5
7	男	62.5
8	男	59
9	男	57.5
10	男	57.3

图7-6　例7.9按weight降序输出结果

（二）DELETE 删除语句

SQL 结构化查询语言通过 DELETE 语句可以删除数据集或表中的数据，通过 DROP 语句可以删除表、索引或视图。

DELETE 语句一般后面跟 WHERE 语句，根据 WHERE 语句中的条件删除观测记录。

DELETE 语句的语法格式：

```
DELETE FROM 表名
(WHERE 条件语句);
```

其中，(WHERE 条件语句)是根据条件删除表中的记录，可选项，不加时表示删除表中所有的记录。

【例 7.10】 删除数据集 SASHELP.CLASS 中 sex='男'的数据。

```
proc sql;
  delete from sashelp.class
  where sex='男';
quit;
```

（三）DROP 删除语句

DROP 语句删除表、视图或索引时是全部删除，数据和表结构都会被删除，且删除后无法恢复，用此语句时一定要慎重。

DROP 语句的语法格式：

```
DROP TABLE 表名|视图名|索引;
```

【例 7.11】 删除 F 盘中 SASTEST 文件中的数据集 COPY_BUY。

```
libname fsas 'f:\sastest';
proc sql;
  drop table fsas.copy_buy;
  /* drop 语句删除数据集 copy_buy */
quit;
```

DELETE 语句与 DROP 语句的区别在于：DELETE 语句只是删除表或数据集中的数据，表结构是存在的，而 DROP 语句删除表、视图或索引时是将数据和表结构全部删除，无法恢复。

三、信息显示与修改语句

（一）DESCRIBE 信息显示语句

对创建好的表、数据集或视图，查看其表结构和定义，可以通过 DESCRIBE 语句显示表定义信息。

语法如下：

```
DESCRIBE  TABLE 表名|数据集名|视图名;
```

【例 7.12】(DESCRIBE 语句)　显示数据集 SASUSER.HOUSES 的定义信息。

```
proc sql;
  describe table sasuser.houses;
quit;
```

SQL 过程中的 DESCRIBE TABLE 语句查看数据集的定义信息，查看结果显示在日志窗口，如图 7－7 所示。

```
日志 - (无标题)
656  proc sql;
657    describe table sasuser.houses;
NOTE: SQL 表 SASUSER.HOUSES 已创建为类似:

create table SASUSER.HOUSES( label='Residential housing for sale' bufsize=8192 )
  (
   style char(8) label='Style of homes',
   sqfeet num label='Square footage',
   bedrooms num label='Number of bedrooms',
   baths num label='Number of bathrooms',
   street char(16) label='Street address',
   price num format=DOLLAR12. informat=COMMA12. label='Asking price',
   per_price num format=8.1 label='平方英尺价格'
  );

658  quit;
NOTE: PROCEDURE SQL=所用时间 (总处理时间):
      实际时间            0.00 秒
```

图 7－7　例 7.12 在日志显示数据集信息

(二) ALTER 修改语句

SQL 结构化查询语言中修改表语句可以更灵活地修改表中字段的属性，实现给列(变量)改名字、加约束、删除列(变量)、删除外键、删除主键等功能。

语法格式：

```
ALTER TABLE 表名 选项语句;
```

修改表语句具有的选项语句很多，为便于理解和运用选项语句，表 7－10 列出了选项语句并进行说明。

表 7－10　ALTER TABLE 语句的选项语句说明

选项语句	功　能
ADD CONSTRAINT 约束名 条件	对修改表加入约束，如主键约束、外键约束
ADD 新列名 定义类型 其他条件	对表加入一个新列，新列要定义列类型

续 表

选项语句	功 能
DROP CONSTRAINT 约束名	删除表中的约束,多个约束逗号分隔
DROP 列名	删除修改表中指定的列,多个列用逗号分隔
DROP FOREIGN KEY 外键约束名	删除修改表中具有的外键约束
DROP PRIMARY KEY CASCADE	删除修改表中具有的主键
MODIFY 列名 修改类型定义	修改表中列的输入格式、输出格式和添加标签

对修改表语句可以加入新列,同时定义新列的输入格式、输出格式和标签等属性。

【例 7.13】 对数据集 SASUSER.HOUSES 添加新列(变量)per_price,并定义输入格式、输出格式和标签。再显示新加列后的数据集 SASUSER.HOUSE 的定义信息。

```
proc sql;
   alter table sasuser.houses
   add per_price num label= '平方英尺价格' format= 8.1;
   describe table sasuser.houses;
quit;
```

通过修改表语句给数据集 SASUSER.HOUSES 添加新列(变量),并定义输入类型为"num",标签为"平方英尺价格",输出格式为"format=8.1"。再用 DESCRIBE 语句显示新加列的数据集 SASUSER.HOUSES 的定义信息。查看结果显示在日志窗口,如图 7-8 所示。

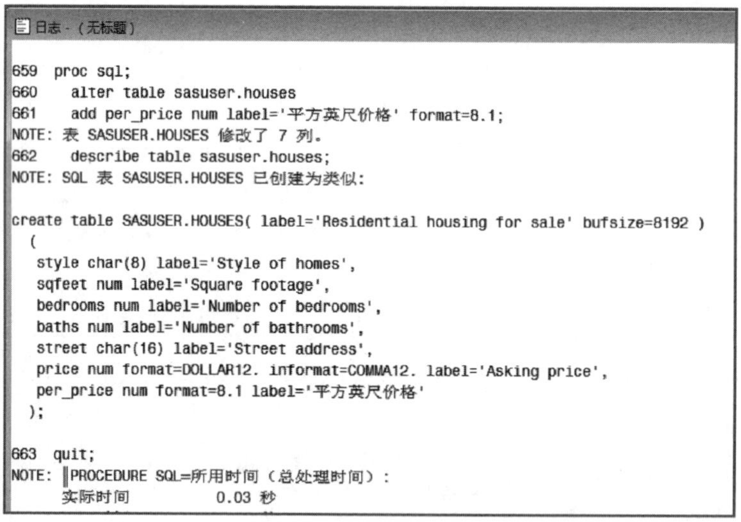
```
日志 - (无标题)

659  proc sql;
660    alter table sasuser.houses
661    add per_price num label='平方英尺价格' format=8.1;
NOTE: 表 SASUSER.HOUSES 修改了 7 列。
662    describe table sasuser.houses;
NOTE: SQL 表 SASUSER.HOUSES 已创建为类似:

create table SASUSER.HOUSES( label='Residential housing for sale' bufsize=8192 )
  (
   style char(8) label='Style of homes',
   sqfeet num label='Square footage',
   bedrooms num label='Number of bedrooms',
   baths num label='Number of bathrooms',
   street char(16) label='Street address',
   price num format=DOLLAR12. informat=COMMA12. label='Asking price',
   per_price num format=8.1 label='平方英尺价格'
  );

663  quit;
NOTE: PROCEDURE SQL=所用时间 (总处理时间):
      实际时间           0.03 秒
```

图 7-8 例 7.13 在日志显示的新加列的数据集信息

四、插入与更新语句

(一) 插入语句

SQL 过程可以通过 INSERT INTO 语句向数据集或关系数据库中的表插入数据。

语法格式：

```
INSERT INTO 数据集名|数据库中表名(对应变量名)
VALUES(插入的对应变量数据);
```

其中 VALUES 为插入语句值关键字。

【例 7.14】 建立数据集 EX7_14，并向该数据集插入一条记录。

```
data ex7_14;
  input id $ name $ score;
cards;
001 王梓木 78
002 杨子沐 81
*调用 sql 过程,插入一条新记录到 ex7_14 数据集;
proc sql;
  insert into ex7_14
  values('003','李紫苜',85);
 /*通过 insert into 语句向 ex7_14 数据集插入记录*/
quit;
proc print;
run;
```

向数据集 EX7_14 插入一条新记录，由于插入记录对应所有变量，此处省略了变量名。输出窗口的结果如图 7-9 所示。

Obs	id	name	score
1	001	王梓木	78
2	002	杨子沐	81
3	003	李紫苜	85

图 7-9 例 7.14 输出结果

（二）更新语句

SQL 过程可以通过 UPDATE 语句根据条件更新符合条件的数据集或关系数据库中表的记录。

语法格式：

```
UPDATE 表名
SET 列名 1=[V 值]或(查询语句中的值)
(WHERE 条件语句);
```

【例 7.15】 通过 UPDATE 语句对例 7.14 的数据集 EX7_14 中 id='001'同学的积分加 15 分。

```
proc sql;
  update ex7_14
  set score=score+15
  where id='001';
quit;
proc print;
run;
```

对数据集 EX7_14,通过 SQL 过程中的 UPDATE 语句为符合条件 id 为 001 的同学加 15 分,更新数据后的输出结果如图 7-10 所示。

Obs	id	name	score
1	001	王梓木	93
2	002	杨子沐	81
3	003	李紫昔	85

图 7-10 例 7.15 的更新数据结果

五、子查询语句

SQL 语言中,查询语句嵌套在另一个查询语句的查询条件当中时,称为子查询。子查询作为主查询的一个条件,需要写在括号中,可以用在使用表达式的任何地方。

子查询一般嵌套在 SELECT,SELECT … INTO,INSERT … INTO,DELETE 或 UPDATE 等语句中。可以在 SELECT 语句的列条件中、WHERE 语句和 HAVING 语句中使用子查询。

常用子查询形式的三种语法格式如下:
- 表达式与比较运算符 ANY|ALL|SOME SELECT 语句。
- 表达式[NOT] IN SELECT 语句。
- [NOT] EXISTS SELECT 语句。

在一个子查询中 ANY、ALL 和 SOME 只能取其一,[NOT]为取查询语句结果的相反条件。

【例 7.16】 表达式与比较运算符中嵌套子查询。查询学生班级数据集 SASHELP.CLASS 中身高比"罗伯特"(height=64.6)高的学生信息。

```
proc sql;
  select * from sashelp.class
  where height>(
      select height
      from sashelp.class
      where  name='罗伯特'
      );
  /*比较算符后面嵌套子查询*/
quit;
```

WHERE 条件语句中先通过子查询语句查询出"罗伯特"的身高,然后通过比较运算符把身高比罗伯特高的学生信息查询出来,将符合条件的查询信息输出至输出窗口,如图 7-11 所示。

姓名	性别	年龄	身高(英寸)	体重(磅)
菲利普	男	16	72	150
阿尔弗雷德	男	14	69	112.5
罗纳德	男	15	67	133
威廉	男	15	66.5	112
玛丽	女	15	66.5	112
芭芭拉	女	13	65.3	98

图 7-11 例 7.16 输出比罗伯特高的学生信息

IN 或 NOT IN 语句中嵌套子查询是对范围的查询,一般查询值为散列值。

EXISTS 与 NOT EXISTS 是逻辑判断语句,只有逻辑真和逻辑假两种情况。

【例 7.17】(NOT IN 语句) 从数据集 SASHELP.CLASS 中查找出年龄 age 不是 11、13、14 岁的同学信息。

```
proc sql;
    select * from sashelp.class
    where age not in (
        select age
        from sashelp.class
        where age=11|age=13|age=14);
quit;
```

通过 NOT IN 语句查询出年龄不是 11、13、14 岁学生的信息,输出窗口显示符合要求的学生信息如图 7-12 所示。

姓名	性别	年龄	身高(英寸)	体重(磅)
菲利普	男	16	72	150
罗纳德	男	15	67	133
威廉	男	15	66.5	112
罗伯特	男	12	64.8	128
约翰	男	12	59	99.5
詹姆斯	男	12	57.3	83
玛丽	女	15	66.5	112
雅妮特	女	15	62.5	112.5
简	女	12	59.8	84.5
罗伊斯	女	12	56.3	77

图 7-12 例 7.17 输出的符合年龄要求的学生信息

六、SQL 过程应用实例

【例 7.18】 使用过程 SQL,输出数据集 SASHELP.CLASS 中 age 大于 13 岁的女学生的 name、age、sex 和 weight,并对显示的学生计算其 BMI(= weight/height^2,体重指数),其输出格式为 6.3,并按 BMI 降序排序后显示,列出标题"BMI body index"。

```
proc sql;
title 'BMI body index';
    select name,sex,age,weight,weight/height**2 as BMI format= 6.3
    from sashelp.class
    where age>13 and sex= '女'
    order by BMI desc;
quit;
```

运行上述 SAS 程序,其输出结果如图 7-13 所示。

```
              BMI body index
                              2022年09月28日
  姓名    性别   年龄   体重（磅）    BMI
  ----------------------------------------
  雅妮特    女    15     112.5    0.029
  凯露     女    14     102.5    0.026
  玛丽     女    15     112      0.025
  茱迪     女    14     90       0.022
```

图 7-13　例 7.18 输出符合要求的学生信息

在面向多个数据表的加工中,常用 SQL 进行数据表的按照某些变量的值进行匹配并接。使用 SQL 实现数据表的匹配并接并不需要对原有的数据集进行排序,而且匹配的字段在不同的数据表中可以有不同的名称。为了用过程 SQL 并接 SAS 数据集,必须在 FROM 从句中列举读入的数据集,用 WHERE 从句说明行是如何匹配的。过程 SQL 实现两个表的匹配一般的语句格式如下:

```
PROC SQL;
  SELECT 列名 1,列名 2,
  FROM 表名 1,表名 2
  WHERE TABLE1.VAR= TABLE2.VAR;
```

【例 7.19】 通过 SQL 过程将数据集 IDHT 和 BIDAY 按人员编号 id1(在数据集 IDHT 中)与 id2(在数据集 BIDAY 中)相同的值进行匹配并接。其中 x21、x3 为身高、体重,x1、x2 分别为生日和登记日期,需输出有匹配信息人员的编号、身高、体重和登记时的年龄。

```
data idht;
  input id1 x11 $ x21 x3;
  cards;
1001 f 164 58
1002 m 170 70
1003 m 174 72
1005 m 176 74
1006 f 165 60
1007 f 178 55
;
data biday;
  input id2 x1 yymmdd7. x2 yymmdd7.;
  cards;
1001 750603 971201
1002 691002 971205
1003 490820 971205
1004 790601 971215
1005 291025 971025
1006 640710 970905
```

```
;
proc sql;
  select id1,id2,x21,x3,
  (x2- x1)/365.25 as age format= 6.3
   from idht,biday
   where idht.id1= biday.id2;
quit;
```

上述 SAS 程序在运行后的输出结果如图 7-14 所示。

id1	id2	x21	x3	age
1001	1001	164	58	22.497
1002	1002	170	70	28.175
1003	1003	174	72	48.293
1005	1005	176	74	68.000
1006	1006	165	60	33.155

图 7-14 例 7.19 输出的匹配人员的信息

在使用过程 SQL 的程序中，若打开了多个数据表，在 SELECT 从句和其他地方引用列名时，如果它在各个表中是唯一的，则在提到列名时不必指明数据集。如果在两个数据表中都有同名的列，则在引用时必须指明是哪个数据表中的列(在列名前指明表名,并用句号分开)。

【例 7.20】 通过 SQL 过程将数据集 IDHT,BIDAY 和 SCORE 进行匹配并接。这 3 个表并没有按一个共同的字段进行匹配并接。事实上，IDHT 和 SCORE 是按变量 name 匹配的，而 IDHT 和 BIDAY 又是按 id 匹配并接后加工的。这一匹配拼接工作可以通过 SQL 过程完成。

```
data idht;
  input id1 x11 $ x21 x3 name $ ;
  cards;
  1001 f 164 58 John
  1002 m 170 70 Like
  1003 m 174 72 Kite
  1005 m 176 74 Jack
  1006 f 165 60 Kello
  1007 f 178 55 Ballou
  ;
run;
data biday;
  input id2 x1 yymmdd7. x2 yymmdd7.;
  cards;
  1001 750603 971201
  1002 691002 971205
  1003 490820 971205
  1004 790601 971215
  1005 291025 971025
```

```
    1006 840710 970905
;
run;
data score;
    input name$ math Chin;
    cards;
    John 80 94
    Like 84 96
    Kite 78 89
    Kello 98 91
    ;
proc sql;
    select id1,idht.name,id2,x21,x3,math,Chin,
    (x2- x1)/365.25 as age format= 6.3
    from idht,biday,score
    where idht.id1= biday.id2 and idht.name= score.name;
quit;
```

上述 SAS 程序运行的输出结果如图 7-15 所示。

id1	name	id2	x21	x3	math	Chin	age
1001	John	1001	164	58	80	94	22.497
1002	Like	1002	170	70	84	96	28.175
1003	Kite	1003	174	72	78	89	48.293
1006	Kello	1006	165	60	98	91	13.155

图 7-15 例 7.20 输出的三表匹配人员的信息

（蒋丽芸）

Chapter 08
描述性统计分析

第一节　描述性统计分析概述
　　一、统计学的基本概念
　　二、数据位置(集中趋势)统计量
　　三、离散程度统计量
　　四、分布形状统计量
第二节　描述性统计分析的 SAS 过程
　　一、MEANS 均值过程
　　二、UNIVARIATE 单变量过程
　　三、TABULATE 制表过程
第三节　描述性统计分析的界面操作
　　一、INSIGHT 模块进行描述性统计
　　二、【分析家】模块进行描述性统计

描述性统计分析是数据分析过程中最为基础的统计分析。通过对数据的描述性统计分析,可以了解数据的基本分布特征,利用一些统计分析指标来反映数据的总体特征。本章将具体介绍如何在 SAS 系统中实现数据的描述性统计分析,包括 MEANS 均值过程、UNIVARIATE 单变量过程和 TABULATE 制表过程的具体介绍。同时,对于这些基本的统计分析功能,也可以方便地在 INSIGHT 或【分析家】模块下具体实现,本章也将详细介绍这些操作的实现过程。

通过本章的学习,读者将掌握以下基本技能:
- 常用的描述性统计分析指标的了解;
- 描述性统计分析的 SAS 过程的掌握;
- 利用界面操作进行描述性统计分析。

第一节　描述性统计分析概述

在统计学中,所有数据的总和称为总体,而一般的统计学分析均是对总体中抽取的部分数据,即样本数据的分析。统计量是研究随机变量变化综合特征的重要工具,它们集中描述了变量变化的相关特征。

一、统计学的基本概念

总体(population):总体是指所研究对象的全体组成的集合。

样本(sample):样本是指从总体中抽取的部分对象(个体)组成的集合。样本中包含个体的个数称为样本容量。容量为 n 的样本常用 n 个随机变量 $X_1, X_2, \cdots, X_n$ 表示,其观测值(样本数据)则表示为 $x_1, x_2, \cdots, x_n$,为简单起见,有时不加区别。

在统计学中,观测样本的数量称为样本数(N)。样本数 $N<30$ 的样本一般认为是小样本,$N>30$ 的样本为大样本,在统计学中,大样本一般符合正态分布的规律。

参数(parameter):参数是用来描述总体特征的概括性值。如总体均值、总体方差、总体率等。

统计量(statistics):统计量是用来描述样本特征的概括性值。如样本均值、样本方差、样本率等。

通常总体参数是未知的,而统计量可由样本数据计算得到。在描述性统计中用统计量说明样本数据的特性,在推断性统计中则用统计量估计总体参数的值。

描述性统计分析主要通过一些统计指标的使用来对样本数据的特征进行描述。常用的描述性统计指标的数据按照使用的功能大致可以分为数据位置统计量、离散程度统计量、分布形状统计量三类。下面将具体介绍这几类描述性统计分析指标。

二、数据位置(集中趋势)统计量

集中趋势是指一组数据向某一中心值靠拢的倾向。针对不同类型的统计数据,描述数据分布集中趋势的统计量主要有均值、众数和中位数等,它们又被称为数据分布的位置度量,反映了数据水平的代表值或中心值。其中应用最多的是均值。在描述性统计分析中,统计指标样本数、均值、中位数和众数等可用于描述样本数据位置的特征。其介绍如表 8-1 所示。

表 8-1 刻画集中趋势的描述统计量

名 称	公 式	意 义
均值 Mean	为样本所有观测的平均值 $\bar{x} = \frac{1}{n}\sum_{i=1}^{n} x_i$	反映数据取值的集中趋势或平均水平,是描述数据分布集中趋势的最主要统计量,用于描述样本的中心位置;当数据分布偏斜较大,均值易受极端值影响,不能很好地反映数据的集中趋势
中位数 Median	将一组数据排序后处于中间位置的值	中位数将全部数据等分成上下各一半的两部分,是典型的位置平均数,用于描述数据中间位置的基本信息,不受极端值的影响;不足是灵敏度和计算功能较差
众数 Mode	数据中出现次数最多(频数或频率最大)的观察值	用于测度定性数据集中趋势,对于定量数据意义不大。特点是易理解,不受极端值影响。但其灵敏度、计算功能和稳定性差,具有不唯一性

分位数也是描述数据分布和位置的统计量。0.5 分位数就是中位数,0.75 分位数和 0.25 分位数又分别称为上、下四分位数,并分别记为 Q_3 和 Q_1。

P 分位数有时又称为第 100 * P 百分位数。如上、下四分位数又称为 75 百分位数(75-percentile)和 25 百分位数(25-percentile)。一般地,k 百分位数(k-percentile),即有 $k\%$ 的观测值小于它。

三、离散程度统计量

数据离散程度反映了各数据观察值偏离其中心值的程度,即数据分布的疏密程度。数据的离散程度越小,集中趋势的统计量对该组数据的代表性和集中趋势的反映程度就越好。在描述性统计分析中,统计指标极差、方差、标准差和变异系数可用于描述样本数据离散程度,其介绍如表 8-2 所示。

表 8-2 刻画数据分布离散程度的描述统计量

名 称	公 式	意 义
极差 Range	Range=最大值-最小值	反映离散程度的最简单统计量,计算简单方便。但不能反映中间数据的离散性,信息太少

续表

名　称	公　式	意　义
四分位距	$Q_d = Q_3 - Q_1$	是上、下四分位数之差，又称为四分位极差或半极差，它描述了中间50%观测值的波动情况
方差 Variance	$S^2 = \dfrac{1}{n-1}\sum_{i=1}^{n}(x_i - \overline{x})^2$	方差反映每个样本数据偏离其样本均值的平均程度，是反映离散程度最重要统计量；方差的值小说明各观测样本与均值较为接近，数据的离散程度小
标准差 Standard deviation	$S = \sqrt{S^2}$ $= \sqrt{\dfrac{1}{n-1}\sum_{i=1}^{n}(x_i - \overline{x})^2}$	标准差为方差的平方根，反映每个样本数据偏离其样本均值的平均程度，具有与观察值数据相同量纲，是对数据分散程度的最常用的度量
变异系数 Coefficient of Variation	$CV = \dfrac{S}{|\overline{x}|} \times 100\%$	是标准差与均值之比，常用百分比表示；反映数据偏离其均值的相对偏差，是无量纲的相对测度。常用于不同量纲数据离散程度的比较
标准误 Standard error	$S_{\overline{x}} = \dfrac{S}{\sqrt{n}}$	反映样本均值偏离总体均值的平均程度，在用样本均值估计总体均值时用来测度平均偏差。又称均值的标准差或均值标准误（S. E. of Mean）

当求得一组数据的均值和标准差后，就可以对该组数据进行标准化处理，即得到各数据观察值 x_i 的标准化值(standardized value)：

$$u_i = \frac{x_i - \overline{x}}{S}$$

利用该公式，原数据集 $\{x_i\}$ 就转为均值是0、标准差是1的标准化数据集 $\{u_i\}$。

在对具有不同量纲的多个变量进行统计分析时，往往需要首先对这些变量的观察值进行标准化处理。标准化值给出了数据中各数据观察值的相对位置，即以标准差为衡量单位给出该数值偏离其均值的相对大小。

四、分布形状统计量

分布形态主要指数据分布是否对称、偏斜程度如何、分布陡缓程度等。偏度和峰度是描述性统计分析中反映数据分布形状的重要统计参数，其具体的计算方法和统计学意义如下。

偏度(skewness)可用于反映数据的分布特征，如果数据对称地分布在中心(均值)的两侧，则偏度的值为0；如果数据向左偏，在左侧的分布更多，则偏度的值小于0；如果数据向右偏，在右侧的分布更多，则偏度的值大于0。

峰度(kurtosis)用于描述数据分布时尾部的分散程度，与标准的正态分布相比，如果较为接近正态分布，则峰度的值近似为0；如果尾部比正态分布更分散，则峰度的值大于0；如果尾部比正态分布更集中，则峰度的值小于0。

表 8-3 刻画数据分布形态的描述统计量

名称	公式	意义
偏度 Skewness	$S_k = \dfrac{1}{n-1}\sum_{i=1}^{n}(x_i-\overline{x})^3/S^3$	描述变量取值分布形态对称性的统计量,其绝对数值越大,表示偏斜程度就越大 $S_k=0$:对称分布 $S_k>0$:正偏差大(正偏) $S_k<0$:负偏差大(负偏)
峰度 Kurtosis	$K_u = \dfrac{\sum(x_i-\overline{x})^4}{nS^4}-3$	描述变量取值分布形态陡缓程度,即图形的尖峰程度 $K_u=0$:为与标准正态相似的峰态 $K_u>0$:形态陡峭,为尖峰分布 $K_u<0$:形态平缓,为扁平分布

第二节 描述性统计分析的 SAS 过程

在 SAS 系统中,MEANS、UNIVARIATE 和 TABULATE 过程可用于数据的描述性统计分析。在具体功能的实现上,这几个过程略有交叉。本节将通过实例具体介绍这些过程在描述性统计分析上的应用。通过本节的学习,读者将灵活地掌握在 SAS 编程环境下完成描述性统计分析的能力。

一、MEANS 均值过程

MEANS 均值过程可以对观测内的所有变量或各组内的变量进行描述性统计分析。在 SAS 中,MEANS 过程可以实现的功能包括:
- 计算样本的描述性统计参数;
- 分位数的计算,其中包括中位数的计算;
- 计算均值的置信区间;
- 数据极端值的识别;
- 统计假设检验。

在 SAS 系统中,MEANS 均值过程的基本格式为:

SAS 程序格式	意义
PROC MEANS [选项];	对"DATA="指定或最新数据集进行均值分析过程
VAR 变量列表;	指定需要进行均值过程分析的变量
BY 变量;	指定均值分析的分组变量,原数据集需按 BY 变量排序
CLASS 变量;	指定均值分析的分类变量,原数据集不需要先排序
FREQ 变量;	指定输入数据观测的频数变量,其值表示相应观测重复出现的频数
ID 变量;	指定观测的标识变量
OUTPUT [OUT= 数据集名] [统计量列表];	将过程计算的结果输出到 OUT=指定的数据集中,包括由"统计量列表"指定的相关统计量或简单描述统计量
WEIGHT 变量;	指定作为观测的权重变量
RUN;	向 SAS 系统提交过程步中的语句

PROC 语句用于指定分析的过程为 MEANS 均值过程,该过程的选项如下。
- DATA=数据集名:指定进行均值过程的数据集。
- 统计量关键词=变量名:默认情况下,MEANS 过程仅给出样本数、均值、标准差、最大值和最小值这几个统计量的计算结果,其他统计量需要通过选项"统计量关键词=变量名"来添加计算结果到输出结果数据集中。可以添加的统计指标在 MEANS 过程中都有固定的关键词,表 8-4 详细列出了 MEANS 过程可以计算所有统计量。

表 8-4 MEANS 均值过程的统计量的关键词

统计量关键词	对应统计量	统计量关键词	对应统计量
N	样本数	CV	变异系数
NEAN	均值	VAR	方差
STD	标准差	STDERR	均值的标准误
MIN	最小值	SKEWNESS	偏度
MAX	最大值	KURTOSIS	峰度
NMISS	缺失值个数	Q1 或 P25	四分之一分位数
MODE	众数	Q3 或者 P75	四分之三分位数
MEDIAN	中位数	P1	第 1 百分位数
RANGE	极差	P5	第 5 百分位数
USS	加权平方和	P10	第 10 百分位数
CSS	均值偏差的加权平方和	P90	第 90 百分位数
UCLM	置信度上限	P95	第 95 百分位数
LCLM	置信度下限	P99	第 99 百分位数
CLM	置信度上限和下限	QRANGE	百分位数极差
SUM	累加和	PROBTIPRT	T 分布的双尾 P 值
SUMWGT	权数和	T	检验均值为 0 的 t 统计量

VAR 语句指明分析数据集中的分析变量及顺序,多个分析变量用空格分隔。默认时指明数据集中除其他语句中列出的变量之外的所有数据集中的数值类型变量。

BY 语句用于指定均值分析分组的变量。在分析的过程中,MEANS 过程首先会将原数据集按照 BY 语句指定的变量分为多个子集,然后在各子集内分别计算描述性统计量。同时,原数据集需按 BY 语句指定的变量排序。

CLASS 语句的功能类似于 BY 语句,指定均值分析的分组变量。但与 BY 语句不同的是,原数据集不需要按照 CLASS 语句指定的变量排序。

FREQ 语句对指定的变量求频数,也就是在数据集中观测变量出现的次数。该语句指定的变量为数值类型,若这个值不是正整数,取整数部分,对于变量值小于 1 或者缺失时相应观测不参加计算。

OUTPUT 语句用于将均值分析的统计量结果输出到 OUT=所指定的新数据集保存;输出结果包括指定的统计量关键字(可用的关键词参见表 8-4),若不指定关键词则为 SAS 系统默认的简单描述统计量:N(样本数)、MEAN(均值)、STD(标准差)、MAX(最大值)、MIN(最小值)。

ID 语句用于将变量设置为对每个观测有唯一标识的区别变量,排在首列,用来替代默认的观测序号(OBS)来区别输出观测。

WEIGHT 语句指明求该变量的权重,此语句只能对应一个变量。这个权重体现变量在此数据集中的重要性。指定的变量值应大于 0,小于 0 或缺失时该值取为零。

【例 8.1】 (MEANS 过程)现抽样调查某中学 16 岁男女学生共 22 人,测量其身高(height)、体重(weight)和胸围(chest),结果见表 8-5,试对这些学生的体检数据做基本的描述性统计分析。

表 8-5 某中学 22 名学生体检数据资料

男 生			女 生		
身高	体重	胸围	身高	体重	胸围
171.0	58.5	81.0	152.0	44.8	74.0
175.0	65.0	87.0	153.0	46.5	80.0
159.0	38.0	71.0	158.0	48.5	73.5
155.3	45.0	74.0	150.0	50.5	87.0
152.0	35.0	63.0	144.0	36.3	68.0
158.3	44.5	75.0	160.5	54.7	86.0
154.8	44.5	74.0	158.0	49.0	84.0
164.0	51.0	72.0	154.0	50.8	76.0
165.2	55.0	79.0	153.0	40.0	70.0
164.5	46.0	71.0	159.6	52.0	76.0
159.1	48.0	72.5			
164.2	46.5	73.0			

下面的程序首先创建一个数据集,包括四个变量:性别(sex)、身高(height)、体重(weight)和胸围(chest),其中性别变量中,用 1 表示男生,用 2 表示女生。然后再通过 MEANS 均值过程对数据集中的三个体检变量进行基本统计量计算的基本描述性统计分析。

```
data ex8_1;
  input sex height weight chest @@;
cards;
1  171  59  81  1  175  65  87  1  159  38  71  1  155  45  74
1  152  35  63  1  158  45  75  1  155  45  74  1  164  51  72
1  165  55  79  1  165  46  71  1  159  48  73  1  164  47  73
2  152  45  74  2  153  47  80  2  158  49  74  2  150  51  87
2  144  36  68  2  161  55  86  2  158  49  84  2  154  51  76
2  153  40  70  2  160  52  76
;
```

```
    run ;
proc means data= ex8_1;
    var height weight chest;
run;
```

执行上述程序后,将在结果输出窗口输出如图 8-1 所示的均值分析的结果。从结果中可知这些中学生的身高(height)、体重(weight)和胸围(chest)的基本描述性统计量结果,包括各变量的样本数 N、均值、标准差、最小值、最大值的计算结果。

```
                       MEANS 过程
变量       N       均值        标准偏差       最小值         最大值
─────────────────────────────────────────────────────────────
height    22    158.4090909    7.0889524    144.0000000    175.0000000
weight    22     47.9090909    7.1441557     35.0000000     65.0000000
chest     22     75.8181818    6.2688676     63.0000000     87.0000000
```

图 8-1 例 8.1 的 MEANS 过程的输出结果

另外,我们也可用下列程序按照不同性别来分组计算这些男、女学生身高指定的均值、方差、极差、中位数、变异系数、标准误的统计量结果。

```
proc means data= ex8_1 mean var range  median cv stderr;
    var height;        /*指定分析变量 */
    by sex;            /*指定分组变量 */
run;
```

执行上述程序,在 SAS 的结果输出窗口内将输出如图 8-2 所示的不同性别学生分组的指定统计指标的描述性统计结果。SAS 结果中,"sex=1"代表男生组,"sex=2"代表女生组,"偏差系数"即变异系数,"标准误差"即标准误。

```
──────────────────────────── sex=1 ────────────────────────────
                           MEANS 过程
                        分析变量 : height
   均值          方差          极差         中位数       偏差系数      标准误差
──────────────────────────────────────────────────────────────────────
161.8333333   46.1515152    23.0000000    161.5000000    4.1978315    1.9611118

──────────────────────────── sex=2 ────────────────────────────
                           MEANS 过程
                        分析变量 : height
   均值          方差          极差         中位数       偏差系数      标准误差
──────────────────────────────────────────────────────────────────────
154.3000000   26.4555556    17.0000000    153.5000000    3.3334390    1.6265164
```

图 8-2 例 8.1 的 MEANS 过程的分组输出结果

二、UNIVARIATE 单变量过程

在 SAS 系统中,除了可以使用 MEANS 过程执行简单描述性统计分析外,还可用 UNIVARIATE 单变量分析过程进行全面的描述性统计分析。

UNIVARIATE 单变量分析过程的基本功能如下:
- 描述性统计分析,涉及均值、方差、偏度、峰度、分位数等的计算,频率表的绘制和变量极端值分析等。
- 常用统计图形的绘制,包括直方图、概率分布累积图和 Q-Q 图等。
- 数据的正态性检验。

在 SAS 系统中 UNIVARIATE 单变量分析过程的基本格式为:

SAS 程序格式	意 义
PROC UNIVARIATE [选项];	对"DATA="指定或最新数据集进行单变量分析
VAR 变量列表;	指定需要进行单变量过程分析的变量
BY 变量;	规定单变量分析的分组变量,在组内对数据进行描述性分析,数据集需先按 BY 变量排序
CLASS 变量;	规定单变量分析的分类变量,原数据集不需要先排序
FREQ 变量;	规定输入数据观测的频数变量
ID 变量;	规定输出观测的标识变量,以替代默认的观测序号
OUTPUT [OUT= 数据集名] [统计量列表];	将单变量分析过程计算输出的统计量结果输出到 OUT=指定的数据集中
WEIGHT 变量;	规定作为观测的权重变量
HISTOGRAM 变量 [选项];	对指定变量绘制直方图
QQPLOT 变量 [选项];	对指定变量绘制正态 Q-Q 图
RUN;	向 SAS 系统提交过程步中的语句

PROC UNIVARIATE 语句用于指定使用 UNIVARIATE 过程进行描述性统计分析,同时,在该语句后常用的选项如表 8-6 所示。

表 8-6　PROC UNIVARIATE 语句的常用选项说明

选 项	意 义
DATA=数据集名	指定需要分析的数据集
PLOT 或 PLOTS	绘制茎叶图、盒式图和正态概率图
FREQ	生成频数分布表
NORMAL	对输入变量进行正态性检验
PCTCDEF=1|2|3|4|5	确定五种计算百分位数(Percentiles)的方法中的一种,默认为 5
VARDEF =计算方差所用分母	确定计算方差所用的分母:N(样本数)、N−1(自由度,为默认值)、WEIGHT(加权后的样本数)、WDF(加权后的样本数−1)
NOPRINT	不输出结果,其目的是建立输出数据集

下面利用 UNIVARIATE 过程对本章例 8.1 中表 8-5 的中学生体检数据,进行全面的描述性统计分析,注意体会 SAS 系统中这两种过程在描述性统计分析上的差异。

【例 8.2】（UNIVARIATE 过程的 SAS 实现） 对例 8.1 所建的数据集，编制 SAS 程序，利用 UNIVARIATE 过程对学生的 weight 变量进行描述性统计分析并制作直方图。

```
proc univariate data= ex8_1;
  var weight;
  histgram weight;
run;
```

SAS 输出结果包括 WEIGHT 变量数据的以下 6 个统计结果。

第一部分是矩统计量(见图 8-3)，所包括的各统计量已在表 8-4 中作了介绍。其中"标准误差均值"就是标准误。第二部分为基本统计测度，包括位置统计量即均值、中位数、众数，还有表示分散程度的变异性统计量即标准差、方差、极差、四分位间距（四分位极差）。第三部分为位置检验(关于均值为 0)结果，包括 t 检验、符号检验和符号秩检验，这三部分的输出结果如图 8-3 所示。

第四部分为各个重要的分位数，第五部分是观测数据的 5 个最小值和 5 个最大值，这两部分结果如图 8-4 所示。

```
              UNIVARIATE 过程
              变量：  weight
                     矩
N                  22    权重总和              22
均值         47.9090909   观测总和            1054
标准偏差     7.14415573   方差          51.038961
偏度         0.2606376   峰度           0.60305396
未校平方和        51588   校正平方和    1071.81818
变异系数       14.9119   标准误差均值   1.52313912

              基本统计测度
        位置                变异性
均值      47.90909   标准偏差      7.14416
中位数    47.50000   方差         51.03896
众数      45.00000   极差         30.00000
                    四分位极差     6.00000

            位置检验：Mu0=0
检验       --统计量---   -------P 值-------
学生 t    t  31.45418   Pr > |t|   <.0001
符号      M  11         Pr >= |M|  <.0001
符号秩    S  126.5      Pr >= |S|  <.0001
```

```
       分位数（定义 5）
 分位数          估计值
 100%  最大值    65.0
  99%            65.0
  95%            59.0
  90%            55.0
  75%  Q3        51.0
  50%  中位数    47.5
  25%  Q1        45.0
  10%            38.0
   5%            36.0
   1%            35.0
   0%  最小值    35.0

         极值观测
 ---最小值---    ---最大值---
  值    观测      值    观测
  35     5        52     22
  36    17        55      9
  38     3        55     18
  40    21        59      1
  45    13        65      2
```

图 8-3 例 8.2 的输出结果 1   图 8-4 例 8.2 的输出结果 2

第六部分为 HISTOGRAM 语句作用所得的 WEIGHT 变量的直方图，如图 8-5 所示。

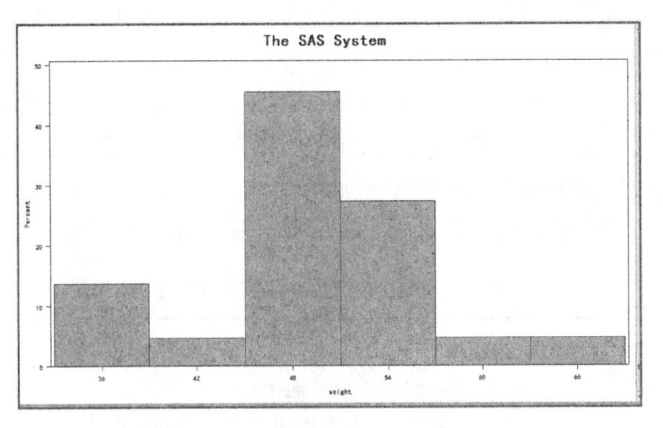

图 8-5　例 8.2 WEIGHT 变量的直方图

三、TABULATE 制表过程

实际应用中我们对数据进行统计分析的结果经常需要以绘制表格的形式输出展示，而 SAS 系统的 TABULATE 过程是用于绘制表格的常用过程，可以对数据集中的变量绘制表格，以表格的形式显示变量中数据之间的关系。

在 SAS 系统中，TABULATE 制表过程的语法格式为：

SAS 程序格式	意　义
PROC TABULATE [选项];	对"DATA="指定或最新数据集中变量绘制表格
CLASS 变量列表;	指明输入数据集中用于制表的分类变量，为必需语句
VAR 变量列表;	指定表格绘制的分析变量，为必需语句
TABLE 变量布局;	指明绘制表格表达式，即制表的页/行/列选项，为必需语句
CLASSLEV 变量列表/STYLE= 样式;	指定按 CLASS 变量层次值为标题的样式
LABEL 变量 1= '标签 1' …;	对分类变量或分析变量指定标签文字
KEYLABEL 关键词 1= '标签 1' …;	对统计量关键字指定标签描述
KEYWORD 关键词列表/STYLE= 样式;	对统计量关键字的标题指定样式
BY 变量;	指定表格绘制的分组变量，规定分别按 BY 变量制表
WHERE 过滤条件;	指定对数据集处理的过滤条件
FORMAT 变量 输出格式;	对分类变量指定输出显示格式
FREQ 变量;	规定一个数值型变量，其值为数据观测的频数
WEIGHT 变量;	规定权重变量，其值为数据观测的权重
RUN;	向 SAS 系统提交过程步中的语句

TABULATE 过程是以报表方式输出描述性统计量的报表过程。报表最多为三维：列、行和页。最基本的 TABULATE 过程必须定义下列三要素：

● 分类变量：可以是数值型或字符型变量，分类是为了在不同类别上进行分析计算。

● 分析变量：必须是数值型变量。用于计算输出一些统计量如：频数（FREQUENCY）、均值（MEAN）、标准差（STANDARD DEVIATION）、最小值（MINIMUM）、最大值（MAXIMUM）、极差（RANGE）、总和（SUM）、百分数（PERCENTAGES）等。

● 表的结构和格式：至多可以定义三维：第一维是列、第二维是行、第三维是页。可通过

TABLE 语句中的表达式计算统计量,用操作符(如逗号、空格、星号、圆括号等)来组织单元集合。

因此在 TABULATE 过程的应用中,除了 PROC TABULATE 过程语句外,CLASS 语句、VAR 语句和 TABLE 语句也都是必需的语句,用在 TABLE 语句中的分类变量和分析变量必须分别在 CLASS 语句和 VAR 语句中加以说明。

PROC TABULATE 过程语句中的选项是对绘制表格的选项设置,常用的选项如表 8-7。

表 8-7 TABULATE 过程常用选项说明

选 项	意 义
DATA=数据集	指定绘制表格的数据集
CLASSDATA=数据集	指定包含 CLASS 语句中变量值的数据集
FORMAT=输出格式	指定输出格式,默认表格值是的输出格式是 BEST12.2
MISSING	包含缺失值
OUT=数据集	指定输出数据集,如果不存在,由 TABULATE 创建
STYLE=样式	指定样式,具体可以查帮助设置
ALPHA=p	对均值指定置信区间的显著水平,默认是 0.05,取值范围为[0, 1]

TABULATE 过程没有缺省的报表格式,必须用 TABLE 语句来进行布局设计,定制表格结构,指定绘制表格的页/行/列选项。

TABLE 语句的页/行/列选项之间连接形式不同,所输出的结果显示也不同:
● 选项之间以空格连接,结果并列显示;
● 选项之间以 *(星号)连接,结果交叉显示;
● 选项之间以逗号连接,结果以行*列的二维列联表格式显示。

对 TABULATE 的应用可以通过下面的实例进一步理解,对其他选项通过修改此实例可以查看表格的不同之处。

【例 8.3】(TABULATE 过程)　表 8-8 是某单位 24 位员工的职工号、性别、年龄、工资、职称、学历等基本情况数据资料。其中,职称数据中,高工、助工分别是高级工程师、助理工程师的简称。试对其性别、职称、学历和工资、年龄等变量进行制表分析。

表 8-8 某单位员工的基本情况数据

职工号	性别	年龄	工资	职称	学历
001	男	48	1014	1 高工	1 本科
002	男	49	984	2 工程师	2 专科
003	男	54	1044	1 高工	1 本科
004	男	41	866	3 助工	3 高中
005	男	42	848	3 助工	3 高中
006	女	41	824	4 无职称	4 初中
007	女	36	984	2 工程师	1 本科
008	女	41	824	4 无职称	3 高中

续 表

职工号	性别	年龄	工资	职称	学历
009	女	42	989	2 工程师	2 专科
010	男	35	827	3 助工	1 本科
011	男	56	1014	1 高工	2 专科
012	男	59	989	2 工程师	2 专科
013	男	59	938	3 助工	4 初中
014	男	41	889	2 工程师	1 本科
015	男	55	887	3 助工	4 初中
016	男	45	887	3 助工	3 高中
017	男	47	1014	1 高工	1 本科
018	男	38	984	2 工程师	1 本科
019	女	44	824	4 无职称	3 高中
020	女	42	1014	1 高工	2 专科
021	女	39	984	2 工程师	1 本科
022	女	48	989	2 工程师	2 专科
023	男	35	827	3 助工	3 高中
024	男	51	1 044	1 高工	2 专科

本例首先根据表 8-8 中的数据建立 SAS 数据集 EX8_3,然后利用 TABULATE 过程对不同性别不同职称的工资的总和与均值进行制表,用多个 TABLES 语句生成多个不同格式的表格。具体程序如下：

```
data ex8_3;
 input num sex$ age income title$ edu$;
 label sex='性别' title='职称' edu='学历' age='年龄' income='工资';
cards;
001 男  48  1014  1 高工  1 本科
……
024 男  51  1044  1 高工  2 专科
;
options pagesize=108 linesize=120;
proc tabulate data= ex8_3;
 class sex title edu;   /* 指明 tables 语句中的分类变量*/
 var age income;        /* 指明 tables 语句中的分析变量*/
```

```
keylabel  sum= '总数';                    /* 规定关键词"SUM"的显示标签为"总数"*/
tables sex* income* title* mean;          /* 绘制性别下不同职称的平均工资表*/
tables sex,income* title* mean;           /* 绘制性别为行、职称为列的平均工资表*/
tables sex* title,income* (mean sum);
   /* 绘制性别类别下职称为行的工资平均值和总数表*/
tables edu,sex* title,(income age)* (sum mean);
   /* 绘制各学历的性别类别下职称为行的工资与年龄的平均值和总数三维表*/
run;
```

由"tables sex * income * title * mean;"语句绘制性别类别下不同职称的平均工资一维表，如图 8-6 所示。

	性别				
男			女		
工资			工资		
职称			职称		
1高工	2工程师	3助工	1高工	2工程师	4无职称
Mean	Mean	Mean	Mean	Mean	Mean
1026.00	961.50	868.57	1014.00	986.50	824.00

图 8-6 例 8.3 的不同性别下不同职称的平均工资一维表

由"tables sex,income * title * mean;"语句绘制性别为行、职称为列的平均工资二维表，如图 8-7 所示。

	工资			
	职称			
	1高工	2工程师	3助工	4无职称
	Mean	Mean	Mean	Mean
性别				
男	1026.00	961.50	868.57	.
女	1014.00	986.50	.	824.00

图 8-7 例 8.3 的性别为行、职称为列的平均工资二维表

由"tables sex * title,income * (mean sum);"语句绘制性别类别下不同职称为行的工资平均值和工资总数的二维表，如图 8-8 所示。由于 KEYLABEL 语句的作用，这里工资的 SUM 已用其标签名"总数"表示。

		工资	
		Mean	总数
性别	职称		
男	1高工	1026.00	5130.00
	2工程师	961.50	3846.00
	3助工	868.57	6080.00
女	1高工	1014.00	1014.00
	2工程师	986.50	3946.00
	4无职称	824.00	2472.00

图 8-8 例 8.3 的性别类别下不同职称为行的工资平均值和工资总数的二维表

由"tables edu,sex * title,(income age) * (sum mean);"语句绘制每个学历的性别类别下不同职称为行的工资与年龄的平均值和总数的三维表,每个学历即本科、专科、高中和初中各绘制一张表,共 4 张二维表,这里仅给出学历为本科的表,如图 8-9 所示。

学历 1本科

		工资		年龄	
		总数	Mean	总数	Mean
性别	职称				
男	1高工	3072.00	1024.00	149.00	49.67
	2工程师	1873.00	936.50	79.00	39.50
	3助工	827.00	827.00	35.00	35.00
女	2工程师	1968.00	984.00	75.00	37.50

图 8-9 例 8.3 的本科学历的不同性别下职称为行的工资与年龄的平均值和总数表

第三节 描述性统计分析的界面操作

在前面的章节中主要介绍了如何利用编程实现描述性统计分析,本节将介绍如何利用界面操作实现描述性统计分析。

一、INSIGHT 模块进行描述性统计

利用 INSIGHT 模块的菜单操作同样可以实现数据位置、离散程度和分布形状等描述性统计指标的计算。本节将通过实例数据的具体操作演示 INSIGHT 模块下描述性统计分析的实现。

【例 8.4】 在 INSIGHT 模块下实现描述性统计分析。

利用例 8.1 中的学生体检数据,在 INSIGHT 模块下对其身高变量 height 关于男、女学

生分别进行描述性统计分析。

（一）描述性统计分析的操作步骤

1. 启动 INSIGHT,选择菜单【解决方案】→【分析】→【交互式数据分析】或在命令行中输入 "insight",即可进入 INSIGHT 模块。如图 8-10,在【SAS/INSIGHT:打开】对话框中选定例 8.1 的数据集:WORK.EX8_1,点击 打开,即可在 INSIGHT 模块中打开数据集窗口,见图 8-11。

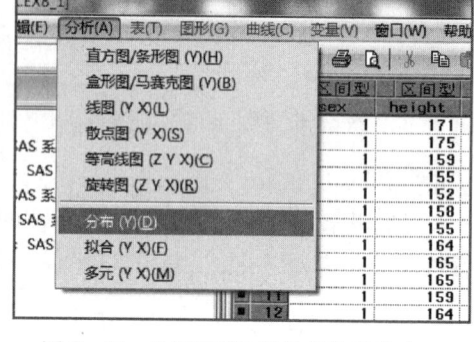

图 8-10 【SAS/INSIGHT:打开】对话框

图 8-11 INSIGHT 模块的数据集窗口

2. 单击菜单【分析】→【分布】,在打开的【分布】对话框内,在左侧数据集 EX8_1 的变量列表中,选择变量(见图 8-12):

点击选定变量 height,然后单击 Y ,将 height 选入 Y 框,为分析变量;

点击选定变量 sex,然后单击 分组变量,将 sex 选入框中,为分组变量。

3. 单击【分布】对话框中的 输出,可以对描述性统计分析的结果进行设置。如图 8-13 所示,可以设置的结果输出参数包括矩统计量、分位数、基本置信区间、位置检验、频数统计、尺度的稳健估计、正态性检验、盒形图/马赛克图、直方图/条形图和正态 Q-Q 图等。我们只需要勾选相应的复选框,在结果输出窗口中将输出这些结果。本实例中使用默认的输出参数,单击 确定,在返回的【分布】对话框中继续单击 确定,将输出对数据集的描述性统计分析结果。

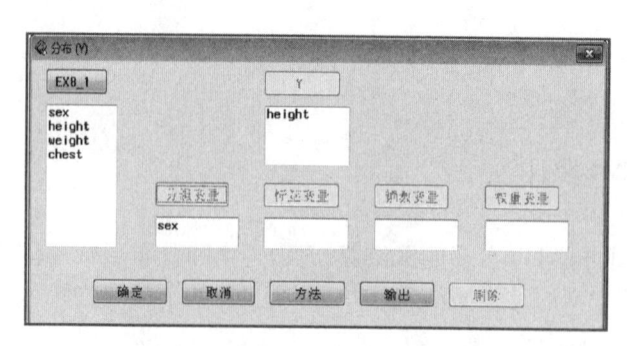

图 8-12 【分布】对话框:选定变量

图 8-13 INSIGHT 模块描述性统计结果输出设置

（二）描述性统计分析的结果

操作完成后,将在界面中弹出描述性统计分析的结果。本实例使用变量 sex 对数据进行分组,分别计算了男、女生的身高(height)的统计分析结果。现以男生(sex=1)的身高变量(height)为例,考察其描述性统计分析输出结果。

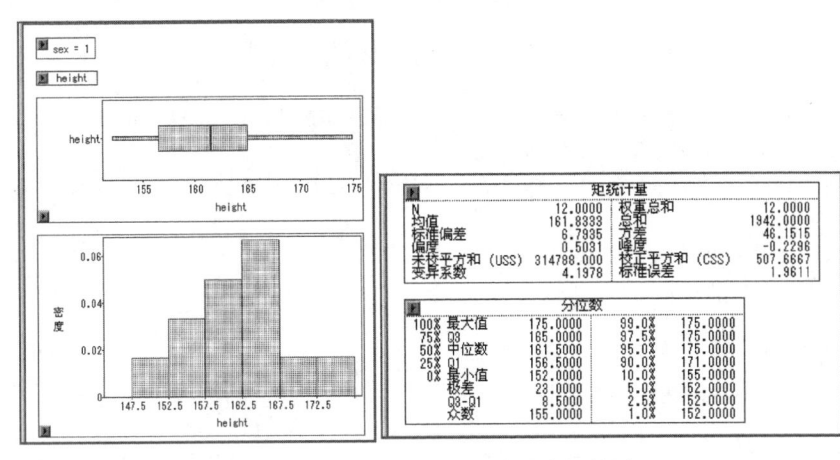

图 8-14　INSIGHT 描述统计分析结果

如图 8-14 所示,输出结果依次给出了男生(sex=1)的身高变量 height 的盒形图、直方图、矩统计量表和分位数表。

- 盒形图:盒形图可以直观反映出变量的最小值、最大值、中位数、四分位数等信息。
- 直方图:直方图可直观反映出变量数据分布的基本现状特征。
- 矩统计量表:该数据表包括描述性统计分析中的矩统计量,即样本数 N、均值、标准差、方差、偏度、峰度、变异系数、标准误等常用的统计指标。
- 分位数:该表包括描述性统计分析中的分位数:最大值、中位数、最小值、众数、上四分位数 Q1、下四分位数 Q3 和常用的百分位数等。

二、【分析家】模块进行描述性统计

在【分析家】(ANALYST)模块下进行描述性统计和表格制作功能的菜单包括
- 【描述性统计】→【汇总统计量】,进行简单描述统计,对应于 MEANS 过程;
- 【描述性统计】→【分布】,进行描述性统计分析,对应于 UNIVARIATE 过程;
- 【报表】→【表】,进行统计表格绘制,对应于 TABULATE 过程。

本节将通过实例数据的具体操作来了解【分析家】模块下如何通过这几个菜单进行描述性统计分析和表格绘制。

【例 8.5】　在【分析家】模块下进行描述性统计分析。

以例 8.1 数据为例介绍在【分析家】模块下如何进行描述性统计分析。

（一）利用【汇总统计量】菜单进行描述性统计分析的步骤

1. 启动【分析家】模块,打开例 8.1 数据集。选择菜单【解决方案】→【分析】→【分析家】,

即进入【分析家】模块。选择菜单【文件】→【按 SAS 名称打开】,即可进入【选择成员】对话框,如图 8-15 所示,在逻辑库中选定 WORK,在数据集名称中,选定 EX8_1,即选定了例8.1 的 SAS 数据集。点击 确定 。

2. 单击【统计】→【描述性统计】→【汇总统计量】菜单,打开如图 8-16 所示的【Summary Statistics:EX8_1】对话框。本实例中选择分析变量 height、weight 和 chest,点击 Analysis 进入其框中,选择变量 sex,点击 Class,进入其框中,作为分组变量。

图 8-15 【选择成员】对话框中选定数据集　　图 8-16 【Summary Statistics:EX8_1】对话框

3. 单击图 8-16 对话框中下方的 Statistics ,在弹出的对话框【Summary Statistics:Statistics】内设置需计算的统计量,如图 8-17 所示。可计算统计量包括均值、标准差、标准误、方差、最小值、最大值、极差等,只需要勾选要计算的统计量即可。单击 OK ,返回【Summary Statistics】对话框。

4. 单击图 8-16 中的 Plots ,可选择绘制统计图形的输出结果,包括直方图(Histogram)和盒形图(Box-whisker plot)两种,如图 8-18 所示。

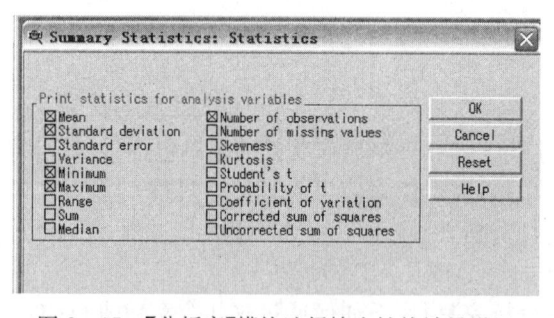

图 8-17 【分析家】模块选择输出性统计量设置　　图 8-18 【分析家】模块设置统计图形输出结果

5. 单击图 8-16 中的 Output ,对描述性统计分析结果输出格式进行设置。可以进行的设置包括字符宽度、小数点位数和是否输出变量标签。

6. 单击图 8-16 中的 Save Data ,可设置需要保存的描述性统计指标。如图 8-19 所示,将需要输出的统计指标通过 Add ,添加到其右侧方框中。

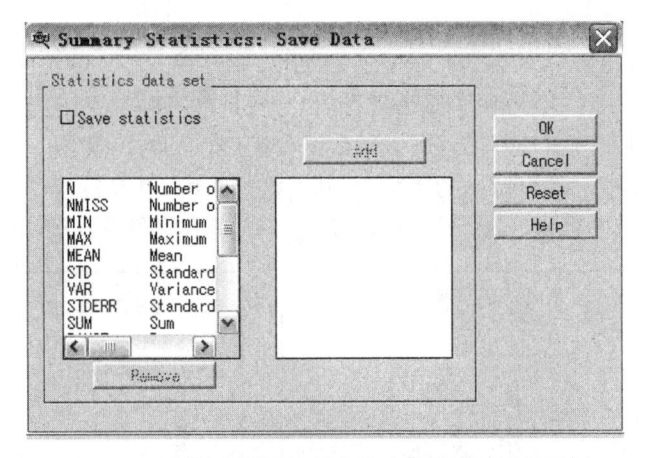

图 8-19 【分析家】模块保存描述性统计结果的设置

7. 最后，单击 OK，执行描述性统计分析结果，将输出如图 8-20 所示的结果。

sex	观测的个数	变量	均值	标准偏差	N	最小值	最大值
1	12	height	161.8333333	6.7934906	12	152.0000000	175.0000000
		weight	48.2500000	8.3570874	12	35.0000000	65.0000000
		chest	74.4166667	5.9307877	12	63.0000000	87.0000000
2	10	height	154.3000000	5.1434964	10	144.0000000	161.0000000
		weight	47.5000000	5.7783119	10	36.0000000	55.0000000
		chest	77.5000000	6.5532011	10	68.0000000	87.0000000

图 8-20 【分析家】模块利用【汇总统计量】实现结果

(二) 利用【分布】菜单实现描述性统计分析的步骤

1. 启动【分析家】模块，打开数据集 WORK.EX8_1。

2. 单击【统计】→【描述性统计】→【分布】菜单，打开如图 8-21 所示的【Distributions：EX8_1】对话框。类似于【汇总统计量】菜单中的操作方式，选中需要分析的变量 chest 和分组变量 sex。

3. 单击图 8-21 中的 Plots，可以选择输出的统计图形包括盒形图、直方图、概率图和 Q-Q 图，如图 8-22 所示。

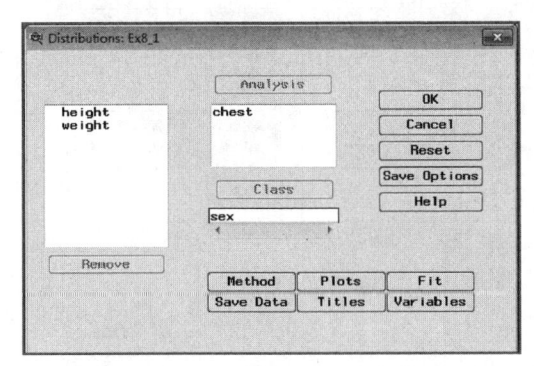

图 8-21 【Distributions：EX8_1】对话框 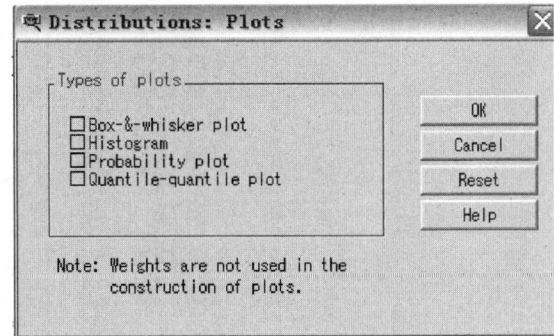   图 8-22 【Distributions：Plots】对话框

Chapter 08 描述性统计分析   197

4. 单击 Method，可设置描述性统计参数方差的计算方式，主要设置方差计算时除数的不同。

5. 最后，单击 OK，将执行描述性统计分析，并输出相关的计算结果。

本实例中按照性别分组，即对男、女生的数据分别进行其胸围变量 chest 的描述性统计分析，包括男生和女生胸围变量 chest 的矩统计、基本统计测度、位置检验、分位数和极值观测等结果，如图 8-23 为其中男生（sex=1）的胸围变量 chest 的描述性统计分析的输出结果。

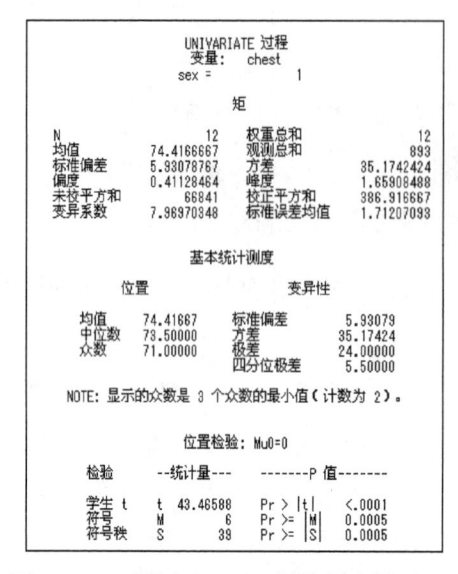

图 8-23 对男生（sex=1）的胸围变量 chest 进行描述性统计分析的输出结果

【例 8.6】 在【分析家】模块下实现统计表格的绘制。

以例 8.3 员工基本情况数据 EX8_3 为例，介绍在【分析家】模块下进行表格制作，绘制以员工的性别为行、职称为列的平均工资二维表。

1. 启动【分析家】模块，打开例 8.3 的数据集 EX8_3。选择菜单【解决方案】→【分析】→【分析家】。再选择菜单【文件】→【按 SAS 名称打开】，逻辑库中选定 WORK，在数据集名称中选定 EX8_3，点击确定。即打开数据集 EX8_3，如图 8-24 所示。

图 8-24 【分析家】模块打开数据集 EX8_3

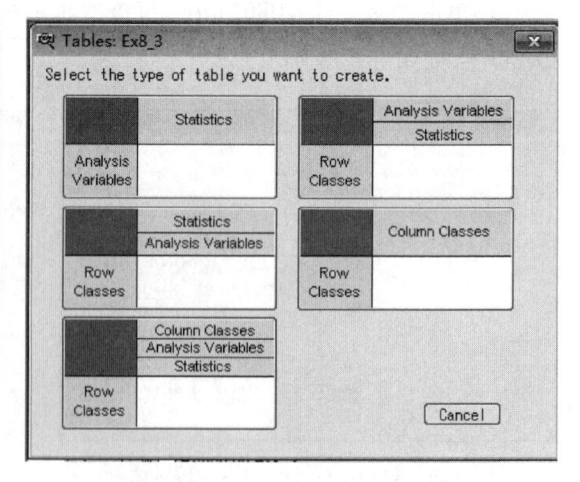

图 8-25 【Tabel:EX8_3】对话框

198 SAS 编程与统计分析

2. 单击【报表】→【表】菜单,打开如图 8-25 所示的【Tabel:EX8_3】对话框。点击最下面的表格样式(第 5 种),进入【Fifth Report Style:EX8_3】,如图 8-26 所示。

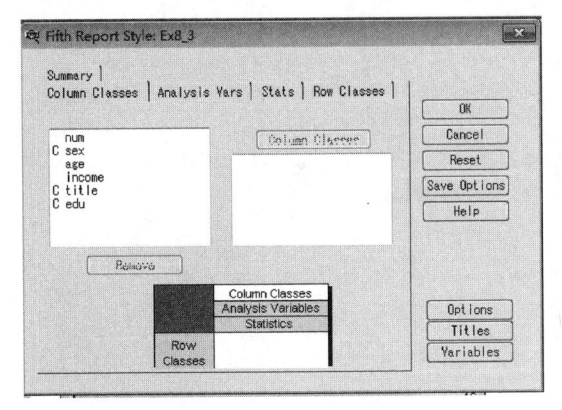

图 8-26 【Fifth Report Style:EX8_3】对话框

图 8-27 单击标目行"Stats"选定 MEAN

3. 单击图 8-26 中的 Summary 下的标目行中的"Row Classes",变量列表中选定"C sex",点击 Row Classes,即将变量 sex 选定为行变量;单击标目行中的"Column Classes",变量列表中选定"C title",点击 Column Classes,即将变量 title 选定为列变量;类似地操作,单击标目行中的"Analysis Vars"等,选定用于分析的变量 income,单击标目行中的"Stats"等,选定用于计算的统计量 MEAN,如图 8-27 所示。

4. 最后点击 OK ,即可得到制作的表格,如图 8-28 所示。即题目所要求以员工的性别为行、职称为列的平均工资二维表。

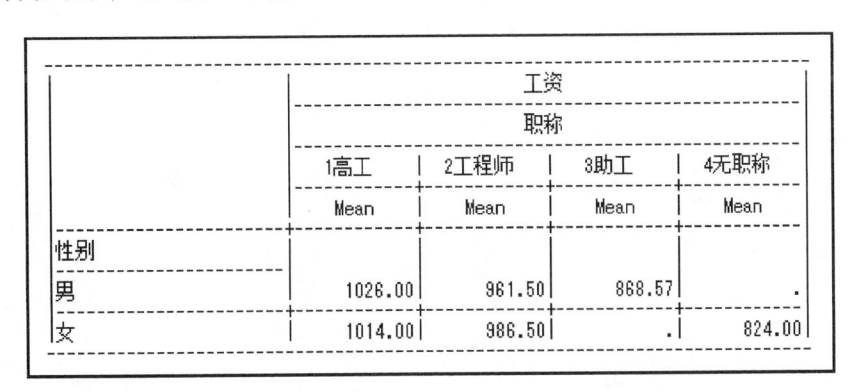

图 8-28 例 8.6 的以性别为行、职称为列的平均工资二维表

(江 波)

Chapter 09
列联表分析

第一节　列联表分析的基本原理
　　一、列联表分析概述
　　二、属性变量的关联性分析
　　三、属性变量的关联度计算
　　四、定序变量的关联性分析
第二节　列联表分析的 SAS 过程
　　一、FREQ 频数过程
　　二、单变量列联表分析
　　三、交叉列联表分析
　　四、n 维列联表分析
第三节　Kappa 值与一致性分析
　　一、Kappa 值与一致性分析概述
　　二、二值变量的一致性分析
　　三、定序变量的一致性分析
第四节　列联表分析的界面操作

前面的章节中介绍的描述性统计分析主要是针对连续性的统计数据,而在实际应用中还需处理离散型的数据,对离散型数据进行简单统计抽样得到的数据为属性数据即分类数据。例如对某校的学生基本情况进行分析,获取的其性别、文化程度等数据;在医药研究中的新药类型、药物的疗效(无效、有效、治愈等)等数据;这些问题中涉及描述对象属性或种类的数据称为属性数据。在实际的工作中,往往需要对这类属性数据进行统计分析,以获取属性数据的基本性质和特点。

从变量的测量水平来看可将变量分为两类:连续变量和属性(Categorical)变量,属性变量又可分为有序的(Ordinal)定序变量和无序的(Nominal)定类变量。

当我们研究的指标(因变量)是属性变量,并希望用其他变量来说明或预测这个属性变量的取值时,不管用以说明的变量是属性的或连续的,使用的统计方法统称为属性数据分析。对属性数据进行的描述与分析,通常需要采用列联表的方式进行,故又称之为列联表分析。

属性数据分析是一种应用广泛的统计方法,对属性数据进行分析,将达到以下目的:
- 产生汇总分类数据——列联表;
- 检验属性变量间的独立性(无关联性);
- 计算属性变量间的关联性统计量;
- 对高维数据进行分层分析和建模。

本章将对属性数据的统计分析做简单介绍,其中列联表分析是常用的属性数据分析手段,这里将主要介绍如何利用编程和界面操作实现对属性数据的列联表分析。

第一节　列联表分析的基本原理

一、列联表分析概述

通过频数分析能够掌握单个变量的数据分布情况。在实际分析中,不仅要了解单变量的分布特征,还要分析多变量不同取值下的分布,掌握多变量的联合分布特征,进而分析变量之间的相互影响和关系。

列联表是根据每个观测单位的两个或多个属性进行交叉分类而形成的交叉表格,故也称为交叉表。交叉表可以是二维、三维或更高维的,其中最常见的是二维交叉表,即两个属性进行交叉分类。因此,这里主要讨论二维交叉表。

数据交叉列联表分析主要包括两个基本任务:一是根据收集到的样本数据,产生二维或多维交叉列联表;二是在交叉列联表的基础上,对两个变量间是否存在相关性进行检验。要获得变量之间的相关性,仅仅靠描述性统计的数据是不够的,还需要借助一些表示变量间相关程度的统计量和一些非参数检验的方法。

二、属性变量的关联性分析

常用的衡量变量间相关程度的统计量是简单相关系数,但在交叉列联表分析中,由于行列变量往往不是连续变量,不符合计算简单相关系数的前提条件。因此,一般需要根据变量的性质,选择其他的相关系数,如 Kendall 等级相关系数、Eta 值等。

SAS 提供了多种适用于不同类型数据的相关系数,这些相关性检验的零假设都是:行变量与列变量之间相互独立,不存在显著的相关关系。根据检验后得出的相伴概率来判断是否存在相关关系。如果相伴概率小于显著性水平 0.05,那么拒绝零假设,认为行列变量彼此相关;如果相伴概率大于显著性水平 0.05,那么接受零假设,认为行列变量彼此独立。

SAS 中,当行列变量均为分类(Nominal)变量即定类变量时,除了最常用的 Pearson 卡方检验统计量外,其相关性检验的方法还有:列联系数、Phi 系数、Crammer's V 系数、Lambda、不确定系数等。这些方法大都是从 Pearson 卡方统计量派生出来的,是为了将样本量、行列数对卡方的影响减少到最小。另外还有适用于 2×2 列联表检验的精确检验。

(一) 卡方(χ^2)统计检验

卡方(χ^2)统计检验常用于检验行列变量之间是否相关的方法,其检验的零假设是:行、列变量之间相互独立。计算公式为:

$$\chi^2 = \sum_{j=1}^{C} \sum_{i=1}^{R} \frac{(O_{ij} - E_{ij})^2}{E_{ij}}$$

其中,O_{ij} 表示实际观测频数,E_{ij} 表示期望频数。

卡方统计量服从自由度为(行数−1)×(列数−1)的卡方分布。SAS 在计算卡方统计量时,同时给出相伴概率,由此判断行、列变量之间是否相关。

注意:卡方(χ^2)检验应满足的条件是:$n \geqslant 40$ 且所有单元的期望频数均不小于 5。卡方(χ^2)修正的条件:$n \geqslant 40$ 但有单元的期望频数小于 5。

(二) Fisher 精确检验

如果卡方(χ^2)检验的条件不满足,可以使用 Fisher 精确检验。Fisher 精确检验最初是针对 2×2 这种特殊的列联表而提出来的。

Fisher 精确检验建立在概率论中超几何分布的基础上,适合于单元频数小的列联表分析,特别是 2×2 列联表。

Fisher 精确检验的概率 Prob,是在 H_0:行、列变量间相互独立的假设成立的条件下,当总频数和边缘频数固定时,计算各种可能的表的超几何概率 p 之和

$$\text{Prob} = \sum_A p$$

对于双侧检验问题,A 是具有概率 p 小于或等于观测表概率的表的集合;对于左(右)侧检验,A 是这样一些表的集合,其中每个表的单元中频数小于(大于)或等于观测表中相应的频数。

三、属性变量的关联度计算

前面讨论了使用卡方(χ^2)分布对两个属性变量之间的关联性进行统计检验,如果变量相互独立,说明它们之间没有关联;反之,则认为它们之间存在关联。这个关联程度可以由以下几个统计量来刻画。

(一) Phi 系数

Phi 系数适用于 2×2 的列联表(四格表),是 Pearson 卡方统计量的修正,其定义为

$$\varphi = \sqrt{\frac{\chi^2}{n}} = \frac{a_{11}a_{22} - a_{12}a_{21}}{\sqrt{a_{1.}a_{2.}a_{.1}a_{.2}}}$$

其中 n 为样本量,a_{ij} 为四格表中四个单元格的元素,$a_{i.}$、$a_{.j}$ 分别是四格表的行和、列和。由于卡方值 χ^2 会受到样本量的影响,而 Phi 系数正是一种排除样本影响的卡方检验修正方法。φ 的绝对值越接近 1,表明行列变量的相关关系越强;反之,绝对值越接近 0,表明行列变量的相关关系越弱。

对 2×2 以上的列联表,可用列联系数和 Cramer's V 系数对行列变量的相关性进行测度。

(二) 列联系数

列联系数常用于名义变量之间的相关系数计算,其计算公式由卡方统计量 χ^2 修正可得:

$$C = \sqrt{\frac{\chi^2}{\chi^2 + n}}$$

其取值范围在 0~1。越接近于 1,表明卡方值足够大而使样本数在分母中的作用极小,因此认为行列变量有较强的相关关系;相反,越接近 0,表明卡方值非常小,而使样本数在分母中的作用极大,认为行列变量的相关关系越弱。

(三) Cramer's V 系数

Cramer's V 系数常用于名义变量之间相关系数计算。计算公式由卡方统计量修正而得:

$$V = \sqrt{\frac{\chi^2}{n \cdot \min\{(R-1),(C-1)\}}}$$

其中 R、C 分别为行数和列数。V 系数在考虑了样本数影响的同时,还考虑了列联表的单元格数。在 2×2 的列联表中,V 系数与 Phi 系数是相等的。V 系数介于 0~1,越接近于 1,表明变量间的相关性越强。

四、定序变量的关联性分析

当行列变量均为定序变量时,其相关性检验的方法有:Gamma 系数、Kendall's Tau-b 系

数、Tau-c 系数等。这些方法均是围绕"同序对数(P)"和"异序对数(Q)"展开的。对两变量 x 和 y，当 x 按自然升序排序后，如果 y 序列中后面有一个变量值大于前面的一个变量值，则产生了一个同序对，反之为异序对；变量值相同的，称为同分对。如果同序对占多数，则认为两变量为正相关；如果异序对较多，则认为两变量为负相关；如果同序对数和异序对数大致相同，则认为两变量无线性关系。

（一）Gamma 系数

Gamma 系数的定义是

$$\gamma = \frac{P-Q}{P+Q}$$

Gamma 系数的取值范围在 $-1 \sim +1$。绝对值越接近 1，变量的相关性越强。

Gamma 系数通常用于 2×2 的列联表（四格表）。

（二）Kendall's Tau-b 系数

Kendall's Tau-b 系数的定义是

$$\tau_b = \frac{P-Q}{\sqrt{(P+Q+T_x)(P+Q+T_y)}}$$

式中，T_x 是在变量 x 上同分但在变量 y 上不同分的对数；T_y 是在变量 y 上同分但在变量 x 上不同分的对数。

在行列数相等的正方列联表中，Kendall's Tau-b 系数的取值范围在 $-1 \sim +1$，正负符号代表相关方向。绝对值越接近 1，变量的相关性越强。

Tau-b 系数通常用于方形列联表。

（三）Kendall's Tau-c 系数

Kendall's Tau-c 系数的定义是

$$\tau_c = \frac{2\min\{R,C\}(P-Q)}{N^2(\min\{R,C\}+1)}$$

Tau-c 系数的取值范围在 $-1 \sim +1$，正负符号代表相关方向。绝对值越接近 1，变量的相关性越强。

Tau-c 系数通常用于任意列联表。

第二节　列联表分析的 SAS 过程

在统计分析中，通常对属性数据进行表格汇总分析，以了解属性数据的基本特征。列联表分析主要用于属性数据的表格汇总。

在 SAS 系统内利用 FREQ 过程可以方便地实现列联表分析。本节主要介绍如何利用

FREQ 过程实现列联表的分析,以及 FREQ 过程在单变量列联表、2×2 列联表分析和 n 维列联表分析中的应用。

一、FREQ 频数过程

FREQ 过程用于对属性数据进行描述统计分析和假设检验,生成 1 至 n 维的频数表或列联表,同时,利用 FREQ 过程还可以分析列联表中各变量的关联程度。

在 SAS 中,FREQ 过程的基本格式为:

SAS 程序格式	意 义
PROC FREQ [选项];	对"DATA="指定的或最新数据集中变量进行频数分析
TABLES [表格表达式]/[选项];	指定变量进行列联表分析的表格表达式,生成相应的列联表
BY 变量;	列联表分析的分组变量,在各组内分别进行列联表分析
OUTPUT [OUT= 数据集名] [统计关键词];	将列联表分析计算输出的统计量结果输出到 OUT=指定的数据集中,同时需要通过统计关键词选定需保存的统计量结果
EXACT 统计关键词 [/选项];	对统计关键词指定的统计量进行精确检验并计算其置信区间
TEST 统计关键词;	对指定的关联性度量值或一致性度量值进行近似检验
WEIGHT 变量;	指定数据集中作为观测权重的变量,作用于所有表格
RUN;	向 SAS 系统提交过程步中的语句

PROC FREQ 语句用于指定分析的过程为 FREQ,其中常用选项说明如表 9-1 所示。

表 9-1　PROC FREQ 语句的选项说明

选　项	意　义
DATA=数据集名	指定进行列联表分析的数据集
PAGE	结果输出时每页一张表,缺省时一页可输出多张表
ORDER=排序方式	排序方式选项有:INTERNAL(按内部值,默认)、FREQ(按频数递减顺序)、DATA(按数据集中出现的顺序)、FORMATTED(按外部格式值顺序)
FORMCHAR=字符	指定绘制表格时作为表格框线和分隔线的格式字符,较少使用
NOPRINT	结果窗口不输出任何分析结果,在仅产生输出数据集时很有用
COMPRESS	频数表格一个接一个连续输出,即使该页已容不下整个表格

TABLE 语句指定构成表格的变量和表格结构,从而生成相应的列联表,并通过选项设置列联表中的结果输出。表格的结构由变量个数和变量排列顺序决定,FREQ 过程中可以有多个 TABLES 语句,TABLES 语句后面可接多个表格表达式,每个表格表达式可包含任何数量的变量,从而得到所需的表格。

表格表达式由一个或多个用"*"连接起来的变量名组成。几个变量可放在括号中,如:

TABLES A* (B C);等价于 TABLES A* B A* C;
TABLES (A- C)* D;等价于 TABLES A* D B* D C* D;

TABLES 语句/后面的常用选项说明如表 9-2 所示。

表 9-2 TABLES 语句/后面的常用选项说明

选 项	意 义
OUT=数据集	建立一个包含变量值和频数计数的输出数据集
CHISQ	对每层作χ^2检验,包括 Pearson χ^2 值和与检验有关的关联系数指标
AGREE	进行配对χ^2检验
EXACT	R * C 的列联表计算 Fisher 精确概率,并给出 CHISQ 选项的全部统计量
MEASURES	对每层的二维表计算一系列关联指标及相应的标准误
CMH	给出 Cochran-Mantel-Haenszel 统计量,可检验在调整了 TABLES 语句中其他变量后,行变量与列变量之间的关联程度
ALL	给出 CHISQ、MEASURES、CMH 所指定的全部统计量
TREND	对 2×C 频数表的 C 个百分率进行 Cochran-Armitage 趋势检验
ALPHA=P	给出显著性检验水平,缺省值为 0.05
EXPECTED	给出期望频数
DEVIATION	给出每个单元格的实际频数与期望频数的差值
CELLCHISQ	给出每个单元格对χ^2的总贡献,即每格的(实际频数－期望频数)^2/期望频数
CUMCOL	给出累积列百分数
NOFREQ	不给出列联表中的单元格频数
NOPERCENT	不给出列联表中的单元格百分数
NOROW	不给出列联表中各单元格的行百分数
NOCOL	不给出列联表中各单元格的列百分数
NOCUM	不给出频数表的累积频数和累积百分数
NOPRINT	不给出表格,但给出 CHISQ、MEASURES 或 CMH 等语句所指定的统计量

其中选项 MEASURES 是对每层的二维表计算一系列关联指标及相应的标准误,包括 Pearson 和 Spearman 相关系数,以及 Gamma 和 Kendall 系数等;对于 2×2 表,还给出常用的危险度指标及其标准误。选项 CMH 将给出 Cochran-Mantel-Haenszel 统计量,可检验在调整了 TABLES 语句中其他变量后,行变量与列变量之间的关联程度;对于 2×2 表,FREQ 过程给出相对危险度估计及其置信区间,还给出各层关联度指标是否齐性的 Breslow 检验。

EXACT 语句用以对指定统计量进行精确检验并计算其置信区间,还可通过设置适当的语句选项以蒙特卡洛(MONTE CARLO)估计方法计算精确概率值。

EXACT 语句中可指定的统计量关键字与 TABLES 语句中的选项和 OUTPUT 语句中的关键字相同,针对 TABLES 语句中的某些选项("CHISQ","MEASURES","AGREE"选项等),EXACT 语句可以通过指定与其相同的关键字对其中包含的一组统计量进行精确计算,也可通过指定特定的统计量关键字对相应的单个统计量进行精确计算。EXACT 语句要求精确计算的统计量或假设检验必须在 TABLES 语句中通过设置特定的选项加以调用,EXACT 语句可设置的统计量关键字及所对应(需要同时设置)的 TABLES 语句选项见表 9-3。

表 9-3　EXACT 语句的统计量关键字及对应统计量和 TABLES 语句的相应选项

统计量关键字	对应的统计量或检验类型	TABLES 语句选项
AGREE	四格表 McNemar 检验，Kappa 系数的一致性假设检验	AGREE
BINOMIAL	一维频数表的二项比率检验	BINOMIAL
CHISQ	一维频数表的拟合优度 χ^2 检验，二维交叉表的 Pearson χ^2 检验、似然比 χ^2 检验以及 Mantel-Haenszel χ^2 检验等	ALL，CHISQ
FISHER	Fisher 精确检验	ALL，CHISQ
JT	Jonckheere-Terpstra 检验	JT
KAPPA	简单 Kappa 系数的一致性假设检验	AGREE
LRCHI	似然比 χ^2 检验	ALL，CHISQ
MCNEM	四格表的 McNemar 检验	AGREE
MEASURES	Pearson 相关系数等的假设检验，四格表 OR 的置信区间	ALL，MEASURES
MHCHI	Mantel-Haenszel χ^2 检验	ALL，CHISQ
OR	四格表优势比的置信区间	ALL，MEASURES，RELRISK
PCHI	一维频数表拟合优度 χ^2 检验，二维交叉表 Pearson χ^2 检验	ALL，CHISQ
PCORR	有关 Pearson 相关系数的假设检验	ALL，MEASURES
SCORR	有关 Spearman 相关系数的假设检验	ALL，MEASURES
TREND	Cochran-Armitage 趋势检验	TREND
WTKAP	加权 Kappa 系数的一致性假设检验	AGREE

EXACT 语句的/后还可设置有关选项，用以执行特定的控制功能，详见表 9-4。

表 9-4　EXACT 语句/后的选项说明

选项	意义
ALPHA=p	为蒙特卡洛估计值之置信区间指定置信水平，默认值为 0.01
MAXTIME=n	计算精确概率值或以蒙特卡洛方法估计概率值时设置的最长计算时间（秒）
MC	直接使用蒙特卡洛法计算精确概率值，而不使用直接的精确算法
N=n	指定所用的样本量大小，默认值为 10 000
SEED=初始种子数	进行蒙特卡洛估计时，指定产生随机数的初始种子数，默认值为当前的时间

　　OUTPUT 语句用于将指定的统计量以及特定的计算结果输出到指定的输出数据集中。OUTPUT 语句所输出的内容由过程步中的最后一条 TABLES 语句所决定，其中将包括针对每一个二维表格或每一个分层的有关统计量以及各层间的汇总统计量等。

　　TEST 语句用于对指定的关联性或一致性度量值进行近似检验，而其中指定的统计量的有效性则需要相应的 TABLES 语句选项来保证。在检验的过程中，FREQ 过程将给出相应统计量在假设条件成立下的近似标准误、检验统计量以及 P 值等，还将给出所检验统计量的置信区间。TEST 语句中可设置的统计量关键字及其所对应的统计量和需同时设置的 TABLES 语句选项见表 9-5。

表 9-5　TEST 语句的统计量关键字与其对应的统计量和相应 TABLES 语句选项

统计量关键字	对应的统计量	相应 TABLES 语句选项
AGREE	简单 Kappa 系数和加权 Kappa 系数	AGREE
GAMMA	Gamma 值	ALL, MEASURES
KAPPA	简单 Kappa 系数	AGREE
KENTB	Kendall's tau-b	ALL, MEASURES
MEASURES	γ值,Kendall's tau-b, Stuart's tau-c, Somers' D (CIR), Somers' D (RIC), Pearson 相关系数,Spearman 相关系数	ALL, MEASURES
PCORR	Pearson 相关系数	ALL, MEASURES
SCORR	Spearman 相关系数	ALL, MEASURES
SMDCR	Somers' D (CIR)	ALL, MEASURES
SMDRC	Somers' D (RIC)	ALL, MEASURES
STUTC	Stuart's tau-c	ALL, MEASURES
WTKAP	加权 Kappa 系数	AGREE

WEIGHT 语句:通常每个观察值提供数值 1 给频数计数,当 WEIGHT 语句出现时,每个观察值提供的是该观察值的加权变量值,该值必须非负,但可不必为整数。FREQ 过程只能使用一个 WEIGHT 语句,且该语句作用于所有的表。

二、单变量列联表分析

单变量列联表分析,即单变量频数分析,可以对原数据资料中各个变量的频数进行统计分析,生成频数表中包括单个变量各水平的频数、累积频数、百分比和累积百分比,还可以对单样本的总体率进行二项式检验。

在实用中有些试验的可能结果即数据的取值仅为两个值,称为二值数据。例如,参加考试,其成绩是"及格"还是"不及格";进行药效试验,其效果是"有效"还是"无效";等等。通常将这样的二值分别用 1 和 0 表示。二项式检验是指涉及离散型变量,并在每次试验中只出现这样两种互相对立且独立的可能结果的一种非参数检验分析方法。

如果用随机变量 X 来描述上述试验中出现 1 所表示结果(又称"成功")的次数,且有

$$P\{X=1\}=p, 0<p<1, (P\{X=0\}=1-p)$$

则称 X 服从参数为 p 的两点分布或 0—1 分布。其中 p 又称为总体率,即总体中具有某一统计特征结果(即"成功")出现的比率即概率,例如考试成绩中的及格率、药效试验中的有效率,等等。由于两点分布由 p 唯一决定,其分布的拟合检验也就简化为对总体率 p 的检验

$$H_0: p=p_0; H_1: p \neq p_0$$

其中 p_0 为指定概率值。

如果将上述两点分布试验独立重复进行 n 次,并将用 1 表示的事件 A(即"成功")出现的次数用随机变量 X 来表示,则该随机变量 X 服从参数为 (n, p) 的二项分布,其概率分布律为

$$P\{X=k\}=C_n^k p^k(1-p)^{n-k},\ k=1,2,\cdots,n$$

其中 p 为试验中取值为 1 的事件 A 发生的概率，n 为总的试验次数，k 为事件 A 发生的次数，C_n^k 为组合数。二项分布在 n 充分大、p（或 $1-p$）较小时（要求 $np \geqslant 5$）表现为近似正态分布。

SAS 的二项式检验正是要通过样本数据检验样本来自的总体是否服从指定概率值为 p 的二项分布，其零假设是 H_0：样本来自的总体与指定 p 的二项分布无显著差异。

SAS 二项式检验，在小样本中采用精确检验方法，对于大样本则采用近似检验方法。

精确检验方法计算 n 次试验中成功出现的次数小于等于 x 次的概率，即

$$P\{X \leqslant x\} = \sum_{i=0}^{x} C_n^i p^i q^{n-i}$$

在大样本下，采用近似检验，采用 Z 检验统计量，在零假设成立下 Z 统计量近似服从正态分布，其定义为

$$Z = \frac{x \pm 0.5 - np}{\sqrt{np(1-p)}}$$

式中进行了连续性校正，当 x 小于 $n/2$ 时加 0.5，当 x 大于 $n/2$ 时减 0.5。

SAS 将计算上述精确概率和近似概率值。如果概率值 $P < \alpha$，则拒绝零假设 H_0，认为样本来自的总体与指定 p 的二项分布有显著差异；如果概率值 $P \geqslant \alpha$，则接受零假设 H_0，认为样本来自的总体与指定 p 的二项分布无显著差异。

单变量列联表分析通过 PROC 过程中的下列语句实现：

```
TABLES  变量列表/[选项];
```

如果要对单样本的总体率进行二项式检验，需要在上述 TABEL 语句中加选项 BINOMIAL(p=已知值)。

下面通过一个实例演示 SAS 中如何编程实现单变量列联表分析。

【例 9.1】（单变量列联表分析） 考察例 8.3 建立的某单位 24 位员工基本情况数据 EX8_3。试对其性别、职称、学历等变量进行单变量频数分析。

本例对数据集 EX8_3 用 FREQ 过程进行单变量列联表分析，生成各变量的频数分布表。具体程序如下：

```
proc freq data= ex8_3;
 tables sex title edu;
 run;
```

执行上述程序，将在结果窗口给出性别、职称和学历三个变量的单变量列联表分析结果，如图 9-1 所示，其中包括各变量水平的频数、百分比、累积频数和累积百分比。

```
             FREQ PROCEDURE
                   性别
sex      频数      百分比     累积频数    累积百分比
---------------------------------------------------
男        16       66.67       16        66.67
女         8       33.33       24       100.00

                   职称
title    频数      百分比     累积频数    累积百分比
---------------------------------------------------
1高工      6       25.00        6        25.00
2工程师    8       33.33       14        58.33
3助工      7       29.17       21        87.50
4无职称    3       12.50       24       100.00

                   学历
edu      频数      百分比     累积频数    累积百分比
---------------------------------------------------
1本科      8       33.33        8        33.33
2专科      7       29.17       15        62.50
3高中      6       25.00       21        87.50
4初中      3       12.50       24       100.00
```

图 9-1 例 9.1 单变量列联表分析的 SAS 结果

利用单变量列联表分析还可以对单样本的总体率等进行参数检验。

【例 9.2】 根据行业有关质量标准，某厂生产的某种药品的优质品率 P 不得低于 96%。现从该厂生产的一批药品中随机抽取 152 件进行检测，发现其中有 143 件为优质品。试问该批药品的优质品率是否低于行业质量标准？（$\alpha=0.05$）

根据题意，应对该药品的优质品率 p 检验

$$H_0: p = 0.96; \quad H_1: p < 0.96$$

利用单变量列联表分析的 FREQ 过程即可进行该总体率检验，只需要在 TABEL 语句中加选项 BINOMIAL($p=0.96$)即可。其 SAS 程序如下所示。

```
data   ex9_2;
  input group count;
cards;
1 143
2 9
;
proc freq;
   tables group/binomial(p= 0.96);
   weight count;
run;
```

执行上述程序，可得本例的二项式检验的输出结果，如图 9-2 所示。

```
                        FREQ PROCEDURE
group      频数      百分比      累积频数      累积百分比
---------------------------------------------------------
    1       143      94.08          143          94.08
    2         9       5.92          152         100.00

              "group"的二项分布比例
                        = 1
              -------------------------
              比例                0.9408
              渐近标准误差        0.0191
              95% 置信下限        0.9033
              95% 置信上限        0.9783

              精确置信限
              95% 置信下限        0.8906
              95% 置信上限        0.9726

               H0 检验: 比例 = 0.96

          H0 下的渐近标准误差           0.0159
          Z                           -1.2086
          单侧 Pr< Z                    0.1134
          双侧 Pr>|Z|                   0.2268

                    样本大小 = 152
```

图 9-2　例 9.2 二项式检验的输出结果

图 9-2 首先给出了例 9.2 的抽样药品优质品的单变量频数分布表，其抽样药品中优质品率达到了 94.08%。再由其后面是关于 $p=0.96$ 的二项式检验统计量表的检验知，其检验统计量 $Z=-1.2086$，单侧显著性概率（单侧 Pr<Z）$P=0.1134>0.05$，故接受原假设 H_0，拒绝 H_1。由此可得到检验结论：该批药品的优质品率不低于行业质量标准（96%）。

三、交叉列联表分析

通过交叉列联表分析除了可以了解数据集中各变量、各水平的频数分布外，还可以对变量各水平的关联性进行分析与检验，即一个变量的水平是否受到另一个变量的影响。交叉列联表分析通过 FREQ 过程中的下列语句实现：

```
TABLES 变量 1 * 变量 2 [选项];
```

其中，在交叉列联表中，第一个变量是列联表的行变量，第二个变量是列联表的列变量。输出的列联表中的除了单变量列联表中的结果，还包括两变量交叉表的频数、百分比、累积频数和累积百分比。通过上述语句的“选项”设置，就可以进行属性变量之间列联表的关联性分析与检验。常用的选项如表 9-6 所示。

表 9-6　交叉列联表分析与检验的常用选项说明

选　项	意　义
CHISQ	进行卡方测验
MEASURES	输出关联性度量的统计量
CMH	计算 Cochran-Mantel-Haenszel 统计量，同时给出关联性置信区间
ALL	计算由 CHISQ、MEASURES 和 CMH 选项给出的所有统计检验
AGREE	进行配对 χ^2 检验
TREND	对 2×C 频数表的 C 个百分率进行 Cochran-Armitage 趋势检验
ALPHA=p	确定置信区间的显著水平，默认情况下 p=0.05

由于属性变量作为定性的分类变量,又可分为无序的定类变量(名义变量)和有序的定序变量(顺序变量、等级变量)两类,考察两个属性变量间的关联性分析与检验等问题可分为多种情形,这里我们主要介绍以下情形的交叉列联表统计分析。

- 定类-定类变量的卡方检验问题
- 定类-定类变量(配对试验设计)卡方检验问题
- 定类-定序变量的卡方检验、行均分检验问题
- 定序-定序变量的卡方检验问题

(一) 定类-定类变量的卡方检验问题

下面通过实例介绍在 SAS 中如何通过编程实现定类-定类变量的卡方检验问题的交叉列联表分析。

【例 9.3】(定类-定类变量四格表卡方检验) 现有两种药物治疗白色葡萄球菌败血症疗效的调查数据资料,结果见表 9-7,问两种药物的疗效有无显著差异?

表 9-7　两种药物治疗白色葡萄球菌败血症结果

	有　效	无　效	合　计	有效率(%)
甲　药	28	2	30	93.33
乙　药	12	4	16	75.00
合　计	40	6	46	86.96

首先根据表 9-7 中结果数据资料建立 SAS 数据集,包括变量药物种类、有效性和人数三个变量,再用 FREQ 过程对药物种类 * 有效性进行 2×2 列联表分析,并用卡方检验统计量等指标进行其有效率是否有差异的显著性检验。具体程序如下:

```
data ex9_3;
 input pha_class $ effect $ num;
 label pha_class= '药物种类' effect= '有效性';
cards;
甲药　有效　28
甲药　无效　2
乙药　有效　12
乙药　无效　4
;
run;
proc freq data= ex9_3;
 tables pha_class * effect /chisq;
 weight num;
run;
```

注意,本例的数据为整理后的交叉列联表数据,故在进行列联表分析时,需要用 WEIGHT 语句将人数变量"num"定义为频数变量。

图 9-3 显示了例 9.3 的药物种类与有效性的交叉列联表 SAS 输出结果。交叉列联表各单元格给出了甲药、乙药与无效、有效各自对应人数的频数、百分比、行百分比和列百分比，其频数与题目所给列联表数据一致，表明所编程序及执行过程是正确的。

图 9-4 给出了列联表分析中的卡方检验及关联度等统计量表和 Fisher 精确检验表。其药物的疗效有无差别的检验结果应考察卡方等统计量和 Fisher 精确检验的结果。应检验

H_0:两种药物的有效性无显著差异； H_1:两种药物的有效性有显著差异

```
                FREQ 过程

           pha_class * effect 表

pha_class(药物种类)
          effect(有效性)
频数
百分比
行百分比
列百分比  |无效   |有效   | 合计
甲药
               2       28      30
            4.35    60.87   65.22
            6.67    93.33
           33.33    70.00
乙药
               4       12      16
            8.70    26.09   34.78
           25.00    75.00
           66.67    30.00
合计             6       40      46
           13.04   86.96  100.00
```

图 9-3 例 9.3 的列联表的输出结果

```
           pha_class * effect 表的统计量

统计量              自由度        值      概率
卡方                   1       3.0922   0.0787
似然比卡方             1       2.9330   0.0868
连续校正卡方           1       1.6871   0.1940
Mantel-Haenszel 卡方   1       3.0250   0.0820
Phi 系数                      -0.2593
列联系数                       0.2510
Cramer 的 V                  -0.2593

WARNING: 50% 的单元格的期望计数比 5 小。
         卡方可能不是有效检验。

              Fisher 精确检验
单元格 (1,1) 频数 (F)        2
左侧 Pr <= F             0.0994
右侧 Pr >= F             0.9852

表概率 (P)               0.0845
双侧 Pr <= P             0.1628

样本大小 = 46
```

图 9-4 例 9.3 的卡方检验的输出结果

注意，对于 2*2 列联表（四格表）的检验，如表 9-8 所示，应根据不同情形选用不同检验统计量进行检验。

表 9-8 2*2 列联表（四格表）数据不同情形时适用的检验

样本数 n	单元格理论频数 T	适用的检验
大样本($n \geq 40$)	所有的 $T \geq 5$	卡方检验*
	有 $1 \leq T < 5$	连续校正卡方检验
	有 $T < 1$	Fisher 精确检验
小样本($n < 40$)	所有情形	Fisher 精确检验

*若所得概率 P 值小于且接近检验水准（显著性水平），则改用 Fisher 精确检验

由表 9-8 知，对小样本($n<40$)数据情形，用 Fisher 精确检验；对大样本($n \geq 40$)数据情形，如果各单元格理论频数 T 充分大($T \geq 5$)，用卡方检验；如果有些单元格理论频数 T 不够大(有 $1 \leq T<5$)，则用连续校正卡方检验；如果有单元格理论频数 T 特别小(有 $T<1$)，则用 Fisher 精确检验。

本例的样本数为 46(>40)为大样本情形，再根据卡方统计量表下的警示：

"WARNING：50% 的单元格的期望计数比 5 小。"

再参考理论频数均大于 2,可知应该选用"连续校正卡方"检验来进行有效性是否有差异的显著性检验。由图 9-4 的结果知，其连续校正卡方检验统计量的值=1.687 1,对应检验概率值 $P=0.194\,0>0.05$,故接受原假设 H_0,即认为两种药物的有效性无显著差异。

另外,作为参考指标,其卡方检验的值=3.092 2,对应检验概率值 $P=0.078\ 7>0.05$,Fisher 精确检验的双侧概率 $P=0.162\ 8>0.05$,也表明应接受原假设 H_0。

(二) 定类-定类变量(配对试验)的卡方检验问题

将每个药品样本均分成两份,分别用两种方法进行检测,比较此两种方法检测结果(两类定类(计数)资料)是否有显著差异;或者采用治疗同种疾病的两种药品对同一批受试者进行检测,检验此两种药品治疗结果(两类定类资料)是否有实质性的不同,这些都属于配对试验的定类-定类变量卡方检验问题,可用 FREQ 过程带 AGREE 选项进行交叉列联表分析的卡方检验。

【例 9.4】 某医生将两种药物在 120 名受试者的不同部位进行药敏试验,其试验结果见表 9-9。试问两种药物的试验结果是否有显著差异?($\alpha=0.05$)

表 9-9 两种药物的药敏试验结果

药物 A	药物 B	
	阳性	阴性
阳性	56(a)	12(b)
阴性	8(c)	44(d)

本例为四格表的配对设计的定类(计数)资料问题。定类(计数)资料的配对设计常用于两种检验法、诊断法或者两种药物在同一批试验对象进行结果的比较。其特点是对样本中各观察单位分别用两种方法处理,然后观察两种处理方法的某两分类变量的计数结果。观察结果是否有差异有 4 种情况,如表 9-9 所示:(1) 两种结果皆为阳性(a);(2) 两种结果皆为阴性(d);(3) A 结果为阳性,B 结果为阴性(b);(4) A 结果为阴性,B 结果为阳性(c)。

比较两种结果是否有差异是通过考察两种结果不一致的部分进行,这可通过表 9-9 中观察变量是成对结果的差值或差别进行,即由 b 和 c 两单元格数据来反映,而 a 单元格和 d 单元格表示两法差值为 0,不予考虑。故配对设计卡方检验的检验统计量公式为:

当 $b+c>40$ 时:$\chi^2=\dfrac{(b-c)^2}{b+c}$,自由度 $df=1$;

当 $b+c<40$ 时,需作连续性校正:$\chi^2=\dfrac{(|b-c|-1)^2}{b+c}$,自由度 $df=1$。

由此即可检验两种药物的药敏试验(阴阳性)结果是否有显著性差异。

SAS 过程中也是用 FREQ 过程进行配对 χ^2 检验,只需要在 TABLES 语句中添加 AGREE 选项即可。具体的 SAS 程序如下所示。

```
data ex9_4;
  do a= 1 to 2;
    do b= 1 to 2;
     input num @@;
     output;
   end;
```

```
     end;
  cards;
56 12 8 44
proc freq;
 tables a* b/agree;
 weight num;
run;
```

执行上述程序,可得本例的配对设计卡方检验的输出结果,如图 9-5、图 9-6 所示。

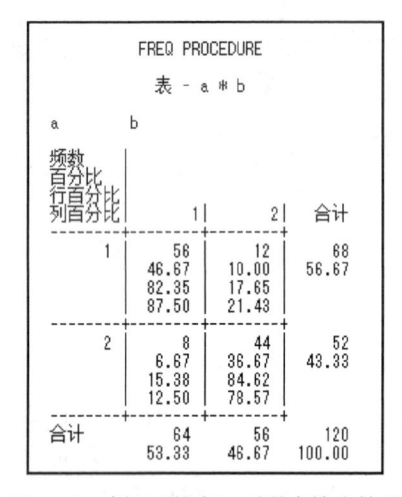

图 9-5 例 9.4 的交叉列联表输出结果　　　图 9-6 例 9.4 的配对卡方检验的输出结果

图 9-5 给出了例 9.4 的药敏试验结果的交叉列联表,其频数与题目所给列联表数据一致,表明所编程序及执行过程是正确的。再由图 9-6 给出的配对卡方检验统计量表的 McNemar 检验知,其统计量(S)=0.800 0,显著性概率(Pr>S)P=0.371 1>0.05,由此可得到检验结论:两种药物的药敏试验(阴阳性)结果没有显著性差异。

另外,图 9-6 的输出结果中还给出了 Kappa 系数以及相应的 95% 置信区间,Kappa 系数是反映一致性检验的统计指标。这两种检验的侧重点是不同的:配对卡方检验主要是为了判断两者是否有显著性差异,而 Kappa 检验主要是为了判断这两者是否一致。详细内容可参见本章第三节例 9.8。

(三) 定类-定序变量的独立性检验、行均分检验问题

考察两个属性变量间列联表分析,其中一个是无序的定类变量,一个是有序的定序变量,这属于单向有序的 $R \times C$(非四格表)列联表问题,这种资料用一般的卡方 χ^2 检验可进行独立性检验,即是否具有关联性的检验,但只能得出不同组构成是否相同的结论,并不能得出哪组效果较好的结论。

例如,如果要评价两种药物对某疾病的治疗效果(分为治愈、显效、好转和无效)的好坏,如果当一组"治愈"和"无效"的较多,另外一组则"好转"和"显效"的较多,这时卡方 χ^2 值就会较大,概率 P 值较小,说明其治疗效果的构成不同,具有一定是关联性,但不能说明那一

组疗效更好。

如果要给各治疗效果赋得分，如无效为 1、好转为 2、显效为 3、治愈为 4，则可计算不同组药物治疗效果的得分均值，称为行平均得分。由此，可以计算各行的行平均得分进行比较而得出其疗效是否有显著性差异，这称为行均分检验。

进行独立性检验的 SAS 过程为 FREQ 过程，在 TABLES 语句后面增加 CHISQ 选项。FREQ 过程也可以实施行均分检验，只需要在 TABLES 语句后加 CMH 选项，即求统计量 Cochran-Mantel-Haenszet。

【例 9.5】（定类-定序变量的行均分检验） 对例 8.3 的表 8－8 中员工数据中的职称与性别进行交叉列联表分析，并用卡方检验职称与性别是否有关联，用行均分检验考察不同性别的职称是否有显著的层次差异。具体程序如下：

```
proc freq data= ex8_3;
  tables sex * title /chisq cmh;
run;
```

执行上述程序，将在结果输出窗口内生成如图 9－7、图 9－8 所示的结果。

```
                 表 - sex * title

sex(性别)      title(职称)

频数
百分比
行百分比
列百分比 |1高工    |2工程师 |3助工   |4无职称 |    合计
---------+--------+--------+--------+--------+
男       |      5 |      4 |      7 |      0 |     16
         |  20.83 |  16.67 |  29.17 |   0.00 |  66.67
         |  31.25 |  25.00 |  43.75 |   0.00 |
         |  83.33 |  50.00 | 100.00 |   0.00 |
---------+--------+--------+--------+--------+
女       |      1 |      4 |      0 |      3 |      8
         |   4.17 |  16.67 |   0.00 |  12.50 |  33.33
         |  12.50 |  50.00 |   0.00 |  37.50 |
         |  16.67 |  50.00 |   0.00 | 100.00 |
---------+--------+--------+--------+--------+
合计            6        8        7        3       24
            25.00    33.33    29.17    12.50   100.00
```

图 9－7 例 9.5 交叉列联表输出结果

```
              表 (sex * title) 的统计量

统计量                        自由度        值      概率
---------------------------------------------------------
卡方                             3     11.2500    0.0104
似然比卡方                       3     14.0556    0.0028
Mantel-Haenszel 卡方             1      1.3358    0.2478
Phi 系数                                0.6847
列联系数                                0.5649
Cramer V 统计量                         0.6847

        WARNING: 88% 的单元格的期望计数比 5 小。
                 卡方可能不是有效检验。

                 样本大小 = 24

             “sex * title”的汇总统计量

      Cochran-Mantel-Haenszel 统计量（基于表得分）

统计量   备择假设                 自由度        值      概率
------------------------------------------------------------
  1      非零相关                    1      1.3358    0.2478
  2      行均值得分差值              1      1.3358    0.2478
  3      一般关联                    3     10.7813    0.0130

                 总样本大小 = 24
```

图 9－8 例 9.5 卡方检验、行均分检验的结果

其中图 9－7 给出了性别和职称两个变量的交叉列联表，从表中可以获取不同性别不同职称人数的频数、百分比、行百分比和列百分比。

图 9－8 为 FREQ 过程选用 CHISQ 和 CMH 选项得到的检验结果。首先列出的统计量表给出了卡方检验等统计量和检验概率的结果，从卡方检验的结果可见，χ^2（卡方）＝11.25，P（概率）＝0.010 4＜0.05 ，故认为职称和性别不独立，具有显著的关联性。同时关联度指标 Phi 系数 0.684 7、列联系数 0.564 9 和 Cramer 的 V 系数 0.684 7，这些值均在 0.5 以上，表明职称和性别不独立，有一定的关联性。

但上述由卡方检验结果可以认为男、女不同性别的职称的构成具有显著的不同，而到底哪一组的职称的层次更高，则需要行均分检验得到分析结论。

这里如果我们给不同的职称即无职称、助工、工程师、高工分别赋以 1、2、3、4 的得分，则

男性的职称平均得分为

$$\frac{1\times0+2\times7+3\times4+4\times5}{7+4+5}=\frac{46}{16}=2.875$$

而女性的职称平均得分为

$$\frac{1\times3+2\times0+3\times4+4\times1}{3+4+1}=\frac{19}{8}=2.375$$

类似于这两组得分均值的比较检验结果就可通过统计量 Cochran-Mantel-Haenszet 得到。图 9-8 的汇总统计量，即 Cochran-Mantel-Haenszet 统计量检验结果中，其"行均值得分差异值"的检验统计量=1.335 8,对应的概率值 $P=0.247\ 8>0.05$,由此可以得到检验结论：不同性别的职称没有显著的层次差异。

（四）定序-定序变量的独立性检验问题

这里我们考虑两个属性变量都是多分类的定序变量问题。

【例 9.6】(定序-定序变量的列联表分析) 对例 8.3 的表 8-8 中员工基本情况数据中的学历与职称进行交叉列联表分析,用卡方检验考察学历与职称是否相互独立,即是否具有关联性？

对于两个属性变量都是多值的定序变量但属性不同的问题,从列联表分类角度看属于双向有序且属性不同的 $R\times C$ 列联表。对于这种类型的列联表数据,要根据不同研究目的选择相应的统计分析方法：

- 如果要考察学历与职称是否相互独立,即是否有关联性,可以采用卡方检验；利用 FREQ 过程即可进行独立性检验,需要 TABLES 语句中添加 CHISQ 选项；
- 如果要比较不同学历的职称之间的差异是否显著,可以采用非参数的秩和检验；利用 NPAR1WAY 非参数过程即可实现；
- 如果要研究职称与学历两定序变量之间是否有相关性,可进行 Spearman 秩相关分析；利用 CORR 过程加选项 SPEARMAN 即可实现。

对例 9.6 所要求的职称与学历的独立性检验：

H_0:职称与学历相互独立,无关联； H_1:职称与学历不独立,有关联

利用 SAS 过程的 FREQ 过程即可进行,只需在 TABLES 语句中添加 CHISQ 选项。其 SAS 程序如下所示。

```
proc freq data= ex8_3;
   tables title* edu /chisq ;
run;
```

执行上述程序,将在结果输出窗口内生成职称与学历的交叉列联表(图 9-9)和卡方检验统计量结果表(图 9-10)。

FREQ PROCEDURE

表 - title * edu

title(职称)　　edu(学历)

频数 百分比 行百分比 列百分比	1本科	2专科	3高中	4初中	合计
1高工	3 12.50 50.00 37.50	3 12.50 50.00 42.86	0 0.00 0.00 0.00	0 0.00 0.00 0.00	6 25.00
2工程师	4 16.67 50.00 50.00	4 16.67 50.00 57.14	0 0.00 0.00 0.00	0 0.00 0.00 0.00	8 33.33
3助工	1 4.17 14.29 12.50	0 0.00 0.00 0.00	4 16.67 57.14 66.67	2 8.33 28.57 66.67	7 29.17
4无职称	0 0.00 0.00 0.00	0 0.00 0.00 0.00	2 8.33 66.67 33.33	1 4.17 33.33 33.33	3 12.50
合计	8 33.33	7 29.17	6 25.00	3 12.50	24 100.00

图 9－9　例 9.6 职称与学历交叉列联表分析表

表 (title * edu) 的统计量

统计量	自由度	值	概率
卡方	9	20.6429	0.0143
似然比卡方	9	27.3330	0.0012
Mantel-Haenszel 卡方	1	11.2056	0.0008
Phi 系数		0.9274	
列联系数		0.6800	
Cramer V 统计量		0.5354	

WARNING: 100% 的单元格的期望计数比 5 小。
卡方可能不是有效检验。

样本大小 = 24

图 9－10　例 9.6 职称与学历卡方检验的结果表

由图 9－10 列出的卡方检验统计量表结果可见，检验统计量 χ^2(卡方)＝20.642 9，概率值 $P=0.014\,3<0.05$，故拒绝 H_0，认为职称与学历不独立，具有显著的关联性。

四、n 维列联表分析

在 SAS 系统中也可以对两个以上的变量进行列联表分析，分析各变量之间的交叉概率情况。*n* 维列联表分析可通过语句 TABLES 来实现，其基本用法如下：

```
TABLES 变量 1 * 变量 2 * … * 变量 n;
```

其中，变量 *n* 为分析后形成的列联表的列变量；变量 *n*－1 为分析后形成的列联表的行变量；其余的变量形成不同的层。以简单的三个变量的列联表为例，语句"tables A * B * C"将按照 A 变量的不同水平分组，在每组内分别生成变量 B * C 的列联表。

【例 9.7】(*n* 维列联表分析的 SAS 实现)　对例 8.3 的表 8－8 中的 24 名职工的基本情况数据，试先对其中性别进行分组，再对不同职称与学历的情况进行列联表分析。

本实例对表 8－8 中的数据进行 *n* 维列联表分析，具体程序如下：

```
proc freq data= ex8_3;
  tables sex * title * edu;
run;
```

执行程序后，将分别生成男性员工和女性员工的"职称×学历"列联表，如图 9－11 所示。

FREQ 过程

title * edu 的表 1
控制: sex=男

title(职称) 频数 百分比 行百分比 列百分比	edu(学历) 本科	初中	高中	专科	合计
高工	3 18.75 60.00 50.00	0 0.00 0.00 0.00	0 0.00 0.00 0.00	2 12.50 40.00 50.00	5 31.25
工程师	2 12.50 50.00 33.33	0 0.00 0.00 0.00	0 0.00 0.00 0.00	2 12.50 50.00 50.00	4 25.00
无职称	0 0.00 . 0.00	0 0.00 . 0.00	0 0.00 . 0.00	0 0.00 . 0.00	0 0.00
助工	1 6.25 14.29 16.67	2 12.50 28.57 100.00	4 25.00 57.14 100.00	0 0.00 0.00 0.00	7 43.75
合计	6 37.50	2 12.50	4 25.00	4 25.00	16 100.00

(a) 男性员工层结果

title * edu 的表 2
控制: sex=女

title(职称) 频数 百分比 行百分比 列百分比	edu(学历) 本科	初中	高中	专科	合计
高工	0 0.00 0.00 0.00	0 0.00 0.00 0.00	0 0.00 0.00 0.00	1 12.50 100.00 33.33	1 12.50
工程师	2 25.00 50.00 100.00	0 0.00 0.00 0.00	0 0.00 0.00 0.00	2 25.00 50.00 66.67	4 50.00
无职称	0 0.00 0.00 0.00	1 12.50 33.33 100.00	2 25.00 66.67 100.00	0 0.00 0.00 0.00	3 37.50
助工	0 0.00 . 0.00	0 0.00 . 0.00	0 0.00 . 0.00	0 0.00 . 0.00	0 0.00
合计	2 25.00	1 12.50	2 25.00	3 37.50	8 100.00

(b) 女性员工层结果

图 9－11　例 9.7 的 n 维列联表分析的输出结果

第三节　Kappa 值与一致性分析

一、Kappa 值与一致性分析概述

在诊断试验中常需考察不同的诊断方法在诊断结果上是否具有一致性，诸如两种诊断试验方法对同一个样本或研究对象的化验结果的一致性、新的诊断试验方法与新标准的一致性、两个医生对同一组病人的病情诊断结论的一致性等等。

一致率是评价诊断试验的重要指标，也是临床实践中的常用指标。但是一致率的大小不完全取决于研究者的临床经验和诊断能力，还可能是偶然的随机因素的作用，致使不同研究者得出相同的诊断结论。为此，Cohen 于 1960 年提出 Kappa 分析，在考虑了随机因素对一致率影响的情况下，综合衡量诊断试验的可重复性即其结果的一致性。Kappa 分析认为，一项诊断试验的可重复性即结果的一致性，既与观察一致率和随机一致率之差有关，又与不同研究者在一项诊断试验中可能实现的最大一致率有关，定义 Kappa 值的计算方法为

$$\text{Kappa}=\frac{\text{观察一致率}-\text{随机一致率}}{1-\text{随机一致率}}=\frac{Po-Pe}{1-Pe}$$

例如，考察两名研究者对某项试验中各样本测试是否阳性的判断结果，如表 9－10 所示。

表 9-10　两名研究者对各样本测试是否阳性的判断结果

研究者 2	研究者 1 阴性	研究者 1 阳性	总计
阴性	a	b	R_1
阳性	c	d	R_2
总计	C_1	C_2	N

则其中对角线上的 a、d 是两名研究者观察判断一致的频数，非对角线上的 b、c 是两名研究者观察判断不一致的频数。则

$$\text{Kappa} = \frac{Po - Pe}{1 - Pe} = \frac{N(a+d) - (C_1R_1 + C_2R_2)}{N^2 - (C_1R_1 + C_2R_2)}$$

其中 $Po = (a+d)/N$ 为观察一致率，$Pe = (C_1R_1 + C_2R_2)/N^2$ 为随机一致率。由此即可计算 Kappa 值进行一致性的评判分析。

统计上一致性检验通用的经验法则常用 Kappa 值进行，Kappa 值最大为 1，大于 0.75 表示一致性好，而小于 0.4 则表示一致性差。对于用 Kappa 值判断一致性的参考标准如表 9-11 所示。

表 9-11　Kappa 值判断一致性的参考标准

Kappa 值	意　义
1	两次判断的结果完全一致
>0.75	一致程度相当好
<0.4	一致程度不够好
>0	说明有统计意义，Kappa 值越大，说明一致性越好
0	两次判断的结果是随机因素造成的
<0	一致程度比随机因素造成的还差，结果很不一致，实用中无意义
−1	两次判断的结果完全不一致

下面介绍如何利用 SAS 编程进行二值变量(二分类)资料和定序变量分类资料问题的一致性分析。

二、二值变量的一致性分析

二值变量(二分类)数据问题的一致性检验，也称 Kappa 检验，是对两种方法测定结果的一致性进行检验，看一致性是否是由偶然因素影响造成的结果，也即两种方法测定结果的观察一致率与随机一致率之间的差别是否具有统计学的显著性意义。

二值变量问题的 Kappa 统计量是反映两法结果一致性程度高低的统计量，也有抽样误差，其渐进标准误为 ASE。由于 $Z = \text{Kappa}/\text{ASE}$ 近似服从标准正态分布，故可借助正态分布理论进行一致性检验，即检验：

$$H_0: \text{Kappa} = 0; \quad H_1: \text{Kappa} \neq 0$$

如果拒绝 H_0,则认为两种方法具有统计学上显著的一致性。

Kappa 检验重在检验两者的一致性,前面的本章第二节介绍的配对 χ^2 检验重在检验两者间的差异。对同一样本数据,这两种检验可能给出矛盾的结论,主要原因是两者对所提供的有统计学意义的结论要求非常严格。

下面我们结合实际例子来考察二值变量(二分类)数据的一致性检验问题

【例 9.8】 考察例 9.4 的两种药物进行药敏试验其结果是否阳性的问题,其试验结果见表 9-9。试问两种药物的试验结果是否一致?($\alpha=0.05$)

对例 9.4 建立的 SAS 数据集 EX9_4,利用 FREQ 过程即可进行一致性检验,在 TABLES 语句中添加 AGREE 选项即可输出 Kappa 值,同时增加 TEST KAPPA;语句得到一致性检验的结果。其 SAS 程序如下所示。

```
proc freq  data= ex9_4;
 tables a* b/agree;
 weight num;
 test kappa;
run;
```

执行上述程序,可得本例的一致性检验分析的主要输出结果,如图 9-12 所示。

图 9-12 首先给出了简单 Kappa 系数以及相应的 95% 置信区间:Kappa 系数=0.6637,Kappa 系数的 95% 置信区间为(0.5295, 0.7978),说明两种药物的药敏试验(阴阳性)结果的一致性程度较好,但还没有达到 Kappa 系数=0.75 以上的相当好的程度。再由其关于 H_0:Kappa=0 的 Kappa 检验结果知,其统计量 $Z=7.2867$,双侧显著性概率($Pr>|Z|$)$P<0.0001$,故拒绝 H_0,认为两种药物的药敏试验结果的一致性在统计学上具有极显著意义,其结论是一致的。

图 9-12 例 9.8 的一致性检验输出结果

三、定序变量的一致性分析

前面介绍了两个样本率比较的二值变量问题一致性检验方法,为 2×2 表或四格表数据资料。本节将介绍的定序变量的一致性分析即 $R×C$(行×列)列联表数据资料的一致性检验,可用于多个样本率的比较、两个或多个构成比的比较,以及双向有序或无序定类资料的检验等。

对于多分类属性变量间关系的统计分析即 $R×C$ 列联表数据资料问题,可以分为双向无序、单向定序、双向定序属性相同和双向定序属性不同等 4 类,其对应的研究目的和统计方法也有所不同。如表 9-12 所示。

表 9-12　不同 $R \times C$ 列联表数据类型对应的研究目的和统计方法

$R \times C$ 列联表	属性变量类型	研究目的	统计方法
双向定类 （无序）	两个定类变量（无序）	多个样本率（或构成比）的比较	列联表的 χ^2 检验
		分析两个定类变量间的关联性	列联表的 χ^2 检验、Pearson 列联系数
单向定序	指标变量定类、分组变量定序	指标结果与分组变量是否关联	列联表的 χ^2 检验
	指标变量定序、分组变量定类	不同组别的指标是否有差异	秩和检验
双向定序 （属性不同）	两个定序变量,属性不同	两个定序变量间是否存在线性变化趋势	线性趋势检验
双向定序 （属性相同）	两个定序变量,属性相同	两个定序变量结果是否一致	一致性检验 （或称 Kappa 检验）

对于属性变量为双向定序变量且属性相同的数据,我们可以采用 Kappa 检验判断其是否一致性。下面通过 SAS 实例来介绍定序分类变量间的一致性分析。

【例 9.9】 某药厂有 A、B 两种不同原理的质量分析仪器,现随机抽取若干同类药品,在相同条件下用这两种质量分析仪器分别检验该批药品的质量,得检测结果数据如表 9-13 所示,试检验 A、B 两种质量分析仪器的检测结果是否一致？（$\alpha=0.01$）

表 9-13　A、B 两种质量分析仪器的检测结果

A 质量仪结果	B 质量仪结果		
	好	中	差
好	645	12	1
中	18	90	3
差	2	4	15

例 9.9 的两种检测结果为定序变量,所进行的一致性分析,与例 9.8 一样,可利用 FREQ 过程来实现,过程中需要 TABLES 语句加 AGREE 选项,同时用"test kappa;"语句,即可得到 Kappa 系数和一致性检验的结果。其 SAS 程序如下所示。

```
data ex9_9;
  do a= 1 to 3;
   do b= 1 to 3;
    input count @@;
    output;
   end;
  end;
 cards;
```

```
   645  12   1
    18  90   3
     2   4  15
;
proc freq;
  weight count;
  tables a* b/agree;
  test kappa;
run;
```

执行上述程序,可得本例的一致性检验分析的输出结果,主要结果如图 9-13 所示。

图 9-13 同时给出了例 9.9 的简单 Kappa 系数、加权 Kappa 系数以及 95% 置信区间:简单 Kappa 系数 = 0.8188,对应 95% 置信区间为 (0.765 7, 0.871 9);加权 Kappa 系数 = 0.830 9,置信区间为 (0.779 6, 0.882 1),均超过了 0.75 的相当好的标准,表明这两种质量分析仪器的检测结果高度一致,相当好。再由其关于 H_0:Kappa = 0 的 Kappa 检验结果知,其统计量 $Z = 26.133\ 4$,双侧显著性概率 $(Pr > |Z|) P < 0.000\ 1$,故拒绝 H_0,认为两种质量分析仪器的检测结果的一致性在统计学上具有极显著意义,其检验结论是相当一致的。

图 9-13 例 9.9 一致性分析的主要检验结果

第四节 列联表分析的界面操作

在 SAS 系统中通过【分析家】模块下的界面操作也可以方便地实现列联表分析与一致性分析。

(一) n 维列联表分析

本节首先通过实例操作来了解如何在【分析家】模块下对例 8.3 中的数据进行列多维联表分析。

【例 9.10】 考察例 9.7 的问题,在【分析家】模块下对例 8.3 的数据进行 sex * edu * title 三维列联表分析。

1. 启动【分析家】模块,导入例 8.3 中的数据。选择菜单【解决方案】→【分析】→【分析家】,即进入【分析家】模块。选择菜单【文件】→【按 SAS 名称打开】,即可选定了例 8.3 的 SAS 数据集 EX8_3。

2. 单击菜单【统计】→【表分析】,在【Table Analysis:EX8_3】对话框中设置列联表分析的变量,如图 9-14 所示。本实例中选定变量 edu(学历)为行变量(Row),变量 title(职称)

为列变量(Column),变量 sex 为分层变量(Strata)。

3. 单击【Table Analysis】对话框中的 Input,对列联表中变量各水平的显示顺序进行设置。如图 9-15 所示,可以设置的显示顺序包括:按非格式化的数据值排序、按格式化的数据值排序、按数据集中水平出现的顺序排序和按各水平频数的降序排序。本实例中选择 ⊙Order of appearance in data set(按数据集中水平出现的顺序排序)。

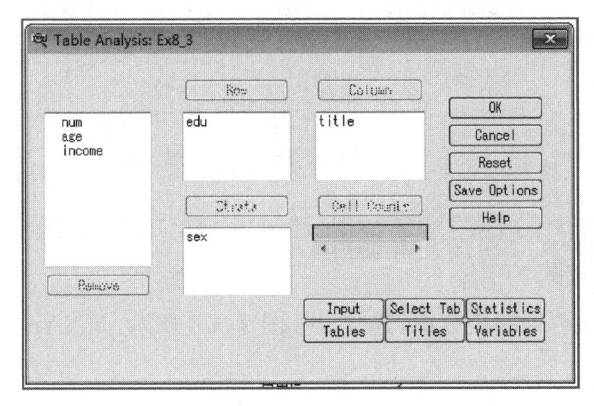

图 9-14 【分析家】列联表分析变量设置 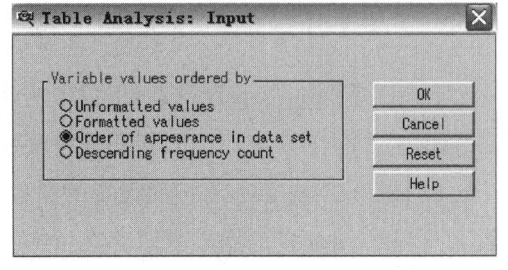   图 9-15 【分析家】列联表变量显示顺序设置

4. 单击【Table Analysis】对话框中的 Select Tab,选择需要输出的列联表,如图 9-16 所示。本实例中选择输出 sex * edu * title 列联表。

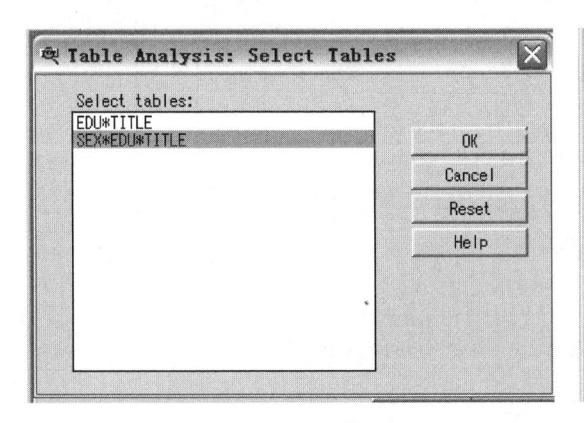

图 9-16 【分析家】列联表选择 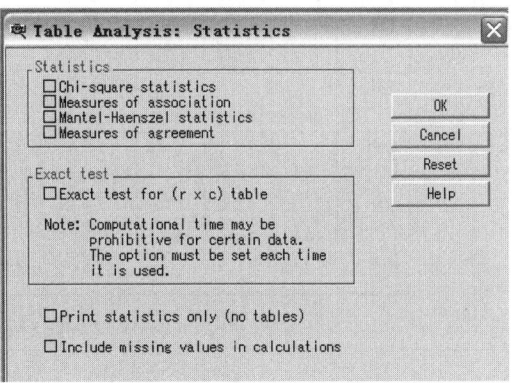   图 9-17 【分析家】列联表分析统计参数设置

5. 单击【Table Analysis】对话框中的 Statistics,对需要计算的统计参数进行设置。其中 Statistics 区域用于卡方检验的参数设置;Exact test 区域用于设置 Fisher 精确检验的参数;Print statistics only (no tables)复选框设置仅打印统计结果,不打印输出列联表;Include missing values in calculations 复选框选中表示计算时包括缺失值,如图 9-17 所示。

6. 单击【Table Analysis】对话框中的 Tables,对列联表输出情况进行设置,如图 9-18 所示。其中 Frequencies 区域包括 Observed(观测频数)、Expected(期望频数)和 Deviation(差值频数)三个选项,分别用于选定相应频数的输出。Percentages 区域包括 Cell(单元格百分比)、Row(行百分比)和 Column(列百分比)三个选项,分别用于选定相应百分比的输出。

Chapter 09 列联表分析　225

本例选定 Observed(观测频数)、Expected(期望频数)和 Column(列百分比)。

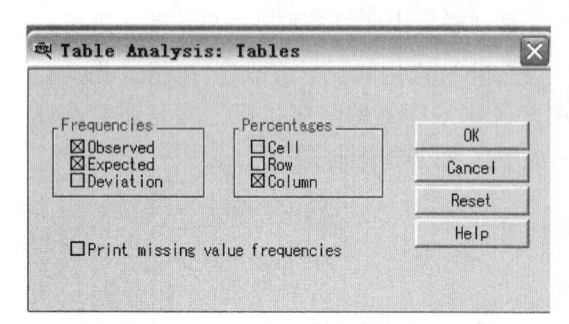

图 9-18 【分析家】列联表单元格输出设置

图 9-19 【分析家】列联表标题输出设置

7. 单击【Table Analysis】对话框中的 Titles ，可用于设置数据分析的标题。本例设置标题"不同性别的学历与职称的列联表分析"，见图 9-19。

8. 最后，单击 OK ，将按照设置的参数执行列联表分析，其结果如图 9-20 所示，与 SAS 编程过程 Freq 实现的结果类似。

图 9-20 例 9.10 的【分析家】模块列联表分析的输出结果

(二) 交叉列联表分析

【例 9.11】(2×2 列联表分析的【分析家】菜单操作实现) 对例 9.3 给的两种药物治疗白色葡萄球菌败血症疗效的列联表数据(表 9-7)和 SAS 数据集 EX9_3，利用【分析家】模块菜单操作进行列联表分析，检验两种药物的疗效有无显著性差异？

【分析家】模块下对例 9.3 的交叉表频数数据进行列联表分析的步骤：

1. 启动【分析家】模块，导入例 9.3 中的 SAS 数据集 EX9_3。

2. 单击菜单【统计】→【表分析】，在【Table Analysis:EX9_3】对话框中设置列联表分析的变量，如图 9-21 所示。本实例中选定变量 pha_class(药物种类)为行变量(Row)，变量 effec(有效性)为列变量(Column)，变量 num(人数)为频数变量(Cell Counts)。

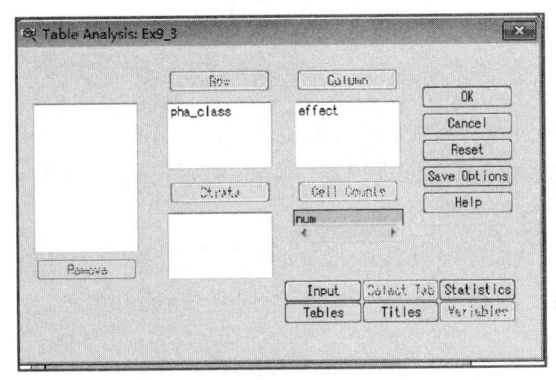

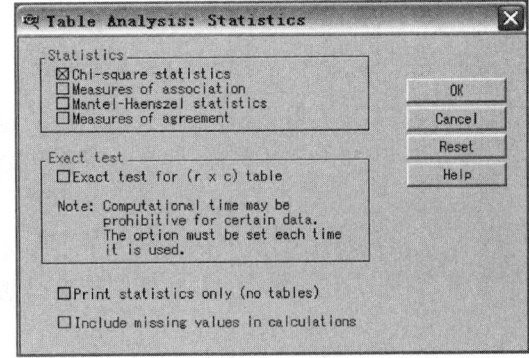

图 9-21 例 9.11【分析家】列联表分析的变量设置　　图 9-22 例 9.11 的列联表分析的检验统计量设置

【注意】　这里变量 num(人数)为频数变量,故应该选入 Cell Counts 下的框。

3. 单击【Table Analysis】对话框中的 Statistics ,对需要计算的统计参数进行设置。为检验两种药物的疗效有无显著性差异,本例选定计算 Statistics 区域的卡方检验统计量:☒ Chi-square statistics,如图 9-22 所示。

4. 单击【Table Analysis】对话框中的 Tables ,对列联表各单元格的输出情况进行设置,本例选定 Observed(观测频数)、Expected(期望频数)和 Column(列百分比)。

5. 最后,单击 OK ,即可按照设置的参数执行列联表分析和检验,其输出结果与前面例 9.3 的 SAS 编程 Freq 过程实现的 SAS 输出结果基本一样,参见前面图 9-3、图 9-4。

根据 SAS 检验结果,认为两种药物的疗效没有显著性差异。

注意,在 SAS 系统中所有的菜单操作都会在日志(LOG)窗口生成相应的 SAS 程序,例如本例【分析家】模块下列联表分析的操作所产生的 SAS 程序记录如图 9-23 所示,我们可以在学习日志窗口内自动生成的程序中去熟悉 SAS 程序,并学会灵活运用。

图 9-23 例 9.11 的【分析家】列联表分析操作的 SAS 程序记录

(三) 一致性分析

【**例 9.12**】 对例 9.9 的两种质量分析仪器检测药品的质量结果所建立的数据集 EX9_9,试用【分析家】模块菜单操作,去检验这两种质量分析仪器的检测结果是否一致?

【分析家】模块下对例 9.9 的两种质量仪的检测结果数据进行定序变量一致性检验的步骤:

1. 启动【分析家】模块,导入例 9.9 中的 SAS 数据集 EX9_9。
2. 单击菜单【统计】→【表分析】,在【Table Analysis:EX9_9】对话框中设置列联表分析的变量,如图 9-24 所示。本实例中选定变量 a 为行变量(Row),b 为列变量(Column),变量 count(人数)为频数变量(Cell Counts)。

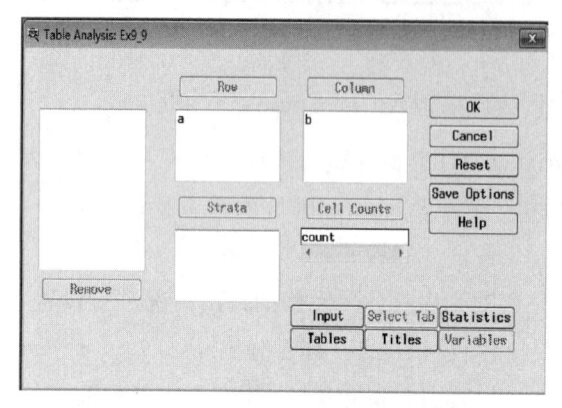

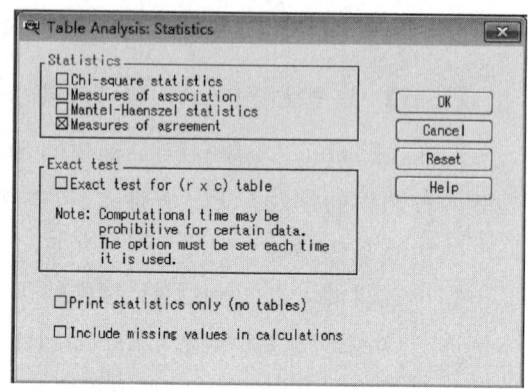

图 9-24 例 9.12【分析家】列联表分析的变量设置

图 9-25 例 9.12 的一致性检验统计量设置

3. 单击【Table Analysis】对话框中的 Statistics ,对需要计算的统计量进行设置。为检验两种质量分析仪器的检测结果是否一致,本例选定计算 Statistics 区域的一致性检验统计量:☒ Measures of agreement,如图 9-25 所示。

4. 单击【Table Analysis】对话框中的 Tables ,对列联表各单元格的输出情况进行设置。

5. 最后,单击 OK ,即可得到一致性检验分析的输出结果,为交叉列联表和 Kappa 统计量。这里仅列出 Kappa 统计量的结果,如图 9-26 所示。

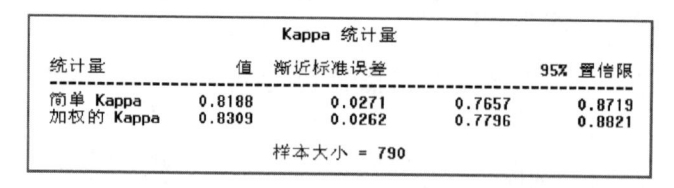

统计量	值	渐近标准误差	95% 置信限	
简单 Kappa	0.8188	0.0271	0.7657	0.8719
加权的 Kappa	0.8309	0.0262	0.7796	0.8821

样本大小 = 790

图 9-26 例 9.12 的一致性检验的 Kappa 统计量结果

图 9-26 同时给出了对例 9.12 检验的简单 Kappa 系数、加权 Kappa 系数以及对应的 95% 置信区间:简单 Kappa 系数=0.8188,对应 95% 置信区间为(0.7657,0.8719);加权 Kappa 系数=0.8309,对应 95% 置信区间为(0.7796,0.8821),均超过了 0.75 的一致性相当好的标准,表明这两种质量分析仪器的检测结果高度一致,一致性相当好。

(阎航宇)

Chapter 10 参数统计推断

第一节 统计推断的基本原理
  一、统计推断概述
  二、参数估计
  三、假设检验概述

第二节 参数统计推断的 SAS 过程
  一、样本 t 检验的 TTEST 过程
  二、单样本均值检验和区间估计
  三、两独立样本的均值比较检验和区间估计
  四、两配对样本的均值比较检验和区间估计

第三节 【分析家】模块进行统计推断
  一、单个总体均值的区间估计
  二、单样本均值的 t 检验
  三、两独立样本均值的 t 检验
  四、两配对样本均值的 t 检验

统计推断是根据总体随机抽样获取的样本数据进行分析来推断总体的统计方法。在统计学中,统计推断研究的两大核心问题是参数估计和假设检验。本章将介绍如何在 SAS 系统中实现统计推断,包括编程和界面操作两种方式。

第一节 统计推断的基本原理

一、统计推断概述

统计研究的目的在于探索说明总体的数量特征即统计规律性。如果掌握的统计数据是研究对象的全体即总体的全面调查资料,则可利用第 8 章介绍的描述性统计分析方法来直接计算总体的描述统计量等来描述总体的相应数量特征和规律。但现实情况比较复杂,当总体的个体数很多时,或者总体的范围难以确定时,或者对于破坏性试验,只能从中抽取一部分个体进行调查,以此来推断所研究的总体的状况和规律,这就需要从总体中抽取部分个体构成样本来进行调查研究,再利用从样本中所获得的信息来估计和推断总体的数量特征即统计规律性,这称为统计推断(statistical inference)。

下列图 10-1 给出了总体、参数与样本、统计量等基本概念之间的关系。

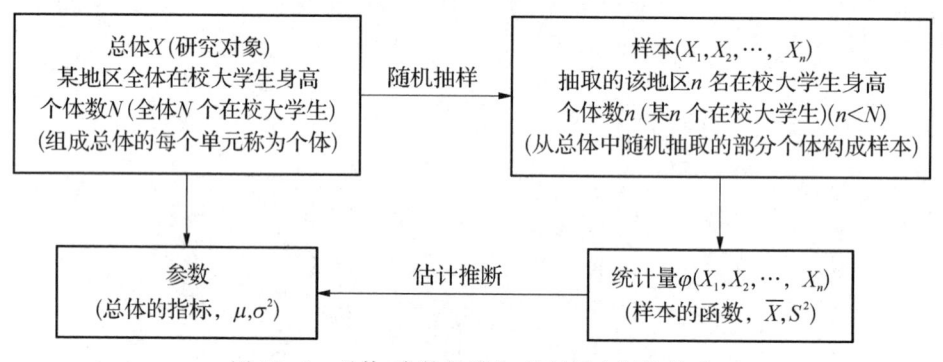

图 10-1 总体、参数与样本、统计量之间的关系

对总体特征的统计推断一般采用参数估计和假设检验两类方式实现。

二、参数估计

在医药生产与科研中,有时总体的分布类型已知,但总体分布中经常含有未知参数。为了获取总体的未知参数,往往需要通过样本观测值来统计推断总体中的未知参数,这类问题称为参数估计。

参数估计通常分为两类:一是点估计(point estimation),就是计算某个适当统计量的观测值作为未知参数的估计值,如采用某次抽样调查所得的 50 例健康男子血清总胆固醇的均值作为健康男子血清总胆固醇的总体均值的估计值。点估计是直接使用抽样样本获取统计参数值估计总体的特征,但是在实际的抽样中存在一定的误差,因而通过点估计获得的总体统计推断具有一定的误差性,其可靠程度也没有准确的参考值。

二是区间估计,区间估计是在点估计的基础上,通过对样本数据的统计分析,给出一个参数的区间来估计总体的参数。同时,在区间估计中还给出这一区间的可靠程度,即在一定概率(统计学上称为置信度 $1-\alpha$)下,总体的统计参数在该区间内,因而,在区间估计中的区间在统计学上称为置信区间,而 α 的值为区间估计的显著性水平。例如,对某校学生的体重进行抽样调查,通过对其样本数据的区间估计,可知在 0.05 的显著性水平下学生体重均值的置信区间为(57.5,65.7),说明在通过样本推断总体的统计参数的过程中有 95% 的抽样样本的均值会落在区间(57.5,65.7)之中。

区间估计中最为常用的是估计单个正态总体的均值等参数的置信区间,其求解单个总体常用参数的置信区间公式如表 10-1 所示。

表 10-1 单个总体参数的 $100(1-\alpha)$% 置信区间

参 数	条 件	$100(1-\alpha)$% 置信区间
均值 μ	σ^2 已知	$\left(\overline{X}-Z_{\alpha/2}\dfrac{\sigma}{\sqrt{n}},\ \overline{X}+Z_{\alpha/2}\dfrac{\sigma}{\sqrt{n}}\right)$
	σ^2 未知	$\left(\overline{X}-t_{\alpha/2}\dfrac{S}{\sqrt{n}},\ \overline{X}+t_{\alpha/2}\dfrac{S}{\sqrt{n}}\right)$
方差 σ^2	μ 未知	$\left(\dfrac{(n-1)S^2}{\chi^2_{\frac{\alpha}{2}}},\ \dfrac{(n-1)S^2}{\chi^2_{1-\frac{\alpha}{2}}}\right)$

三、假设检验概述

假设检验(test of hypothesis)亦称显著性检验(test of statistical significance),就是先对总体的参数或分布做出某种假设,如假设两总体均值相等、总体服从正态分布或两总体分布相同等,然后用适当的统计方法计算某检验统计量,根据检验统计量大小来推断此假设应当被接受或拒绝,它是统计推断的另一重要方面。

假设检验可以分为两类:一类是已知总体的分布类型,对其未知的总体参数作假设检验,称为参数检验(parametric test),主要讨论总体参数(均值、方差、总体率等)的检验;另一类是对分布类型未知的总体作假设检验,称为非参数检验(nonparametric test),主要包括总体分布形式的假设检验、随机变量独立性的假设检验等。

在假设检验中,通常将所要进行检验的假设称为零假设(null hypothesis)或原假设;而将与零假设的对立的假设称为备择假设(alternative hypothesis)或对立假设。

假设检验的基本思想是所谓概率性质的反证法。即为了检验零假设是否正确,首先假定零假设成立,在零假设成立的条件下根据抽样理论和样本信息进行推断,如果得到矛盾的结论,就拒绝零假设,否则,则不拒绝零假设。这里在概率性质的反证法中运用了小概率原理,即小概率事件在一次试验中几乎不可能发生。在假设检验中,将事先给定的小概率 α 称为显著性水平(significance level)。在利用样本信息去检验零假设时,由于样本所包含的信息较分散,一般需要构造一个检验统计量去进行判断。对于一次抽样的样本值,计算检验统计量的观测值发生的概率(即在零假设成立时得到样本观测值和更极端结果的概率),即概率 P 值或称相伴概率。若该概率 P 值<显著性水平 α,则表明小概率事件在一次抽样试验中居然发生了,这与小概率原理相矛盾,即认为不合理或出现矛盾,则可推断零假设不成立,则拒绝零假设;否则,就接受零假设。

依据假设检验的基本思想,假设检验有以下三大基本步骤:

(1) 根据推断检验的目标,建立检验假设,包括零假设和备择假设。

(2) 基于零假设,建立样本的抽样情况的统计参数分布,选择检验统计量,计算其观测值发生和更极端结果的概率,即概率 P 值或称相伴概率。

(3) 给定显著性水平 α(一般确定为 0.05),根据检验统计量的概率 P 值进行统计决策:如果概率值 $P<\alpha$(显著性水平),表明一次抽样试验中发生了小概率事件,则拒绝零假设,接受备择假设,认为零假设不成立;否则,就接受零假设。

对正态总体的参数进行假设检验是假设检验的重要内容,如对单个总体均值、方差的检验、两个总体均值比较的检验和两总体方差比的检验等。正态总体参数的各种检验方法见表 10-2～表 10-7。

表 10-2　单样本总体均值的假设检验

条件	检验假设		检验统计量	分布	拒绝域
σ^2 已知	$H_0:\mu=\mu_0$	$H_1:\mu\neq\mu_0$	$u=\dfrac{\overline{x}-\mu_0}{\sigma/\sqrt{n}}$	$N(0,1)$ Z 检验	$\|u\|>u_{\alpha/2}$
		$H_1:\mu>\mu_0$ (或 $H_1:\mu<\mu_0$)			$u>u_\alpha$ (或 $u<-u_\alpha$)
σ^2 未知	$H_0:\mu=\mu_0$	$H_1:\mu\neq\mu_0$	$t=\dfrac{\overline{x}-\mu_0}{S/\sqrt{n}}$	$t(n-1)$ t 检验	$\|t\|>t_{\alpha/2}$
		$H_1:\mu>\mu_0$ (或 $H_1:\mu<\mu_0$)			$t>t_\alpha$ (或 $t<-t_\alpha$)

表 10-3　单样本正态总体方差的检验

条件	检验假设		检验统计量	分布	拒绝域
单个总体	$H_0:\sigma^2=\sigma_0^2$	$H_1:\sigma^2\neq\sigma_0^2$	$\chi^2=\dfrac{(n-1)S^2}{\sigma_0^2}$	$\chi^2(n-1)$ 卡方检验	$\chi^2<\chi^2_{1-\frac{\alpha}{2}}$ 或 $\chi^2>\chi^2_{\frac{\alpha}{2}}$
		$H_1:\sigma^2>\sigma_0^2$ (或 $H_1:\sigma^2<\sigma_0^2$)			$\chi^2>\chi^2_\alpha$ (或 $\chi^2<\chi^2_{1-\alpha}$)
两个总体	$H_0:\sigma_1^2=\sigma_2^2$	$H_1:\sigma_1^2\neq\sigma_2^2$	$F=\dfrac{S_1^2}{S_2^2}$ $(S_1^2\geqslant S_2^2)$	$F(n_1-1,n_2-1)$ F 检验	$F>F_{\alpha/2}$
		$H_1:\sigma_1^2>\sigma_2^2$			$F>F_\alpha$

表 10-4　两配对样本总体均值比较检验

条件	检验假设		检验统计量	分布	拒绝域
配对总体 (d 为差值)	$H_0:\mu_d=0$	$H_1:\mu_d\neq 0$	$t=\dfrac{\overline{d}}{S_d/\sqrt{n}}$	$t(n-1)$ t 检验	$\|t\|>t_{\alpha/2}$
		$H_1:\mu_d>0$ (或 $H_1:\mu_d<0$)			$t>t_\alpha$ (或 $t<-t_\alpha$)

表 10-5　两独立样本正态总体均值比较检验

条件	检验假设		检验统计量	分布	拒绝域
方差已知	$H_0:\mu_1=\mu_2$	$H_1:\mu_1\neq\mu_2$	$u\approx\dfrac{\overline{x}-\overline{y}}{\sqrt{\dfrac{\sigma_1^2}{n_1}+\dfrac{\sigma_2^2}{n_2}}}$	$N(0,1)$ Z 检验	$\|u\|>u_{\alpha/2}$
		$H_1:\mu_1>\mu_2$ (或 $H_1:\mu_1<\mu_2$)			$u>u_\alpha$ (或 $u<-u_\alpha$)
方差未知 大样本 n_1、$n_2>30$	$H_0:\mu_1=\mu_2$	$H_1:\mu_1\neq\mu_2$	$u\approx\dfrac{\overline{x}-\overline{y}}{\sqrt{\dfrac{S_1^2}{n_1}+\dfrac{S_2^2}{n_2}}}$	$N(0,1)$ Z 检验	$\|u\|>u_{\alpha/2}$
		$H_1:\mu_1>\mu_2$ (或 $H_1:\mu_1<\mu_2$)			$u>u_\alpha$ (或 $u<-u_\alpha$)
方差未知 且相等	$H_0:\mu_1=\mu_2$	$H_1:\mu_1\neq\mu_2$	$t=\dfrac{\overline{x}-\overline{y}}{S^*\sqrt{\dfrac{1}{n_1}+\dfrac{1}{n_2}}}$ 【注1】	$t(n_1+n_2-2)$ t 检验	$\|t\|>t_{\alpha/2}$
		$H_1:\mu_1>\mu_2$ (或 $H_1:\mu_1<\mu_2$)			$t>t_\alpha$ (或 $t<-t_\alpha$)
方差未知 且不等	$H_0:\mu_1=\mu_2$	$H_1:\mu_1\neq\mu_2$	$t'=\dfrac{\overline{x}-\overline{y}}{\sqrt{\dfrac{S_1^2}{n_1}+\dfrac{S_2^2}{n_2}}}$	$t(df)$【注2】 t' 检验	$\|t'\|>t_{\alpha/2}$
		$H_1:\mu_1>\mu_2$ (或 $H_1:\mu_1<\mu_2$)			$t'>t_\alpha$ (或 $t'<-t_\alpha$)

注1：$S^*=\sqrt{\dfrac{(n_1-1)S_1^2+(n_2-1)S_2^2}{n_1+n_2-2}}$

注2：t' 检验分布自由度：$df=(n_1+n_2-2)\left(\dfrac{1}{2}+\dfrac{S_1^2\cdot S_2^2}{S_1^4+S_2^4}\right)$

表 10-6　单样本总体率的检验

条件	检验假设		统计量	分布	拒绝域
大样本 ($n>30$)	$H_0:P=P_0$	$H_1:P\neq P_0$	$u\approx\dfrac{p-P_0}{\sqrt{\dfrac{P_0(1-P_0)}{n}}}$	$N(0,1)$ Z 检验	$\|u\|>u_{\alpha/2}$
		$H_1:P>P_0$ (或 $H_1:P<P_0$)			$u>u_\alpha$ (或 $u<-u_\alpha$)
小样本 ($n<30$)	$H_0:P=P_0$	$H_1:P\neq P_0$	$u\approx\dfrac{\varphi-\Phi_0}{\sqrt{1/n}}$ 【注1】	$N(0,1)$ Z 检验	$\|u\|>u_{\alpha/2}$
		$H_1:P>P_0$ (或 $H_1:P<P_0$)			$u>u_\alpha$ (或 $u<-u_\alpha$)

注1：$\varphi=2\arcsin\sqrt{p}$，$\Phi_0=2\arcsin\sqrt{P_0}$

表 10-7　两个总体率的比较检验

条件	检验假设		统计量	临界值	拒绝域
大样本 n_1、$n_2>30$	$H_0:P_1=P_2$	$H_1:P_1\neq P_2$	$u\approx\dfrac{p_1-p_2}{\sqrt{p(1-p)\left(\dfrac{1}{n_1}+\dfrac{1}{n_2}\right)}}$ $\left(p=\dfrac{m_1+m_2}{n_1+n_2}\right)$	$N(0,1)$ Z 检验	$\|u\|>u_{\alpha/2}$
		$H_1:P_1>P_2$ (或 $H_1:P_1<P_2$)			$u>u_\alpha$ (或 $u<-u_\alpha$)

续 表

条 件	检验假设		统计量	临界值	拒绝域
小样本 n_1、$n_2 < 30$	$H_0: P_1 = P_2$	$H_1: P_1 \neq P_2$	$u \approx (\varphi_1 - \varphi_2)\sqrt{\dfrac{n_1 n_2}{n_1 + n_2}}$ 【注1】	$N(0,1)$ Z 检验	$\lvert u \rvert > u_{\alpha/2}$
		$H_1: P_1 > P_2$ (或 $H_1: P_1 < P_2$)			$u > u_\alpha$ (或 $u < -u_\alpha$)

注1：$\varphi_1 = 2\arcsin\sqrt{p_1}$，$\varphi_2 = 2\arcsin\sqrt{p_2}$

第二节　参数统计推断的 SAS 过程

一、样本 t 检验的 TTEST 过程

在 SAS 系统中可以实现总体参数的统计推断，其中总体的均值估计和假设检验较为常用，使用的过程包括之前介绍过的 MEANS、UNIVARIATE 过程等。同时，SAS 系统还专门提供了一个用于总体均值的假设检验和参数估计的 TTEST 过程。

TTEST 过程可以实现以下检验：
- 单样本均值的 t 检验；
- 两配对样本均值的 t 检验；
- 两独立样本均值比较的 t 检验。

t 检验是指以服从 t 分布的检验统计量 t 为基础的参数检验。1908 年 W. S. Gosset 发现的 t 分布使得小样本统计推断成为可能。在医药统计分析中，t 检验是常用的一类假设检验方法，其应用条件是：

(1) 当样本量较小时，理论上要求样本为来自正态分布总体的随机样本（正态性）；

(2) 当两个小样本均值比较时，一般要求两总体服从正态分布且两总体方差相等。

在 SAS 系统中 TTEST 过程语句的基本格式如下：

SAS 程序格式	意　义
PROC TTEST [选项];	对"DATA="指定或最新数据集进行均值的 t 检验过程
VAR 变量列表;	指定进行 t 检验分析的变量
PAIRED 变量列表;	指定需要分析的配对样本的变量，其形式为 A * B
BY 变量;	指定 t 检验分析的分组变量，该变量需为已排序的变量
CLASS 变量;	指定分组变量，在组内进行统计推断的检验分析
FREQ 变量;	指定作为观测频数的变量，默认时各观测的频数为 1
WEIGHT 变量;	指定作为观测权重的变量，默认时各观测的权重为 1
RUN;	向 SAS 系统提交过程步中的语句

PROC TTEST 语句用于指定需要进行分析的过程为 TTEST。同时，设置分析的相关选项，其中常用的选项如下表 10-8 所示。

表 10-8 PROC TTEST 语句的选项

选 项	意 义
DATA＝数据集名	指定需要进行分析的数据集
ORDER＝排序规则	指定 CLASS 语句变量分组后的顺序：DATA、FORMATTED、FREQ、INTERNAL、MIXED
ALPHA＝数值	指定区间估计时的置信度，其值在 0～1，默认为 0.05，此时给出相应的 95％的置信区间上、下限
SIDES|SIDE ＝类型	指定假设检验的 t 检验类型，包括：2（双侧检验，默认）、L（左侧检验）和 U（右侧检验）
H0＝m	指定原假设 H0 与总体均值进行比较的已知值 m，默认时为 0
CI＝类型	指定是否给出标准差 σ 的置信区间并指定置信区间的类型：EQUAL（对称区间，默认项）、UMPU、NONE（不给出区间）

VAR 语句用来指定要进行分析的变量，必须是数值型变量。如果与 CLASS 语句同时使用，则 TTEST 过程执行两组样本均值比较的 t 检验；否则将执行单样本均值比较的检验。如果过程没有 VAR 语句，则对数据集中的全部数值型变量（除了其他语句已用变量外）进行分析。VAR 语句不能和 PAIRED 语句同时使用。

CLASS 语句用来指定分组变量，变量可为数值型或字符型，但只能包含两个水平，否则报错。对于两组独立样本均值比较的 t 检验，CLASS 语句是必需的，TTEST 过程依据 CLASS 变量将输入数据集中的观测分为两组进行均值比较检验；而对于单组样本或配对样本资料的 t 检验，则无需 CLASS 语句。CLASS 变量的水平由其格式化值来确定，我们可利用 FORMAT 语句来设置 CLASS 变量的格式。

PAIRED 语句用来指定配对 t 检验中要进行比较的配对变量对。组成变量对的变量或变量列表之间可用星号"＊"或冒号"："相连接。以下列出一些 PAIRED 语句中变量对的定义形式的例子。

- PAIRED A＊B；——表示 A-B 为配对变量对；
- PAIRED A＊B C＊D；——表示 A-B、C-D 为配对变量对；
- PAIRED (A B)＊(C D)；——表示 A-C、A-D、B-C、B-D 为配对变量对；
- PAIRED (A1－A2)：(B1－B2)；——表示 A1-B1、A2-B2 为配对变量对。

对于每一个变量对，TTEST 过程用左侧的变量减去右侧的变量，将所得的差值当作新的变量执行单组样本均值比较（与 0 或指定的数值进行比较）的 t 检验过程。PAIRED 语句仅在配对数据资料的 t 检验时使用，且不能和 CLASS 语句和 VAR 语句同时使用。

在 SAS 系统中利用 TTEST 过程可以编程实现统计推断即均值的 t 检验，下面通过实例介绍来说明如何通过编程来实现统计推断即均值的 t 检验。

二、单样本均值检验和区间估计

(一) 单样本均值检验原理

单样本的均值假设检验，是利用来自某总体的样本数据，推断该总体的均值是否与指定的检验值之间存在明显的差异，它是对总体均值的假设检验，理论上要求此样本来自正态分布总体。

单样本的均值假设检验利用单样本 t 检验进行检验,其基本步骤与假设检验的步骤相同。其零假设为 $H_0:\mu=\mu_0$,即总体均值 μ 与指定检验值 μ_0 之间不存在显著差异。单样本 t 检验中计算 t 检验统计量公式为:

$$t=\frac{\overline{X}-\mu_0}{S/\sqrt{n}}$$

式中,$\overline{X}$ 是样本均值,μ_0 为检验值,S 是样本标准差,n 为样本数。

在单样本均值假设检验中,SAS 将给出 t 值和对应的相伴概率 P 值。由此我们进行统计判断:对给定的显著性水平 α,有

- 若概率 P 值$<\alpha$,则拒绝 H_0,认为总体均值 μ 与 μ_0 之间存在显著差异;
- 若概率 P 值$>\alpha$,则接受 H_0,认为总体均值 μ 与 μ_0 之间不存在显著差异。

注意:使用 t 检验法的一个重要前提是总体和样本都要服从正态分布。但是在实际中,即使原数据不服从正态分布,只要样本量足够大(>30),其样本均值的抽样分布仍然是正态的。因此,当样本量较大时,我们很少去考虑单样本 t 检验的适用条件。一般而言,只要数据分布不是强烈的偏态,这种方法都是可行的。但是当样本量较小时,一般要求样本取自正态总体,可通过正态性检验或作 Q-Q 图或者 P-P 图的方法来判断。

(二) 单样本均值检验的 SAS 应用

SAS 系统中,TTEST 过程可进行单个样本的总体均值的假设检验,同时可得到其均值和标准差的置信区间估计。其语句的基本格式为:

```
PROC TTEST [选项] H0= m;
  VAR 分析变量;
RUN;
```

其中 TTEST 语句的选项 H0=m 用来指定原假设的检验值 m,默认是 H0=0;VAR 语句用来指定分析变量,当数据集仅有该变量时,可省略 VAR 语句。

【例 10.1】 现抽样调查了 45 名例 30～49 岁健康男子,测得其血清中的总胆固醇值(mg/dL)结果如下所示。已知总胆固醇值服从正态分布。

219.7	184.0	130.0	237.0	152.5	137.4	163.2	166.3	181.7
176.0	168.8	208.0	243.1	201.0	278.8	214.0	131.7	201.0
199.9	222.6	184.9	197.8	200.6	197.0	181.4	183.1	135.2
169.0	188.6	241.2	205.5	133.6	178.8	139.4	131.6	171.0
155.7	225.7	137.9	129.2	157.5	188.1	204.8	191.7	109.7

试求出其总胆固醇值的总体均值的 95% 置信区间,并检验其总胆固醇值的均值与 180 是否有显著差异?($\alpha=0.05$)

本例需要求出总胆固醇值的总体均值 μ 的 95% 置信区间,并对单样本的均值 μ 做假设检验。即检验假设 $H_0:\mu=180$;$H_1:\mu\neq 180$。下面给出 SAS 程序,首先建立数据集,再对样本数据用 TTEST 过程求出置信区间,并进行 t 检验。

```
data ex10_1;
 input dgc @@;
 cards;
219.7  184.0  130.0  237.0  152.5  137.4  163.2  166.3  181.7
176.0  168.8  208.0  243.1  201.0  278.8  214.0  131.7  201.0
199.9  222.6  184.9  197.8  200.6  197.0  181.4  183.1  135.2
169.0  188.6  241.2  205.5  133.6  178.8  139.4  131.6  171.0
155.7  225.7  137.9  129.2  157.5  188.1  204.8  191.7  109.7
;
run;
proc ttest data= ex10_1 h0= 180;
run;
```

执行上述程序,将在结果输出窗口中输出对变量 dgc 胆固醇的总体均值的 t 检验结果,如图 10-2 所示。

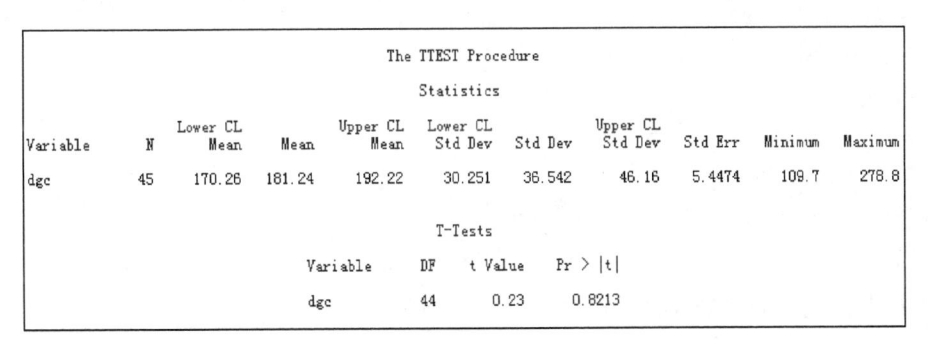

```
                        The TTEST Procedure
                             Statistics

           Lower CL         Upper CL  Lower CL         Upper CL
Variable  N   Mean    Mean    Mean    Std Dev  Std Dev  Std Dev  Std Err  Minimum  Maximum
dgc      45  170.26  181.24  192.22   30.251   36.542   46.16   5.4474   109.7    278.8

                              T-Tests
                    Variable  DF  t Value  Pr > |t|
                    dgc       44   0.23    0.8213
```

图 10-2　例 10.1 的单样本均值 t 检验的输出结果

图 10-2 中输出结果,首先列出了变量 dgc(胆固醇)Statistics 表,包括其描述性统计量和 95% 置信区间结果。图中结果表明,变量 dgc(胆固醇)的样本数(N)为 45,样本均值(Mean)为 181.24,总体均值的 95% 置信区间为(170.26,192.22);样本标准差(Std Dev)为 36.542,总体标准差的 95% 置信区间为(30.251,46.16);标准误(Std Err)为 5.4474,等等。

图 10-2 结果还给出了对变量 dgc(胆固醇)t 检验结果 T-Tests 表,其中 t 统计量的值 $t=0.23$,自由度(DF)为 44,t 检验概率值(Pr>|t|)$P=0.8213>0.05$,故应接受原假设 H_0:$\mu=180$,认为其总胆固醇值的均值与 180 没有显著差异。

注意:系统默认时,TTEST 过程将给出均值和标准差的 95% 置信区间上、下限的结果。如果要求其他置信度$(1-\alpha)*100\%$的置信区间,可在 TTEST 语句中用选项 ALPHA=α 来得到。例如用选项 ALPHA=0.01 即可得均值和标准差的 99% 的置信区间结果。

(三) 无原始数据时单样本均值检验的 SAS 应用

以上用 TTEST 过程,或者用 MEANS 过程及 UNIVARIATE 过程进行单样本均值检验需要有原始数据的资料。如果只已知样本均值、标准差等统计量数值,而没有原始数据,就需要根据单样本 t 检验的计算公式和概率函数 PROBT 来得到单样本 t 检验的概率结果并进行统计判断。

【**例 10.2**】 某制药厂生产复合维生素,要求每 50 g 维生素中含铁 2 400 mg,现从某个生产过程中随机抽取 25 份样品,测得铁的平均含量(mg)为 2 385.5,标准差为 32.8,若已知复合维生素中的含铁量服从正态分布,问这批产品的平均含铁量是否合格?($\alpha=0.05$)

本例已知 $n=50, \mu_0=2\,400, \bar{x}=2\,385.5, S=32.8$,需要根据单样本 t 检验计算公式:

$$t=\frac{\bar{x}-\mu_0}{S/\sqrt{n}}$$

来计算该 t 检验统计量的值,并利用 t 分布的概率函数 PROBT(t,v) 来得到相应的显著性概率 P 值,从而得到检验原假设 $H_0:\mu=2\,400$ 是否成立的统计判断结论。

下面给出 SAS 程序。

```
data ex10_2;
  input u0 mean s n;
  t= (mean- u0)/(s/sqrt(n));
  v= n- 1;
  p1= probt(t,v);
cards;
2 400   2 385.5   32.8   25
;
proc print;
run;
```

执行上述程序的 SAS 输出结果如图 10-3 所示。

Obs	u0	mean	s	n	t	v	p1
1	2400	2385.5	32.8	25	-2.21037	24	0.018431

图 10-3 例 10.2 的 SAS 输出结果

在图 10-3 所示的单样本 t 检验结果中,$t=-2.210\,37$,而这里的

$$P1=\text{PROBT}(t,v)=P\{t<-2.210\,37\}=0.5*P\{|t|>|-2.210\,37|\}=0.018\,431$$

故实际 P 值

$$P=P\{|t|>|-2.210\,37|\}=2*P1=2\times 0.018\,431=0.036\,862<0.05$$

故拒绝原假设 H_0,认为复合维生素中的含铁量与 2 400 mg 有显著差异,即认为这批产品的平均含铁量不合格。

三、两独立样本的均值比较检验和区间估计

(一)两独立样本均值检验原理

两独立样本的均值比较的 t 检验,是利用来自两个总体的独立样本,推断两个总体的均

值是否有显著差异。使用这个检验的前提要求有以下两个。

（1）两个样本应该是相互独立的；

（2）两个总体应服从或近似服从正态分布。

若总体的分布和正态分布的差距较大，则应利用后面第 12 章中介绍的非参数检验方法。

两独立样本 t 检验和单样本 t 检验的原理基本相同的，设两总体均值分别为 μ_1 和 μ_2，其对应的假设检验为

$H_0: \mu_1 = \mu_2$（即两总体均值间无显著性差异）；$H_1: \mu_1 \neq \mu_2$。

两独立样本 t 检验的基本步骤与假设检验的步骤完全相同。但其检验统计量在不同的情况下有不同的计算公式。

（1）当两总体方差未知且相等时，其 t 检验统计量

$$t = \frac{\overline{x} - \overline{y}}{S\sqrt{\frac{1}{n_1} + \frac{1}{n_2}}} \sim t(n_1 + n_2 - 2)$$

其中

$$S = \sqrt{\frac{(n_1-1)S_1^2 + (n_2-1)S_2^2}{n_1 + n_2 - 2}}$$

式中 $\overline{x}$、$\overline{y}$ 分别为第一、二组的样本均值，S_1^2、S_2^2 分别为第一、二组的样本方差，n_1、n_2 分别为第一、二组的样本数。该 t 统计量服从自由度为 $n_1 + n_2 - 2$ 的 t 分布。

（2）当两总体方差未知且不相等，两总体均值差检验的检验统计量为 t' 统计量

$$t' = \frac{\overline{x} - \overline{y}}{\sqrt{\frac{S_1^2}{n_1} + \frac{S_2^2}{n_2}}} \sim t(df)$$

该 t' 统计量服从修正自由度的 t 分布，修正自由度的定义为

$$df = (n_1 + n_2 - 2)\left(\frac{1}{2} + \frac{S_1^2 \cdot S_2^2}{S_1^4 + S_2^4}\right)$$

由此可见，两总体方差是否相等是决定 t 统计量选择的关键。因此，有必要通过有效的方式对方差齐性（两总体方差相等）进行统计检验。

方差齐性检验的零假设是 H_0：两总体方差无显著差异。SAS 中通过 Levene F 方法，采用 F 统计量进行检验。Levene F 方法主要借助单因素方差分析方法来实现，其主要思路是：首先对来自两个不同总体的两个样本分别计算样本均值，再计算各个样本与所在组样本均值差的绝对值，得到两组绝对差值数据，最后利用单因素方差分析方法判断这两组绝对差值的均值是否存在显著差异，即判断两组的平均绝对离差是否存在显著差异。

在用 SAS 进行两独立样本的均值比较的 t 检验时，可以通过以下三步完成。

（1）利用 F 检验判断两总体的方差是否相等。

（2）根据第一步的判别结果决定假设检验中的 t 统计量和自由度的计算公式，进而对 t 检验结果做出判断。值得注意的是，在方差相等或不等的情形下，所采用的检验公式是不同

的,在 SAS 结果报告中读取的选项也不同。

(3) SAS 将计算出方差相等和不等两种情形下的 t 统计量,并依据 t 分布表给出相应的相伴概率 P 值时,如果相伴概率值小于显著性水平 α,则拒绝 t 检验的零假设,认为两总体均值存在显著性差异;反之,则认为没有显著差异。

(二) 两独立样本均值检验的 SAS 应用

SAS 系统中,TTEST 过程可实现两独立样本的总体均值比较的 t 检验,同时还可得到两独立样本各自的总体均值和标准差的 95% 置信区间的区间估计结果。其语句的基本格式为:

```
PROC TTEST [选项];
  CLASS 分组变量;
  VAR 分析变量;
RUN;
```

这些语句都是必需的。其中两组分析指标的数据必须输入同一分析变量中,由 VAR 语句指定;组别的不同由 CLASS 语句指定的分组变量来表示,而且分组变量只能取两个值,否则报错。

【例 10.3】 为了研究内毒素对肌酐的影响,将 20 只雌性大鼠随机均分为对照组和用药组。对照组不给予内毒素,用药组的每只大鼠则给予 3(mg/kg) 的内毒素。用药后分别测得两组大鼠的肌酐(mg/L)结果如下表所示。

| 对照组 | 6.2 | 3.7 | 5.8 | 2.7 | 3.9 | 6.1 | 6.7 | 7.8 | 3.8 | 6.9 |
| 用药组 | 8.5 | 6.8 | 11.3 | 9.4 | 9.3 | 7.3 | 5.6 | 7.9 | 7.2 | 8.2 |

若已知大鼠的肌酐含量服从正态分布,试检验内毒素是否对其肌酐有显著影响?

本例需要对两个独立样本肌酐的总体均值进行假设检验,以检验对大鼠给予内毒素是否对大鼠的肌酐有显著影响。设两组大鼠肌酐的总体均值分别为 μ_1 和 μ_2,其对应的假设检验为

$$H_0: \mu_1 = \mu_2; \quad H_1: \mu_1 \neq \mu_2。$$

下面给出 SAS 程序,首先建立数据集,再对样本数据用 TTEST 过程进行两个独立样本的 t 检验。

```
data ex10_3;
 do group= 1 to 2;
  do i= 1 to 10;
   input x @@;
   output;
  end;
 end;
 cards;
 6.2 3.7 5.8 2.7 3.9 6.1 6.7 7.8 3.8 6.9
 8.5 6.8 11.3 9.4 9.3 7.3 5.6 7.9 7.2 8.2
```

```
   ;
   run;
proc print;run;
proc ttest data= ex10_3;
   class group;
   var x;
   run;
```

上述程序首先利用循环语句建立 SAS 数据集,包括 3 个变量:group(组别)、i(组内编号)和 x(肌酐),组别变量中,1 表示"对照组",2 表示"用药组"。

执行上述程序后,PRINT 过程输出如图 10-4 所示的数据集 EX10_3,这里两组肌酐数据在同一个变量 x(肌酐)中,而用分组变量 group 的值 1 和 2 来表示该数据来自对照组和用药组。而 TTEST 过程将在结果窗口输出如图 10-5 所示的两样本的 t 检验结果。

Obs	group	i	x
1	1	1	6.2
2	1	2	3.7
3	1	3	5.8
4	1	4	2.7
5	1	5	3.9
6	1	6	6.1
7	1	7	6.7
8	1	8	7.8
9	1	9	3.8
10	1	10	6.9
11	2	1	8.5
12	2	2	6.8
13	2	3	11.3
14	2	4	9.4
15	2	5	9.3
16	2	6	7.3
17	2	7	5.6
18	2	8	7.9
19	2	9	7.2
20	2	10	8.2

图 10-4 例 10.3 的 SAS 数据集 EX10_3

```
                    The TTEST Procedure
                        Variable: x

group         N        Mean    Std Dev    Std Err   Minimum   Maximum
1            10      5.3600     1.6985     0.5371    2.7000    7.8000
2            10      8.1500     1.5967     0.5049    5.6000   11.3000
Diff (1-2)          -2.7900     1.6484     0.7372

group       Method               Mean    95% CL Mean       Std Dev   95% CL Std Dev
1                               5.3600   4.1450  6.5750    1.6985    1.1683  3.1008
2                               8.1500   7.0078  9.2922    1.5967    1.0983  2.9149
Diff (1-2)  Pooled              -2.7900 -4.3388 -1.2412    1.6484    1.2455  2.4377
Diff (1-2)  Satterthwaite       -2.7900 -4.3392 -1.2408

            Method        Variances        DF    t Value    Pr > |t|
            Pooled        Equal            18      -3.78    0.0014
            Satterthwaite Unequal       17.932     -3.78    0.0014

                        Equality of Variances
            Method        Num DF    Den DF    F Value    Pr > F
            Folded F         9         9       1.13      0.8569
```

图 10-5 例 10.3 两独立样本 t 检验的输出结果

在图 10-4 所示的两样本的 t 检验结果中,首先列出了变量 x(肌酐)的 Statistics 统计量表,包括其两组大鼠各自的和与两组数据差值的描述性统计量与 95%置信区间上、下限的区间估计结果。例如,对照组(group=1)的变量 x(肌酐)的样本数(N)为 10,样本均值(Mean)为 5.36,总体均值的 95%置信区间为(4.145,6.575);而对照组与用药组差值的样本均值为 −2.79,两总体均值之差的 95%置信区间为(−4.339,−1.241);差值的标准差为 1.648 4。

图 10-5 结果还给出了对变量 x(肌酐)的 t 检验结果 T-Tests 表、方差齐性检验结果 Equality of Variances 表,用于两独立样本的 t 检验结果。对该结果的分析,在检验中先看其方差齐性(Equality of Variances)的检验结果,检验方差是否相等的统计量 F 值=1.13,相应的概率值 $P=0.856\ 9 > \alpha = 0.05$,故认为两总体的方差无显著性差异,接受方差相等的假设。

再看 t 检验 T Tests 结果表,来检验两总体均值是否相等。在方差相等的前提下,应看第一行(Equal)的 t 检验结果,使用的是 Pooled 法,对应统计量的 t 值 $t=-3.78$,相应的概率值 $P=0.001\ 4 < 0.05$,应拒绝原假设 H_0,认为两总体均值存在显著差异,即内毒素对大鼠的肌酐有显著影响。

t 检验结果 T-Tests 表的第二行是在方差不等的情况下,使用 Satterthwaite 法检验两组均值的显著性差异。

前面得到的两个总体均值之差的 95% 置信区间为 (−4.339, −1.241),该置信区间不包含 0 在内,也证实了上述检验推断结论。

(三) 无原始数据时两独立样本均值检验的 SAS 应用

以上 TTEST 过程是针对原始数据资料的两独立样本均值检验。如果没有原始数据,我们已知两组独立样本数据的样本均值($\overline{x}$、$\overline{y}$)、标准差(S_1、S_2),需进行两个对应总体均值比较的 t 检验,就应根据独立样本 t 检验统计量的计算公式和概率函数 PROBT 来得到相应的显著性概率 P 值,从而得到检验原假设 $H_0: \mu_1 = \mu_2$ 是否成立的统计检验结论。

【例 10.4】 设甲、乙两台机器生产同类型药品,其生产的药品重量(g)分别服从方差相等的正态分布。从甲机器生产的药品中随机取出 25 件,其平均重量 $\overline{x} = 137.5$,标准差为 8.35;又独立地从乙机器生产的药品中随机取出 20 件,其平均重量 $\overline{y} = 130.8$,标准差为 9.72。问这两台机器生产的药品就重量而言有无显著差异?

本例为两独立样本均值的 t 检验问题。已知两总体方差相等,而且其两独立样本的样本统计量的值为 $n_1 = 25, \overline{x} = 137.5, S_1 = 8.35, n_2 = 20, \overline{y} = 130.8, S_2 = 9.72$。

则应根据两独立样本 t 检验统计量的计算公式:

$$t = \frac{\overline{x} - \overline{y}}{S\sqrt{\frac{1}{n_1} + \frac{1}{n_2}}}, \left(\text{其中 } S = \sqrt{\frac{(n_1-1)S_1^2 + (n_2-1)S_2^2}{n_1 + n_2 - 2}} \right)$$

和概率函数 PROBT 来进行 t 检验。

下面给出 SAS 程序。

```
data ex10_4;
 input n1 x1 s1 n2 x2 s2;
   s= sqrt(((n1- 1)*s1**2+ (n2- 1)*s2**2)/(n1+ n2- 2));
   t= (x2- x1)/(s*sqrt(1/n1+ 1/n2));
   v= n1+ n2- 2;
   p1= probt(t,v);
cards;
25  137.5  8.35  20  130.8  9.72
;
proc print;
run;
```

执行上述程序的 SAS 输出结果如图 10-6 所示。

Obs	n1	x1	s1	n2	x2	s2	s	t	v	p1
1	25	137.5	8.35	20	130.8	9.72	8.98116	−2.48669	43	.008427222

图 10-6 例 10.4 的 SAS 输出结果

在图 10-6 所示的两独立样本 t 检验结果中,$t=-2.48669$,而这里的

$$P1 = \text{PROBT}(t,v) = P\{t < -2.486\} = 0.5 * P\{|t| > |-2.486|\} = 0.008427$$

故实际 P 值

$$P = P\{|t| > |-2.486|\} = 2 * P1 = 2 \times 0.008427 = 0.016854 < 0.05$$

故拒绝原假设 $H_0: \mu_1 = \mu_2$,即认为这两台机器生产的药品就重量而言有显著差异。

四、两配对样本的均值比较检验和区间估计

(一) 两配对样本均值比较检验原理

两配对样本的均值比较,是利用来自两个总体的配对样本,推断两个总体的均值是否存在显著差异。它和独立样本 T 检验的差别就在于要求样本是配对的。由于配对样本在抽样时不是相互独立的,而是相互关联的,因此在进行统计分析时必须要考虑到这种相关性,否则会浪费大量的统计信息。

因此,对于符合配对情况的统计问题,要首先考虑两配对样本 t 检验的方法。配对样本主要用于以下几种情况。

(1) 同一实验对象处理前后的数据。例如,对患肝病的病人实施某种药物治疗后,检验病人在服药前后的差异性。

(2) 同一实验对象两个部位的数据。例如,研究汽车左右轮胎耐磨性有无显著差异。

(3) 同一样品用两种方法检验的结果。例如,对人造纤维在 60 ℃ 和 80 ℃ 的水中分别做实验,检验温度对这种材料缩水率的影响。

(4) 配对的两个实验对象分别接受不同处理后的数据。例如,对双胞胎兄弟实施不同的教育方案,检验他们在学习能力上的差异性。

进行配对样本 t 检验时,通常要满足以下三个要求:

(1) 两组样本的样本容量要相同;

(2) 两组样本的观察值顺序不能随意调换,要保持一一对应关系;

(3) 样本来自的总体要服从正态分布。

两配对样本 T 检验的基本思路是求出每对数据的差值:如果配对样本没有差异,则差值的总体均值应该等于零,通过检验该差值样本的均值是否为零,就可以判断这两组配对样本有无差异性。

为此,进行配对比较检验时,将先求出配对对子数据的差值 d,并将这些差值 d 看成一个新的总体的随机样本,如果此差值 d 服从正态分布,其中 μ_d 是差值 d 的总体均值,那么在配对比较时,检验两种结果的差异是否有显著性,就相当于检验差值 d 的总体均值 μ_d 是否为零,即原假设为 $H_0: \mu_d = 0$,从而把配对比较归结为当方差未知时各对数值的差值 d 的单个正态总体均值的分析,这可用前面介绍的单样本 t 检验来解决,在 H_0 下,其检验统计量为

$$t = \frac{\bar{d} - \mu_d}{S_d / \sqrt{n}} = \frac{\bar{d}}{S_d / \sqrt{n}}$$

式中，$\bar{d}$ 为差值 d 的样本均值，S_d 是差值 d 的样本标准差，n 为配对对子数。

SAS 将计算出 t 值，并给出 t 值对应的相伴概率 P 值。如果相伴概率 P 值小于显著性水平 α，则拒绝原假设 H_0，认为两配对总体均值存在显著差异；反之，认为两配对总体均值无显著差异。

（二）两配对样本均值比较检验的 SAS 应用——TTEST 过程

SAS 系统中，TTEST 过程可实现两配对样本的总体均值比较的 t 检验，同时还可得到两配对样本的总体均值之差的 95% 置信区间等区间估计结果。其语句的基本格式为：

```
PROC TTEST [选项];
 PAIRED 变量对;
RUN;
```

这些语句都是必需的。其中 PAIRED 语句指定配对检验中要进行比较的变量对，其形式为 $X*Y$ 或 $X1*Y1$、$X2*Y2$。

【例 10.5】 随机抽取 10 名矽肺患者，测得其用克矽平治疗前后的血红蛋白量（g/dl）数据如下表所示。已知该血红蛋白量服从正态分布。

| 治疗前 | 11.3 | 15.0 | 15.0 | 13.5 | 12.8 | 10.0 | 11.0 | 12.0 | 13.0 | 12.3 |
| 治疗后 | 14.0 | 13.8 | 14.0 | 13.5 | 13.5 | 12.0 | 14.7 | 11.4 | 13.8 | 12.0 |

试问：用克矽平治疗矽肺，对患者的血红蛋白量有无显著影响？

本例显然为配对样本数据，需用两配对样本的总体均值 t 检验，以检验用克矽平治疗前后的血红蛋白量是否有显著差异。设患者治疗前后的数据之差为 d，该差值的总体均值为 μ_d，其对应的假设检验为

$$H_0: \mu_d = 0; \quad H_1: \mu_d \neq 0$$

下面给出 SAS 程序，首先建立配对样本数据集，再对配对样本数据用 TTEST 过程进行配对样本的 t 检验。

```
data ex10_5;
 input a b @@;
cards;
11.3 14.0 15.0 13.8 15.0 14.0 13.5 13.5 12.8 13.5
10.0 12.0 11.0 14.7 12.0 11.4 13.0 13.8 12.3 12.0
;
proc print;
proc ttest data= ex10_5;
 paired a*b;
run;
```

执行上述程序后，PRINT 过程将在结果窗口输出如图 10-7 所示的数据集 EX10_5，注意，这里两组配对数据，分别输入两个变量 a、b 中，这与两独立样本 t 检验的数据集（图 10-3

的 EX10_3)是不同的！而 TTEST 过程将在结果窗口输出如图 10－8 所示的两配对样本的 t 检验结果。

Obs	a	b
1	11.3	14.0
2	15.0	13.8
3	15.0	14.0
4	13.5	13.5
5	12.8	13.5
6	10.0	12.0
7	11.0	14.7
8	12.0	11.4
9	13.0	13.8
10	12.3	12.0

图 10－7　例 10.5 的 SAS 数据集

The TTEST Procedure

Statistics

Difference	N	Lower CL Mean	Mean	Upper CL Mean	Lower CL Std Dev	Std Dev	Upper CL Std Dev	Std Err	Minimum	Maximum
a - b	10	-1.857	-0.68	0.4973	1.132	1.6457	3.0045	0.5204	-3.7	1.2

T-Tests

Difference	DF	t Value	Pr > |t|
a - b	9	-1.31	0.2237

图 10－8　例 10.5 两配对样本 t 检验的输出结果

图 10－8 的输出结果给出了对配对变量 t 检验的结果 T-Tests 表，来检验配对变量差值 $(a-b)$ 的总体均值 μ_d 是否等于 0。配对变量之差 $(a-b)$ 的 t 检验统计量的值 $t=-1.31$，相应的概率值 $P=0.223\,7>\alpha=0.05$，故应接受 H_0，认为差值的总体均值与 0 无显著差异，也即治疗前后的血红蛋白量没有显著差异，表明用克矽平治疗矽肺，对患者的血红蛋白量没有显著影响。

在图 10－8 所示输出结果中，还首先列出了配对变量之差 $a-b$ 的统计量 Statistics 表，包括治疗前与治疗后变量差值 $(a-b)$ 的描述性统计量与 95％置信区间上、下限的区间估计结果。例如，治疗前与治疗后血红蛋白差值的均值为 -0.68，治疗前、后差值的均值的 95％置信区间为 $(-1.857,\ 0.497\,3)$；该置信区间包含 0 在内，也证实了上述配对变量差值的总体均值等于 0 检验推断结论。

(三) 无原始数据时两配对样本均值比较检验的 SAS 应用

以上用 TTEST 过程，或者用 MEANS 过程、UNIVARIATE 过程进行两个配对样本均值比较的 t 检验，针对的都是有原始数据的资料。如果没有原始数据，我们就需要根据配对 t 检验的计算公式和概率函数 PROBT 来获得两配对样本均值比较 t 检验的结果。

【例 10.6】 利用例 10.5 的数据举例说明，用克矽平治疗矽肺患者常常会使其血红蛋白量升高。现随机抽取 10 名矽肺患者，测得其血红蛋白量(g/dl)的均值在用克矽平治疗前、后的差值为 -0.68，差值的标准差为 $1.645\,7$。已知该血红蛋白量服从正态分布，试问：用克矽平治疗矽肺，对患者的血红蛋白量有无显著影响？

本例显然为配对样本数据，需用两配对样本的总体均值比较的 t 检验，以检验用克矽平治疗前后的血红蛋白量是否有显著差异。设患者治疗前、后的数据之差为 d，则由题意知

$$\overline{d}=-0.68,S_d=1.645\,7,n=10$$

则应根据两配对样本 t 检验统计量的计算公式：

$$t=\frac{\overline{d}}{S_d/\sqrt{n}}$$

和概率函数 PROBT 来进行两配对样本均值比较的 t 检验。

下面给出 SAS 程序。

```
data ex10_6;
 input d s n;
  t= d/(s/sqrt(n));
  v= n- 1;
  p= probt(t,v);
cards;
- 0.68  1.6457  10
;
proc print;
run;
```

执行上述程序的 SAS 输出结果如图 10-9 所示。

```
Obs     d        s      n      t       v      p
 1    -0.68   1.6457   10   -1.30665   9   0.11187
```

图 10-9 例 10.6 两配对样本 t 检验的输出结果

在图 10-9 所示的两配对样本 t 检验结果中，$t=-1.30665$，而这里的 $P1$ 为

$$P1 = \text{PROBT}(t,v) = P\{t < -1.30665\} = 0.5 * P\{|t| > |-1.30665|\} = 0.11187$$

故实际 P 值

$$P = P\{|t| > |-1.30665|\} = 2 * P1 = 2 \times 0.11187 = 0.22374 > 0.05$$

故接受原假设 $H_0: \mu_d = 0$，即认为差值的总体均值与 0 无显著差异，也即治疗前后的血红蛋白量没有显著差异，表明用克矽平治疗矽肺，对患者的血红蛋白量没有显著影响。该 t 检验 P 值结果与例 10.5 的计算结果完全一致。

第三节 【分析家】模块进行统计推断

在 SAS 系统中的【分析家】模块也可以实现统计推断的功能。本节将通过具体的实例来学习如何在【分析家】模块下实现单个总体均值的区间估计、单个样本均值的 t 检验、配对样本均值的 t 检验和两个独立样本的均值 t 检验。

上述统计分析过程的实现主要在【分析家】模块下，利用菜单【统计】→【假设检验】下的子菜单来实现。

一、单个总体均值的区间估计

下面通过实例来学习如何利用【分析家】模块进行单个总体均值的区间估计。

【例 10.7】 对前面例 10.1 中的 45 名健康男子的总胆固醇数据，利用【分析家】模块，计算其总胆固醇平均含量的 90% 置信水平下的置信区间。

下面结合该例的求解,给出求解单个样本的总体均值置信区间的步骤。

1. 选择菜单【解决方案】→【分析】→【分析家】,进入【分析家】模块;选择菜单【文件】→【按 SAS 名称打开】,打开例 10.1 的 SAS 数据集 WORK.EX10_1。

2. 单击菜单选项【统计】→【假设检验】→【均值的单样本 t 检验】,在【One-Sample t-test for a Mean:EX10_1】对话框中将变量 dgc 选入 Variable 下方的列表框中,如图 10 – 10 所示。

3. 单击 Tests,在对话框的【Confidence Intervals】选项卡中选择 ⊙Interval 选项,通过点击 ⊥,选定置信区间水平 Confidence level 为 90.0%,如图 10 – 11 所示。单击 OK。

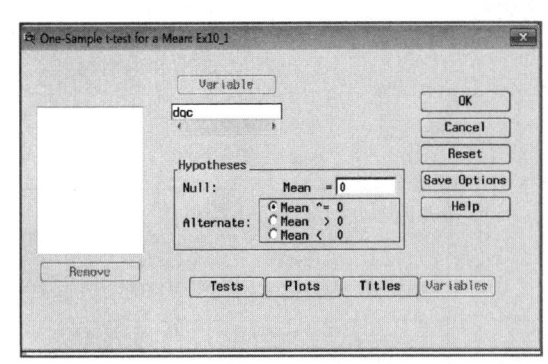

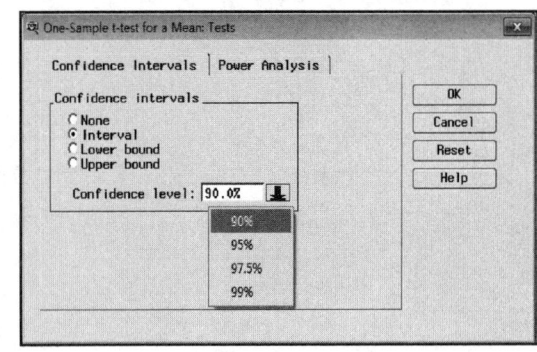

图 10 – 10 【分析家】总体均值区间估计变量选择　　图 10 – 11 【分析家】模块下选定置信区间水平

最后再单击 OK,将在结果输出窗口中输出总体均值的置信区间等结果,如图 10 – 12 所示。

图 10 – 12　置信区间的输出结果

由图 10 – 12 的输出结果知,所求总体均值的 90% 置信区间的下限为 172.08,上限为 190.39,即置信区间为(172.08, 190.39)。

二、单样本均值的 t 检验

现利用【分析家】模块来进行单个样本均值的 t 检验。

【例 10.8】　对前面例 10.1 中的 45 名健康男子的总胆固醇数据,利用【分析家】模块,检验其总体均值是否等于 180?

本例为对男子的总胆固醇的总体均值 μ 进行假设检验。即应检验假设

$$H_0:\mu=180;\ H_1:\mu\neq 180$$

下面结合该例求解,给出【分析家】模块进行单样本的总体均值 t 检验的步骤。

1. 启动【分析家】模块，打开例 10.1 的数据集 WORK.EX10_1。

2. 单击菜单选项【统计】→【假设检验】→【均值的单样本 t 检验】，在【One-Sample t-test for a Mean: EX10_1】对话框中将变量 dgc 选入 Variable 下方的列表框中；在假设 (hypotheses) 选项的零假设 (Null) 中，输入 Mean=180，如图 10-13 所示。

3. 单击 OK，即可在结果窗口输出假设检验的结果，如图 10-14 所示。

由如图 10-14 的单样本 t 检验的输出结果知，原假设 H_0：均值=180。检验统计量的值 $t=0.227$，相伴概率 $P=0.8213>0.05$，故接受 H_0，认为总体均值与 180 没有显著差异。

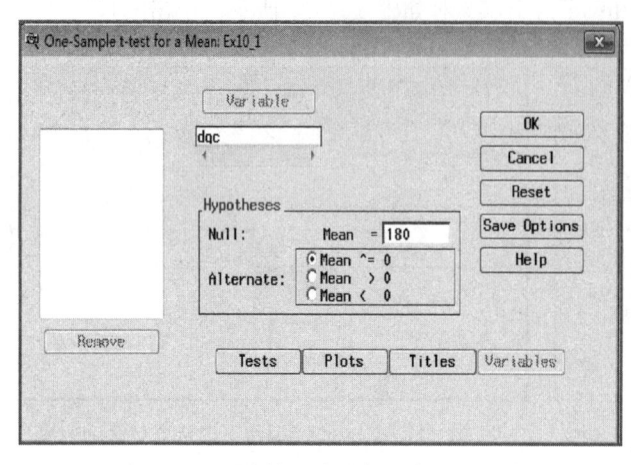

图 10-13 【均值的单样本 t 检验】对话框   图 10-14 单样本 t 检验的输出结果

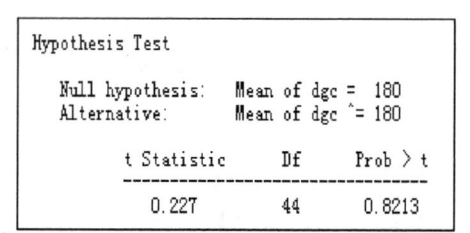

三、两独立样本均值的 t 检验

现利用【分析家】模块来进行两独立样本均值的 t 检验。

【例 10.9】 对前面【例 10.2】中根据是否给予内毒素而分为对照组和用药组的 20 只大鼠肌酐数据，利用【分析家】模块，检验内毒素对大鼠肌酐的影响是否显著？

设本例的两组大鼠肌酐的总体均值分别为 μ_1 和 μ_2，即应该检验对照组和用药组的大鼠肌酐含量的总体均值是否有显著差异，但根据统计原理应该分为两步进行：(1) 首先应该用 F 检验法来检验这两组的方差是否相等；(2) 再选用对应的 t 检验公式进行总体均值的比较检验。

下面结合该例的求解，给出【分析家】模块下进行两个独立样本均值的 t 检验的两大步的具体步骤。

第一步：检验两独立样本的总体方差（分别设为 σ_1^2、σ_2^2）是否相等。即应检验：

$$H_0: \sigma_1^2 = \sigma_2^2; \quad H_1: \sigma_1^2 \neq \sigma_2^2$$

1. 启动【分析家】模块，打开例 10.2 的数据集 WORK.EX10_2。

2. 单击菜单选项【统计】→【假设检验】→【方差的双样本检验】，在【Two-Sample test for Variances】对话框中，首先在【Groups are in】区域中选择⊙One variable（默认），本实例中仅

分析一个变量 x。再将分析变量 x 选入 Dependent 下方的列表框中，将分组变量 group 选入 Group 下方的列表框中，如图 10-15 所示。

3. 点击 OK，将在结果窗口输出两个独立样本的方差检验结果，如图 10-16 所示。

由图 10-16 的输出结果知，两个样本的方差 F 检验统计量的值 $F=1.13$，相伴概率 $P=0.8569>0.05$，故接受原假设 H_0，认为两组肌酐的方差没有显著差异。

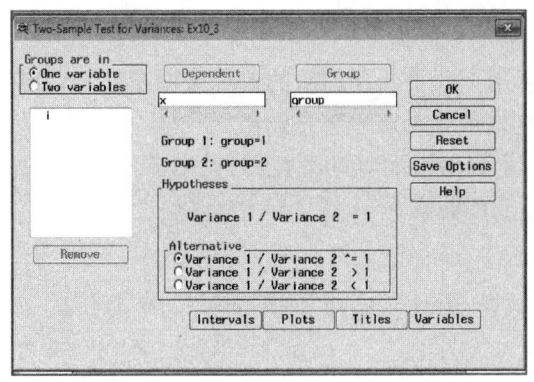

图 10-15 【方差的双样本检验】的变量设置

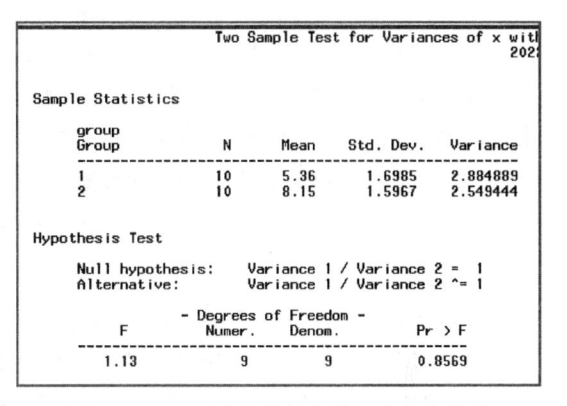

图 10-16 两个样本的方差检验输出结果

第二步：检验两个独立样本的总体均值 μ_1 与 μ_2 是否相等，即应检验的假设为：

$$H_0:\mu_1=\mu_2;\quad H_1:\mu_1\neq\mu_2$$

1. 回到【分析家】模块的数据集窗口，单击菜单选项【统计】→【假设检验】→【均值的双样本 t 检验】，在【Two-Sample t-test for Means】对话框中，首先在【Groups are in】区域中选择 ⊙ One variable（默认），本实例中仅分析一个变量 x。再将分析变量 x 选入 Dependent 下方的列表框中，将分组变量 group 选入 Group 下方的列表框中，如图 10-17 所示。

2. 点击 OK，将在结果窗口输出两个独立样本均值的 t 检验结果，如图 10-18 所示。

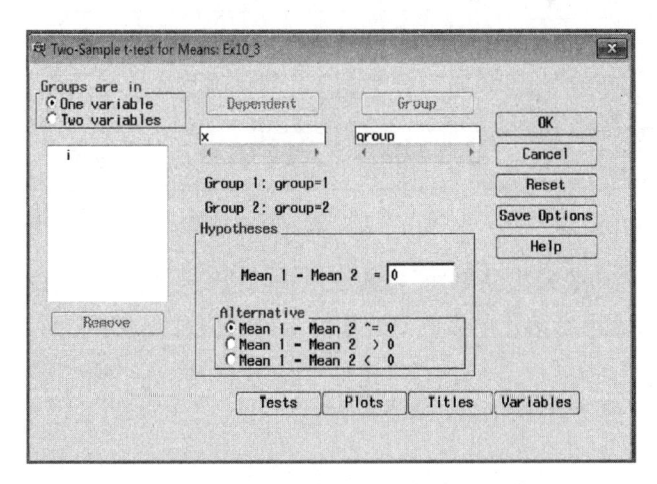

图 10-17 【均值的双样本 t 检验】变量设置

图 10-18 两独立样本均值的 t 检验输出结果

由图 10-18 的假设检验(hypothesis Test)输出结果知,检验结论根据方差是否相等分为两行。本例经过第一步的检验,已知两个样本对应的总体方差没有显著差异,故选第一行(Equal),t 检验统计量的值 $t=-3.785$,相伴概率 $P=0.0014<0.05$,故拒绝原假设 H_0,认为两组大鼠肌酐的总体均值有显著差异,即认为内毒素对大鼠肌酐的影响显著。

四、两配对样本均值的 t 检验

现利用【分析家】模块来进行两配对样本均值的 t 检验。

【例 10.10】 对例 10.5 中的 10 名矽肺患者用克矽平治疗前后的血红蛋白量数据,利用【分析家】模块,检验其治疗前后的血红蛋白量的均值是否有显著差异?

显然,例 10.5 的患者治疗前后的血红蛋白量数据为配对样本数据,设患者治疗前后的数据之差为 d,该差值的总体均值为 μ_d,则应检验的假设为

$$H_0: \mu_d = 0; \quad H_1: \mu_d \neq 0$$

下面结合该例,给出【分析家】模块下进行两配对样本的总体均值 t 检验的步骤。

1. 启动"分析家"模块,打开数据集 WORK. EX10_3。
2. 单击菜单选项【统计】→【假设检验】→【均值的双样本成对 t 检验】,在【Two-Sample Paired t-test for Means】对话框中将变量 a 和 b 分别选入 Group 1 和 Group 2 下方的列表框中,如图 10-19 所示。
3. 单击 OK,将在结果窗口输出配对样本均值的 t 检验结果,如图 10-20 所示。

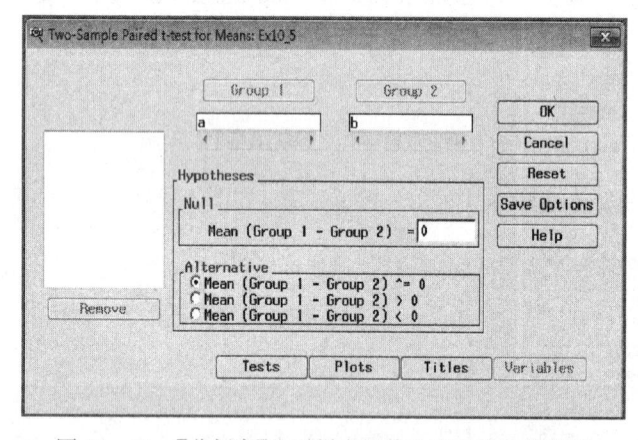

图 10-19 【分析家】配对样本均值 t 检验的参数设置 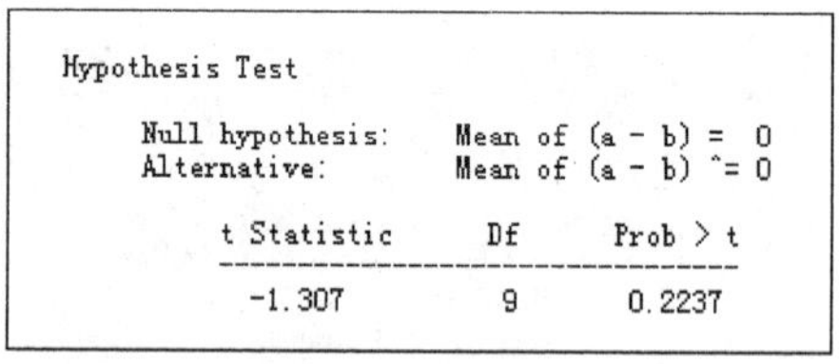   图 10-20 配对样本均值 t 检验输出结果

由图 10-20 的两配对样本均值的 t 检验输出结果知,检验统计量的值 $t=-1.307$,相伴概率 $P=0.2237>0.05$,故接受 H_0,认为患者治疗前后的血红蛋白量的均值没有显著差异。

(江 波)

Chapter 11 方差分析

第一节　方差分析概述
第二节　单因素方差分析
　　一、单因素方差分析的基本原理
　　二、单因素方差分析的解题步骤
　　三、方差分析的进一步检验
第三节　多因素方差分析
　　一、多因素方差分析的基本原理
　　二、多因素方差分析的基本步骤
第四节　方差分析的 SAS 过程
　　一、ANOVA 方差分析过程
　　二、单因素方差分析的 SAS 实例应用
　　三、GLM 一般线性模型过程
第五节　常用实验设计的方差分析
　　一、随机区组设计的方差分析
　　二、拉丁方设计的方差分析
　　三、析因设计的方差分析
　　四、正交设计的方差分析
　　五、重复测量资料的方差分析
第六节　协方差分析
　　一、协方差分析的基本思路
　　二、协方差分析的数学模型和步骤
　　三、协方差分析的 SAS 实例应用
第七节　方差分析的界面操作
　　一、INSIGHT 模块进行方差分析
　　二、【分析家】模块进行方差分析

方差分析是科学研究中经常使用的统计分析方法之一。利用方差分析可以研究一个或多个因素对试验过程中某项指标的影响,并比较因素的各水平之间是否有显著差异。本章主要介绍方差分析原理和方法,并介绍如何用 SAS 进行方差分析。

第一节 方差分析概述

在试验中,我们将试验结果称为效应(effect),将衡量试验结果的标志称为试验指标(experiment indicator)或观测变量,而将影响试验结果的条件或变量称为因素(factor)或因素变量,将因素在试验中所处的不同状态称为该因素的水平(level)。

在科学实验中,因素是指根据研究目的对研究对象的采取的措施,医药研究就是要研究各种实验因素对研究对象的影响,因素一般为分类变量。一个实验因素可以分为若干水平,研究者往往对因素的不同水平的试验结果有无差异感兴趣。例如:研究某种降糖药物的三种不同剂量水平的降糖效果,其中降糖药物是所研究的因素,三种不同的剂量是研究因素的三个水平。如果一个因素的效应大小在另一个因素不同水平下明显不同,则称两因素间存在交互作用(interaction)。当存在交互作用时,仅仅研究某个因素的作用是不够的,还需通过另一个因素的不同水平研究该因素的作用大小。

方差分析(analysis of variance,ANOVA)法是对试验数据进行多个正态总体均值比较的一种基本统计分析方法,它是对全部样本数据的差异即离差平方和(简称方差)进行分解,将某种因素下各组数据之间可能存在的因素所造成的系统性误差,与随机抽样所造成的随机误差加以区分比较,以推断该因素对试验结果的影响是否显著。

方差分析的目的就是探讨不同因素不同水平之间试验指标的差异,从而考察各因素对试验结果是否有显著影响。而只考察一个影响条件即因素的试验称为单因素试验(one factor trial),相应的方差分析称为单因素方差分析(one-way analysis of variance)。在试验中考察多个因素的试验的方差分析称为多因素方差分析(multi-way analysis of variance)。方差分析认为,观测变量取值(样本数据)的变化受两类因素的影响:第一类是控制因素(因素变量)不同水平所产生的影响;第二类是随机因素(随机变量)所产生的影响。这里随机因素是指那些人为很难控制的因素,主要指试验过程中的抽样误差。方差分析认为,如果因素变量的不同水平对观测变量产生了显著影响,那么,它和随机变量共同作用必然使观测变量值有显著变动;反之,如果因素变量的不同水平没有对观测变量产生显著影响,那么,观测变量值的变动就不会明显地表现出来,其变动可以归结为随机变量影响所致。

进行方差分析的前提条件是:

(1) 独立性:各总体的样本为相互独立的随机样本;即各组观察数据是从相互独立的总体中抽取的;

(2) 正态性:各总体服从正态分布;即要求所有观察值都是从正态总体中抽取的;

(3) 方差齐性:各总体的方差相等。

在实际应用中很少能严格满足这些假定条件,但一般应近似地符合上述要求。考察数据是否满足正态性,要分别对各组数据进行正态性检验;但在实践中主要根据专业知识判断,当各组例数较少时尤其如此。考察数据是否满足方差齐性,可用 Bartlett 方差齐性检验。实践中不必拘泥于方差齐性检验结果,也可根据专业知识和工作经验判断。

若经过检验或者有充分理由认为数据不满足方差分析的假定,可采用以下方法。

(1) 对数据进行变量转换。常用方法如表 11-1 所示:

表 11-1　方差分析前提条件不足时常用变量的数据转换

变　换	功　能
$Y=\log(x+a)$	将某些非对称分布的数值型数据转变为近似正态分布,其中 a 为常数
$Y=\sqrt{x}$	将服从 Poisson 分布的定类数据转变为近似正态分布
$Y=\arcsin(\sqrt{p})$	将服从二项分布的百分比数据转变为近似正态分布的反正弦角度

不论对原始资料作何种转换,其目的都只是为了使资料适合于方差分析和多重比较,从而做出正确结论。当获得必要的结论后,一般应尽可能将转换尺度反转换为原尺度(尤其在处理效应为固定模型时),以方便正确表述,但差异显著性结果不受影响。

(2) 进行非参数检验法。可采用多独立样本的非参数检验 Kruskal-Wallis 秩和检验方法,在 SAS 系统中可通过 NPAR1WAY 过程来实现。

总之,方差分析从考察观测变量的离差平方和(简称方差)入手,通过推断因素变量各水平下各观测变量的总体均值是否存在显著差异,从而分析因素变量是否给观测变量带来了显著影响,进而对因素变量各个水平以及各水平的交互搭配对观测变量影响的程度进行进一步解析。

第二节　单因素方差分析

一、单因素方差分析的基本原理

在实验中,完全随机设计(completely random design)是在研究总体中随机选取同质的观察单位,将某处理的不同水平随机分配(处理的随机化分配)给各观察单位。完全随机设计的方差分析适用于检验单因素多水平样本均值是否有显著差异,是否来自同一总体。

单因素方差分析就是考察单个因素 A 的多个不同水平对应的试验结果的均值是否有显著差异,即需要检验

零假设 $H_0: \mu_1=\mu_2=\cdots=\mu_k$;　　备择假设 $H_1: \mu_1,\mu_2,\cdots,\mu_k$ 不全相等

若因素(分组变量)A 有 k 个水平,每个水平均有 r 个样本(r 次试验),则各个水平 A_i ($i=1,2,\cdots,k$) 下的样本 $x_{i1},\cdots,x_{ir}$ 来自具有相同方差的正态总体 X_i ($i=1,2,\cdots,k$),且相互独立。相应地,其样本数据 x_{ij} 也表示为

$$x_{ij} = \mu_i + \varepsilon_{ij}, \quad i=1,2,\cdots,k; j=1,2,\cdots,r$$

其中 μ_i 为观测变量在水平 A_i 下的期望值，ε_{ij} 为抽样随机误差，是服从正态分布 $N(0,\sigma^2)$ 的随机变量。

如果令 $\mu = \frac{1}{k}\sum_{i=1}^{k}\mu_i$ 为观测变量总的期望值，令 $a_i = \mu_i - \mu (i=1,\cdots,k)$ 表示因素变量水平 A_i 对试验结果产生的附加影响，a_i 称为水平 A_i 对观测变量产生的效应，且 $\sum_{i=1}^{k} a_i = 0$。则可得到单因素方差分析的数学模型

$$x_{ij} = \mu + a_i + \varepsilon_{ij}, \quad i=1,2,\cdots,k; j=1,2,\cdots,r$$

可以看到它是一个线性模型。其中，μ 的无偏估计 $\hat{\mu} = \overline{x}$，a_i 的无偏估计 $\hat{a}_i = \overline{x}_i - \overline{x}$。如果因素 A 对观测变量没有影响，则各水平的效应 a_i 应全部为 0，否则应不全为 0。单因素方差分析正是要对因素 A 的所有效应是否同时为 0 进行推断。

与所有假设检验一样，方差分析也要在零假设 H_0 成立时，构造适当的检验统计量，再进行统计推断。为此，我们考察总离差平方和（sum of square of total deviations）：

$$SS_T = \sum_{i=1}^{k}\sum_{j=1}^{r}(x_{ij} - \overline{x})^2$$

它是全体数据 x_{ij} 与总均值 $\overline{x}$ 之间的离差平方和，反映了全部数据总的变异程度。我们对总离差平方和 SS_T 进行分解，有

$$SS_T = SS_E + SS_A$$

其中

$$SS_E = \sum_{i=1}^{k}\sum_{j=1}^{r}(x_{ij} - \overline{x}_i)^2, \quad SS_A = \sum_{i=1}^{k} r(\overline{x}_i - \overline{x})^2$$

SS_A 表示组与组之间各总体平均值的不同所产生的离差平方和，它既包括了随机因素的差异，也包括由 A 因素的不同水平作用所造成的系统因素的差异，故称之为因素平方和或组间平方和；SS_E 表示同一样本组内即各水平对应总体所取的样本内部的离差平方和，是重复试验而产生的随机因素的误差，故称之为误差平方和或组内平方和。

在零假设 H_0 成立时，我们有

$$F = \frac{SS_A/(k-1)}{SS_E/(n-k)} = \frac{MS_A}{MS_E} \sim F(k-1, n-k)$$

其中 $MS_A = SS_A/(k-1)$ 称为因素均方或组间均方；$MS_E = SS_E/(n-k)$ 称为误差均方或组内均方。当因素均方与误差均方之比值 F 很大时，说明因素 A 引起的变异明显超过了随机因素所引起的差异，即可认为因素 A 对试验结果有显著影响，从而拒绝 H_0。为此，我们取上述 F 为检验统计量进行假设检验。

为计算统计量 F 的观测值，通常采用下列表 11-2 给出的方差分析表：

表 11 - 2 单因素方差分析表

方差来源 Source	离差平方和 SS	自由度 df	均　方 MS	F 值 F Value	概率 P 值 $\Pr>F$
因素 A（组间）	SS_A	$k-1$	$SS_A/(k-1)$	$F=\dfrac{SS_A/(k-1)}{SS_E/(n-k)}$	P 值
误差 E（组内）	SS_E	$n-k$	$SS_E/(n-k)$		
总变异(Total)	$SS_T=SS_A+SS_E$	$n-1$			

利用方差分析表(表 11 - 2)进行统计判断：对给定的显著水平 α，当 P 值 $<\alpha$ 时，拒绝 H_0，认为因素 A 的不同水平的试验结果的均值有显著差异，即因素 A 对试验结果有显著影响；否则，则认为无显著影响。

二、单因素方差分析的解题步骤

综上所述，我们将单因素方差分析的解题步骤总结如下：

(1) 针对问题，提出零假设 H_0 是：因素变量不同水平下观测变量各总体的均值 μ_i 无显著差异，也即因素变量不同水平下的效应 a_i 同时为 0，记为

$$\text{零假设 } H_0: \mu_1=\mu_2=\cdots=\mu_k;（或者 a_1=a_2=\cdots=a_k=0）$$

这表明因素对观测变量没有产生显著影响。

(2) 由试验结果数据表进行计算检验统计量 F 和对应的概率 P 值，列出方差分析表。

(3) 比较方差分析表中的 P 值与给定的显著水平 α，当 P 值 $<\alpha$ 时，拒绝零假设 H_0，认为因素变量各水平观测变量总体均值间有显著差异，因素变量各水平的效应不同时为 0，也即因素对观测变量的试验结果有显著影响；否则，则认为无显著影响。

三、方差分析的进一步检验

在完成上述单因素方差分析的基本分析后，可得到关于因素是否对观测变量有显著影响的结论，进一步还应做其他几个重要分析，主要包括方差齐性检验、多重比较检验等。

（一）方差齐性检验

方差齐性检验是对因素不同水平下各观测变量总体的方差是否相等进行检验。前面提到，因素不同水平下观测变量总体方差无显著差异是方差分析的前提要求。因此，有必要对方差是否齐性进行检验，可用 Bartlett 方差齐性检验。

（二）多重比较检验

单因素方差分析的基本分析只能判断因素是否对观测变量产生了显著影响。如果因素确实对观测变量产生了显著影响，表明因素不同水平的各总体均值不全相等。此时，应进一步考察各总体均值之间到底哪些相等，哪些不等，则需采用多重比较检验的方法。

多重比较是通过对总体均值之间的两两比较来进一步检验到底哪些均值之间存在差

异。多重比较检验的零假设 H_0 是,相应两水平下观测变量总体的均值不存在显著差异。多重比较方法有十几种,其差异主要体现在检验统计量的构造上。它们有的适用在各总体方差相等的条件下,有些则适用于方差不等的条件下,具体参见后面表 11-8。

第三节 多因素方差分析

一、多因素方差分析的基本原理

(一) 多因素方差分析的基本思想

多因素方差分析是对一个观测变量(因变量)是否受多个因素或变量影响而进行的方差分析。它不仅能够分析多个因素对观测变量的独立影响,更能够分析多个因素的交互作用是否对观测变量产生显著影响,进而最终找到利于观测变量的最优组合。例如研制新药就是在不同因素、不同成分中寻找一个最佳的比例搭配即配方,而这个最佳配方往往在交互作用显著的条件下才能找到。

由于多因素方差分析中观察变量不仅要受到多个因素独立作用的影响,而且其因素交互作用和一些随机因素都会对变量产生影响,因此,与单因素方差分析的基本思想完全类似,多因素方差分析通过比较分析各个因素变量、因素变量交互作用及随机因素各自的波动(离差平方和)在样本总的波动(总离差平方和)所占的比例,以此推断不同因素以及因素之间的交互作用是否给观测变量带来显著影响。

(二) 多因素方差分析的分析步骤

进行多因素方差分析的具体分析过程可分为以下三步。

1. 确定观测变量和若干个因素变量

2. 剖析观测变量总变异的影响因素

在多因素方差分析中,观测变量取值的变动会受到以下三个方面的影响:

(1) 因素变量独立作用的影响,指单个因素变量独立作用对观测变量的影响;

(2) 因素变量交互作用的影响,指多个因素变量不同水平相互搭配后对观测变量产生的影响;

(3) 随机因素的影响,主要指抽样误差带来的影响。

基于上述原则,多因素方差分析将观测变量的总变异(总离差平方和) SS_T 分解为(以两个因素变量为例)

$$SS_T = SS_A + SS_B + SS_{AB} + SS_E$$

上式中, SS_A、SS_B 分别为因素变量 A、B 独立作用引起的变异; SS_{AB} 为因素变量 A、B 交互作用引起的变异; SS_E 为随机因素引起的变异,其定义与单因素方差分析中的类似。通常

称 SS_A+SS_B 为主效应（main effect）, SS_{AB} 为交互效应（interaction effect）, SS_E 为剩余（residual）。

3. 比较观测变量总离差平方和各部分所占的比例

通过比较观测变量总离差平方和中各部分所占的比例,推断因素变量以及因素变量的交互作用是否给观测变量带来了显著影响。

显而易见,在观测变量总离差平方和 SS_T 中,如果 SS_A 所占比例较大,则说明因素变量 A 是引起观测变量变动的主要因素之一,观测变量的变动可以部分地由因素变量 A 来解释;反之,如果 SS_A 所占比例较小,则说明因素变量 A 不是引起观测变量变动的主要因素,观测变量的变动无法通过因素变量 A 来解释。对 SS_B 和 SS_{AB} 同理可推断。

（三）多因素方差分析的数学模型

这里以两个因素变量为例,设因素变量 A 有 s 个水平, B 有 r 个水平,每个交叉水平下均有 m 个样本（m 次试验）。那么,在因素变量 A 的水平 A_i 和因素变量 B 的水平 B_j 下的第 k 个样本值 x_{ijk} 可以定义为

$$x_{ijk}=\mu+a_i+b_j+(ab)_{ij}+\varepsilon_{ijk} \quad (i=1,\cdots,s;\ j=1,\cdots,r;\ k=1,\cdots,m)$$

该式为两因素方差分析的数学模型,其中 μ 为观测变量值的总均值, a_i 为 A 因素的第 i 个水平的效应, b_j 为 B 因素的第 j 个水平的效应; $(ab)_{ij}$ 为因素 A、B 交互作用 $(AB)_{ij}$ 的效应; ε_{ijk} 为抽样随机误差,是服从正态分布 $N(0,\sigma^2)$ 的独立随机变量。该式是一个线性模型,又称为两因素方差分析的全因素模型（full factorial）。

如果因素变量 A（或 B）对观测变量没有影响,则各水平的效应 a_i（或 b_j）应全部为 0,否则应不全为 0。同理,如果因素变量 A 和 B 对观测变量有交互作用,则各水平的效应 $(ab)_{ij}$ 应全部为 0,否则应不全为 0。多因素方差分析正是要分别对因素变量 A、B 及交互作用的所有效应是否同时为 0 进行统计推断。

二、多因素方差分析的基本步骤

方差分析问题属于推断统计中的假设检验问题,其基本步骤与假设检验的步骤完全一致,与前面提出的单因素方差分析的基本步骤类似,现总结如下:

（1）针对问题,提出零假设 H_0:各因素变量不同水平下观测变量各总体的均值无显著差异,即因素变量各效应和交互效应同时为 0,记为

$$H_{0A}:a_1=a_2=\cdots=a_s=0;\quad H_{0B}:b_1=b_2=\cdots=b_r=0;$$
$$H_{0AB}:(ab)_1=(ab)_2=\cdots=(ab)_{sr}=0$$

这表明因素变量和它们的交互作用对观测变量没有产生显著影响。

（2）由试验结果数据表进行计算各检验统计量 F 和对应的概率 P 值,列出多因素方差分析表（以两因素为例）。如表 11 3 所示。

表 11-3 两因素方差分析表

方差来源 Source	离差平方和 Sum of Squares	自由度 df	均 方 Mean Square	F 值 F	概率 P 值 Pr>F
因素 A	SS_A	$s-1$	$MS_A = \dfrac{SS_A}{s-1}$	$F_A = \dfrac{MS_A}{MS_E}$	P_A
因素 B	SS_B	$r-1$	$MS_B = \dfrac{SS_B}{r-1}$	$F_B = \dfrac{MS_B}{MS_E}$	P_B
交互 AB	SS_{AB}	$(s-1)(r-1)$	$MS_{AB} = \dfrac{SS_{AB}}{(s-1)(r-1)}$	$F_{AB} = \dfrac{MS_{AB}}{MS_E}$	P_{AB}
误差 E	SS_E	$sr(m-1)$	$MS_E = \dfrac{SS_E}{sr(m-1)}$		
总变异 Total	SS_T	$srm-1$			

(3) 对给定显著水平 α，依次与方差分析表中各个检验统计量的概率 P 值 (Pr>F) 做比较。例如对因素 A，当对应的概率 P_A 值 $<\alpha$ 时，拒绝零假设 H_{0A}，认为 A 因素变量各水平的效应不同时为 0，则 A 因素变量各水平的观测变量均值间有显著差异，也即因素 A 对观测变量的试验结果有显著影响；否则，则认为无显著影响。

对因素 B、因素 A 与 B 的交互作用是否显著可作同样的统计推断。

第四节 方差分析的 SAS 过程

在 SAS 系统中，方差分析可以通过 ANOVA 过程和 GLM 过程实现。其中，ANOVA 过程是专用于方差分析的过程，而方差分析只是 GLM 过程功能之一。一般数据中如果有缺失数据，采用 GLM 过程，而 ANOVA 过程主要用于均衡数据资料的方差分析，此外 ANOVA 过程的计算效率相对较高。下面将对这两个过程做具体介绍，并结合实例演示这两个过程的编程实现。

一、ANOVA 方差分析过程

ANOVA 过程为主要的用于方差分析的过程，可以实现单因素和多因素的方差分析。ANOVA 过程的基本格式为：

SAS 程序格式	意 义
PROC ANOVA [选项];	对 "DATA=" 指定或最新数据集进行方差分析
CLASS 效应列表;	指定进行方差分析的因素变量，必需语句
MODEL 因变量=效应/[选项];	指定方差分析模型的因变量和效应（因素变量），必需语句
BY 变量;	指定进行方差分析的分组变量，该变量需为已排序的变量

续 表

SAS 程序格式	意 义
FREQ 变量;	指定作为观测频数的变量
MEANS 效应[选项];	对因素各水平的数据做简单的描述性统计分析,同时还可设置方差分析的多重比较检验
TEST [H= 因素] E= 效应;	指定其他类型的 F 检验,E=来指定作为检验误差项的效应
MANOVA[检验选项]/[选项];	对于多个因变量的方差分析模型,要求进行多元方差分析
REPEATED 效应表达式/[选项];	执行有关单变量或多变量的重复测量资料的方差分析
RUN;	向 SAS 系统提交过程步中的语句
QUIT;	结束 ANOVA 过程

ANOVA 过程是个交互式过程,它的每个语句都可用交互方式执行,即执行完 RUN 语句后该过程并没结束,根据结果分析后,可再补充其他语句继续计算。使用 QUIT 语句可结束该过程。

其中 PROC ANOVA、CLASS 和 MODEL 语句是必需的,CLASS 语句必须出现在 MODEL 语句之前。MANOVA、MEANS 和 TEST 语句必须在 MODEL 语句之后使用。

PROC ANOVA 语句用于指定分析的方法为 ANOVA 过程,该过程后常加的选项说明如表 11 - 4 所示。

表 11 - 4 PROC ANOVA 语句的选项

选 项	意 义
DATA= 数据集名	指定需要进行分析的数据集
MANOVA	以多变量方式删除含有缺失值的观测
NAMELEN= n	设置因素变量名的字符串长度 n 的范围(20~200,默认 200)
NOPRINT	方差分析的统计结果不在输出窗口显示
ORDER= 排列规则	指定方差分析中因素变量的排列顺序:DATA、FORMATTED、FREQ、INTERNAL
OUTSTAT=数据集名	将计算结果保存到指定的数据集中
PLOTS= NONE	不输出控制图形。如无该选项,默认生成对输入数据分组的箱图。

CLASS 语句用于指定方差分析的效应(因素变量),效应的类型可以为字符型或数值型。该语句为方差分析必需的语句,且必须在 MODEL 语句之前。

MODEL 语句用于指定方差分析模型的因变量和效应(自变量)。其中模型的因变量为方差分析的指标变量,必须为数值型变量,模型的效应(自变量)为 CLASS 语句指定的因素变量。MODEL 语句控制的效应(自变量)的相互作用模型包括以下三种,其中 y 为分析的指标变量,a、b 和 c 为对变量 y 的三个影响因素即效应。

- 主效应模型:y= a b;
- 交互效应模型:y= a b c a*b a*c b*c a*b*c;
- 嵌套设计模型:y= a b c(a c);

MODEL 语句后的选项说明如表 11 - 5 所示。

表 11-5　MODEL 语句的选项说明

选　项	意　义
INTERCEPT	在结果中显示对模型中常数项的方差分析结果
NOUNI	不输出单变量方差分析统计结果

MEANS 语句用于对因素各水平的数据做简单的描述性统计分析，同时 MEANS 语句还可以设置方差分析的多重比较，其后可跟的选项如表 11-6、表 11-7 所示。

表 11-6　MEANS 语句的选项说明

选　项	意　义
ALPHA=p	给定均值间多重比较检验的显著性水平，默认为 0.05
CLDIFF	将两两均值之差的结果用置信区间的形式输出
CLM	对因素每个水平的均值按置信区间的形式输出
E=effect	设置多重比较中所使用的误差均方
HOVTEST	对因素各水平进行方差齐性检验

而用于多重比较检验的关键词的主要选项如表 11-7 所示，对应的多重比较检验方法的说明如表 11-8 所示。

表 11-7　用于多重比较检验的关键词

关键词	多重比较检验	关键词	多重比较检验
BON	Bonferroni 的 t 检验	DUNCAN	Duncan 的多重极差检验
TUKEY	Tukey 极差检验	DUNNETT	Dunnett 双尾 t 检验
SNK	Student-Newman-Keual 多重极差检验	REGWQ	Ryan-Einot-Gabriel-Welsch 多重极差检验
WALLER	Waller-Duncan 的 k 比率 t 检验	REGWF	Ryan-Einot-Gabriel-Welsch 多重 F 检验
SCHEFFE	Scheffe 多重对比检验	SIDAK	Sidak 的均值两两 t 检验
T 或 LSD	两两 t 检验	GABRIEL	Gabriel 的多重对比检验

表 11-8　多重比较检验方法的选项说明

选　项	说　明
T 或 LSD	最小显著差值法（Least Significant Difference），用 t 检验完成各组均值间的配对比较，对多重比较误差率不进行调整，是多重比较方法中结果最灵敏的，但控制 Ⅰ 型误差较差
Bon	与 LSD 法类似，用 t 检验完成各组间均值的配对比较，但通过设置每个检验的误差率，来严格控制整个误差率不超过预先设定的检验水准 α
Sidak	计算 t 统计量，进行多重配对比较，可以调整显著性水平，能严格地控制了总的 Ⅰ 型误差不超过预先设定的检验水准 α
Scheffe	用 F 分布对所有可能的组合进行同时进入的配对比较；此法可用于检查组均值的所有线性组合，但不是公正的配对比较，该法最保守，效能也最低

续 表

选 项	说 明
REGW F	基于 F 检验的 Ryan-Einot-Gabriel-Welsch 多重比较检验
REGW Q	基于 Student Range 分布的 Ryan-Einot-Gabriel-Welsch range test 多重配对比较;其检验效能较高且较好地控制 I 型误差,样本含量相同、方差相同时建议采用
SNK	用 Student Range 分布进行所有各组均值间的配对比较,适用于样本量相同情形,是一种有效划分相似性子集的方法
Tukey	用服从 q 分布的 Student-Range 统计量进行所有组间均值的配对比较,用所有配对比较误差率作为实验误差率,其检验效能较高且可较好控制 I 型误差;当样本量相同、方差相同时,建议采用。效果比 Bonferroni 法、Sidak 法要好
Duncan	指定一系列的 Range 值,逐步进行计算比较得出结论,用于样本量相同情形
Gabriel	用正态标准系数进行配对比较,在单元数较大时,这种方法较自由;当样本量有轻微的差别时建议采用
Waller	用 t 统计量进行多重比较检验,使用贝叶斯逼近的多重比较检验法
Dunnett	多重配对比较的 t 检验法,用于一组处理对一个控制类均值的比较,可以选择参照类,默认为最后一类

选择多重比较检验方法时,还应注意以下几点:

(1) 当总的方差分析检验结果为无显著影响时,没必要再进行无计划的多重比较。

(2) 当总的方差分析检验结果为因素有显著影响时,在众多均值两两比较方法选择时依赖读者趋向于结果是保守还是灵敏,但所选方法必须合适,例如 Duncan、Tukey 法仅适用于各组样本含量相同(均衡数据)的情况。

(3) 分析时可以把较灵敏的方法(LSD)、保守的方法(Tukey 法、Scheeffe 法)都试一下,如果结论一致,则结果比较可靠,否则有待于进一步研究。

TEST 语句用于指定进行其他类型的 F 检验。这种 F 检验不同于通常方差分析所做的 F 检验。即利用其他效应作为误差项,而不是通常的残差均方作为误差项。TEST 语句后可设置的选项如表 11-9 所示。

表 11-9 TEST 语句后可设置的选项说明

选 项	意 义
E=效应	指定一个且只能是一个效应作误差项(作 F 检验的分母)
H=效应	指定作为检验的效应(作 F 检验的分子)

MANOVA 语句对多个因变量的方差分析模型,要求进行多元方差分析。其中的检验选项是用来定义所要检验的效应。MANOVA 语句的主要选项说明如表 11-10 所示。

表 11-10 MANOVA 语句的主要选项说明

选 项	意 义
H=效应表	指定需分析的效应作为假设检验矩阵。所指定的效应必须事先在 MODEL 语句中列出；若指定 H=_ALL_ 则对 MODEL 的全部效应进行假设检验
E=效应	指定产生误差项的效应。缺项时，用剩余平方和及交叉积和残差矩阵（SSCP）作为误差项
M=矩阵名	为 Model 语句指定的因变量指定一个变换矩阵，MANOVA 语句进行的多元方差分析将针对变换后的因变量
SUMMARY	针对每一个因变量产生一个方差分析表

二、单因素方差分析的 SAS 实例应用

单因素设计（single factor design），又称完全随机设计（completely randomized design）或成组设计（group design），是最常用的单因素实验设计方法。它是将同质的受试对象随机地分配到各处理组，再观察其实验效应。各组样本含量相等时称为均衡设计（balanced design），此时其检验效率较高。该设计方法的优点是设计简单，易于实施，出现缺失数据时仍可进行统计分析。

【例 11.1】 某单位研究棉布、府绸、的确良及尼龙 4 种衣料内棉花吸附十硼氢量。每种衣料各做 5 次试验，结果见表 11-11。若已知十硼氢量服从正态分布，试问 4 种衣料内棉花吸附十硼氢量均值是否有显著差异？（$\alpha=0.05$）

表 11-11 各种衣料间棉花吸附十硼氢量

棉 布	府 绸	的确良	尼 龙
2.33	2.48	3.04	4.00
2.00	2.34	3.06	5.13
2.93	2.68	3.00	4.61
2.73	2.34	2.96	2.80
2.33	2.22	3.06	3.60

SAS 程序：

```
data ex11_1;
 do i= 1 to 5;
  do a= 1 to 4;
   input x @@;
   output;
  end;
 end;
 drop  i;
cards;
2.33 2.48 3.04 4.00   2.00 2.34 3.06 5.13   2.93 2.68 3.00 4.61
2.73 2.34 2.96 2.80   2.33 2.22 3.06 3.60
```

```
;
proc sort;
 by a;
proc univariate normal;
 var x;
 by a;
 run;
```

程序说明：

a 表示定性变量(衣料)，x 为观测值。先做正态性检验，以检查数据是否服从正态分布。其中 $a=1$ 的结果见图 11-1。

```
                       正态性检验
检验              ----统计量----      -------P 值-------
Shapiro-Wilk       W    0.947353     Pr < W      0.7183
Kolmogorov-Smirnov D    0.242444     Pr > D     >0.1500
Cramer-von Mises   W-Sq 0.044592     Pr > W-Sq  >0.2500
Anderson-Darling   A-Sq 0.252369     Pr > A-Sq  >0.2500
```

图 11-1 例 11.1 的正态分布检验($a=1$ 为例)结果

由例 11.1 程序运行的输出结果可见，对于因素 a 的各级水平，Pr<W 值皆大于 0.05，故接受来自正态分布的原假设，认为各组数据服从正态分布。再运行下面程序：

```
proc anova;
 class a;
 model x= a;
 run;
```

执行上述程序，方差分析结果如图 11-2、图 11-3 所示。

```
              The ANOVA Procedure
             Class Level Information
       Class        Levels     Values
         a             4       1 2 3 4

   Number of Observations Read       20
   Number of Observations Used       20
```

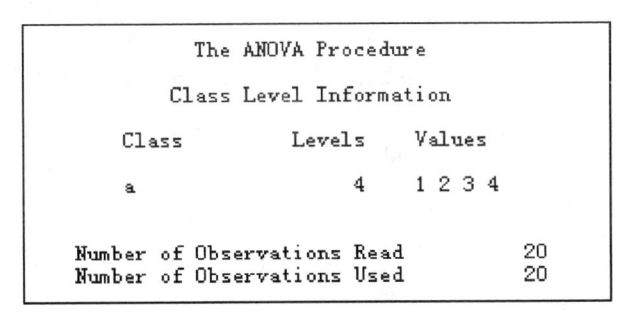

图 11-2 例 11.1 对衣料的方差分析结果 1

其中图 11-2 为数据的基本信息：包括 Class Level 和 Number of Observations 两张表，给出了因素变量和观测的基本信息，即数据的因素变量为 a，其不同的四个水平分别为 1、2、3、4；在方差分析中读取和使用的数据观测数为 20。

```
                        The ANOVA Procedure
Dependent Variable: x

                                Sum of
   Source              DF      Squares      Mean Square    F Value    Pr > F
   Model               3      8.44552000    2.81517333      11.50     0.0003
   Error              16      3.91540000    0.24471250
   Corrected Total    19     12.36092000

           R-Square     Coeff Var     Root MSE     x Mean
           0.683244     16.58901      0.494684     2.982000

   Source              DF      Anova SS     Mean Square    F Value    Pr > F
   a                   3      8.44552000    2.81517333      11.50     0.0003
```

图 11-3　例 11.3 衣料的方差分析结果 2

图 11-3 给出了方差分析的结果表,包含三个部分:

◆ 单因素方差分析总表(ANOVA 表),包括 Model 模型和 Error 误差两部分的自由度、离差平方和、均方及 F 检验等结果。

The ANOVA Procedure

Dependent Variable(因变量):x

Source 方差来源	DF 自由度	Sum of Squares 离差平方和	Mean Square 均　方	F Value F 值	Pr>F 概率 P 值
Model(模型)	3	8.445 520 00	2.815 173 33	11.50	0.000 3
Error(误差)	16	3.915 400 00	0.244 712 50		
Corrected Total	19	12.360 920 00			

由该表可知方差分析的 F 统计量的值为 11.50,概率 P 值($Pr>F$)＝0.000 3＜0.05,故拒绝零假设,认为 4 种衣料的内棉花吸附十硼氢量均值有显著差异。

方差分析的拟合优度统计量,分别为 R^2(决定系数,描述组间变异占总变异的比例),Coeff Var(变异系数),Root MSE(均方根误差),x Mean(因变量 x 的均值 $\bar{x}$)。

模型因素变量 a 的方差分析信息,包括因素 a 的自由度、离差平方和、均方、F 统计量和概率值等。

若要进一步检验各种衣料两两之间是否有显著差异,则需进行多重比较检验。在上次运行程序中加入 MEANS 语句,运行即可。

```
proc anova;
   class a;
   model x=a;
   means a/duncan snk;
run;
```

再次运行的 DUNCAN 法多重比较输出结果如图 11-4 所示。

```
                          The ANOVA Procedure
                    Duncan's Multiple Range Test for x

NOTE: This test controls the Type I comparisonwise error rate, not the experimentwise error rate.

                       Alpha                    0.05
                       Error Degrees of Freedom   16
                       Error Mean Square     0.244713

                    Number of Means      2        3        4
                    Critical Range    .6632    .6955    .7157

              Means with the same letter are not significantly different.

                    Duncan Grouping      Mean      N    a
                         A              4.0280     5    4
                         B              3.0240     5    3
                         B
                         B              2.4640     5    1
                         B
                         B              2.4120     5    2
```

图 11-4　例 11.1 的 DUNCAN 法多重比较的输出结果

输出中 Error Mean Square(EMS)为误差均方,Number of Means 及 Critical Range 为比较均值间相隔的组数及它们间相差有无显著意义的临界值。最后列出了均值数、各组样本含量及组号。

用 DUNCAN 法多重比较的输出,是统计显著水平为 0.05 下的检验结果,每组占一行,每行前面有一个字母(如 A,B 等),在同一字母下的任何两组之间均值都无显著差异(Means with the same letter are not significantly different)。

据此可以推断:尼龙($a=4$)和其他布料间有显著性差异,其他各布料间没有显著差异。SAS 输出中还有 SNK 法多重比较输出结果,与 DUNCAN 法输出结果的解读完全类似。

三、GLM 一般线性模型过程

(一) GLM 过程概述

前面介绍的 ANOVA 过程只能用于均衡数据资料(每个分类因素变量的样本量相等)的方差分析;对样本容量不等的非均衡数据做方差分析时,应采用 GLM(General Liner Model)一般线性模型过程。

对样本容量相等的均衡数据,用 ANOVA 过程作方差分析的效率和可靠性等都优于 GLM 过程。因此,在实验设计和实验实施时,应尽可能对不同实验条件下做相同次数的实验或测量。除非受实验条件限制或其他原因,难以提供均衡数据的情况下,才用 GLM 过程的方差分析。对均衡数据,用 GLM 过程处理和用 ANOVA 过程处理的结论是一致的。

GLM 是 SAS 数据分析过程中功能最丰富的过程,它包括:
- 简单回归(一元回归)分析、加权回归分析;
- 多重回归及多元回归分析、多项式回归分析;
- 方差分析(尤其对非均衡数据资料更为有效)、偏相关分析;
- 协方差分析、多元方差分析;

- 反应面模型分析、重复测量方差分析。

这里,我们只介绍 GLM 过程在方差分析中的应用。

GLM 过程中,用 MODEL 语句反映因变量与自变量(即效应)的模型,其形式如表 11-12 所示。

表 11-12 GLM 过程的 MODEL 语句可用模型的表示

模型说明	模型类型
MODEL Y=A B C;	主效应
MODEL Y=A B A*B;	交互效应
MODEL Y=A B A(B);	嵌套效应
MODEL Y1 Y2=A B;	多元方差分析
MODEL Y = A X;	协方差分析

注:其中 A、B、C 是分类变量,X、Y 是连续型变量。

(二) GLM 过程的格式和语句

GLM 过程所涉及的常用语句、常用选择项和前面介绍过的 ANOVA 过程几乎相同。

GLM 过程的基本格式为:

SAS 程序格式	意　义
PROC GLM [选项];	对"DATA="指定或最新数据集进行一般线性模型分析
CLASS 效应列表;	指定进行方差分析的因素变量,必需语句
MODEL 因变量=自变量/[选项];	定义所要拟合的一般线性模型(因变量、自变量及相互作用方式),必需语句
BY 变量;	指定进行一般线性模型的分组变量,需为已排序的变量
FREQ 变量;	指定作为观测频数的变量
WEIGHT 变量;	指定作为观测权重的变量
MEANS 效应/[选项];	对因素各水平的数据做简单的描述性统计分析,同时还可设置方差分析的多重比较检验
LSMEANS 效应/[选项];	计算列在语句中每个效应的最小二乘均值
TEST [H= 因素] E= 效应;	指定其他类型的 F 检验,E=来指定作为检验误差项的效应
MANOVA[检验选项]/[选项];	对于多个因变量的方差分析模型,要求进行多元方差分析
REPEATED 效应表达式/[选项];	执行有关单变量或多变量的重复测量资料的方差分析
OUTPUT [OUT= 数据集] 关键字= 名字 /[选项];	新建 OUT=指定的输出数据集,用于存储模型拟合后的诊断指标和有关统计量
CONTRAST 标签= 效应值/[选项];	用自定义的方式进行假设检验
RANDOM 效应/ [选项];	对指定的效应执行随机效应的方差分析过程
RUN;	向 SAS 系统提交过程步中的语句
QUIT;	结束 ANOVA 过程

PROC GLM 语句用以启动 GLM 过程,选择项与 ANOVA 几乎相同,只是多了 ALPHA =值,指定各种置信区间的置信水平,默认值为 0.05。其他选项见表 11-4。

MODEL 语句指定因变量与协变量、分类变量的模型。如果没有指定效应变量,则 GLM 过程只拟合截距,只检验因变量是否为 0。MODEL 语句中的选项说明如表 11-13 所示。

表 11-13　GLM 过程的 MODEL 语句的选项说明

选　项	意　义
ALPHA=p	指定置信区间的 α 显著水平,默认为 0.05 水平
CLI	对每个观测的平均预测值显示出置信限
CLM	对每个观测的预测值显示出置信限,CLI 不能同 CLM 一起使用
INT|INTERCEPT	要求 GLM 过程把截距作为一个效应进行处理,显示出与其有关的假设检验结果。如果缺项,则不输出有关的假设检验结果
NOINT	如果截距项在模型中不显著,可用此选项将截距项从模型中删除
R	对自变量无缺失值的观测,显示观测、预测值、残差值等残差分析结果
SOLUTION	要求输出回归方程中各参数的估计值
SS1|SS2|SS3|SS4	给出每个效应的各型估计方程所对应的平方和,SSl 为默认项

LSMEANS 语句是用于 MODEL 语句之后的可选语句,计算列在语句中每个效应的最小二乘均值,这是针对非均衡设计的。LSMEANS 语句常用的选项说明如表 11-14 所示。

表 11-14　LSMEANS 语句常用的选项说明

选　项	意　义
E	计算最小平方均数的可估计函数
SIDERR	输出最小平方均值的标准误差
PDIFF	要求给出最小二乘均值组间差值的概率 P 值
E=效应	指定模型中的一个效应项用作误差项

MEANS 语句是选择语句,计算所列的效应对应因变量均值。若指定了选择项,则将进行主效应均值间指定方法的多重比较检验。常用的方法选择项如下,同前面表 11-3 所示。

- BON,DUNCAN,LSD,REGWF,REGWQ,SNK(Q 检验),SCHEF
- SIDAK,SMM(GTZ),TUKEY,WALLER,DUNNEZT

以上选择项在实际应用中一般选择一种或两种方法即可。

CONTRAST 语句可以用自定义的方式进行假设检验,通过规定 L 向量或 M 矩阵来构造单变量(一元)假设检验 Lβ=0 或多元假设检验 LβM=0。

GLM 过程中可同时使用多条 CONTRAST 语句,但 CONTRAST 语句必须在 MODEL 语句之后。如果同时使用 MANOVA、REPEATED、TEST 语句,CONTRAST 语句必须出现在这些语句之前。

CONTRAST 语句用于自定义方式进行假设检验,其格式为:

```
CONTRST 标签=效应　值/[选项];
```

- 标签:用来标识所进行的检验,是必需的,作为标签的字符串需用单引号括起来。
- 效应:必须是 MODEL 语句所定义的效应之一效应表达式后的常数向量用以指定相应因素(组合)各水平的值;在指定各水平的情况下进行相关因素的分析。当模型中拟合截距项时,INTERCEPT 可作为一个效应。
- 值:是和效应相关的 L 向量的元素,用以指定相应效应各水平的值,从而进行假设检验。

(三) 四种类型的方差分解法

GLM 过程提供四种类型的方差分解方法：Type Ⅰ SS、Type Ⅱ SS、Type Ⅲ SS、Type Ⅳ SS 进行方差分析的计算，并增加了这四种可估计函数效应的统计意义检验。其中

- Type Ⅰ SS：是效应的Ⅰ类估计函数的离差平方和，它是按各因素之间有交互作用的情况计算的，并据此做出各效应统计意义检验。
- Type Ⅲ SS：是效应的Ⅲ类估计函数，它只按主效应计算离差平方和，并据此做出了各效应的统计意义检验。

对单因素实验的方差分析，不存在因素之间的交互作用，因此两类估计函数的计算结果完全相同。在多因素实验的方差分析中，当认为因素间交互作用较小时，应以第Ⅲ类方差分解法的结果为准；当认为因素间交互作用较大时，应以第Ⅰ类方差分解法的结果为准。

在使用 GLM 过程时，系统将自动按两种方法求出各因素所引起的离均差平方和：Type Ⅰ 和 Type Ⅲ SS。对均衡数据资料，这四种计算方法结果完全一致；但对于非均衡数据资料，四种计算方法结果不完全一致，可参考下列表 11-15，可正确选择其中一种进行分析。

表 11-15 四种类型的方差分解法的比较

方差分解方法	说 明	适用模型
Type Ⅰ SS	已对因素的影响大小有了主次之分，所需分析的因素需严格按作用大小依次排列，其计算结果与因子的前后顺序密切相关，应当将最重要的因素放在前面，然后按二阶交互、三阶交互的顺序依次指定	纯嵌套模型 多项式回归模型
Type Ⅱ SS	对其他所有效应均进行调整。其计算会抑制其他参数的估计，不适用于有交互作用的方差分析以及嵌套模型，适用范围较小	完全平衡的模型 主效应模型 纯回归模型
Type Ⅲ SS	是系统默认的处理方法，对其他所有效应进行调整，但其计算方法也适用于非均衡的设计模型，通常采用该类型的分解法	适用于Ⅰ型、Ⅱ型所列范围 无缺失单元格的非均衡模型
Type Ⅳ SS	专门针对含有缺失单元格的非均衡数据而设计，它对任何效应计算平方和，如果效应存在嵌套，则只对较高水平的效应做对比	可用于Ⅰ型、Ⅱ型所列模型 含缺失单元格的非均衡模型

这里 Type Ⅲ SS 与 Type Ⅳ SS 两方法大多数场合是一致的。当非均衡数据资料中有缺项单元时，两种方法假设不同。

当使用 GLM 过程分析资料后，只是在非均衡数据资料（包括均衡不完全配伍组设计资料）时这四种方差分解法中选择一种，通常只需从 Type Ⅰ SS 和 Type Ⅲ SS 中选择一种。Type Ⅲ SS 计算结果与因素在模型中的顺序无关，很多情形是默认的选项。

综上所述，除非很特殊的情况下必须要用到 Type Ⅳ型外，一般使用 TypeⅢ型分解法即可。

(四) GLM 过程的 SAS 实例应用

【例 11.2】 健康男子各年龄组淋巴细胞转化率(%)见表 11-16。已知各组淋巴细胞转

化率均服从正态分布,问各组淋巴细胞转化率的均值间的差异是否显著?

表 11-16 健康男子各年龄组淋巴细胞转化率(%)

年龄组	淋巴细胞转化率(%)
11—20 岁	58 61 61 62 63 68 70 70 74 78
41—50 岁	54 57 57 58 60 60 63 64 66
61—75 岁	43 52 55 56 60

这是一个单因素(年龄)三水平(三个年龄组)的方差分析问题,是各水平的样本容量不等的非均衡数据问题,故采用 GLM 过程做方差分析,程序如下:

```
data ex11_2;
  a= 1;
  input x @@ ;
    if _n_>10 then a= 2;
    if _n_>19 then a= 3;
cards;
58 61 61 62 63 68 70 70 74 78
54 57 57 58 60 60 63 64 66
43 52 55 56 60
;
proc glm;
  class a;
  model x= a;
run;
```

上述程序中,a 表示年龄组,x 表示淋巴细胞转化率(%)。输出结果见图 11-5。

```
                       The GLM Procedure
Dependent Variable: x

                              Sum of
Source              DF       Squares     Mean Square   F Value    Pr > F
Model                2    616.311111     308.155556      9.77     0.0010
Error               21    662.188889      31.532804
Corrected Total     23   1278.500000

         R-Square    Coeff Var    Root MSE     x Mean
         0.482058     9.168013    5.615408    61.25000

Source              DF     Type I SS     Mean Square   F Value    Pr > F
a                    2    616.3111111    308.1555556     9.77     0.0010

Source              DF    Type III SS    Mean Square   F Value    Pr > F
a                    2    616.3111111    308.1555556     9.77     0.0010
```

图 11-5 例 11.2 的 GLM 过程方差分析输出结果

由图 11-5 的方差分析的结果知:因 $F=9.77$, $P=0.0010<0.05$,故因素 a 各水平间的差异极其显著,即可认为三个年龄组的淋巴细胞转化率有极显著差异。

【例 11.3】 现有测定间接血球凝集的抗体滴度,可用于诊断 I 型疱疹病毒引起的脑炎。为了寻求早期诊断指标,对三组不同状况的家兔进行实验,得到如表 11-17 所示的资料。已知各组的两种滴度倒数的比值服从正态分布,试考察对三组家兔中任何两组"血清滴度倒数/脑脊液滴度倒数"的平均比值(设为 DD)是否有显著差异(也即其 $\text{Log}_{10}(\text{DD})$ 间是否有显著差异)?

表 11-17 三组家兔血清滴度倒数和脑脊液滴度倒数

外周感染组		颅内感染未发病组		颅内感染发病组	
血清滴度倒数	脑脊液滴度倒数	血清滴度倒数	脑脊液滴度倒数	血清滴度倒数	脑脊液滴度倒数
640	8	640	16	320	64
2 560	2	1 280	64	320	8
5 120	8	2 560	256	40	8
5 120	2	1 280	8	160	64
5 120	8	5 120	128	80	32
640	2	2 560	64	80	8
2 560	2	10 240	32	40	32
5 120	2	5 120	128	160	2
5 120	4	2 560	64		
2 560	32	1 280	2		
10 240	2				
1 280	2				

本题各组样本的观测个数不同,属非均衡设计,应该使用 GLM 过程。在分析前对变量要进行对数变换,程序如下:

```
data  ex11_3;
 input a b @@;
    dd= a/b;              /*dd= a/b;为两种滴度倒数的比值*/
    d= log10(dd);         /*对数变换*/
    c= 1;
    if _n_>12 then c= 2;  /*利用_n_分组*/
    if _n_>22 then c= 3;
cards;
640 8 2560 2 5120 8 5120 2 5120 8 640 2 2560 2 5120 2 5120 4 2560 32 10240 2 1280 2
640 16 1280 64 2560 256 1280 8 5120 128 2560 64 10240 32 5120 128 2560 64 1280 2
320 64 320 8 40 8 160 64 80 32 80 8 40 32 160 2
;
proc glm;
```

```
    class c;
    model d= c;
    means c/snk;
run;
quit;
```

运行结果如图 11-6、图 11-7 所示。

```
                          The GLM Procedure
Dependent Variable: D

                                    Sum of
     Source              DF        Squares      Mean Square    F Value    Pr > F
     Model                2      20.36361272    10.18180636      30.75    <.0001
     Error               27       8.93957010     0.33109519
     Corrected Total     29      29.30318282

              R-Square     Coeff Var      Root MSE      D Mean
              0.694928     29.15927       0.575409      1.973330

     Source              DF       Type I SS     Mean Square    F Value    Pr > F
     C                    2      20.36361272    10.18180636      30.75    <.0001

     Source              DF      Type III SS    Mean Square    F Value    Pr > F
     C                    2      20.36361272    10.18180636      30.75    <.0001
```

图 11-6　例 11.3 的方差分析的总的因素检验输出结果

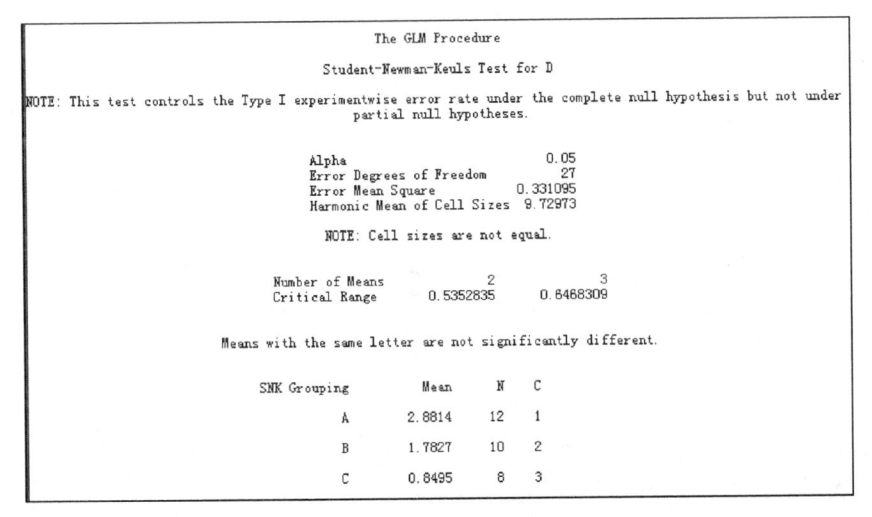

```
                          The GLM Procedure
                  Student-Newman-Keuls Test for D
NOTE: This test controls the Type I experimentwise error rate under the complete null hypothesis but not under
                          partial null hypotheses.

              Alpha                                0.05
              Error Degrees of Freedom               27
              Error Mean Square                 0.331095
              Harmonic Mean of Cell Sizes       9.72973

              NOTE: Cell sizes are not equal.

              Number of Means          2           3
              Critical Range      0.5352835    0.8468309

     Means with the same letter are not significantly different.

          SNK Grouping          Mean       N    C
                  A            2.8814     12    1
                  B            1.7827     10    2
                  C            0.8495      8    3
```

图 11-7　例 11.3 的 SNK 多重比较检验的输出结果

由图 11-6 的方差分析表可检验因素模型总的显著性。由表中结果得：$F=30.75$，P 值（$Pr>F$）<0.0001，故因素对因变量有显著影响，即分组因素各水平间有显著差异。也即不同组家兔其"血清滴度倒数/脑脊液滴度倒数"的平均比值的均值间有显著差异。

由图 11-7 的 SNK Grouping 两两多重比较检验可见，组别变量 c 的各分组间的字母分别为 A、B、C，各不相同，表明它们之间均值都有显著差异。即任何两组家兔指标的平均比值均有显著差别。

第五节　常用实验设计的方差分析

实验设计(design of experiment,DOE),又称试验设计,是研究如何科学合理地安排试验,控制实验中的混杂因素,得到尽可能均衡可比的实验效应,从而以较少的试验达到最佳的试验效果,并能严格控制试验误差,有效地分析试验数据的理论与方法。实验设计起源于20世纪初的英国,最早是由英国著名统计学家费希尔(R. A. Fisher)提出的,现成为生物统计中内容十分丰富的重要分支。良好的实验设计方法既可以减少试验次数、缩短试验时间和避免盲目性,又能迅速得到有效的结果。

医药中常用的实验设计有:完全随机设计、随机区组设计、拉丁方设计、析因设计、正交设计、重复测量设计、嵌套设计、裂区设计、交叉设计等,对不同的试验设计方法,应该用相应的方差分析模型来进行数据分析,其不同设计的方差分析中对总变异的分解就不同。所以对所给数据的设计类型进行判别,是我们进行数据方差分析的重要前提。其中完全随机设计即单因素设计的方差分析,已在本章第四节二的单因素方差分析中加以介绍。本节将介绍其他常用实验设计数据的方差分析。

一、随机区组设计的方差分析

随机区组设计(randomized block design),又称配伍组设计,是按试验对象的生物学(如社会、心理等)特征分成若干个配伍组(区组),每个配伍组的试验对象再随机分配到各个处理组。

随机区组设计是一种两因素试验设计的方法,其两因素是指处理因素和配伍组因素,处理因素是研究者感兴趣的主要因素,而配伍组因素是可能会影响试验效应的一种干扰因素。用配伍组设计可以排除配伍组因素对试验效应的干扰而真实地反映出处理因素的作用,使各比较组的可比性强,使组间均衡性好,处理因素的效应更容易检测出来。随机区组设计方差分析的数学模型为:

$$x_{ij} = \mu + a_i + b_j + \varepsilon_{ij} \quad (i=1,\cdots,s;\ j=1,\cdots,r)$$

其中 μ 为总的均值,a_i 为因素第 i 个水平的效应,b_j 为第 j 个区组的效应,ε_{ij} 为误差项。

随机区组设计的方差分析的基本思想也是对总变异进行分解:分解为不同处理因素引起的变异、不同区组引起的变异、模型不能解释的随机误差三部分。注意:随机区组设计与单因素完全随机设计相比,在总变异的分解中,误差项变异中又分解出由区组因素引起的变异,减少了实验误差,提高了实验效率。

随机区组设计的方差分析在SAS中主要通过ANOVA(或GLM)过程来实现。其程序的语法格式一般为:

```
PROC  ANOVA(或 GLM);
   CLASS  分类变量;
   MODEL  因变量= 效应/[选项];
   MEANS 效应/[选项];
RUN;
```

随机区组设计方差分析不可以分析处理因素与区组因素的交互作用。

【例 11.4】 为评价 5 种饲料的营养价值,对 8 窝大白鼠每窝 5 只分别用这 5 种饲料进行喂养,9 周后所增体重如表 11-18 所示,试比较 5 种饲料营养价值有无显著差异?($\alpha=0.05$)

表 11-18 8 窝大白鼠用 5 种饲料喂养所增体重

窝别	饲料种类				
	甲	乙	丙	丁	戊
1	24	15	37	57	82
2	42	28	37	51	66
3	60	29	47	53	74
4	50	29	42	51	79
5	42	24	34	60	82
6	39	38	27	69	76
7	47	21	32	54	73
8	53	37	42	59	90

本例为典型的随机区组设计问题,其中试验结果变量为大白鼠所增体重 x,窝别为区组因素 a,饲料种类为处理因素 b,所编制的 SAS 程序为:

```
data ex7_4;
    do a= 1 TO 8;
        do b= 1 to 5;
            input x @@;
            output;
        end;
    end;
cards;
24 15 37 57 82   42 28 37 51 66   60 29 47 53 74   50 29 42 51 79
42 24 34 60 82   39 38 27 69 76   47 21 32 54 73   53 37 42 59 90
;
proc univariate normal;
    var x;
    by a;
proc sort;
```

```
            by b;
    proc univariate normal;
        var x;
        by b;
    proc anova;
        class a b;
        model x = a b;
        means a b/snk;
    run;
    quit;
```

程序中,先用 UNIVARIATE 过程进行正态检验,以判断数据是否为正态。运行结果的 $a=1$ 的正态检验结果图如图 11-8 所示。

```
              正态性检验
检验         ----统计量----    -------P 值-------
Shapiro-Wilk         W    0.950932    Pr < W      0.7438
Kolmogorov-Smirnov   D    0.188198    Pr > D     >0.1500
Cramer-von Mises     W-Sq 0.031137    Pr > W-Sq  >0.2500
Anderson-Darling     A-Sq 0.210674    Pr > A-Sq  >0.2500
```

图 11-8　例 11.4 的正态检验结果($a=1$)

由例 11.4 的输出结果知,对于 a、b 的其他水平的正态检验结果都类似,而且 a、b 各水平的 P 值(Pr<W)都大于 0.05,说明各组数据均服从正态分布,可进行方差分析。

对例 11.4 饲料喂养所增体重问题,按处理及区组两方面分组,分组(class)的因素变量有 a 及 b,模型(MODEL)为 $x=a\ b$。其主要输出结果如图 11-9、图 11-10、图 11-11 所示。

```
                     The ANOVA Procedure
Dependent Variable: x
                                Sum of
Source              DF         Squares     Mean Square    F Value    Pr > F
Model               11      12671.75000     1151.97727     22.05     <.0001
Error               28       1462.65000       52.23750
Corrected Total     39      14134.40000

          R-Square    Coeff Var     Root MSE       x Mean
          0.896518     14.81058     7.227551      48.80000

Source              DF       Anova SS    Mean Square    F Value    Pr > F
a                    7       667.60000      95.37143      1.83     0.1215
b                    4     12004.15000    3001.03750     57.45     <.0001
```

图 11-9　例 11.4 的方差分析模型因素显著性检验结果

图 11-9 输出结果分析:该表是多因素方差分析的主要结果,其方差分析表形式与单因素方差分析表类似。

由 Model 行：$F=22.05, P<0.0001$，故拒绝 H_0，说明模型有显著性。

对于 a 因素窝别，$F=1.83, P=0.1215>0.05$，接受 H_0，认为窝别对增重影响无显著差异。

对于 b 因素饲料种类，$F=57.45, P<0.0001$，拒绝 H_0，认为饲料种类对增重影响有显著差异。

为进一步分析不同的窝别及不同饲料对增重的影响，利用 SNK 法检验得结果。

图 11-10 为 a 因素窝别的多重比较检验结果，由 SNK 组中字母（SNK Grouping）可以看出：窝别 a 的各均值间用同一字母 A 分组，说明窝别间的均值无显著差异。

```
                    The ANOVA Procedure
                 Student-Newman-Keuls Test for x
NOTE: This test controls the Type I experimentwise error rate under the complete null hypothesis but not under
                      partial null hypotheses.

                    Alpha                      0.05
                    Error Degrees of Freedom     28
                    Error Mean Square        52.2375

Number of Means      2         3         4         5         6         7         8
Critical Range  9.3635181 11.310241 12.480546 13.317889 13.968747 14.500157 14.948537

         Means with the same letter are not significantly different.

         SNK Grouping          Mean      N    a
                   A          56.200     5    8
                   A
                   A          52.600     5    3
                   A
                   A          50.200     5    4
                   A
                   A          49.800     5    6
                   A
                   A          48.400     5    5
                   A
                   A          45.400     5    7
                   A
                   A          44.800     5    2
                   A
                   A          43.000     5    1
```

图 11-10　例 11.4 方差分析的 a 因素多重比较结果

```
                 Student-Newman-Keuls Test for x
controls the Type I experimentwise error rate under the complete null hypothesis
                      partial null hypotheses.

                    Alpha                      0.05
                    Error Degrees of Freedom     28
                    Error Mean Square        52.2375

Number of Means      2         3         4         5
Critical Range  7.402511  8.941531  9.8667379 10.528716

         Means with the same letter are not significantly different.

         SNK Grouping          Mean      N    b
                   A          77.750     8    5
                   B          56.750     8    4
                   C          44.625     8    1
                   C
                   C          37.250     8    3
                   D          27.625     8    2
```

图 11-11　例 11.4 的方差分析 b 因素多重比较结果

在图 11-11 中，对因素 b 即饲料种类的多重比较结果，由 SNK 组中的字母可见，第 1

种和第 3 种饲料之间差异不显著,其他不同种饲料间差异显著。从 b 因素(饲料种类)各水平下的体重增加量的均值 Mean 列可见:第 5 种饲料为 77.750 最好,第 2 种饲料 27.625 最差。

二、拉丁方设计的方差分析

当试验中涉及三个因素,三个因素的水平数相同,且它们之间无交互作用或交互作用可忽略不计时,可用拉丁方设计的方差分析。

拉丁方(Latin square)是用 k 个字母(或数字)排成 k 行 k 列的方阵,使得每行每列这 k 个字母(或数字)都恰好出现一次,这称为 k 阶拉丁方。

拉丁方设计(Latin square design)是有三个因素的设计类型,是在随机区组设计的基础上,又增加了一个已知的对实验结果有影响的因素,增加了均衡性,减少了误差,提高了实验效率。不过,在拉丁方设计中,三个因素的水平数必须相同,而且这三个因素不存在交互作用。按拉丁方的行、列、字母(或数字)分别安排 3 个因素,每个因素有相同的 k 个水平来进行实验安排。

拉丁方设计的方差分析在 SAS 中主要通过 ANOVA(或 GLM)过程来实现。其程序的语法格式一般为:

```
PROC   ANOVA(或 GLM);
   CLASS   分类变量;
   MODEL   因变量= 效应/[选项];
   MEANS   效应/[选项];
RUN;
```

拉丁方试验设计是按试验对象均衡原则提出来的,是双向的区组化技术,它控制了非研究因素的变异及误差,是节约样本量的高效率的实验设计方法之一。在医药研究中,该方法可有效减少试验对象差异对药品效能比较的干扰。

【例 11.5】 有 5 种防护服,由 5 个人各在不同的 5 天中穿着,测定脉搏数,如表 11-19 所示。试研究 5 种防护服对心跳有无不同作用(表中 A~E 代表不同防护服)。

表 11-19 五种防护服对脉搏数影响

试验日期	受试者				
	甲	乙	丙	丁	戊
1	A 129.8	B 116.2	C 114.8	D 104.0	E 100.6
2	B 144.4	C 119.2	D 113.2	E 132.8	A 115.2
3	C 143.0	D 118.0	E 115.8	A 123.0	B 103.8
4	D 133.4	E 110.8	A 114.0	B 98.0	C 110.6
5	E 142.8	A 110.6	B 105.8	C 120.0	D 109.8

本例为拉丁方试验的均衡设计,需同时考虑试验日期、防护服种类和受试者三种因素对

受试者心跳的影响。所编写的 SAS 程序如下：

```
data ex11_5;
  do date= 1 TO 5;
    do person = 1 TO 5;
      input cloth$ x @@;
      output;
    end;
  end;
cards;
a 129.8 b 116.2 c 114.8 d 104.0 e 100.6
b 144.4 c 119.2 d 113.2 e 132.8 a 115.2
c 143.0 d 118.0 e 115.8 a 123.0 b 103.8
d 133.4 e 110.8 a 114.0 b 98.0 c 110.6
e 142.8 a 110.6 b 105.8 c 120.0 d 109.8
;
proc univariate normal;
    var x;
    by date;
proc sort;
    by person;
proc univariate normal;
    var x;
    by person;
proc sort;
    by cloth;
proc univariate normal;
    var x;
    by cloth;
proc anova;
    class date person cloth;
    model x= date person cloth;
run;
```

数据步中,变量 date 代表试验时间因素,变量 person 代表受试者因素,变量 cloth 代表防护服因素。先做数据的正态检验,从检验结果可见数据服从正态,输出结果省略。

图 11-12 为例 11.5 方差分析的模型因素显著性检验的主要 SAS 输出结果,该结果说明:因 Model 行的 $F=6.80$,$P=0.001\ 1 < 0.01$,故总的模型影响极显著。而其中只有 person 因素(受试者)对脉搏数影响极其显著($F=16.27, P<0.000\ 1$);而区组 date 因素(试验时间,$F=2.90, P=0.068\ 4>0.05$)和 cloth 因素(防护服,$F=1.24, P=0.344\ 5>0.05$)对脉搏数都无显著影响。

```
                        The ANOVA Procedure
Dependent Variable: x
                                Sum of
Source                DF       Squares      Mean Square    F Value    Pr > F
Model                 12     3579.772800     298.314400      6.80     0.0011
Error                 12      526.140800      43.845067
Corrected Total       24     4105.913600

           R-Square    Coeff Var    Root MSE     x Mean
           0.871858    5.612253     6.621561    117.9840

Source                DF       Anova SS     Mean Square    F Value    Pr > F
date                   4      508.073600     127.018400      2.90     0.0884
person                 4     2853.673600     713.418400     16.27    <.0001
cloth                  4      218.025600      54.506400      1.24     0.3445
```

图 11-12　例 11.5 方差分析的模型显著性检验结果

三、析因设计的方差分析

前面设计仅考虑了单个因素对因变量的影响，当研究中涉及两个或多个处理因素且考虑交互效应时，我们可以采用析因设计。

析因设计(factorial design)是一种多因素的交叉分组试验设计，是对各因素各水平的所有组合都进行试验的方法，能够清楚地揭示事物内部的规律性，是一种高效率的试验设计。它既可以分析各因素的主效应又可分析各因素的交互作用(interaction)。析因设计方差分析仍然要满足方差分析的前提条件：独立性、正态性、方差齐性。

假设有 m 个处理因素($m>2$)，所有处理因素的每个水平都与其他因素的每个水平组合，交叉分组进行实验，总共可以构成 S 个实验条件(S 为 m 个因素的水平数之积)，每个实验条件下至少要做两次独立重复实验，做实验时每次都涉及全部因素，即因素是同时施加的。通过比较各种组合所形成的实验条件下的实验结果，可以筛选出最佳方案或探索出好的实验条件。

析因设计方差分析的数学模型为：

$$x_{ijk} = \mu + a_i + b_j + (ab)_{ij} + \varepsilon_{ijk} \quad (i=1,\cdots,s; j=1,\cdots,r; k=1,\cdots,m)$$

其中 μ 为总的均值，a_i 为处理因素 A 的第 i 个水平的效应，b_j 为处理因素 B 的第 j 个水平的效应，$(ab)_{ij}$ 为因素 A 与因素 B 的交互效应，ε_{ijk} 为误差项。

在析因设计中，有以下几个基本概念：

● 单独效应：当其他因素的水平固定时，同一因素不同水平间的差别。例如：某研究者采用两因素析因设计研究甲、乙两药的降脂疗效，甲、乙两药（两因素）都有两个水平："用"与"不用"。甲药的单独效应指当乙药固定在某水平时，"用"甲药与"不用"甲药的均值之差。

● 主效应(main effect)：指某单个因素各水平单独效应的平均差别。上例中甲药的主效应指甲药单独效应的平均。

● 交互效应(interaction)：一个因素在不同水平时，另一个或几个因素的单独效应不同，这时我们称这几个因素间存在交互效应。如无交互效应，则可以直接解释主效应，如有交互效应,表明因素间存在协同效应或拮抗效应,要分析每个因素的单独效应。

析因设计的方差分析在 SAS 中主要通过 ANOVA(或 GLM)过程来实现。其程序的语法格式一般为:

```
PROC  ANOVA(或 GLM);
   CLASS  分类变量;
   MODEL  因变量= 效应 交互效应/[选项];
   MEANS 效应/[选项];
RUN;
```

析因设计中,因素的多少取决于研究者的兴趣,同时也要受限于样本含量,因为如果实验因素多,因素间两两组合会形成很多实验条件,要求有较多的样本含量。析因设计除了可以同时研究多个处理因素外,最大的优点是可以分析因素间的交互效应。

【例 11.6】 某医药院校研究人员将 24 只小鼠分成 8 组,研究小鼠种别、体重及性别三种因素对皮下移植 SRS 瘤细胞(体积)生长的影响,结果如表 11 - 20 所示。若已知肿瘤体积服从正态分布,考察这三种因素及其交互作用对 SRS 瘤细胞(体积)生长的影响是否显著?

表 11 - 20 SRS 瘤细胞(体积)生长特性实验结果

组 别	种别(A)	体重(B)	性别(C)	第 8 天肿瘤体积		
1	昆明	大	雄性	0.706 9	0.785 4	0.358 1
2	昆明	大	雌性	0.078 5	0.188 5	0.340 3
3	昆明	小	雄性	1.083 8	0.942 5	0.333 5
4	昆明	小	雌性	0.502 7	0.955	0.921 5
5	沪白一号	大	雄性	0.062 8	0.094 2	0.047 1
6	沪白一号	大	雌性	0.012 6	0.012 6	0.009 4
7	沪白一号	小	雄性	0.471 2	0.088	0.175 9
8	沪白一号	小	雌性	0.224 6	0.251 3	0.367 6

研究三个因素对肿瘤生长的影响时,不仅要研究各因素独自的影响,而且还要研究各因素间的交互作用(interaction)。研究交互作用要用析因实验(factorial experiment)进行设计和分析。故本例为三因素的析因设计问题,所编制的 SAS 程序为:

```
data ex11_6;
  do a = 1 to 2;
    do b = 1 to 2;
      do c= 1 to 2;
        do i= 1 to 3;
          input x @@;
          output;
        end;
      end;
```

```
      end;
    end;
datalines;
  0.7069  0.7854  0.3581  0.0785  0.1885  0.3403  1.0838  0.9425  0.3335
  0.5027  0.9550  0.9215  0.0628  0.0942  0.0471  0.0126  0.0126  0.0094
  0.4712  0.0880  0.1759  0.2246  0.2513  0.3676
  ;
proc anova;
  class a b c;
  model x= a b c a*b a*c b*c a*b*c;
run;
```

本例中因素变量有 a、b、c 三个分组变量,模型为三个因素、三个一级交互作用 $a*b$、$a*c$ 和 $b*c$、一个二级交互作用 $a*b*c$ 组成。其主要输出结果见图 11 - 13。

```
                          The ANOVA Procedure
Dependent Variable: x

                                  Sum of
   Source              DF        Squares     Mean Square    F Value    Pr > F
   Model                7       2.05341195    0.29334456       6.94    0.0007
   Error               16       0.67630296    0.04226893
   Corrected Total     23       2.72971491

            R-Square     Coeff Var      Root MSE      x Mean
            0.752244     54.73994       0.205594      0.375583

   Source              DF      Anova SS      Mean Square    F Value    Pr > F
   a                    1     1.20574768     1.20574768      28.53    <.0001
   b                    1     0.54637873     0.54637873      12.93    0.0024
   c                    1     0.06877963     0.06877963       1.63    0.2203
   a*b                  1     0.03692642     0.03692642       0.87    0.3839
   a*c                  1     0.05631828     0.05631828       1.33    0.2853
   b*c                  1     0.09886801     0.09886801       2.34    0.1457
   a*b*c                1     0.04039321     0.04039321       0.96    0.3428
```

图 11 - 13 瘤细胞生长特性的方差分析结果

由图 11 - 13 输出结果可见,其模型检验所在行的 $F=6.94$,概率 P 值=0.0007<0.05,表明模型是显著的。其中因素 a(鼠种)、因素 b(体重)的概率 P 值分别为<0.000 1、0.002 4,均小于 0.01,表明因素 a(鼠种)、因素 b(体重)对肿瘤体积影响极其显著;而因素 c(性别)及所有各因素的交互作用其概率 P 值均大于 0.05,表明性别及所有各因素的交互作用对肿瘤体积皆无显著影响。

最后,进行析因实验设计时应注意:

(1) 因素的水平数不宜过多,否则解释起来比较困难,而且所需样本量也会增大,此时可忽略部分交互效应,采用正交设计或均匀设计。

(2) 如果存在交互作用,应分析因素间是协同作用还是拮抗作用。

(3) 析因设计中研究因素的地位是平等的,这一点与嵌套设计不同,嵌套设计中的因素有主要因素与次要因素之分。

下面再来看一个 $R \times C$ 析因设计资料的方差分析(有交互因素的方差分析)例子。

【例 11.7】 治疗缺铁性贫血病人 12 例,分 4 组给予不同治疗,一个月后观察红细胞增加数(百万/mm³),资料如表 11-21 所示。已知该红细胞增加数服从正态分布,试考察甲药(A)、乙药(B)、甲药与乙药的交互作用(A*B)对红细胞增加数是否有显著影响?

表 11-21 贫血病人治疗后红细胞增加数

		甲药(A)					
		不用			用		
乙药(B)	不用	0.8	0.9	0.7	1.3	1.2	1.1
	用	0.9	1.1	1.0	2.1	2.2	2.0

编写出 SAS 程序:

```
data ex11_7;
  do a= 0 to 1;
    do b= 0 to 1;
      do i= 1 to 3;
        input x @@;
        output;
      end;
    end;
  end;
  drop i;
cards;
0.8 0.9 0.7 0.9 1.1 1.0
1.3 1.2 1.1 2.1 2.2 2.0
;
proc anova;
 class a b;
 model x = a b a*b;
run;
```

SAS 编程说明:变量 a 代表甲药因素,变量 b 代表乙药因素。过程步中,用 CLASS 语句指定这两个因素变量,用 MODEL 语句反映主效应(a、b)和交互效应($a*b$)模型,结果见图 11-14。

图 11-14 给出例 11.7 的方差分析结果说明:因 Model 行的 $F=98.75$,$P=0.0001<0.01$,故方差分析模型有极显著性差异,其中 a 因素、b 因素、$a*b$(a 和 b 的交互作用)的 P 值分别为<0.0001、<0.0001 和 0.0003,表明各因素即甲药、乙药及其交互作用对红细胞增加数都有极显著的影响。

```
                            The ANOVA Procedure
Dependent Variable: x
                                    Sum of
        Source              DF      Squares      Mean Square    F Value    Pr > F
        Model                3      2.96250000    0.98750000      98.75    <.0001
        Error                8      0.08000000    0.01000000
        Corrected Total     11      3.04250000

                    R-Square    Coeff Var    Root MSE     x Mean
                    0.973706    7.843137     0.100000     1.275000

        Source              DF      Anova SS     Mean Square    F Value    Pr > F
        a                    1      1.68750000    1.68750000    168.75    <.0001
        b                    1      0.90750000    0.90750000     90.75    <.0001
        a*b                  1      0.36750000    0.36750000     36.75    0.0003
```

图 11 - 14　例 11.7 红细胞增加数的方差分析主要结果

四、正交设计的方差分析

对于多因素多水平的实验，当析因设计要求的样本量太大时，可以从多因素与各水平的全面组合中，选择一部分有代表性的部分组合进行试验，对此可以使用正交设计的方法。

正交设计(orthogonal design)是一种科学地安排与分析多因素试验的试验设计法，它通过利用现成的正交表来选出代表性较强的少数试验条件，并合理安排试验，进而推断出最优试验条件或生产工艺。正交设计具有高效、快速、经济的特点，适用于因素和水平数较多时进行最佳因素和水平组合筛选的研究。

正交表，如表 11 - 22 所示，是一种现成的规格化的表，是正交试验设计的基本工具，它能够使每次试验的因素及水平得到合理的安排。

用正交表进行正交试验设计，每列可安排一个因素，列中不同数码代表因素的不同水平，以确定所需安排相应次数试验的条件。例如，表 11 - 22 给出的正交表记为 $L_9(3^4)$，其中 L 为正交表符号，9 为表的行数，即安排的试验次数，4 为表的列数，即最多可安排因素个数，3 为表中数码的个数，即安排因素的水平数。

从正交表中可以看出正交表的两个特性：(1) 均衡性：表中每一列包含的不同数码的个数相同；(2) 正交性：表中任意两列横向各种数码搭配出现的次数都相同。因此，用正交表安排试验时，每个因素不同水平的试验次数相同，任两因素不同水平的搭配次数相同，具有"次数整齐可比、搭配均衡分布"的优点，从而能选出代表性强的少数次试验，大幅减少试验次数，并能很好地代表全面试验的效果来求得最优试验条件，并可做进一步的有关因素的极差分析或方差分析等。如考虑 4 因素 3 水平问题，全面试验需进行 $3^4=81$ 次试验；如果不考虑因素间的交互作用，就可选用 $L_9(3^4)$ 正交表进行正交试验设计，只要做 9 次试验就可。

表 11-22　正交表 $L_9(3^4)$

试验号	列号			
	1	2	3	4
1	1	1	1	1
2	1	2	2	2
3	1	3	3	3
4	2	1	2	3
5	2	2	3	1
6	2	3	1	2
7	3	1	3	2
8	3	2	1	3
9	3	3	2	1

正交设计的基本步骤是：

（1）根据实验目的，确定试验指标，并拟定影响试验指标的因素数和水平数，同时确定因素间是否存在交互作用及观察的交互作用项；

（2）根据需要和可能确定试验次数，进而选用适当正交表；

（3）根据正交表确定各次试验的试验条件，进行试验得到试验结果数据；

（4）利用方差分析法或极差分析法等进行正交分析；

（5）得到最优试验条件或进一步试验方案。

正交设计的方差分析在 SAS 中主要通过 ANOVA(或 GLM)过程来实现。其程序的语法格式一般为：

```
PROC  ANOVA(或 GLM);
   CLASS  分类变量;
   MODEL  因变量= 效应/[选项];
   MEANS 效应/[选项];
RUN;
```

正交设计在医药研究中用途相当广泛，如寻找疗效好的药物配方、医药仪器多个参数的优化组合、医药生产工艺的优化、生物体的培养条件等。在具体操作上也比析因实验简单。

需要注意：对于正交设计资料的方差分析，通常不能像析因分析那样对所有的交互效应进行分析；究竟哪些交互效应可以分析，哪些不能分析，应根据正交设计表的表头来决定。另外，由于正交设计的样本量较小，当实验数据的变异较大时，误差均方较大，不容易显现因素不同水平间的差异。因此，正交设计通常不太适合实验数据变异较大的研究。

【例 11.8】 某研究者欲确定氧化葡萄糖的最优制备条件，采用正交试验考察反应液 pH、搅拌速度、反应温度三个试验因素的影响，因素水平见表 11-23，以生成物的醛基含量和反应时间为参考指标，根据公式【评分＝醛基含量×2－反应时间】来进行综合评分，评分越高说明氧化葡萄糖制备效率越高。试验设计及试验结果见表 11-24，试用正交设计的方差分析法对这些试验结果数据进行分析,不考虑因素间的交互作用,找出因素的主次顺序和对转化率影响的显著性,并求出最优配方即其各因素水平的最优组合。

表 11-23 因素水平表

因素水平	反应液 pH 值(A)	搅拌速度(B)	反应温度(C)
1	3.6	1 000	42
2	4.5	1 200	38
3	6.1	1 500	25

表 11-24 正交试验设计及试验结果

试验号	1(A)	2(B)	3	4(C)	醛基含量	反应时间(h)	评分
1	1	1	1	1	8.9	0.9	16.9
2	1	2	2	2	7.5	1.3	13.7
3	1	3	3	3	7.0	5.7	9.6
4	2	1	2	3	6.7	6.8	6.6
5	2	2	3	1	7.2	3.8	10.6
6	2	3	1	2	6.5	5.4	7.6
7	3	1	3	2	6.3	10.8	1.8
8	3	2	1	3	6.1	12.1	0.1
9	3	3	2	1	6.2	7.4	5.0

对于该数据资料,研究者采用正交设计来确定氧化葡萄糖的最优制备条件,选用的是 $L_9(3^4)$ 正交表,设计表头时在第 1、2、4 列分别安排 A、B、C 三个 3 水平的因素,以第 3 列为空白列来估计误差,观测指标为"评分"。

下面编制 SAS 程序,首先建立数据集,a、b、c 分别代表试验反应液 pH、反应温度、搅拌速度这三个因素,y 代表观测指标"评分";然后再调用 ANOVA 过程对数据资料进行正交设计试验的方差分析。

SAS 程序:

```
data ex11_8;
  input a b c y @@;
cards;
1 1 1 16.9  1 2 2 13.7  1 3 3 9.6
2 1 3 6.6   2 2 1 10.6  2 3 2 7.6
3 1 2 1.8   3 2 3 0.1   3 3 1 5.0
;
run;
proc anova;
  class a b c;
```

```
    model y= a b c;
    means a b c;
run;
```

这里列出例 11.8 正交设计的方差分析的主要输出结果,如图 11-15、图 11-16 所示。

```
                       The ANOVA Procedure
            Level of              -------------y-------------
            a          N          Mean              Std Dev
            1          3          13.4000000        3.65923489
            2          3          8.2666667         2.08166600
            3          3          2.3000000         2.48797106

            Level of              -------------y-------------
            b          N          Mean              Std Dev
            1          3          8.43333333        7.71513684
            2          3          8.13333333        7.12764571
            3          3          7.40000000        2.30651252

            Level of              -------------y-------------
            c          N          Mean              Std Dev
            1          3          10.8333333        5.95343038
            2          3          7.7000000         5.95063022
            3          3          5.4333333         4.85626743
```

图 11-15　三因素不同水平评分均值和标准差

```
                       The ANOVA Procedure
Dependent Variable: y
                                   Sum of
    Source              DF        Squares       Mean Square    F Value   Pr > F
    Model                6     230.9733333      38.4955556       38.20   0.0257
    Error                2       2.0155556       1.0077778
    Corrected Total      8     232.9888889

                 R-Square    Coeff Var    Root MSE     y Mean
                 0.991349    12.58597     1.003881     7.988889

    Source              DF       Anova SS      Mean Square    F Value   Pr > F
    a                    2     185.1622222      92.5811111       91.87   0.0108
    b                    2       1.6955556       0.8477778        0.84   0.5431
    c                    2      44.1155556      22.0577778       21.89   0.0437
```

图 11-16　正交设计方差分析的主要结果

图 11-15 给出了三因素 a、b、c 不同水平评分的均值和标准差。

图 11-16 中的方差分析表是正交设计方差分析的主要结果,给出了组间效应检验的方差分析表结果,其中 $F=38.20$,概率值 $P=0.0257<0.05$,表明模型总的效应影响是显著的。

再从各因素显著性检验表中结果知,因素 a(反应液 pH)的 $F=91.87$,概率值 $P=0.0108<0.05$,对观测指标"评分"的影响显著;因素 b(搅拌速度)的 $F=0.84$,概率值 $P=0.5431>0.05$,对观测指标"评分"的影响不显著;因素 c(反应温度)的 $F=21.89$,概率值 $P=0.0437<0.05$,对观测指标"评分"的影响显著。

再按检验统计量 F 值的大小,可得三个因素的主次顺序依次为:

主→次:反应液 pH 值 A,反应温度 C,搅拌速度 B

根据图 11-15 给出的 a(反应液 pH)、b(搅拌速度)、c(反应温度)三个因素在不同水平时"评分"均值(Mean)和标准差(Std. Dev)知,反应液 pH 的 a 在 A_1(3.6)其评分达到其最大均值 13.4,搅拌速度 b 在 B_1(1 000)其评分达到最大均值 8.433 3,反应温度 c 在 C_1(42)其评分达到最大均值 10.833 3,三者组合起来即得最优配方:$A_1B_1C_1$。即最优试验条件为 pH 为 36,搅拌速度为 1 000,反应温度 42 ℃。

五、重复测量资料的方差分析

对于重复测量资料的分析处理,一般可采用单变量方差分析的一般线性模型方法。在 SAS 系统中,重复测量资料同一观察单位在各测量点的测量值用一组变量来表示(如 X1,X2,…,Xm),计算时将这组变量视为一个整体作为一组因变量来处理即可。

重复测量方差分析在 SAS 中主要通过 PROC GLM(或 ANOVA)过程的 REPEATED 语句来实现。其程序的语法格式一般为

```
PROC  GLM(或 ANOVA);
   CLASS  分类变量;
   MODEL  X1- Xm= 自变量/NOUNI;
   REPEATED  TIME k (NUM1 ...  NUMk)[选项]/[PRINTE  SUMMARY];
RUN;
```

这里用 GLM 过程或 ANOVA 过程得到相同的输出结果。

CLASS 语句指定自变量中的分类变量。

MODEL 语句指定一组因变量,选项 NOUNI 表示不输出单变量分析结果(对每个因变量输出方差分析结果),因为对于重复测量分析,单变量分析意义不大。

REPEATED 语句是区分重复测量方差分析与普通单变量方差分析的关键语句,用于指定有 k 个时间点,括号中列出 k 次时间的具体时间间隔,其后的选项主要有以下两种。

● CONTRAST(L) 指定进行其他时间点分别与第 L 时间点(参照组)比较;

● POLYNOMIAL 指定进行正交多项式变换,用于考察各组处理的趋势变动是否不同,而不是侧重各个时间点单独的比较。如果观测时间间隔不等,前面的括号中应该指定具体的时间点;如果不指定,则默认为等间隔。

REPEATED 语句/后一般有以下选项:

● PRINTE 指定输出球形性检验结果;

● SUMMARY 指定输出各时间点比较的结果或正交多项式分析结果。

下面我们通过实例来介绍重复测量方差分析的 SAS 编程应用。

【例 11.9】为探索磁共振扩散加权成像在胃肠癌肝转移化疗疗效中的价值,某研究者观察了 20 例化疗反应良好和 20 例化疗反应不良的胃肠癌患者分别在化疗前和化疗后 3 天、7 天、42 天的成像,并计算其表观扩散系数 ADC 值,如表 11-25 所示。表中 group=0 代表反应良好组,group=1 代表反应不良组。已知该 ADC 值服从正态分布,试检验比较这

两组人群的 ADC 值是否有显著性差异。

表 11-25 两组人群不同时间点的 ADC 值

group	day0	day3	day7	day42	group	day0	day3	day7	day42
0	1.86	1.82	1.83	1.86	1	1.10	1.33	1.77	1.87
0	1.94	1.77	1.88	1.73	1	1.17	1.34	1.40	1.37
0	0.93	0.99	1.45	1.12	1	1.35	1.33	1.26	1.86
0	0.57	1.10	0.91	0.94	1	0.71	1.01	1.57	1.12
0	1.07	1.46	1.36	1.38	1	0.91	1.05	1.44	1.43
0	1.15	1.54	1.31	1.06	1	1.36	1.81	1.39	1.88
0	1.25	1.52	1.47	1.41	1	0.87	0.88	0.90	1.17
0	0.90	0.99	1.35	1.22	1	0.80	1.14	1.20	1.19
0	1.03	0.89	1.16	1.37	1	1.18	1.15	1.31	1.33
0	1.23	1.28	1.49	1.37	1	1.30	1.71	1.30	1.31
0	1.41	1.15	1.29	1.12	1	1.03	1.54	1.56	1.29
0	1.48	1.49	1.24	1.29	1	1.01	1.51	1.85	1.55
0	1.37	1.40	1.27	1.10	1	1.22	1.36	1.51	1.45
0	1.45	1.23	1.90	1.97	1	0.94	1.22	1.31	1.30
0	1.40	1.15	1.28	1.33	1	1.12	1.72	1.36	1.27
0	1.07	1.11	1.21	1.10	1	1.18	1.28	1.34	1.35
0	1.29	1.26	1.24	1.21	1	0.94	1.24	1.38	1.18
0	0.96	0.96	0.98	1.24	1	1.25	1.42	1.32	1.36
0	1.04	1.16	1.31	1.21	1	1.13	1.21	1.24	1.25
0	1.45	1.23	1.31	1.15	1	0.91	1.05	1.19	1.16

本例除时间因素外,还按化疗反应是否良好的研究因素分为两组,为两因素重复测量设计问题。需要考察组间差异、时间点之间的差异,不同时间点的组间差异是否相同,即时间点与组别的交互效应。具体 SAS 程序如下所示。

```
data ex11_9;
 input group adc1-adc4;
cards;
0 1.86 1.82 1.83 1.86
0 1.94 1.77 1.88 1.73
……
1 1.13 1.21 1.24 1.25
1 0.91 1.05 1.19 1.16
;
```

```
proc glm;
 class group;
 model adc1- adc4= group/nouni;
 repeated time 4 (0 3 7 42) polynomial/printe summary;
 run;
```

本例共 4 次观测,且观测时点间隔不等,因此 REPEATED 语句指定 TIME 为 4,并在其后用括号加入了四次观测时间间隔。这里指定了 POLYNOMIAL 变换而不是 CONTRAST 变换,因为本例重在观察两组的趋势变动是否不同,而不是侧重各个时间点单独的比较。

执行上述程序,即得到重复测量方差分析的输出结果,如图 11-17~图 11-22 所示。

重复测量方差分析的输出结果可分为五个部分。第一部分给出了基本信息及部分矩阵的计算结果(这里省略)。第二部分是球形性检验的结果,如图 11-17 所示,由于做了正交转换,两个检验结果是一致的:$\chi^2 = 9.0513, P = 0.1070 > 0.05$,故接受原假设,认为数据满足球形性要求,不需要进行校正。

```
                        Sphericity Tests
                              Mauchly's
Variables               DF    Criterion    Chi-Square   Pr > ChiSq
Transformed Variates    5     0.7815457    9.051355     0.1070
Orthogonal Components   5     0.7815457    9.051355     0.1070
```

图 11-17 重复测量方差分析的球形性检验结果

第三部分是多变量分析结果,图 11-18 和图 11-19 分别给出了重复因素 time 及重复因素与组别因素 time * group 的交互效应项检验的结果。注意结果标题的第二行,分别有 for time 和 for time * group 的标题。

对重复因素 time 的检验,Wilks' Lambda$=0.4849, F=12.75, P<0.0001$,故认为重复因素 time 显著。对 time * group 的交互效应的检验,Wilks' Lambda$=0.6682, F=5.96, P=0.0021<0.05$,故认为重复因素 time 与组别 group 的交互效应显著。

```
MANOVA Test Criteria and Exact F Statistics for the Hypothesis of no time Effect
                    H = Type III SSCP Matrix for time
                          E = Error SSCP Matrix

                        S=1      M=0.5     N=17

Statistic               Value      F Value   Num DF   Den DF   Pr > F
Wilks' Lambda           0.48490671  12.75    3        36       <.0001
Pillai's Trace          0.51509329  12.75    3        36       <.0001
Hotelling-Lawley Trace  1.06225233  12.75    3        36       <.0001
Roy's Greatest Root     1.06225233  12.75    3        36       <.0001
```

图 11-18 重复测量方差分析的 time 检验结果

```
                        The GLM Procedure
                Repeated Measures Analysis of Variance
MANOVA Test Criteria and Exact F Statistics for the Hypothesis of no time*group Effect
              H = Type III SSCP Matrix for time*group
                       E = Error SSCP Matrix

                     S=1      M=0.5      N=17

Statistic                  Value     F Value    Num DF    Den DF    Pr > F

Wilks' Lambda             0.66828471    5.96       3         36     0.0021
Pillai's Trace            0.33171529    5.96       3         36     0.0021
Hotelling-Lawley Trace    0.49636822    5.96       3         36     0.0021
Roy's Greatest Root       0.49636822    5.96       3         36     0.0021
```

图 11-19　重复测量方差分析的 time * group 交互作用检验结果

第四部分给出了不同组别观测对象 group 的组间差异的方差分析结果,如图 11-20 所示,对于组别因素 group,$F=0.02$,$P=0.8945>0.05$,组别因素不显著,即认为这两组人群的 ADC 值没有显著性差异。

```
                 The GLM Procedure
         Repeated Measures Analysis of Variance
         Tests of Hypotheses for Between Subjects Effects

Source     DF    Type III SS    Mean Square    F Value    Pr > F

group       1     0.00306250     0.00306250      0.02     0.8945
Error      38     6.53512750     0.17197704
```

图 11-20　组别因素 group 的方差分析检验结果

第五部分给出了有关观察对象内部效应的单变量方差分析和校正分析结果:如图 11-21 所示,对于 time,$F=13.50$,$P<0.001$,time 效应显著;对于 time * group 交互项,$F=4.44$,$P=0.0054<0.05$,time * group 交互效应显著。

图 11-21 同时给出了两种校正法的校正分析结果:GG 的校正系数 $\varepsilon=0.8675$,H-F 校正系数 $\varepsilon=0.9370$,均接近 1,说明对球形性假定的偏离不大,因此无须校正,不用 P 值进行调整,直接采用原始的 P 值即可。

```
                       The GLM Procedure
                Repeated Measures Analysis of Variance
           Univariate Tests of Hypotheses for Within Subject Effects

                                                              Adj Pr > F
Source         DF   Type III SS   Mean Square   F Value  Pr > F   G - G   H-F-L

time            3    1.08537500    0.36179167    13.50   <.0001  <.0001  <.0001
time*group      3    0.35710250    0.11903417     4.44   0.0054  0.0081  0.0066
Error(time)   114    3.05512250    0.02679932

                Greenhouse-Geisser Epsilon      0.8675
                Huynh-Feldt-Lecoutre Epsilon    0.9370
```

图 11-21　time 及 time * group 交互效应的单变量方差分析及校正结果

第六部分给出了正交多项式(POLYNOMIAL)的不同时间点比较分析结果,如图 11-22 所示。由于共 4 次时间的观测,因此给出了 3 个阶次比较的结果。其中 Mean 表示组间平均时间点的拟合形状(相当于 4 个时间点的总均值变化趋势),group 表示两组曲线发展趋势的差异(相当于 time * group 的交互项)。由各阶时间点比较检验结果知,group 在 3 个阶次上分别有:$P_1=0.0341$,$P_2=0.0454$,$P_3=0.0457$,均小于 0.05 为显著的,表明两组的变化趋势不同。即两个组的四个时间点无论是拟合直线、二次曲线还是三次曲线,它们都是不平行的。Mean 在 3 阶水平上不显著,而在 2 阶上显著,提示总均值随时间点变化的趋势符合二次曲线的形状,而不是三次曲线。

```
time_N represents the nth degree polynomial contrast for time
Contrast Variable: time_1

     Source              DF      Type III SS     Mean Square    F Value    Pr > F
     Mean                 1       0.27806305      0.27806305      10.28    0.0027
     group                1       0.13082360      0.13082360       4.83    0.0341
     Error               38       1.02829853      0.02706049

Contrast Variable: time_2

     Source              DF      Type III SS     Mean Square    F Value    Pr > F
     Mean                 1       0.77164482      0.77164482      25.67    <.0001
     group                1       0.12860929      0.12860929       4.28    0.0454
     Error               38       1.14208245      0.03005480

Contrast Variable: time_3

     Source              DF      Type III SS     Mean Square    F Value    Pr > F
     Mean                 1       0.03566714      0.03566714       1.53    0.2234
     group                1       0.09766961      0.09766961       4.19    0.0475
     Error               38       0.88474152      0.02328267
```

图 11-22　重复测量方差分析的正交多项式的分析结果

根据总体的检验结果,由于数据符合球形对称,因此不需要进行校正,由此可以得出统计检验结论:这两组人群的 ADC 值没有显著性差异,但不同测量时间的 ADC 值有显著性差异,不同测量时间在两个组别间的 ADC 值有显著性差异,即分组与时间因素之间存在交互作用。

第六节　协方差分析

一、协方差分析的基本思路

通过前面方差分析的讨论可以看到,无论是单因素方差分析还是多因素方差分析,要求因素变量(控制变量)是可以控制的,其各个水平可以通过人为努力得到控制和确定。但在许多实际问题中,有些随机因素很难人为控制,但它们确实又对观测结果产生较为显著的影响。在方差分析中,如果忽略这些因素的影响,往往有可能得到不正确的结论。

例如,研究某种药物对病症的治疗效果,如果仅仅分析药物本身的作用,而不考虑不同的身体条件(如体质的不同等),那么很可能得不到结论或者得到的结论不正确。为了更加准确地研究因素变量的不同水平对结果的影响,应该尽量排除其他因素对分析结果的影响。例如上面的例子中,应该尽可能地排除患者的体质、病情本身的严重性等因素的影响。可以通过设计科学的实验方案(如拉丁方实验等),对数据获取的过程和方式等加以控制,也可以从方法入手,在数据分析时利用有效的分析方法对影响因素加以控制。

协方差分析正是这样一类方法。它将那些很难人为控制的且对分析结果有显著影响的因素作为协变量,并在排除协变量对观测变量影响的条件下,分析控制因素变量对观测变量的作用,从而更加准确地对控制因素进行评价。

协方差分析仍采用方差分析的基本思想,并在分析观测变量的总变差时,考虑了协变量对观测变量的影响。以两因素协方差模型为例,将观察变量总的离差平方和($SS_{总变差}$)分解为由单个控制因素变量引起的离差平方和($SS_{因素A}$、$SS_{因素B}$)、由因素变量的交互作用引起的离差平方和($SS_{因素AB}$)、由协变量引起的离差平方和($SS_{协变量}$)和由其他随机误差因素引起的离差平方和($SS_{误差}$)。即观察变量总的离差平方和$SS_{总变差}$分解为如下形式。

$$SS_{总变差} = SS_{协变量} + SS_{因素A} + SS_{因素B} + SS_{因素AB} + SS_{误差}$$

也可以理解为:

$$SS_{总变差} - SS_{协变量} = SS_{因素A} + SS_{因素B} + SS_{因素AB} + SS_{误差}$$

即在扣除了协变量对观察变量的影响后,分析控制因素变量对观察变量的影响。

在协方差分析中,作为协变量的变量一般是连续的数值型变量,且与观测变量间有显著的线性关系,与控制因素变量之间也没有交互影响。因此,协方差分析便涉及数值型的观测变量与分类型和数值型两种类型的因素变量的分析,其中,如果将观测变量看作因变量,控制因素变量看作自变量,那么协方法分析便是一种介于方差分析和线性回归分析的分析方法,于是可参照回归分析中对自变量的处理方式来处理协变量。

二、协方差分析的数学模型和步骤

实际应用时,协方差分析就是利用线性回归的方法消除了协变量影响后再对修正后的因素变量进行均值比较的方差分析。

单因素协方差分析的数学模型是

$$x_{ij} = \mu + a_i + \beta z_{ij} + \varepsilon_{ij}, \quad i=1,2,\cdots,k; j=1,2,\cdots,r$$

该式中,x_{ij}是在水平A_i下第j次试验的样本值,μ为观测变量期望值;$a_i(=\mu_i-\mu)$是控制因素变量水平A_i对试验结果产生的附加影响,是水平A_i对观测变量产生的效应;β是回归系数;z_{ij}是试验的样本值x_{ij}对应的协变量值;ε_{ij}为抽样误差,是服从正态分布$N(0,\sigma^2)$的独立随机变量。

对数据的要求为:

(1) 各样本为正态分布随机样本,且满足相互独立、方差齐性条件;
(2) 协变量为连续变量且与观测变量(因变量)之间存在线性回归关系。

此时,协方差分析中的零假设是:

H_0^1:$\beta=0$,即协变量对观测变量的线性影响不显著;

H_0^2:$\mu_1=\mu_2=\cdots=\mu_k$;(或$a_1=a_2=\cdots=a_k=0$)

即控制因素A的各水平下观测变量的总体均值μ_i无显著差异,或控制因素A各水平对观测变量的效应a_i同时为$0(i=1,2,\cdots,k)$。

检验统计量仍然采用F统计量,它们是各对应均方与随机误差因素引起的均方之比,处理计算思路和多因素方差分析相似,采用协方差模型的方差分析表来进行协变量和因素变量对观测变量影响的显著性检验,如下列表 11-26 所示。

表 11-26 单因素协方差分析模型的方差分析表

方差来源 Source	离差平方和 SS	自由度 df	均　方 MS	F 值 F Value	概率 P 值 Pr>F
协变量 Z	SS_Z	1	$MS_Z=SS_Z/1$	$F_1=\dfrac{MS_Z}{MS_E}$	$P_{协变量}$
因素 A	SS_A	$k-1$	$MS_A=SS_A/(k-1)$	$F_2=\dfrac{MS_A}{MS_E}$	$P_{因素}$
误差 E	SS_E	$n-k-1$	$MS_E=SS_E/(n-k)$		
总变异(C Total)	SS_T	$n-1$			

利用该方差分析表(表 11-26)进行统计判断:对给定的显著水平 α,有

当概率值 $P_{协变量}<\alpha$ 时,拒绝 H_0^1,认为协变量对观测变量的线性影响显著;否则,认为无显著影响。

当概率值 $P_{因素}<\alpha$ 时,拒绝 H_0^2,认为因素 A 的不同水平的观测变量的总体均值有显著差异,即因素 A 对试验结果有显著影响;否则,认为无显著影响。

在利用 SAS 进行协方差分析时,应首先确定是否存在协变量。采用协方差分析时,首先就应该明确是否存在某些因素对因变量造成影响,特别是一些难以人为控制的因素,如年龄、身高和体重等,它们的不同水平可能对因变量产生较为显著的影响,此时可以绘制散点图,观察协变量和因变量之间有无关联性。若从图形可以判断两者有显著的线性相关关系,则可以引入协方差分析。但这也是一种辅助判断方法,只有通过协方差检验结果才能更清晰地说明这种协变量的存在性。

三、协方差分析的 SAS 实例应用

协方差分析适合于完全随机设计资料、随机区组设计资料、拉丁方资料、析因设计资料等情形。

在用 GLM 过程做方差分析的 MODEL 语句中,若分析模型中加入协变量(连续变量),则成为协方差分析,分析模型中加入协变量的实用意义是,考察在协变量作用下各效应均值的差异及各效应的统计显著意义。

协方差分析在 SAS 中通过 GLM 过程来实现。其程序的语法格式一般为:

```
PROC GLM; CLASS 分类变量;
    MODEL 因变量= 效应 协变量[选项];
    MEANS 效应[选项];
RUN;
```

协方差分析的常用语句及其功能和 GLM 过程的方差分析完全相同,不再赘述。

【例 11.10】 为研究三种不同饲料对生猪体重增量的影响,将生猪随机分成三组,各喂养不同的饲料,得到喂养后的体重增量数据。由于生猪体重的增加理论上会受到猪自身条件的

影响,于是收集生猪喂养前的初始体重的数据,作为自身条件的测量指标,考察结果见表 11-27。试考察不同组饲料喂养后生猪的体重增量有无显著差异? 并准确评价各组饲料的优劣。

表 11-27 三种不同饲料喂养后生猪的体重增量和初始体重

饲 料		观测值							
a1 A1	x(始重)	18	16	11	14	14	13	17	17
	y(增重)	85	89	65	80	78	83	91	95
a2 A2	x(始重)	17	18	18	19	21	21	16	22
	y(增重)	95	100	94	98	104	97	90	106
a3 A3	x(始重)	17	23	23	20	24	25	25	26
	y(增重)	91	89	98	82	100	98	102	108

本例为单因素协方差分析问题。应考察不同种类饲料喂养后生猪的体重增量(增重)有无显著差异,则喂养后生猪的体重增量是因变量,饲料种类为因素变量(分组变量),生猪的喂养前初始体重(始重)可能为对体重增量(增重)有显著影响的协变量。

应检验的零假设是 H_0:不同种饲料喂养后生猪的体重增量无显著差异。

先用 UNIVARIATE 过程对数据做正态检验,以确定使用何种统计检验方法。

SAS 程序:

```
data ex11_10;
    input x y @@;
    a= int((_n_ - 1)/8)+ 1;
datalines;
18 85 16 89 11 65 14 80 14 78 13 83 17 91 17 95
17 95 18 100 18 94 19 98 21 104 21 97 16 90 22 106
17 91 23 89 23 98 20 82 24 100 25 98 25 102 26 108
;
proc univariate normal;
    var y;
    by a;
run;
```

程序说明:数据步中 a 为处理因素饲料(定性变量),用读数据的次数减 1 除 8 取整得到,即每读过 8 个数据 a 增加 1。x 为猪的初始体重,y 为猪的增重。通过 UNIVARIATE 过程判断资料是否满足正态性要求,这里仅显示 $a=1$ 的输出结果见图 11-23。

```
           正态性检验
检验         ----统计量----    -------P 值------
Shapiro-Wilk       W    0.947535    Pr < W      0.6864
Kolmogorov-Smirnov D    0.161213    Pr > D     >0.1500
Cramer-von Mises   W-Sq 0.030835    Pr > W-Sq  >0.2500
Anderson-Darling   A-Sq 0.238803    Pr > A-Sq  >0.2500
```

图 11-23 正态检验分析

由输出结果看 a 的各水平数据正态检验统计量的 P 值(Pr<W)均大于 0.05，故接受来自正态总体的零假设，认为各组数据均满足正态分布的要求。继续运行下面程序对增重 Y 作方差分析(见图 11-24)。

```
proc  anova;
    class a;
    model y= a;
    means a/bon;
run;
```

图 11-24 例 11.10 饲料种类对猪增重影响的方差分析表

图 11-24 是在不考虑 x 的影响下，ANOVA 过程进行方差分析的主要输出结果。其中 $F=8.45$，概率值 $P=0.0020<0.01$，表明饲料各水平下的猪体重增重 y 的原始均值之间有显著性差异，即不同饲料对猪的增重的影响极为显著。

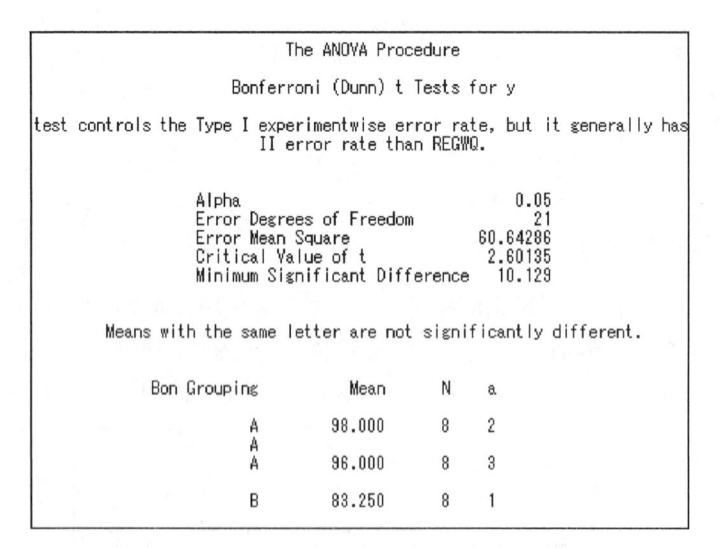

图 11-25 例 11.10 均值比较的 BON 多重比较检验结果

但究竟哪种饲料好，图 11-25 给出了例 11.10 的均值比较 BON 多重比较检验结果。饲

料 $a2$ 与 $a3$ 都用符号 A 标识,表明这两种饲料对猪增重的影响没有显著差异,与 $a1$ 饲料对猪增重的影响比较则有显著差异。从增重均值来看,饲料 $a1$ 对猪增重(mean=83.25)显著低于饲料 $a2$(mean=98)与 $a3$(mean=96)。

方差分析忽略了猪的初始体重不同的影响,不能反映出饲料的真实效应。因此,需用协方差分析方法,矫正初始体重对猪增重的影响。继续运行下面程序:

```
proc glm;
    class a;
    model y= a x x*a;
run;
quit;
```

该 GLM 过程中,MODEL 语句中的变量 a 在前,故要了解定性的影响因素 a(饲料种类)对因变量 y 的影响显著性。其输出结果如图 11-26 所示。

```
                          The GLM Procedure
Dependent Variable: y

                                    Sum of
Source              DF             Squares        Mean Square    F Value    Pr > F
Model                5         1856.638850         371.327770     15.15    <.0001
Error               18          441.194483          24.510805
Corrected Total     23         2297.833333

             R-Square     Coeff Var      Root MSE      y Mean
             0.807995     5.357084       4.950839     92.41667

Source              DF          Type I SS         Mean Square    F Value    Pr > F
a                    2        1024.333333          512.166667     20.90    <.0001
x                    1         787.959222          787.959222     32.15    <.0001
x*a                  2          44.346295           22.173148      0.90    0.4223

Source              DF        Type III SS         Mean Square    F Value    Pr > F
a                    2          40.9334269         20.4667135      0.84    0.4500
x                    1         758.5745887        758.5745887     30.95    <.0001
x*a                  2          44.3462954         22.1731477      0.90    0.4223
```

图 11-26 例 11.10 的 GLM 过程协方差分析输出结果 1

图 11-26 的 GLM 过程的输出结果可知,从每个结果的倒数第 2 行(x 所在行)可看出,y 与 x 之间的显著性概率值(Pr>F)P<0.0001 说明模型 y 与 x 的直线关系有非常显著的意义,需要进行协方差分析。

GLM 过程还显示,对 $x*a$ 项,即 x 与 a 之间交互作用的概率值(Pr>F)P=0.4223,远大于 0.05。表明 $x*a$ 间的交互作用在模型中不显著,在下一步研究中应筛去 $x*a$ 项。

```
proc glm;
    class a;
    model y= x a/solution ss3;
    lsmeans a/stderr pdiff;
run;
quit;
```

上述程序中,MODEL 语句选项 SOLUTION、LSMEANS 语句及选项意义为:

- 选项 SOLUTION 要求输出回归系数的估计值及其标准误和假设检验等结果。
- LSMEANS 语句要求输出分组影响因素 a(饲料)各水平下 y 的修正均值。
- 选项 STDERR 要求输出 y 的修正均值的标准误、各修正均值的假设检验结果。
- 选项 PDIFF 要求输出 y 的各修正均值之间两两比较的检验结果(见图 11-28)。

```
                              The GLM Procedure
Dependent Variable: y
                                    Sum of
Source                    DF       Squares      Mean Square    F Value   Pr > F
Model                      3     1812.292555     604.097518     24.88   <.0001
Error                     20      485.540778      24.277039
Corrected Total           23     2297.833333

              R-Square     Coeff Var      Root MSE       y Mean
              0.788696     5.331477       4.927174       92.41667

Source                    DF     Type III SS    Mean Square    F Value   Pr > F
x                          1      787.9592215    787.9592215    32.46   <.0001
a                          2      419.1683935    209.5841968     8.63    0.0020

                                           Standard
Parameter              Estimate             Error      t Value   Pr > |t|
Intercept           40.70991659 B         9.86005343     4.13     0.0005
x                    2.41705283           0.42426004     5.70    <.0001
a      1             6.28429101 B         4.15112759     1.51     0.1457
a      2            11.36607970 B         2.96175976     3.84     0.0010
a      3             0.00000000 B          .              .        .

NOTE: The X'X matrix has been found to be singular, and a generalized inverse was used to solve t
      normal equations. Terms whose estimates are followed by the letter 'B' are not uniquely
```

图 11-27 例 11.10 的 GLM 过程协方差分析输出结果 2

图 11-27 为程序运行的输出结果,首先给出的方差分析表结果表明因素变量 a 和定量变量 x 对 y 的影响都有非常显著的作用。因为它们的 F 检验统计量的值分别为 32.46、8.63,对应检验概率 P 值(Pr>F)分别为<0.001 和 0.002 0,都远小于 0.05,具有极高的显著性。

图 11-27 的最后一部分给出了协方差分析中不同饲料组对应的线性模型拟合参数估计值及其标准误(Std. Error)、系数显著性检验的 t 值和概率 P 值等。

由此可以得到协方差分析的拟合线性模型方程为:设喂养增重为 y,初始体重为 x,则

第一种饲料下:$y=40.710+2.417x+6.284$, 即 $y=46.994+2.417x$
第二种饲料下:$y=40.710+2.417x+11.366$, 即 $y=52.076+2.417x$
第三种饲料下:$y=40.710+2.417x+0$, 即 $y=40.710+2.417x$

对分组的定性变量 a 而言,是以最后一个水平为基准的,即以第 3 种饲料为对照组。由检验的显著性概率值 Pr>|t| 一列可知:当将猪的始重 x 作为协变量因素考察时,第 2 种饲料 a2 与第 3 种饲料 a3 间显著性概率(Pr>|t|)$P<0.001 0$,得出 a2 与 a3 存在极显著的差异;而第 1 种饲料 a1 与第 3 种饲料 a3 间显著性概率(Pr>|t|)$P=0.145 7$,大于 0.05,两饲料间无显著差异。这一结论与不考虑始重 x 时的 ANOVA 结果不同,说明用单因素方差分析法得到的结论不正确。

上述 GLM 过程的程序执行后还输出 y 的 3 个修正均值及其两两之间的比较检验的结果,见图 11-28。

```
                    The GLM Procedure
                   Least Squares Means
                          Standard                    LSMEAN
       a     y LSMEAN       Error      Pr > |t|      Number
       1    92.8175008    2.4196877    <.0001           1
       2    97.8992895    1.7421086    <.0001           2
       3    86.5332098    2.4074525    <.0001           3

              Least Squares Means for effect a
            Pr > |t| for H0: LSMean(i)=LSMean(j)
                   Dependent Variable: y
             i/j        1           2           3
              1                   0.1049      0.1457
              2      0.1049                   0.0010
              3      0.1457      0.0010

NOTE: To ensure overall protection level, only probabilities associated with pre-planned
      comparisons should be used.
```

图 11-28　例 11.10 的 GLM 过程协方差分析输出结果 3

图 11-28 的结果表明，扣除了初始体重 x 对猪的增重 y 的影响之后，三种饲料 $a1$、$a2$、$a3$ 对猪的增重 y 的修正均值分别为 92.817 500 8（第二）、97.899 289 5（最高）和 86.533 209 8（最低）。第 2 种饲料 $a2$ 对猪的增重 y 修正均值最高（97.899 2），故对猪的增重有最好的效果。

因为 $a1$ 与 $a2$(97.899 2)均值相等的显著性概率为 0.104 9；$a1$ 与 $a3$(86.533 2)均值相等的概率为 0.145 7，均大于 0.05，所以 $a1$ 与 $a2$、$a1$ 与 $a3$ 间无显著性差异。而 $a2$ 与 $a3$ 均值相等的显著性概率为 0.001，小于 0.01，存在极显著的差异。由于 $a1$ 与 $a2$ 两种饲料没有显著差异，所以第 1 种和第 2 种饲料营养价值都较高，第 3 种饲料营养价值最差。

第七节　方差分析的界面操作

在前面一节中主要介绍了如何通过编程进行方差分析，SAS 系统也提供了方便实现方差分析的界面操作。本节将主要介绍如何在 SAS 系统内通过 INSIGHT 模块和【分析家】模块进行方差分析。

一、INSIGHT 模块进行方差分析

INSIGHT 模块中的方差分析在其【分析】→【拟合】功能模块中进行。下面通过具体例子的操作来演示其使用。

【**例 11.11**】　对前面例 11.1 所研究棉布等 4 种衣料内棉花吸附十硼氢量数据，利用 INSIGHT 模块进行单因素的方差分析，检验 4 种衣料内棉花吸附十硼氢量均值是否有显著差异？

下面对例 11.1 中的数据集利用 INSIGHT 模块进行单因素的方差分析，具体步骤如下。

(1) 在 SAS 系统内启动 INSIGHT 模块,打开数据集 EX11_1。

(2) 本例中的布料种类 a 作为因素变量是定类数据,故在数据集 EX11_1 中,将该变量的数据类型由"区间型"改为"列名型",如图 11-29 所示。

图 11-29 将因素变量的数据类型改为"列名型"

(3) 单击 INSIGHT 主窗口内的菜单【分析】→【拟合】,打开【拟合(Y X)】对话框。选中指标变量 x,单击 Y,使其进入 Y 下方的空格区域;选中变量 a,单击 X,使其进入 X 右侧的空白区域,如图 11-30 所示。

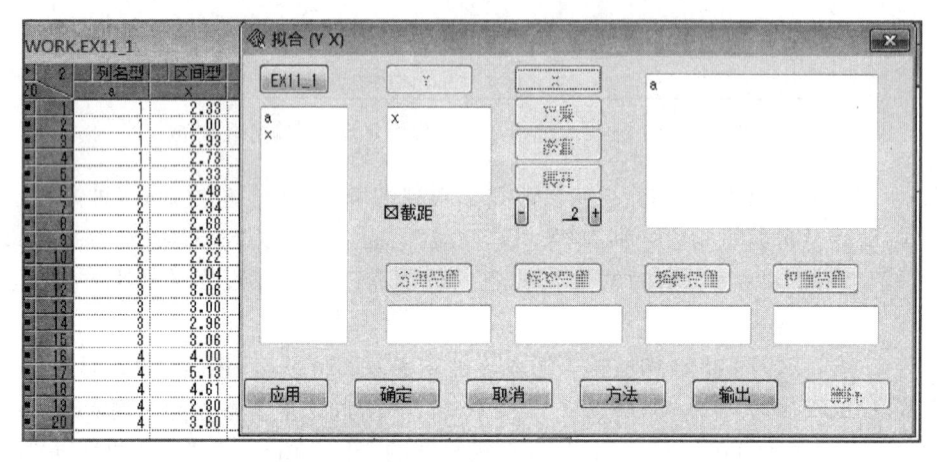

图 11-30 基于 INSIGHT 模块的单因素方差分析的拟合界面

(4) 单击图 11-30【拟合(Y X)】对话框中的 确定,进行数据分析。生成的结果中包含如图 11-31 所示的方差分析结果表。

图 11-31 INSIGHT 模块的单因素方差分析输出结果

该方差分析表结果与例 11.1 中的输出结果图 11-3 完全类似,方差分析的 F 统计量为 11.50,概率 P 值为 0.000 3<0.05,说明 4 种衣料的内棉花吸附十硼氢量均值有显著差异。

【例 11.12】 对本章例 11.6 所研究的小鼠种别、体重及性别三种因素对皮下移植 SRS 瘤细胞体积生长特性的影响数据,利用 INSIGHT 模块进行多因素的方差分析,以检验这三种因素及其交互作用对 SRS 瘤细胞体积生长特性的影响是否显著?

显然研究三个因素对肿瘤体积生长的影响时,不仅要研究各因素独自的影响,还要研究各因素间的交互作用(interaction)。研究交互作用要用析因实验(factorial experiment)进行设计和分析。

现对例 11.6 中建立的数据集 EX11_6 进行多因素的方差分析,具体步骤如下:

(1) 在 SAS 系统内启动 INSIGHT 模块,打开数据集 EX11_6。

(2) 本例中的小鼠种别(a)、体重(b)及性别(c)作为三个因素变量都是定类数据,故在数据集 EX11_6 中,将这三个因素变量的数据类型由"区间型"改为"列名型"。

(3) 单击 INSIGHT 主窗口内的菜单【分析】→【拟合】,打开【拟合】对话框。选中指标变量 x,单击 $\boxed{Y}$,使其进入 $\boxed{Y}$ 下方空格区域;依次选中变量 a、b 和 c,及其交叉变量 $a*b$、$a*c$、$c*b$、$a*b*c$,单击 $\boxed{X}$,使其分别进入 $\boxed{X}$ 右侧的空白区域。其中,交叉变量如 $a*b$ 的选择过程如下:按住 $\boxed{\text{Ctrl}}$ 键同时选中变量 a 和 b,单击 $\boxed{叉乘}$,则可生成交叉变量 $a*b$。如图 11-32 所示。

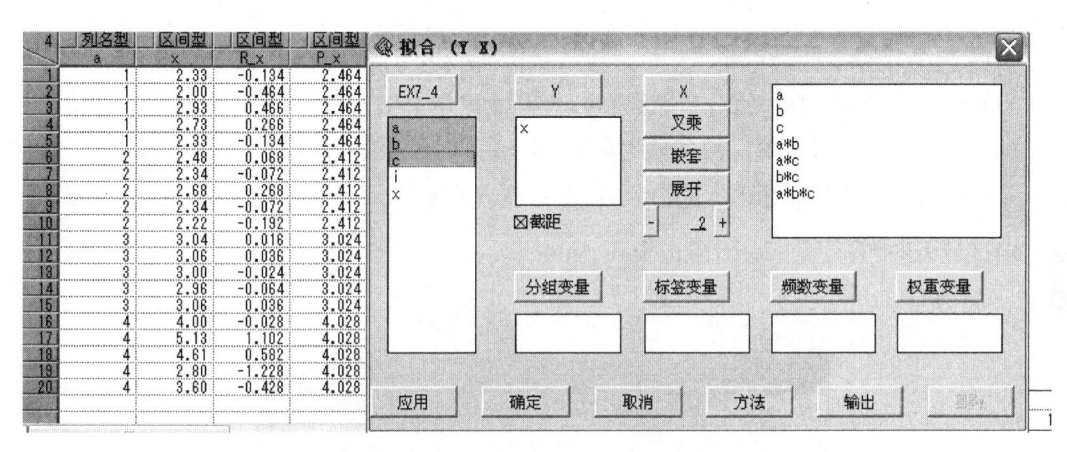

图 11-32 例 11.11 的 INSIGHT 模块多因素方差分析的界面

(4) 单击【拟合】对话框中的 $\boxed{确定}$,进行方差分析,生成的结果中包括如图 11-33 所示的方差分析的主要结果。该 SAS 输出结果与例 11.6 的输出结果是完全一致的。

图 11-33 例 11.12 的 INSIGHT 模块多因素方差分析输出结果

由图 11-33 所示的结果可见,其模型检验所在行的 F 统计量的值为 6.94,概率 P 值为 0.000 7<0.05,表明模型是显著的。其中因素 a(鼠种)、因素 b(体重)的概率 P 值分别为 <0.000 1、0.002 4,均小于 0.01,表明因素 a(鼠种)、因素 b(体重)对肿瘤体积影响极其显著;而因素 c(性别)及所有各因素的交互作用其概率 P 值均大于 0.05,表明性别及所有各因素的交互作用对肿瘤体积皆无显著影响。

二、【分析家】模块进行方差分析

本节主要介绍如何利用 SAS 的【分析家】模块进行方差分析。具体通过例 11.13 和例 11.14 两个实例来分别演示单因素和两因素方差分析的实现。

(一) 单因素方差分析

【例 11.13】 对例 11.5 所研究 5 种防护服由 5 个人各在不同的 5 天中穿着以测定脉搏数的数据,利用【分析家】模块进行单因素的方差分析,检验护服种类对心跳脉搏数有无显著影响?

对例 11.5 中建立的数据集 EX11_5 进行单因素的方差分析,具体步骤如下:

(1) 在 SAS 系统内启动【分析家】模块,打开数据集 EX11_5。

(2) 单击【分析家】主窗口内的菜单【统计】→【方差分析】→【单向方差分析】,在打开的【One-Way ANOVA】对话框中,选中因变量 x,单击 Dependent,使其进入 Dependent 下方的空白区域;选中自变量 cloth,单击 Independent,使其进入 Independent 下方空白区域,如图 11-34 所示。

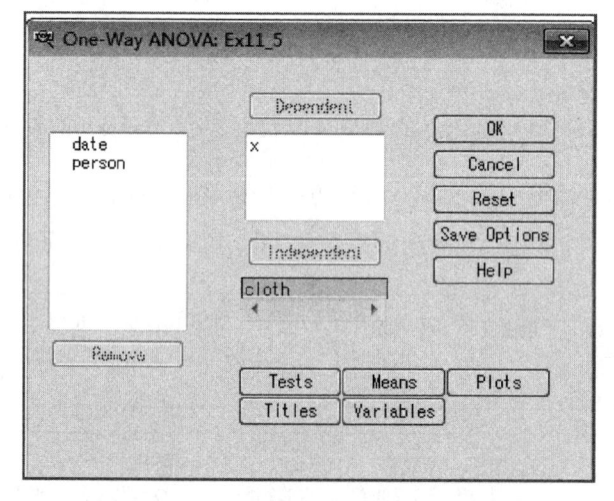

图 11-34 【分析家】模块单因素方差分析界面

(3) 单击【One-Way ANOVA】对话框中的 Means,在【Comparison method】区域选择多重比较的方法,可以选择的方法如图 11-35 所示,这里选择 Bonferroni t 检验的方法。

单击【One-Way ANOVA】对话框中的 Add,将需要进行的多重比较的 cloth 选入 Effect/method 下方的空白区域,如图 11-36 所示。

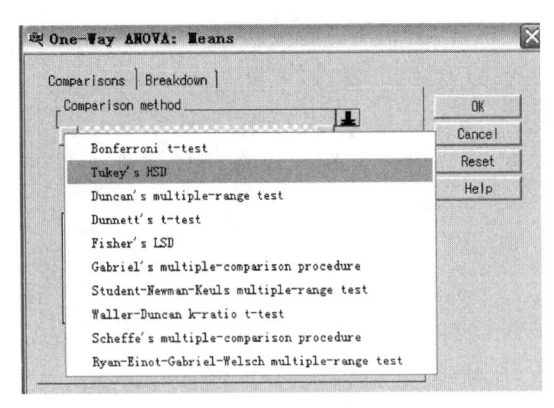

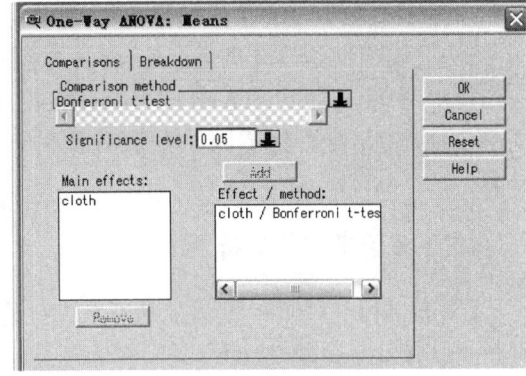

图 11-35 【分析家】模块的多重比较法　　图 11-36 【分析家】的多重比较参数设置

（4）单击【One-Way ANOVA】对话框中的 OK，将生成如图 11-37、图 11-38 所示的方差分析及其多重比较检验的结果。

```
                    The ANOVA Procedure
Dependent Variable: x
                                 Sum of
    Source              DF       Squares      Mean Square    F Value    Pr > F
    Model                4     1710.82560       427.70640       0.89    0.4890
    Error               20     9631.88800       481.59440
    Corrected Total     24    11342.71360

               R-Square     Coeff Var      Root MSE      x Mean
               0.150830     19.25293       21.94526     113.9840

    Source              DF      Anova SS      Mean Square    F Value    Pr > F
    cloth                4    1710.825600      427.706400       0.89    0.4890
```

图 11-37　例 11.13 的【分析家】模块单因素方差分析结果

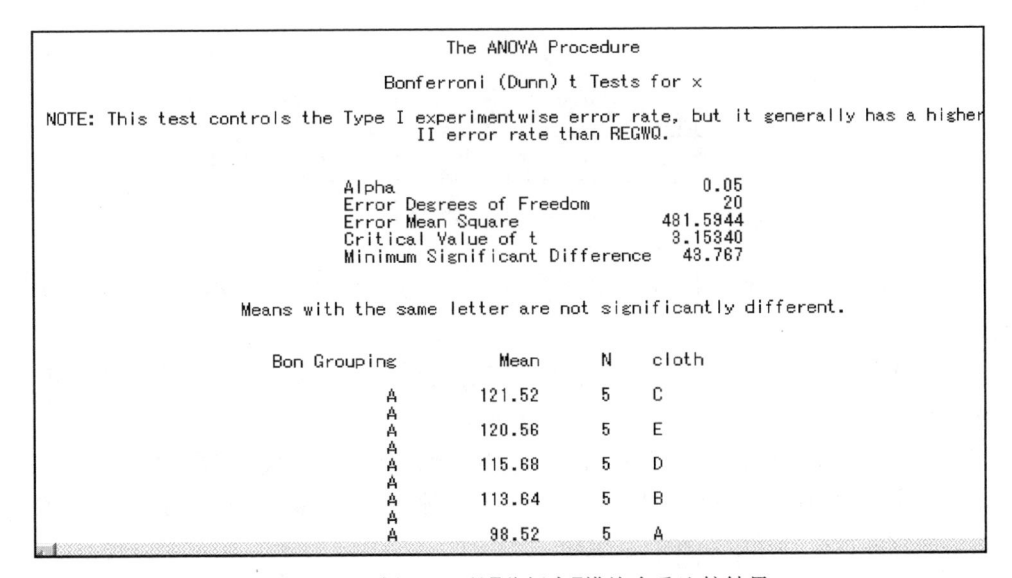

```
                       The ANOVA Procedure
                 Bonferroni (Dunn) t Tests for x

NOTE: This test controls the Type I experimentwise error rate, but it generally has a higher
                    II error rate than REGWQ.

              Alpha                             0.05
              Error Degrees of Freedom            20
              Error Mean Square              481.5944
              Critical Value of t             3.15340
              Minimum Significant Difference   43.787

     Means with the same letter are not significantly different.

        Bon Grouping      Mean        N    cloth
                  A      121.52       5    C
                  A
                  A      120.56       5    E
                  A
                  A      115.68       5    D
                  A
                  A      113.64       5    B
                  A
                  A       98.52       5    A
```

图 11-38　例 11.13 的【分析家】模块多重比较结果

由图 11.37 的 SAS 输出结果可见,其模型检验所在行的 $F=0.89$,概率值 $P=0.489$,大于 0.05,表明模型是没有显著性的,即防护服种类对受试者的心跳脉搏数无显著影响。

再由图 11.38 的 Bonferroni 多重比较检验法的输出结果知,其分组(Bon Grouping)为同一个字母 A,表明其不同防护服种类的任何两组受试者之间脉搏数的均值都无显著差异。

(二) 多因素方差分析

【例 11.14】 对前面例 11.4 所研究的评价 5 种饲料的营养价值的大白鼠所增体重数据资料,利用【分析家】模块进行多因素的方差分析,比较这 5 种饲料营养价值有无显著差异? ($\alpha=0.05$)

现对例 11.4 中建立的数据集 EX11_4 进行窝别和饲料种类的双因素的方差分析,其中变量 x 代表所增体重,变量 a 表示窝别,变量 b 表示饲料种类。具体步骤如下:

(1) 在 SAS 系统内启动【分析家】模块,打开数据集 EX11_4。

(2) 单击【分析家】主窗口内的菜单【统计】→【方差分析】→【线性模型】,打开如图 11-39 所示的【Linear Models】对话框。在其中选择变量 x,单击 Dependent,使其进入 Dependent 下方的区域。选中变量 a、b,单击 Class,使其进入 Class 下方的区域,如图 11-39 所示。

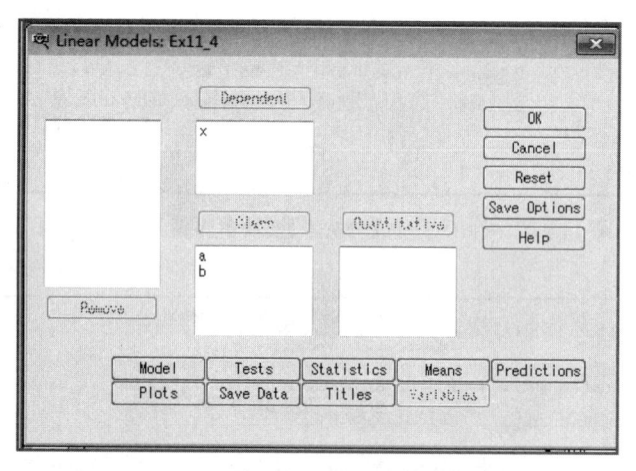

图 11-39 ANALYST 模块多因素方差分析界面

(3) 单击【Linear Models】对话框上的 OK,将生成如图 11-40 所示的两因素的方差分析的结果。

该 SAS 输出结果与例 11.4 的输出结果是完全一致的,解读也一样。输出结果分析:

由 $F=22.05$,$P<0.0001$,说明两因素的方差分析模型有极高显著性。

对 a 因素(窝别),$F=1.83$,$P=0.1215>0.05$,窝别对增重影响不显著。

对 b 因素(饲料种类),$F=57.45$,$P<0.0001$,表明饲料种类对增重影响有极显著性,即这 5 种饲料营养价值有显著差异。

```
                          The GLM Procedure
Dependent Variable: x

                                    Sum of
    Source              DF         Squares      Mean Square    F Value    Pr > F
    Model               11      12671.75000      1151.97727      22.05    <.0001
    Error               28       1462.65000        52.23750
    Corrected Total     39      14134.40000

              R-Square     Coeff Var      Root MSE      x Mean
              0.896518     14.81056       7.227551     48.80000

    Source              DF      Type III SS    Mean Square    F Value    Pr > F
    a                    7        667.60000       95.37143       1.83    0.1215
    b                    4      12004.15000     3001.03750      57.45    <.0001
```

图 11-40 【分析家】两因素方差分析的输出结果

(三) 协方差分析

【例 11.15】 对前面例 11.10 所研究的三种饲料对生猪体重增量影响的数据资料,利用【分析家】模块进行协方差分析,试考察不同组饲料喂养后生猪的体重增量有无显著差异? 并准确评价各组饲料的优劣。

本例为单因素协方差分析问题。应考察不同种类饲料喂养后生猪的体重增量(增重)有无显著差异,则喂养后生猪的体重增量是因变量,饲料种类为因素变量(分组变量),生猪的喂养前初始体重(始重)可能为对体重增量(增重)有显著影响的协变量。

现对例 11.10 中建立的数据集 EX11_10 进行协方差分析,其中变量 y 代表喂养后的体重增量,为因变量;变量 a 表示饲料种类,为因素变量;变量 x 为生猪喂养前的初始体重,为协变量。协方差分析具体操作步骤如下:

(1) 在 SAS 系统内启动【分析家】模块,打开数据集 EX11_10。

(2) 单击【分析家】主窗口内的菜单【统计】→【方差分析】→【线性模型】,打开如图 11-41 所示的【Linear Models】对话框。在其中选择变量 y,单击 Dependent,使其进入 Dependent 下方的区域,是因变量;选中变量 a,单击 Class,使其进入 Class 下方的区域,是因素变量;选中变量 x,单击 Quantitative,使其进入 Quantitative 下方的区域,是协变量;如图 11-41 所示。

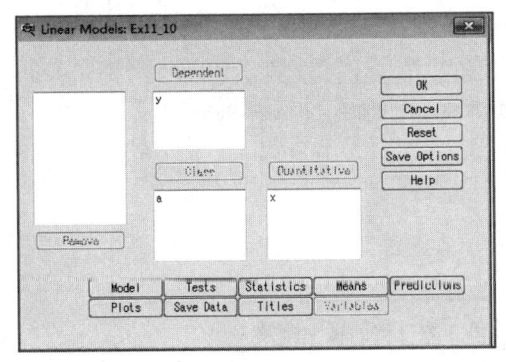

图 11-41 【分析家】模块协方差分析界面 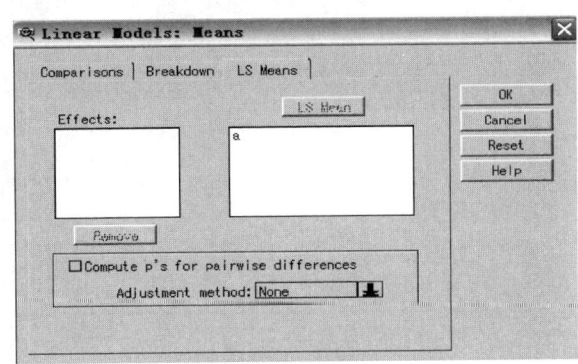   图 11-42 【Linear Models:Means】对话框

(3) 单击【Linear Models】对话框中的 Means ，在弹出的【Linear Models:Means】对话框中，如图 11-42 所示，点击【LS Means】，在【LS Means】中，将因素变量 a 选入【LS Means】的下方框中，点击 OK 。

(4) 在返回的【Linear Models】对话框中，如图 11-41，点击 Statistics ，在弹出的【Linear Models:Statistics】对话框中，如图 11-43 所示，选定 × Parameter estimate，再点击 OK 。

(5) 最后点击 OK ，将生成如图 11-44 所示的协方差分析的结果。

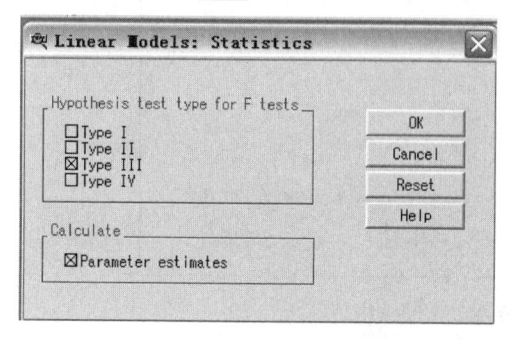

图 11-43 【Linear Models:Statistics】对话框

图 11-44 提供的基于【分析家】模块的协方差分析的输出结果与用 GLM 过程进行协方差分析的输出结果图 11-20 基本类似，其结果解读也基本一样，这里不再详细说明。

图 11-44 例 11.15 的【分析家】模块协方差分析的输出结果

（言方荣，刘颖博）

Chapter 12
非参数统计分析

第一节　非参数统计分析概述
第二节　单样本非参数检验
　　一、单样本非参数检验方法
　　二、单样本非参数检验的 SAS 实例应用
第三节　两独立样本非参数检验
　　一、两独立样本非参数检验方法
　　二、NPAR1WAY 非参数检验过程
　　三、两独立样本非参数检验的 SAS 实例应用
第四节　两配对样本非参数检验
　　一、两配对样本非参数检验方法
　　二、两配对样本非参数检验的 SAS 实例应用
第五节　多独立样本非参数检验
　　一、多独立样本非参数检验方法
　　二、多独立样本非参数检验的 SAS 实例应用
第六节　分布检验
　　一、分布检验方法
　　二、分布检验的 SAS 实例应用
第七节　非参数统计分析的界面操作

前面章节介绍的统计假设推断是基于总体分布已知的情况。然而,在实际生活中,对总体分布的假定并不是能随便做出的。有时,数据并不是来自所假定分布的总体,或者数据根本不是来自一个总体,还有可能因为种种因素数据被严重污染,这样,在假定总体分布的情况下进行推断的做法就可能产生错误的结论。于是,人们希望在不假定总体分布的情况下,尽量从数据本身来获得所需要的信息,这就是非参数检验。

本章将重点介绍在 SAS 中如何实现非参数的统计分析,包括单个样本、两个独立样本、两个配对样本和多个独立样本的非参数检验。通过本章的学习,读者将快速地掌握非参数统计分析的 SAS 实现过程。

第一节　非参数统计分析概述

非参数检验是不依赖总体分布的统计推断方法,它是指在总体不服从正态分布而且分布情况不明时,用来检验数据资料是否来自同一个总体假设的一类检验方法。这些方法由于一般不涉及总体参数而得名。这类方法的假定前提比参数假设检验方法少得多,也容易满足,适用于计量信息较弱的资料,且计算方法也简便易行,所以在实际中有广泛的应用。

为使读者对非参数检验有一定认识,了解其与参数检验的区别,我们对参数检验与非参数检验进行了对比分析,如表 12-1 所示。

表 12-1　参数检验与非参数检验的对比

	非参数检验	参数检验
优点	适应范围广 小型数据计算简单,可以快速获得结果 不受总体参数的影响	计算结果精确有效 检验效率高
缺点	资料利用率低 大型数据计算可能会变得复杂	无法对非正态分布数据进行检验
适用范围	数据的分布形态未知或无法确定 非正态分布的数据 样本容量较小的数据,一般小于 10	数据资料需为正态分布

和参数检验法相比,非参数检验方法具有以下优势:

(1) 稳健性。因为对总体分布的约束条件大大放宽,不至于因为对统计中的假设过分理想化而无法切合实际情况,从而对个别偏离较大的数据太敏感。

(2) 对数据的测量尺度无约束,对数据的要求也不严格,什么数据类型都可以做。

(3) 适用于小样本、无分布样本、数据污染样本、混杂样本等。

但是,如果参数检验模型的所有假设在数据中都能满足,而且测量达到了所要求的水平,那么用非参数检验就浪费了数据。浪费的程度用非参数检验的效率来表示。例如,若一种非参数统计检验的效率为 80%,这就意味着,当参数检验的所有条件都满足时,其样本容量比非参数方法小 20% 的参数检验就正好与该非参数分析一样有效。因此,我们在选择使用参数检验和非参数检验方法时要慎重考虑。一般来说,当所需假设都满足时,使用参数检验更好。读者在实际的使用中应根据具体的要求选择合适的分析方法。

非参数检验针对不同的观测样本需要采用不同的方法,其中对于单个样本主要使用符号秩检验的方法;对于两个样本使用秩和检验方法,其中,两个独立样本和两个配对样本的秩和检验又有所不同;多个样本的非参数检验可以使用 Kruskal-Wallis 和 Freidman 方法。

第二节　单样本非参数检验

一、单样本非参数检验方法

给定一组样本,最基本的问题是对其总体分布的位置参数进行推断,常见的位置参数为均值。但是,由于在非参数检验中我们并不关心总体分布的具体形式,因而通常考虑的就是总体的中心——中位数 θ,要检验 θ 是否与某个值 θ_0 之间存在显著的差异。因此,我们建立原假设和备择假设如下:

$$H_0: \theta = \theta_0; \quad H_1: \theta \neq \theta_0$$

然后利用各种方法对上述假设进行检验。

(一) 符号检验

符号检验是一种比较简单的非参数检验方法。它是通过计算样本中观测值大于 θ_0 的个数 n^+ 以及观测值小于 θ_0 的个数 n^-,构造检验统计量:

$$M = \frac{n^+ - n^-}{2}$$

如果中位数 θ 与 θ_0 很接近,则 n^+ 和 n^- 应该差不多,M 统计量接近 0;如果 $\theta > \theta_0$,则 $n^+ > n^-$,此时 $M > 0$;如果 $\theta < \theta_0$,则 $n^+ < n^-$,此时 $M < 0$。这样,我们可以通过 M 的正负号来进行判断,所以称之为符号检验。

在样本量较小时,M 统计量服从二项分布;在样本量较大时,近似服从正态分布。计算 M 统计量的 P 值,并与显著性水平 α 比较,可得出检验结论:如果 P 值小于 α,则拒绝原假设,即认为 θ 与 θ_0 之间存在显著的差异;如果 P 值大于 α,则不能拒绝原假设,即认为 θ 与 θ_0 之间不存在显著差异。

(二) Wilcoxon 符号秩检验

给定一组样本 $x_1, x_2, \cdots, x_n$,将它们按照从小到大排列,如果 x_i 是第 R_i 个最小的,则称 R_i 为 x_i 的秩。再将全部样本的绝对值 $\{|x_1|, \cdots, |x_n|\}$ 从小到大排列,我们把 $|x_i|$ 的秩记为 R_i^+。Wilcoxon 符号秩检验的统计量为:

$$S = \sum_{x_i > 0} R_i^+ - \frac{n_t(n_t+1)}{4}$$

其中,R_i^+ 为 $|x_i - \theta_0|$ 的秩(除去 $x_i = \theta_0$ 的那些值),$n_t = n^+ + n^-$ 为样本中所有值不等于 θ_0 个数。当样本量较小(一般认为小于或等于20)时,可以直接根据 S 统计量的分布(为二项分布的某种变形)来计算概率;当样本量较大时,可由 t 分布近似计算 S 统计量取值的概率。

计算 S 统计量的 P 值,并与显著性水平 α 比较,可得出检验结论:如果 P 值小于 α,则拒绝原假设,即认为 θ 与 θ_0 之间存在显著的差异;如果 P 值大于 α,则不能拒绝原假设,即认为 θ 与 θ_0 之间不存在显著差异。

Wilcoxon 检验的形式要比符号检验复杂,但是它比较充分地利用了数据的信息,效果上要好于符号检验。

二、单样本非参数检验的 SAS 实例应用

在 SAS 系统中,UNIVARIATE 过程可提供单样本的符号检验以及 Wilcoxon 符号秩检验,其语句格式为:

```
PROC UNIVARIATE [DATA=数据集名] [选项];
  VAR 变量名;
RUN;
```

PROC UNIVARIATE 语句规定开始运行 UNIVARIATE 过程,并指定要分析的数据集名。

PROC UNIVARIATE 语句不需要添加选项就可以自动提供关于均值为 0 的假设检验的三种结果:t 检验、符号检验和 Wilcoxon 检验。如果要检验均值为 μ_0 的假设检验,需要用选项 MU0=μ_0。

VAR 语句规定要进行检验的变量。若不使用此语句,则默认检验数据集中所有的数值型变量。

【例 12.1】 从某批电子产品中抽取了 40 件进行寿命测试,数据如表 12-2 所示。该电子产品的标准寿命为 1 000 小时,试判断这一批产品是否合格($\alpha = 0.05$)?

表 12-2 电子产品的寿命测试数据

1 026	951	1 219	640
1 185	1 017	754	1 073
958	847	891	1 114
681	956	1 105	884
832	1 002	1 097	1 129
1 135	878	1 149	741
835	1 142	724	1 193
821	1 120	999	1 109
740	1 061	1 060	1 000
1 140	974	732	1 024

要判断这批电子产品是否合格,这是一个单样本的检验问题,需检验原假设和备择假设如下:

$$H_0:\theta=1\,000;\ H_1:\theta\neq 1\,000$$

下面我们通过 UNIVARIATE 过程提供的检验方法进行非参数检验,编写 SAS 程序如下:

```
data ex12_1;
  input life @@;
cards;
1026  951  1219  640  1185  1017  754  1073
958   847  891   1114 681   956   1105 884
832   1002 1097  1129 1135  878   1149 741
835   1142 724   1193 821   1120  999  1109
740   1061 1060  1000 1140  974   732  1024
;
proc univariate  mu0=1000 normal;
run;
```

这里我们利用 UNIVARIATE 过程进行单样本非参数检验,由于 UNIVARIATE 过程只提供位置为 0 的假设检验,所以要选项"MU0=1 000"表示检验的原假设为 $\theta=1\,000$,选项 NORMAL 表示还要进行正态性检验。

程序运行后查看输出窗口,正态性检验的结果如图 12-1 所示。

正态性检验				
检验	----统计量----		-------P 值-------	
Shapiro-Wilk	W	0.943126	Pr < W	0.0441
Kolmogorov-Smirnov	D	0.113562	Pr > D	>0.1500
Cramer-von Mises	W-Sq	0.12137	Pr > W-Sq	0.0571
Anderson-Darling	A-Sq	0.770391	Pr > A-Sq	0.0430

图 12-1 例 12.1 的正态性检验输出结果

位置检验: Mu0=1000				
检验	--统计量---		-------P 值-------	
学生 t	t	-1.05157	Pr > |t|	0.2995
符号	M	0.5	Pr >= |M|	1.0000
符号秩	S	-56	Pr >= |S|	0.4417

图 12-2 例 12.1 的非参数检验输出结果

在正态性检验的结果图 12-1 中,Shapiro-Wilk 检验和 Anderson-Darling 检验的 P 值都小于显著性水平 $\alpha=0.05$,从而拒绝正态性假设,但是 Cramer-von Mises 检验和 Kolmogorov-Smirnov 检验的 P 值大于 0.05,则不能拒绝正态性假设。并且其中三个检验的 P 值都和 0.05 很接近,因此我们没有足够的证据说明该样本来自正态分布。

这样,我们就不能采用基于正态分布的 t 检验方法,从而考虑非参数检验。查看输出窗口,关于位置检验的非参数检验结果如图 12-2 所示。其中,第二行为非参数的符号检验结果,统计量 $M=0.5$,P 值为 $1.000>\alpha=0.05$;第三行为非参数的 Wilcoxon 符号秩检验的结果,统计量 $S=-56$,P 值为 $0.441\,7>\alpha=0.05$。因此,我们接受原假设,即认为中位数 θ 与 1 000 并无显著差异,统计检验结果表明这批产品是合格的。

第三节 两独立样本非参数检验

一、两独立样本非参数检验方法

在进行两独立样本检验时,如果满足正态性假设,可以采用第 6 章的参数 t 检验方法。而在非参数检验中,我们并不对总体分布做什么假设,通常考虑它们的中位数 θ_1 与 θ_2 是否存在显著差异。

因此,我们建立原假设和备择假设如下:

$$H_0: \theta_1 = \theta_2;\ H_1: \theta_1 \neq \theta_2$$

然后通过不同的方法对上述假设进行检验。

(一) Wilcoxon 秩和检验

Wilcoxon 秩和检验也称 Mann-Whitney U 检验,它的方法是基于比较两个样本的所有可能的数据对。

假设有两组独立的样本 $x_1, x_2, \cdots, x_n$ 和 $y_1, y_2, \cdots, y_m$,其中 $n > m$。首先将两个样本混合起来,并按照从小到大排序,用 R_j 表示 y_j 在混合样本中的秩,则

$$R_j = \#\{x_i < y_j : 1 \leqslant i \leqslant n\} + \#\{y_k \leqslant y_j : 1 \leqslant k \leqslant m\}$$

即 y_j 在混合样本中的排序为:所有 x 样本中比 y_j 小的个数加上所有 y 样本中比 y_j 小的个数(包括 y_j 本身)。

我们将 y 样本(较小的一个样本)中所有秩的和

$$W = \sum_{i=1}^{m} R_i = \#\{x_i < y_j : 1 \leqslant i \leqslant n, 1 \leqslant j \leqslant m\} + \frac{m(m+1)}{2}$$

称为 Wilcoxon 秩和统计量,而将

$$U = \#\{x_i < y_j : 1 \leqslant i \leqslant n, 1 \leqslant j \leqslant m\}$$

称为 Mann-Whitney U 统计量。当样本量较小时,U 统计量服从 Mann-Whitney 分布;当样本量较大时,U 统计量近似服从正态分布。

通过计算 U 统计量的 P 值,并与显著性水平 α 比较,可得出检验结论:如果 P 值小于 α,则拒绝原假设,即认为 θ_1 与 θ_2 之间存在显著的差异;如果 P 值大于 α,则不能拒绝原假设,即认为 θ_1 与 θ_2 之间不存在显著差异。

(二) 中位数检验

在中位数检验中,也是将两个样本混合起来,考虑所有数据与中位数的比较。

假设有两组样本 $x_1, x_2, \cdots, x_n$ 和 $y_1, y_2, \cdots, y_m$,其中 $n > m$,混合后样本的中位数为

M_{xy}，我们考虑如下的统计量。

$$M = \#\{y_i > M_{xy} : 1 \leqslant i \leqslant m\}$$

即 y 样本（较小的一个样本）中所有大于混合样本中位数的个数。如果两个总体的中位数 θ_1 与 θ_2 很接近，则 M 统计量接近 $m/2$。如果 $\theta_1 > \theta_2$，则 $M < m/2$；如果 $\theta_1 < \theta_2$，则 $M > m/2$。

当样本量较小时，可以直接根据 M 统计量的分布（为二项分布的某种变形）来计算概率 P 值；当样本量较大时，可由正态分布近似计算 M 统计量取值的概率 P 值。

通过计算 M 统计量的 P 值，并与显著性水平 α 比较，可得出检验结论：如果 P 值小于 α，则拒绝原假设，即认为 θ_1 与 θ_2 之间存在显著的差异；如果 P 值大于 α，则不能拒绝原假设，即认为 θ_1 与 θ_2 之间不存在显著差异。

（三）Van der Waerden 检验

Van der Waerden 检验也是将样本混合起来，考虑较小样本的某种形式的秩和。在与 Wilcoxon 秩和检验相同的假设条件下，我们建立如下的检验统计量。

$$V = \sum_{i=1}^{m} \Phi^{-1}\left(\frac{R_i}{N+1}\right)$$

其中，Φ 是标准正态的分布函数，Φ^{-1} 则表示其分位数函数，$N = n + m$ 为混合样本的总数。

Van der Waerden 检验在秩检验中具有很优良的性质，从渐进相对的效率看，也有较好的表现。

二、NPAR1WAY 非参数检验过程

NPAR1WAY 过程是 SAS 系统中提供的专门用于非参数检验的过程，通过此过程可以完成两个独立样本、多个独立样本等的非参数检验，并有多种方法可供选择。

NPAR1WAY 过程的语句的语法格式为：

SAS 程序格式	意　义
PROC NPAR1WAY [选项];	对"DATA="指定或最新的数据集进行非参数分析过程
CLASS 变量;	用于指定一个分组变量，必须具有两个及以上的水平，非参数过程的假设检验在 CLASS 变量各水平对应各组之间进行
VAR 变量列表;	指定需要进行非参数分析的变量
BY 变量;	指定非参数分析的分组变量，原数据集需按 BY 变量排序
FREQ 变量;	指定作为观测的频数变量
EXACT 统计量选项[/计算选项];	对指定的统计量进行精确检验
OUTPUT [OUT= 数据集][选项];	将过程计算的统计量等结果输出到 OUT= 指定的数据集中
WEIGHT 变量;	指定作为观测的权重变量
RUN;	向 SAS 系统提交过程步中的语句

在 NPAR1WAY 过程中，PROC 语句和 CLASS 语句是必需的，其他语句可以根据需要进行选用。

PROC NPAR1WAY 语句用于指定分析的过程为 NPAR1WAY 非参数统计分析过程，同

时其后添加的选项可以对非参数分析的方法等进行设置。其中常用的选项如表 12-3 所示。

表 12-3　PROC NPAR1WAY 语句的选项

选　项	意　义
DATA=数据集名	指定需要分析的数据集名
WILCOXON	指定使用 Wilcoxon 秩和分析的方法进行非参数统计分析
MEDIAN	指定中位数的分析方法用于非参数统计分析
VW	指定进行 Van der Waerden 检验
SAVAGE	指定进行 Savage 检验
ST	指定进行 Siegel-Tukey 检验
AB	规定进行 Ansari-Bradley 检验
KLOTZ	规定进行 Klota 检验
MOOD	规定进行 Mood 检验
EDF	规定进行经验分布函数的比较，使用 Kolmogorov-Smirnov 检验、Cramer-von Mises 检验和 Kuiper 检验
ANOVA	对数据执行方差分析
NOPRINT	在结果输出窗口不显示计算结果。主要用于建立指定的数据集
MISSING	对缺失变量的处理做一定控制，CLASS 语句在执行变量分组计算时，缺失变量将视为有效水平
SCORE=数据	以原始数据为得分值进行分析

VAR 语句用于规定要进行检验的变量。如果不使用此语句，则默认检验数据集中所有的数值型变量。

CLASS 语句规定了分组变量，使得 NPAR1WAY 过程对分组之间进行非参数检验。分组变量可以是数值型的，也可以是字符型的。在同一个数据集中，分组变量的不同取值区别了不同的样本。如果分组变量正好有两个取值，则 NPAR1WAY 过程实现的就是两独立样本的非参数检验。

BY 语句规定的分组变量，其含义与 CLASS 语句不同，它使得 NPAR1WAY 过程对分组内进行处理。在使用 BY 语句前，应对数据集按照分组变量进行排序。

EXACT 语句用于对指定的统计量进行精确检验，其中统计量选项用于设置需要进行精确统计分析的统计量，如表 12-4 所示。

表 12-4　EXACT 语句的统计量选项

选　项	意　义
AB	Ansari-Bradley 检验
CONOVER	Conover 检验
HL	Hodges-Lehmann 置信区间
KLOTZ	Klotz 检验
KS|EDF	两样本的 Kolmogorov-Smirnov 检验
MEDIAN	中位数检验
MOOD	Mood 检验
SAVAGE	Savage 检验
SCORES=DATA	输入数据作为得分数据计算
ST	Siegel-Tukey 检验
VW|NORMAL	Van der Waerden 检验
WILCOXON	两样本 Wilcoxon 检验，多样本 Kruskal-Wallis 检验

同时,EXACT 语句的运算选项还可对上述统计分析参数进行设置,如表 12-5 所示。

表 12-5　EXACT 语句的运算选项

选　项	意　义
ALPHA=值	控制蒙特卡洛算法估计 P 值时的显著性水平
AXTIME=值	控制精确估计 P 值计算的最长时间,单位为秒
MC	选择使用蒙特卡洛算法估计 P 值
N=n	设置蒙特卡洛估计 P 值的样本数,默认为 10 000
POINT	统计检验计算出点估计值
SEED=数字	控制蒙特卡洛估计初始的种子数

FREQ 语句用于指定观测频数变量,用法与之前介绍过的过程相同。

OUTPUT 语句用法与之前介绍过的过程相同,可以指定输出非参数统计分析的各种统计量到指定的数据集内。

三、两独立样本非参数检验的 SAS 实例应用

下面我们结合实例介绍两独立样本非参数检验的 SAS 应用。

【例 12.2】　某医药公司为了评估一种治疗低血红蛋白的新药,随机地抽取了若干名体质相当的病人,并分为两组,其中一组服用新药,另外一组服用旧药,临床观测到其服药后治愈的天数如表 12-6 所示。试问这种新药的疗效是否显著好于旧药？($\alpha=0.05$)

表 12-6　病人痊愈天数(单位:天)

新药	14	28	35	75	43	20	50	98	63	50
旧药	65	84	21	98	95	70	100	35	92	

要比较新药的疗效是否显著好于旧药,也就是检验使用新药的痊愈天数是否显著少于使用旧药的痊愈天数,这是一个两独立样本的检验问题。我们建立如下的单侧检验假设:

$$H_0: \theta_1 = \theta_2 ; H_1 : \theta_1 < \theta_2$$

其中,θ_1 为使用新药的痊愈天数,θ_2 为使用旧药的痊愈天数。

下面我们利用 NPAR1WAY 过程进行非参数检验,编写 SAS 程序如下:

```
data ex12_2;
  input type days @@;
cards;
1 14  1 28  1 35  1 75  1 43
1 20  1 50  1 98  1 63  1 50
2 65  2 84  2 21  2 98  2 95
2 70  2 100  2 35  2 92
;
proc npar1way wilcoxon median vw;
  class type;
```

```
        var days;
        exact;
run;
```

在建立的数据集 EX12_2 中,变量 type 记录药物的类型:1 为新药,2 为旧药;变量 days 记录病人痊愈的天数。在过程步中,PROC 语句的选项表明进行三种非参数检验。在该试验中,由于样本量较小(总共两个样本加起来只有 19 个观测),通过近似分布计算的结果可能存在较大偏差,所以利用 EXACT 语句指定进行精确检验。

提交运行上述程序,主要的输出结果表包括 Wilcoxon Two-Sample Test 结果表即 Wilcoxon 秩和检验的结果,如图 12-3 所示。

```
                 The NPAR1WAY Procedure

          Wilcoxon Scores (Rank Sums) for Variable DAYS
                    Classified by Variable TYPE
                    Sum of    Expected     Std Dev       Mean
TYPE       N        Scores    Under H0     Under H0      Score
--------------------------------------------------------------
1          10       77.0      100.0        12.231323     7.700000
2          9        113.0     90.0         12.231323     12.555556

              Average scores were used for ties.

                    Wilcoxon Two-Sample Test

          Statistic (S)                 113.0000

          Normal Approximation
          Z                             1.8395
          One-Sided Pr >  Z             0.0329
          Two-Sided Pr > |Z|            0.0658

          t Approximation
          One-Sided Pr >  Z             0.0412
          Two-Sided Pr > |Z|            0.0824

          Exact Test
          One-Sided Pr >=  S            0.0309
          Two-Sided Pr >= |S - Mean|    0.0617
```

图 12-3 例 12.2 的 Wilcoxon 秩和检验的结果

```
                 The NPAR1WAY Procedure

   Median Scores (Number of Points Above Median) for Variable DAYS
                    Classified by Variable TYPE
                    Sum of    Expected     Std Dev       Mean
TYPE       N        Scores    Under H0     Under H0      Score
--------------------------------------------------------------
1          10       2.0       4.736842     1.116484      0.200000
2          9        7.0       4.263158     1.116484      0.777778

              Average scores were used for ties.

                     Median Two-Sample Test

          Statistic (S)                 7.0000

          Normal Approximation
          Z                             2.4513
          One-Sided Pr >  Z             0.0071
          Two-Sided Pr > |Z|            0.0142

          Exact Test
          One-Sided Pr >=  S            0.0185
          Two-Sided Pr >= |S - Mean|    0.0230

                     Median One-Way Analysis

          Chi-Square                    6.0089
          DF                            1
          Pr > Chi-Square               0.0142
```

图 12-4 例 12.2 的中位数检验的结果

该 Wilcoxon 输出结果表首先给出了分组的 Wilcoxon 秩得分结果,在第二部分 Wilcoxon 的两样本检验结果中,其检验分别有 Wilcoxon 统计量(=113)、正态分布近似检验(Normal Approximation)的结果、t 分布近似检验(t Approximation)的结果和精确检验(Exact Test)的结果,注意到本例为小样本的单侧检验,而在精确检验(Exact Test)中所计算的单侧检验(One-Sided)的 P 值为 0.0309,小于显著性水平 $\alpha=0.05$,因此拒绝原假设,认为使用新药的痊愈天数要少于使用旧药的天数。

主要输出结果还有 Median Two-Sample Test 表即中位数检验的结果表,如图 12-4 所示。

该 Median 输出结果表首先给出了分组的中位数秩得分信息,在第二部分 Median Two-Sample Test 的中位数两样本检验结果

```
                 The NPAR1WAY Procedure

        Van der Waerden Scores (Normal) for Variable DAYS
                    Classified by Variable TYPE
                    Sum of    Expected     Std Dev       Mean
TYPE       N        Scores    Under H0     Under H0      Score
--------------------------------------------------------------
1          10       -3.587488  0.0         1.928197     -0.358749
2          9        3.587488   0.0         1.928197     0.398610

              Average scores were used for ties.

                 Van der Waerden Two-Sample Test

          Statistic (S)                 3.5875

          Normal Approximation
          Z                             1.8605
          One-Sided Pr >  Z             0.0314
          Two-Sided Pr > |Z|            0.0628

          Exact Test
          One-Sided Pr >=  S            0.0306
          Two-Sided Pr >= |S - Mean|    0.0614

                 Van der Waerden One-Way Analysis

          Chi-Square                    3.4616
          DF                            1
          Pr > Chi-Square               0.0628
```

图 12-5 例 12.2 的 Van der Waerden 检验的结果

中,分别有 Median 统计量(=7)、正态分布近似检验(Normal Approximation)的结果、精确检验(Exact Test)的结果,在精确检验(Exact Test)中所计算的单侧检验(One-Sided)的 P 值为 0.018 5,小于 0.05,也拒绝原假设。

结果窗口同时还给出了 Van der Waerden Two-Sample Test 即 Van der Waerden 检验的结果。如上页图 12-5 所示。

该 Van der Waerden 检验输出结果表首先给出了分组的 Van der Waerden 秩得分信息,在第二部分 Van der Waerden Two-Sample Test 的 Van der Waerden 两样本检验结果中,分别有 Van der Waerden 统计量(= 3.587 5)、正态分布近似检验(Normal Approximation)的结果、精确检验(Exact Test)的结果,在精确检验(Exact Test)中所计算的单侧检验(One-Sided)的 P 值为 0.030 6,小于 0.05,也拒绝原假设。

以上三种检验都拒绝了原假设,因此我们认为使用新药的痊愈天数要显著少于使用旧药的天数,说明新药的疗效要显著好于旧药。

第四节 两配对样本非参数检验

一、两配对样本非参数检验方法

两配对样本比较的非参数检验,通常是考察两个配对样本的数据之差,继而转化为单样本非参数检验问题,再利用前面介绍过单样本的符号检验和 Wilcoxon 符号秩检验方法进行检验。

设有两组配对样本 $x_1, x_2, \cdots, x_n$ 和 $y_1, y_2, \cdots, y_n$,θ_1 与 θ_2 分别是两个对应总体的中位数。记 $z_i = x_i - y_i$,$\theta = \theta_1 - \theta_2$,则两样本的检验问题

$$H_0: \theta_1 = \theta_2; \quad H_1: \theta_1 \neq \theta_2$$

可以转化为对样本 $z_1, z_2, \cdots, z_n$ 检验如下的假设:

$$H_0: \theta = 0; \quad H_1: \theta \neq 0$$

若进行符号检验,则计算 z 样本中观测值大于 0 的个数 n^+ 以及观测值小于 0 的个数 n^-,构造检验统计量:

$$M = \frac{n^+ - n^-}{2}$$

利用 M 统计量的分布计算其对应的检验概率 P 值,并与显著性水平 α 比较,可得出检验结论:如果 P 值小于 α,则拒绝原假设,即认为 θ 与 0 之间存在显著的差异,也就是说 θ_1 与 θ_2 之间存在显著差异;如果 P 值大于 α,则不能拒绝原假设,认为 θ_1 与 θ_2 之间不存在显著的差异。

类似地,对 z 样本计算 Wilcoxon 的 S 统计量及其对应的 P 值,可以进行 Wilcoxon 符号秩检验。

二、两配对样本非参数检验的 SAS 实例应用

两配对样本的非参数检验可以应用 UNIVARIATE 过程加以实现,其语句格式同单样本的情形一样,但是需要对数据预先进行一些处理。

两个配对样本的数据应该包含在一个数据集中,定义成两个不同的变量,配对的变量即表示了配对样本。假设变量 A 代表第一组样本,变量 B 代表了第二组样本,在数据步中建立新的变量 $D=A-B$,表示两个配对样本之差。然后再应用 UNIVARIATE 过程对变量 D 进行检验,实现语句格式如下:

```
PROC UNIVARIATE DATA=数据集名;
 VAR D;
RUN;
```

【例 12.3】 某种新药治疗高血压病患者 16 名,治疗前后的收缩压(毫米汞柱)的数据如下,问该新药治疗前后收缩压的差异是否显著?($\alpha=0.05$)

表 12-7 某种新药治疗前后的收缩压

治疗前	184	173	181	159	148	161	172	183	194	152	173	180	162	167	154	184
治疗后	171	169	172	162	134	161	167	180	191	152	162	167	160	179	152	171

本例是对 16 名患者的治疗前后自身的配对数据进行研究,故为配对实验设计数据。同时样本量较少,难以确定总体的分布,故用两配对样本的非参数检验方法。又因为数据是连续性数值数据,故可用 Wilcoxon 符号秩检验和符号检验。其原假设

H_0:该新药治疗前后收缩压无显著差异

下面我们利用 UNIVARIATE 过程进行非参数检验,编写 SAS 程序如下:

```
data ex12_3;
  input x1 x2 @@;
  diff= x1- x2;
cards;
184 171 173 169 181 172 159 162 148 134 161 161 172 167 183 180
194 191 152 152 173 162 180 167 162 160 167 179 154 152 184 171
;
proc univariate data= ex12_3;
  var diff;
run;
```

在建立的数据集 EX12_3 中,变量 x_1、x_2 分别表示新药治疗前后的收缩压,同时建立变量 diff 代表 x_1 与 x_2 之差。过程步应用 UNIVARIATE 过程指定对 diff 进行检验。其输出结果如图 12-6 所示。

图 12-6 给出了对 diff=0 进行非参数检验的结果:符号检验的统计量 $M=5$,对应

检验概率 P 值为 0.012 9；Wilcoxon 符号秩检验统计量 $S=38.5$，对应检验概率 P 值为 0.012 8；这两个 P 值均小于显著性水平 $\alpha=0.05$，故拒绝原假设，即认为该新药治疗前后收缩压的差异是显著的。

位置检验：Mu0=0

检验	--统计量---		-------P 值-------	
学生 t	t	2.714343	Pr > |t|	0.0160
符号	M	5	Pr >= |M|	0.0129
符号秩	S	38.5	Pr >= |S|	0.0128

图 12－6　例 12.3 配对比较检验的结果

第五节　多独立样本非参数检验

一、多独立样本非参数检验方法

前面两节主要讨论了两样本的比较问题，然而在实际中也经常会遇到多样本的比较问题。多样本的非参数检验，一般是两样本非参数检验方法的推广。

（一）Kruskal-Wallis 检验

Kruskal-Wallis 检验是 Wilcoxon 秩和检验的推广，当只有两组样本时，该方法就成为 Wilcoxon 秩和检验。

假设有 k 组样本 $x_{i1},x_{i2},\cdots,x_{in_i},i=1,2,\cdots,k$，我们需检验的假设为：

$$H_0:\theta_1=\theta_2=\cdots=\theta_k;\ H_1:\ \theta_1,\theta_2,\cdots,\ \theta_k\ 不全相等$$

其中，$\theta_1,\theta_2,\cdots,\theta_k$ 分别为对应的 k 个总体的中位数。

现将这 k 组样本全部混合起来，记 $N=\sum\limits_{i=1}^{k}n_i$ 为混合样本的容量，R_{ij} 为 x_{ij} 在混合样本中的秩，$R_{i\cdot}=\sum\limits_{j=1}^{k}R_{ij}$ 为第 i 组样本的秩和。我们建立如下的统计量：

$$K=\frac{12}{N(N+1)}\sum_{i=1}^{k}\frac{R_{i\cdot}^2}{n_i}-3(n+1)$$

称为 Kruskal-Wallis 统计量。如果原假设 H_0 为真，则各样本的秩和应该差不多，从而 K 统计量较小；如果备择假设 H_1 成立，则各样本的秩和差异比较大，从而 K 统计量较大。

当样本量较小时，可以直接根据 K 统计量的分布来计算对应概率 P 值；当样本量较大时，可由卡方分布近似计算 K 统计量取值的概率 P 值。

通过计算 K 统计量的 P 值，并与显著性水平 α 比较，可得出检验结论：如果 P 值小于 α，则拒绝原假设，即认为 $\theta_1,\theta_2,\cdots,\ \theta_k$ 之间存在显著的差异；如果 P 值大于 α，则不能拒绝原假设，即认为 $\theta_1,\theta_2,\cdots,\theta_k$ 之间不存在显著差异。

（二）中位数检验

多独立样本的中位数检验也称 Brown-Mood 检验，它是两样本中位数检验的推广，其基本思路是:首先将所有样本混合起来并求出混合样本的中位数,然后计算各组样本中大于或小于此中位数个数。如果这些量差距较大,则认为各个样本所对应的总体差异显著。

二、多独立样本非参数检验的 SAS 实例应用

SAS 系统用 NPAR1WAY 过程对多个独立样本比较问题进行非参数检验的统计分析。根据本章第三节中的 NPAR1WAY 过程介绍,如果 CLASS 语句规定的分组变量有两个以上的取值,则 NPAR1WAY 过程实现的就是多独立样本比较问题的非参数检验。此时,如果在 PROC 语句中使用 WILCOXON 选项则进行 Kruskal-Wallis 检验,如果使用 MEDIAN 选项则进行中位数检验。

通过 NPAR1WAY 过程,实现独立多样本非参数检验的基本语句为:

```
PROC NPAR1WAY [DATA= 数据集名] WILCOXON MEDIAN;
  VAR 变量名;
  CLASS 分组变量;
RUN;
```

详细的语句介绍及其他的选项说明,可参见本章第三节 NPAR1WAY 过程的介绍部分。

【例 12.4】 一种药物可以在六个部位注射,现记录了在不同部位注射后药物的吸收率,数据见表 12-8。试比较这六个部位注射的吸收率是否有显著差异($\alpha=0.05$)?

表 12-8 不同部位药物的吸收率

部 位	吸收率
1	88.1　92.5　98.1　79.3　83.4　95.4
2	70.1　50.2　78.1　65.3　59.6
3	74.2　72.5　55.8　85.6
4	83.4　77.6　80.5　90.3
5	72.9　90.0　65.5　78.3
6	88.0　96.0　90.7

本例要比较这六个部位注射的吸收率是否有显著差异,而且观测数据很少,这可归结为一个多独立样本比较的非参数假设检验问题。我们建立如下的原假设和备择假设:

$$H_0: \theta_1 = \theta_2 = \cdots = \theta_6; \quad H_1: \theta_1, \theta_2, \cdots, \theta_6 \text{ 不全相等}$$

其中,θ_i 为第 i 个部位注射药物的吸收率的中位数,$i=1,2,\cdots,6$。

下面我们利用 NPAR1WAY 过程进行非参数检验,编写 SAS 程序如下:

```
data ex12_4;
  input part x @@;
cards;
```

```
1 88.1   1 92.5   1 98.1   1 79.3   1 83.4   1 95.4
2 70.1   2 50.2   2 78.1   2 65.3   2 59.6
3 74.2   3 72.5   3 55.8   3 85.6
4 83.4   4 77.6   4 80.5   4 90.3
5 72.9   5 90.0   5 65.5   5 78.3
6 88.0   6 96.0   6 90.7
;
proc npar1way wilcoxon median;
   class part;
      var x;
run;
```

在数据集 EX12_4 中，变量 part 记录注射部位，取值从 1 到 6 表示六个不同的部位。

变量 x 记录吸收率。在过程步中，PROC 语句的选项 WILCOXON MEDIAN 分别表示进行多样本的 Kruskal-Wallis 检验、中位数检验。CLASS 语句规定分组变量为 part，变量 part 的不同取值代表了不同的样本。VAR 语句规定检验的变量为 x。

运行上述程序，主要输出结果如图 12-7、图 12-8 所示。其中图 12-7 为多样本 Kruskal-Wallis 非参数检验结果。

```
                    The NPAR1WAY Procedure

          Wilcoxon Scores (Rank Sums) for Variable X
                     Classified by Variable PART
                   Sum of    Expected     Std Dev        Mean
PART      N        Scores    Under H0     Under H0       Score
1         6        120.50    81.00        16.428868      20.083333
2         5        25.00     67.50        15.387799      5.000000
3         4        35.00     54.00        14.068842      8.750000
4         4        60.50     54.00        14.068842      15.125000
5         4        45.00     54.00        14.068842      11.250000
6         3        65.00     40.50        12.457806      21.666667

            Average scores were used for ties.

                     Kruskal-Wallis Test

              Chi-Square         16.1158
              DF                       5
              Pr > Chi-Square     0.0065
```

图 12-7　例 12.4 的多样本 Kruskal-Wallis 检验结果

```
                    The NPAR1WAY Procedure

       Median Scores (Number of Points Above Median) for Variable X
                       Classified by Variable PART
                   Sum of    Expected     Std Dev        Mean
PART      N        Scores    Under H0     Under H0       Score
1         6        5.0       3.00         1.095445       0.833333
2         5        0.0       2.50         1.024695       0.000000
3         4        1.0       2.00         0.938083       0.250000
4         4        3.0       2.00         0.938083       0.750000
5         4        1.0       2.00         0.938083       0.250000
6         3        3.0       1.50         0.880662       1.000000

            Average scores were used for ties.

                     Median One-Way Analysis

              Chi-Square         13.1410
              DF                       5
              Pr > Chi-Square     0.0221
```

图 12-8　例 12.4 的多样本中位数检验的结果

该 Kruskal-Wallis 输出结果表首先给出了分组的 Wilcoxon 秩得分结果,在第二部分 Kruskal-Wallis 检验结果中,检验统计量卡方的值为 16.115 6,对应的概率 P 值为 0.006 5,远小于显著性水平 $\alpha=0.05$,因此拒绝原假设。

图 12-8 显示的 Median One-Way Analysis 表为多样本中位数检验的结果。

该 Median 输出结果表首先给出了分组的 Median 秩得分结果,在第二部分 Median One-Way Analysis 表即多样本中位数检验表中,检验统计量卡方的值为 13.141 0,对应的概率 P 值为 0.022 1,小于显著性水平 $\alpha=0.05$,因此拒绝原假设。

从以上两种检验的结果看,P 值均小于显著性水平 α,所以拒绝原假设,认为在这六个部位注射的吸收率是有显著差异的。

第六节 分布检验

一、分布检验方法

要检验一组数据是否来自某个给定的分布,需要采用非参数的方法。一般地,我们要考虑原假设和备择假设为:

$$H_0: F(x)=F_0(x); \quad H_1: F(x) \neq F_0(x)$$

其中,$F(x)$ 为样本对应总体的分布,$F_0(x)$ 为某个给定的分布。下面我们通过不同的方法对上述假设进行检验。

(一) 卡方拟合优度检验

在统计中,许多不同类型不同方法的检验问题最后都可以归结为卡方检验,一些重要统计量的渐进分布也是卡方分布。在这里,我们主要介绍卡方拟合优度检验,它用来检验一个样本是否来自某个给定的分布。

卡方检验常用于离散型分布的检验。假设一个离散型随机变量的样本观测值为 x_1, $x_2,\cdots,x_n$,该随机变量共有 k 种不同的取值,每种取值的频数为 $f_1,f_2,\cdots,f_k$, $f_1+f_2+\cdots+f_k=n$,要检验此变量是否服从某个离散型的分布 $F_0(x)$。根据分布函数,设对应取值的概率为 $p_1,p_2,\cdots,p_k$,因此每种取值的理论频数应该为 $e_1,e_2,\cdots,e_k$,其中 $e_i=np_i$。这样我们建立如下的统计量:

$$\chi^2 = \sum_{i=1}^{k} \frac{(f_i-e_i)^2}{e_i} = \sum_{i=1}^{k} \frac{(f_i-np_i)^2}{np_i}$$

称为 Pearson 卡方统计量,它服从自由度为 $k-m-1$ 的卡方分布,其中 m 为上述离散分布 $F_0(x)$ 中未知参数的个数。

通过计算卡方统计量对应的 P 值,并与显著性水平 α 比较,可得出检验结论:如果 P 值小于 α,则拒绝原假设,即认为样本对应总体的分布与给定的分布存在显著差异;如果 P 值

大于 α，则不能拒绝原假设，认为样本对应总体的分布与给定的分布不存在显著差异。

卡方检验同样适用于连续型分布。对于样本，首先根据其取值进行区间划分，假设分为 k 个区间，再计算样本落在各区间中的频数 $f_i, i=1,2,\cdots,k$。对于要拟合的分布 $F_0(x)$，也根据区间划分计算在每个区间取值的概率，然后就可用前面离散情形的方法进行卡方检验。

（二）Kolmogorov-Smirnov 检验

Kolmogorov-Smirnov 检验是一种非常著名的分布检验方法，在大多数情况下效果要好于卡方检验。

设给定一组样本 $x_1, x_2, \cdots, x_n$，将它们按照从小到大排列，假设排列后的顺序为：$x_{(1)} < x_{(2)} < \cdots < x_{(n)}$，然后我们作出如下的经验分布函数（EDF，Empirical Distribution Function）

$$F_n(x) = \begin{cases} 0, & x < x_{(1)} \\ i/n, & x_{(i)} \leqslant x < x_{(i+1)} \\ 1, & x \geqslant x_{(n)} \end{cases}$$

从基于样本的经验分布函数 $F_n(x)$ 和给定的分布 $F_0(x)$ 出发，我们可以建立如下的统计量。

$$D = \sup_x | F_n(x) - F_0(x) |$$

称为 Kolmogorov-Smirnov 统计量，它反映了 $F_n(x)$ 和 $F_0(x)$ 的最大差距。当样本量较小时，可以直接根据 D 统计量的分布来计算对应概率 P 值；当样本量较大时，可由 Kolmogorov 分布近似计算 D 统计量取值的概率 P 值。

通过计算 D 统计量对应的 P 值，并与显著性水平 α 比较，可得出检验结论：如果 P 值小于 α，则拒绝原假设，即认为样本对应总体的分布与给定的分布存在显著差异；如果 P 值大于 α，则不能拒绝原假设，认为样本对应总体的分布与给定的分布不存在显著差异。

此外，Kolmogorov-Smirnov 检验也可以用来检验两个独立样本的分布是否相同。此时，对应的 D 统计量中使用这两个样本的经验分布函数，即

$$D = \sup_x | F_n(x) - G_n(x) |$$

其中，$F_n(x)$、$G_n(x)$ 分别为两组样本各自对应的经验分布函数。

（三）Cramer-von Mises 检验

同 Kolmogorov-Smirnov 检验类似，Cramer-von Mises 检验也是基于样本的经验分布和给定分布的比较，其检验统计量为：

$$W^2 = n \int_{-\infty}^{+\infty} [F_n(x) - F_0(x)]^2 dF_0(x)$$

对于离散分布的情形，上述积分则对应于求和。

此外，Cramer-von Mises 检验也可用于两个独立样本分布的检验，只需在对应的 W^2 统计量中将分布函数替换为两个样本的经验分布函数。

（四）Anderson-Darling 检验

Anderson-Darling 检验是 Cramer-von Mises 检验的一种推广变形，其检验统计量为：

$$A^2 = n \int_{-\infty}^{+\infty} [F_n(x) - F_0(x)]^2 \varphi(x) \mathrm{d}F_0(x)$$

其中,$\varphi(x)$为权重函数,一般取为

$$\varphi(x) = \frac{1}{F_0(x)[1-F_0(x)]}$$

若取 $\varphi(x) = 1$,则为 Cramer-von Mises 检验。

对于离散分布的情形,上述积分仍对应于求和。此外,Anderson-Darling 检验也可用于两个独立样本分布的检验。

(五) Kuiper 检验

Kuiper 检验也是由 Kolmogorov-Smirnov 检验变化而来,其检验统计量为:

$$K = \sup_x |F_n(x) - F_0(x)| - \inf_x |F_n(x) - F_0(x)|$$

Kuiper 检验也可用于两个独立样本分布的检验。

二、分布检验的 SAS 实例应用

SAS 系统中 NPAR1WAY 过程提供了基于经验分布函数的非参数检验的功能。根据本章第三节中的 NPAR1WAY 过程介绍,在 PROC 语句中使用 EDF 选项,则规定对两个样本的经验分布函数进行比较,包括 Kolmogorov-Smirnov 检验、Cramer-von Mises 检验和 Kuiper 检验。

通过 NPAR1WAY 过程,实现对两个独立样本进行分布检验的基本语句为:

```
PROC NPAR1WAY DATA= 数据集名 EDF;
   CLASS 分组变量;
   VAR 变量名;
RUN;
```

详细的语句介绍及其他选项说明,可参见本章第三节。

【例 12.5】 为了对两种型号汽油的粘度进行比较,现从两种型号中各抽取了 15 个样本做检测,得到的检测数据见表 12-9。试从数据分布的角度比较这两种汽油的粘度有无显著差异?($\alpha = 0.10$)

表 12-9 两种型号汽油的粘度

型号	粘度
A	54 28 58 41 53 34 33 38 26 46 23 49 18 55 61
B	42 36 39 41 34 34 42 44 34 40 44 41 32 39 42

我们通过 NPAR1WAY 过程提供的分布检验来对这两种汽油的粘度进行比较,编写 SAS 程序如下:

```
data ex12_5;
  do type= 'a' 'b';
    do j= 1 to 15;
      input x @@;
      output;
    end;
  end;
drop j;
cards;
54 28 58 41 53 34 33 38 26 46 23 49 18 55 61
42 36 39 41 34 34 42 44 34 40 44 41 32 39 42
;
proc npar1way wilcoxon median edf;
  class type;
  var x;
run;
```

在数据集 EX12_5 中，变量 type 为字符型，记录汽油的型号；变量 x 记录汽油的粘度。在 NPAR1WAY 过程中，选项 EDF 表示对两个样本的经验分布函数进行检验。选项 WILCOXON 和 MEDIAN 表示还要进行关于位置的 Wilcoxon 秩和检验和中位数检验。

执行上述程序所得的输出结果首先包括 Wilcoxon 秩和检验与中位数检验输出的结果，如图 12-9 和图 12-10 所示。

```
                    The NPAR1WAY Procedure

            Wilcoxon Scores (Rank Sums) for Variable X
                    Classified by Variable TYPE

                    Sum of      Expected     Std Dev        Mean
    TYPE    N       Scores      Under H0     Under H0       Score
    1       15      242.50      232.50       24.055432      16.166667
    2       15      222.50      232.50       24.055432      14.833333

              Average scores were used for ties.

                    Wilcoxon Two-Sample Test

                    Statistic           242.5000

                    Normal Approximation
                    Z                          0.3949
                    One-Sided Pr >  Z          0.3465
                    Two-Sided Pr > |Z|         0.6929

                    t Approximation
                    One-Sided Pr >  Z          0.3479
                    Two-Sided Pr > |Z|         0.6958

              Z includes a continuity correction of 0.5.
```

图 12-9　例 12.5 的 Wilcoxon 秩和检验的结果

```
                The NPAR1WAY Procedure
      Median Scores (Number of Points Above Median) for Variable X
                     Classified by Variable TYPE

                Sum of      Expected      Std Dev       Mean
    TYPE    N   Scores      Under H0      Under H0      Score
    1      15    8.0          7.50        1.392715    0.533333
    2      15    7.0          7.50        1.392715    0.466667

               Average scores were used for ties.

                     Median Two-Sample Test
                Statistic              8.0000
                Z                      0.3590
                One-Sided Pr >  Z      0.3598
                Two-Sided Pr > |Z|     0.7196
```

图 12-10　例 12.5 的中位数检验的结果

由图 12-9、图 12-10 可以看出，采用正态分布近似的 Wilcoxon 秩和检验的双侧检验概率 P 值为 0.6929，采用 t 分布近似的检验 P 值为 0.6958，均大于显著性水平 $\alpha=0.10$，因此不能拒绝原假设。中位数检验的 P 值为 0.7196，也大于 $\alpha=0.10$，同样不能拒绝原假设。从这两个关于位置的检验出发，我们得出的结论是，这两种汽油的粘度不存在显著差异。

之所以得到上面的结论，是因为这两组数据的中位数差不多。A 汽油粘度数据的中位数为 41，B 汽油粘度数据的中位数为 40。而 Wilcoxon 秩和检验与中位数检验都是对位置中位数的检验，所以无法对这两组数据作出区分。而数据本身可以看出，这两组数据的差异还是存在的。A 汽油的粘度变化范围较大，而 B 汽油的粘度相对比较稳定。

我们进一步借助分布检验来对数据进行分析，查看输出窗口中的关于经验分布函数检验的结果，如图 12-11 和图 12-12 所示。

```
           The NPAR1WAY Procedure
      Kolmogorov-Smirnov Test for Variable X
           Classified by Variable TYPE

                EDF at       Deviation from Mean
   TYPE    N    Maximum       at Maximum
   1      15    0.533333      -0.903696
   2      15    1.000000       0.903696
   Total  30    0.766667

   Maximum Deviation Occurred at Observation 23
              Value of X at Maximum = 44.0

   Kolmogorov-Smirnov Two-Sample Test (Asymptotic)
       KS  0.233333      D         0.466667
       KSa 1.278019      Pr > KSa  0.0763
```

```
       Kuiper Test for Variable X
       Classified by Variable TYPE

                         Deviation
     TYPE      N         from Mean
     1        15         0.266667
     2        15         0.466667

   Kuiper Two-Sample Test (Asymptotic)
   K 0.733333   Ka 2.008316   Pr > Ka  0.0095
```

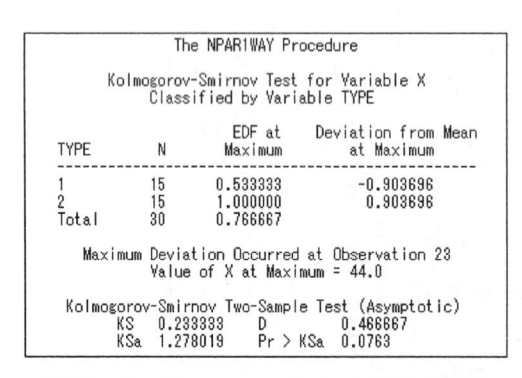

图 12-11　Kolmogorov-Smimov 检验的结果　　图 12-12　Kuiper 检验的结果

图 12-11 为 Kolmogorov-Smimov 检验的结果。其中在第二部分 Kolmogorov-Smimov Two-Sample Test，给出了 D 统计量为 0.466667，P 值为 0.0763 $<\alpha=0.10$，因此拒绝原假设，认为两个样本的经验分布函数存在显著差异。

图 12-12 为 Kuiper 检验的结果。在第二部分 Kuiper Two-Sample Test 中，计算出了 K 统计量为 0.733333，检验的 P 值为 0.0095 $<\alpha=0.10$，因此也拒绝了原假设。

这样，我们由上面的分布检验可以得出结论：从数据分布的角度看，两种汽油的粘度存在显著差异。

第七节 非参数统计分析的界面操作

本节主要介绍如何利用 SAS 的【分析家】模块实现非参数统计分析。下面通过具体演示实现对本章中例 12.1 和例 12.2 数据的非参数分析的界面操作介绍。我们在实际使用中可自行选择适宜方法进行非参数统计分析。

【例 12.6】 利用【分析家】模块对本章的例 12.1 进行单个样本的非参数检验。

由于【分析家】模块中单样本非参数统计分析只能够对位置为 0 情形进行处理，故分析前应首先对分析变量进行处理。例如对例 12.1，引入变量"life0＝life－1 000；"，再对 life0 进行单样本非参数检验即可。

变量处理可利用数据文件 EX12_1 由下列 SAS 程序提交运行得到。

```
data ex12_6;
  set  ex12_1;
  life0= life- 1000;
run;
```

（1）启动【分析家】模块，打开包含变量 life0 的 SAS 数据文件 EX12_6。

（2）单击菜单【统计】→【描述性统计】→【分布】命令，在【Distributions】对话框中将变量 LIFE0 选入 Analysis 下方的区域，如图 12-13 所示。

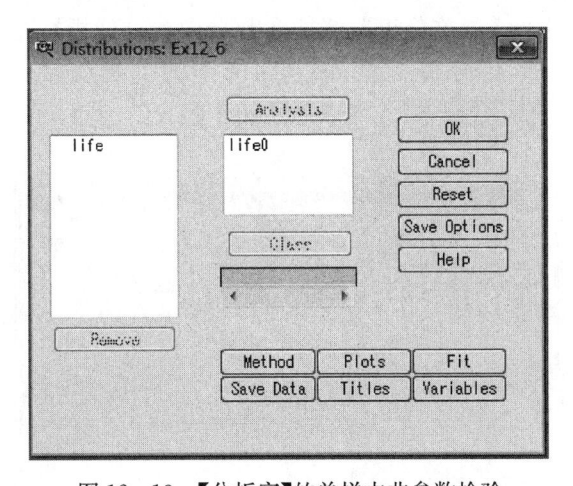

图 12-13 【分析家】的单样本非参数检验

（3）单击【Distributions】对话框中的 Fit ，在弹出的【Fit distributions】区域内设置 Normal 分布选项，如图 12-14 所示。

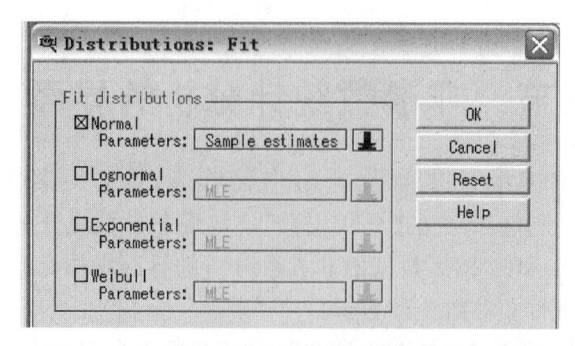

图 12-14 【分析家】单样本非参数检验算法设置

(4) 单击【Distributions：Fit】对话框和【Distributions】对话框的两个 OK，将生成单个样本的正态分布结果和符号检验的结果，如图 12-15。该输出结果同本章例 12.1 的输出结果(图 12-2)是一致的，这里不详细叙述。

图 12-15 例 12.6 的检验输出结果

【例 12.7】 利用【分析家】模块对例 12.2 进行两个独立样本的非参数检验。

(1) 启动【分析家】模块，打开本章例 12.2 中的 SAS 数据文件 EX12_2。

(2) 单击菜单【统计】→【方差分析】→【非参数单向方差分析】，在【Nonparametric One-Way ANOVA】对话框中，将分析变量 days 和样本的分类变量 type 分别选入因变量 Dependent 和自变量 Independent 的下方区域，如图 12-16 所示。

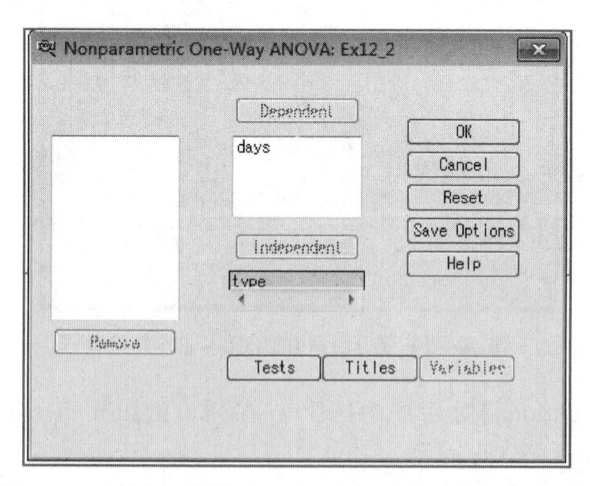

图 12-16 【分析家】模块两独立样本非参数检验变量选择

(3) 单击【Nonparametric One-Way ANOVA】对话框中的 Tests，在弹出的非参数检验

算法设置窗口中,可以设置的检验方法包括两样本 Wilcoxon 检验、Median 检验、Van der Waerden 检验、Savage 检验。本例中选择 Wilcoxon 检验、Median 检验、Van der Waerden 检验,单击 OK 。如图 12-17 所示。

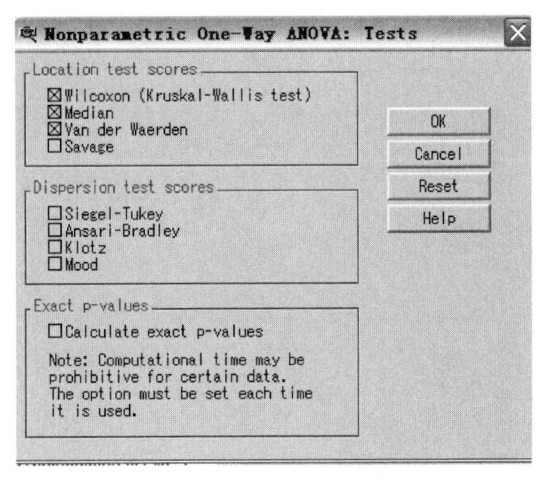

图 12-17 【分析家】两样本非参数检验法设置

(4) 单击 OK ,将生成相应的非参数检验结果。结果同本章例 12.2 的输出结果。

（江　波）

Chapter 13 相关分析

第一节　相关分析的基本原理
　　一、散点图与线性相关
　　二、相关分析的基本原理
　　三、不同类型常用的相关系数指标
　　四、偏相关分析的基本原理
　　五、相关分析有关注意事项
第二节　相关分析的SAS过程
　　一、CORR相关分析过程
　　二、相关分析的SAS实例应用
第三节　典型相关分析
　　一、典型相关分析概论
　　二、CANCORR典型相关过程
　　三、典型相关分析的SAS实例应用
第四节　相关分析的界面操作
　　一、INSIGHT模块进行相关分析
　　二、【分析家】模块进行相关分析

在医药研究中我们常常要分析变量间的关系,如新生儿年龄与体重、血药浓度与时间的关系等。变量之间的关系一般可分为确定性的和非确定性的两大类。

确定性关系就是可以用函数来表示的变量间关系。例如,圆周长 L 与直径 D 之间一一对应的确定性关系即可由其函数关系式:$L=\pi D$ 给出。确定性关系的特点是:当其中一个变量在允许值范围内取一数值时,另一变量有完全确定的数值与它相对应。

但现实中更常见的变量间关系往往表现出某种不确定性,例如,人的血压 Y 与年龄 X 之间的关系。一般说来,年龄愈大的人,血压愈高,表明两者之间确实存在着某种关系,但显然不是函数关系,因为相同年龄的人血压可以不同;而血压相同的人其年龄也不尽相同。此时,当一个变量 X(如年龄)取某一确定值时,与之相对应的另一个变量 Y(如血压)是一个随机变量,其值不确定,但仍按某种规律在一定范围内变化。我们称这种既有关联又不存在确定性的关系为相关关系(correlation)。显然,相关关系不能用精确的函数关系式来表示,但具有一定的统计规律。相关的概念是 19 世纪后期,英国弗朗西斯·高尔顿爵士在研究遗传的生物与心理特性时提出的。

第一节 相关分析的基本原理

在数据处理中,一般将描述和分析两个或两个以上变量之间相关关系的性质及其相关程度的过程,称为相关分析。相关分析的目的主要是力求通过具体的数量描述,呈现研究变量之间相互关系的密切程度及其变化规律,探求相互关系的研究模式,以利于统计、预测和推断,为做出正确决策提供参考依据。

一、散点图与线性相关

绘制散点图是相关分析过程中极为常用且非常直观的分析方式。它将数据以点的形式画在直角平面上。通过观察散点图能够直观地发现变量间的相关关系以及它们的强弱程度和数据对的可能走向,从而对两个变量间的相关关系做初步的定性分析。

假定对两个总体 X 和 Y 进行观测,得到一组数据$(x_1, y_1),(x_2, y_2),\cdots,(x_n,y_n)$,现以直角坐标系的横轴代表变量 X,纵轴代表变量 Y,将这些数据作为点的坐标描绘在直角坐标系中,所得的图称为散点图(scatter plot)。当散点图中的点形成直线趋势时,表明变量 X 与 Y 之间存在一定的线性关系,则称 X 与 Y 线性相关,否则称为非线性相关或者不相关。图 13-1 是常见的几种散点图以及反映出的相关关系的强弱程度(见图 13-1)。

在图 13-1(1)、(3)中,从总体上看随 X 增大 Y 呈直线上升的趋势,而(1)较(3)更明显,两者均属正线性相关。而图(2)、(4)中的散点呈直线下降趋势,均属负线性相关。另外图(5)、(6)反映的却是与线性相关完全不同的情形,属非线性相关。图(5)中,X 和 Y 的散点分布完全不规则,属不相关。而图(6)中,X 与 Y 之间存在某种曲线联系,属曲线相关。注意,本章所说的相关是指线性相关,实际问题中,当 X 与 Y 不相关(非线性相关)时,应进一步核实是指(5)的完全不相关情形还是(6)的非线性相关情形。

图 13-1　散点图与线性相关

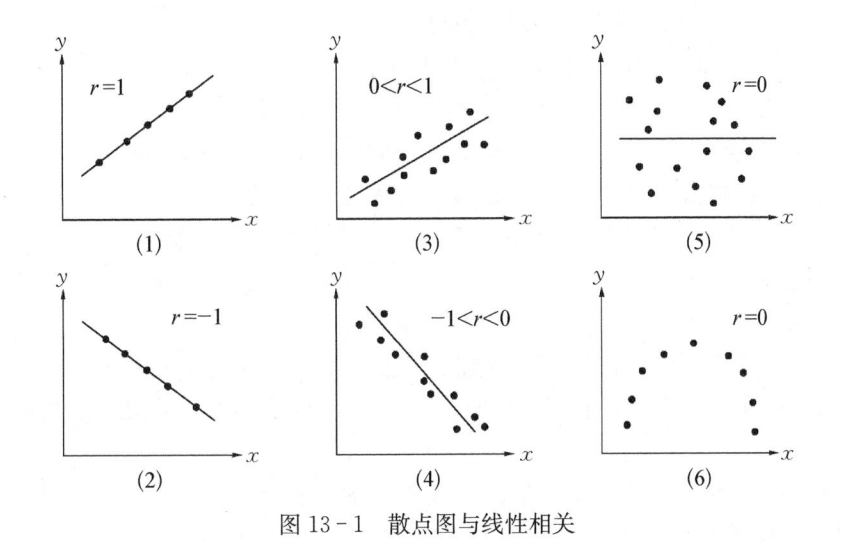

二、相关分析的基本原理

在相关分析中,用来度量随机变量 X 与 Y 之间线性相关关系密切程度的统计指标是相关系数。利用相关系数进行变量间线性相关关系的分析通常需要完成以下两大步骤:

第一,计算样本相关系数。

利用样本数据计算样本相关系数。样本相关系数反映了两变量间线性相关程度的强弱,对不同类型变量应采用不同的相关系数指标,但其取值范围和含义都是相同的,r 的取值范围为 $|r|\leqslant 1$,即 $-1\leqslant r\leqslant 1$。如前面图 13-1 所示,$|r|$ 的值越大,越接近于 1,总体变量 X 与 Y 之间线性相关程度就越高;反之,$|r|$ 的值越小,越接近于 0,表明总体变量 X 与 Y 之间线性相关程度就越低。具体地,我们有

(1) $|r|=1$,称变量 X 与 Y 完全线性相关(complete linear correlation),此时,散点图中所有对应的点在同一条直线上(见图 13-1(1),(2))。

(2) $0<|r|<1$,表示变量 X 与 Y 间存在一定的线性相关关系。若 $r>0$,表示 X 增大时 Y 有增大的趋势,称变量 X 与 Y 正相关(positive correlation)(见图 13-1(3));如 $r<0$,表示 X 增大时 Y 有减小的趋势,称变量 X 与 Y 负相关(negative correlation)(见图 13-1(4))。

(3) $r=0$,称 X 与 Y 不相关(non-correlation),表示变量 X 与 Y 之间不存在线性相关关系。通常情况下,散点的分布是完全不规则的,如图 13-1(5)。注意,$r=0$ 只表示变量之间无线性相关关系,而不能说明变量之间是否有非线性关系,如图 13-1(6)。

第二,对样本来自的两总体是否存在显著线性相关关系进行检验推断。

由于抽样的随机性和样本量可能较小等,通常样本相关系数不能直接用来说明样本来自的两总体是否具有显著的线性相关性,而需要通过假设检验的方式对样本来自的总体是否存在显著的线性相关进行统计推断。基本步骤是:

(1) 提出零假设,即两总体不存在显著的线性相关性。

(2) 选择检验统计量。对不同类型的变量应采用不同的相关系数,对应也应采用不同的检验统计量。具体内容见后面讨论。

(3) 计算检验统计量的观测值和对应的概率 P 值。

(4) 统计判断。如果检验统计量的概率 P 值小于给定的显著性水平 α，应拒绝零假设，认为两总体间存在显著的线性相关性；反之，如果检验统计量的概率 P 值大于给定的显著性水平 α，则不能拒绝零假设，可以认为两总体不存在显著的线性相关性。

在使用相关系数时，应该注意下面几个问题。

(1) 相关分析之前一般要做散点图以观察可能的线性趋势以及数据分布条件，从而选择恰当的统计量。

(2) 相关系数受变量取值区间大小及样本数目多少的影响比较大。一般来说，如果变量取值区间小，样本所含数目较少，受抽样误差的影响较大，就有可能对本来无关的两种现象，计算出较大的相关系数，得出错误的结论。因此，一般计算相关的成对数据的数目不应少于 30 对。

(3) 来自不同群体且不同质的事物的相关系数不能进行比较。

(4) 对于不同类型的变量数据，计算相关系数的方法也不相同。

三、不同类型常用的相关系数指标

对不同类型的变量应采用不同的相关系数来度量，常用相关系数有 Pearson 相关系数、Spearman 相关系数和 Kendall τ 相关系数等。

（一）Pearson 相关系数

Pearson 相关系数用来度量两数值型变量间的线性相关性。其定义为

$$r = \frac{\sum_{i=1}^{n}(x_i - \overline{x})(y_i - \overline{y})}{\sqrt{\sum_{i=1}^{n}(x_i - \overline{x})^2 \sum_{i=1}^{n}(y_i - \overline{y})^2}}$$

其中，n 为样本数，x_i 和 y_i 分别为两变量的变量值。由此可进一步得知 Pearson 相关系数还可以表示为

$$r = \frac{1}{n}\sum_{i=1}^{n}\left(\frac{x_i - \overline{x}}{S_x}\right)\left(\frac{y_i - \overline{y}}{S_y}\right)$$

该式说明，Pearson 相关系数是 n 个 x_i 和 y_i 分别标准化后的积的平均数。于是可知 Pearson 相关系数是无量纲的，对 x 和 y 作线性变换后可能会改变它们之间相关系数的符号（相关的方向），但不会改变相关系数的值。相关系数能够用于度量两变量之间的线性关系，但它并不是度量非线性关系的有效工具。即 Pearson 相关系数适用于线性相关的情形，对于曲线相关等更为复杂的情形，系数的大小并不能代表其相关性的强弱。

Pearson 相关系数的显著性检验的统计量是服从自由度为 $n-2$ 的 t 分布的 t 统计量：

$$t = \frac{r\sqrt{n-2}}{\sqrt{1-r^2}}$$

(二) Spearman 相关系数

Spearman 相关系数(又称等级相关系数)用来度量定序(等级)变量间的线性相关关系。它是利用两变量的秩次(rank)大小作线性相关分析,适用条件为

(1) 两个变量的变量值是以等级次序(秩次)表示的数据资料;

(2) 一个变量的变量值是等级(定序)数据,另一个变量的变量值是等距或比率数据,且其两总体不要求是正态分布,样本容量 n 不一定大于 30。

显然,Spearman 相关系数的应用范围要比 Pearson 相关系数广泛,即使服从 Pearson 相关系数条件的数据也可计算 Spearman 相关系数,但统计效能比 Pearson 相关系数要低些。Spearman 相关系数的突出优点是对数据的总体分布、样本大小都可以不作要求,缺点是计算精度不高。

Spearman 相关系数常用符号 r_R 表示,其设计思想与 Pearson 相关系数完全相同,计算公式可以完全套用 Pearson 相关系数的计算公式,公式中的 (x_i, y_i) 用它们的秩次 (u_i, v_i) 代替即可。即 Spearman 相关系数的基本公式为

$$r_R = \frac{\sum_{i=1}^{n}(u_i - \overline{u})(v_i - \overline{v})}{\sqrt{\sum_{i=1}^{n}(u_i - \overline{u})^2 \sum_{i=1}^{n}(v_i - \overline{v})^2}}$$

其中的 u_i 和 v_i 的取值范围被限制在 1 至 n 之间,n 是变量值的对数。该公式还可简化为

$$r_R = 1 - \frac{6\sum_{i=1}^{n}(u_i - v_i)^2}{n(n^2 - 1)}$$

在小样本时,在零假设成立时 Spearman 等级相关系数服从 Spearman 分布;在大样本下,Spearman 等级相关系数的检验统计量为近似服从标准正态分布的 Z 统计量:

$$Z = r\sqrt{n - 1}$$

(三) Kendall τ 相关系数

Kendall τ 相关系数用于反映分类变量相关性的指标,适用于两个变量均为有序分类的情形,这种指标采用非参数检验方法测度变量间的相关关系。所谓有序的等级变量数据资料的相关性或一致性高,就是指行变量等级高的列变量等级也高,行变量等级低的列变量等级也低。如果行变量等级高而列变量等级低,则被称为不一致。当按此两变量取值列出交叉列联表时,利用变量的秩计算其一致对子数 P 和不一致对子数 Q,一致对子数就是指行变量等级高的列变量等级也高,反之亦然。

显然,如果两变量具有较强的正相关性,则一致对子数 P 应较大,不一致对子数 Q 应较小;如果两变量具有较强的负相关性,则一致对子数 P 应较小,不一致对子数 Q 应较大;如果两变量的相关性较弱,则一致对子数 P 和不一致对子数 Q 应大致相当,Kendall τ 相关正是要对此进行检验。Kendallt 统计量的定义为

$$\tau = \frac{P-Q}{n(n-1)/2}$$

在小样本下,Kendall τ 统计量服从 Kendall 分布。在大样本下采用近似服从标准正态分布的 Z 检验统计量:

$$Z = \tau\sqrt{\frac{9n(n-1)}{2n(2n+5)}}$$

在用相关分析的方法解决实际问题时,应根据实际问题的类型和分析要求,选择恰当的相关分析过程和算法。

四、偏相关分析的基本原理

简单相关分析用于计算两个变量之间的相互关系,分析两个变量间线性关系的程度。但是现实中,事物之间的联系可能存在于多个主体之间,往往因为第三个变量的作用使得相关系数不能真实地反映两个变量间的线性相关程度。

因此,在这种情况下,单纯利用相关系数来评价变量间的相关性显然是不准确的,而需要在剔除其他相关因素影响的条件下计算变量间的相关。偏相关分析也称净相关分析,它在控制其他变量的线性影响的条件下分析两变量间的线性相关,所采用的工具是偏相关系数(净相关系数)。当控制变量个数为一个时,偏相关系数称为一阶偏相关;当控制变量个数为两个时,偏相关系数称为二阶偏相关。

利用偏相关系数进行变量间净关系分析通常需要完成以下两大步骤:

第一,计算样本的偏相关系数。

利用样本数据计算样本的偏相关系数,它反映了两变量间净相关程度的强弱。偏相关系数在计算时可以首先分别计算三个因素变量之间的相关系数,然后通过这三个简单相关系数来计算偏相关系数。

在分析变量 x_1 和 y 之间的净相关时,当控制了 x_2 的线性作用后,x_1 和 y 之间的一阶偏相关系数定义为

$$r_{y1,2} = \frac{r_{y1} - r_{y1}r_{12}}{\sqrt{(1-r_{y2}^2)(1-r_{12}^2)}}$$

其中,r_{y1}、r_{y2}、r_{12} 分别表示 y 和 x_1 的相关系数、y 和 x_2 的相关系数、x_1 和 x_2 的相关系数。偏相关系数的取值范围及大小、含义与相关系数相同。

第二,对样本来自的两总体是否存在显著的净相关进行检验推断。

净相关显著性检验的基本步骤是:

(1) 提出零假设 H_0:两总体的偏相关系数为 0,即偏相关性不显著。

(2) 选择偏相关分析的 t 检验统计量:

$$t = r\sqrt{\frac{n-q-2}{1-r^2}}$$

其中 r 为偏相关系数,n 为样本数,q 为偏相关阶数。该 t 统计量服从自由度为 $n-q-2$ 的 t

分布。

（3）计算检验统计量的观测值和对应的概率 P 值。

（4）统计判断。如果概率 P 值小于给定的显著性水平 α，应拒绝零假设，认为两总体的偏相关系数与 0 有显著差异，偏相关性显著；反之，如果概率 P 值大于给定的显著性水平 α，则不拒绝零假设，可以认为两总体的偏相关系数与 0 无显著差异，偏相关性不显著。

五、相关分析有关注意事项

在利用 SAS 过程进行相关分析时应注意以下有关事项：

（1）分析两个随机变量 Y 与 X 之间的 PEARSON 简单相关分析，可用 CORR 过程，它要求分析变量都服从正态分布。

（2）当变量不服从正态分布或为等级数据时，例如按等级分类或相对数资料，这时需用非参数相关分析方法，如等级相关（又称秩相关）分析法等，采用 SPEARMAN 或 KENDALL 等级相关分析。

（3）在对一个随机变量 Y 与一组随机变量之间进行多重相关分析（又称复相关分析）时，应该使用 CANCORR 过程，它要求多个自变量服从多元正态分布。

（4）两组随机变量之间的典型相关分析，应使用 CANCORR 过程，它要求在两组变量中至少有一组变量服从多元正态分布。CANCORR 构造的第一对典型变量 $(v1,w1)$ 的相关系数最大，在对 CANCORR 的输出做专业解释时，应以第一对典型变量的相关系数 r_1 为主，并从构成第一对典型变量 $(v1,w1)$ 的线性表达式系数中，了解各个原变量对两组变量相关性的影响。

（5）上列相关分析都可以进行控制一些变量的偏相关分析。偏相关分析描述的是当控制了一个或几个另外的变量的影响条件下两个变量间的相关性，如控制年龄和工作经验的影响，估计工资收入与受教育水平之间的相关关系。

第二节　相关分析的 SAS 过程

一、CORR 相关分析过程

相关分析的 CORR 过程在 SAS 系统内提供了专门用于相关分析的过程，该过程可以进行相关分析和偏相关分析，计算变量间的相关系数，例如 Pearson 相关系数、Spearman 秩相关系数、Kendall's Tau-b 统计量、Hoeffding's 独立性分析统计量 D，以及 Kendall 偏相关系数。

CORR 过程的基本语句格式为：

SAS程序格式	意 义
PROC CORR [选项];	对"DATA="指定或最新的数据集进行相关分析过程
VAR 变量列表;	指定需要进行相关分析的数值型变量
WITH 变量;	与VAR语句配对使用指定变量,与VAR变量依次成对搭配进行相关分析
PARTIAL 变量;	指定需要计算偏相关系数的控制变量
BY 变量;	指定相关分析的分组变量,原数据集需按BY变量排序
FREQ 变量;	指定作为观测的频数变量
WEIGHT 变量;	指定作为观测的权重变量
RUN;	向SAS系统提交过程步中的语句

PROC CORR 语句为 CORR 过程必需的,用于指定进行分析的过程为相关分析 CORR 过程,其后可跟的选项说明如表 13-1 所示。

表 13-1 PROC CORR 语句的选项说明

选 项	意 义
DATA=数据集名	指定相关分析的数据集
OUTH=数据集名	产生含 Hoeffding's D 统计量的输出数据集,需与 HOEFFDING 选项共用
OUTK=数据集名	产生含 Kendel 统计量的输出数据集,需与 KENDEL 选项共用
OUTP=数据集名	产生含 Pearson 统计量输出数据集,需与 PEARSON 选项共用
OUTS=数据集名	产生含 Spearman 统计量输出数据集,需与 SPEARMAN 选项共用
PEARSON	计算 Pearson 相关系数,默认情况下 CORR 过程计算该相关系数
SPEARMAN	计算 Spearman 相关系数
KENDEL	计算 Kendel 统计量
HOEFFDING	计算 Hoeffding's D 统计量
NOMISS	删除含有缺失值的观测,不进行相关分析
NOPRINT	在结果输出窗口不打印出结果
ALPHA	计算并输出 CRONBACH 系数 α
BEST=N	对每个变量输出绝对值最大的 N 个相关系数
COV	计算并输出协方差矩阵
RANK	将相关系数按绝对值从大到小的顺序输出
NOCORR	禁止 PEARSON 相关系数的计算和输出

VAR 语句用于指定需要进行相关分析的变量,必须为数值型变量,CORR 过程会对 VAR 语句后的任意两个变量进行相关分析。如果省略该语句,系统将对当前数据集内的所有其他语句未使用的数值型变量进行两两相关分析。

WITH 语句必须与 VAR 语句配对使用,如果使用 WITH 语句,则 VAR 语句后的变量不再两两进行相关分析,而是对 WITH 指定的每一个变量与 VAR 语句后的每一个变量进行相关分析。

二、相关分析的 SAS 实例应用

下面我们结合实例介绍相关分析的 SAS 应用。

【例 13.1】(简单相关分析) 某医生用 TCMI 型皮肤氧测定仪,测定 10 名健康成年男子的经皮肤测定动脉氧分压 $TcPO_2$(mmHg),同时用 BMS_2MK_2 型血氧分析仪取动脉血测定

氧分压 PaO_2(mmHg)结果如下：

表 13-2　经皮肤测定动脉氧分压与动脉取血测定氧分压数据

$TcPO_2$	77	78	79	80	81	82	83	84	76	79
PaO_2	87	90	89	90	91	89	91	92	86	88

若已知这两种测定的氧分压均服从正态分布，试求两种仪器所测数据间是否显著相关。程序如下：

```
data ex13_1;
  input x y @@;
cards;
77 87 78 90 79 89 80 90 81 91
82 89 83 91 84 92 76 86 79 88
;
proc corr;
run;
```

运行结果见图 13-2。

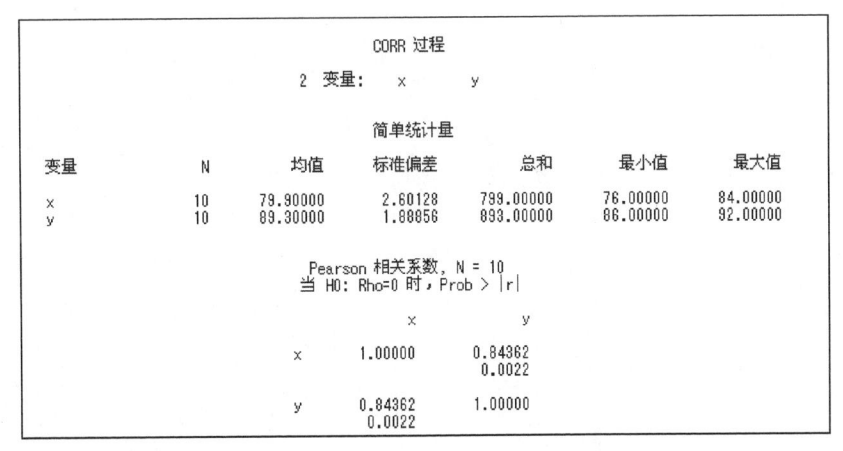

```
                    CORR 过程
                  2 变量：   x      y

                      简单统计量
变量    N     均值    标准偏差     总和     最小值    最大值
x      10   79.90000   2.60128   799.00000  76.00000  84.00000
y      10   89.30000   1.88856   893.00000  86.00000  92.00000

           Pearson 相关系数，N = 10
           当 H0: Rho=0 时，Prob > |r|
                      x           y
         x       1.00000     0.84362
                             0.0022
         y       0.84362     1.00000
                 0.0022
```

图 13-2　两种仪器所测氧分压的相关分析

输出结果可分为两部分：

第一部分为简单统计量，包括各变量的频数（N）、均值（Mean）、标准差（Std Dev）、总和（Sum）、最小值（Minimum）及最大值（Maximum）。

第二部分为 Pearson 相关系数矩阵。上一行为 Pearson 相关系数，相关系数 $r = 0.84362$；下一行为 P 值，是当 H_0:Rho=0 时，Prob>|r|，即检验"相关系数 Rho 为 0"时的显著性概率。此处 P 值为 0.002 2，小于 0.05，拒绝 H_0，由此可以认为，经皮肤测定动脉氧分压与动脉取血测定氧分压之间是显著相关的。

【例 13.2】（偏相关分析）　为研究肺活量与有关身体指标的关系，测得 10 名女中学生体重 x_1(kg)、胸围 x_2(cm)、呼吸差 x_3(cm)及肺活量 y(ml)。数据见表 13-3。

表 13-3 10 名女中学生体重、胸围、呼吸差及肺活量

体重 x_1	胸围 x_2	呼吸差 x_3	肺活量 y
35	60	0.7	1 600
40	74	2.5	2 600
40	64	2.0	2 100
42	71	3.0	2 650
37	72	1.1	2 400
45	68	1.5	2 200
43	78	4.3	2 750
37	66	2.0	1 600
44	70	3.2	2 750
42	65	3.0	2 500

若已知这些身体指标变量均服从正态公布,试对这些身体指标变量进行两两变量之间的相关分析,再考察当变量体重 x_1 固定时,其他变量之间的偏相关分析。

根据题意,编写如下 SAS 程序:

```
data ex13_2;
  input x1- x3 y @@;
datalines;
35 60 0.7 1600  40 74 2.5 2600  42 71 3.0 2650
40 64 2.0 2100  37 72 1.1 2400  45 68 1.5 2200
43 78 4.3 2750  37 66 2.0 1600  42 65 3.0 2500
44 70 3.2 2750
;
proc corr nosimple;
run;
```

SAS 程序运行结果见下页图 13-3。

图 13-3 给出了体重 x_1、胸围 x_2、呼吸差 x_3 及肺活量 y 两两变量之间的 Pearson 相关系数矩阵,并在每个 Pearson 相关系数下方给出总体相关系数为零时假设检验的概率 P 值。

例如,表中体重 x_1 与胸围 x_2 间的 Pearson 相关系数为 0.431 95,检验的概率 P 值为 0.212 5,大于显著性水平 0.05,故拒绝零假设 H_0,认为两总体变量的相关性不显著。同样,胸围 x_2 与呼吸差 x_3 间的 Pearson 相关系数为 0.629 27,检验概率 P 值=0.051 3>0.05,故认为这两总体变量的相关性不显著。而其他两两变量间的各 Pearson 相关系数在 0.640 93~0.761 65,均为正相关;且相关系数检验的概率 P 值都<0.05,表明这些变量两两间的相关性显著,即肺活量 y 与体重 x_1、胸围 x_2、呼吸差 x_3,体重 x_1 与呼吸差 x_3 间均具有显著的线性相关关系。

```
            CORR 过程
    4 变量:   x1    x2    x3    y

          Pearson 相关系数, N = 10
           当 H0: Rho=0 时, Prob > |r|
                x1        x2        x3        y
    x1      1.00000   0.43195   0.64093   0.69454
                      0.2125    0.0458    0.0258
    x2      0.43195   1.00000   0.62927   0.76165
            0.2125              0.0513    0.0105
    x3      0.64093   0.62927   1.00000   0.72882
            0.0458    0.0513              0.0168
    y       0.69454   0.76165   0.72882   1.00000
            0.0258    0.0105    0.0168
```

图 13-3　例 13.2 的中学生身体指标的相关分析

```
            CORR 过程
  1 Partial 变量:   x1
  3 变量:   x2   x3   y

         Pearson 偏相关系数, N = 10
       当 H0: Partial Rho=0 时, Prob > |r|
              x2        x3        y
   x2     1.00000   0.50906   0.71146
                    0.1616    0.0316
   x3     0.50906   1.00000   0.51366
          0.1616              0.1572
   y      0.71146   0.51366   1.00000
          0.0316    0.1572
```

图 13-4　例 13.2 的偏相关分析输出结果

当体重作为控制变量固定时,为考察胸围、呼吸差、肺活量之间的偏相关系数有何变化,可进行偏相关分析。继续运行下面程序:

```
proc corr nosimple;
    partial x1;
run;
```

程序运行结果见图 13-4。

图 13-4 给出了体重 x_1 作为控制变量固定时,胸围 x_2、呼吸差 x_3 与肺活量 y 之间的偏相关系数与偏相关显著性检验的概率 P 值。可见在体重相同的女学生中,肺活量 y 与胸围 x_2 之间 $r=0.71146$,P 值 $=0.0316<0.05$,偏相关性显著,说明两者相关程度较高;而肺活量 y 与呼吸差 x_3、胸围 x_2 与呼吸差 x_3 的偏相关显著性检验的 P 值分别为 0.1572、0.1616,均大于 0.05,表明它们之间的偏相关性不显著。

在研究多个变量中两两变量之间的相关性时,把两变量之外的其他变量作为固定的控制变量,所求得的偏相关系数更能真实地反映出两变量之间的相关程度。

等级相关(rank correlation)用于使用等级资料进行线性相关分析情形。

【例 13.3】(等级相关分析)　在肝癌病因研究中,某地调查了 10 个乡的肝癌死亡率(1/10 万)和某种食物中黄曲霉毒素相对含量的等级(最高为 10),数据见表 13-4。试对其进行等级相关分析。

表 13-4　肝癌死亡率与黄曲霉毒素相对含量

黄曲霉毒素相对含量	x 等级	肝癌死亡率(1/10 万)	y 等级
0.7	1	21.5	3
1.0	2	18.9	2
1.7	3	14.4	1
3.7	4	46.5	7
4.0	5	27.3	4
5.1	6	64.6	9

续表

黄曲霉毒素相对含量	x 等级	肝癌死亡率(1/10 万)	y 等级
5.5	7	46.3	6
5.7	8	34.2	5
5.9	9	77.6	10
10.0	10	55.1	8

程序如下：

```
data ex13_3;
   input x y @@;
cards;
0.7  21.5  1.0  18.9  1.7
14.4  3.7  46.5  4.0  27.3
5.1  64.6  5.5  46.3  5.7
34.2  5.9  77.6  10.0  55.1
;
proc corr nosimple spearman;
run;
```

程序运行结果见图 13-5。

```
            CORR 过程
   2 变量:   x      y

   Spearman 相关系数, N = 10
   当 H0: Rho=0 时, Prob > |r|

               x           y
   x       1.00000     0.74545
                       0.0133
   y       0.74545     1.00000
           0.0133
```

```
            CORR 过程
   2 变量:   x      y

   Spearman 相关系数, N = 10
   当 H0: Rho=0 时, Prob > |r|

                                           x           y
   x                                   1.00000     0.74545
   Values of x Were Replaced by Ranks              0.0133
   y                                   0.74545     1.00000
   Values of y Were Replaced by Ranks   0.0133
```

图 13-5 例 13.3 的相关分析结果　　　图 13-6 例 13.3 的秩次数据相关分析输出结果

本程序中直接使用了黄曲霉毒素相对含量和肝癌死亡率的原始数据，其实也可用对应的秩次(等级)数替换原始数据。只要在其 PROC CORR 语句前，加上 PROC RANK；就可将 X 和 Y 转换为秩次(等级)。程序运行结果见图 13-6。

变量的值被秩次(等级)替换，这说明了 Spearman 相关系数是按数据的秩次(rank)计算出来的。两种方法计算结果是完全相同的。

从结果可见，Spearman 相关系数 $r=0.74545$，P 值 $=0.0133<0.05$，表明等级相关性显著，即认为肝癌死亡率与食物中黄曲霉毒素相对含量有显著的正相关性。

第三节 典型相关分析

典型相关分析是研究两组变量之间关系的统计分析方法。本节将具体介绍典型相关分析的基本原理、步骤及其 SAS 实现过程。通过本节的学习,读者将掌握典型相关分析的基本操作。

一、典型相关分析概论

(一) 典型相关分析的基本思想

研究两组变量 $X=(X_1,\cdots,X_n)$ 与 $Y=(Y_1,\cdots,Y_m)$ 之间的相关性,是许多实际问题的需要。例如,研究体型 $X=(X_1\text{-身高},X_2\text{-体重},X_3\text{-上臂围},X_4\text{-胸围},X_5\text{-坐高})$ 与脉压 $Y=(Y_1\text{-脉率},Y_2\text{-收缩压},Y_3\text{-舒张压})$ 的关系;病人的各种临床症状与所患各种疾病之间的关系;原料的主要质量指标与其相应产品的主要质量指标之间的关系等。当 $n=m=1$ 时,就是两个变量之间的简单相关分析问题;当 $n>1,m=1$ 时,就是一个因变量与多个自变量之间的多元复相关分析问题;当 n、m 均大于 1 时,就是研究两组多变量之间的相关性,称为典型相关(canonical correlation)分析。

典型相关分析是应用降维思想的多元统计方法,采用主成分的思想浓缩信息,根据变量间的相关关系,寻找少数几对综合变量(实际观测变量的线性组合),用它们替代原始观测变量,从而将两组变量的关系集中到少数几对综合变量的关系上,通过对这些综合变量之间相关性的分析,回答两组原始变量间相关性的问题。除了要求所提取的综合变量所含的信息量尽可能大以外,提取时还要求第一对综合变量间的相关性最大,第二对次之,依次类推;这些综合变量被称为典型变量,各对典型相关变量所包括的相关信息互不交叉,即不同对的典型相关变量之间互不相关。第一对典型变量间的相关系数则被称为第一典型相关系数。典型相关系数能简单、完整地描述两组变量间关系的指标,当两个变量组均只有一个变量时,典型相关系数即为简单相关系数;当其中的一组只有一个变量时,典型相关系数即为复相关系数。

求出各对典型变量和相应典型相关系数后,把具有显著意义的典型相关系数所对应的典型变量对保留下来,并给予合理的解释,是进行正确的典型相关分析的关键。

(二) 典型相关分析的基本步骤

对于两组变量 $X=(X_1,X_2,\cdots,X_n)$ 和 $Y=(Y_1,Y_2,\cdots,Y_m)$,其进行典型相关分析的步骤如下。

(1) 数据的标准化,将不同量纲的变量归一化。
(2) 提取典型相关分析的综合变量 U_1 和 V_1:

$$U_1 = a_{11}X_1 + a_{12}X_2 + \cdots + a_{1n}X_n;$$
$$V_1 = b_{11}Y_1 + b_{12}Y_2 + \cdots + b_{1m}Y_m;$$

要求变量 U_1 和 V_1 具有最大的相关系数,变量 U_1 和 V_1 的相关系数将代替原始变量的第一相关系数。在该步骤中主要计算系数 $a_{11}, a_{12}, \cdots, a_{1n}$ 和 $b_{11}, b_{12}, \cdots, b_{1m}$。

(3) 如果提取出来的典型变量对 U_1 和 V_1 对原始数据的解释能力欠佳,考虑继续提取典型变量对 U_2 和 V_2。重复步骤(2)直至所提取的典型变量对能很好地解释原始数据的变化。

二、CANCORR 典型相关过程

SAS 系统提供了专门的 CANCORR 过程用于典型相关分析,可用于找到两组变量的典型变量,计算其典型相关系数,检验其典型相关的显著性等。

CANCORR 过程还能产生两个输出数据集,其中一个含有每个典型变量的得分,可以用 PRINT 过程去列出这些值。每个典型变量与它在另一组中对应变量的散点图经常是很有用的,这可以用 PLOT 过程去处理输出数据集得到。另一个输出数据集含有典型系数,这可以作为因子分析 FACTOR 过程的输入。

CANCORR 过程基本的语法格式为:

SAS 程序格式	意 义
PROC CANCORR [选项];	对"DATA="指定或最新的数据集进行典型相关分析过程
VAR 变量列表;	指定要进行典型相关分析的第一组数值型变量
WITH 变量;	指定要进行典型相关分析的第二组数值型变量,为必需语句
PARTIAL 变量;	指定需要计算偏相关系数的控制变量
BY 变量;	指定相关分析的分组变量,原数据集需按 BY 变量排序
FREQ 变量;	指定作为观测的频数变量
WEIGHT 变量;	指定作为观测的权重变量
RUN;	向 SAS 系统提交过程步中的语句

PROC CANCORR 语句为必需语句,用于指定分析的过程为典型相关分析,其后选项比较复杂,但大部分选项采用默认值即可。主要选项说明如表 13-5 所示。

表 13-5 PROC CANCORR 语句的主要选项说明

选 项	意 义
DATA=数据集名	指定需进行分析的数据集,可以是原始数据集,或者 CORR、COV 等数据矩阵
OUT=数据集名	指定输出的数据集,包括原始数据和典型相关分析的典型变量得分数据
OUTSTAT=数据集名	指定输出数据集,包含典型相关分析各种统计量、典型相关系数和相关参数
NCAN=n	设置要输出的典型变量个数
SIMPLE	输出变量的简单统计参数,包括均值、标准差等
VNAME='标签'	为典型相关分析中 VAR 语句指定的变量设置标签
VPREFIX=前缀名称	为典型相关分析中 VAR 语句指定的变量设置前缀名,默认前缀名为 V_1、V_2 等
WNAME='标签'	为典型相关分析中 WITH 语句指定的变量设置标签
VPREFIX=前缀名称	为典型相关分析中 WITH 语句指定变量设置前缀名,默认的前缀名为 W_1、W_2 等
REDUNDANCY	设置打印典型冗余度分析的结果
CORR|C	打印原始变量相关系数
ALL	输出简单统计量、输入变量间相关和典型冗余分析
SHORT	除了典型相关及多元统计之外,不进行所有默认的输出

VAR 语句用于指定典型相关分析第一组变量,变量必须是数值型的。如果 VAR 语句省略,则将其他语句未使用的数值型变量视为第一组变量。

WITH 语句为必需语句,用于指定典型相关分析的第二组数值型变量。

PARTIAL 语句是可选语句,用于在偏相关分析的基础上进行典型相关分析,即在消除 PARTIAL 变量影响的前提下再对 VAR 变量和 WITH 变量进行典型相关分析。PARTIAL 变量不能出现在 VAR 或 WITH 语句中。

三、典型相关分析的 SAS 实例应用

下面我们结合实例介绍典型相关分析的 SAS 应用。

【例 13.4】(典型相关分析例) 表 13-6 中的数据是对 20 名中年男子的三项生理指标及三项训练指标测量的结果。试进行生理指标和训练指标之间的典型相关分析。

表 13-6 三项生理指标及三项训练指标测 A 数据

生理指标			训练指标			生理指标			训练指标		
体重 WEIGHT	腰围 WAIST	脉搏 PULSE	俯卧撑 CHINS	仰卧起坐 SITUPS	跳跃 JUMPS	体重 WEIGHT	腰围 WAIST	脉搏 PULSE	俯卧撑 CHINS	仰卧起坐 SITUPS	跳跃 JUMPS
191	36	50	5	162	60	169	34	50	17	120	38
189	37	52	2	110	60	166	33	52	13	210	115
193	38	58	12	101	101	154	34	64	14	215	105
162	35	62	12	105	37	247	46	50	1	50	50
189	35	46	13	155	58	193	36	46	6	70	31
182	36	56	4	101	42	202	37	62	12	210	120
211	38	56	8	101	38	176	37	54	4	60	25
167	34	60	6	125	40	157	32	52	11	230	80
176	31	74	15	200	40	156	33	54	15	225	73
154	33	56	17	251	250	138	33	68	2	110	43

所编 SAS 程序如下:

```
data ex13_4;
  input weight waist pulse chins situps jumps @@;
  cards;
    191 36 50  5 162  60 169 34 50 17 120  38
    189 37 52  2 110  60 166 33 52 13 210 115
    193 38 58 12 101 101 154 34 64 14 215 105
    162 35 62 12 105  37 247 46 50  1  50  50
    189 35 46 13 155  58 193 36 46  6  70  31
    182 36 56  4 101  42 202 37 62 12 210 120
    211 38 56  8 101  38 176 37 54  4  60  25
    167 34 60  6 125  40 157 32 52 11 230  80
    176 31 74 15 200  40 156 33 54 15 225  73
```

```
              154  33  56  17  251  250  138  33  68  2  110  43
              ;
proc cancorr all
   vprefix= phys vname= 'physiological'
   wprefix= exer wname= 'exercises';
   var weight waist pulse;
   with chins situps jumps;
run;
```

执行上述程序,生成典型相关分析的结果目录树,Cancorr 界面目录下主要包括 Canonical Correlation Analysis(典型相关分析)和 Canonical Structure(典型相关结构)两部分输出结果。

图 13-7 输出各变量和观测的基本信息,包括各变量的均值和标准差。

图 13-8 输出各变量间的相关系数,生理变量与训练变量之间中度相关,waist 与 situps 的相关系数绝对值最大,为 −0.645 6。组内变量间有较大的相关系数的有:weight 与 waist 为 0.870 2,chins 与 situps 为 0.695 7,situps 与 jumps 为 0.669 2。

图 13-7 例 13.4 典型相关输出结果 1

图 13-8 例 13.4 典型相关输出结果 2

图 13-9 输出了典型相关分析的系数表:该表提供了典型相关系数、修正的典型相关系数、近似的标准误、典型相关系数的平方(典型决定系数),如图 13-9 所示。本例共给出三个典型相关系数,图中左侧数字 1、2、3 分别表示第一、第二、第三对典型变量。生理指标和训练指标之间的相关性主要由第一对典型变量的相关系数 $r = 0.795\,608$ 来衡量,它远大于其他任何两组间相关系数;第一对修正的典型相关系数为 0.754 056。

图 13-9 例 13.4 典型相关输出结果 3

图 13-10 输出典型相关分析的特征根表:其中左边的四列给出了各对典型相关分析的特征根、相邻特征根的差、特征值所占方差信息量的比例(贡献率)、特征值所占方差信息量的比例累积值(累积贡献率);其中第一特征值为 1.724 7,占总变异的 0.973 4(97.34%),第二和第三典型相关没有考虑价值。右边为典型相关分析的检验结果,采用似然比方法,从本实例的检验结果可以看出,仅第一个典型变量的典型相关显著性检验的概率 P 值=0.063 5,在 0.10 显著水平上中度显著,较具有统计学的显著意义。其余两个典型变量其典型相关均不显著。

由于变量单位不一,因此应该使用标准系数来解释更加合理。

```
                                    Test of H0: The canonical correlations in the
       Eigenvalues of Inv(E)*H         current row and all that follow are zero
         = CanRsq/(1-CanRsq)
                                          Likelihood   Approximate
  Eigenvalue Difference Proportion Cumulative    Ratio     F Value Num DF Den DF Pr > F

1    1.7247    1.6828    0.9734    0.9734  0.35039053    2.05      9   34.223  0.0635
2    0.0419    0.0366    0.0237    0.9970  0.95472266    0.18      4       30  0.9491
3    0.0053              0.0030    1.0000  0.99473355    0.08      1       16  0.7748
```

图 13-10　例 13.4 典型相关输出结果 4

图 13-11 输出了多元分析检验表:用 Wilks' Lambda 等四种方法对各典型相关系数为零的假设检验结果。

```
              Multivariate Statistics and F Approximations
                    S=3    M=-0.5    N=6

Statistic                   Value    F Value  Num DF   Den DF   Pr > F
Wilks' Lambda            0.35039053    2.05      9     34.223    0.0635
Pillai's Trace           0.67848151    1.56      9         48    0.1551
Hotelling-Lawley Trace   1.77194146    2.64      9     19.053    0.0357
Roy's Greatest Root      1.72473874    9.20      3         16    0.0009

      NOTE: F Statistic for Roy's Greatest Root is an upper bound.
```

图 13-11　例 13.4 典型相关输出结果 5

图 13-12 给出典型相关系数表:给出了第一组和第二组变量提取的典型相关系数(canonical coefficient),根据这些典型相关系数可以表达为原始变量线性组合的典型变量,这些系数以两种方式给出:图 13-12 是没有标准化的原始变量的线性组合的典型系数(raw canonical coefficient),由此可写出各个典型变量的线性表达式。

```
                    The CANCORR Procedure
                  Canonical Correlation Analysis
             Raw Canonical Coefficients for the Physiological

                    PHYS1           PHYS2           PHYS3
       weight   -0.031404688    -0.076319506    -0.007735047
       waist     0.493241676     0.388722989     0.158033647
       pulse    -0.008199315    -0.032051994     0.145732242

             Raw Canonical Coefficients for the Exercises

                    EXER1           EXER2           EXER3
       chins    -0.066113986    -0.071041211    -0.245275347
       situps   -0.016846231     0.001973745     0.019767637
       jumps     0.013971568     0.020714106    -0.008167472
```

图 13-12　例 13.4 典型相关输出结果 6

例如，第一对非标准化典型变量为：

PHYS1＝－0.031 404 688 weight＋0.493 241 675 6 waist－0.008 199 315 pulse
EXER1＝－0.066 113 986 chins－0.016 846 231 situps＋0.013 971 5689 jumps

图 13-13 是标准化系数（standardized canonical coefficient），第一对标准化典型变量为：

```
              The CANCORR Procedure
            Canonical Correlation Analysis
   Standardized Canonical Coefficients for the Physiological
                  PHYS1        PHYS2        PHYS3
      weight    -0.7754      -1.8844      -0.1910
      waist      1.5793       1.1806       0.5060
      pulse     -0.0591      -0.2311       1.0508
      Standardized Canonical Coefficients for the Exercises
                  EXER1        EXER2        EXER3
      chins     -0.3495      -0.3755      -1.2966
      situps    -1.0540       0.1235       1.2368
      jumps      0.7164       1.0622      -0.4188
```

图 13-13　例 13.4 典型相关输出结果 7

PHYS1＝－0.775 4 weight＋1.579 3 waist－0.059 1 pulse
EXER1＝－0.349 5 chins－1.054 0 situps＋0.716 4 jumps

同样可写出第二、第三对非标准化和标准化典型变量的线性表达式。

```
                     The CANCORR Procedure
                       Canonical Structure
   Correlations Between the Physiological and Their Canonical Variables
                  PHYS1        PHYS2        PHYS3
      weight     0.6206      -0.7724      -0.1350
      waist      0.9254      -0.3777      -0.0310
      pulse     -0.3328       0.0415       0.9421
   Correlations Between the Exercises and Their Canonical Variables
                  EXER1        EXER2        EXER3
      chins     -0.7276       0.2370      -0.6438
      situps    -0.8177       0.5730       0.0544
      jumps     -0.1622       0.9586      -0.2339
   Correlations Between the Physiological and the Canonical Variables of the Exercises
                  EXER1        EXER2        EXER3
      weight     0.4938      -0.1549      -0.0098
      waist      0.7363      -0.0757      -0.0022
      pulse     -0.2648       0.0083       0.0684
   Correlations Between the Exercises and the Canonical Variables of the Physiological
                  PHYS1        PHYS2        PHYS3
      chins     -0.5789       0.0475      -0.0467
      situps    -0.6506       0.1149       0.0040
      jumps     -0.1290       0.1923      -0.0170
```

图 13-14　例 13.4 典型相关系数结构矩阵

图 13-14 给出了典型相关结构表：为原始变量与每个典型变量之间的相关系数，其上半部分是原变量与组内典型变量之间的相关系数矩阵，其下半部分是原变量与组外典型变

量之间的相关系数。这些系数也是构成典型变量的原变量系数,其绝对值大小反映了原变量在典型变量中的权重,也表明原变量对典型相关系数影响程度。据此,第一对典型变量中,生理指标的胸围(waist)和训练指标的仰卧起坐(situps)对两组变量之间相关性的影响较大。

生理变量的第一典型变量主要是 waist(1.579 3)及 weight(−0.775 4)的加权差(见图 13-13),其中 waist 更显著(权大)。pulse 的系数近于 0。由图 13-14 可见 waist 和 weight 与第一典型变量间的相关都是正的,waist 为 0.925 4,weight 为 0.620 6。因 weight 的系数和它相关有不同的符号,所以它是一个遏制变量。

训练变量的第一典型变量也显示了不同的符号,即 situps(−1.054 0)和 chins(−0.349 5)为负值,jumps(0.716 4)为正值,其中权重最大的是 situps。在图 13-14 中,所有相关都是负的,表明 jumps 也是一个遏制变量。

由图 13-15 复相关系数平方(决定系数)表明生理指标的第一典型变量对 chins(0.335 1)及 situps(0.423 3)有一种预测能力,但对 jumps(0.016 7)几乎没有。训练的第一典型变量对 waist(0.542 1)有相当好的预测,对 weight(0.243 8)次之,而对 pulse(0.070 2)几乎没有。原变量 waist(胸围)和 situps(仰卧起坐)无论是和组内典型变量还是和组外典型变量都有较大的相关系数,这再一次说明了在生理指标组和训练指标组的组间相关性研究时,胸围和仰卧起坐是两个值得重视的因素。

图 13-15 典型冗余分析结果 3

在实际应用典型相关分析时,不仅应注意第一对典型变量的各种信息,还应注意其他典型变量的信息并做出专业解释,这将更有益于对实际问题的全面了解和更加深入的探讨。

第四节 相关分析的界面操作

在 SAS 系统内相关分析可以通过 INSIGHT 和【分析家】两个模块实现,现通过实例具体演示如何通过界面操作实现相关分析。

一、INSIGHT 模块进行相关分析

【例 13.5】 利用 INSIGHT 模块对例 13.1 进行相关分析。
(1) 启动 INSIGHT 模块,打开例 13.1 的 SAS 数据集 EX13_1。
(2) 在 INSIGHT 模块下的主菜单中单击菜单【分析】→【多元】,在弹出的【多元】对话框内选中变量 y,单击 Y ,将其选入 Y 下方的空格区域;选中变量 x,将其选入 X 下方的空格,

如图 13-16 所示。

(3) 最后单击【多元】对话框中的 确定 ，完成相关分析的计算过程。即可得到输出结果，如图 13-17 所示。

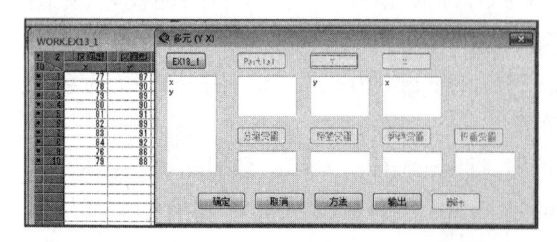

图 13-16　INSIGHT 进行相关分析的变量设置　　图 13-17　INSIGHT 进行相关分析的输出结果

相关分析的结果主要包括两张数据计算结果表：(1) 数据的描述性统计分析的结果，从中可以看到两个变量的分布特征指标。(2) 两个变量相关系数计算结果表，从中可以看到变量 y 与变量 x 的相关系数为 0.843 6。

二、【分析家】模块进行相关分析

【例 13.6】　利用【分析家】模块对例 13.2 进行简单相关分析。

1. 相关分析的步骤

(1) 启动【分析家】模块，打开例 13.2 中的 SAS 数据集 EX13_2。

(2) 单击【分析家】模块主菜单【统计】→【描述性统计】→【相关系数】，在弹出的【Correlations:Ex13_2】对话框内将需要进行相关分析的变量 y、x_1、x_2 和 x_3 选入 Correlate 下方的空白区域，如图 13-18 所示。

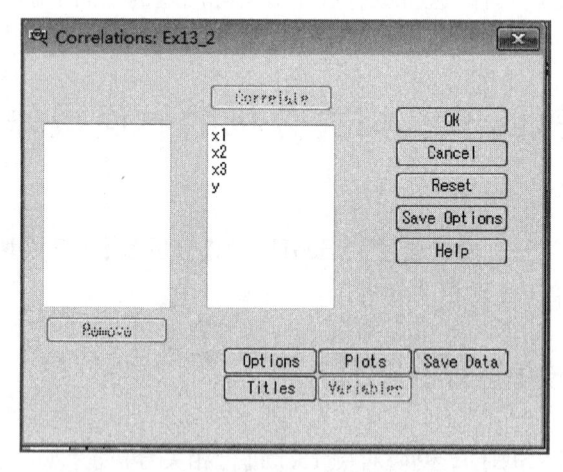

图 13-18　例 13.6 的【分析家】模块相关分析

(3) 单击【Correlations:Ex13_2】对话框的 OK ，完成简单相关分析，即可得到输出结果，如图 13-19 所示。

```
                              CORR 过程
                        4 变量：   x1      x2      x3      y

                                 简单统计量
变量        N          均值       标准偏差       总和       最小值      最大值
x1         10        40.50000     3.30824    405.00000    35.00000    45.00000
x2         10        68.80000     5.28730    688.00000    60.00000    78.00000
x3         10         2.33000     1.08735     23.30000     0.70000     4.30000
y          10         2315      434.00589     23150        1600        2750

                       Pearson 相关系数，N = 10
                       当 H0: Rho=0 时, Prob > |r|
                   x1          x2          x3          y
        x1      1.00000      0.43195     0.64093     0.69454
                             0.2125      0.0458      0.0258
        x2      0.43195      1.00000     0.62927     0.76165
                0.2125                   0.0513      0.0105
        x3      0.64093      0.62927     1.00000     0.72882
                0.0458       0.0513                  0.0168
        y       0.69454      0.76165     0.72882     1.00000
                0.0258       0.0105      0.0168
```

图 13－19　例 13.6 的【分析家】模块相关分析输出结果

在图 13－19 给出的【分析家】模块的相关分析的结果主要包括：
（1）数据的简单描述统计指标；
（2）这组变量两两间相关系数的计算结果。

其中数据的基本描述信息给出了计算相关的所有变量的数据的样本数、均值、标准差、总和、最小值等基本统计量，同时相关系数的计算结果计算了 y、x_1、x_2 和 x_3 任意两个变量的相关系数，并给出了相关系数的检验的对应概率 P 值。

【例 13.7】　利用【分析家】模块对例 13.3 进行等级相关分析（Spearman 相关分析）。
（1）启动【分析家】模块，打开例 13.3 中的 SAS 数据集 EX13_3。
（2）单击【分析家】模块主菜单【统计】→【描述性统计】→【相关系数】，在弹出的【Correlations：Ex13_3】对话框内将需要进行等级相关分析的变量 y、x 选入 Correlate 下方的空白区域，如图 13－20 所示。

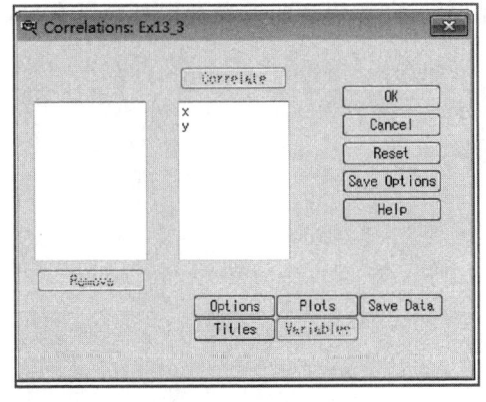

图 13－20　例 13.7 的【分析家】模块相关分析的变量设置

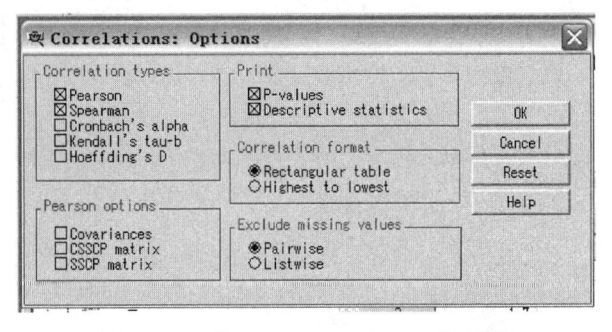

图 13－21　【Correlations：Options】对话框

(3) 单击【Correlations: Ex13_3】对话框中的 Options，在弹出的【Correlations: Options】对话框中，可以计算的相关系数包括 Pearson 相关系数（默认选项）、Spearman 相关系数（等级相关系数）、Kendall's Tau-b 系数、Hoeffding's D 统计量和 Cronbach's alpha 系数、协方差矩阵等。本例中在 Correlation Types 区域再勾选 ☒ Spearman 相关系数，如图 13-21 所示。

(4) 单击 OK 两次，完成等级相关分析，即可得到输出结果，如图 13-22 所示。

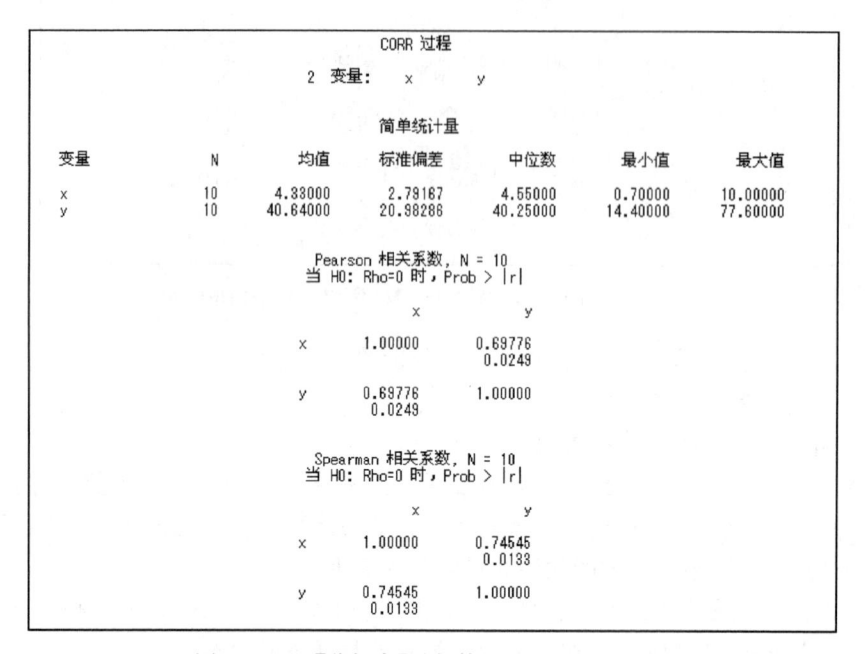

```
                        CORR 过程
                    2 变量：   x      y

                        简单统计量

变量    N      均值      标准偏差     中位数      最小值      最大值
x      10    4.33000    2.79187    4.55000    0.70000    10.00000
y      10   40.84000   20.98288   40.25000   14.40000    77.60000

              Pearson 相关系数，N = 10
              当 H0: Rho=0 时，Prob > |r|
                        x          y
        x           1.00000     0.69776
                                 0.0249
        y           0.69776     1.00000
                     0.0249

              Spearman 相关系数，N = 10
              当 H0: Rho=0 时，Prob > |r|
                        x          y
        x           1.00000     0.74545
                                 0.0133
        y           0.74545     1.00000
                     0.0133
```

图 13-22 【分析家】进行等级相关分析的输出

在图 13-22 给出的【分析家】模块的相关分析结果主要包括(1) 数据的简单描述统计指标；(2) 变量 y 与 x 的 Pearson 相关系数、Spearman 相关系数（等级相关系数）及其对应概率 P 值。其中变量 y 与 x 的 Spearman 相关系数（等级相关系数）为 0.745 45，对应概率 P = 0.013 3 < 0.05，表明等级相关性显著，即认为肝癌死亡率与食物中黄曲霉毒素相对含量有显著的正相关性。

（阎航宇）

Chapter 14
回归分析

第一节　线性回归分析
　　一、线性回归分析模型
　　二、回归方程的统计检验
　　三、多元回归分析中的其他问题
第二节　线性回归分析的 SAS 过程
　　一、REG 回归分析过程
　　二、线性回归分析的 SAS 实例应用
第三节　逐步回归分析的 SAS 过程
　　一、逐步回归模型概述
　　二、逐步回归分析的 SAS 实例应用
第四节　线性回归分析的界面操作
　　一、一元线性回归分析的界面操作
　　二、多元线性回归分析的界面操作
　　三、逐步回归分析的界面操作
第五节　非线性回归分析的 SAS 过程
　　一、非线性回归分析的基本原理
　　二、NLIN 非线性回归过程
　　三、非线性回归分析的 SAS 实例应用

对于具有相关关系的变量,虽然不能用精确的函数表达式来表达其关系,但是大量观察数据的分析表明,它们之间存在着一定的统计规律,即有一定的相互依存关系。前面介绍的相关分析是用相关系数来刻画这些变量之间相互依存关系的密切程度;而回归分析(regression analysis)则是从变量的观测数据出发,来确定这些变量之间的经验公式即回归方程式,以定量反映它们之间相互依存关系,同时还可分析判断所建立的回归方程式的有效性,从而进行有关预测或估计。

在具有相关关系的变量中,通常是某个(或某些)变量的变动影响另一个变量的变动。在回归分析中,我们将受其他变量影响的变量(如血压)称为因变量(dependent variable)或响应变量,记为 Y;而将影响因变量的变量(如年龄)称为自变量(independent variable)或解释变量(explanatory variable)、回归变量(regression variable),记为 X。通常,我们由给定的自变量 X 值来对因变量 Y 值进行推断,故自变量 X 被认为是给定的、非随机变量,而因变量 Y 则被认为是随机变量。

回归分析是考察因变量 Y 与自变量 X 之间依存关系的基本统计方法,只有一个自变量的回归分析,称为一元回归分析(single regression),或简单回归分析;多于一个自变量的回归分析,称为多元回归分析(multiple regression)。当 Y 与 X 存在直线关系时,称为线性回归分析(linear regression),否则称为非线性回归分析(non-linear regression)。

回归分析是统计分析中应用最广泛的方法。SAS 系统中用于回归分析的过程有:REG、GLM、RSREG、NLIN、ORTHOREG、TRANSREG、CALIS、LOGISTIC、CATMOD、PROBIT 和 LIFEREG 等多种。其中 REG 过程给出一般回归分析的主要功能,其他过程给出各种特殊的回归功能。这些过程的基本功能如表 14-1 所示。

表 14-1 SAS 系统中可用于回归分析的过程和基本功能

回归过程	基本功能
REG	进行一般多元线性回归分析,提供九种选择回归模型的方法,包含许多回归诊断的功能;可生成原始数据和统计量的散点图,能够交互地改变回归模型和用于拟合模型的数据
RSREG	建立二次响应面的回归模型,自动生成二次效应,分析被拟合的响应曲面,进行拟合不足检验,确定最佳响应的因子水平,并进行岭回归以便给出最佳响应的方向
ORTHOREG	使用 Gentleman-Givens 算法进行病态数据的回归分析,得到比其他回归过程(如 REG 和 GLM)更准确的参数估计
NLIN	使用几种不同的迭代算法求非线性回归模型中参数的最小二乘估计
TRANSREG	对数据寻找非线性的变换,对变换的变量拟合一个线性模型,并创建一个包含变换变量的输出数据集
CALIS	线性结构方程的拟合系统和路径分析
CATMOD	用于将线性模型拟合属性数据的函数,例如回归分析、方差分析、线性模型、对数线性模型、Logistic 回归和重复测量分析
GLM	用最小二乘方法拟合一般线性模型,能够执行一元回归、多元回归、多项式回归和加权回归,还能够进行方差分析、协方差分析等其他多元统计分析(见第 11 章)
LIFEREG	对失效时间数据拟合参数模型,一般用于生存分析(见第 20 章)
LOGISTIC	拟合 Logistic 回归模型,可进行逐步回归以及计算回归诊断统计量(见第 15 章)
PROBIT	用于两值和有序响应数据的回归参数和任选的临界参数的最小二乘估计,包括 PROBIT(概率单位)回归、Logistic 回归等

本章主要介绍用于线性回归分析的 REG 过程和非线性回归分析的 NLIN 过程及其应

用。在前面第 11 章方差分析中已介绍了 GLM 过程,而 LOGISTIC 过程和 LIFEREG 过程将分别在第 15 章 LOGISTIC 回归分析和第 20 章生存分析中进行介绍。

第一节　线性回归分析

一、线性回归分析模型

线性回归模型侧重考察变量之间的数量变化规律,并通过线性表达式即线性回归方程来描述其关系,进而确定一个或几个变量的变化对另一个变量的影响程度,为预测提供科学依据。

(一) 一元线性回归模型

在回归分析中,一元线性回归模型是描述两个变量之间相关关系的最简单的线性回归模型,故又称为简单回归模型(simply regression model)。该模型假定因变量 Y 只受一个自变量 X 的影响,它们之间存在着近似的线性函数关系。

Y 关于 X 的一元线性回归模型的数学模型为:

$$y = \beta_0 + \beta_1 x + \varepsilon$$

其中 β_0、β_1 是未知参数,β_0 是常数项;β_1 称为回归系数,它表示当自变量 x 变动一个单位所引起的因变量 y 的平均变动值;ε 为随机误差,作为随机变量服从均值为 0、方差为 σ^2 的正态分布,即 $\varepsilon \sim N(0, \sigma^2)$,因变量 Y 也服从正态分布,且有 $Y \sim N(\beta_0 + \beta_1 x, \sigma^2)$。

在一元线性回归模型中,由于回归系数 β_0、β_1 是未知的,我们需要从样本观测值数据出发,采用最小二乘法,按照回归直线与样本数据点在垂直方向上的偏离程度最小的原则,进行回归模型的参数估计。如果记 β_0、β_1 的估计值分别为 b_0、b_1,则称

$$\hat{y} = b_0 + b_1 x$$

为 Y 关于 X 的一元线性回归方程(single linear regression equation),它也是描述 Y 与 X 关系的经验公式,其中 y 上方加"^"是为了区别于 Y 的实测值 y,相应的值 $\hat{y}$ 称为 Y 的预测值(predicted value)或回归值(regression value)。

在求出回归模型的参数估计后,一般不能立即将结果付诸实际问题的分析和预测,通常要进行各种统计检验,如拟合优度检验、回归方程和回归系数的显著性检验和残差分析等。

一元线性回归分析的主要内容,就是根据成对变量 (X, Y) 的一组样本观测值去构建相应的线性回归方程式,以近似刻画变量之间存在的内在数量关系;同时还需检验判断线性回归的显著性,即所建立的线性回归方程的有效性。

线性回归的基本步骤如下:

(1) 确定回归方程中的自变量和因变量;

(2) 从收集的样本数据出发确定自变量和因变量之间的数学关系式,即确定回归模型;

(3) 建立回归方程,在一定统计拟合准则下估计出回归模型中的各个参数,得到一个确

定的回归方程；

（4）对回归方程进行各种统计检验；

（5）利用回归方程进行预测。

注意：由成对变量(X, Y)的样本观测值去构建线性回归方程应具备下列条件：

（1）两变量X与Y之间确实存在线性相关关系。如将两变量X、Y的成对样本观测值画成散点图时，图中各点的散布应形成近似直线的趋势。

（2）变量对应的样本观测值应具备一定数量。样本观测值作为构建线性回归方程的依据，如果其数量太少，受随机因素的影响较大，就不易观察现象间的变动规律性，所求出的线性回归方程也就没什么意义了。

（二）多元线性回归模型

多元线性回归模型是指有多个自变量（或解释变量）的线性回归模型，用于揭示因变量与其他多个自变量（或解释变量）之间的线性关系。多元线性回归的数学模型是

$$y = \beta_0 + \beta_1 x_1 + \beta_2 x_2 + \cdots + \beta_p x_p + \varepsilon$$

上式是一个p元线性回归模型，其中有p个自变量。它表明：因变量y的变化可由两个部分解释。第一，由p个自变量x的变化引起的y的线性变化部分，即

$$y = \beta_0 + \beta_1 x_1 + \beta_2 x_2 + \cdots + \beta_p x_p$$

第二，由其他随机因素引起的y的变化部分，即ε。β_0、β_1、β_2、$\cdots$、β_p都是模型中的未知参数，分别称为回归常数和偏回归系数，ε称为随机误差，也是一个随机变量，服从均值为0、方差为σ^2的正态分布。如果对因变量y求数学期望，则有

$$E(y) = \beta_0 + \beta_1 x_1 + \beta_2 x_2 + \cdots + \beta_p x_p$$

该式称为多元线性回归方程。估计多元线性回归方程中的未知参数β_0、β_1、β_2、$\cdots$、β_p是多元线性回归分析的核心任务之一。由于参数估计的工作是基于样本数据的，由此得到的参数只是参数真值β_0、β_1、β_2、$\cdots$、β_p的估计值，记为b_0、b_1、b_2、$\cdots$、b_p，于是有

$$\hat{y} = b_0 + b_1 x_1 + b_2 x_2 + \cdots + b_p x_p$$

该式称为多元线性经验回归方程。其中b_i表示当其他自变量保持不变时，x_i每变动一个单位所引起的因变量y的平均变动值。

（三）回归参数的最小二乘估计

线性回归方程确定后的任务是利用已经收集到的样本数据，对方程中的各个参数进行估计。利用最为常用的最小二乘法求得的回归参数的估计称为回归参数的最小二乘估计。

最小二乘估计（least square estimation）的基本出发点是：应使每个样本点(x_i, y_i)与回归线上的对应点$(x_i, E(y_i))$在垂直方向上的偏差距离的平方和Q达到最小。

对于一元线性回归模型，其最小二乘估计是寻找参数β_0、β_1的估计值b_0、b_1，使得

$$Q(b_0, b_1) = \sum_{i=1}^{n}(y_i - E(y_i))^2 = \sum_{i=1}^{n}(y_i - b_0 - b_1 x_i)^2 = \min_{\beta_0, \beta_1} \sum_{i=1}^{n}(y_i - \beta_0 - \beta_1 x_i)^2$$

对于多元线性回归模型，其最小二乘估计是寻找参数β_0、β_1、$\cdots$、β_p的估计值b_0、b_1、$\cdots$、

b_p，使得

$$Q(b_0,b_1,\cdots,b_p) = \sum_{i=1}^{n}(y_i - E(y_i))^2 = \sum_{i=1}^{n}(y_i - b_0 - b_1x_{i1} - \cdots - b_px_{ip})^2$$

$$= \min_{\beta_0,\beta_1,\cdots,\beta_p}\sum_{i=1}^{n}(y_i - \beta_0 - \beta_1x_{i1} - \cdots - \beta_px_{ip})^2$$

根据上述原则通过求极值的原理和解方程组可以得到回归方程参数的估计值。

二、回归方程的统计检验

通过样本数据建立回归方程后一般不能立即用于对实际问题的分析和预测，通常要进行各种统计检验，主要包括回归方程的拟合优度检验、回归方程的显著性检验、回归系数的显著性检验、残差分析等。

（一）回归方程的拟合优度检验

回归方程的拟合优度检验是检验样本数据点聚集在回归线周围的密集程度，从而评价回归方程对样本数据的代表程度。

一元线性回归方程的拟合优度检验采用 R^2 统计量。该统计量称为判定系数或决定系数，其定义为

$$R^2 = \frac{\sum_{i=1}^{n}(\hat{y}_i - \overline{y})^2}{\sum_{i=1}^{n}(y_i - \overline{y})^2} = 1 - \frac{\sum_{i=1}^{n}(y_i - \hat{y}_i)^2}{\sum_{i=1}^{n}(y_i - \overline{y})^2}$$

它反映了回归方程能解释的总的变差的比例，其取值在 0 至 1。R^2 越接近于 1，说明回归方程对样本数据点的拟合优度越高；反之，R^2 越接近于 0，说明回归方程对样本数据点的拟合优度越低。在一元线性回归分析中，R^2 也是因变量 y 与自变量 x 的简单相关系数 r 的平方。由此可见，如果 y 和 x 的线性关系较强，那么用一个线性方程拟合样本数据点，其拟合优度必然较高。

多元线性回归方程的拟合优度检验还可采用 Adjusted R^2 统计量。该统计量称为校正判定系数或校正决定系数，其定义为

$$\text{Adjusted } R^2 = 1 - \frac{\sum_{i=1}^{n}(y_i - \hat{y}_i)^2/(n-p-1)}{\sum_{i=1}^{n}(y_i - \overline{y})^2/(n-1)}$$

校正决定系数 Adjusted R^2 的取值范围和数值大小的意义与 R^2 是完全相同的。

在多元线性回归分析中，仍然可以计算 R^2。此时 R^2 是因变量 y 与全体自变量 x 的复相关系数的平方，实质测度了 y 与 x 全体之间的线性相关程度，也测度了样本数据与拟合数据（预测数据）间的相关程度；但用它评价拟合模型时有局限性，即使向模型中增加的变量无显著意义时，R^2 的值仍然会增大。而 Adjusted R^2 统计量能够不受自变量个数的影响，当模

型中增加的变量无显著意义时，Adjusted R^2 的值会减少，故更能准确地反映回归方程对样本数据的拟合程度，因此在多元线性回归分析中一般采用 Adjusted R^2 而非 R^2 作为拟合优度检验指标。校正 R^2 的值越接近于 1，模型拟合得越好。

（二）回归方程的显著性检验

线性回归方程能够较好地反映因变量和自变量之间统计关系的前提是：因变量和自变量之间确实存在显著的线性关系。回归方程的显著性检验正是要检验因变量与所有自变量之间的线性关系是否显著，也就是检验各自变量的回归系数是否为 0，这里仍采用方差分析的基本思想进行统计检验。应检验的统计假设是：

$$H_0: \beta_1 = \beta_2 = \cdots = \beta_p;\ H_1: 各 \beta_i 不全为 0$$

考察因变量 y 的总变异，即总的离差平方和（total sum of squares）为 $SS_T = \sum_{i=1}^{n}(y_i - \overline{y})^2$ 有下列离差平方和分解公式：

$$SS_T = SS_A + SS_E$$

其中回归平方和（regression sum of squares）$SS_A = \sum_{i=1}^{n}(\hat{y}_i - \overline{y})^2$ 反映了因变量 y 的变异中由回归模型中所包含的 p 个自变量所能解释的部分；残差平方和（residual sum of squares）$SS_E = \sum_{i=1}^{n}(y_i - \hat{y}_i)^2$ 反映了因变量 y 的变异中没有被回归模型中所包含自变量解释的部分。在回归方程的显著性检验时采用方差分析的方法，研究在 y 的总变异 SS_T 中 SS_A 相对于 SS_E 来说是否占较大的比例。如果占有较大比例，则表示 y 与 x 全体的线性关系明显，利用线性模型反映 y 与所有 x 的关系是恰当的；反之，如果占有较小比例，则表示 y 与 x 全体的线性关系不明显，利用线性模型反映 y 与所有 x 的关系是不恰当的。回归方程显著性检验采用的检验统计量为：

$$F = \frac{SS_A / p}{SS_E / (n - p - 1)}$$

该统计量很好地体现了上述基本思想，它是平均的 SS_A 除以平均的 SS_E，反映了回归方程所能解释的变差与不能解释的变差的比例。在零假设 H_0 成立时，F 值服从自由度为 $(p, n-p-1)$ 的 F 分布。一般利用下列表 14-2 回归显著性检验的方差分析表进行 F 值和相伴概率 P 值的计算。

表 14-2 回归显著性检验的方差分析表（ANOVA）

方差来源 Model	平方和 Sum of Squares	自由度 df	均方 Mean Square	F 值 F Value	概率 P 值 Pr>F
回归 Regression	SS_A	p	SS_A / p	$F = \dfrac{SS_A / p}{SS_E / (n-p-1)}$	
残差 Residual	SS_E	$n-p-1$	$SS_E / (n-p-1)$		
总变差 Total	$SS_T = SS_A + SS_E$	$n-1$			

SAS将生成该方差分析表（ANOVA），从而计算检验统计量 F 的观测值和对应的概率 P 值。如果概率 P 值小于给定的显著性水平 α，则应拒绝零假设，认为偏回归系数 β_i 不全为 0，回归方程显著，因变量 y 与自变量 x 全体的线性关系显著，可以用线性模型描述和反映它们之间的关系；否则，则不应拒绝零假设，认为偏回归系数 β_i 同时为 0，回归方程不显著，因变量 y 与自变量 x 全体的线性关系不显著，用线性模型描述和反映它们之间的关系是不恰当的。

通过前面的讨论不难发现，回归方程的显著性检验和回归方程的拟合优度检验有异曲同工之处。F 统计量与调整的 R^2（Adjusted R^2）有如下的对应关系：

$$F = \frac{R^2/p}{(1-R^2)/(n-p-1)}$$

由该式可见，回归方程的拟合优度越高，回归方程的显著性检验也会越显著；回归方程的显著性检验越显著，回归方程的拟合优度也会越高。

（三）回归系数的显著性检验

回归系数的显著性检验主要目的是研究回归方程中的每个自变量与因变量之间是否存在显著的线性关系，也就是研究自变量能否有效地解释因变量的线性变化，它们能否保留在线性回归方程中。

回归系数显著性检验是围绕回归系数（或偏回归系数）估计值的抽样分布展开的，由此构造服从某种理论分布的检验统计量，并进行检验。

多元线性回归方程的回归系数显著性检验的零假设 H_0：$\beta_i = 0$，即第 i 个偏回归系数与 0 无显著差异。这意味着，当偏回归系数为 0 时，无论 x_i 取值如何变化，都不会引起 y 的线性变化，x_i 无法解释 y 的线性变化，它们之间不存在线性关系。在零假设 H_0 成立时，其检验的 t 统计量为

$$t_i = \frac{(b_i - 0)}{S_{b_i}} = \frac{b_i}{S_{b_i}}$$

式中的 t_i 统计量服从自由度为 $(n-p-1)$ 的 t 分布，其中 b_i 是 x_i 的偏回归系数估计值，S_{b_i} 是其标准误。

SAS将计算 t_i 统计量的观测值和对应的概率 P 值。如果概率 P 值小于给定的显著性水平 α，则应拒绝零假设，认为回归系数与 0 有显著差异，因变量 y 与自变量 x_i 的线性关系显著，x_i 应该保留在回归方程中；反之，如果概率 P 值大于给定的显著性水平 α，则不应拒绝零假设，认为回归系数与 0 无显著差异，因变量 y 与自变量 x_i 的线性关系不显著，x_i 不应该保留在回归方程中。

（四）残差分析

所谓残差是指由回归方程计算所得的预测值与实际样本值之间的差距，定义为

$$e_t = y_t - \hat{y}_t = y_t - (b_0 + b_1 x_{1t} + \cdots + b_p x_{pt})$$

它是回归模型中 ε_i 的估计值，由多个 e_i 形成的序列称为残差序列。残差分析是回归方程检验中的重要组成部分，其出发点是，如果回归方程能够较好地反映因变量的特征和变化规律，那么残差序列中不应包含明显的规律性和趋势性。残差分析主要任务可大致

归纳为:分析残差是否服从均值为 0 的正态分布,分析残差是否为等方差的正态分布,分析残差序列是否独立,借助残差探测样本中的异常值等。图形分析和数值分析是残差分析的有效工具。

1. 残差均值为 0 的正态性分析

在前面的讨论中知道,当自变量 x 取某个特定的值 x_0 时,对应的残差必然有正有负,但总体上应服从以 0 为均值的正态分布。可以通过绘制残差图对该问题进行分析。残差图也是一种散点图。图中一般横坐标是自变量(也可以是因变量的预测值),纵坐标为残差。如果残差的均值为 0,残差图中的点应在纵坐标为 0 的横线的上下随机散落着。对于残差的正态性分析可以通过绘制标准化(或学生化)残差的累积概率图来进行。

2. 异方差分析

当自变量 x 取不同值时,对应残差的方差都应相等,它不应随自变量或因变量取值的变化而变化,否则认为出现了异方差现象。当存在异方差时,参数的最小二乘估计不再是最小方差无偏估计,不再是有效性估计;容易导致回归系数显著性检验的 t 值偏高,进而容易拒绝其零假设,使那些本不应保留在方程中的变量被保留下来,并最终使模型的预测偏差较大。异方差分析可以通过以下两种方式实现:

(1) 绘制残差图

可以通过绘制残差图分析是否存在异方差。图 14-1 所示的残差图中,除了图(1)外,残差的方差随着自变量值的增加呈增加或减少等趋势,出现了异方差现象。

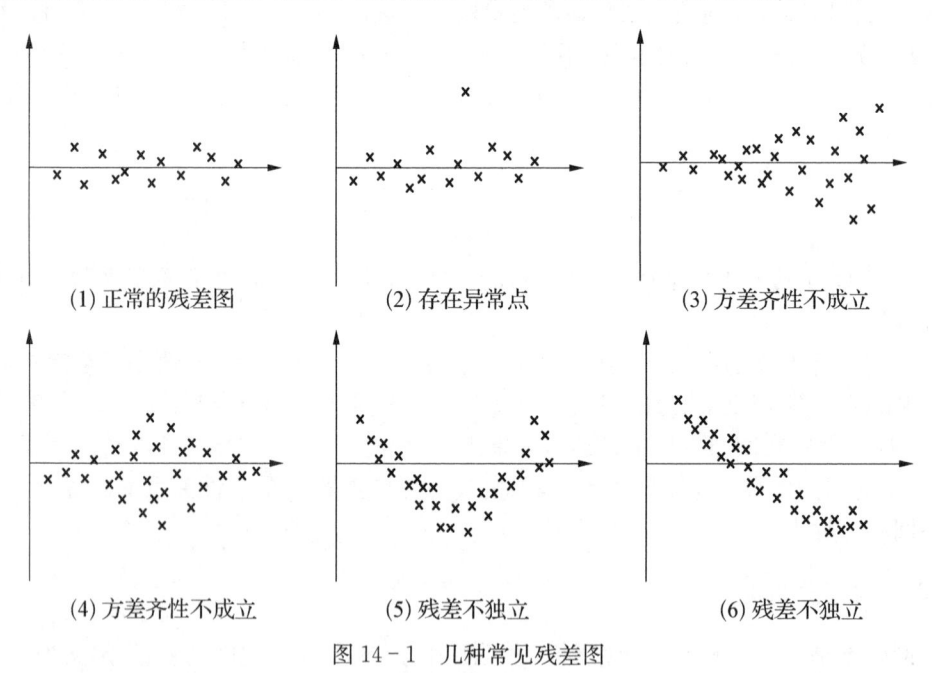

(1) 正常的残差图　　(2) 存在异常点　　(3) 方差齐性不成立

(4) 方差齐性不成立　　(5) 残差不独立　　(6) 残差不独立

图 14-1　几种常见残差图

(2) 等级相关分析

得到残差序列后首先对其取绝对值,然后分别计算出残差和自变量的秩,最后计算 Spearman 等级相关系数,并进行等级相关分析,具体过程见相关分析相关章节。如果等级相关分析中检验统计量的概率 P 值小于给定的显著性水平 α,应拒绝等级相关分析的零假设,认为自变量与残差间存在显著的相关关系,出现了异方差现象。

如果存在异方差现象,可先对自变量实施方差稳定变换后,例如对自变量进行求对数、求倒数或者开平方等变换,再进行回归方程参数的估计。

3. 探测样本中的异常值和强影响点

可以利用残差分析探测样本中的异常值和强影响点。通常异常值和强影响点是指那些远离均值的样本数据点,它们对回归方程的参数估计有较大影响,应尽量找出它们并加以排除。因变量 y 和自变量 x 中都有可能出现异常值和强影响点。

对因变量 y 中异常值的探测方法一般有以下几种:

- 标准化残差($ZRE_i = e_i/\hat{\sigma}$)的绝对值大于 3 对应的观测值为异常值。
- 学生化残差($SRE_i = e_i/\hat{\sigma}\sqrt{1-h_{ii}}$)的绝对值大于 3 对应的观察值为异常值。
- 学生化剔除残差的绝对值大于 3 对应的观测值为异常值。

对自变量 x 中异常值的探测方法一般有以下几种:

- 第 i 个样本的杠杆值 h_{ii} 大于杠杆值的均值 $\bar{h}$ 的 2 或 3 倍,就可认为该杠杆值较高,对应的观察值为强影响点。其中

$$h_{ii} = \frac{1}{n} + \frac{(x_i - \bar{x})^2}{\sum_{i=1}^{n}(x_i - \bar{x})^2}, \quad \bar{h} = \frac{1}{n}\sum_{i=1}^{n}h_{ii} = \frac{p+1}{n}$$

- 库克(COOK)距离 D_i 大于 1,就可认为对应的观察值为强影响点。其中库克距离

$$D_i = \frac{e_i^2}{(p+1)\sigma^2} \times \frac{h_{ii}}{(1-h_{ii})^2}$$

是杠杆值 h_{ii} 与残差 e_i 大小的综合效应。

- 在剔除第 i 个样本之后,如果标准化回归系数变化的绝对值大于 $2/\sqrt{n}$,则可认为第 i 个样本可能是强影响点。
- 还可以观测预测值的前后变化,通常如果标准化预测值变化的绝对值大于 $2/\sqrt{p/n}$,则可认为第 i 个样本可能是强影响点。

三、多元回归分析中的其他问题

在多元回归分析中,由于因变量会受众多因素的共同影响,需要多个自变量解释,于是会出现诸如此类的问题:多个变量是否都能够进入线性回归模型,自变量应以怎样的策略和顺序建立方程,方程中多个自变量之间是否存在多重共线性等。

(一) 变量的筛选问题

在多元线性回归分析中,模型中应引入多少自变量是需要重点研究的。如果引入的变量较少,回归方程将无法很好地解释说明因变量的变化。但是也并非引入的变量越多越好,因为这些变量之间可能存在多重共线性(具体内容见后)。因此有必要采取一些策略对变量引入回归方程加以控制和筛选。多元回归分析中,变量的筛选一般有向前筛选、向后筛选、

逐步筛选三种基本策略。

1. 向前筛选策略

向前筛选策略是自变量不断进入回归方程的过程。首先,选择与因变量具有最大相关系数的变量进入方程,并进行回归方程的各种检验;其次,在剩余的变量中寻找与因变量偏相关系数最高并通过检验的变量进入回归方程,并对新建立的回归方程进行各种检验;这个过程一直重复,直到再也没有可进入方程的变量。

2. 向后筛选策略

向后筛选策略是变量不断剔除出回归方程的过程。首先,所有变量全部引入回归方程,并对回归方程进行各种检验,然后,在回归系数显著性检验不显著的一个或多个变量中,剔除 t 检验值最小的变量,并重新建立回归方程和进行各种检验;如果新建回归方程中所有变量的回归系数检验都显著,则回归方程建立过程结束。否则按照上述方法再依次剔除最不显著的变量,直到再也没有可剔除的变量。

3. 逐步筛选策略

逐步筛选策略是向前筛选和向后筛选策略的综合。向前筛选策略是变量不断进入回归方程的过程,变量一旦进入回归方程就不会被剔除出去。随着变量的不断引入,由于自变量之间存在一定程度的多重共线性,使得某些已经进入回归方程的自变量的回归系数不再显著,这样造成最终的回归方程可能包含一些不显著的自变量。逐步筛选法在向前筛选策略的基础之上,结合向后筛选策略,在每个变量进入方程后再次判断是否存在可以剔除出方程的变量。因此,逐步筛选策略在引入变量的每一个阶段都提供了剔除不显著变量的机会。

(二) 变量的多重共线性问题

所谓多重共线性是指自变量之间存在线性相关关系的现象。自变量间高度的多重共线性会给回归方程带来许多不利影响。如偏回归系数估计困难,偏回归系数的估计方差随自变量相关性的增大而增大,偏回归系数的置信区间增大,偏回归系数估计值的不稳定性增强,偏回归系数假设检验的结果不显著等。

测度自变量间多重共线性一般有以下方式:

1. 容忍度

容忍度是测度自变量间多重共线性的重要统计量。自变量 x_i 的容忍度为

$$\text{Tol}_i = 1 - R_i^2$$

式中 R_i^2 是自变量 x_i 与方程中其他自变量间的复相关系数的平方,表明了自变量之间的线性相关程度。容忍度的取值范围在 0 至 1。越接近于 0 表示多重共线性越强;越接近于 1 表示多重共线性越弱。SAS 对变量多重共线性的要求不太严格,只是在容忍度值太小时给出相应警告信息。

2. 方差膨胀因子(VIF)

方差膨胀因子是容忍度的倒数,即

$$\text{VIF}_i = 1/(1 - R_i^2)$$

其取值大于等于1。自变量间的多重共线性越弱,R_i^2越接近0,VIF_i越接近1;自变量间的多重共线性越强,R_i^2越接近1,VIF_i越大。通常,如果VIF_i大于等于10,说明自变量x_i与方程中其余自变量之间有严重的多重共线性,且可能会过度地影响方程的最小二乘估计。另外还可以利用方差膨胀因子的均值

$$\overline{VIF} = \frac{1}{p}\sum_{i=1}^{p} ViF_i$$

来测度多重共线性。如果该均值远大于1,则表示存在严重的多重共线性。

3. 特征根和方差比

特征根是诊断自变量间是否存在严重的多重共线性的另一种有效方法。基本思想是,如果自变量间确实存在较强的相关性,那么它们之间必然存在信息重叠,于是应能够将这些重叠信息提取出来,成为既能够反映自变量的信息(方差)且又相互独立的因素(成分)。根据这一基本思路可从自变量的相关系数矩阵出发,计算相关系数矩阵的特征根。于是,有最大特征根值的特征根能够解释说明自变量信息的比例是最高的(通常可达到70%左右),其他特征根随其特征值的减小对自变量方差的解释能力依次减弱。如果这些特征根中,最大特征根的值远远大于其他特征根的值,则说明这些自变量间具有相当多的重叠信息,原因是仅通过这一个特征根就基本刻画出了所有自变量的绝大部分信息(方差)。

自变量标准化后的方差为1。如果每个特征根都能够刻画该变量方差的一部分,那么所有特征根将刻画该变量方差的全部。如果某个特征根既能够刻画某自变量方差的较大部分比例(如0.7以上),同时又可以刻画另一个自变量方差的较大部分比例,则表明这两个自变量间存在较强的线性相关关系。

4. 条件指数

条件指数是在特征根基础上定义的反应自变量间多重共线性的指标。它的定义为

$$k_i = \sqrt{\lambda_m/\lambda_i}$$

式中,k_i为第i个条件指标,它是最大的特征根λ_m与第i个特征根比的平方根。显而易见,如果最大的特征根与第i个特征根的值相差较大,即第i个条件指数较大,则说明自变量间的信息重叠较多,多重共线性较严重;反之,如果最大的特征根与第i个特征根的值相差较小,即第i个条件指数较小,则说明自变量间的信息重叠较少,多重共线性不明显。通常,当$0 < k_i < 10$时,认为多重共线性较弱;当$10 < k_i < 100$时,认为多重共线性较强;当$k_i \geq 100$时,认为多重共线性很严重。

第二节 线性回归分析的 SAS 过程

一、REG 回归分析过程

在 SAS 系统中,GLM、REG 等过程均可进行一元线性回归分析,这里重点介绍 REG 过程。

REG 过程是 SAS 系统内专门用于回归分析的过程,可实现一元线性回归、多元线性回归等,并能在回归分析中进行相应的回归统计检验,例如共线性诊断、参数置信区间计算等。

REG 回归过程的主要功能有:

- 建立多元回归模型并进行回归分析;
- 提供 9 种模型选择的方法进行自变量的筛选;
- 允许交互地改变回归模型和用于拟合模型的数据;
- 允许对参数附加线性方程式的约束;
- 检验线性假设和多变量假设;
- 产生共线性诊断、影响诊断和偏回归的杠杆图;
- 将参数估计量、预测值、残差值、置信界限及其他诊断统计量结果输出到 SAS 数据集中;
- 产生原始数据和一些统计量的散点图,并能在散点图中通过"着色"或加亮来识别特殊观测或观测组;
- 可以使用相关阵或叉积阵作为输入数据集;
- 完成岭回归和不完全的主成分分析;
- PLOT 语句在使用 GRAPHICS 选项时能够得到高清晰的绘图结果。

REG 回归过程语句的基本语法格式如下:

SAS程序格式	意　义
PROC　REG [选项];	对"DATA="指定或最新数据集进行回归分析
MODEL 因变量=[自变量表][/选项];	指定要拟合的回归模型及其因变量和自变量列表,必需语句
BY 变量;	指定进行回归分析的分组变量,该变量需为已排序的变量
FREQ 变量;	指定作为观测频数的变量
ID 变量;	指定用以标识观测的变量
OUTPUT OUT= 数据集 　　　KEYWORD= 变量名;	用于指定将结果输出到 OUT=指定的输出集中,并设置相关的需要输出的统计量
PLOT 纵轴变量* 横轴变量= "符号";	用于绘制回归模型的散点图,选定作图纵轴变量和横轴变量
VAR 变量列表;	指定未包括在第一个模型语句中的变量进行交叉积和矩阵的计算,以便 ADD、PLOT 和其他 MODEL 语句引用
WEIGHT 变量;	指定作为观测权重的变量
DELETE 变量;	用来交互式地将某个自变量从回归模型中剔除出去
ADD 变量;	用来向回归模型中加入自变量
[标签:]MTEST [代数等式...][/选项];	在多个因变量的多元回归中对某些特定假设进行检验
REFIT;	对修改后的模型立即进行重新拟合并计算相应的统计量
RESTRICT 方程式 ...;	对模型的参数估计设置线性方程式给出的限定条件
PRINT [选项][ANOVA] 　　　[MODELDATA];	用来交互式地显示 MODEL 语句中有关选项所产生的结果,模型修改后用以显示新拟合模型的统计量等指标
[标签:]TEST 线性方程式 ...;	用于对有关模型参数的假设进行检验
REWEIGHT [条件][/选项];	用于重新指定拟合回归方程的观测的权重系数
RUN;	向 SAS 系统提交过程步中的语句

PROC REG 语句用于指定分析的过程为 REG 回归过程,可加常用选项说明如表 14-3 所示。

表 14-3　PROC REG 语句的常用选项说明

选 项	意 义
DATA＝输入数据集	指定需要进行回归分析的输入数据集,可为原始数据集或者 CORR、COV 或 SSCP 类型的数据集
OUTSET＝输出数据集	将参数估计值和模型拟合过程的相应统计量输出到所指定的数据集
SIMPLE	计算 MODEL 语句和 VAR 语句中各变量的简单统计量
CORR	计算 MODEL 语句和 VAR 语句中各变量的相关系数
ALL	执行 REG 过程所有选项的功能
ALPHA＝数值	设置统计假设测验的置信水平,默认为 0.05
ANNOTATE＝数据集名	PLOT 语句所绘图形的注释信息数据集
COVOUT	计算数据集的协方差矩阵,并输出到指定的输出数据集中
EDF	向 OUTEST＝指定的输出数据集输出自变量个数、误差自由度、模型决定系数
RSQUARE	与 EDF 选项的作用相同
NOPRINT	一般回归分析的结果不在结果窗口输出
RIDGE＝数值列表	执行岭回归分析,并设置岭回归参数,结果输出到 OUTEST＝指定的结果输出数据集
OUTSEB	将参数估计值的标准误输出到 OUTEST＝所指定的输出数据集中
OUTSSCP＝数据集名	将 SSCP 矩阵输出到指定的数据集中,此数据集为 SSCP 类型
PRESS	计算 PRESS 统计量并将其输出到 OUTEST＝指定的输出数据集中
TABLEOUT	将参数估计值的标准误、置信区间、t 值(针对参数为零的检验假设)以及相应的 P 值输出到 OUTEST＝所指定的输出数据集中
USSCP	将 REG 过程中所用到的所有变量的未校正的 SSCP 矩阵输出到结果中显示

MODEL 语句用于指定需要进行的回归分析模型,在模型中需要列出具体的因变量与自变量,且这些因变量与自变量需已存在于 SAS 的数据集中。MODEL 语句后主要选项说明如表 14-4 所示。另外 EDF、RSQUARE、OUTSEB、PRESS 等选项与 PROC REG 语句的同名选项意义相同。

表 14-4　REG 过程的 MODEL 语句后主要选项说明

选 项	意 义
P	计算回归模型预测值
ADJRSQ	计算模型自由度校正的决定系数
CLI	计算预测值的置信区间,包括置信上限和下限
CLM	计算因变量的置信上限和下限
B	计算模型回归系数
CLB	计算回归系数估计值的置信区间
R	进行残差分析并给出分析结果
SE	计算模型的误差平方和
COLLIN	对自变量进行共线性诊断
COLLINOINT	对自变量进行共线性分析,不包括截距项
NOINT	回归模型拟合时不包含截距项
STB	计算标准化回归系数
SELECTION＝方法	指定模型自变量筛选方法:FORWARD|FOR(向前法)、BACKWARD|BACK(向后法)、STEPWISE|STEP(逐步筛选法)、RSQUARE(R^2 选择)、ADJRSQ(修正 R^2 选择)、CP(C_p 选择法)、MAXR(最大 R^2 增量)、MINR(最小 R^2 增量)、NONE(全回归),共 9 种方法

续 表

选 项	意 义
BEST=n	在模型自变量筛选法为 RSQUARE、ADJRSQ 或 CP 时使用,用来指定最佳模型的最大个数;最佳模型将在结果中显示或输出到指定数据集
DETAILS	模型选择法为 FOR、BACK 或 STEP 时,指定在结果中显示全部变量筛选过程信息
DETAILS=程度名	模型选择法为 FOR、BACK 或 STEP 时,指定在结果中显示的变量筛选过程的详尽程度,可设置的值为:ALL、STEP、SUMMARY
MAXSTEP=n	在模型选择法为 FOR、BACK 或 STEP 时,指定变量筛选的最大步数
INCLUDE=m	变量筛选时指定将 MODEL 语句中前 m 个自变量包括在模型中
SLENTRY|SLE=p	当模型选择法为 FOR 或 STEP 时,指定变量进入模型所需达到的显著性水平,FOR 法默认值为 0.5,STEP 法默认值为 0.15
SLSTAY|SLS=p	当模型选择法为 BACK 或 STEP 时,指定变量从模型中剔除出去的显著性水平,BACK 法默认值为 0.11,STEP 法默认值为 0.15
STOP=m	在模型选择方法为 MAXR、MINR、RSQUARE、ADJRSQ 或 CP 等方法时,限定最终的模型中自变量的最大个数
CORRB	计算参数估计值的相关矩阵
COVB	给出参数估计值的协方差矩阵
SS1	同时计算 I 型平方和(SS1)与各参数估计值
SS2	同时计算 II 型平方和(SS2)与各参数估计值
TOL	计算参数估计值的容忍度
VIF	将方差膨胀因子随参数估计值一同给出,方差膨胀因子等于容忍度的倒数
DW	计算用于检验误差是否具有一阶自相关的 Durbin-Watson 统计量
INFLUENCE	深入分析每一条观测对参数估计和预测值的影响度
PARTIAL	针对每一个自变量(包括截距项)绘制其对应变量的偏回归杠杆图
ALPHA=p	为当前 MODEL 语句所创建的各种置信区间指定其置信水平,默认值为 0.05
NOPRINT	不显示一般的回归分析结果
ALL	相当于同时设置所有选项
AIC	计算 AIC (Akaike's Information Criterion)统计量
BIC	计算 BIC (Sawa's Bayesian Information Criterion)统计量
CP	计算 Mallow's C_p 统计量
MSE	计算其误差均方 MSE
PC	计算其 PC (Amemiya's Prediction Criterion)统计量
RMSE	计算其误差均方平方根
SSE	计算其误差平方和

OUTPUT 语句用于指定结果输出的输出集并设置相关的需要输出的参数,其中,

● OUT=数据集名:用于指定需要输出的数据集。

● KEYWORD=变量名:用于指定需要输出的回归分析的统计量,并规定其输出的变量名,其中 KEYWORD 为需要输出的统计量的关键词名,具体如表 14-5 所示。

表 14-5 REG 过程 OUTPUT 语句的输出统计量的关键字

关键词	输出的统计量	关键词	输出的统计量
PREDICTED|P	因变量的预测值	STUDENT	学生化残差(残差/标准误)
RESIDUAL|R	回归模型的残差	UCL	各预测值置信上限

续 表

关键词	输出的统计量	关键词	输出的统计量
STDI	各预测值的标准误	LCL	各预测值置信下限
STDP	预测值均值的标准误	UCLM	因变量均值的置信区间的上限
STDR	残差的标准误	LCLM	因变量均值的置信区间的下限
L95	单个预测值的95%置信下限	L95M	预测值均值的95%置信下限
U95	单个预测值的95%置信上限	U95M	预测值均值的95%置信上限
COOKD	Cook的D影响统计量	RSTUDENT	删除该观测后的学生化残差
COVRATIO	观测对协方差的标准化影响	H	删除该观测后重新拟合模型的杠杆率
DFFITS	观测在预测值的标准化影响	PRESS	影响诊断统计量,预测残差的平方和

PLOT语句用于绘制模型散点图,语句中第一个变量为纵轴变量,第二个变量为横轴变量,如果对散点图的符号有所限制,可以在其后继续设置散点图的符号。PLOT语句后也可以加一定的选项对绘制的图形进行设置。在后面的第21章会对SAS的绘图功能做更详细的介绍,这里仅简单介绍几个常用的选项,如表14-6所示。

表14-6 REG过程的PLOT语句常用选项说明

选 项	意 义
VAXIS=数值	定义纵坐标(y)的刻度间隔,例如 VAXIS=10 TO 100 BY 5
HAXIS=数值	定义横坐标(x)的刻度间隔
VZERO	控制图形纵坐标(y)的刻度从零开始
HZERO	控制图形横坐标(x)的刻度从零开始
VREE=值	在纵轴(y)上指定的值处画一条水平线
HREE=值	在横轴(x)上指定的值处画一条垂直线

二、线性回归分析的SAS实例应用

【例14.1】(一元线性回归分析) 某医药院校研究人员研究某种代乳粉的营养价值时,用大白鼠做试验,得大白鼠进食量x(克)和增加体重y(克)间关系的原始数据如表14-7所示,试以增加体重y为因变量,进食量x为自变量进行一元线性回归分析。

表14-7 大白鼠进食量与体重增量(单位:克)

动物编号	1	2	3	4	5	6	7	8	9	10
进食量 x	820	780	720	867	690	787	934	679	639	820
增加体重 y	165	158	130	180	134	167	186	145	120	158

对本例问题,我们首先建立SAS数据集,并进行大白鼠进食量(x)和增加体重(y)间的相关分析,所编程序为

```
data ex14_1;
    input x y @@;
cards;
820 165 780 158 720 130 867 180 690 134
787 167 934 186 679 145 639 120 820 158
;
proc corr;
    var x y;
run;
```

运行结果见图 14-2。

```
                           简单统计量
变量      N      均值        标准偏差       总和        最小值        最大值
x        10     773.60000   91.83705     7736       639.00000    934.00000
y        10     154.30000   21.68999     1543       120.00000    186.00000

              Pearson 相关系数, N = 10
              当 H0: Rho=0 时, Prob > |r|
                          x              y
x                     1.00000         0.93952
                                      <.0001
y                     0.93952         1.00000
                      <.0001
```

图 14-2　例 14.1 营养研究的相关分析结果

由图 14-2 结果可知，x 与 y 间相关系数为 0.939 52，P 值<0.000 1，x 与 y 显著正相关，可做回归分析。继续输入如下程序，进行一元线性回归分析，并用选项 R 作残差分析：

```
proc reg;
    model y= x/r;
    plot x * y;
run;
```

执行上述程序，生成的结果主要包括模型的拟合、观测的残差分析和图形三个部分，如图 14-3～图 14-5 所示。

◆ 回归分析的拟合结果表，如图 14-3 所示，分别为：

● Number of Observations，观测的基本信息表，其中回归模型使用的观测数为 10。

● Analysis of Variance，回归模型的方差分析表，从中可以看到回归模型的方差分析 F 统计量为 60.20，概率 P 值为<0.000 1，回归模型是极其显著的。

● Fit Statistics，模型拟合统计参数表，该模型的拟合精度（均方根误差）Root MSE 为 7.879 48，模型的决定系数 R-Square 为 0.882 7，校正决定系数 Adj R-Sq 为 0.868 0，因变量的均值为 154.3，变异系数 Coeff Var 为 5.106 6。

● Parameter Estimates，回归模型参数估计表，由该表中的 Parameter Estimates 列可得到其拟合的一元线性回归方程为 $\hat{y} = -17.357\,46 + 0.221\,89\,x$。

◆ 观测的模型计算与残差分析结果表，如图 14-4 所示。

```
                    The REG Procedure
                     Model: MODEL1
                    Dependent Variable: y

              Number of Observations Read      10
              Number of Observations Used      10

                      Analysis of Variance

                            Sum of         Mean
   Source            DF    Squares       Square    F Value    Pr > F

   Model              1   3737.41063   3737.41063    60.20    <.0001
   Error              8    496.68937     62.08617
   Corrected Total    9   4234.10000

             Root MSE              7.87948    R-Square    0.8827
             Dependent Mean      154.30000    Adj R-Sq    0.8680
             Coeff Var             5.10660

                      Parameter Estimates

                       Parameter      Standard
   Variable    DF      Estimate         Error    t Value    Pr > |t|

   Intercept    1     -17.35746      22.28443      -0.78      0.4581
   x            1       0.22189       0.02860       7.76     <.0001
```

图 14-3　例 14.1 营养研究的回归分析结果

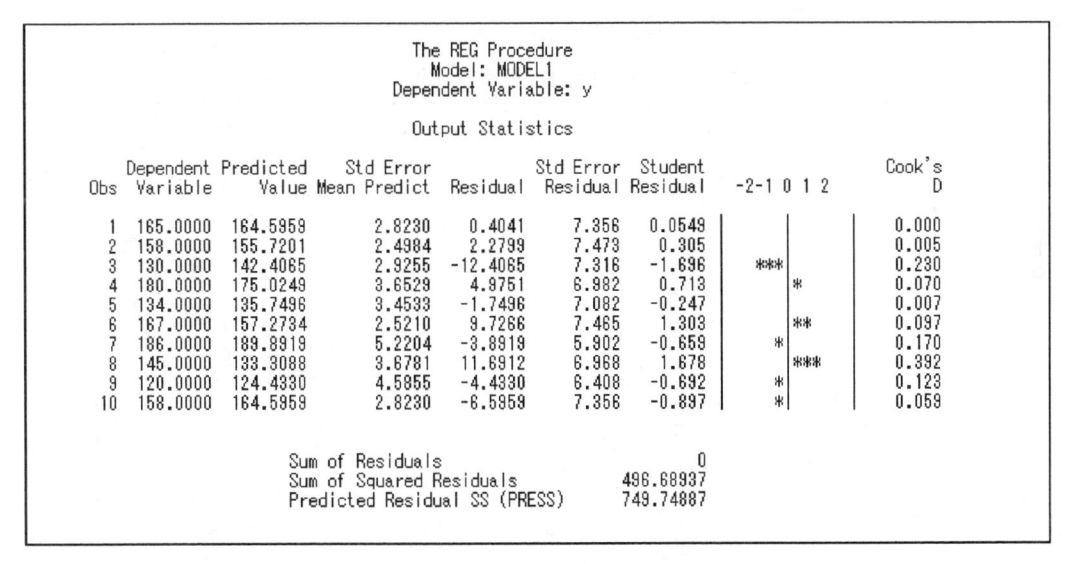

```
                    The REG Procedure
                     Model: MODEL1
                    Dependent Variable: y

                      Output Statistics

       Dependent  Predicted   Std Error             Std Error   Student                Cook's
 Obs   Variable      Value   Mean Predict  Residual  Residual  Residual  -2-1 0 1 2       D

  1    165.0000   164.5959     2.8230      0.4041    7.356     0.0549     |      |      0.000
  2    158.0000   155.7201     2.4984      2.2799    7.473     0.305      |      |      0.005
  3    130.0000   142.4065     2.9255    -12.4065    7.316    -1.696    ***|      |      0.230
  4    180.0000   175.0249     3.6529      4.9751    6.982     0.713      |*     |      0.070
  5    134.0000   135.7496     3.4533     -1.7496    7.082    -0.247      |      |      0.007
  6    167.0000   157.2734     2.5210      9.7266    7.465     1.303      |**    |      0.097
  7    186.0000   189.8919     5.2204     -3.8919    5.302    -0.659     *|      |      0.170
  8    145.0000   133.3088     3.6781     11.6912    6.968     1.678      |***   |      0.392
  9    120.0000   124.4330     4.5855     -4.4330    6.408    -0.692     *|      |      0.123
 10    158.0000   164.5959     2.8230     -6.5959    7.356    -0.897     *|      |      0.059

                   Sum of Residuals                       0
                   Sum of Squared Residuals        496.68937
                   Predicted Residual SS (PRESS)   749.74887
```

图 14-4　观测的模型计算与残差分析结果表

- Output Statistics，为观测的模型计算结果表，该表从左到右分别为观测序号、因变量的观测值、模型预测值、标准误、残差、残差的标准误、Student 残差、残差示意图、Cook's D 统计量。
- Residual Statistics，给出了模型各观测残差的分析结果。

由图 14-4 中结果可以看到总体的预测情况还较好，但其中观测 3 和观测 8 的残差较大，绝对偏差均大于 10，说明这两个观测的模型预测结果不是很理想。

◆ Plots 模型中 x 与 y 散点图,如图 14-5 所示,从散点图中可以看到模型的大概趋势,同时在散点图的右侧也会给出模型统计量的基本信息。

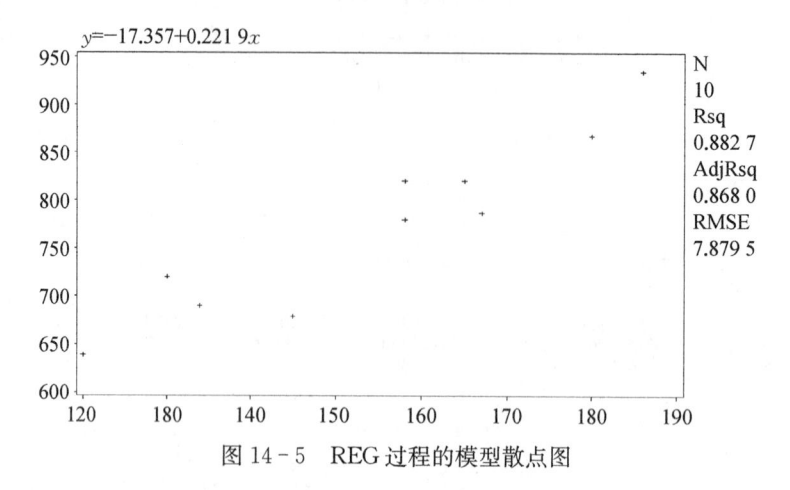

图 14-5 REG 过程的模型散点图

【例 14.2】 在运动生理学的研究中,为了确定运动员的耗氧量与其他一些因素的关系,设计实验,对 31 人测量了年龄(age),体重(weight),跑完 1.5 英里用的时间(runtime),静态时的心率(rstpulse),跑动时的心率(runpulse),跑步时的最大心率(maxpulse),每公斤体重每分钟的耗氧量(oxy)。实测数据见表 14-7。数据已存入 f:\oxy.txt 的文件中,试以 oxy 为因变量,所有其他变量为自变量,进行多元线性回归分析。

表 14-7 运动生理学研究中的测量数据

age	weight	oxy	runtime	rstpulse	runpulse	maxpulse
44	89.47	44.609	11.37	62	178	182
44	85.84	54.297	8.65	45	156	168
38	89.02	49.874	9.22	55	178	180
40	75.98	45.681	11.95	70	176	180
44	81.42	39.442	13.08	63	174	176
44	73.03	50.541	10.13	45	168	168
45	66.45	44.754	11.12	51	176	176
54	83.12	51.855	10.33	50	166	170
51	69.63	40.836	10.95	57	168	172
48	91.63	46.774	10.25	48	162	164
57	73.37	39.407	12.63	58	174	176
52	76.32	45.441	9.63	48	164	166
51	67.25	45.118	11.08	48	172	172
51	73.71	45.790	10.47	59	186	188
49	76.32	48.673	9.40	56	186	188
40	75.07	45.313	10.07	62	185	185
42	68.15	59.571	8.17	40	166	172
47	77.45	44.811	11.63	58	176	176
43	81.19	49.091	10.85	64	162	170

续 表

age	weight	oxy	runtime	rstpulse	runpulse	maxpulse
38	81.87	60.055	8.63	48	170	186
45	87.66	37.388	14.03	56	186	192
47	79.15	47.273	10.60	47	162	164
49	81.42	49.156	8.95	44	180	185
51	77.91	46.672	10.00	48	162	168
49	73.37	50.388	10.08	67	168	168
54	79.38	46.080	11.17	62	156	165
50	70.87	54.625	8.92	48	146	155
54	91.63	39.203	12.88	44	168	172
57	59.08	50.545	9.93	49	148	155
48	61.24	47.920	11.50	52	170	176

根据题意，其 SAS 程序为：

```
data ex14_2;
  infile 'f:\oxy.txt';
  input age weight oxy runtime rstpulse runpulse maxpulse @@;
run;
proc reg;
  model oxy= age weight runtime runpulse rstpulse maxpulse;
run;
```

执行上述程序将生成如图 14-6 所示的结果，其中

```
                    The REG Procedure
                      Model: MODEL1
                    Dependent Variable: oxy

            Number of Observations Read      31
            Number of Observations Used      31

                      Analysis of Variance

                              Sum of        Mean
      Source         DF      Squares      Square    F Value   Pr > F
      Model           6     722.54361   120.42393     22.43   <.0001
      Error          24     128.83794     5.36825
      Corrected Total 30    851.38154

              Root MSE            2.31695    R-Square   0.8487
              Dependent Mean     47.37581    Adj R-Sq   0.8108
              Coeff Var           4.89057

                      Parameter Estimates

                    Parameter    Standard
      Variable  DF   Estimate       Error   t Value   Pr > |t|
      Intercept  1   102.93448    12.40326      8.30    <.0001
      age        1    -0.22697     0.09984     -2.27    0.0322
      weight     1    -0.07418     0.05453     -1.36    0.1869
      runtime    1    -2.62865     0.38456     -6.84    <.0001
      runpulse   1    -0.36963     0.11985     -3.08    0.0051
      rstpulse   1    -0.02153     0.06605     -0.33    0.7473
      maxpulse   1     0.30322     0.13650      2.22    0.0360
```

图 14-6 例 14.2 的多元线性回归分析输出结果

◆ 回归基本信息表：显示了分析的观测数为 31。

◆ 回归的方差分析表：方差分析的 F 检验值为 22.43，检验的概率 P 值<0.000 1，说明模型达极显著水平。

◆ 模型拟合参数表：模型的决定系数 R^2 为 0.848 7，校正决定系数 Adj R^2 为 0.810 8，说明多元回归模型的拟合程度较好。

◆ 参数估计表：由 Parameter Estimates 列得到所建立的模型拟合的多元回归方程为：
$$\hat{y} = 102.934\,48 - 0.226\,97\ age - 0.074\,18\ weight - 2.628\,65\ runtime - 0.369\,63\ runpulse - 0.021\,53\ rstpulse + 0.303\,22\ maxpulse$$

从 $\Pr>|t|$ 的各个自变量显著性检验结果看，对显著性水平 $\alpha=0.05$，体重 weight（$P=0.186\,9>0.05$）和休息时的心率 rstpulse（$P=0.747\,3>0.05$）这两个自变量对因变量的影响不显著，其他自变量对因变量的影响均显著。

如果将对因变量影响不显著的自变量留在回归方程中，会增大参数估计或预测的误差，因此回归方程中应不包含这样的变量。为了使回归方程仅包含对因变量影响显著的变量，而不包含对因变量影响不显著的变量，可使用逐步回归法。

第三节 逐步回归分析的 SAS 过程

在实际问题中，对因变量产生影响的变量往往有很多，一般较难准确地判断哪些变量应该用于建立多元回归模型。逐步回归是目前常用的变量选择方法，可用于从多个自变量中选择适宜的变量建立多元线性回归模型，实现对因变量的预测。本节将详细介绍逐步回归模型和建立的方法。

一、逐步回归模型概述

逐步回归用于从多个自变量中选出适宜的变量建立最优回归模型，其中适宜变量的选择是逐步回归研究的重点。目前常用的逐步回归的变量选择方法有以下几种：

（1）向前选择法（FORWARD）

事先给定挑选自变量进入方程的显著意义水平 SLE（Significance Level for Entry）（默认值 SLE=0.5），开始方程中没有自变量，然后，按自变量对 Y 的贡献大小由大到小依次挑选最显著的自变量进入方程，直到方程外没有显著的自变量可引入方程。

（2）向后消去法（BACKWARD）

事先给定从方程中剔除自变量的显著意义水平 SLS（默认时 SLS=0.10），开始全部自变量都在方程之中，然后，按自变量对 Y 的贡献大小由小到大依次剔除最不显著的自变量，一旦剔除，则再也不能进入模型，直到方程中没有不显著的自变量可剔除。

（3）逐步回归法（STEPWISE）

逐步回归法是向前选择法的修正，对已进入模型中的自变量，进行其显著性的检验，以确定是否保留在模型中。事先给定两个进入和剔除的显著水平 SLE 和 SLS，将变量逐个引入方程,引入的条件是其偏回归平方和经检验有最大的显著性,同时每引入一个新变量后,对已选入的变量要进行逐个检验,将不显著的自变量剔除,这样保证最后所得的自变量子集中的所有自变量对因变量的影响都是显著的。

(4) 求最优变量模型法(MAXR 和 MINR)

求最优变量模型法有最大 R^2 增量法(MAXR)、最小 R^2 增量法(MINR)。

MAXR 法从寻找产生最高决定系数 R^2 的单变量模型开始,然后引入使 R^2 有最大增加的另一变量。一旦双变量模型被获得,模型中的每一变量与不在模型中的各个变量比较,以决定是否移出该变量而用另一个能增加 R^2 的变量代替它。最佳双变量模型建立后,再加入一变量,继续比较和替换来寻找三个变量的"最优"模型等等。

MINR 法类似于 MAXR 法,只不过是寻找产生最小 R^2 增量的替换。对给定变量个数的模型,MAXR 和 MINR 法一般都得到相同的"最优"模型,但 MINR 法对每种变量个数考虑更多的模型。

(5) 决定系数 R^2 选择法(RSQUARE 和 ADJRSQ)

RSQUARE 法(R^2 选择法)可以有效地计算所有可能回归子集并在每种子集里按 R^2 递减的次序输出回归模型,并提供一些有效比较的统计量和回归系数的估计结果。这样选择的回归子集模型对于给定的样本按 R^2 准则是最优的,但对该样本所抽取的总体或想要预测的其他样本而言未必是最优的。RSQUARE 法总能够对所考虑变量的每种变量个数找到具有最大 R^2 的模型,因此费时较多,故在自变量很多时宜用如 STEPWISE 等其他选择法更加方便。

ADJRSQ(校正 R^2 选择法)类似于 RSQUARE 法,只是对于选择模型使用的准则为校正 R^2 统计量。校正 R^2 统计量定义为

$$\text{Adjusted } R^2 = 1 - \frac{n-1}{n-p}(1-R^2)$$

其中 n 是用来拟合模型的观测个数,p 是回归模型中回归系数的个数(包括常数项)。

(6) Mallows 的 C_p 选择法(CP)

这个方法类似于 ADJRSQ,只是模型选择的准则用 Mallows 提出的 C_p 统计量。C_p 统计量定义为

$$C_p = \frac{\text{SSE}_p}{S^2} + 2p - n$$

其中 S^2 是全回归模型的均方误差 MSE,SSE_p 是包括常数项在内有 p 个回归系数的模型的误差平方和,n 是观测的总个数。Mallows 建议应该选择 C_p 值较小而且最接近 p 的模型为佳。

(7) 全回归模型(NONE)

建立因变量 Y 与全部自变量的全回归模型,不对回归变量进行筛选。当省略选项 SELECTION=时,表示建立全回归模型。

二、逐步回归分析的 SAS 实例应用

逐步回归模型的建立在 SAS 系统内也可以通过编程和界面操作两种方式实现,可以结

合实际需要灵活选择操作方式。

逐步回归模型的 SAS 实现也是使用 REG 过程,与之前介绍的一元回归和多元回归的主要差异在于需要在 MODEL 语句后添加逐步回归法的选项。其基本格式为

```
PROC REG [选项];
    MODEL 因变量= 自变量表/SELECTION= 选择法;
RUN;
```

其中 MODEL 语句后必须注明选项 SELECTION=选择法,选定逐步回归分析的方法有:

● SELECTION=选择法:选择逐步回归的分析方法,其中选择法可为 FORWARD(向前选择法)、BACKWARD(向后消去法)、STEPWISE(逐步回归法)、MAXR(最大 R^2 增量法)、MINR(最小 R^2 增量法)、RSQUARE(R^2 选择法)、ADJRSQ(校正 R^2 选择法)、CP (CP 统计量法)、NONE(使用所有自变量建立回归模型,即多元全回归模型,默认)。

有关逐步回归法的其他可选选项还有 BEST = n、DETAILS、DETAILS = 程度、MAXSTEP=n、INCLUDE=m、SLENTRY|SLE=p、SLSTAY|SLS=p、STOP=m 等,其意义参见前面的表 14-4。

【例 14.3】 对前面例 14.2 中运动员运动耗氧量的研究问题采用逐步回归法再进行分析。

```
proc reg data= ex14_2;
  model oxy= age weight runtime runpulse maxpulse rstpulse
  / selection= stepwise;
run;
```

运行结果见图 14-7～图 14-9。

图 14-7、图 14-8 给出逐步回归的四步变量选择过程。程序中没有设置选择变量进入模型的显著意义水平和留在模型里的显著意义水平,默认值 SLE=SLS=0.15。对每一步都显示方差分析表、回归系数和有关的统计量。

方差分析表的上部,显示本步新引入的变量名称,R-Square(R^2)是决定系数,即复相关系数的平方;$C(p)$ 是误差总平方的量度,是 Mallows 提出的作为选择模型的判别统计量。$C(p)$ 定义如下:

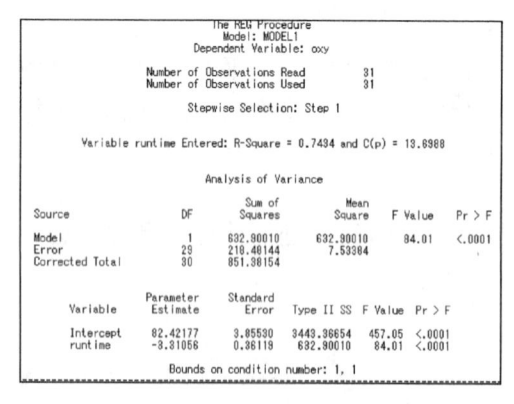

图 14-7 例 14.3 的耗氧量逐步回归分析输出结果 1

Stepwise Selection: Step 3

Variable runpulse Entered: R-Square = 0.8111 and C(p) = 6.9596

Analysis of Variance

Source	DF	Sum of Squares	Mean Square	F Value	Pr > F
Model	3	690.55086	230.18362	38.64	<.0001
Error	27	160.83069	5.95669		
Corrected Total	30	851.38154			

Variable	Parameter Estimate	Standard Error	Type II SS	F Value	Pr > F
Intercept	111.71806	10.23509	709.69014	119.14	<.0001
age	-0.25640	0.09623	42.28867	7.10	0.0129
runtime	-2.82538	0.35828	370.43529	62.19	<.0001
runpulse	-0.13091	0.05059	39.88512	6.70	0.0154

Stepwise Selection: Step 4

Variable maxpulse Entered: R-Square = 0.8368 and C(p) = 4.8800

Analysis of Variance

Source	DF	Sum of Squares	Mean Square	F Value	Pr > F
Model	4	712.45153	178.11288	33.33	<.0001
Error	26	138.93002	5.34346		
Corrected Total	30	851.38154			

Variable	Parameter Estimate	Standard Error	Type II SS	F Value	Pr > F
Intercept	98.14789	11.78569	370.57373	69.35	<.0001
age	-0.19773	0.09564	22.84231	4.27	0.0488
runtime	-2.76758	0.34054	352.93570	66.05	<.0001
runpulse	-0.34811	0.11750	46.90089	8.78	0.0064
maxpulse	0.27051	0.13362	21.90067	4.10	0.0533

Bounds on condition number: 8.4182, 76.851

图 14-8　例 14.3 的耗氧量逐步回归分析输出结果 2

$$C(p)=\mathrm{SSE}_p/S^2+2p-n$$

其中 S^2 是所有自变量都在模型中时的 MSE；SSE_p是有 p 个自变量加上常数项的模型误差平方和；n 是自变量的总个数。

第 1 步　(图 14-7)将对 oxy 影响最大变量 runtime 引入方程，检验结果$P<0.0001$，没有剔除。

第 2 步　(图 14-7)将方程外面对 oxy 影响最大的变量 age 引入方程，检验结果 age 的 $P=0.1267$，不大于 0.15，故没有剔除。

第 3 步　(图 14-8)引入作用较大的 runpulse，检验结果 runpulse 的 $P=0.0154$，故 runpulse 进入，age 的 P 值下降为 $P=0.0129$，runtime 和 age 仍然保留。

第 4 步　(图 14-8)引入作用较大 maxpulse，检验结果 maxpulse 的 $P=0.0533$，故 maxpulse 进入，age 的 $P=0.0488$，runpulse 的 P 值$=0.0064$，runtime 的 P 值<0.0001 仍然保留。

至此，方程外面的自变量 rstpulse 不显著，不能引入，按 0.15 标准，方程中没有可以剔除的对因变量影响无显著意义的变量，逐步回归过程结束。

方差分析表显示模型包含的自变量、自变量参数估计(截距和偏回归系数估计值)、估计值的标准误、自变量平方和、F 值和概率。

All variables left in the model are significant at the 0.1500 level.

No other variable met the 0.1500 significance level for entry into the model.

Summary of Stepwise Selection

Step	Variable Entered	Variable Removed	Number Vars In	Partial R-Square	Model R-Square	C(p)	F Value	Pr > F
1	runtime		1	0.7434	0.7434	13.6988	84.01	<.0001
2	age		2	0.0209	0.7642	12.3894	2.48	0.1267
3	runpulse		3	0.0468	0.8111	6.9596	6.70	0.0154
4	maxpulse		4	0.0257	0.8368	4.8800	4.10	0.0533

图 14-9　例 14.3 的耗氧量逐步回归分析汇总表

图 14-9 给出逐步回归过程的汇总表，这里显示了引进变量的顺序、每一步引进的变量对 R^2 的贡献和总 R^2 的变化、$C(p)$值的变化及引进每个变量时的检验概率。其中 $C(p)$值

最小(4.8800)的最后那个模型为最合适的回归模型。至此得到进入回归模型的自变量为：年龄(age)，跑完 1.5 英里用的时间(runtime)，跑动时的心率(runpulse)，跑步时的最大心率(maxpulse)。

由第 4 步的最终结果(图 14-8)可以得到每公斤体重每分钟的耗氧量(oxy)的逐步线性回归方程为：

$$\hat{y} = 98.14789 - 0.19773 \text{ age} - 2.76758 \text{ runtime} - 0.34811 \text{ runpulse} + 0.27051 \text{ maxpulse}$$

此过程结果表明，年龄(age)、跑完 1.5 英里用的时间(runtime)、跑动时的心率(runpulse)、跑步时的最大心率(maxpulse)将显著影响每公斤体重每分钟的耗氧量(oxy)。

从每步的结果中可以看到，每引入(或剔除)一个变量时，会引起模型的所有参数和各统计量的变化，仔细分析能使我们进一步了解各变量之间的内在联系。

逐步回归的结果与 SLE 和 SLS 的取值关系较大，在用逐步回归法时，开始时最好给 SLE 和 SLS 取较大的值，经过初步分析后适当调整，直至取得比较合理的结果。更为妥当的做法是同时用几种方法筛选变量，对各种分析的结果综合考虑。

第四节　线性回归分析的界面操作

在 SAS 系统内利用 INSIGHT 模块和【分析家】模块均可进行线性回归分析的界面操作分析。下面通过实例来演示回归分析的界面操作。

一、一元线性回归分析的界面操作

(一) 基于 INSIGHT 模块的一元线性回归分析

【例 14.4】　利用 INSIGHT 模块对本章例 14.1 的大白鼠进食量 x(自变量)和增加体重 y(因变量)间关系进行一元线性回归分析。

(1) 启动 INSIGHT 模块，打开例 14.1 中建立的 SAS 数据集 EX14_1。

(2) 在 INSIGHT 主窗口单击菜单【分析】→【拟合】，打开如图 14-10 所示的对话框。选中变量 x，单击【拟合】对话框中的 X ，将变量 x 选为自变量，进入 X 右侧的空白区域。选中变量 y，单击 Y ，将变量 y 选为因变量，进入 Y 下方的空白区域。

(3) 最后，单击图 14-10【拟合】对话框中的 确定 ，执行一元线性回归分析。得到输出结果，如图 14-11、图 14-12、图 14-13 所示。

基于 INSIGHT 模块的一元回归分析结果主要包括以下几个部分。

(1) 回归模型的基本信息表：给出了一元回归模型的基本信息。

- $y=x$：表示构建的模型为一元线性模型，y 为因变量，x 为自变量。
- 响应分布：在回归模型中因变量 y 为响应变量，响应变量的分布为正态分布。

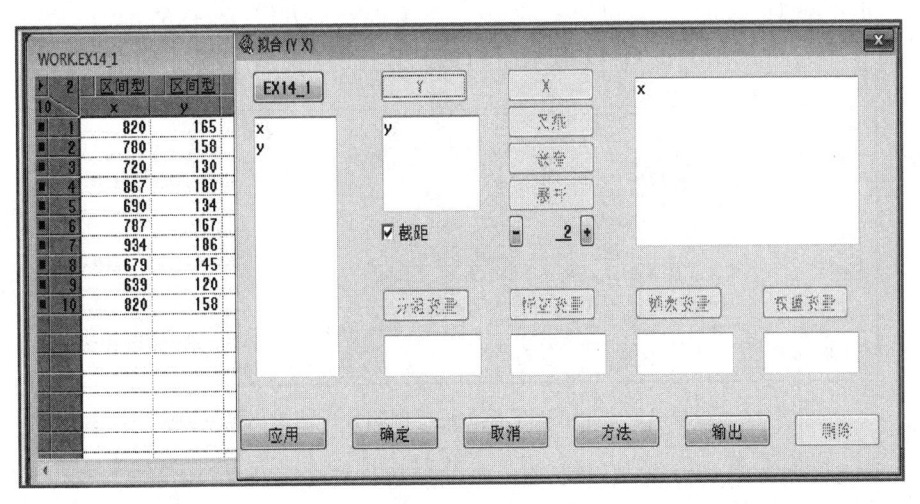

图 14-10　INSIGHT 模块进行回归分析的变量设置对话框

- 关联函数:表示模型中的因变量和数据中的因变量的关系,这里为恒等的关系。

(2) 回归模型方程表:给出了所建立的模型的回归方程。本实例中的回归方程为

$$\hat{y}=-17.357\,5+0.221\,9x$$

图 14-11　INSIGHT 模块进行回归分析的输出结果 1

(3) 回归模型散点图:给出了模型的图形表示,从中可以观察模型各观测点的线性化程度和所建立的一元线性回归方程所表示的直线。

(4) 回归模型参数表(参数回归拟合):表中包括模型的曲线类型、模型次数、模型自由度、模型均方、误差自由度、误差均方、R 平方、F 统计量、概率 P。从中可知回归模型的多项式次数为 1 次,说明该模型的类型为一元线性回归,模型的 R 平方为 0.882 7,$F=60.20$,检验概率的 P 值<0.000 1,表明回归模型具有极高的显著性。

(5) 回归模型拟合汇总表：包括 y 的均值、均方误差平方根、R 平方和校正 R 平方。

在图 14-12 中利用 INSIGHT 模块进行回归分析的输出结果 2 中的结果为：

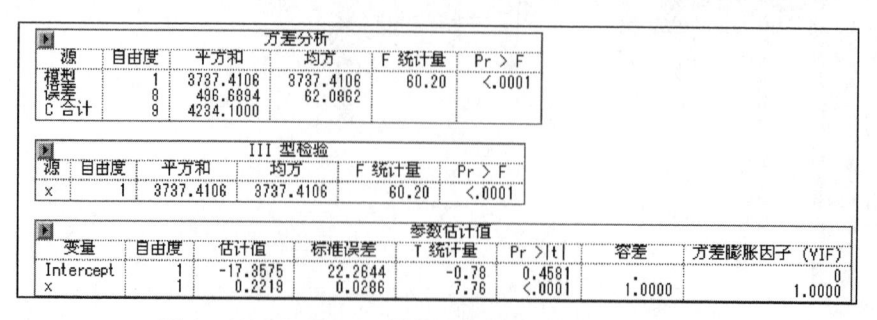

方差分析					
源	自由度	平方和	均方	F 统计量	Pr > F
模型	1	3737.4106	3737.4106	60.20	<.0001
误差	8	496.6894	62.0862		
C 合计	9	4234.1000			

III 型检验					
源	自由度	平方和	均方	F 统计量	Pr > F
x	1	3737.4106	3737.4106	60.20	<.0001

参数估计值							
变量	自由度	估计值	标准误差	T 统计量	Pr >|t|	容差	方差膨胀因子 (VIF)
Intercept	1	-17.3575	22.2644	-0.78	0.4581		0
x	1	0.2219	0.0286	7.78	<.0001	1.0000	1.0000

图 14-12　INSIGHT 模块进行回归分析的输出结果 2

(6) 回归模型方差分析表：用于回归模型的显著性检验。由方差分析表得：$F=60.2$，对应检验概率的 P 值<0.0001，说明回归模型达极显著的水平。

(7) 回归模型检验表：包括模型显著性检验的基本信息，检验概率的 P 值<0.0001，回归模型达极显著水平。

(8) 回归模型的参数估计表：给出了模型变量和回归系数的自由度、估计值、标准误差、t 检验统计量、t 检验概率 P 值、容差、方差膨胀因子等 7 个参数。

图 14-13 为 INSIGHT 进行回归分析的输出结果 3。

(9) 回归模型的诊断图：给出了模型预测值与残差的散点图，用于对回归模型进行统计诊断。理想的模型点应该随机地分布在图中红色的 0 线的两侧，而本实例中几个数据点的散点分布就较为理想，说明所建立的回归模型较为理想有效。

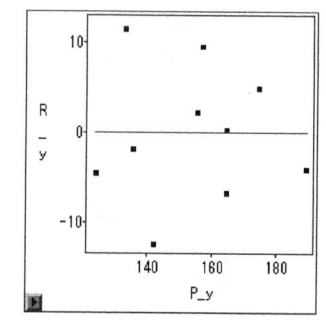

图 14-13　INSIGHT 回归输出 3

(二) 基于【分析家】模块的一元线性回归分析

【例 14.5】　利用【分析家】模块对本章例 14.1 的大白鼠进食量 x (自变量) 和增加体重 y (因变量) 间关系进行一元线性回归分析。

(1) 启动【分析家】模块，打开例 14.1 中建立的 SAS 数据集 EX14_1。

(2) 单击【分析家】模块菜【统计】→【回归】→【简单】，在弹出的【Simple Linear Regression】对话框中选中自变量 x，将其选入 Explanatory 下方的空白区域，选择变量 y，将其选入 Dependent 下方的空白区域，如图 14-14 所示。

(3) 在【Simple Linear Regression】对话框中的 Model 区域，选择 Linear 线性模型 (默认)，如图 14-14 所示，将构建 $y=a+bx$ 形式的模型。同时，这里也可以结合实际的需要选择 Quadratic (二次多项式回归模型) 和 Cubic (三次多项式回归模型)。

(4) 单击【Simple Linear Regression】对话框中的 OK，执行回归分析计算。计算的结果如图 14-15 所示，主要包括回归模型基本信息表、方差分析表、模型拟合参数表和参数估计表，与前面例 14.1 分析的输出结果图 14-3 相同，这里不再详细展开叙述。

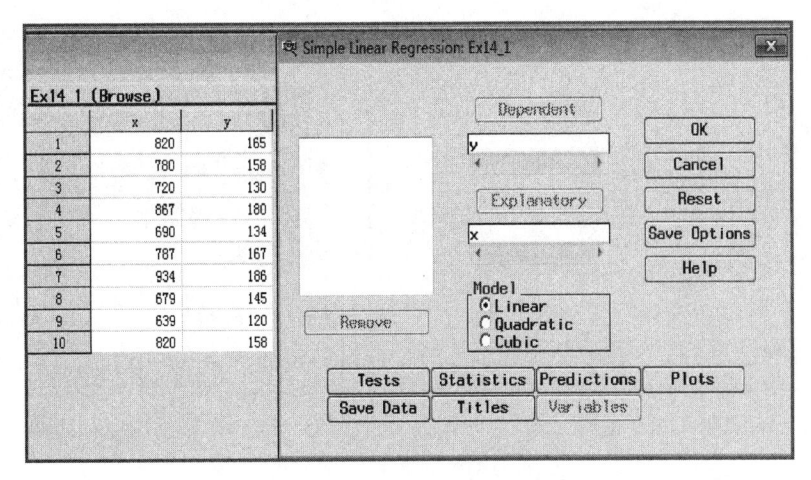

图 14-14 【分析家】模块的回归模型变量设置

图 14-15 【分析家】的一元线性回归的输出结果

二、多元线性回归分析的界面操作

与一元回归分析类似,多元回归分析同样可以通过 INSIGHT 模块和【分析家】模块实现其菜单界面操作。

【例 14.6】 利用 INSIGHT 模块对本章例 14.2 运动员的耗氧量与其他一些因素的关系进行多元线性回归分析。

(1) 启动 INSIGHT 模块,打开例 14.2 的数据集 EX14_2。

(2) 在 INSIGHT 主窗口单击菜单【分析】→【拟合】,打开如图 14-16 所示的对话框。选中变量 oxy,单击 Y ,将其选入 Y 下方的空白区域;选择其他变量 age、weight、runtime、rstpulse、runpulse 和 maxpulse 为自变量,将其选入 X 右侧区域。

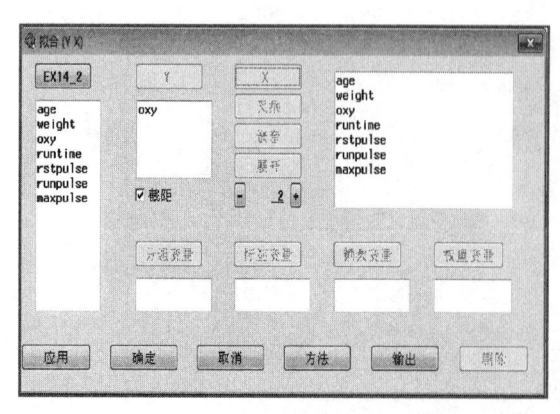

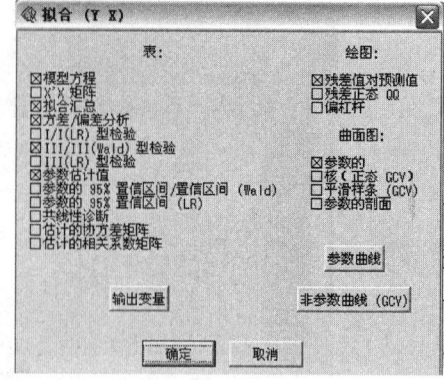

图 14-16　INSIGHT 的多元线性回归界面　　　图 14-17　单击输出所得的输出选项对话框

（3）若单击【拟合】对话框的 方法 ，可以设置相关的多元回归模型建立的方法，包括响应变量的分布、关联函数和尺度等。若单击 输出 ，可以对多元线性回归模型计算的输出参数进行设置，主要包括一些统计表、图的输出，如图 14-17 所示。只要选中需要的统计图表，在 INSIGHT 的结果窗口将生成相应的统计结果。

（4）参数设置完毕，返回【拟合】对话框，单击 确定 ，将生成如图 14-18 的统计图表。该结果是没有对 方法 和 输出 进行参数设置的默认输出结果。

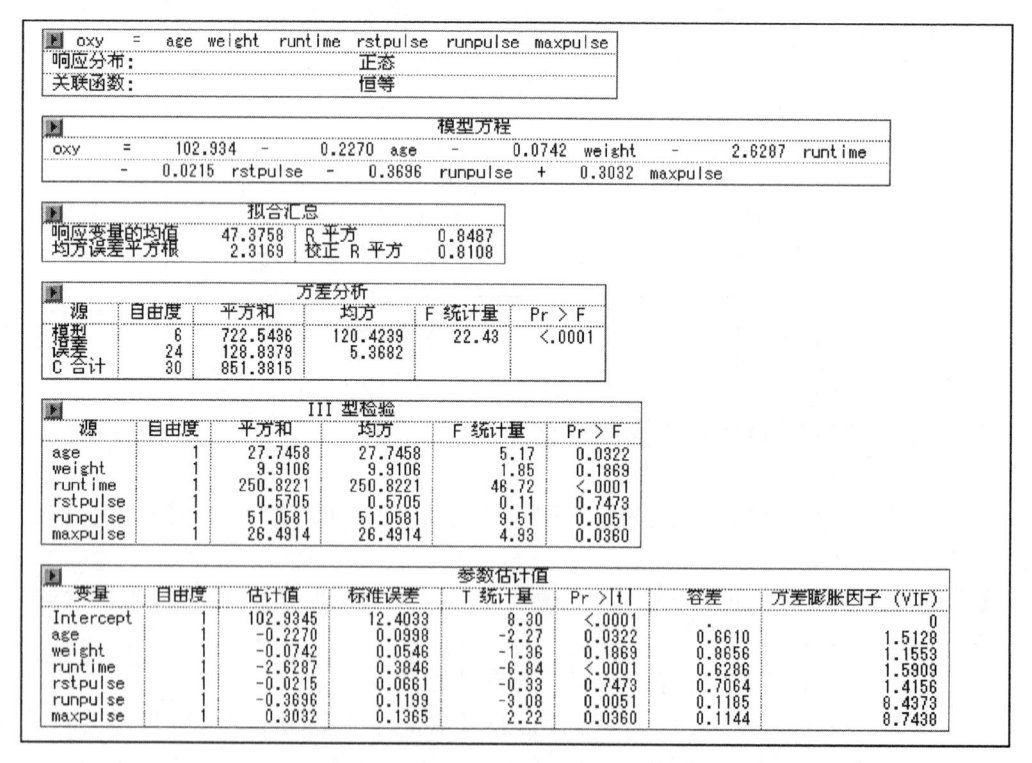

图 14-18　INSIGHT 模块多元线性回归输出结果

图 14-18 给出的基于 INSIGHT 模块的多元线性回归输出结果与一元回归分析的输出结果完全类似,主要有:

- 回归模型的基本信息表;
- 回归模型方程表:给出了所建立的多元线性回归模型的定量表达式,本实例中的多元线性回归方程为

$$\hat{y} = 102.934 - 0.227\ 0\ age - 0.074\ 2\ weight - 2.628\ 7\ runtime - 0.021\ 5\ rstpulse$$
$$- 0.369\ 6\ runpulse + 0.303\ 2\ maxpulse$$

- 回归模型拟合汇总表:决定系数 R 平方=0.848 7,校正 R 平方=0.810 8;
- 回归模型的方差分析表:$F=22.43$,检验概率 P 值<0.000 1,远小于 0.05,回归模型极其显著;
- 回归模型各自变量参数的检验表:从各自变量显著性检验概率 P 值($\Pr>|t|$)看,对 $\alpha=0.05$,体重 weight($P=0.186\ 9>0.05$)和休息时的心率 rstpulse($P=0.706\ 4>0.05$)这两个自变量对因变量的影响不显著,其他自变量对因变量的影响均显著;
- 回归模型的参数估计表,由此也可以得到多元线性回归方程表达式和各自变量对因变量影响的显著性;
- 回归模型的残差分析诊断图:如图 14-19 所示,说明所建立的回归模型较为理想有效。

【例 14.7】 利用【分析家】模块对本章例 14.2 运动员的耗氧量与其他一些因素的关系进行多元线性回归分析。

(1) 启动【分析家】模块,打开例 14.2 的数据集 EX14_2。

(2) 单击菜单【统计】→【回归】→【线性】,在弹出的【Linear Regression】对话框中选择变量 oxy 为因变量,将其选入 Dependent 下方的空白区域,选择其他变量 age、weight、runtime、rstpulse、runpulse 和 maxpulse 为自变量,将其选入 Explanatory 下方的空白区域,如图 14-20 所示。

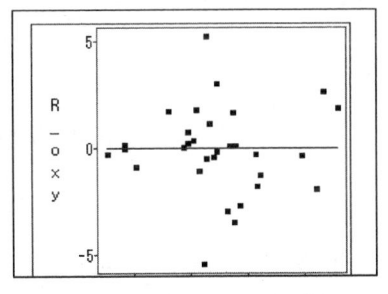

图 14-19 回归模型的诊断图

图 14-20 例 14.7 的【分析家】模块多元回归的变量设置

(3) 若单击【Linear Regression】对话框的 Model ,可以对模型构建的方法做出选择;单击 Tests ,可用于设置相关的统计参数,包括回归系数的标准差、置信区间等;单击 Predictions ,可以设置模型预测情况;单击 Plots ,可以绘制各种用于描述数据关系的散点图,包括观察值与预测值的散点图、自变量与因变量的散点图、残差图等;单击 Save Data ,选择需要保存的统计计算结果,此操作功能类似于 REG 过程中的 OUTPUT 语句。

(4) 单击 OK ,完成多元回归分析,计算的结果如图 14-21 所示。计算结果的组成与基于 REG 过程的多元回归分析输出结果类似,见图 14-6,这里不再详细展开叙述。

The REG Procedure
Model: MODEL1
Dependent Variable: oxy

Number of Observations Read	31
Number of Observations Used	31

Analysis of Variance

Source	DF	Sum of Squares	Mean Square	F Value	Pr > F
Model	6	722.54361	120.42393	22.43	<.0001
Error	24	128.83794	5.36825		
Corrected Total	30	851.38154			

Root MSE	2.31695	R-Square	0.8487
Dependent Mean	47.37581	Adj R-Sq	0.8108
Coeff Var	4.89057		

Parameter Estimates

Variable	DF	Parameter Estimate	Standard Error	t Value	Pr > |t|
Intercept	1	102.93448	12.40326	8.30	<.0001
age	1	-0.22697	0.09984	-2.27	0.0322
weight	1	-0.07418	0.05459	-1.36	0.1869
runtime	1	-2.62865	0.38456	-6.84	<.0001
rstpulse	1	-0.02153	0.06605	-0.33	0.7473
runpulse	1	-0.36963	0.11985	-3.08	0.0051
maxpulse	1	0.30322	0.13650	2.22	0.0360

图 14-21 例 14.7 的【分析家】模块多元回归分析的输出

三、逐步回归分析的界面操作

逐步回归模型的建立和分析在 SAS 系统内也可以通过界面操作实现,可以通过【分析家】模块实现其界面操作。

【例 14.8】 利用【分析家】模块对本章例 14.2 运动员的耗氧量与其他一些因素变量的关系用逐步回归法(Stepwise)进行逐步回归分析。

利用【分析家】模块进行逐步回归模型的建立,其操作步骤与前面进行多元线性回归分析的步骤完全相同,只要在其步骤(3)中,在【Linear Regression】对话框中点击 Model ,对逐步回归模型构建的方法做出选择即可。

(1) 启动【分析家】模块,打开例 14.2 的数据集 EX14_2。

(2) 单击菜单【统计】→【回归】→【线性】,在【Linear Regression】对话框中选择变量 oxy 为因变量,将其选入 Dependent 的空白区域,选择 age、weight、runtime、rstpulse、runpulse 和 maxpulse 为自变量,将其选入 Explanatory 的空白区域,如图 14-20 所示。

(3) 单击【Linear Regression】对话框的 Model ,首先在弹出的【Linear Regression: Model】中,如图 14-22 所示,在其【Method】区域的【Select method】(模型构建的方法)中选定⊙Stepwise selection(逐步回归法)。

(4) 再在【Linear Regression: Model】中点击【Criteria】,如图 14-23 所示,在其【Significance levels】中,将进入和保留在模型中的显著水平都改为 0.15(与例 14.3 的 SLE 和 SLS 的默认值 0.15 一致),最后点击 OK 。

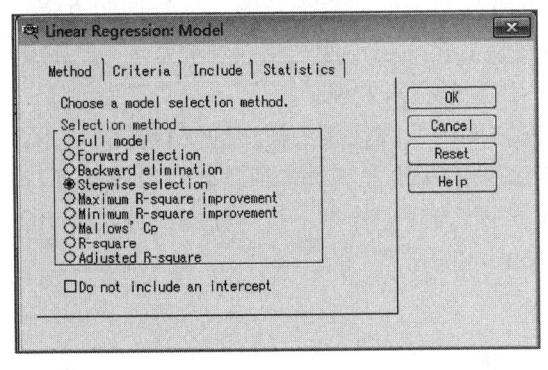

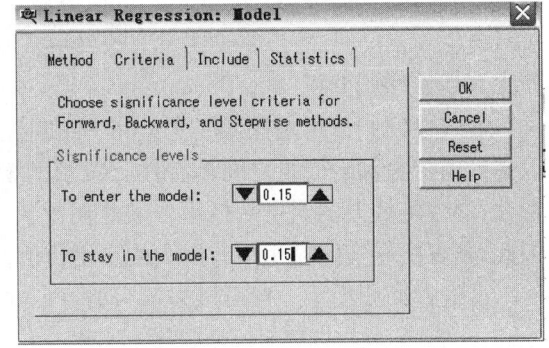

图 14-22 【Linear Regression：Model】对话框   图 14-23 【Linear Regression：Model】中【Criteria】

(5) 再单击 OK，完成逐步回归分析。所得的逐步回归的输出结果与 REG 过程的逐步回归分析输出结果（见图 14-7～图 14-9）完全一致，其结果解读也相同，这里不再展开叙述。

第五节　非线性回归分析的 SAS 过程

一、非线性回归分析的基本原理

在进行回归分析时，若两变量之间为线性关系，可用 REG 或 GLM 过程。若两变量之间为非线性关系时，如对自变量进行变换能使之与因变量（或其变换）呈线性关系（参见表 14-8），则仍然可用 REG 或 GLM 过程进行线性回归分析，再进行逆变换得到非线性关系表达式。

表 14-8　非线性模型转化为线性模型

模型类型	非线性方程	变　换	变换后的线性方程
多项式模型	$y=\beta_0+\beta_1 x+\beta_2 x^2$	$x_1=x^2$	$y=\beta_0+\beta_1 x+\beta_2 x_1$
复合函数模型	$y=\beta_0 \beta_1^x$	$v=\ln(y)$	$v=\ln(\beta_0)+\ln(\beta_1)x$
增长模型	$y=e^{\beta_0+\beta_1 x}$	$v=\ln(y)$	$v=\beta_0+\beta_1 x$
对数模型	$y=\beta_0+\beta_1 \ln(x)$	$x_1=\ln(x)$	$y=\beta_0+\beta_1 x_1$
指数模型	$y=\beta_0 e^{\beta_1 x}$	$v=\ln(y)$	$v=\ln(\beta_0)+\beta_1 x$
逆函数模型	$y=\beta_0+\beta_1/x$	$x_1=1/x$	$y=\beta_0+\beta_1 x_1$
幂函数模型	$y=\beta_0 x^{\beta_1}$	$v=\ln(y),x_1=\ln(x)$	$v=\ln(\beta_0)+\beta_1 x_1$

比如所考察数据对应变量符合对数模型的曲线关系 $y=\beta_0+\beta_1\ln(x)$ 时，可先把 x 转换为 $\ln(x)$，即 $x_1=\ln(x)$，然后按 $y=\beta_0+\beta_1 x_1$ 的线性关系用 REG 或 GLM 过程求出回归系

数 a 及 b 得到回归方程：$\hat{y}=a+bx_1$，最后就可得对数模型的曲线关系的非线性回归方程：$\hat{y}=a+b\ln(x)$。但是若非线性模型的关系式经变量变换后仍不能达到线性关系时，就必须使用非线性回归分析（non-linear regression）的 NLIN 过程来处理。

非线性回归分析是探讨因变量和一组自变量之间的非线性相关模型的统计方法，它可以估计因变量和自变量之间具有任意关系的模型，采用迭代方法对各种复杂曲线模型进行拟合，同时将残差的定义从最小二乘法向外大大扩展，为我们提供了极为强大的分析能力。因此，本方法在实际应用中有很大的实用价值。

非线性回归模型一般可以表示为如下形式。

$$y_i = \hat{y} + e_i = f(x, \theta) + e_i$$

其中 $f(x,\theta)$ 为期望函数。该模型的结构和线性回归模型非常相似，所不同的是期望函数 $f(x,\theta)$ 可能为任意形式，甚至在有的情况下没有显式关系式，而回归方程中参数的估计是通过迭代方法获得的。

非线性回归模型的参数估计的基本思想非常类似于线性模型，也是先给出一个表示估计误差的函数（损失函数），然后使得该函数取值最小化，并求得此时的参数估计值。以常用的最小二乘法为例，它也是设法找到使得各数据点离模型回归线纵向距离的平方和达到最小的估计值（损失函数为残差绝对值平方），但此处的模型回归线就是相应的曲线，而不是线性回归中的直线或者曲线拟合中变换后的直线。

由于期望函数并非直线，使得模型无法直接计算出最小二乘估计的参数值，因此非线性回归模型一般采用高斯-牛顿法进行参数估计。利用对期望函数做泰勒级数展开，以达到线性近似的目的，并反复迭代求解。其基本思路是：首先为所有未知参数指定一个初始值，然后将原方程按泰勒级数展开，并只取一阶各项作为线性函数的逼近，其余项均归入误差中；然后采用最小二乘法对该模型中的参数进行估计；用参数估计值替代初始值，将方程再次展开，进行线性化，从而又可以求出一批参数估计值；如此反复，直至参数估计值收敛。显然，这一方法计算非常复杂，必须借助于计算机完成，并且在许多时候，初始值的设定对模型能否顺利求解是有影响的。

二、NLIN 非线性回归过程

SAS 系统用非线性回归分析的 NLIN 过程，利用最小二乘法或加权最小二乘法来拟合非线性回归模型。非线性模型比线性模型更难以说明和估计，不能简单地列出回归变量，还必须给出方程表达式、说明参数名称、推测它们的起始值和尽可能说明关于参数模型的偏导数。有些模型是很难拟合的，所以这个过程并不保证总能成功地拟合模型。

NLIN 过程首先检查参数说明的开始值，如果数值的间距给定，NLIN 对每种初值组合计算残差平方和，从中找出最好的参数组合进行某种规定的迭代。

对于每个要分析的非线性模型必须给出下面的值：

（1）被估计的参数名以及初始值；
（2）模型（使用单个因变量）；
（3）对每个参数所期望的模型的偏导数（DUD 法除外）；

(4) 对每个参数期望的模型的二阶偏导数(只对 Newton 法);
(5) 通过使用边界条件限制估计值的方法把估计过程限制到某一参数范围内;
(6) 按照 SSE 给定收敛标准、参数估计,或者两种都指定;
(7) 生成新的数据集,包括每次迭代过程的预测值、残差、参数估计、残差平方和、参数估计的协方差矩阵和其他统计量。

表 14-9 非线性回归分析的 NLIN 过程的基本语句格式

SAS 程序格式	意 义
PROC NLIN [选项];	对"DATA="指定或最新数据集进行非线性回归分析,必需语句
MODEL 因变量=表达式;	定义需要拟合的非线性回归模型,必需语句
PARAMETERS|PARMS 参数=值;	用于设置非线性回归模型的初始参数值,必需语句
BOUNDS 表达式;	将参数估计限定在表达式规定的范围内
BY 变量;	指定进行非线性回归分析的分组变量,需为已排序的变量
DER.参数[.参数]=表达式;	对所估计的每个参数指定一阶或二阶偏导数的代数表达式
ID 变量;	指定用以标识观测的变量
OUTPUT OUT= 数据集 KEYWORD= 变量名;	用于指定将结果输出到 OUT= 指定的输出集中,并设置相关的需要输出的统计量
RUN;	向 SAS 系统提交过程步中的语句

其中,PROC、PARMS 及 MODEL 语句是必须的,其他的为可选语句。NLIN 允许在过程内产生一些新的变量,并且在非线性分析中使用它们。

PROC NLIN 语句作为非线性回归分析的过程语句,可选用的选项说明如表 14-10 所示。

表 14-10 PROC NLIN 语句的选项说明

选 项	意 义
DATA=数据集	指定需要进行分析的数据集
OUTEST=数据集	定义 SAS 输出数据集。它包括每次 PROC NLIN 迭代生成的估计参数
BEST=n	要求 PROC NLIN 只输出网格初始值组合中最好的 n 组残差平方和,省略时,NLIN 显示所有参数初始值组合的残差平方和
METHOD=迭代方法	选择迭代方法:GAUSS(修正的高斯—牛顿法)、NEWTON(牛顿法)、GRADIENT(最速下降法或梯度法)、DUD(多元割线法)、MARQUARDT(马奎特迭代法)。如果不指定该选项,若有 DER 语句,则使用 GAUSS,否则用 DUD
RHO=数值	指定一个数用于控制寻找步长,默认值为 0.1,而在 METHOD = MARQUARDT 时为 10
SMETHOD=方法	指定 NLIN 过程步长寻找方法,默认值为 HALVE(默认)、GOLDEN、RMGOLD、CUBIC
SIGSQ=数值	指定一个数值用以代替均方差,计算估计值的标准误
CONVERGE=数值	指定收敛的准则,默认值是 10^{-5}
MAXITER=m	设置迭代次数的限制,m 的数值必须是正整数,默认值为 50

MODEL 语句用来定义需要拟合的非线性回归模型,这里可以直接给出非线性回归模型的表达式,表达式中可以包含变量名、各种运算符号和合法的 SAS 函数。

PARMS 语句用于设置非线性回归模型的初始参数值,模型初始参数值会对最后模型的收敛情况产生很大的影响。

在 PARMS 语句每个"参数= 数值"说明中,参数名代表一个被估计的参数,数值说明参数可能的起始值。通常对每个参数指定一个数值。如果给每个参数指定 n 个数值,NLIN 在网格每个点上估计这个模型。下面的 PARMS 语句命名了 4 个参数,并设置它们可能起始值:

```
PARMS  b₀= 0,b₁=4 TO 8,b₂=0 TO 0.6  BY 0.2,b₃=1,10,100;
```

PARMS 语句中,参数名必须是有效的 SAS 名,而且必须不与 NLIN 过程所用数据集中的变量同名。NLIN 过程后只能有一个 PARMS 语句。

BOUNDS 语句在指定的边界内限制参数估计。在每个边界语句中可以指定一系列的边界值,各值用逗号分隔开。下面是一个有效的单边界表达式的例子:

```
BOUNDS a<=20,b>0;
```

也可以使用双边界,如:

```
BOUNDS 10<a<=20;
```

DER 语句给出一阶偏导数或二阶偏导数,其表达式可以是 MODEL 语句表达式偏导数的代数表述。对于大多数计算方法必须对所估计的每个参数指定一阶偏导数。而对 NEWTON 方法则可指定一阶偏导数和二阶偏导数。

NLIN 过程与通常的过程步有些不同,一些 DATA 步中的程序语句可以在 PROC NLIN 语句后使用,这些语句可以出现在 PROC NLIN 中任何地方。

NLIN 过程可能出现的问题主要有:
- 时间过长;
- 不收敛,此时可试着用一组不同的起始值、不同的 METHOD=选择项或不同的模型重新分析,也可增加 BOUND 语句;
- 发散,迭代过程可能会导致发散,结果会溢出。可能是由于参数输入了空格使像 LOG 和 SQRT 这样的函数非法;
- 不能继续进行,计算方法假设模型是连续的而且参数为光滑函数才能进行,否则不能进行。

NLIN 不一定一次就可以得到一个好的解,这在很大程度上取决于给出很好的参数起始值,可在 PARMS 语句中给一个间距值以寻找好的初始值。当默认的 Gauss-Newton 方法不起作用时,指定 METHOD=MARQUARDT 有时能有效。

三、非线性回归分析的 SAS 实例应用

【例 14.9】(非线性回归分析) 已知有一正弦波的频率 Y 与时间 X 的定量模型关系式为:$Y=a*\sin(bX)+c$,其中 a、b、c 为参数。现测定了不同时间 X 下的波的频率 Y,如表 14-11 所示。试根据该实验数据通过非线性回归分析拟合该正弦波的定量模型的回归方程。

表 14-11　不同时间下的正弦波频率

时　间	0	0.2	0.4	0.6	0.8	1	1.2	1.4
频　率	0.214	0.257	0.250	0.243	0.274	0.313	0.395	0.356
时　间	1.6	1.8	2	2.2	2.4	2.6	2.8	3
频　率	0.426	0.379	0.452	0.393	0.370	0.364	0.383	0.348
时　间	3.2	3.4	3.6	3.8	4	4.2	4.4	4.6
频　率	0.310	0.329	0.272	0.234	0.236	0.137	0.149	0.114
时　间	4.8	5	5.2	5.4	5.6	5.8	6	6.2
频　率	0.045	0.034	−0.041	0.065	−0.035	−0.022	−0.014	−0.096

本实例中需要通过 NLIN 过程拟合非线性回归模型 $y=a*\sin(bx)+c$ 的参数。首先，创建一个数据集，其中变量 x 和 y 分别为模型的自变量（时间）和因变量（频率），然后通过 NLIN 过程实现非线性回归模型的拟合，其中对于模型的参数，我们给定初始值 $a=1, b=1, c=1$，同时，参数拟合的约束条件 $a>0, b>0$。

所编写的 SAS 程序：

```
data ex14_9;
   input time freq @@;
cards;
0    0.214   1.6   0.426   3.2   0.310   4.8   0.045
0.2  0.257   1.8   0.379   3.4   0.329   5     0.034
0.4  0.250   2     0.452   3.6   0.272   5.2   - 0.041
0.6  0.243   2.2   0.393   3.8   0.234   5.4   0.065
0.8  0.274   2.4   0.370   4     0.236   5.6   - 0.035
1    0.313   2.6   0.364   4.2   0.137   5.8   - 0.022
1.2  0.395   2.8   0.383   4.4   0.149   6     - 0.014
1.4  0.356   3     0.348   4.6   0.114   6.2   - 0.096
;
run;
proc nlin;
   parms a= 1,b= 1,c= 1;
   model freq = a * sin(b * time)+ c;
   bound a>0, b>0;
run;
```

执行上述程序，结果如图 14-24 所示。

可以看到图 14-24 生成的非线性回归模型拟合的输出结果主要包括：

◆ 过程因变量、迭代方法信息：指出本例分析的迭代方法是 Gauss Newton 法。

◆ 迭代过程表(Iterative Phase)：显示了非线性迭代过程中每一步的计算结果，包括估计的模型参数值、残差平方和。随着迭代次数的增加，各参数估计值越来越稳定，而残差平方和越来越小。经过 6 次迭代后，残差平方和由 30.490 0 减小到 0.029 6，已满足收敛标准。

```
                The NLIN Procedure                              Estimation Summary
              Dependent Variable freq
                Method: Gauss-Newton                    Method              Gauss-Newton
                                                        Iterations                     6
                Iterative Phase                         R                       3.662E-6
                                              Sum of   PPC(c)                  6.917E-7
        Iter     a         b         c        Squares  RPC(c)                  0.000021
                                                       Object                  1.135E-8
         0    1.0000    1.0000    1.0000     30.4900   Objective               0.028588
         1    0.1492    0.9622    0.2236      0.2604   Observations Read             32
         2    0.1661    0.7376    0.2147      0.1201   Observations Used             32
         3    0.2242    0.7682    0.1808      0.0302   Observations Missing           0
         4    0.2254    0.7586    0.1798      0.0296
         5    0.2256    0.7589    0.1798      0.0296                  Sum of      Mean              Approx
         6    0.2256    0.7589    0.1798      0.0296   Source       DF  Squares   Square   F Value  Pr > F

NOTE: Convergence criterion met.                       Model          2  0.7532   0.3766    369.11  <.0001
                                                       Error         29  0.0296   0.00102
                                                       Corrected Total 31 0.7828
```

图 14-24 例 14.9 的非线性回归模型拟合的输出结果

系统给出"NOTE: Convergence criterion met"。模型达到收敛标准而停止。

◆ 计算汇总表(Estimation Summary)：对整个非线性回归模型的拟合过程进行了总结。本例的整个计算过程共进行了 6 步迭代，参数 R、PPC、RPC 等分别给出了不同条件下算法收敛的条件，同时给出了整个模型估测时使用的观测的信息。其中 R 是对参数的主收敛测量，它测量了残差的程度；PPC 是预期参数改变测量；RPC 是回顾参数改变测量。

◆ 模型显著性的方差分析表：对非线性回归模型进行回归模型显著性检验的方差分析。本实例中模型方差分析表中，$F=369.11$，渐进的 P 值 <0.0001，远小于 0.05，表明非线性回归模型具有高度的显著性。

```
                         Approx
Parameter   Estimate   Std Error    Approximate 95% Confidence Limits

  a          0.2256    0.00951         0.2061         0.2450
  b          0.7589    0.0155          0.7271         0.7906
  c          0.1798    0.00862         0.1621         0.1974


              Approximate Correlation Matrix
                  a              b              c

  a          1.0000000     -0.4886158     -0.5188020
  b         -0.4886158      1.0000000      0.7325400
  c         -0.5188020      0.7325400      1.0000000
```

图 14-25 例 14.9 的非线性回归的参数汇总的输出结果

◆ 参数汇总表(Parameter Summary)：图 14-25 给出了最终建立的模型的未知参数估计值、标准差和 95% 的置信区间。参数估计值为 $a=0.2256$、$b=0.7589$、$c=0.1798$，由此可知所建立的非线性回归模型的拟合方程为：

$$\hat{y}=0.2256*\sin(0.7589x)+0.1798$$

◆ 各参数的近似相关系数矩阵(Approximate Correlation Matrix)：给出了模型拟合各参数的两两近似相关系数矩阵。例如，参数 a 与 b 间相关系数 $r=-0.4886158$，存在负相关关系。同样，参数 a 与 c 存在负相关关系，而参数 b 与 c 存在正相关关系。

(蒋丽芸)

Chapter 15
Logistic 回归分析

第一节　Logistic 回归分析的基本原理

　　一、二项 Logistic 回归模型

　　二、Logistic 回归方程回归系数和优势比

　　三、Logistic 回归方程的检验

　　四、Logistic 回归分析中的虚拟变量

　　五、Logistic 回归方程中的自变量筛选

第二节　Logistic 回归分析的 SAS 过程

　　一、Logistic 回归分析过程

　　二、二项 Logistic 回归分析的 SAS 实例应用

第三节　有序多分类 Logistic 回归分析

　　一、有序多分类 Logistic 回归模型

　　二、有序多分类 Logistic 回归分析的 SAS 实例应用

第四节　无序多分类 Logistic 回归分析

　　一、无序多分类 Logistic 回归模型

　　二、CATMOD 属性数据过程

　　三、无序多分类 Logistic 回归分析的 SAS 实例应用

第一节 Logistic 回归分析的基本原理

一、二项 Logistic 回归模型

作为标准的统计分析工具，多元回归分析在医药等诸多行业和领域的数据分析应用中发挥着极为重要的作用。在运用多元回归分析方法时仍不应忽略方法应用的前提假设条件，违背了某些关键假设，得到的分析结论很可能是不合理和不可信的。

利用多元回归分析方法分析变量之间关系或进行预测时的一个基本要求是，因变量应是连续的数值型变量。但当因变量 Y 为 0/1 二值变量时，建立一般的多元线性回归模型时，残差不再满足回归分析要求的正态性、等方差性等假设条件，同时，其因变量的取值仅为 0、1，与一般回归模型下的因变量取值 $(-\infty, +\infty)$ 显然不同。

由此可见，当因变量 Y 是 0/1 二值品质变量时，无法直接采用一般的多元线性回归模型建模，通常应采用二项 Logistic 回归。Logistic 回归是多元线性回归方法不断发展的成果。

当因变量为 0/1 二值变量时，虽然无法直接采用一般线性多元回归模型建模，但仍然可以充分利用其模型建立的理论和思路，建立其对应的回归模型。

当因变量 Y 为 0/1 二值变量时，如果仍采用简单线性回归模型，则因变量的均值是因变量为 1 时的概率值 $P(P\{Y=1\})$。而利用一般的线性回归模型对因变量 P 进行建模，此时模型因变量的取值范围是 0~1，再对概率 P 作合理转换处理，使其取值范围与一般线性回归吻合，这可通过以下两步完成。

(1) 先将 P 转化成

$$\Omega = \frac{P}{1-P}$$

其中 Ω 称为发生比(odds)或优势，是事件发生的概率 P 与不发生的概率 $1-P$ 之比。这种转化是 P 的单调增函数，保证了与 P 增长(或下降)的一致性，使模型易于解释。

(2) 再转换成

$$\text{Logit}(P) = \ln \Omega = \ln \frac{P}{1-P}$$

经过这一转换后，$\text{Logit}(P)$ 与 P 之间仍呈增长(或下降)的一致性关系，而且取值已与一般的线性回归模型中因变量的取值范围 $(-\infty, +\infty)$ 相同。

上述两步转换过程称为 Logit 变换。经过 Logit 变换后，就可以利用一般线性回归模型建立因变量与自变量之间的依存模型，即

$$\text{Logit}(P) = \beta_0 + \beta_1 x_1 + \beta_2 x_2 + \cdots + \beta_p x_p$$

该模型就是 Logistic 回归模型。可见，模型中 $\text{Logit}(P)$ 与自变量之间是线性关系。那么事件发生的概率 P 与自变量之间是什么关系呢？将

$$\text{Logit}(P) = \ln\frac{P}{1-P}$$

代入，则有

$$\ln\frac{P}{1-P} = \beta_0 + \beta_1 x_1 + \beta_2 x_2 + \cdots + \beta_p x_p$$

解之得

$$P = \frac{1}{1+\exp[-(\beta_0 + \beta_1 x_1 + \cdots + \beta_p x_p)]}$$

或等价的

$$P = \frac{\exp(\beta_0 + \beta_1 x_1 + \cdots + \beta_p x_p)}{1+\exp(\beta_0 + \beta_1 x_1 + \cdots + \beta_p x_p)}$$

式中自变量 x_i 的线性组合 $Z(Z = \beta_0 + \beta_1 x_1 + \beta_2 x_2 + \cdots + \beta_p x_p)$ 与 P 之间形成了数学中的 Logistic 函数关系。

$$P = \frac{1}{1+\exp(-Z)}$$

对应的 Logistic 曲线如图 15-1 所示，呈现以 $(0, 0.5)$ 为中心的对称 S 形变化，是典型的增长函数，很好地体现了概率 P 与自变量 x_i 的线性组合 Z 之间的非线性关系。

二项 Logistic 回归模型适用条件为：

（1）因变量为二值变量（二分类的分类变量）或某事件的发生率；

（2）自变量与 Logit(P) 构成线性关系；

（3）残差合计为 0，而且服从二项分布；

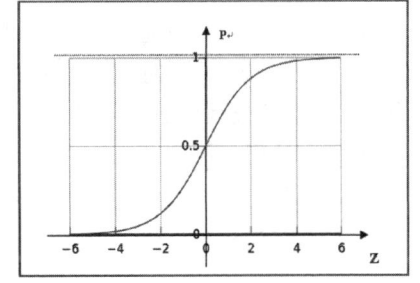

图 15-1　反映 Z 与 P 之间关系的 Logistic 曲线

（4）各观测相互独立；

（5）样本量充分，要求各类别观测样本量是可分析自变量数的 5~10 倍以上。

二、Logistic 回归方程回归系数和优势比

由于 Logistic 回归模型的残差不再服从正态分布，而是二值离散型分布，于是可用极大似然估计法对模型的参数进行估计。从形式上看，由于 Logistic 回归模型与一般线性回归模型的形式相同，因此可以用类似的方法理解和解释 Logistic 回归模型系数的含义，即当其他自变量保持不变时，该自变量每增加一个单位，将引起 Logit(P) 平均变化量。由于 P 与 Logit(P) 呈正向关系，因此，当自变量增加时，也确实带来了概率 P 的增加（或减少），但在应用中人们通常更关心的是自变量给发生比 Ω 带来的变化。

当 Logistic 回归模型的回归系数确定之后，考虑发生比或优势 odds：

$$\Omega = \exp(\beta_0 + \beta_1 x_1 + \cdots + \beta_i x_i + \cdots + \beta_p x_p)$$

当其他自变量保持不变时，研究自变量 x_i 增加一个单位为 $x_i + 1$ 时对优势 odds 的影响，此

时若将新的优势设为 odds*,则有

$$\frac{\text{odds}^*}{\text{odds}} = \frac{\exp(\beta_0+\beta_1 x_1+\cdots+\beta_i(x_i+1)+\cdots+\beta_p x_p)}{\exp(\beta_0+\beta_1 x_1+\cdots+\beta_i x_i+\cdots+\beta_p x_p)} = \exp(\beta_i)$$

该式表明,当其他自变量保持不变时,x_i 每增加一个单位将引起发生比或优势 odds 扩大 $\exp(\beta_i)$ 倍,当回归系数为负时发生比或优势则缩小。

在 Logistic 回归分析中,将两个优势的比值称为优势比或比数比(odd ratio),并记为 OR,即

$$OR = \frac{\text{odds}^*}{\text{odds}} = \frac{P_1/(1-P_1)}{P_0/(1-P_0)}$$

优势比或比数比 OR(odd ratio)是 Logistic 回归分析中非常重要的指标,且与 Logistic 回归模型的系数 β 有极为密切的联系。当影响因素(自变量)x 为取值 0、1 的二值变量时,其回归系数 β 就是优势比 OR 的对数值:$\beta = \ln(OR)$ 或 $OR = \exp(\beta)$。当影响因素(自变量)x 为多分类的等级变量时,一般以最小或最大等级为参照组,$\exp(\beta)$ 表示 x 每增减一个等级时的优势比;$\exp(k\beta)$ 表示 x 每增减 k 个等级时的优势比;当影响因素(自变量)x 为连续型数值变量时,$\exp(\beta)$ 表示 x 每增加一个单位时的优势比。

Logistic 回归模型早期广泛应用于流行病学研究,OR 是流行病学研究中病例对照研究的常用指标。若因变量 Y 为疾病是否发生的二值变量,$\{Y=1\}$ 表示发病,则当 $\beta_i=0$ 时,$OR=1$,表示该自变量因素 x_i 对因变量的发生不起作用;当 $\beta_i>0$ 时,$OR>1$,表示该自变量因素 x_i 是助长因变量发生的危险因素;当 $\beta_i<0$ 时,$OR<1$,表示该自变量因素 x_i 是降低因变量发生的保护因素。

对于如心脑血管疾病、恶性肿瘤等发病率很低的慢性病,由于 P 很小,通常还可以将优势比 OR 作为相对危险度 RR(relative risk)的近似估计,即

$$OR = \frac{P_1/(1-P_1)}{P_0/(1-P_0)} \approx \frac{P_1}{P_0} = RR$$

进行 Logistic 回归模型分析,不仅要根据样本观测值利用最大似然法去估计其 Logistic 回归系数 β_0、β_1、$\cdots$、β_p 的值,得到 Logistic 回归方程并进行检验,还要估计各自变量因素的优势比 OR 的值,进行各因素的影响分析。

三、Logistic 回归方程的检验

建立由样本估计参数的 Logistic 回归模型后,需要对拟合的 Logistic 回归模型进行检验,判断总体回归模型是否成立或是否有统计显著意义。检验主要包括:一是对 Logistic 回归方程显著性的检验;二是对回归系数的检验。

(一) 回归方程的显著性检验

Logistic 回归方程显著性检验的目的是检验自变量全体与 Logit(P) 的线性关系是否显著,是否可以用线性模型拟合。其零假设 $H_0:\beta_0=\beta_1=\beta_2=\cdots=\beta_p=0$,即各回归系数同时为 0,自变量全体与 Logit(P) 的线性关系不显著。

回归方程总体显著性检验的基本思路是,如果方程中的诸多自变量对 Logit(P) 的线性解释有显著意义,那么必然会使回归方程对样本的拟合得到显著提高,故也称为拟合优度检验,其常用方法有以下几种。

(1) 对数似然比(Log Likelihood Ratio)检验法,用于检验全部自变量对因变量的联合作用,检验拟合程度是否有所提高。其似然比检验统计量 G 为

$$G = -\ln(L)^2 = -2\ln(L)$$

式中 $L = L_1/L_0$ 为似然函数比,而 L_1 为包含所有自变量的似然函数,L_0 为仅包含常数项的似然函数。

(2) AIC(Akaike Information Criterion)检验法,用于比较同一数据下的不同模型,AIC 值越小,模型越合适。其 AIC 值为:

$$\text{AIC} = 2k - \ln(L)$$

其中 k 为参数值,L 为似然比函数。

(3) SC(Schwarz Criterion)检验法,用于比较同一数据下的不同模型,SC 值越小,模型越合适。其 SC 值为:

$$\text{SC} = k\ln(n) - \ln(L)$$

其中 k 为参数值,L 为似然比函数。

另外还有计分检验法,也是用于检验全部自变量对因变量的联合作用。以上这些都是用来检验模型总体拟合优度的统计量,在样本含量足够大且原假设成立时都近似服从 χ^2 分布,其中 AIC 检验法和 SC 检验法校正了样本数和自变量个数,主要在 Logistic 逐步回归过程中用来选择最佳模型。

SAS 将计算似然比卡方的观测值和对应的概率 P 值。如果概率 P 值小于给定的显著性水平,则应拒绝零假设,认为目前方程中的所有回归系数不同时为零,自变量全体与 Logit(P) 之间的线性关系显著;反之,如果概率 P 值大于给定的显著性水平,则不应拒绝零假设,认为目前方程中的所有回归系数同时为零,自变量全体与 Logit(P) 之间的线性关系不显著。

(二) 回归系数的显著性检验

Logistic 回归系数显著性检验的目的是逐个检验模型中各自变量是否与 Logit(P) 有显著的线性关系,对解释 Logit(P) 是否有重要贡献。其零假设 $H_0:\beta_i = 0$,即偏回归系数 β_i 与零无显著差异,相应的自变量与 Logit(P) 之间的线性关系不显著。

回归系数显著性检验采用的检验统计量是 Wald 统计量,其定义为

$$\text{Wald}_i = \left(\frac{b_i}{S_{b_i}}\right)^2$$

该式中,Wald 检验统计量服从自由度为 1 的 χ^2 分布。SAS 将计算各自变量的该统计量观测值和对应的概率 P 值。如果概率 P 值小于给定的显著性水平,则应拒绝零假设,认为该自变量的回归系数与零有显著差异,该自变量与 Logit(P) 之间的线性关系显著,应保留在方程中;反之,如果概率 P 值大于给定的显著性水平,则不应拒绝零假设,认为该自变量的回归系数与零无显著差异,该自变量与 Logit(P) 之间的线性关系不显著,不应保留在方程中。

借助上述回归系数的显著性检验,即可得到相应自变量的显著性。

(三) 回归方程的拟合优度检验

在 Logistic 回归分析中,拟合优度可以从两个方面进行考察。第一,回归方程能够解释因变量变异的程度。如果方程可以解释因变量的较大部分变异,则说明拟合优度高,反之说明拟合优度低,这点与一般线性回归分析是相同的。第二,由回归方程计算出的预测值与实际值之间吻合的程度,即方程的总体错判率是低还是高。如果错判率低则说明拟合优度高,反之说明拟合优度低。

四、Logistic 回归分析中的虚拟变量

通常,在回归分析中,作为自变量的变量都是数值型的定量变量,它们对因变量有线性解释作用。在实际应用中,因变量的变化不仅受到连续型数值变量的影响,也会受到定性(分类)变量的影响。定性(分类)数据通常不能像定量变量那样直接作为自变量进入回归方程,一般需将其转化成虚拟变量(或称哑变量 dummy variable)后再参与回归分析。定性(分类)变量参与回归分析的主要目的是研究各类因变量影响的差异性。设置虚拟变量就是将定性变量的各个类别以 0/1 二值变量的形式重新编码,用 1 表示属于该类,用 0 表示不属于该类。

对于具有 n 个分类的定性变量,当确定了参照类后,只需设置 $n-1$ 个虚拟变量即可。在回归分析时,原始的定性变量实际没有参与回归分析,取而代之的是 $n-1$ 个虚拟变量。产生的回归方程中各虚拟变量回归系数的含义是:相对于参照类,各个类对因变量平均贡献的差,从而可进一步研究各类别间对因变量的平均贡献差异。

五、Logistic 回归方程中的自变量筛选

与多元线性回归分析类似,二项 Logistic 回归分析建立回归模型时需采取一些策略对自变量引入二项 Logistic 回归方程加以控制和筛选,得到 Logistic 回归最优模型。Logistic 回归分析中,自变量的筛选一般有向前引入法、向后剔除法、向前逐步筛选法三种基本方法。

(1) 向前引入法(向前法)

向前引入法是每一步都在 Logistic 回归系数显著性检验中显著的自变量中,引入最显著的(Sig.值最小)自变量进入 Logistic 回归方程,直到再也没有显著的自变量可进入 Logistic 回归方程为止。

(2) 向后剔除法(向后法)

向后剔除法是首先将所有自变量全部引入 Logistic 回归方程,然后开始每一步在 Logistic 回归系数显著性检验不显著的自变量中,剔除最不显著(Sig. 值最大)的自变量,直到 Logistic 回归方程中的自变量均为显著不可剔除时为止。

(3) 向前逐步筛选法(逐步法)

向前逐步筛选法是向前引入和向后剔除法的综合。向前逐步筛选法在向前引入法的基础上,结合向后剔除法,在每个显著自变量进入 Logistic 回归方程后,再次判断 Logistic 回归方程中是否存在不显著的可以剔除的自变量,并将其剔除。如此每一步都"有进有出",直

到方程外无显著的自变量可引入,方程中无不显著的自变量可被剔除时为止。

在医学研究中经常遇到因变量为互斥的二分类资料(如治愈与未愈、生存与死亡、发病与未发病等)和有序分类变量(如:无、轻、重等级),同时有许多自变量可能对结果产生影响,而且这种影响不一定是线性的。如果以某事件的发生概率为因变量,以影响因素为自变量,无法使用线性回归分析,可采用 Logistic 回归进行分析。

第二节 Logistic 回归分析的 SAS 过程

一、LOGISTIC 回归分析过程

SAS 系统提供了专门用于 Logistic 回归分析的 LOGISTIC 过程。
LOGISTIC 过程语句的基本语法格式为:

SAS 程序格式	意 义
PROC LOGISTIC [选项];	对"DATA="指定或最新数据集进行 LOGISTIC 回归分析
CLASS 变量;	指明模型自变量中的分类变量,必须在 MODEL 语句之前
MODEL 因变量=自变量/[选项];	指定 LOGISTIC 回归模型的因变量和自变量,还包括协变量、主效应、交互效应及嵌套效应
(MODEL 事件/试验= [效应][/选项];)	
BY 变量;	指定进行方差分析的分组变量,需为已排序的变量
FREQ 变量;	指定作为观测频数的变量
[标签:] TEST 等式 1 …;	指定对等式表示的回归系数的线性假设进行检验
OUTPUT OUT= 数据集 [关键词= 名字] [/选项];	用于指定将有关分析结果输出到 OUT=指定的输出集中,并设置关键词指定的需输出的统计量
WEIGHT 变量;	指定作为观测权重的变量
RUN;	向 SAS 系统提交过程步中的语句

PROC LOGISTIC 语句用于指定分析过程为 Logistic 过程,为必需语句,其选项说明如表 15-1 所示。

表 15-1 PROC LOGISTIC 语句的选项说明

选 项	意 义
DATA=数据集名	指定需要进行 LOGISTIC 回归分析的数据集
OUTEST=数据集名	指定存放参数估计和协方差矩阵结果的输出数据集名
NOPRINT	不在结果输出窗口内输出分析的结果
ORDER=因变量水平顺序	规定模型中因变量的排列顺序:DATA(数据集中水平出现的顺序)、FORMATTED(格式化值的顺序)、INTERNAL(非格式化值的顺序)、FREQ(因变量各水平频率的高低排序)
DESCENDING|DES	颠倒因变量的排列顺序,或按照 ORDER 指定的顺序倒序排列
SIMPLE	输出模型中自变量的简单描述性统计结果,包括方差、均值等

CLASS 语句用于指定模型分析中自变量的分类变量。分类变量的类型可以为字符型

或数值型,该语句必须在 MODEL 语句之前使用。对指定的分类变量,系统将以虚拟变量进行赋值,并可在该语句中通过选项 PARAM 进行不同的赋值选项。

● PARAM= EFFECT | REF:规定对分类变量选择不同的赋值方式。默认值是 EFFECT。例如,DRUG 为三种不同药物 A、B、C 的类别变量,以 C 药为参照类别;SEX 表示性别为"男"、"女"的分类变量,以"女"为参照类别。则其不同选项赋值为:

表 15 - 2　选项 PARAM=EFFECT（默认值）赋值

变量	取值	虚拟变量赋值
DRUG	A B C	1　　0 0　　1 −1　　1
SEX	男 女	1 −1

表 15 - 2　选项 PARAM= REF 或 REFERENCE 赋值

变量	取值	虚拟变量赋值
DRUG	A B C	1　　0 0　　1 0　　0
SEX	男 女	1 0

CLASS 语句"/"后面可指定选项,对所有分类变量起作用,也可以在每个分类变量后面的括号内指定多个不同的选项,则该变量的选项将替代 CLASS 语句"/"后面的选项。CLASS 语句可设置的选项如表 15 - 4 所示。

表 15 - 4　LOGISTIC 过程的 CLASS 语句可设置的选项说明

选项	意义
DESCENGDING	将分类变量的水平按倒序进行排序
CPREFIX=m	指定 CLASS 语句定义的变量中前 m 个字符作为相应的哑变量的名称
LPREFIX=m	指定 CLASS 语句定义的变量中前 m 个字符作为相应的哑变量的标签
ORDER=顺序	指定分类变量的排列顺序:DATA、FORMATTED（默认）、FREQ 和 INTERNAL
PARAM=方法	规定对分类变量选择不同的赋值方式:EFFECT（默认）、GLM、ORTHPOLY、OLYNOMIAL 和 REFERENCE 五种选择
REF=水平	当 PARAM=EFFECI 或 REFERENCE 时,指定的参考水平

MODEL 语句指定因变量和自变量(解释效应)。如果省略了解释效应,程序将拟合一个只含截距的模型,过程中仅能用一个 MODEL 语句。为了让 SAS 对因变量指定某个水平的概率计算,可在 MODEL 语句等号前加 EVENT='某个水平'。对于自变量中有分类变量的模型,需要在前面加 CLASS 语句加以说明,否则自变量都是数值变量。

MODEL 语句有两种句法形式:

第一种形式称为单试验模型句法,用于二分类数据和有序分类数据;此时等号之前须指定一个变量作因变量。这个变量可以是字符型或数值型的。

第二种形式叫作事件/试验模型句法,仅用于二分类数据。应指定两个含有用作二分类试验的计数数据的变量。这两个变量之间用一个"/"分隔。第一个变量(事件)的值是阳性分类数(或事件),第二个变量(试验)的值是试验次数。事件和(试验－事件)的值必须是非负数,试验次数必须为正数。

在 MODEL 语句的两种形式中,等号后面都是模型的解释效应。MODEL 语句选项较多,其常用选项说明如表 15-5 所示。有些选项如 MAXSTEP=n、NOINT、STB、BEST=n、INCLUDE=m、STOP=m、CORRB、DETAILS、COVB、INFLUENCE 等与表 14-4 的 REG 过程的 MODEL 语句中同名选项意义相同。

表 15-5 LOGISTIC 过程的 MODEL 语句常用选项说明

选 项	意 义
LINK=连接函数关键词	回归模型中自变量与因变量之间的连接函数,默认为 Logit 函数,还可取的连接函数包括:CLOGLOG(余值 Log-Log 函数)、GLOGIT(广义 Logit 函数)、PROBIT(标准正态函数的逆函数)
SELECTION=变量筛选法	规定对多元 Logistic 模型筛选自变量建立模型,其中变量筛选法类似于逐步回归,包括 FORWARD(向前选择法)、BACKWARD(向后选择法)、STEPWISE(逐步回归法)和 SCORE(最优子集选择法),默认时为 NONE,即拟合所有自变量的 Logistic 回归模型
SLE=概率值	指定自变量进入 Logistic 回归模型的显著水平,默认为 0.05
SLS=概率值	指定自变量保留在 Logistic 回归模型的显著水平,默认为 0.05
NOINT	拟合的 Logistic 模型不出现常数项,这利于进行条件 Logistic 回归
SEQUENTIAL	按照 MODEL 指定的顺序筛选变量
START=m	在筛选自变量时指定 MODEL 语句中前 m 个自变量进入模型
STOPRES	指定根据残差 χ^2 的值来入选或剔除自变量
MAXITER=m	指定迭代过程最多执行次数,默认次数为 25
ALPHA=p	指定回归参数和比数比(OR)的置信区间的显著性水平,默认值为 0.05
CLPARM=方法	指定计算参数的置信区间的估计方法:PL(剖面似然函数法)、WALD(Wald 检验法)、BOTH(两种方法都用)
CLODDS=方法	计算比数比(OR)置信区间的计算方法:与上列参数置信区间方法相同
CTABLE	显示模型分类表
PEVENT=概率值	对感兴趣的事件指定先验概率或先验概率列表
LACKFIT	对二分类因变量量模型进行 Hosmer 和 Lemeshow 拟合优度检验
OUTROC=数据集	对二分类因变量建立一个含产生 ROC 曲线所需数据的数据集
UPRINT	显示拟合最大似然模型的迭代过程
RSQUARE	提出拟合模型的广义 R^2 尺度

OUTPUT 语句用于创建一个新的输出数据集,包括输入数据集的所有变量、线性预测估计值及其标准误估计值、累积和单个反应概率的估计值以及累积概率的置信区间等。另外,还有针对二分类因变量模型的回归诊断统计量和交叉反应概率的估计值。

OUTPUT 后面 OUT=所指定为输出数据集名称,如果缺省系统则自动以 DATAn 为输出数据集命名。OUTPUT 语句后面可以通过关键词来设置将要输出的统计量,表 15-6 为 OUTPUT 语句中的统计量选项说明。

表 15-6 LOGISTIC 过程的 OUTPUT 语句的统计量选项说明

选 项	意 义
LOWER	表示因变量概率的置信区间下限
UPPER	表示因变量概率的置信区间上限
PREDICTED	因变量预测概率
PREDPROBS	计算单个、累积和交叉的预测概率,分别用 INDIVIDUAL、CUMULATIVE、CROSS-VALIDATE 表示
XBETA	线性预测的估计值

续 表

选 项	意 义
C	置信区间的位移诊断统计量,表示单个观测对回归的影响
CBAR	另一个置信区间的位移诊断统计量,表示删除单个观测后对整个回归估计的影响
DFBETAS	在回归估计中,指定单个观测对拟合模型回归参数估计影响的标准偏差
DIFCHISQ	指定删除了单个观测而产生的χ^2拟合优度统计量的变化
DIFDEV	指定删除了单个观测而产生的偏差的变化
ALPHA=p	指定因变量概率的置信区间的显著性水平,默认值为0.05

二、二项Logistic回归分析的SAS实例应用

【**例15.1**】 为了探讨冠心病发生的有关危险因素,对26例冠心病病人和28例对照者进行病例-对照研究,各因素的说明如表15-7所示。数据存于"f:\gxb.txt",见表15-8。试进行Logistic回归分析。

表15-7 冠心病8个可能的危险因素

因 素	变量名	赋值说明
年龄(岁)	x_1	<45=1,45~54=2,55~64=3,>64=4
高血压史	x_2	无=0,有=1
高血压家族史	x_3	无=0,有=1
吸烟	x_4	不吸=0,吸=1
高血脂史	x_5	无=0,有=1
动物脂肪摄入	x_6	低=0,高=1
体重指数(BMI)	x_7	<24=1, 24~25=2,>25=3
A型性格	x_8	否=0,是=1
冠心病	Y	对照=0,病例=1

表15-8 冠心病危险因素的病例—对照调整治疗

序号	x_1	x_2	x_3	x_4	x_5	x_6	x_7	x_8	Y	序号	x_1	x_2	x_3	x_4	x_5	x_6	x_7	x_8	Y
1	3	1	0	1	0	0	1	1	0	9	2	0	0	1	0	0	1	0	0
2	2	1	0	1	0	0	1	0	0	10	3	1	1	1	0	1	1	0	0
3	3	0	0	1	0	1	1	0	0	11	3	0	0	1	0	0	1	0	0
4	2	0	1	0	0	0	1	0	0	12	2	0	0	1	1	0	1	1	0
5	2	0	0	0	0	1	1	0	0	13	2	0	0	0	0	0	1	0	0
6	1	0	0	0	0	0	1	0	0	14	2	0	0	0	0	0	1	0	0
7	2	0	0	0	0	0	1	0	0	15	2	1	1	1	0	1	2	1	1
8	3	0	1	1	0	1	0	0	0	16	2	0	0	1	1	1	1	0	1

续 表

序号	x_1	x_2	x_3	x_4	x_5	x_6	x_7	x_8	Y	序号	x_1	x_2	x_3	x_4	x_5	x_6	x_7	x_8	Y
17	2	0	0	1	0	0	1	1	1	36	1	0	0	1	0	0	1	1	0
18	2	0	0	1	0	1	1	0	1	37	2	1	1	1	1	2	0	1	1
19	3	1	1	1	1	0	1	1	1	38	2	1	1	0	1	0	3	1	0
20	3	1	1	1	1	0	1	1	1	39	2	0	0	0	0	0	1	0	0
21	2	1	1	1	1	0	2	1	1	40	2	0	0	1	0	0	1	1	0
22	3	1	0	1	0	0	1	1	1	41	2	0	0	0	0	0	2	1	0
23	4	0	0	1	1	0	3	1	1	42	3	0	0	1	1	1	2	1	1
24	4	1	1	1	1	0	3	0	1	43	3	1	0	1	1	1	3	1	1
25	4	0	0	1	0	0	2	1	1	44	2	0	1	0	1	1	1	1	1
26	2	0	1	1	0	1	2	1	1	45	2	1	1	1	0	1	1	1	1
27	2	1	0	1	0	0	1	1	1	46	3	1	1	1	0	1	1	1	1
28	2	0	1	1	0	0	1	0	0	47	3	0	1	0	0	0	1	1	1
29	2	0	0	1	0	0	1	0	0	48	3	1	0	1	0	0	2	1	1
30	3	0	1	1	0	0	2	1	0	49	3	1	1	1	1	1	2	1	1
31	3	0	1	1	1	0	1	0	0	50	3	1	1	1	1	0	3	1	1
32	1	0	0	1	0	0	1	0	0	51	3	0	1	1	1	0	1	1	1
33	1	0	0	0	0	0	2	1	0	52	1	0	1	1	1	0	2	1	1
34	4	1	0	1	0	0	1	0	0	53	2	1	1	0	0	0	2	1	1
35	1	0	0	1	0	0	3	1	0	54	3	1	1	0	1	0	3	1	1

资料中,年龄和体重原为连续型变量,为更有利于结果的解释,将其转换为有序变量。

本例研究目的是找出与冠心病有关的影响因素及其影响作用的大小。变量 $x_1 \sim x_8$ 是可能与冠心病有关的影响因素,对这些因素进行筛选,筛选出与冠心病有关的影响因素,再分析这些因素对冠心病的影响程度大小。

SAS 程序如下。

```
data ex15_1;
  infile 'f:\gxb.txt';
  input n x1- x8 y;
run;
proc logistic descending;
    class x1- x8/param= ref descending;
    model y= x1- x8/selection= stepwise sle= 0.1 sls= 0.1;
run;
```

程序中 PROC 语句中的 DESCENDING 表示因变量 y 的取值由大($y=1$)到小($y=0$)

降序排列,以便计算排在前面的因变量 $y=1$ 作为事件发生的概率。如果无此选项,则 SAS 按升序(0 到 1)排在前面的($y=0$)作为事件的发生,计算其概率。

CLASS 语句指定自变量中 $x_1\sim x_8$ 为分类变量,选项 DESCENDING 使各类别变量降序排列后,以最后一类为参照类,按 REF 选项引入虚拟变量编码赋值。

MODEL 语句将 y 定义为因变量,$x_1\sim x_8$ 作为自变量,MODEL 后面的选项"SELECTION = STEPWISE"表示用逐步法筛选自变量,选项"SLE=0.1"和"SLS=0.1"表示变量进入模型和留在模型中的显著性水平均为 0.1。

程序运行结果见图 15-2~图 15-7。

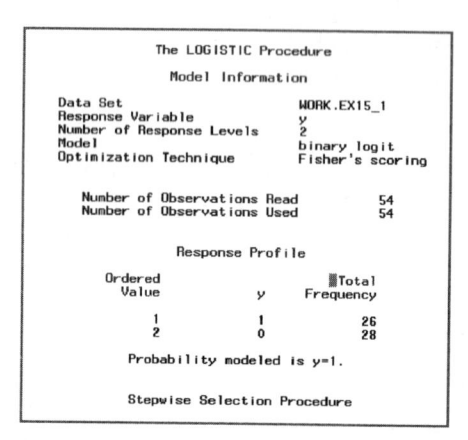

图 15-2 Logistic 回归:模型信息

图 15-3 Logistic 回归:虚拟变量的赋值

图 15-2 结果的第一部分显示了一些模型信息:数据集名、因变量水平数(Number of Response Levels)为 2,建立的为二分类变量 Logit 模型,优化技术(Optimization Technique)采用 Fisher 得分法(Fisher's Scoring)。观测数(Number of Observations)为 54。

"Response Profile"显示因变量值的排列顺序(Ordered Value)、因变量名(Y)及其取值(1,0)和各自的总频数(Total Frequency)分别为 26 和 28。"Probability modeled is y =1"表示模型中计算的因变量概率为因变量值为 $y=1$ 的概率。

图 15-3 给出了 CLASS 语句指定的 $x_1\sim x_8$,作为自变量中的分类变量进行编码赋值的信息,各变量降序排列后,以最后一类为参照类,按 REF 规定的方式进行编码赋值。

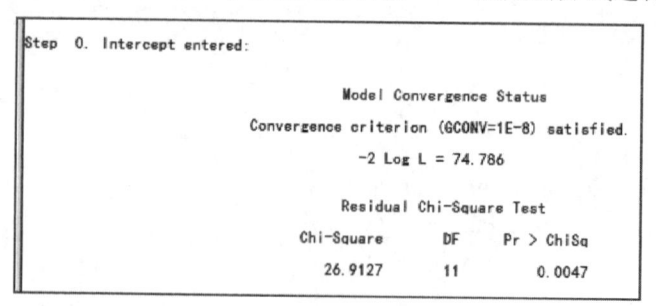

图 15-4 Logistic 回归:逐步选择第 0 步

图 15-4 给出逐步选择的第 0 步，将截距选入模型（Intercept entered），模型收敛状态（Model Convergence Status）：(Convergence criterion(GCONV = 1E−8)satisfied)以 10^{-8} 为相对收敛标准时，收敛判别标准是满足的。

残差χ^2检验结果为：χ^2值为 26.912 7，概率值 $P=0.004\ 7<0.05$，检验结果显著。

图 15-5 是逐步法筛选自变量的过程，在各步中，自变量 x_6、x_5、x_8 和 x_2 依次被选入模型，模型收敛结果满足。

模型拟合统计量(Model Fit Statistics)，显示由截距拟合的模型似然函数和基于距与协变量共同拟合的模型似然函数的三种判断标准：AIC、SC 和 −2Log L；还显示了零假设为 $\beta=0$ 的假设检验结果（Testing Global Null Hypothesis：BETA = 0），采用 Likelihood Ratio、Score 和 Wald 三种检验方法，结果 P 值均小于 0.01，有统计显著意义；最后给出残差χ^2检验结果。

图 15-6 是对逐步法筛选自变量的过程总结，分别列出每一步入选或剔除自变量的名称(Effect Entered/Removed)、自由度(DF)、模型中自变量个数(Number In)、得分法和 Wald 法χ^2检验的检验统计量（Score Chi-Square 和 Wald Chi-Square）以及所对应的概率值(Pr>ChiSq)，本例所有选入变量的 P 值均小于 0.1 的 SLS 标准，因而全部保留在模型中。

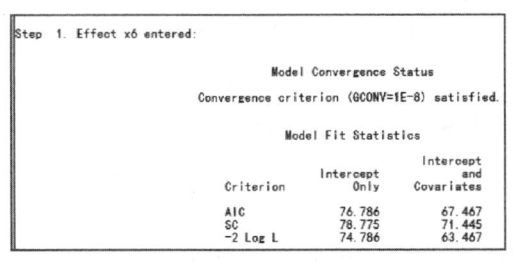

图 15-5 Logistic 回归：逐步法筛选自变量

```
                    The LOGISTIC Procedure
                  Summary of Stepwise Selection
           Effect                 Number      Score        Wald
Step    Entered    Removed   DF     In      Chi-Square  Chi-Square   Pr > ChiSq
  1      x6                   1      1       10.1174                   0.0015
  2      x5                   1      2        7.8749                   0.0050
  3      x8                   1      3        4.9956                   0.0254
  4      x2                   1      4        3.7461                   0.0529

              Type 3 Analysis of Effects
                        Wald
       Effect   DF   Chi-Square    Pr > ChiSq
         x2      1      3.4872       0.0618
         x5      1      3.4387       0.0637
         x6      1      6.6124       0.0101
         x8      1      4.6757       0.0306

         Analysis of Maximum Likelihood Estimates
                            Standard      Wald
  Parameter    DF  Estimate   Error    Chi-Square   Pr > ChiSq
  Intercept     1   -2.9461   0.9055    10.5863       0.0011
  x2       1    1    1.4404   0.7713     3.4872       0.0618
  x5       1    1    1.3846   0.7467     3.4387       0.0637
  x6       1    1    3.2401   1.2600     6.6124       0.0101
  x8       1    1    1.7946   0.8299     4.6757       0.0306
```

图 15-6 Logistic 回归：自变量筛选的过程总结

最大似然估计分析（Analysis of Maximum Likelihood Estimates）的结果中，包括估计的参数（Parameter）、自由度（DF）、回归系数估计值（Estimate）、标准误（Standard Error）、Wald χ^2 检验统计量（Wald Chi-Square）、相对应的概率值（Pr>ChiSq）及标准化回归系数估计值（Standardized Estimate）。由此可以得到 Logistic 回归的回归方程：

$$\text{Logit}(P) = -2.9461 + 1.4404 x_2 + 1.3846 x_5 + 3.2401 x_6 + 1.7946 x_8$$

从标准化回归系数来看，x_6（动物脂肪摄入）对模型的影响最大，其次为 x_8（A 型性格）、x_2（高血压史）和 x_5（高血脂史）。

由此可以得出结论：动物脂肪摄入高、A 型性格、有高血压史、高血脂史的人患冠心病的可能性较大。

在图 15-7 的优势比估计（Odds Ratio Estimates）中，给出模型中各自变量 OR（Odds Ratio）值的估计结果，分为点估计情况（Point Estimate）和 95% Wald 置信区间估计情况（95% Wald Confidence Limits）。

```
               Odds Ratio Estimates
                    Point         95% Wald
   Effect         Estimate     Confidence Limits
   x2 1 vs 0        4.222       0.931    19.146
   x5 1 vs 0        3.993       0.924    17.255
   x6 1 vs 0       25.537       2.161   301.789
   x8 1 vs 0        6.017       1.183    30.608

Association of Predicted Probabilities and Observed Responses
   Percent Concordant   85.4    Somers' D    0.769
   Percent Discordant    8.5    Gamma        0.819
   Percent Tied          6.0    Tau-a        0.391
   Pairs                 728    c            0.885
```

图 15-7 Logistic 回归：OR 估计值

由图 15-7 可见，动物脂肪摄入（x_6）高的人冠心病发生比为摄入低的人的 25.537 倍；A 型性格（x_8）的人冠心病发生比为非 A 型性格人的 6.017 倍，有高血压史（x_2）人的冠心病发生比为无高血压史的人的 4.222 倍，有高血脂史（x_5）的人的冠心病发生比为无高血脂史的人的 3.993 倍。

在图 15-7 的 Association of Predicted Probabilities and Observed Responses 中,还给出了预测概率与观测响应之间的关联性,包括不同情况的构成比和四种秩相关索引分析:Somers' D、Gamma、Tau-a 和 c。

第三节 有序多分类 Logistic 回归分析

当因变量为多分类时,不能简单地将其中两个类别单独拟合二分类的 Logistic 回归分析,而必须考虑拟合因变量为多分类的 Logistic 回归分析。多分类的 Logistic 回归分析根据其分类是否与顺序有关,又分为有序多分类 Logistic 回归分析和无序多分类 Logistic 回归分析。这里首先介绍因变量为有序多分类的 Logistic 回归分析。

一、有序多分类 Logistic 回归模型

医药研究中常遇到因变量为有序多分类的资料,如某病的治疗效果分为痊愈、有效、好转、无效,药物抗癌疗效评价分为完全缓解、部分缓解、好转和稳定等四级,这种一般称为有序多分类资料。有序多分类资料必须考虑拟合因变量为多分类的 Logistic 回归模型,这里将介绍常用的比例优势模型(proportional odds model),又称为累积 Logit 模型(cumulative logits model),它是二项 Logistic 回归模型的推广,是通过拟合因变量水平数-1 个 Logistic 回归模型进行的,主要用于分析处理因变量为有序多分类变量的情形,而其自变量可以是连续变量,也可以是分类变量。

假设因变量 y 是有 G 个有序分类结果的有序变量,设类别为 $g=1,2,\cdots,G$,其 p 个自变量 $x_i(i=1,\cdots,p)$ 可以是连续变量、分类变量,则累积 Logit 模型可以表示为:

$$\frac{P\{y \leqslant g\}}{P\{y > g\}} = \exp(-\alpha_g + \beta_1 x_1 + \cdots + \beta_p x_p), \; g=1,2,\cdots,G$$

或者表为

$$\ln\left[\frac{P\{y=1\}+\cdots+P\{y=g\}}{P\{y=g+1\}+\cdots+P\{y=G\}}\right] = -\alpha_g + \beta_1 x_1 + \cdots + \beta_p x_p, \; g=1,2,\cdots,G$$

其中 α_g 为常数项,β_i 为待估计的偏回归系数,参数估计采用最大似然法求解。

因为 $\sum_{g=1}^{G} P\{y=g\} = 1$,如果记 $P\{y=g\} = \pi_g$,则 $\sum_{g=1}^{G} \pi_g = 1$,这样由上列模型表达式就有

$$\text{Logit}(\pi_1 + \ldots + \pi_g) = \ln\left[\frac{\pi_1 + \cdots + \pi_g}{1-(\pi_1 + \cdots + \pi_g)}\right] = -\alpha_g + \beta_1 x_1 + \cdots + \beta_p x_p, \; g=1,2,\cdots,G$$

例如,对于上述药物疗效为四个分类的有序因变量问题,就要对以下三个模型进行拟合:

$$\text{Logit}(\pi_1) = \ln\left(\frac{\pi_1}{1-\pi_1}\right) = \ln\left(\frac{\pi_1}{\pi_2+\pi_3+\pi_4}\right) = -\alpha_1 + \beta_1 x_1 + \cdots + \beta_p x_p$$

$$\text{Logit}(\pi_1+\pi_2) = \ln\left(\frac{\pi_1+\pi_2}{1-(\pi_1+\pi_2)}\right) = \ln\left(\frac{\pi_1+\pi_2}{\pi_3+\pi_4}\right) = -\alpha_2 + \beta_1 x_1 + \cdots + \beta_p x_p$$

$$\text{Logit}(\pi_1+\pi_2+\pi_3) = \ln\left(\frac{\pi_1+\pi_2+\pi_3}{1-(\pi_1+\pi_2+\pi_3)}\right) = \ln\left(\frac{\pi_1+\pi_2+\pi_3}{\pi_4}\right)$$

$$= -\alpha_3 + \beta_1 x_1 + \cdots + \beta_p x_p$$

与前面因变量为二分类的二项 Logistic 回归模型相比，进行 Logit 变换的分别为 π_1、$\pi_1+\pi_2$、$\pi_1+\pi_2+\pi_3$，即因变量有序取值水平的累积概率(cumulative probability)，故称为累积 Logit 模型(cumulative logits model)。

显然这种模型实际上是依次将因变量按不同的取值水平分割成两个等级，对这两个等级建立因变量为二分类的 Logistic 回归模型。而且模型中各自变量的系数 β_i 都保持不变，所改变的只是截距参数 α_g。即不同累积优势比的回归线相互平行，只是截距参数有所差别。此时求出的 OR 值是自变量每变动一个单位，因变量提高一个及一个以上等级的优势比。上述三个模型中各自变量的偏回归系数始终保持不变，这是拟合累积 Logit 模型的前提条件之一。

这里不管因变量的分割点在什么位置，各模型中的所有自变量的偏回归系数 β_i 都保持不变，即各回归模型方程在多维空间中相互平行，这是应用有序多分类回归的累积 Logit 模型的前提假定，相应的检验被称为平行线检验(test of parallel lines)或比例优势假定检验(proportional odds assumption test)。该检验是将当前模型的似然值和限定系数相等的模型(null hypothesis)加以比较，进行似然比卡方检验，如果 $P>0.05$，说明各回归方程互相平行，可以使用有序 Logistic 回归进行分析。在多数情况下，这个适用假定条件都是成立的。如果假定条件不成立应当进行适当处理，例如选择更合适的连接函数就可以找到满足平行性假设的模型。默认时拟合模型的连接函数为 Logit 函数($\ln(x/(1-x))$)。还有 log-log 函数($\log(-\log(1-x))$)、负 log-log 函数($\log(-\log(x))$)、Probit 函数($\Phi^{-1}(x)$)和 Cauchit 函数($\tan(p(x-0.5))$)等可以作为连接函数使用。如果对模型拟合没有特殊要求，尤其是因变量水平数较少的情况下，通常使用默认的 Logit 函数。

应该注意的是，模型中常数项之前的符号应当是减号，原因在于此处的常数项表示低级别与高级别相比的情况，和以前的常数项含义正好相反，且必然有 $\alpha_1<\alpha_2<\alpha_3$。但我们主要在意的是各 β_i 的大小，因此这种差异没什么影响。

根据上面三个 Logit 回归模型方程可以分别求出 π_1、π_2、π_3 和 π_4。

$$\pi_1 = \frac{\exp(-\alpha_1+\beta_1 x_1+\cdots+\beta_p x_p)}{1-\exp(-\alpha_1+\beta_1 x_1+\cdots+\beta_p x_p)}$$

$$\pi_2 = \frac{\exp(-\alpha_2+\beta_1 x_1+\cdots+\beta_p x_p)}{1-\exp(-\alpha_2+\beta_1 x_1+\cdots+\beta_p x_p)} - \pi_1$$

$$\pi_3 = \frac{\exp(-\alpha_3+\beta_1 x_1+\cdots+\beta_p x_p)}{1-\exp(-\alpha_3+\beta_1 x_1+\cdots+\beta_p x_p)} - \pi_1 - \pi_2$$

$$\pi_4 = 1 - \pi_1 - \pi_2 - \pi_3$$

对于 m 类有序的因变量，可产生 $m-1$ 个累积 Logit 模型的回归方程。每个累积 Logit 模型均可看作一个一般的二分类 Logistic 模型，只是将 1 至 g 类合并为一类，而将 $g+1$ 至 m

类合并为另一类。因此,累积 Logit 模型的 SAS 过程语句命令与二项 Logistic 回归模型完全相同,也是采用 PROC LOGISTIC 命令,SAS 系统会自动根据因变量的类别辨别出是二分类还是多分类,给出相应的结果。由于命令完全相同,这里对 LOGISTIC 过程不再赘述。

由于累积 Logit 模型的因变量是多分类的,因此 PROC LOGISTIC 命令中某些选项对该模型不适用,如用于模型诊断的 INFLUENCE 选项、用于分类预测的 CTABLE 选项、用于输出绘制 ROC 曲线数据的 OUTROC 选项、用于拟合优度检验的 LACKFIT 选项。这些选项仅适用于二项 Logistic 回归,对累积 Logit 模型无效。

二、有序多分类 Logistic 回归分析的 SAS 实例应用

这里我们结合实际案例来研究有序多分类 Logistic 回归分析的 SAS 应用。

【例 15.2】 从某前瞻性研究中随机选择 117 例慢性萎缩性胃炎(CAG)患者,检测其某基因的基因型,并获得他们的吸烟、饮酒状况。根据随访 5 年后胃镜检查结果,将胃黏膜病变情况分为慢性萎缩性胃炎(CAG)、肠上皮化生(IM)和异型增生(DYS),病变程度严重等级 CAG<IM<DYS,其检测结果如表 15-9 所示,试分析该基因对胃黏膜病变进展是否有显著影响?

表 15-9 胃黏膜病变与吸烟、饮酒、某基因基因型的关系的患者频数

吸烟状况	饮酒状况	基因型	CAG	IM	DYS
不吸烟	不饮酒	突变型	18	17	12
不吸烟	不饮酒	野生型	9	8	19
不吸烟	饮酒	突变型	5	2	6
不吸烟	饮酒	野生型	2	4	6
吸烟	不饮酒	突变型	2	0	3
吸烟	不饮酒	野生型	2	2	1
吸烟	饮酒	突变型	10	10	9
吸烟	饮酒	野生型	6	7	14

本例研究中的因变量为胃黏膜病变情况,为三分类的变量,且病变程度有一定的严重等级(CAG<IM<DYS),故可采用因变量为有序多分类的累积 Logit 模型进行分析。

本例因变量为三分类变量,3 个自变量均为二分类变量,各变量的赋值情况如表 15-10 所示。

表 15-10 例 15.2 各变量的命名及赋值

变　　量	变量命名	赋　　值
胃黏膜病变	Change	0=CAG, 1=IM, 2=DYS
基因型	Gene	1=野生型,0=突变型
吸烟	Smoke	1=是,0=否
饮酒	Drink	1=是,0=否

本例利用 LOGISTIC 过程的 SAS 程序如下所示。

```
data ex15_2;
 do smoke= 0 to 1;
  do drink= 0 to 1;
   do gene= 0 to 1;
    do change= 0 to 2;
     input count @@;
     output;
    end;
   end;
  end;
 end;
cards;
18 17 12 9 8 19 5 2 6
2 4 6 2 0 3 2 2 1
10 10 9 6 7 14
;
proc logistic descending;
  weight count;
  model change= smoke drink gene;
run;
```

执行上述程序,得到多分类 Logistic 回归分析的输出结果,主要包括四部分。第一部分是模型基本信息,包括因变量 change 的顺序类别信息等,这里省略。

第二部分是比例优势假定条件即平行线假定的得分检验结果,如图 15-8 所示,$\chi^2 = 0.126\,7$,概率 P 值 $P = 0.988\,4 > 0.05$,不拒绝"平行线"假设的条件,即满足比例优势假定,可以采用累积 Logit 模型进行分析。

```
Score Test for the Proportional Odds Assumption
Chi-Square      DF      Pr > ChiSq
  0.1267        3         0.9884
```

图 15-8 例 15.2 的比例优势假定条件的检验结果

第三部分是模型拟合检验结果。如图 15-9 所示,似然比检验结果:$\chi^2 = 6.986\,6$,概率 P 值 $P = 0.072\,3 > 0.05$,表明包括 3 个自变量的 Logistic 回归模型拟合效果不显著。

```
              Model Fit Statistics
                              Intercept
                 Intercept       and
Criterion          Only       Covariates
AIC              382.549       381.563
SC               384.820       387.240
-2 Log L         378.549       371.563

       Testing Global Null Hypothesis: BETA=0
Test              Chi-Square    DF    Pr > ChiSq
Likelihood Ratio    6.9866      3       0.0723
Score               6.9292      3       0.0742
Wald                6.8241      3       0.0777
```

图 15-9 例 15.2 的模型拟合检验结果

第四部分是 Logistic 回归模型参数估计结果,对 m 类有序因变量,累积 Logit 模型有截距项估计值 $m-1$ 个,各自变量的估计值只有一个。输出结果如图 15-10 所示,吸烟($P=0.6224>0.05$)和饮酒($P=0.3901>0.05$)因素对胃黏膜病变的影响不显著,基因对胃黏膜病变进展的影响显著($P=0.0139<0.05$),基因的 OR 估计值为 2.021,表示基因野生型(gene=1)患者从 CAG 发展到更为严重病变(IM 和 DYS)的危险是基因突变型(gene=0)患者的 2.021 倍。

```
              Analysis of Maximum Likelihood Estimates

                              Standard      Wald
Parameter      DF    Estimate    Error   Chi-Square   Pr > ChiSq

Intercept 2     1    -0.8033    0.2473     10.5464      0.0012
Intercept 1     1     0.4312    0.2415      3.1891      0.0741
smoke           1    -0.1798    0.3651      0.2425      0.6224
drink           1     0.3054    0.3554      0.7388      0.3901
gene            1     0.7036    0.2860      6.0505      0.0139


                   Odds Ratio Estimates
                    Point          95% Wald
         Effect   Estimate    Confidence Limits

         smoke      0.835      0.408      1.709
         drink      1.357      0.676      2.724
         gene       2.021      1.154      3.540
```

图 15-10 回归模型参数估计和 OR 值的输出结果

在本例中,基因对胃黏膜病变的影响显著,但前面似然比检验表明 Logistic 回归模型总体检验效果却不显著,这是因为模型中包含了吸烟和饮酒这两个不显著的自变量,反而使模型总体趋于不显著。故从模型的优化角度考虑,可以剔除不显著的吸烟和饮酒因素,只保留基因一个自变量,模型的拟合优度应该更好。

下面为剔除吸烟和饮酒因素后,仅分析基因对胃黏膜病变影响的 SAS 程序。

```
proc logistic data= ex15_2 descending;
   weight count;
   model change= gene;
run;
```

执行上述程序后,主要输出结果如图 15-11、图 15-12 所示。

图 15-11 给出新模型拟合结果,其似然比检验结果:$\chi^2=6.2738,P=0.00123<0.05$,表明仅含基因单个自变量的 Logistic 回归模型总体拟合效果显著有效。

```
                Model Fit Statistics

                              Intercept
                Intercept        and
Criterion         Only       Covariates

AIC              382.549       378.276
SC               384.820       381.682
-2 Log L         378.549       372.276


       Testing Global Null Hypothesis: BETA=0

Test                 Chi-Square     DF    Pr > ChiSq

Likelihood Ratio       6.2738        1       0.0123
Score                  6.2021        1       0.0128
Wald                   6.1912        1       0.0128
```

图 15-11 例 15.2 的仅含基因自变量的新模型拟合检验结果

图 15-12 给出了仅含基因单个自变量的新的模型参数估计等结果表明，基因对胃黏膜病变的影响显著（$P=0.0128<0.05$），基因 gene 的 OR 估计值为 2.035，显示基因野生型（gene=1）患者胃黏膜病变进展的风险是基因突变型（gene=0）患者的 2.035 倍。

```
            Analysis of Maximum Likelihood Estimates
                                      Standard      Wald
Parameter       DF      Estimate      Error      Chi-Square    Pr > ChiSq
Intercept 2     1       -0.7311       0.2076     12.4003       0.0004
Intercept 1     1        0.4993       0.2031      6.0419       0.0140
gene            1        0.7106       0.2856      6.1912       0.0128

                    Odds Ratio Estimates
                    Point         95% Wald
Effect              Estimate      Confidence Limits
gene                2.035         1.163         3.562
```

图 15-12 仅含基因自变量的新模型参数估计和 OR 值估计结果

最后考虑如何给出本例的 Logistic 回归模型方程。图 15-12 给出了 Logistic 回归分析中最重要的结果：回归系数估计。由于本例因变量水平数为 3，会建立两个回归模型方程，故有两个常数项。而因变量为有序多分类的 Logistic 模型回归的前提假设之一是：各自变量对于因变量的影响在两个回归方程中相同，因此各自变量的偏回归系数只有一个。

对于本例三分类的因变量，模型方程为

$$\ln\left[\frac{P\{y=1\}+\cdots+P\{y=g\}}{P\{y=g+1\}+\cdots+P\{y=3\}}\right]=-\alpha_g+\beta_1 x_1,\ g=1,2$$

即

$$\text{Logit}(\pi_1+\ldots+\pi_g)=\ln\left[\frac{\pi_1+\cdots+\pi_g}{1-(\pi_1+\cdots+\pi_g)}\right]=-\alpha_g+\beta_1 x_1,\ g=1,2$$

模型结果反映的是 $y\leqslant g$ 与 $y>g$ 相比的风险。本例因变量编码为 0（=CAG），1（=IM），2（=DYS），但因程序中 Descending 逆序选项的作用，因变量编码变为 2（=DYS），1（=IM），0（=CAG），本例对应地有

$$P\{y=\text{DYS}\}=\pi_1,\ P\{y=\text{IM}\}=\pi_2,\ P\{y=\text{CAG}\}=\pi_3$$

因此最终建立的两个 Logistic 回归模型方程为：

$$\text{Logit}(\pi_1)=\ln\left[\frac{P\{y=\text{DYS}\}}{P\{y=\text{IM}\}+P\{y=\text{CAG}\}}\right]=-0.7311+0.7106\times\text{gene}$$

$$\text{Logit}(\pi_1+\pi_2)=\ln\frac{\{y=\text{DYS}\}+P\{y=\text{IM}\}}{P\{y=\text{CAG}\}}=0.4993+0.7106\times\text{gene}$$

而基因 gene 的 OR 估计值为 2.035>1 且对胃黏膜病变进展的影响显著，认为基因野生型（gene=1）患者胃黏膜病变进展到更高级别（IM 和 DYS）的风险要高于基因突变型（gene=0）患者。

第四节 无序多分类 Logistic 回归分析

一、无序多分类 Logistic 回归模型

无序多分类的 Logistic 回归模型用于分析因变量为无序多分类的情形,除此之外,如果因变量为有序分类,但是平行线假定条件不满足,即平行性检验 $P<0.05$;或专业上认为自变量在各回归方程的效应不同等,也应该用无序多分类的 Logistic 回归分析。

无序多分类因变量的 Logistic 回归模型通常称为多项 Logit 模型。由于因变量含有多类即多个水平,因此构成的模型不止一个,而且与因变量的分类数即水平数有关。若因变量含有 M 个水平,就会产生 $M-1$ 个模型。模型首先会定义因变量的某一个水平为参照水平(默认取值水平大的为参照水平),其他 $(M-1)$ 个水平都与该参照水平相比,建立 $(M-1)$ 个广义 Logit 模型(General Logits Model):

$$\text{Logit}(P_k)=\ln\left[\frac{P\{y=k\}}{P\{y=M\}}\right]=\alpha_k+\beta_{k1}x_1+\cdots+\beta_{kp}x_p,\ k=1,2,\cdots,M-1$$

其中 $x_i(i=1,\cdots,p)$ 为 p 个自变量,第 M 个类别被作为参照类,且有 $\sum_{k=1}^{M}P\{y=k\}=\sum_{k=1}^{M}P_k=1$。与前面有序多分类 Logistic 模型相比,多项 Logit 模型不仅有 $M-1$ 个模型,还有 $M-1$ 个常数项,$M-1$ 套回归系数。

对于无序多分类的 Logistic 回归,以 4 水平因变量为例,其取值水平分别为:1、2、3、4,对 p 个自变量应拟合三个广义 Logit 模型:

$$\text{Logit}(P_{1/4})=\ln\left[\frac{P\{y=1\}}{P\{y=4\}}\right]=\alpha_1+\beta_{11}x_1+\cdots+\beta_{1p}x_p$$

$$\text{Logit}(P_{2/4})=\ln\left[\frac{P\{y=2\}}{P\{y=4\}}\right]=\alpha_2+\beta_{21}x_1+\cdots+\beta_{2p}x_p$$

$$\text{Logit}(P_{3/4})=\ln\left[\frac{P\{y=3\}}{P\{y=4\}}\right]=\alpha_3+\beta_{31}x_1+\cdots+\beta_{3p}x_p$$

单独看这三个模型中的某一个,其形式跟二分类的二项 Logistic 回归模型并无差异。例如第一个模型相当于因变量仅含 1 和 4 时的二分类 Logistic 模型,表示在各自变量不同取值情形下,$\{y=1\}$ 相对于 $\{y=4\}$ 的发生的相对风险比,其他两个模型也类似,这三个模型所对应的自变量都是相同的,但其偏回归系数是不同的。同时还有:$P_1+P_2+P_3+P_4=1$,且可以看出,$y=4$ 为参照水平,如果希望比较 $y=2$ 和 $y=3$ 发生的相对风险比,则直接将 $\text{Logit}(P_{2/4})$ 与 $\text{Logit}(P_{3/4})$ 相减即可得到相应比较关系的模型:

$$\text{Logit}(P_{2/3})=(\alpha_2-\alpha_3)+(\beta_{21}-\beta_{31})x_1+\cdots+(\beta_{2p}-\beta_{3p})x_p$$

在经济学、市场研究等领域中,无序多分类的 Logistic 回归模型还应用于对离散选择模型(discrete choice model)进行拟合,该方法也被称为基于选择的结合分析模型(choice-based conjoint analysis),是一种非常有效且实用的市场研究技术,广泛应用于交通、营销、能源、住房、通信等研究领域,美国加州大学伯克利分校的 Mac Fadden 教授就因"对分析离散选择的原理和方法所作出的发展和贡献"获得了 2000 年诺贝尔经济学奖。

二、CATMOD 属性数据过程

无序多分类的 Logistic 回归模型即多项 Logit 模型在 SAS 中主要利用 CATMOD 过程来进行分析。

CATMOD 过程是属性数据建模分析(Categorical Data Modeling)过程,提供各种属性数据分析方法,可用于原始数据、列联表数据或者协方差矩阵数据的分析,用来进行线性模型化、Logistic 回归模型和重复测量分析等,并可用线性模型拟合响应频数。CATMOD 过程的语句及选项较多,本节重点在于介绍多项 Logit 模型,主要介绍与多项 Logit 模型有关的语句,其他无关的语句省略。

CATMOD 过程常用语句的语法格式为:

SAS 程序格式	意 义
PROC CATMOD [选项];	对 DATA=指定或最新数据集进行属性数据模型的拟合过程
DIRECT 变量;	规定数值变量为定量变量,而不是定性变量
MODEL 因变量= 自变量/[选项];	指定所拟合模型的因变量和自变量,为必需语句
REPEATED 变量/[选项];	指定重复测量的变量名、类型及重复次数,用于将重复测量的因素纳入模型
RESPONSE 函数/[选项];	指定模型的响应函数,这些函数被模型化为参数的线性组合
BY 变量;	指定属性数据分析的分组变量,原数据集需按 BY 变量排序
WEIGHT 变量;	指定作为观测的频数变量
RUN;	向 SAS 系统提交过程步中的语句

CATMOD 过程默认所有变量都是分类的属性数据变量,相当于虚拟变量,因此该过程不包含 CLASS 语句。如果实际数据含有连续变量,其过程运算可能会因内存不足而死机。故在选用 CATMOD 过程时,最好先将所有变量都转化为分类变量。

PROC CATMOD 表示调用拟合属性数据模型(categorical data modeling)的过程,可以拟合的模型很多,包括线性模型、对数线性模型、二分类 Logit 模型、多项 Logit 模型、有序 Logit 模型、分类资料的重复测量模型等。PROC CATMOD 过程语句后的选项说明如表 15-11 所示。

表 15-11 PROC CATMOD 过程语句后的选项说明

选 项	意 义
DATA=数据集	指定需要进行属性数据分析的输入数据集,缺省时用最近建立的 SAS 数据集
ORDER=DATA	规定变量水平按输入数据集中出现的次序排序,缺省时排序为内部存储顺序
NOPRINT	不在输出窗口输出分析结果,常与 OUT=或 OUTEST=联合使用
NAMELEN=n	定义表格和输出数据集中的效应名称的字符长度为 n

PROC CATMOD 语句需要特别注意选项：ORDER=DATA，用于指定因变量的顺序按输入数据集中出现的次序排序。

多项 Logit 模型需要注意因变量的顺序问题，默认时是以水平值最大的类作为参照类，但习惯上往往是以水平值最小的类为参照。由于 PROC CATMOD 没有类似 PROC LOGISTIC 命令中的 DESCENDING 选项，可先利用 SORT 过程将因变量从大到小排序，然后利用 ORDER=DATA 选项实现因变量顺序的转换。

DIRECT 语句规定自变量不作为虚拟变量，而是作为连续变量。如果某变量在 DIRECT 语句中指定，则相当于 PROC LOGISTIC 命令中该变量没有出现在 CLASS 语句中；即 PROC CATMOD 命令中的 DIRECT 语句与 PROC LOGISTIC 命令中的 CLASS 语句作用正好相反。

MODEL 语句主要用于指定模型中的因变量和自变量，在多项 Logit 模型应用中主要会用到下列两个选项：

● PARAM= 指定虚拟变量的设置形式，默认为 PARAM=EFFECT，通常直接指定 PARAM=REF 或 REFERENCE 即可，这是最常用的虚拟变量的设置形式，参见本章第二节的表 15-2、表 15-3。

● PRED 语句输出不同自变量取值下，各类结果的实际概率与预测概率及残差，可检验模型的拟合效果。如果残差较小，说明拟合较好。

REPEATED 语句用于重复测量的多项 Logit 模型，该语句指定重复测量的变量名及重复次数。这里的"重复"并不仅限于时间，也可以是地点、部位等。

三、无序多分类 Logistic 回归分析的 SAS 实例应用

下面我们结合实例来介绍如何利用 SAS 来进行无序多分类的 Logistic 回归分析。

【例 15.3】 某研究者欲了解不同细胞分化程度和细胞染色与癌症组织类型之间的关系，对 250 例病理标本进行了切片研究，结果如表 15-12 所示。

表 15-12 不同细胞分化程度和细胞染色与癌症组织类型的关系

细胞分化程度	细胞染色	癌症组织类型（Y）		
		鳞癌	腺癌	未分化癌
高分化	阴性	15	15	22
高分化	阳性	18	18	20
低分化	阴性	6	15	60
低分化	阳性	12	19	30

试以鳞癌为参照类，分别建立腺癌与细胞分化程度、细胞染色的回归方程以及未分化癌与细胞分化程度、细胞染色的回归方程。

本例研究中的因变量为癌症组织类型，为无序的三分类的变量，故采用无序的多项 Logit 模型进行回归分析。而两个自变量均为二分类变量，各变量的赋值情况如表 15-13 所示。

表 15-13 例 15.3 各变量的命名及赋值

变　量	变量命名	赋　值
癌症组织类型	CAN_TYPE	1＝鳞癌，2＝腺癌，3＝未分化癌
细胞分化程度	C_DIFF	0＝高分化，1＝低分化
细胞染色	C_STAIN	0＝阴性，1＝阳性

本例利用 CATMOD 过程的 SAS 程序如下所示。

```
data ex15_3;
 do c_diff= 0 to 1;
  do c_stain= 0 to 1;
   do can_type= 1 to 3;
    input count @@;
    output;
   end;
  end;
 end;
 cards;
15   15   22
18   18   20
 6   15   60
12   19   30
;
proc sort;
 by descending can_type;
run;
  /* 调用 sort 过程加选项 descending,将 can_type 变量逆序排序,变为 3,2,1 */
proc catmod order= data;
   /* order= data 指定根据输入数据中变量的顺序排序,由于前面 can_type 已逆序排
      序,故该变量的顺序变为 3, 2, 1 */
 direct c_diff c_stain;
   /* direct 语句表示 c_diff 和 c_stain 不作为虚拟变量*/
 weight count;
   /* weight 语句指定 count 为权重变量*/
 model can_type= c_diff c_stain;
run;
```

执行上述程序,即可得到本例的多项 Logit 模型输出结果,如图 15-13、图 15-14 所示。

```
         The CATMOD Procedure
              Data Summary
Response          can_type    Response Levels   3
Weight Variable   count       Populations       4
Data Set          EX15_3      Total Frequency   250
Frequency Missing 0           Observations      12

            Population Profiles
Sample   c_diff   c_stain   Sample Size
   1       0        0           52
   2       0        1           56
   3       1        0           81
   4       1        1           61

            Response Profiles
       Response   can_type
          1          3
          2          2
          3          1

         Maximum Likelihood Analysis
Maximum likelihood computations converged.
```

图 15-13 例 15.3 多项 Logit 模型输出结果 1

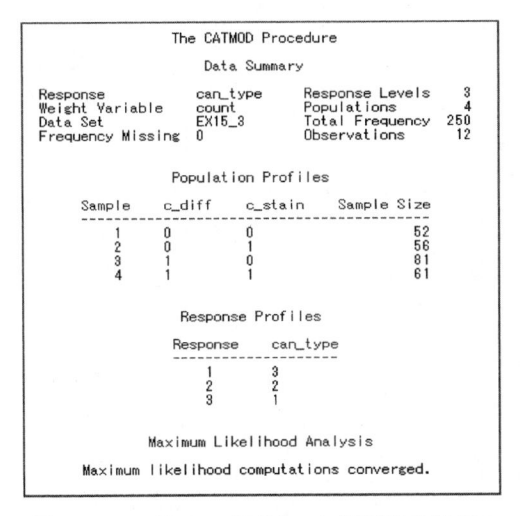

```
Maximum Likelihood Analysis of Variance
Source              DF   Chi-Square   Pr > ChiSq
Intercept            2      6.51        0.0386
c_diff               2     15.47        0.0004
c_stain              2      7.52        0.0233

Likelihood Ratio     2      2.74        0.2538

Analysis of Maximum Likelihood Estimates
           Function           Standard   Chi-
Parameter   Number   Estimate   Error   Square   Pr > ChiSq
Intercept     1      0.6428    0.2987    4.63     0.0314
              2      0.0704    0.3325    0.04     0.8322
c_diff        1      1.3334    0.3513   14.41     0.0001
              2      0.6308    0.3819    2.73     0.0986
c_stain       1     -0.7941    0.3471    5.23     0.0221
              2     -0.1196    0.3785    0.10     0.7521
```

图 15-14 例 15.3 多项 Logit 模型输出结果 2

输出结果主要包括两部分。第一部分如图 15-13 所示,是模型基本信息,主要用于数据复核。注意结果给出了因变量的顺序是 3、2、1,而不是 1、2、3,因此后面分析的将是 2 与 1 相比、3 与 1 相比的结果。

第二部分是最大似然估计的结果。如图 15-14 所示,首先给出了最大似然的方差分析结果(Maximum Likelihood Analysis of Variance),这部分结果是对模型总体的分析。从似然比值(Likelihood Ratio)可以看出,P 值 $=0.2538>0.05$,可以认为 Logistic 回归模型总体拟合有效。

最后结果给出了参数估计值及卡方检验等信息,注意,在 Analysis of Maximum Likelihood Estimates 表中的第 2 列是因变量的顺序,由于因变量已经逆序排序,因此 1 表示因变量的 3 水平与 1 水平相比的结果(未分化癌 vs.鳞癌),2 表示因变量的 2 水平与 1 水平相比的结果(腺癌 vs.鳞癌)。

由第 3 列参数估计值结果可得到以鳞癌为参照类的 Logistic 回归模型方程为:

$$\text{Logit}(P_{未分化癌/鳞癌}) = 0.6428 + 1.3334 \times c\_diff - 0.7941 \times c\_stain$$
$$\text{Logit}(P_{腺癌/鳞癌}) = 0.0704 + 0.6308 \times c\_diff - 0.1196 \times c\_stain$$

再由各因素的卡方检验结果,关于第一个 Logistic 回归模型(未分化癌/鳞癌),对 c_diff 细胞分化因素有:$\chi^2 = 14.41, P = 0.0001 < 0.05$,这表明细胞分化程度对未分化癌的影响极显著;而对 c_stain 细胞染色因素有:$\chi^2 = 5.23, P = 0.0221 < 0.05$,表明细胞染色的阴阳性对未分化癌的影响显著。

关于第二个 Logistic 回归模型(腺癌/鳞癌),对 c_diff 细胞分化因素有:$\chi^2 = 2.73, P = 0.0986 > 0.05$,这表明细胞分化程度对腺癌的影响不显著;而对 c_stain 细胞染色因素有:$\chi^2 = 0.10, P = 0.7521 > 0.05$,这也表明细胞染色的阴阳性对腺癌的影响不显著。

根据自变量的参数估计值 b_i,我们不难计算出该自变量的相对危险度 $\exp(b_i)$。例如考虑细胞分化因素,细胞分化是低分化程度者(c_diff=1)患未分化癌的相对风险是高分化程度者(c_diff=0)的 $e^{1.3334} = 3.7939$ 倍;同样可知,细胞染色阳性者(c_stain=1)患未分化癌的相对可能性仅为阴性者(c_stain=0)的 $e^{-0.7941} = 0.452$ 倍。

(高祖新)

Chapter 16 主成分分析

第一节 主成分分析概述
  一、主成分分析的基本原理
  二、主成分分析的数学模型
  三、主成分数量的确定
  四、主成分分析的步骤
  五、主成分分析的用途
第二节 主成分分析的 SAS 过程
  一、PRINCOMP 主成分分析过程
  二、主成分分析的 SAS 实例应用
第三节 主成分分析的界面操作
  一、【分析家】模块进行主成分分析
  二、INSIGHT 模块进行主成分分析

在实际工作中,为了全面系统地反映问题,往往收集的变量较多,但这样就会经常出现所收集的变量间存在较强相关关系的情况。这些变量间存在着较多的信息重复,直接用它们分析现实问题,不但模型复杂,还会因为变量间存在的多重共线性而引起较大的误差。而盲目减少变量会损失很多信息,容易产生错误的结论。

为了充分而有效地利用数据,通常希望用较少的新指标代替原来较多的旧变量,同时要求这些新指标尽可能多地反映原变量的信息。由于各变量间存在一定的相关性,由此有可能用较少的综合指标分别综合存在于各变量中的各类信息。主成分分析和因子分析正是解决此问题最有效的多元统计方法,它们是将现实生活中众多相关、重叠的信息进行合并和综合,将原来的多个变量和指标变成较少的几个综合变量和综合指标,使变量简化降维,从而使问题更加简单直观,便于分析判定,在医药、经济、社会等领域得到广泛应用。

第一节 主成分分析概述

主成分分析的目的是用较少的变量去解释原始数据中的大部分变异,这些变量也就是利用主成分分析法整理而成的整体性指标。

一、主成分分析的基本原理

主成分分析(principal component analysis)就是考虑各指标之间的相互关系,利用降维的方法将多个指标转换为少数几个互不相关的指标,从而便于进一步研究的一种统计方法。主成分分析是利用"降维"的思想,在损失很少信息的前提下把多个指标转化为几个综合指标,称为主成分或主分量(principal component)。每个主成分均是原始变量的线性组合,且各个主成分之间互不相关,这就使得主成分比原始变量具有某些更优越的性能。主成分分析结果一般不能看成研究的最终结果,而应该在主成分分析的基础上继续采用其他多元统计方法来解决实际问题。

主成分分析是考察多个变量间相关性的一种多元统计方法,它是研究如何通过少数几个主成分来解释多个变量间的内部结构。也就是说,从原始变量中导出少数几个主成分,使它们尽可能多地保留原始变量的信息,且彼此互不相关。主成分分析的应用目的可以被简单归结为两句话:数据的压缩、数据的解释。

主成分分析这个概念由 Karl Pearson 在 1901 年提出,但当时只进行了非随机变量的讨论,1933 年 Hotelling 将此概念推广到了随机变量中。它常被用来寻找判断某种事物或现象的综合指标,一般被作为许多大型研究的中间步骤,在对数据进行浓缩后继续采用其他多元统计方法以解决实际问题。

二、主成分分析的数学模型

通常,数学上的处理是将原来的 p 个指标作线性组合,作为新的综合指标。如果将选取的第一个线性组合即第一个综合指标记为 Y_1,自然希望 Y_1 中尽可能多地反映原来指标的信息,这里的"信息"用什么表示呢？最经典的方法就是用 Y_1 的方差 $\text{Var}(Y_1)$ 来表达,即 $\text{Var}(Y_1)$ 越大,则表示 Y_1 包含的信息越多。因此在所有的线性组合中所选取的第一主成分应该是方差最大的。如果第一主成分不足以完全代表原来 p 个指标的信息,再考虑选第二个线性组合,即第二主成分 Y_2,依次类推,可以造出第三,第四,$\cdots$,第 p 个主成分。这些主成分间互不相关,且方差递减。在实际应用中,通常只选前面几个最大的主成分,如提取信息达到 80% 以上,从而既减少了变量的数目又抓住了主要矛盾,有利于问题的分析和处理。

假设有 n 个样本,测得 p 项指标($p<n$),得到原始数据资料阵:$X=(X_1,X_2,\cdots,X_p)$,其相关系数矩阵为 R(也可为协方差矩阵 $\sum$),R 的特征值为 $\lambda_1\geqslant\lambda_2\geqslant\cdots\geqslant\lambda_p$,则有 $\text{Var}(Y_1)\geqslant\text{Var}(Y_2)\geqslant\cdots\geqslant\text{Var}(Y_p)$,而向量 $e_1,e_2,\cdots,e_p$ 为相应的标准正交特征向量。则 X 的第 i 个主成分为

$$Y_i=e_i'X=e_{1i}X_1+e_{2i}X_2+\cdots+e_{pi}X_p$$

上式中的标准化正交特征向量 $e_1,e_2,\cdots,e_p$ 总是存在的。它表明,$X_1,X_2,\cdots,X_p$ 的主成分 Y_i 是以 R 的特征向量为系数的线性组合,它们互不相关,其方差 $\text{Var}(Y_i)$ 为 R 的特征值 λ_i。系数向量 $e_i=(e_{1i},e_{2i},\cdots,e_{pi})$ 的分量 e_{ki} 刻画了第 k 个变量对第 i 个主成分的重要性。

原则上如果有 p 个变量,则最多可以提取出 p 个主成分,但如果将它们全部提取出来就失去了该方法简化数据的实际意义。设第 k 个主成分 Y_k 的方差占总方差的比例为 G_k:$G_k=\lambda_k/\sum_{i=1}^p\lambda_i$。当变量个数 p 较大时,如果前若干个主成分的方差之和占了总方差的很大一部分(如 80% 以上),则用这些主成分代替原 p 个变量,不会损失太多信息。故一般是按累积贡献率的大小取前 k 个,多数情况下如果提取出前 2~3 个主成分已包含了 80% 以上的信息,其他的就可以忽略不计。

主成分的计算公式为

$$\begin{cases}Y_1=e_{11}X_1+e_{12}X_2+\cdots+e_{1p}X_p\\Y_2=e_{21}X_1+e_{22}X_2+\cdots+e_{2p}X_p\\\cdots\\Y_p=e_{p1}X_1+e_{p2}X_2+\cdots+e_{pp}X_p\end{cases}$$

该式即为主成分分析的数学模型。

主成分模型中各统计量的意义:

(1) 特征值 λ_k:它可以被看成主成分影响力度的指标,代表引入该主成分后可以解释平均多少原始变量的信息。如果特征值 λ_k 小于 1,说明该主成分的解释力度还不如直接引入一个原变量的平均解释力度大。因此一般可以用特征值 λ_k 大于 1 作为选入标准。

(2) 主成分 Y_k 的方差贡献率:其计算公式为

$$G_k=\lambda_k/\sum_{i=1}^p\lambda_i$$

表明主成分 Y_k 的方差在全部方差中的比重。这个值越大,表明主成分 Y_k 综合 $X_1,X_2,\cdots,X_p$ 信息的能力越强。

(3) 累积贡献率:前 K 个主成分的累积贡献率定义为 $\sum_{i=1}^{K}\lambda_i / \sum_{i=1}^{p}\lambda_i$,表示前面 K 个主成分累计提取了 $X_1,X_2,\cdots,X_p$ 多少的信息。一般来说,如果前 K 个主成分的贡献率达到 80% 以上,表明前 K 个主成分基本包含了全部测量指标所具有的信息,这样既减少了变量的个数,又便于对实际问题的分析和研究。

三、主成分数量的确定

主成分分析希望用尽可能少的主成分包含原来尽可能多的信息,那么如何确定需要保留的主成分个数呢? 可以遵循以下几个原则。

(1) 主成分的累积贡献率:一般来说,提取主成分的累积贡献率达到 $80\% \sim 85\%$ 以上就比较满意了,可以由此确定需要提取多少个主成分。

(2) 特征值:特征值在某种程度上可以看成表示主成分影响力度大小的指标,如果特征值小于1,说明该主成分的解释力度还不如直接引入原变量的平均解释力度大。因此一般可以用特征值大于1作为提取标准。

(3) 综合判断:大量的实际情况表明,如果根据累积贡献率来确定主成分个数往往偏多,而用特征值来确定又往往偏少,很多时候应当将两者结合起来,以综合确定合适的个数。

四、主成分分析的步骤

进行主成分分析主要步骤为以下几步:
(1) 对原来的 p 个指标进行标准化,以消除变量在数量级或量纲上的影响;
(2) 根据标准化后的数据矩阵求出相关阵(或协方差矩阵);
(3) 求出相关阵(或协方差矩阵)的特征值和特征向量;
(4) 根据特征向量来确定主成分,结合专业知识,对各主成分所蕴含的信息给予适当的解释;
(5) 计算主成分得分,通过以下公式计算观测样本在 K 个主成分上的得分:

$$Y_i = e_{i1}X_1 + e_{i2}X_2 + \cdots + e_{ip}X_p, \quad i=1,\cdots,K$$

这样,通过主成分分析将原来的 p 维数据转化为现在的 $K(K<p)$ 维数据;
(6) 有时还可以绘制主成分图。

五、主成分分析的用途

如前所述,主成分分析往往会在大型研究中成为一个中间环节,用于解决数据信息浓缩等问题,这就可能产生各种各样的组合方法。这里仅举最为典型的两种应用情况。

(1) 主成分评价

在进行多指标综合评价时,由于要求评价结果客观、全面,就需要从各个方面用多个指标进行测量,但这样就使得观测指标间存在信息重叠,同时还会存在量纲、累加时如何确定权重系数等问题。为此就可以使用主成分分析方法进行信息的浓缩,并解决权重的确定等问题。

(2) 主成分回归

在线性回归模型中常用最小二乘法求回归系数的估计。但是当存在多重共线性时，最小二乘法的估计结果并不很理想，因为此时它的均方误差大，使估计不稳定。这时可考虑用主成分回归求回归系数的估计，所谓主成分回归是用原自变量的主成分代替原自变量作回归分析。多重共线性是由自变量之间关系复杂、相关性大引起的，而主成分既保留了原指标的绝大部分信息、又有主成分间互不相关的优点，故用主成分替代原指标后，再用最小二乘法建立主成分与因变量间回归方程所得的回归系数估计，能克服"估计不稳定"的缺点。但主成分估计不是无偏估计。

第二节 主成分分析的 SAS 过程

一、PRINCOMP 主成分分析过程

在 SAS 编程中用于实现主成分分析的过程为 PRINCOMP，该过程语句的语法格式为：

SAS程序格式	意 义
PROC PRINCOMP [选项];	对"DATA="指定或最新数据集进行主成分分析
VAR 变量列表;	指定进行主成分分析的变量，如果省略则对其他语句未用的所有数值变量进行分析
BY 变量;	指定进行主成分分析的分组变量，需为已排序的变量
FREQ 变量;	指定作为观测频数的变量
WEIGHT 变量;	指定作为观测权重的变量
ID 变量;	指定用于识别观测的变量
PARTIAL 变量;	指定一组数值变量，用来分析偏相关或协方差矩阵
RUN;	向 SAS 系统提交过程步中的语句

通过上述主成分分析语句的使用，可以指定该过程使用的数据、详细定义算法、具体实施、控制结果的显示等，下面具体对上述语句的使用做具体介绍。

PROC PRINCOMP 语句用于标识主成分分析的开始，其可以设置的选项说明如表 16-1 所示。

表 16-1 PROC PRINCOMP 语句的选项说明

选 项	意 义
DATA=数据集名	指定需要进行主成分分析的数据，数据类型可以是原始数据或 TYPE=COV、UCORR、UCOV 等不同类型的数据资料
OUT=数据集名	创建一个输出数据集，包含有原始数据集中的所有变量信息和主成分分析计算所得的主成分的得分数据
OUTSTAT=数据集名	创建一个包含均值、标准差、观测数、相关矩阵、协方差矩阵、特征值和特征向量等统计量的数据集

续　表

选　项	意　义
COV	指定主成分分析时以协方差矩阵为基础计算，如果未指定该参数，SAS将从相关矩阵出发计算主成分。一般情况下，如果主成分的数据已标准化，或数据中的不同变量的量纲是可比较的才使用该选项
N=正整数	指定需要计算的主成分数，N为大于0小于变量个数的正整数。同时默认状况下系统计算的主成分数为变量总个数
NOINT	主成分分析模型不包括截距项，其在分析的过程中协方差矩阵或相关矩阵不对均值做矫正
PREFIX=主成分名	指定主成分分析后输出的主成分名，默认时为主成分1，主成分2，…
RPREFIX=前缀名	指定输出结果中变量的前缀，默认情况下为"R-"
STD|STANDARD	指定输出结果（OUT=数据集名）中包含标准化的主成分值，如果省略该参数，系统将输出未标准化的主成分值
NOPRINT	主成分分析不显示所有的分析结果
PLOTS=参数	绘图参数设置，控制绘制的图形

VAR语句用于指明数据集中需要进行分析的数据变量名。如果省略该语句，将对数据内的所有变量进行主成分分析。例如需要对数据集中的 $X1$、$X2$、$X3$、$X4$ 变量进行主成分分析，则可用语句：VAR X1—X4;表示。

PARTIAL语句指定需要进行偏相关或协方差分析的矩阵。PARTIAL语句可用于对VAR语句指定的变量的剩余主成分分析。

二、主成分分析的 SAS 实例应用

下面我们结合实例介绍主成分分析的 SAS 应用。

【例 16.1】　现有 2001 年全国 31 个省市自治区各类小康和现代化指数的数据，包括六类指数，分别是综合指数、社会结构指数、经济发展指数、人口素质指数、生活质量指数、法制与治安指数，如表 16-2 所示。

其中，社会结构指数由第三产业从业人员比重等五项指标组成，反映在社会化、城市化、非农化、外向型经济和智力投资等方面；经济发展指数由人均 GDP 等七项指标组成，反映在综合经济的投入产出、就业率、知识创新投入和发明创造能力等方面；人口素质指数由人口自然增长率、专业技术人员等六项指标组成；生活质量指数由恩格尔系数等六项指标组成，反映在生活现代化和电气化等方面；法制与治安指数由刑事案件、治安案件、律师数和交通事故死亡率四项指标组成，是逆向指标。

试利用主成分分析提取出反映各地区小康和现代化指数状况的综合变量即主成分。

本实例需要进行变量的主成分分析，首先创建一个数据集，其中变量 region 用于定义不同的地区，而变量 $x1$~$x6$ 表示六个指数变量：综合指数（$x1$）、社会结构指数（$x2$）、经济发展指数（$x3$）、人口素质指数（$x4$）、生活质量指数（$x5$）、法制与治安指数（$x6$）；再用 PRINCOMP 过程进行主成分分析，编写的 SAS 程序为：

表 16-2　2001 年全国 31 个省市自治区各类小康和现代化指数的数据

region	x1	x2	x3	x4	x5	x6
北京	93.2	100	94.7	108.4	97.4	55.5
上海	92.3	95.1	92.7	112	95.4	57.5
天津	87.9	93.4	88.7	98	90	62.7
浙江	80.9	89.4	85.1	78.5	86.6	58
广东	79.2	90.4	86.9	65.9	86.5	59.4
江苏	77.8	82.1	74.8	81.2	75.9	74.6
辽宁	76.3	85.8	65.7	93.1	68.1	69.6
福建	72.4	83.4	71.7	67.7	76	60.4
山东	71.7	70.8	67	75.7	70.2	77.2
黑龙江	70.1	78.1	55.7	82.1	67.6	71
吉林	67.9	81.1	51.8	85.8	56.8	68.1
湖北	65.9	73.5	48.7	79.9	56	79
陕西	65.9	71.5	48.2	81.9	51.7	85.8
河北	65	60.1	52.4	75.6	66.4	76.6
山西	64.1	73.2	41	73	57.3	87.8
海南	64.1	71.6	46.2	61.8	54.5	100
重庆	64	69.7	41.9	76.2	63.2	77.9
内蒙古	63.2	73.5	42.2	78.2	50.2	81.4
湖南	60.9	60.5	40.3	73.9	56.4	84.4
青海	59.9	73.8	43.7	63.9	47	80.1
四川	59.3	60.7	43.5	71.9	50.6	78.5
宁夏	58.2	73.5	45.9	67.1	46.7	61.6
新疆	64.7	71.2	57.2	75.1	57.3	64.6
安徽	56.7	61.3	41.2	63.5	52.5	72.6
云南	56.7	59.4	49.8	59.8	48.1	72.3
甘肃	56.6	66	36.6	66.2	45.8	79.4
广西	56.1	63.8	37.1	64.4	56.1	66.6
江西	54.7	66.4	33.3	61.6	45.8	77.5
河南	54.5	51.6	42.1	63.3	55	66.9
贵州	51.1	61.9	31.5	56	41	75.6
西藏	50.9	59.7	50.1	56.7	29.9	62.4

```
data ex16_1;
  input  region $  x1- x6;
cards;
北京   93.2  100  94.7  108.4  97.4  55.5
上海   92.3  95.1  92.7  112  95.4  57.5
天津   87.9  93.4  88.7  98  90  62.7
浙江   80.9  89.4  85.1  78.5  86.6  58
广东   79.2  90.4  86.9  65.9  86.5  59.4
江苏   77.8  82.1  74.8  81.2  75.9  74.6
辽宁   76.3  85.8  65.7  93.1  68.1  69.6
福建   72.4  83.4  71.7  67.7  76  60.4
山东   71.7  70.8  67  75.7  70.2  77.2
黑龙江   70.1  78.1  55.7  82.1  67.6  71
吉林   67.9  81.1  51.8  85.8  56.8  68.1
湖北   65.9  73.5  48.7  79.9  56  79
陕西   65.9  71.5  48.2  81.9  51.7  85.8
河北   65  60.1  52.4  75.6  66.4  76.6
山西   64.1  73.2  41  73  57.3  87.8
海南   64.1  71.6  46.2  61.8  54.5  100
重庆   64  69.7  41.9  76.2  63.2  77.9
内蒙古   63.2  73.5  42.2  78.2  50.2  81.4
```

Chapter 16　主成分分析

```
湖南    60.9    60.5    40.3    73.9    56.4    84.4
青海    59.9    73.8    43.7    63.9    47      80.1
四川    59.3    60.7    43.5    71.9    50.6    78.5
宁夏    58.2    73.5    45.9    67.1    46.7    61.6
新疆    64.7    71.2    57.2    75.1    57.3    64.6
安徽    56.7    61.3    41.2    63.5    52.5    72.6
云南    56.7    59.4    49.8    59.8    48.1    72.3
甘肃    56.6    66      36.6    66.2    45.8    79.4
广西    56.1    63.8    37.1    64.4    56.1    66.6
江西    54.7    66.4    33.3    61.6    45.6    77.5
河南    54.5    51.6    42.1    63.3    55      66.9
贵州    51.1    61.9    31.5    56      41      75.6
西藏    50.9    59.7    50.1    56.7    29.9    62.4
;
run;
proc princomp data= ex16_1;
    var x1- x6;
run;
```

执行上述程序，生成的主成分分析的结果如图 16-1～图 16-4 所示，其结果目录树中包括如下五张统计结果表。

◆ 主成分分析的数据基本信息和基本统计量：包括观测和变量的个数、6 个指标变量的均值和标准差结果，如图 16-1 所示。

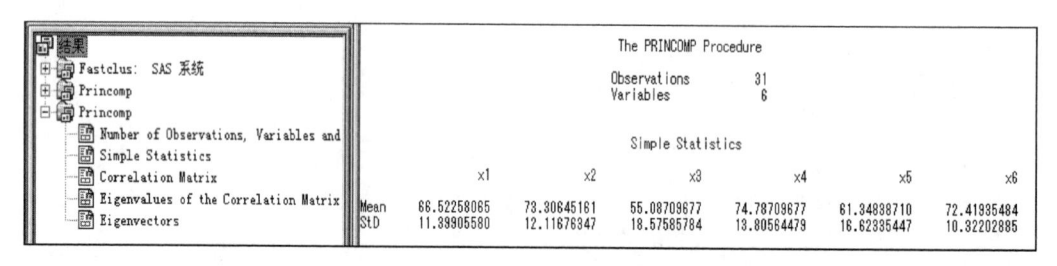

图 16-1 主成分分析的数据信息和基本统计参数

◆ 主成分分析的相关系数矩阵：如图 16-2 所示的相关系数矩阵反映了进行主成分分析的各变量之间的相关性。

```
                Correlation Matrix
            x1       x2       x3       x4       x5       x6
x1       1.0000   0.9171   0.9345   0.8557   0.9492   -.4521
x2       0.9171   1.0000   0.8513   0.7486   0.8208   -.4757
x3       0.9345   0.8513   1.0000   0.6902   0.9072   -.6361
x4       0.8557   0.7486   0.6902   1.0000   0.7438   -.3325
x5       0.9492   0.8208   0.9072   0.7438   1.0000   -.5051
x6      -.4521   -.4757   -.6361   -.3325   -.5051    1.0000
```

图 16-2 主成分分析的相关系数矩阵

- **主成分分析相关系数矩阵的特征值**：如图 16-3 显示了主成分分析相关系数矩阵的特征值，其中包括 Eigenvalue（特征值）、Difference（特征值的差值）、Proportion（特征值占所有特征值的比例）、Cumulative（特征值的累积比例）。

```
Eigenvalues of the Correlation Matrix
    Eigenvalue   Difference   Proportion   Cumulative
1   4.69212452   3.93036949      0.7820      0.7820
2   0.76175503   0.47094403      0.1270      0.9090
3   0.29081100   0.10551296      0.0485      0.9574
4   0.18529804   0.11529858      0.0309      0.9883
5   0.06999946   0.06998751      0.0117      1.0000
6   0.00001195                   0.0000      1.0000
```

图 16-3　主成分分析相关系数的特征值矩阵

从特征值表中可以看到原始数据中含有 6 个观测变量，因而计算出 6 个特征值，即各主成分的贡献率。同时，可以看到第一个主成分的贡献率为 78.2%，第二个主成分的贡献率为 12.7%，前 2 个主成分的其累积贡献率达到了 90.9%，说明本实例中提取前两个主成分已经能对原始变量做很好的解释。

- **主成分分析的特征向量**：图 16-4 显示了主成分分析的特征向量，即主成分分析模型中的系数，可以计算出每个主成分的得分。

```
                        Eigenvectors
       Prin1        Prin2       Prin3       Prin4       Prin5       Prin6
x1   0.453509    0.198228    0.110743    0.063582    0.100839   -.853557
x2   0.425846    0.113709    0.163702   -.829363   -.239340    0.183851
x3   0.440814   -.139239    0.332845    0.136744    0.734721    0.342045
x4   0.386965    0.372841   -.805465    0.111545    0.086615    0.206227
x5   0.435961    0.063428    0.311418    0.525475   -.606777    0.254226
x6  -.280828    0.886202    0.323105    0.029140    0.130581    0.116119
```

图 16-4　主成分分析的特征向量

本实例中选择的第一、第二个主成分的关系式分别为：

Prin1 = 0.454 * $x1$ + 0.426 * $x2$ + 0.441 * $x3$ + 0.387 * $x4$ + 0.436 * $x5$ − 0.281 * $x6$

Prin2 = 0.198 * $x1$ + 0.114 * $x2$ − 0.139 * $x3$ + 0.373 * $x4$ + 0.063 * $x5$ + 0.886 * $x6$

由于主成分的影响大小是由系数（的绝对值）较大的变量所决定。故第一主成分 Prin1 主要反映各指数变量 $x1 \sim x5$ 的综合性指标，而第二主成分 Prin2 的大小主要由 $x6$（法制与治安指数）决定。

第三节　主成分分析的界面操作

在 SAS 中，主成分分析除了可以通过上面的编程语句 PRINCOMP 过程实现，还可以通过其界面方式实现。在 SAS 中【分析家】模块和 INSIGHT 模块提供了图形化的界面操作方式。

一、【分析家】模块进行主成分分析

在 SAS 中通过【分析家】模块可以快速、方便地进行主成分分析。现以前面的实际例子说明。

【例 16.2】 考察本章例 16.1 的 2001 年全国 31 个省市自治区各类小康和现代化指数的 SAS 数据集，试利用【分析家】模块来进行主成分分析，提取出反映各地区小康和现代化指数状况的综合变量(主成分)。

(一) 主成分分析的步骤

(1) 启动【分析家】模块，打开 SAS 数据集 EX16_1。

(2) 单击菜单中的【统计】→【多元分析】→【主成分】菜单，打开主成分分析对话框。选中所有需要进入主成分分析模型的变量 X1～X6，单击 Variables ，添加变量 X1～X6 到主成分分析模型中，如图 16-5 所示。

(3) 单击主成分分析对话框中的 Statistics ，打开如图 16-6 所示的【Principal Components：Statistics】对话框。在对话框中可以设置的选项包括以下几项。

◆ 主成分分析特征值的分析方法：可以选择的主成分分析的计算方法包括 Correlations (利用相关矩阵计算主成分，默认)、Covariances(利用协方差矩阵计算主成分)、Uncorrected Correlations(利用未校正的相关矩阵计算主成分)和 Uncorrected Covariances(利用未校正的协方差矩阵计算主成分)。

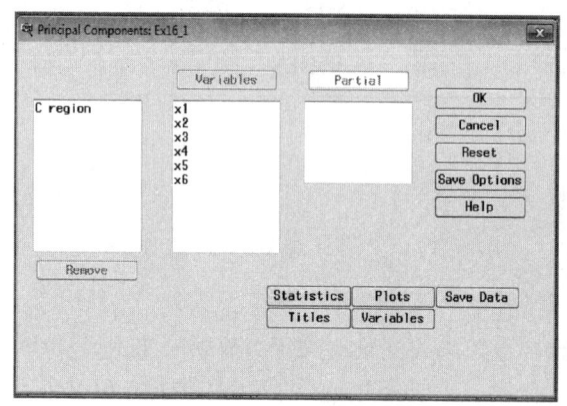

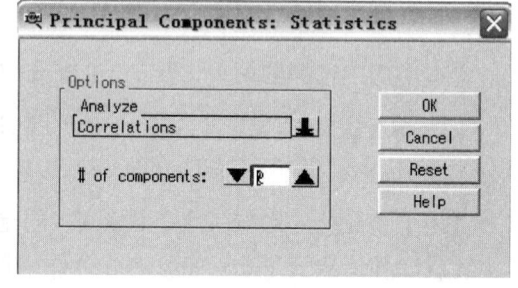

图 16-5 主成分分析对话框　　图 16-6 【Principal Components：Statistics】框

◆ 主成分数的设置：在 Options 区域中的【# of components：】选项中，可设置需保留的主成分个数。本实例中因为不能确定提取的主成分数，所以该项不设置。选择完后，单击 OK ，返回主成分分析对话框。

(4) 在返回的主成分分析对话框中，单击 Plots ，打开如图 16-7 所示的【Principal Components：Plots】对话框。在该对话框中可设置主成分分析绘制的图形，包含【Scree Plot】和【Component Plot】两个选项卡。

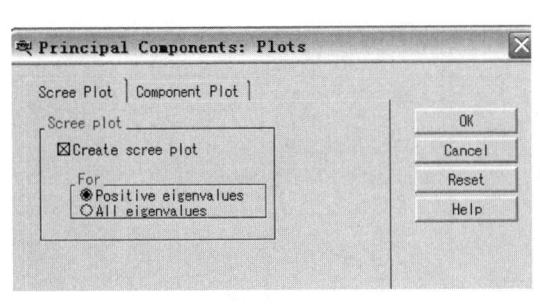

图 16-7 【Principal Components:Plots】对话框

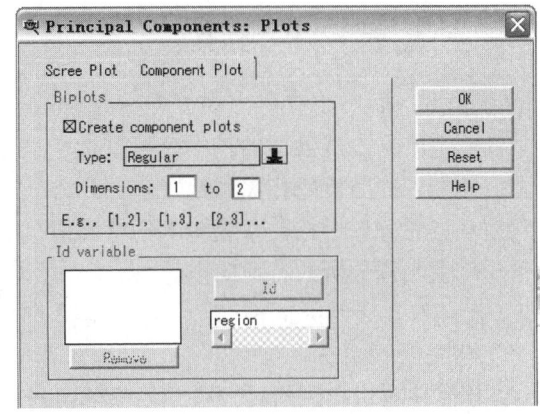

图 16-8 【Principal Components:Plots】对话框

◆ Scree Plot 选项：勾选【Create scree plot】复选框，可绘制碎石图，同时绘制的碎石图包括【Positive eigenvalues】（正特征值，绘制所有大于 0 的特征值的碎石图）和【All eigenvalues】（所有特征值，绘制所有特征值的碎石图）两种。本实例中设置绘制所有大于 0 的特征值的碎石图。

◆ Component Plot 选项：单击【Principal Components:Plots】对话框中的【Component Plot】选项卡，将显示如图 16-8 所示的对话框，在其中可以设置成分图的绘制相关参数。勾选【Create component plots】复选框；同时在【Type】下拉列表框中选择绘制的图形类型：Regular（散点图）和 Enhanced（增强型散点图），前者只绘制主成分得分的散点图，而后者还可绘制主成分载荷的散点图；在维度 Dimensions 文本框中设置绘制成分图的主成分，默认为对第一和第二主成分绘制散点图；在【Id variable】区域中选择识别观测的变量，这里选择数据中的地区变量 region，点击 Id 。设置完成后，单击 OK ，返回主成分分析对话框。

(5) 在返回的主成分分析对话框中单击 Save Data ，打开如图 16-9 所示的 【Principal Components:Save Data】对话框。

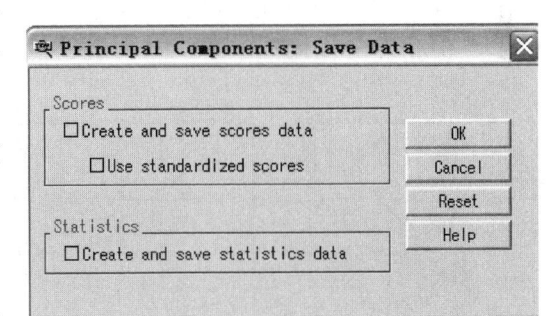

在该对话框中可以选择需要保存的数据，其中 Scores 区域中：

◆ Create and save scores data 复选框：选中该框，可存储主成分计算的得分数据。

◆ Use standardized scores 复选框：选中该框，可存储主成分计算的标准化得分数据。

图 16-9 【Principal Components:Save Data】框

在 Statistics 区域中，

◆ Create and save statistics data 复选框：选中该框，可存储常用的一些统计参数分析结果。

在本实例中我们选择 Create and save scores data 复选框，保存主成分计算的得分数据。单击 OK ，返回主成分分析的界面。

(6) 上述主成分分析的主要参数设置完毕后，单击 OK ，进行主成分分析。

(二) 主成分分析的结果

计算完成后,将在界面中首先弹出 Analysis 窗口,显示主成分分析结果,其中包括:

- 主成分分析数据的基本统计量;
- 主成分分析的相关系数矩阵;
- 主成分分析相关系数矩阵的特征值;
- 主成分分析的特征向量。

上述统计表结果同前面图 16-1 至图 16-4,解读也相同。

同时还可以在【分析家】模块右侧的目录树中查看其他的分析结果。如图 16-10 所示,其中可以查看的结果包括上述介绍的 Analysis 窗口的数值计算结果、主成分得分计算结果、碎石图、绘制的主成分分析的图形和程序的代码。双击目录树中的各选项可以打开相应的结果窗口。

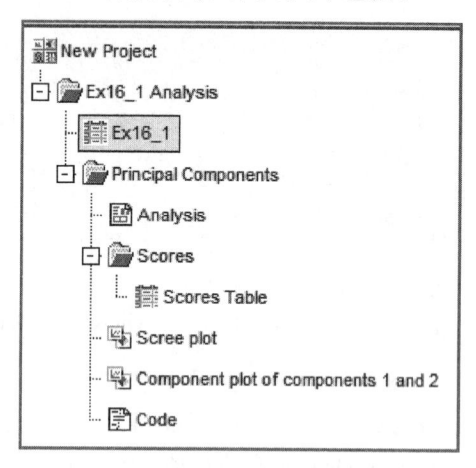

图 16-10 主成分分析结果的目录树

- Scores table:存储原始数据和主成分计算所得的得分数据,如图 16-11 所示。

图 16-11 主成分分析的原始数据和得分

- Scree plot:如图 16-12 显示了各主成分下的特征值,从图中的碎石图上可以看到前 2 个主成分具有较大的特征值。
- Component plot of components 1 and 2:第一主成分和第二主成分的散点图,如图 16-13 所示。

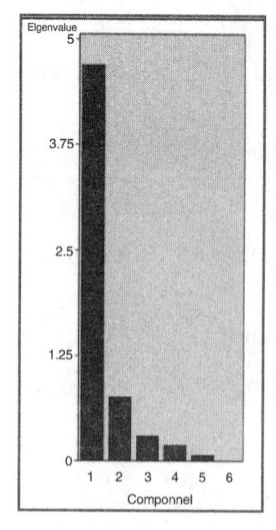

图 16-12 主成分碎石图

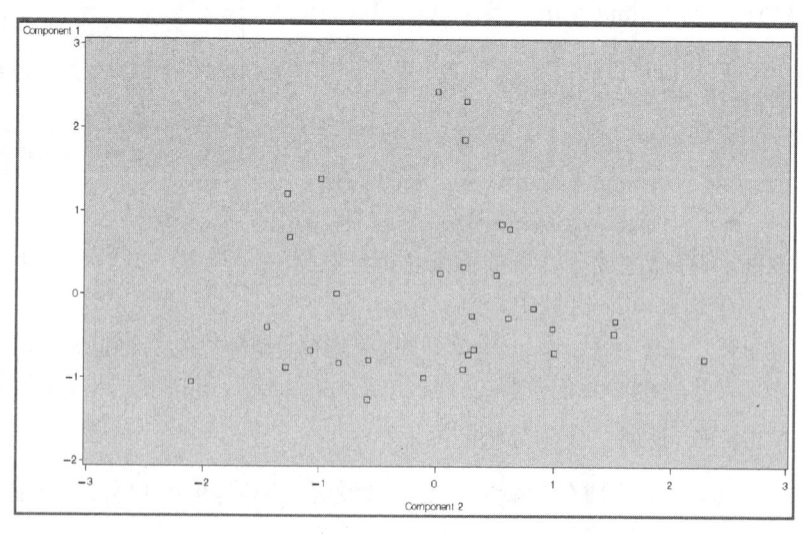

图 16-13 主成分分析的主成分散点图

◆ Code:打开如图 16-14 所示的主成分分析代码窗口,其中显示了主成分分析的代码。

```
*--------------------------------------------------------------*
| Generated: Friday, July 22, 2011  0:22:38                    |
| Data: C:\Users\lenovo\AppData\Local\Temp\SAS Temporary Files\_TD3244\Ex16_1 |
*--------------------------------------------------------------*;
        title;
        footnote;
*** Principal Components Analysis *** ;
options pageno=1;
ods output Eigenvalues = work._eigen;
proc princomp data=Work.Ex16_1 n=6 out=WORK.SCORE std;
    var X1 X2 X3 X4 X5 X6;
run; quit;
goptions reset=all device=WIN;
*** Scree Plot ***;
data work._eigen; set work._eigen;
    if eigenvalue > 0;
    rename number=Component;
    drop difference proportion cumulative;
run;
        title;
        footnote;
goptions ftext=SWISS ctext=BLACK htext=1 cells;
axis1 minor=none major=(number=5) label=('Eigenvalue');
pattern1 value=SOLID color=BLUE;
proc gchart data=work._eigen ;
    format eigenvalue best8.;
    vbar component / type=sum sumvar=eigenvalue discrete
                     raxis=axis1 frame
                     cframe=CXF7E1C2 caxis=BLACK coutline=BLACK
                     name='SCREE'
                     description='Scree plot';
run;
quit;
goptions reset=pattern ftext= ctext= htext=;
```

图 16-14 主成分分析程序的代码

二、INSIGHT 模块进行主成分分析

在 SAS 中还提供了 INSIGHT 模块,可用于通过界面操作进行主成分分析。下面将通过实例 16.3 来考察如何利用 INSIGHT 模块进行主成分分析。

【例 16.3】 考察本章例 16.1 的 2001 年全国 31 个省市自治区各类小康和现代化指数的 SAS 数据集,试利用 INSIGHT 模块来进行主成分分析,提取出反映各地区小康和现代化指数状况的综合变量(主成分)。

(一) INSIGHT 模块进行主成分分析的步骤

(1) 启动 INSIGHT 模块,在 INSIGHT 模块中打开 SAS 数据集 EX16_1。

(2) 单击 INSIGHT 模块下的【分析】→【多元(Y X)】菜单,打开如图 16-15 所示的多元分析窗口。选择需要进行主成分分析的变量 $x1 \sim x6$ 进入"Y 变量"区域,选择地区变量 region 用于标识观测,选入"标签变量"中,如图 16-15 所示。

(3) 单击【多元(Y X)】对话框的 方法 ,打开主成分分析方法设置窗口,如图 16-16 所示。在其中可以设置的参数包括主成分计算是选择协方差矩阵或相关系数矩阵,系统默认主成分分析计算相关系数矩阵的特征值和特征向量。本实例中使用默认的选项,参数设置完毕单击 确定 ,返回【多元(Y X)】窗口。

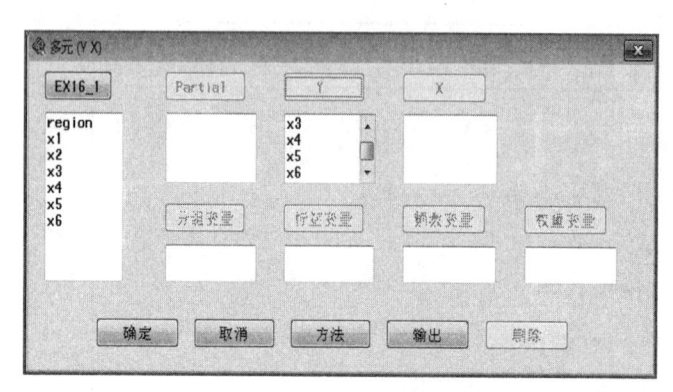

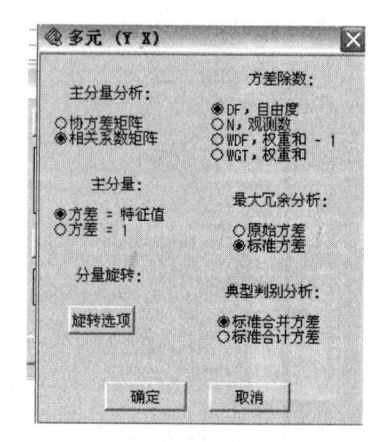

图 16-15 【多元(YX)】对话框　　　图 16-16　多元分析模型方法设置

(4) 单击【多元(Y X)】对话框的 输出 ，对主成分分析的输出结果进行设置。在打开的主成分分析输出设置中可以设置的输出选项包括：描述性统计量、二变量图和主成分选项，如图 16-17 所示。其中，描述性统计量的输出包括：单变量、叉积和、校正叉积和、协方差矩阵、相关系数矩阵、相关系数 P 值、逆相关系数矩阵和配对相关系数的描述性统计量。二变量图包括散点图矩阵和 80% 预测置信椭圆。在该窗口下选择【主分量分析】复选框，单击【主分量选项】将打开如图 16-18 所示的【主分量选项】对话框。

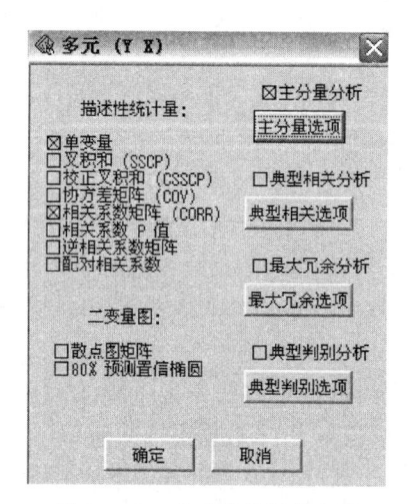

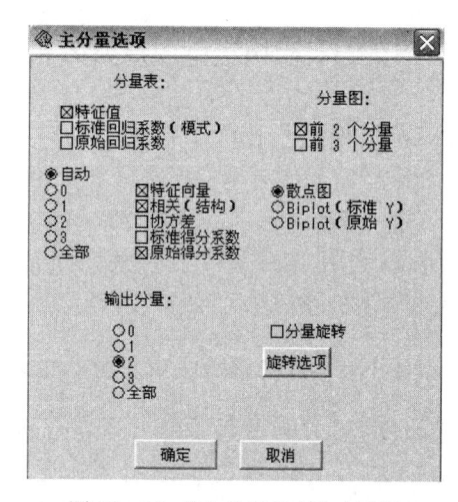

图 16-17　主成分分析输出图　　　图 16-18　【主分量选项】对话框

在【主分量选项】对话框中可以设置的参数包括主成分(分量)表、主成分(分量)图和输出成分(分量)控制等。在本实例中，主成分选项选择特征值、特征向量、原始得分系数，输出前 2 个成分，并输出成分图和散点图。参数设置完毕单击 确定 ，返回多元分析窗口。

(5) 单击【多元(Y X)】对话框的 确定 ，即可执行主成分分析，完成主成分分析。

(二) INSIGHT 模块进行主成分分析的结果

主成分分析执行完毕将弹出结果窗口，其输出的结果如图 16-19。主要包括：

x1 x2 x3 x4 x5 x6

单变量统计量

变量	N	均值	标准偏差	最小值	最大值
x1	31	66.5226	11.3991	50.9000	93.2000
x2	31	73.3065	12.1168	51.6000	100.0000
x3	31	55.0871	18.5759	31.5000	94.7000
x4	31	74.7871	13.8056	56.0000	112.0000
x5	31	61.3484	16.6234	29.9000	97.4000
x6	31	72.4194	10.3220	55.5000	100.0000

相关系数矩阵

	x1	x2	x3	x4	x5	x6
x1	1.0000	0.9171	0.9345	0.8557	0.9492	-0.4521
x2	0.9171	1.0000	0.8513	0.7486	0.8208	-0.4757
x3	0.9345	0.8513	1.0000	0.6902	0.9072	-0.6361
x4	0.8557	0.7486	0.6902	1.0000	0.7438	-0.3325
x5	0.9492	0.8208	0.9072	0.7438	1.0000	-0.5051
x6	-0.4521	-0.4757	-0.6361	-0.3325	-0.5051	1.0000

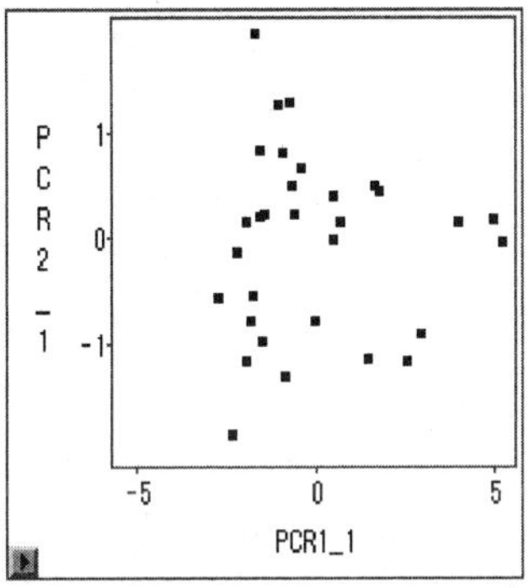

特征值（相关系数矩阵）

分量	特征值	差分	比例	累积
1	4.692125	3.930369	0.7820	0.7820
2	0.761755	0.470944	0.1270	0.9090
3	0.290811	0.105513	0.0485	0.9574
4	0.185298	0.115299	0.0309	0.9883
5	0.069999	0.069988	0.0117	1.0000
6	0.000012	_	2.E-06	1.0000

特征向量（相关系数矩阵）

变量	分量 1	分量 2
x1	0.453509	0.198228
x2	0.425846	0.113709
x3	0.440814	-0.139239
x4	0.386965	0.372841
x5	0.435961	0.063428
x6	-0.280828	0.886202

图 16－19　INSIGHT 模块进行主成分分析的输出结果

◆ 单变量的统计量。

◆ 相关系数矩阵。

◆ 特征值：图中显示了主成分分析的特征值计算结果，从中可以看到前两个主成分即具有较大的特征值，其累积贡献率已达到 90.9%，说明本实例中各地区小康和现代化指数状况可通过两个主成分即可具有较好的代表性。

◆ 特征向量：图中显示了第一、第二个主成分的特征向量（模型中的系数项）。根据该表中数据，我们可以得到两个主成分的关系式为：

$$\text{Prin1}=0.454x1+0.426x2+0.441x3+0.387x4+0.436x5-0.281x6$$

$$\text{Prin2}=0.198x1+0.114x2-0.139x3+0.373x4+0.063x5+0.886x6$$

◆ 主成分得分的散点图：第一主成分和第二主成分得分的散点图。

◆ 主成分的原始得分系数：如图 16－20 所示。

原始得分系数

变量	PCR1_1	PCR2_1
x1	0.039785	0.017390
x2	0.035145	0.009384
x3	0.023730	-0.007496
x4	0.028029	0.027006
x5	0.026220	0.003818
x6	-0.027207	0.085855

图 16－20　INSIGHT 结果：原始得分系数

由该主成分的原始得分系数表，可得到第一、第二主成分的原始得分的计算公式。

第一主成分的得分公式：

$P1 = 0.039\,8x1 + 0.035\,1x2 + 0.023\,7x3 + 0.028\,0x4 + 0.026\,2x5 - 0.027\,2x6$

第二主成分的得分公式：

$P2 = 0.017\,4x1 + 0.009\,4x2 - 0.007\,4x3 + 0.027\,0x4 + 0.003\,8x5 + 0.085\,9x6$

（言方荣）

Chapter 17 因子分析

第一节　因子分析的基本原理
　　一、因子分析概述
　　二、因子分析的数学模型和相关概念
　　三、因子分析的基本步骤
　　四、因子分析的注意事项
第二节　因子分析的 SAS 过程
　　一、FACTOR 因子分析过程
　　二、因子分析的 SAS 实例应用
第三节　INSIGHT 模块进行因子分析

学生的各科成绩受到智力、计算能力、表达能力和灵活性等因素的影响，可以通过考试或检测等手段获得学生的各科成绩，但那些对各科成绩起支配作用的因子的状态不能直接测定到。又如，考虑 5 项生理指标收缩压、舒张压、心跳间隔、呼吸间隔和舌下温度，这 5 项指标是受植物神经的交感神经和副交感神经支配的，而这两种神经的状态也不能直接测定出来。

因子分析就是要找出某个问题中可直接测量的具有一定相关性的多个指标变量，如何受少数几个在专业上有意义又不可直接测量到的且相对独立的因子支配的规律，从而可用原来的指标变量的测定值来间接确定这些因子变量的状态。

因子分析是由 Charles Spearman 在 1904 年首次提出，并在其后半生一直致力于发展此理论。目前，因子分析已成功应用于心理学、医学、气象、地质、经济学等领域，并因此促进了理论的不断丰富和完善。

第一节　因子分析的基本原理

因子分析（factor analysis）是主成分分析的推广和发展，也是多元分析中数据压缩降维的有效方法。它通过研究众多变量之间的内部依赖关系，探求观测数据中的基本结构，并用少数几个潜在变量来表示其基本的数据结构。这几个潜在变量能够反映原来众多变量的主要信息。原始的变量是可观测的显在变量，而潜在变量是不可观测的，称为因子。

本节将主要介绍因子分析的基本原理和步骤。

一、因子分析概述

因子分析通过几个因子代替原始数据中的变量信息，因子为各个变量的线性组合。通过因子分析提取的因子能较大程度地解释原始数据的关键信息，并根据原始变量与因子的关系以及因子得分进行分析、评价的多元统计分析方法。

因子分析的目的就是减少变量的数目，用少数因子代替原有变量去分析整个实际问题。通常，因子有以下几个特点：

（1）因子个数远少于原有变量的个数；

（2）因子能够反映原有变量的绝大部分信息，而不会造成原有变量信息的较大丢失；

（3）因子之间的线性关系不显著，因子参与数据建模能够有效地解决变量多重共线性等给分析应用带来的诸多问题；

（4）因子具有命名解释性，从而有助于对因子分析结果的解释评价，对因子的进一步应用有重要意义。

总之，因子分析是研究如何以最少的信息损失将众多原有变量浓缩成少数几个因子，如何使因子具有一定的命名解释性的多元统计分析方法。

二、因子分析的数学模型和相关概念

因子分析的核心是用较少的相互独立的因子反映原有变量的绝大部分信息,可以将这一思想用数学模型来表示。设原有 p 个变量 $x_1, x_2, \cdots, x_p$,且每个变量(或经标准化处理后)的均值为 0,标准差均为 1。现将每个原有变量用 $m(m<p)$ 个因子 $F_1, F_2, \cdots, F_m$ 的线性组合来表示,即有

$$\begin{cases} x_1 = a_{11}F_1 + a_{12}F_2 + \cdots + a_{1m}F_m + \varepsilon_1 \\ x_2 = a_{21}F_1 + a_{22}F_2 + \cdots + a_{2m}F_m + \varepsilon_2 \\ \cdots \\ x_p = a_{p1}F_1 + a_{p2}F_2 + \cdots + a_{pm}F_m + \varepsilon_p \end{cases}$$

该式便是因子分析的数学模型,也可用矩阵的形式表示:

$$X = AF + E$$

式中,F 为因子变量或公共因子,可以理解为高维空间中互相垂直的 m 个坐标轴;A 为因子载荷矩阵,是第 i 个原有变量在第 j 个因子变量上的负荷;如果把变量 x_i 看成 m 维因子空间中的一个向量,则 a_{ij} 为 x_i 在坐标轴 F_j 上的投影;E 为特殊因子,表示了原有变量不能被因子变量所解释的部分,相当于多元回归分析中的残差部分,实际分析时忽略不计。由上式可知因子是不可观测的。

上述因子分析的数学模型中常用的相关概念介绍如下。

(1) 因子载荷

因子载荷 a_{ij} 就是第 i 个变量与第 j 个公共因子之间的相关系数,它的统计意义就是第 i 个变量在第 j 个公共因子上的负荷,反映了第 i 个变量在第 j 个公共因子上的相对重要性。实际上有 $a_{ij} = r_{xi,Fj}$,即为 x_i 与因子 F_j 的相关系数。

(2) 变量共同度

变量共同度,也称公共方差,反映全部公共因子变量对原有变量 x_i 的总方差的解释说明比例。原有变量 x_i 的共同度为因子载荷矩阵 A 中第 i 行元素的平方和,即

$$h_i^2 = \sum_{j=1}^{m} a_{ij}^2$$

h_i^2 越接近于 1(原有变量 x_i 在标准化前提下,总方差为 1),说明公共因子解释原有变量的信息越多。通过该值,可以掌握该变量的信息有多少丢失了。变量 x_i 的共同度刻画了因子全体对变量 x_i 信息解释的程度,是评价变量 x_i 信息丢失程度的重要指标。如果大部分变量的共同度都高于 0.8,则说明提取出的公共因子已经基本反映了各原始变量 80% 以上的信息,仅有较少的信息丢失,因子分析的效果较好。

(3) 公共因子 F_j 的方差贡献

公共因子 F_j 的方差贡献定义为因子载荷矩阵 A 中第 j 列各元素的平方和,即

$$S_j = \sum_{i=1}^{p} a_{ij}^2$$

公共因子 F_j 的方差贡献反映了该因子对所有原始变量总方差的解释能力,其值越大,说明因子重要程度越高。

三、因子分析的基本步骤

因子分析有两个核心问题:一是如何构造因子变量;二是如何对因子变量进行命名解释。因子分析有以下基本步骤。

(1) 将原始数据进行标准化

进行因子分析是在标准化数据的基础上进行的,所以必须将原始数据标准化。

(2) 确定待分析的原有若干变量是否适合于因子分析

进行因子分析要求原有变量之间存在较强的相关性,如果没有较强的相关关系,则无法从中综合出能反映某些变量共同特征的少数公共因子变量来。

(3) 提取因子变量,构造因子分析模型

建立变量的相关系数矩阵 R,求 R 的特征值及相应的单位特征向量,根据累积贡献率(或特征值大小)的要求,取前 k 个特征值及相应的特征向量来得到相应的公共因子,写出因子载荷矩阵 A,得到因子分析的数学模型。为了建立因子模型,首先要估计因子载荷和特殊方差,常用的参数估计方法有三种:主成分法、主因子法和极大似然法。

通常公共因子数 k 的确定有以下两个标准:一般选取特征值大于 1 的特征值的个数,或选取累积方差贡献率大于 0.80 时的因子个数 k。另外,还可绘制因子个数与特征值的碎石图,并观察碎石图来综合确定因子数。

(4) 利用因子旋转(正交变换)使得因子变量更具有可解释性

将原有变量综合为少数几个因子后,如果因子的实际解释含义不清,一般需利用因子旋转方法使提出的因子含义更加清晰,使因子具有命名可解释性。

因子旋转通过改变坐标轴,使载荷矩阵每列或行的元素平方值向 0 和 1 两极分化,即重新分配各个因子解释原始变量方差的比例,使因子载荷阵的结构简化,这样的因子便于解释和命名。其中正交的因子旋转法主要有三种:四次方最大法、方差最大法和均衡最大法等,斜交的因子旋转法主要有 PROMAX 斜交旋转等。这些旋转方法的目标是一致的,可以通过尝试,选择最容易解释的旋转模型。

(5) 计算因子变量的得分

因子变量确定后,对每个样本数据,我们希望得到它们在不同因子上的具体数值,这些数值就是因子得分,它和原变量的得分相对应。因子得分是因子分析的最终体现,在以后的分析中就可以用维数少的因子得分代替原有变量进行数据建模,或利用因子变量得分代替样本进行分类或评价等研究,进而实现降维和简化问题的目标。

计算因子得分函数的模型:

$$F_i = \beta_{i1} X_1 + \cdots + \beta_{ip} X_p, \quad i = 1, 2, \cdots, m$$

估计因子得分的方法很多,如加权最小二乘法、回归法、Banlette 法等。用不同的方法导出的因子得分一般是不相同的。

四、因子分析的注意事项

(1) 样本量不能太小。对于因子分析而言,要求样本量比较充足,否则结果可能不太可靠。一般而言,要求样本量至少是变量数的 5 倍以上,如果要想得到比较理想的结果,则应该在 10 倍以上。不过在实际问题中,很多时候样本量都达不到这个要求,这时也可以适当放宽要求,通过检验来判断结果的可靠性。

(2) 各变量间应该具有相关性。如果变量彼此独立,则无法从中提取公因子,也就谈不上因子分析法的应用。如果相关阵是单位阵,则各变量独立,因子分析法无效。

(3) 因子分析中各因子应该具有实际意义。在主成分分析中,各主成分实际上是矩阵变换的结果,因此意义不明显并不重要。但是在因子分析中,提取出的各因子应该具有实际意义,否则就应该重新设计要测量的原始变量。

第二节　因子分析的 SAS 过程

因子分析是从多个原始变量中提炼出有限的几个潜在变量,称为因子。通过因子分析提炼出来的因子可以分别解释由不同变量构成的不同特征。因子与原始变量的关系可以通过线性组合来表达,在线性组合中,一个因子中不同原始变量的系数称为因子载荷。如果最先得到的初始因子和原始变量的关系解释不清楚时,可通过因子的变换(即因子旋转),使新的因子更具代表性。

一、FACTOR 因子分析过程

在 SAS 系统中提供了专门的 FACTOR 过程用于实现因子分析。FACTOR 因子分析过程可以根据所选用的提取因子的方法(Method)与初始因子载荷矩阵的旋转(Rotate)方式,输出变量的特征值(Eigenvalue)、方差百分比、累积方差百分比、因子分析模型、旋转后的因子矩阵、特征值的碎石图、因子得分等。

FACTOR 因子分析过程基本的语法格式为:

SAS程序格式	意　义
PROC FACTOR [选项];	对"DATA="指定或最新数据集进行因子分析
VAR 变量列表;	指定进行因子分析的变量,如果省略则对其他语句未用的所有数值变量进行分析
PRIORS 选项;	用 0 到 1 之间的数值给各变量公因子方差的先验估计值
BY 变量;	指定进行主成分分析的分组变量,需为已排序的变量
FREQ 变量;	指定作为观测频数的变量
WEIGHT 变量;	指定作为观测权重的变量
PARTIAL 变量;	指定一组数值变量,用来分析偏相关或协方差矩阵
RUN;	向 SAS 系统提交过程步中的语句

PROC FACTOR 语句为必需语句,用于指定分析的过程为因子分析过程,其选项说明如表 17-1 所示。

表 17-1　PROC FACTOR 语句的选项说明

选　项	意　义
DATA=数据集	指定进行因子分析的数据集
OUT=数据集	指定一个数据集,其中包括原始数据和因子得分数据
OUTSTAT=数据集	指定一个数据集,其中存储因子分析的主要结果
METHOD=因子分析法	指定设置的因子分析方法:PRINCIPAL(主成分法,默认)、PRINIT(迭代主因子法)、USL(未加权最小二乘因子法)、ALPHA(α因子法)、ML(极大似然法)、IMAGE(映象协差阵法)、PATTERN(因子模型输入法)、SCORE(得分系数法),详见表 17-2
PRIORS=初始方差法	规定计算先验公因子方差估计的方法:ONE(设置为1)、MAX(最大绝对相关系数)、SMC(复相关系数平方)、ASMC(复相关系数平方的比例)、INPUT(输入估计值)、RANDOM(随机数),详见表 17-3
HEYWOOD	当公因子方差值超过 1 后令其为 1,迭代继续执行下去
COV	使用协方差矩阵而非相关矩阵进行因子分析
MINEIGEN=P	设置被保留因子的最小特征值
NFACTORS=N	提取的最大公因子的个数,默认为变量数
MAXITER=N	因子分析的最大迭代数,默认值为 30
ROTATE=因子旋转法	设置因子旋转的方法:VARIMAX(正交方差最大旋转法)、ORTHOMAX(GAMMA=指定权数的正交旋转法)、EQUAMAX(正交的均衡旋转法)、QUARTIMAX(正交四次方最大法)、PROMAX(基于正交最大方差旋转的斜交旋转法)、NONE(不进行因子旋转,默认)等多种,详见表 17-4
GAMMA=p	与 ROTATE=ORTHOMAX 或 PREROTATE=ORTHOMAX 一起用来规定正交方差最大旋转的权数
SIMPLE	输出简单的统计分析结果,包括均值和标准差等
CORR	输出相关矩阵和偏相关矩阵
SCORE	输出因子分析的得分矩阵
EV	输出因子分析的特征值向量
SCREE	输出特征值的碎石图
RESIDUALS	输出残差的相关矩阵和偏相关矩阵
NPLOT=N	设置绘制的因子模型图的因子个数
PLOT	在模型旋转之后绘制因子模型图
REPLOT	在模型旋转之前画绘制因子模型图
ALL	显示除了图形外的所有分析结果

表 17-2　PROC FACTOR 语句的 METHOD 选项设置意义及与 PRIOR 选项的对应

METHOD=选项	意　义	对应 PRIOR 选项
ALPHA|A	规定为 ALPHA(α)因子分析	SMC
IMAGE|I	用映象协差阵进行主成分分析,要求相关矩阵非奇异	不适用
ML|M	用极大似然法进行因子分析,要求相关矩阵非奇异	SMC
PATTERN	从 TYPE=FACTOR、CORR、UCORR、COV、UCOV 的数据集中读取因子模型	不适用
PRINCIPAL|P	用主因子分析法,但当没有 PRIORS 语句或选项,或规定 PRIORS=ONE 时用主成分分析法	ONE
PRINTT	用迭代主因子法进行因子分析	ONE

续 表

METHOD=选项	意 义	对应 PRIOR 选项
SCORE	从 TYPE=FACTOR、CORR、UCORR、COV、UCOV 的数据集中读取因子得分系数进行因子分析,该数据集必须包括相关矩阵或协方差矩阵	不适用
ULS|U	使用不加权的最小二乘因子分析法	SMC

表 17-3 PROC FACTOR 语句的 PRIOR 选项的设置说明

PRIOR=选项	意 义
ASMC|A	使先验公因子方差估计与复相关系数的平方成比例,并调整使其和等于最大绝对相关系数
INPUT|I	在类型为 TYPE=FACTOR 的输入数据集中,寻找_TYPE_='PRIORS' 或 'COMMUNAL' 的第一个观察值定为先验公因子方差估计
MAX|M	将每个变量与其他变量的相关系数绝对值的最大值确定为该变量的先验公因子方差估计值
ONE|O	将所有的先验公因子方差估计值确定为 1
RANDOM|R	取 0 与 1 之间的均匀分布随机数为先验公因子方差估计值
SMC|S	先验公因子方差估计值取每个变量与其他所有变量的复相关系数的平方

表 17-4 PROC FACTOR 语句的 ROTATE 因子旋转选项的设置说明

ROTATE=选项	意 义	对应旋转法
VARIMAX|V	方差最大正交旋转	ROTATE=ORTHOMAX 且 GAMMA=1
BIQUARTIMAX|BIQMAX	八次方最大正交旋转	ROTATE=ORTHOMAX
EQUAMAX|E	均方最大正交旋转	ROTATE=ORTHOMAX 且 GAMMA=因子数 m/2
FACTORPARSIMAX|FPA	ROTATE=ORTHOMAX	且 GAMMA=变量数 p 因子 PARSIMAX 正交旋转
ORTHCF|ORCF	Crawford-Ferguson 正交旋转,变量和因子的权重分别设为 p1 和 p2	
ORTHGENCF|ORGENCF	广义 Crawford-Ferguson 正交旋转,使用 p1、p2、p3 和 p4 四个权重	
PARSIMAX|PA	PARSIMAX 正交旋转	ROTATE=ORTHOMAX 且 GAMMA=$\dfrac{m(p-1)}{m+p-2}$ m、p 为因子数、变量数
QUARTIMAX|QMAX|Q	四次方最大正交旋转	ROTATE=ORTHOMAX 且 GAMMA=0
ORTHOMAX	通过 GAMMA=指定权数的正交方差最大旋转	

续 表

ROTATE＝选项	意 义	对应旋转法
HK	规定 Harris-Kaiser 情形Ⅱ的斜正交旋转	
PROCRUSTES	规定对由 TARGET＝的数据集给出的目标模型进行斜交旋转	
PROMAX|P	规定斜交的 PROMAX 旋转	
NONE|N	不执行因子模型旋转,默认项	

PRIORS 语句用于给出因子分析中各变量公因子方差的先验估计值,应为 0 到 1 之间的数值,其值依次对应于 VAR 语句变量,其值的个数必须与变量个数相同。可以用 PROC FACTOR 语句的"PRIOR＝"选项来指定公因子方差估计方法。

二、因子分析的 SAS 实例应用

下面我们结合实例介绍因子分析的 SAS 应用。

【例 17.1】 某医院为了合理地评价该院各月的医疗工作质量,搜集了三年有关门诊人次、出院人数、病床利用率、病床周转次数、平均住院天数、治愈好转率、病死率、诊断符合率和抢救成功率九项指标数据,数据见表 17－5,保存于 F:\SASFILE\Medical.txt 中。试采用因子分析方法,探讨其综合评价指标体系。

表 17－5 某医院三年的医疗工作质量有关指标实测值

年月 X_0	门诊人次 X_1	出院人数 X_2	病床利用率 X_3	病床周转次数 X_4	平均住院天数 X_5	治愈好转率 $X_6(\%)$	病死率 $X_7(\%)$	诊断符合率 $X_8(\%)$	抢救成功率 $X_9(\%)$
91.01	4.34	389	99.06	1.23	25.46	93.15	3.56	97.51	61.66
91.02	3.45	271	88.28	0.85	23.55	94.31	2.44	97.94	73.33
91.03	4.38	385	103.97	1.21	26.54	92.53	4.02	98.48	76.79
91.04	4.18	377	99.48	1.19	26.89	93.86	2.92	99.41	63.16
91.05	4.32	378	102.01	1.19	27.63	93.18	1.99	99.71	80.00
91.06	4.13	349	97.55	1.10	27.34	90.63	4.38	99.03	63.16
91.07	4.57	361	91.66	1.14	24.89	90.60	2.73	99.69	73.53
91.08	4.31	209	62.18	0.52	31.74	91.67	3.65	99.48	61.11
91.09	4.06	425	83.27	0.93	26.56	93.81	3.09	99.48	70.73
91.10	4.43	458	92.39	0.95	24.26	91.12	4.21	99.76	79.07
91.11	4.13	496	95.43	1.03	28.75	93.43	3.50	99.10	80.49
91.12	4.10	514	92.99	1.07	26.31	93.24	4.22	100.00	78.95
92.01	4.11	490	80.90	0.97	26.90	93.68	4.97	99.77	80.53

续 表

年月 X_0	门诊人次 X_1	出院人数 X_2	病床利用率 X_3	病床周转次数 X_4	平均住院天数 X_5	治愈好转率 $X_6(\%)$	病死率 $X_7(\%)$	诊断符合率 $X_8(\%)$	抢救成功率 $X_9(\%)$
92.02	3.53	344	79.66	0.68	31.87	94.77	3.59	100.00	81.97
92.03	4.16	508	90.98	1.01	29.43	95.75	2.77	98.72	62.86
92.04	4.17	545	92.98	1.08	26.92	94.89	3.14	99.41	82.35
92.05	4.16	507	95.10	1.01	25.82	94.41	2.80	99.35	60.61
92.06	4.86	540	93.17	1.07	27.59	93.47	2.77	99.80	70.21
92.07	5.06	552	84.38	1.10	27.56	95.15	3.10	98.63	69.23
92.08	4.03	453	72.69	0.90	26.03	91.94	4.50	99.05	60.42
92.09	4.15	529	86.53	1.05	22.40	91.52	3.84	98.58	68.42
92.10	3.94	515	91.01	1.02	25.44	94.88	2.56	99.36	73.91
92.11	4.12	552	89.14	1.10	25.70	92.65	3.87	95.52	66.67
92.12	4.42	597	90.18	1.18	26.94	93.03	3.76	99.28	73.81
93.01	3.05	437	78.81	0.87	23.05	94.46	4.03	96.22	87.10
93.02	3.94	477	87.34	0.95	26.78	91.78	4.57	94.28	87.34
93.03	4.14	638	88.57	1.27	26.53	95.16	1.67	94.50	91.67
93.04	3.87	583	89.82	1.16	22.66	93.43	3.55	94.49	89.07
93.05	4.08	552	90.19	1.10	22.53	90.36	3.47	97.88	87.14
93.06	4.14	551	90.81	1.09	23.06	91.65	2.47	97.72	87.13
93.07	4.04	574	81.36	1.14	26.65	93.74	1.61	98.20	93.02
93.08	3.93	515	76.87	1.02	23.88	93.82	3.09	95.46	88.37
93.09	3.90	555	80.58	1.10	23.08	94.38	2.06	96.82	91.79
93.10	3.62	554	87.21	1.10	22.50	92.43	3.22	97.16	87.77
93.11	3.75	586	90.31	1.12	23.73	92.47	2.07	97.74	93.89
93.12	3.77	627	86.47	1.24	23.22	91.17	3.40	98.98	89.80

  本实例中的因子分析涉及 10 个变量,首先利用其文本数据文件(保存于 F:\SASFILE\Medical.txt 中)创建一个新的 SAS 数据集,然后通过 FACTOR 过程进行因子分析。
  所编写的 SAS 具体程序如下:

```
data hospital;
   input x0 x1- x9;
cards;
X91.01    4.34    389    99.06    1.23    25.464    93.15    3.56    97.51    61.66
```

```
91.02    3.45  271  88.28    0.85  23.55  94.31    2.44  97.94    73.33
……
93.11    3.75  586  90.31    1.12  23.73  92.47    2.07  97.74    93.89
93.12    3.77  627  86.47    1.24  23.22  91.17    3.40  98.98    89.80
;
run;
proc factor rotate= varimax score;
  var x1- x9;
run;
```

或者

```
data hospital;
  infile 'f:\sasfile\medical.txt';
  input x0 x1- x9;
run;
proc factor rotate= varimax score;
  var x1- x9;
run;
```

执行上述程序，生成的结果如图 17 - 1 到图 17 - 5 所示，其中包括初始因子分析结果和因子旋转后的结果及因子得分系数。

我们首先查看初始因子分析的结果，其中包括 4 张表，分别为

◆ Eigenvalues of the Correlation Matrix(相关系数矩阵的特征值)：该表给出了因子分析过程计算的特征值结果，其中第一列为特征值，按照从大到小的顺序排列，第二列为前后两个特征值之差，第三列为特征值的贡献率，第四列为特征值的累积贡献率，如图 17 - 1 所示。从中可以看到该因子分析模型前三个特征值的累积贡献率可达 69.41%。

The FACTOR Procedure
Initial Factor Method: Principal Components

Prior Communality Estimates: ONE

Eigenvalues of the Correlation Matrix: Total = 9 Average = 1

	Eigenvalue	Difference	Proportion	Cumulative
1	2.80742422	0.81629387	0.3119	0.3119
2	1.99113034	0.54280803	0.2212	0.5332
3	1.44832232	0.66324920	0.1609	0.6941
4	0.78507312	0.10436961	0.0872	0.7813
5	0.68070351	0.13944226	0.0756	0.8570
6	0.54126125	0.08823292	0.0601	0.9171
7	0.45302833	0.27852154	0.0503	0.9674
8	0.17450679	0.05595665	0.0194	0.9868
9	0.11855013		0.0132	1.0000

3 factors will be retained by the MINEIGEN criterion.

图 17 - 1　基于 FACTOR 的相关系数特征值矩阵

Factor Pattern

	Factor1	Factor2	Factor3
x1	-0.25458	0.77000	0.00776
x2	0.76587	0.12768	0.09055
x3	0.24434	0.77639	-0.08574
x4	0.68927	0.66058	-0.07059
x5	-0.72423	0.12457	0.44013
x6	0.03929	-0.07076	0.88821
x7	-0.40462	-0.16381	-0.66326
x8	-0.62276	0.40190	0.04132
x9	0.73732	-0.36590	0.05894

图 17 - 2　因子分析的因子模型

◆ Factor Pattern(因子分析的载荷矩阵)：该表给出因子分析的模型系数矩阵，如图 17 - 2所示。

根据结果可以建立各变量的因子模型表达式：

$$x1 = -0.25458 * F1 + 0.77000 * F2 + 0.00776 * F3$$
$$x2 = 0.76587 * F1 + 0.12768 * F2 + 0.09055 * F3$$
$$x3 = 0.24434 * F1 + 0.77639 * F2 - 0.08574 * F3$$
$$x4 = 0.68927 * F1 + 0.66058 * F2 - 0.07059 * F3$$
$$x5 = -0.72423 * F1 + 0.12457 * F2 + 0.44013 * F3$$
$$x6 = 0.03929 * F1 - 0.07076 * F2 + 0.88821 * F3$$
$$x7 = -0.40462 * F1 - 0.16381 * F2 - 0.66326 * F3$$
$$x8 = -0.62276 * F1 + 0.40190 * F2 + 0.04132 * F3$$
$$x9 = 0.73732 * F1 - 0.36590 * F2 + 0.05894 * F3$$

其中 F1、F2、F3 代表所提取的三个因子。

◆ Variance Explained by Each Factor(方差解释表)：该表给出所提取的三个因子所解释的方差，如图 17-3 所示。

Variance Explained by Each Factor		
Factor1	Factor2	Factor3
2.8074242	1.9911803	1.4483223

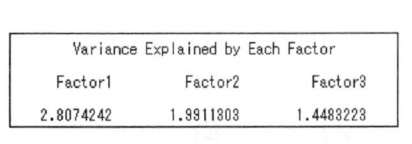

图 17-3 因子分析的方差解释表

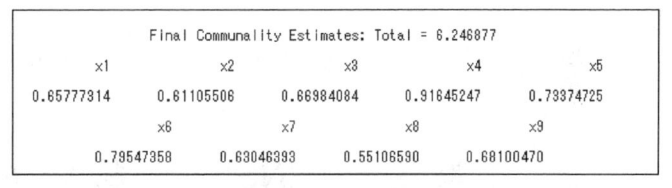

Final Communality Estimates: Total = 6.246877				
x1	x2	x3	x4	x5
0.65777314	0.61105506	0.66984084	0.91645247	0.73374725
x6	x7	x8	x9	
0.79547358	0.63046393	0.55106590	0.68100470	

图 17-4 因子分析最终的公因子方差估计表

◆ Final Communality Estimates(最终的公因子方差估计表)：该表给出了公因子方差在各变量中的解释能力，其总的方差为 6.246 877，如图 17-4 所示。

◆ Rotated Factor Pattern(旋转后的因子分析的载荷矩阵)：为了对各因子有更好的解释，我们对因子载荷进行了旋转，该表给出了旋转后的因子分析的模型系数矩阵，如图17-5 所示。与图 17-2 类似，可以得到旋转后的各变量的因子模型。

如图 17-5 所示，由 Rotated Factor Pattern 给出的旋转后的因子模型系数矩阵即可得到旋转后的各变量的因子模型表达式。从旋转后的因子模型系数可以看到，因子 1(FACTOR1)在门诊人次($x1$)、出院人数($x2$)、平均住院天数($x5$)、诊断符合率($x8$)和抢救成功率($x9$)上载荷较大，所以可以认为因子 1 反映了该院医疗工作质量各方面的情况，称为综合因子；因子 2(FACTOR2)在门诊人次($x1$)、病床利用率($x3$)和病床周转次数($x4$)上载荷较大，反映了病床利用情况，可称为病床利用因子；因子 3(FACTOR3)在治愈好转率($x6$)、病死率($x7$)上载荷较大，反映的是医疗水平，可称为医疗水平因子。

◆ Standardized Scoring Coefficients(标准得分系数表)：该表给出了用回归法得到的关于标准化变量的因子得分系数，如图 17-6 所示。

由此可以写出三个因子得分函数：

$$F1 = 0.243\,495x1 - 0.208\,13x2 + 0.075\,81x3 - 0.088\,870x4 + 0.303\,40x5 + 0.065\,80x6 + 0.025\,20x7 + 0.287\,330x8 - 0.305\,83x9$$

$$F2 = 0.313\,86x1 + 0.161\,96x2 + 0.395\,66x3 + 0.405\,90x4 - 0.080\,30x5 - 0.092\,50x6 - 0.083\,85x7 + 0.090\,40x8 - 0.064\,90x9$$

The FACTOR Procedure

Rotation Method: Varimax

Orthogonal Transformation Matrix

	1	2	3
1	-0.89590	0.40489	0.18281
2	0.41747	0.90803	0.03475
3	0.15193	-0.10746	0.98253

Rotated Factor Pattern

	Factor1	Factor2	Factor3
x1	0.55070	0.59527	-0.01216
x2	-0.61908	0.41630	0.23341
x3	0.09218	0.81313	-0.01259
x4	-0.35248	0.88650	0.07961
x5	0.76771	-0.22742	0.30437
x6	0.07020	-0.14379	0.87742
x7	0.19335	-0.24131	-0.73134
x8	0.73199	0.10834	-0.05929
x9	-0.80437	-0.04005	0.17998

图 17－5　因子分析的旋转载荷矩阵

Scoring Coefficients Estimated by Regression

Squared Multiple Correlations of the Variables with Each Factor

Factor1	Factor2	Factor3
1.0000000	1.0000000	1.0000000

Standardized Scoring Coefficients

	Factor1	Factor2	Factor3
x1	0.24349	0.31386	0.00212
x2	-0.20813	0.16196	0.11353
x3	0.07581	0.39566	-0.02870
x4	-0.08887	0.40590	0.00852
x5	0.30340	-0.08030	0.25360
x6	0.06580	-0.09250	0.60388
x7	0.02520	-0.08385	-0.47916
x8	0.28733	0.09040	-0.00551
x9	-0.30583	-0.06490	0.08161

图 17－6　因子分析的标准得分系数

$$F3 = 0.002\,12x1 + 0.113\,53x2 - 0.028\,70x3 + 0.008\,52x4 + 0.253\,60x5 + 0.603\,887x6 - 0.479\,16x7 - 0.005\,51x8 + 0.081\,61x9$$

其中变量 $x1 \sim x9$ 均为已标准化的变量，由此可计算各样本的标准化得分。

第三节　INSIGHT 模块进行因子分析

除了上面介绍的 FACTOR 过程可以进行因子分析外，SAS 系统还可以通过 INSIGHT 模块进行因子分析。本节将介绍如何利用 SAS 的界面操作进行因子分析。

【例 17.2】 数据集为美国洛杉矶 12 个统计区的五项社会经济指标：人口总数(pop)、教育程度(school)、就业人数(employ)、服务业人数(services)及房价中位数 (house)，试建立 SAS 数据集，并利用 INSIGHT 模块进行因子分析。

首先用下列 SAS 程序建立该例的 SAS 数据集。

```
data socecon;
    input pop  school employ services house @@;
cards;
5700  12.8  2500  270  25000  1000  10.9  600  10  10000
3400  8.8   1000  10   9000   3800  13.6  1700 140 25000
4000  12.8  1600  140  25000  8200  8.3   2600 60  12000
1200  11.4  400   10   16000  9100  11.5  3300 60  14000
9900  12.5  3400  180  18000  9600  13.7  3600 390 25000
9600  9.6   3300  80   12000  9400  11.4  4000 100 13000
;
run;
proc print;
run;
```

执行该 SAS 程序后,即可得到五项社会经济指标的 SAS 数据集 SOCECON。

下面列出用 INSIGHT 模块进行因子分析具体步骤。

(1) 启动 INSIGHT 模块,导入数据集 SOCECON。

(2) 单击菜单【分析】→【多元】,打开如图 17-7 所示的【多元】对话框,在其中将需要进行因子分析的 5 个变量都选入 $\boxed{Y}$ 下方的变量框中。

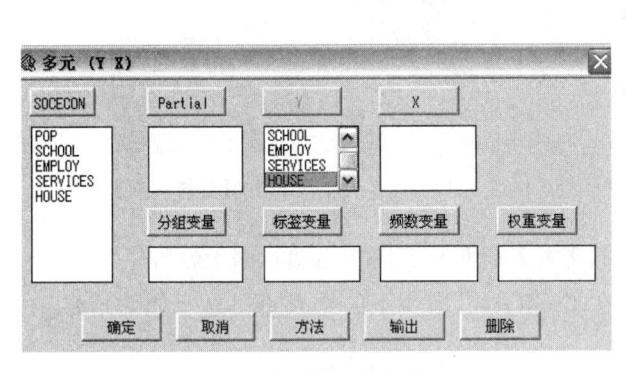

图 17-7 【多元】对话框 　　图 17-8 因子分析的"方法"

(3) 单击【多元】对话框中的 $\boxed{方法}$,得到如图 17-8 所示的对话框。在其中单击 $\boxed{旋转选项}$,如图 17-9 所示,在打开的窗口中可设置因子载荷的旋转方法和旋转的主成分数。

图 17-9 【旋转选项】对话框 　　图 17-10 因子分析的"输出"

(4) 单击【多元】对话框中的 $\boxed{输出}$,在弹出的如图 17-10 所示的对话框内设置需要输出的相关参数,包括描述性统计量、二变量图及各种多元统计分析的相关设置。本实例中选定"主分量分析",点击 $\boxed{主分量选项}$,如图 17-11 所示,在打开的窗口中可设置进行因子分析的有关输出结果。

(5) 在【主分量选项】对话框中,如图 17-11 所示,选中"分量旋转"复选框。单击该窗口下

Chapter 17　因子分析　　441

的 旋转选项 ,在弹出的如图 17-12 所示的对话框内设置相关的因子分析的旋转输出参数。

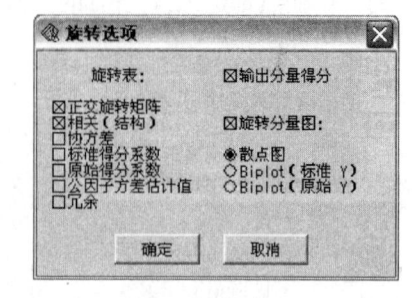

图 17-11 【主分量选项】对话框   图 17-12 因子分析的【旋转选项】

（6）因子分析输出设置完毕,返回【多元】窗口,单击 确定 ,执行因子分析。

执行上述因子分析具体步骤后,在 INSIGHT 模块下的结果窗口显示如下结果。如图 17-13 所示。

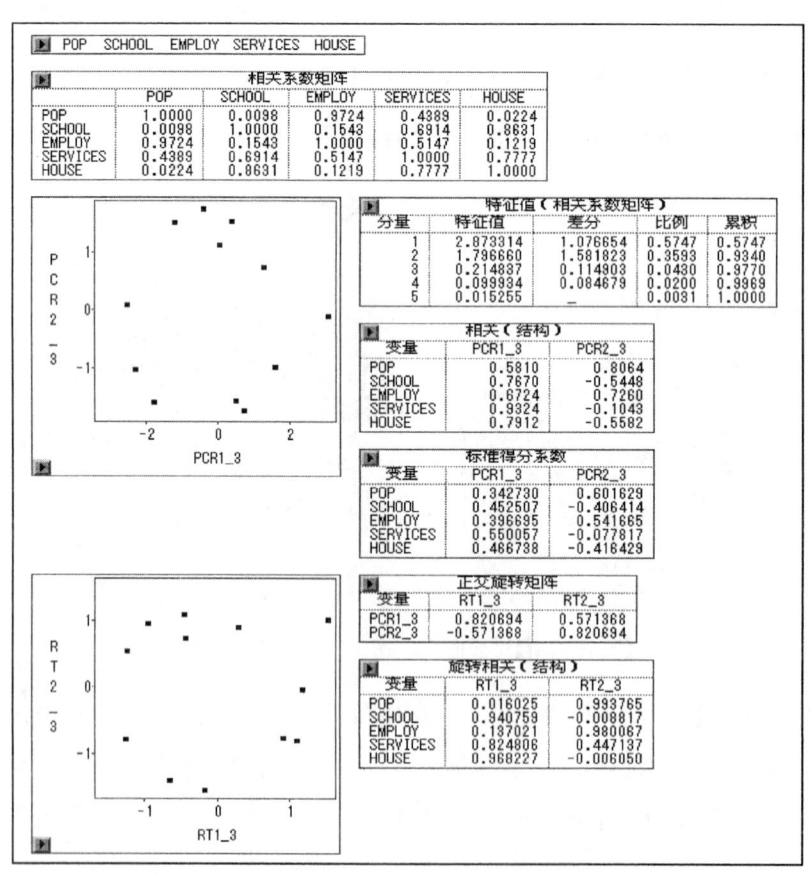

图 17-13 INSIGHT 模块的因子分析结果

◆ 变量统计表:该表给出了需要分析的变量的信息。

◆ 相关系数矩阵:该表给出了实例中所有 5 个变量的相关系数,从中可以看到任意两个变量的相关系数,如图 17-14 所示。

图 17-14　INSIGHT 的因子分析相关系数矩阵

图 17-15　INSIGHT 因子分析的特征值

◆ 特征值表:根据计算所得的相关系数进一步计算了所有因子的特征值、差分、比例和累积,如图 17-15 所示。其中,前两个因子(特征值>1)的累积贡献率达 93.4%。根据默认的因子提取标准,因子分析将提取特征值大于 1 的前两个因子来建立因子模型。

◆ 相关(结构):给出了因子分析模型中的系数,其中保留两个因子:PCR1 和 PCR2,如图 17-16 所示。

由此可以得到各变量的因子模型的表达式。

$$pop = 0.5810F1 + 0.8064F2$$
$$school = 0.7670F1 - 0.5448F2$$
$$employ = 0.6724F1 + 0.7260F2$$
$$service = 0.9324F1 - 0.1043F2$$
$$house = 0.7912F1 - 0.5582F2$$

图 17-16　因子分析模型的系数

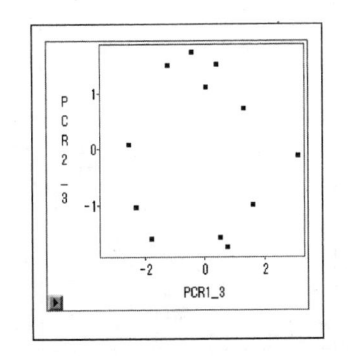

图 17-17　前两个因子的散点图

由因子模型(Factor Pattern)可见,第一个因子 $F1$ 对所有 6 个变量都有很大的正载荷,与 services 的相关系数特别高(载荷为 0.9324)。第二个因子 $F2$ 与 pop(0.8064)、employ(0.7260)为正载荷,而其余 3 个均为负值,其中 services 的载荷非常小,$F1$ 反映了城市规模的影响,$F2$ 在人口(pop)、就业(employ)上有正载荷,在教育程度(school)、房价(house)上有负载荷,这表明城市大、人口多、工作机会多、受教育程度低、房价低。这种解释还不够清楚,可考虑因子旋转,得到新的因子模型。

◆ 因子散点图:绘制了因子分析的前两个因子的散点图,如图 17-17 所示。

◆ 因子旋转矩阵：对因子分析载荷旋转后的正交矩阵，如图 17-18 所示，相应的可以获得旋转后的因子分析载荷矩阵，即旋转后的因子模型的系数矩阵，如图 17-19 所示。

正交旋转矩阵		
变量	RT1_3	RT2_3
PCR1_3	0.820694	0.571368
PCR2_3	-0.571368	0.820694

图 17-18　旋转后的正交矩阵

旋转相关（结构）		
变量	RT1_3	RT2_3
POP	0.016025	0.993765
SCHOOL	0.940759	-0.008817
EMPLOY	0.137021	0.980067
SERVICES	0.824806	0.447137
HOUSE	0.968227	-0.006050

图 17-19　旋转后的因子模型的系数矩阵

由图 17-19 即可得到旋转后的各变量的因子模型的表达式：

$$pop = 0.016025 F1 + 0.993765 F2$$
$$school = 0.940759 F1 - 0.008817 F2$$
$$employ = 0.137021 F1 + 0.980067 F2$$
$$services = 0.824806 F1 + 0.447137 F2$$
$$house = 0.968227 F1 - 0.006050 F2$$

由模型可以看出，相对于旋转前的因子模型，第一因子 $F1$ 在 house、school 上的载荷增加了，而且仅在 house、school、services 上具有较大载荷，其载荷都超过 0.8，可见第一因子主要反映了房价、教育水平和服务业人数的影响，这些应该与城市发达程度有关，可称为城市发达因子。第二因子 $F2$ 在 pop、employ 上的载荷也增加了，而且仅在 pop、employ 上具有较大载荷，其载荷都超过 0.9，可见第二因子主要反映了人口和就业的状况，与城市规模有关，可称为城市规模因子。这样各因子解释起来更确切了。

◆ 因子散点图：绘制了因子分析旋转后的前两个因子的散点图，如图 17-20 所示。

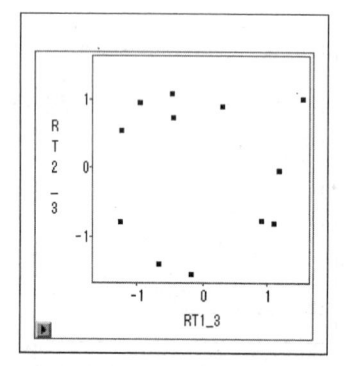

图 17-20　旋转后的前两个因子散点图

标准得分系数		
变量	PCR1_3	PCR2_3
POP	0.342730	0.601629
SCHOOL	0.452507	-0.406414
EMPLOY	0.396695	0.541665
SERVICES	0.550057	-0.077817
HOUSE	0.466738	-0.416429

图 17-21　因子分析的标准得分系数

◆ 标准得分系数表：该表给出了用回归法得到的关于标准化变量的因子得分系数，如图 17-21 所示。

由此可以写出两个因子的得分函数表达式：

$F1 = 0.342730 pop + 0.452507 school + 0.396695 employ + 0.550037 services + 0.466738 house$
$F2 = 0.601629 pop - 0.406414 school + 0.541665 employ - 0.077817 services - 0.416429 house$

（江　波）

Chapter 18
判别分析

第一节　一般判别分析

　　一、一般判别分析概述

　　二、DISCRIM 判别分析过程

　　三、一般判别分析的 SAS 实例应用

第二节　典型判别分析

　　一、典型判别分析概述

　　二、CANDISC 典型判别过程

　　三、典型判别分析的 SAS 实例应用

第三节　逐步判别分析

　　一、逐步判别分析概述

　　二、STEPDISC 逐步判别过程

　　三、逐步判别分析的 SAS 实例应用

在自然科学与社会科学领域中,往往要对研究对象进行判别分析,以确定其属于已知类型中的何种类型。例如,在经济学中,根据人均产值、人均收入、人均消费指标、文化教育水平等多种指标来判别某一国家或地区的经济发展程度属于哪种类型,是发达、中等还是贫困国家;医药领域中的疾病鉴别诊断、计算机辅助诊断、疾病的早期预测预报、病因学分析等都存在判别分析的问题,例如已知健康人和冠心病人的血压、血脂等资料,建立判别函数,并对新样本人群预测判别其分类,等等。

判别分析是多元统计分析中用于判别样本所属类型的一种统计分析方法。进行判别分析时通常是根据已知样本的分类及所测定的指标,筛选出能提供较多信息的指标,建立判别函数,使其错判率最小,然后根据建立的判别函数可以实现对未知分类样本所属类别的判断。

判别分析的本质是要建立一个可靠的判别函数。判别函数一般为基于分类数据所得的各变量的线性组合函数,每一个观测的各变量的数据代入判别函数,得到函数值,根据函数值的大小,按照判别准则实现对样本的分类。而不同的判别分析的差异主要在于判别函数的构建和样本分类时判别准则有所差异。

SAS判别过程处理有一个分类变量和几个定量变量的资料。和聚类分析不同,各种判别分析都要求有分类的先验知识。判别分析的目的是找到:

(1) 判别函数,以便根据定量变量来确定一个观测属于哪一类;
(2) 一组定量变量的线性组合,它能最好地区分各类;
(3) 定量变量的子集,以便最好地区别各类。

根据是否筛选变量和变量间是否有共线性,判别分析可分为一般判别、典型判别和逐步判别分析。SAS提供了相应的三个判别分析过程:

- DISCRIM过程:用于不筛选变量的一般判别分析。
- CANDISC过程:该过程执行典型判别分析,典型判别分析是与主成分及典型相关有关的维数缩减技术。该过程计算马氏距离,并进行方差分析,输出数据集中含有根据典型变量建立的典型系数和得分,这些变量可最佳地概括出各类别之间的差异。
- STEPDISC过程:该过程又称逐步判别分析。逐步判别分析是变量选择技术,它通过向前选择、向后剔除、逐步选择三种选择变量的方式进行变量筛选,以舍弃包含信息量少的变量,将能够充分揭示各类之间判别的变量引入判别函数。该过程只是选择变量却不能进行判别,因此,当使用STEPDISC选择一组变量之后,可以用其他任意一种判别过程进行更详细的分析。

本章将介绍这些判别分析过程的基本原理与使用方法。

第一节 一般判别分析

一般判别分析是最基础的判别分析,包括Fisher距离判别法和贝叶斯判别法两种,在SAS系统内使用DISCRIM过程实现。本节将重点介绍一般判别分析的基本思想及其实现方法。

一、一般判别分析概述

判别分析的目的是要建立一个判别函数式。建立判别函数式的法则主要有 Fisher 判别法和 Bayes 判别法,它们都是从"距离"这个概念出发建立判别函数式,只不过定义距离的方法不同而已。其中 Fisher 判别法是基于类别之间的距离进行判别,而 Bayes 判别法是根据所属类的概率进行分类。理论和实践证明,Fisher 判别和 Bayes 判别的效果是等价的。

1. 距离判别法

距离判别法根据各样本到类的距离远近来分类,将各样本划分到距离其最近的类中。简单来讲,如果需要进行的判别分析为两类的判别分析,假设样本到第一类的距离为 D_1,到第二类的距离为 D_2,根据下列的准则实现样本的分类。

- $D_1 < D_2$:样本属于第一类;
- $D_1 > D_2$:样本属于第二类;
- $D_1 = D_2$:样本所属类别无法判断。

而对于多分类的问题,则取与样本的距离最近的类别,确定为样本的所属类。

2. 费歇尔(Fisher)判别法

费歇尔(Fisher)判别的思想是通过投影将多维问题简化为一维问题来处理。选择一个适当的投影轴,使所有的样品点都投影到这个轴上得到一个投影值。对这个投影轴的方向的要求是:使每一类内的投影值所形成的类内离差尽可能小,而不同类间的投影值所形成的类间离差尽可能大,由此来得到费歇尔线性判别函数进行分类判别。

3. 贝叶斯(Bayes)判别法

前面讨论的判别法计算方便、结论明确、实用性强,不足之处是没有考虑两个总体各自出现的概率大小,以及判别之后造成的损失大小。贝叶斯判别是考虑到上述两个因素而提出的一种判别方法。

贝叶斯判别的思想是假定对所研究的对象已有一定的认识,常用先验概率分布来描述这种认识,当抽取一个样本后,用样本来修正先验概率分布,得到后验概率分布,并根据后验概率分布来统计推断。

贝叶斯判别法是以概率为准则的判别分析,使每个样本到其所分的类中的概率最大。在贝叶斯判别分析中计算的是各个样本属于各个类别的概率,根据概率值的大小,将各个样本划分到概率最大的分类中。

二、DISCRIM 判别分析过程

在 SAS 系统内 DISCRIM 过程可用于一般的判别分析,建立判别函数,实现对未知样本的判别分析。

(一) DISCRIM 过程的判别分析法

DISCRIM 过程中涉及两种判别方法:参数判别法与非参数判别法。

(1) 参数判别法(parametric methods)

参数判别方法是假设每组数据都呈多元正态分布时,根据 Bayes 原理计算广义平方距离求出判别函数。在计算判别函数时,通过计算组内协方差矩阵或者合并协方差矩阵,同时还考虑每个类别的先验概率,最后将各观测分到具有最小广义平方距离的类别中。DISCRIM 也能够通过计算后验概率将观测判别到具有最大后验概率的类别中。

(2) 非参数判别法(nonparametric methods)

当用于判别分析的原始数据分布不确定时,采用非参数方法,利用 Kernel 或 K 最邻近方法求出每组的非参概率密度估计,最后得到判别准则。

(二) DISCRIM 过程的假设检验方法

DISCRIM 过程主要应用以下两种检验方法。

(1) 等协方差矩阵检验

在 Bayes 判别法中,常要求每组变量呈多元正态分布,在不同组(总体)间具有相同的理论协方差阵。在判别分析的很多公式中,对正态分布的条件要求是不高的,但对不同总体间具有相同的理论协方差矩阵要求是很严格的,如果违反这个准则就要选用二次型判别方法。

在 DISCRIM 过程中多个协方差矩阵相等的假设检验是通过同时选用POOL=TEST和SLPOOL=显著性水平来实现的。如果最后的结果 $P<0.05$,则在判别分析中使用组内协方差矩阵,否则使用合并协方差矩阵。

(2) 多个均值向量的检验

由于 Bayes 理论要求各组总体(类别)协方差矩阵相等,所以各组总体的区别就在于均值向量的不同。如果各组总体的均值向量相等,那么各组总体就归属于同一总体,其判别效果显然不佳。因此对已选择的变量看其判别效果是否好,关键要检验不同总体均值是否相等。

DISCRIM 提供 Wilks 值、Pilai 迹、Hotelling-Lawdey 迹和 Roy 的最大特征根四种统计量。通过计算 P 值来得到最后的结论:当 $P>0.05$ 则各组均值相等,此时选择的变量不利于样本分类,需考虑重新选变量;当 $P<0.05$ 时,选择的变量有利于样本的分类。

(三) DISCRIM 过程的语句和格式

DISCRIM 过程基本的语法格式为:

SAS 程序格式	意 义
PROC DISCRIM [选项];	对"DATA="指定或最新数据集作为训练数据集进行判别分析,必需语句
CLASS 变量;	指定判别分析中作为类别标志的变量,可为数值型或字符型,必需语句
VAR 变量列表;	指定用于进行判别分析的变量(判别指标变量),必须为数值型变量,省略时将对数据集内其他语句未使用的所有数值型的变量进行判别分析
ID 变量;	指定训练数据集中作为标识观测的变量
PRIORS 选项;	指定各类的先验概率值,默认项是相等值
BY 变量;	指定进行判别分析的分组变量,需为已排序的变量

续　表

SAS 程序格式	意　义
FREQ 变量；	指定训练数据集中作为观测频数的变量
TESTCLASS 变量；	指定检验数据集中用作类别标志的变量，必须和 CLASS 变量具有完全相同的格式和长度
TESTFREQ 变量；	用以指定检验数据集中作为观测出现频率的变量
TESTID 变量；	指定检验数据集中用于标识观测的变量
WEIGHT 变量；	指定作为每条观测的相对权重系数的变量
RUN;	向 SAS 系统提交过程步中的语句

PROC DISCRIM 语句和 CLASS 语句是必需语句，其他均为可选语句。

PROC DISCRIM 语句用于指定需要进行一般判别分析的 DISCRIM 过程，其后的主要选项说明如表 18-1 所示。

表 18-1　PROC DISCRIM 语句的主要选项说明

选　项	意　义
DATA＝数据集名	设置判别分析的训练数据集，可为一般类型的数据，也可为特殊类型的数据，如 CORR、COV、CSSCP、SSCP、MIXED 等
TESTDATA＝数据集名	用于检验判别分析效果的检验数据集，必须为一般类型的数据，其中包含的数值变量应与 DATA＝指定的数据集中的变量一致
OUTSTAT＝数据集名	指定一个数据集用于输出判别分析的相关统计量，包括均值、标准误、判别统计量等
OUT＝数据集名	指定一个数据集，其中将保存对原始训练数据的重分类结果
TESTOUT＝数据集名	指定一个数据集，其中保存对检验数据集的分类结果
CROSSVALIDATA	规定进行交互验证的判别分析
SIMPLE	输出变量简单的描述性统计结果
ANOVA	对数据集的每个变量进行一元方差分析，用于判断各变量在判别函数中是否具有显著意义
MANOVA	显示检验总体中假设各类均值相等的多元方差分析的结果
METHOD＝方法名	指定判别分析使用的方法：NORMAL（参数方法，默认）和 NPAR（非参数方法），其中，前者要求数据符合正态分布，基于组内协方差或合并协方差矩阵建立判别函数；后者不要求数据为正态分布，基于组内概率密度，进行非参数估计
POOL＝YES|NO|TEST	规定判别分析中距离的计算基于合并协方差阵或组内协方差矩阵；YES 选项要求使用合并协方差阵计算判别函数，NO 选项表示由组内协方差矩阵计算判别函数，TEST 选项检验组内方差的一致性
R＝数值	该选项用于 METHOD＝NPAR 时，指定非参数法时核估计的半径值
K＝数值	该选项用于 METHOD＝NPAR 时，指定最邻近估计的样本数，不可与 R 选项同时使用
KERNEL＝核估计函数名	规定核估计的函数类型，选项有 UNIFORM、NORMAL、EPANECHN、KOV、BIWEIGHT、TRIWEIGHT 等，默认情况下为 UNIFORM（均匀核密度函数）
LIST	显示已知分类的数据集的重分类的结果
LISTERR	显示错误分类的结果
CROSSLIST	在 OUTPUT 输出数据集中输出每个训练样本交互验证判别分析结果
CROSSLISTERR	仅对交互验证中错误的判别分析观测在 OUTPUT 输出数据集中输出
TESTLIST	在结果窗口显示对检验未知样本（TESTDATA 指定的数据集）的所有分类结果

续 表

选 项	意 义
TESTLISTERR	在结果窗口显示对检验未知样本(TESTDATA 指定的数据集)的错误分类结果
CANONICAL	要求 DISCRIM 过程执行典型判别分析
NCAN=m	选用 CANONICAL 时,指定需要计算的典型变量的个数

CLASS 语句为必需语句,用于指定判别分析中作为类别标志的变量名,变量类型可为数值型或字符型,每条观测所属类别由该变量的格式化变量值所确定。

PRIORS 语句用于指定各类的先验概率值,用以代表类别的变量值必须为格式化变量值,如果各类别指定的概率值总和不等于 1,则各类别的概率将会被按比例增大或缩小,使得它们的总和等于 1。PRIORS 语句设定各类别的先验概率的方式如表 18-2 所示。

表 18-2 PRIORS 语句设定各类别的先验概率的方式

选 项	意 义
EQUAL	各类的先验概率相等,默认选项
PROPORTIONAL|PROP	按照样本出现的比例设置各类别的先验概率
直接指定各类的先验概率	例如需要分为 A、B、C 三类,而又已知 A 类样本大概占 20%,B 类样本占 30%,C 类样本占 50%,则 PRIORS 语句可以写为: priors a=0.2 b=0.3 c=0.5;

TESTCLASS 语句用于指定检验数据集中用作类别标志的变量,用来进行判别分类后错误分类情况的估计,此变量必须和 CLASS 变量的格式和长度完全相同。如果没有该语句,检验数据集中与 CLASS 变量同名的变量将被默认为 TESTCLASS 变量。当没有可用的 TESTCLASS 变量时,输出结果将不包含错误分类的信息。

WEIGHT 语句指定作为每条观测的相对权重系数的变量,通常将各观测对应方差的倒数作为其权重。WEIGHT 变量值小于等于 0 或为缺失值的观测不进入分析过程。

三、一般判别分析的 SAS 实例应用

在医药上判别分析常用于分析和诊断,如临床中要诊断患者所患的某种疾病时,往往通过已确诊患者的一些生化指标,求出判别函数;将今后就诊者所测指标代入判别函数,以达到预测和诊断的目的。

下面我们结合实例介绍一般判别分析的 SAS 应用。

【例 18.1】 为研究舒张期血压与血浆胆固醇对冠心病的作用,测定了 50~59 岁女性冠心病患者 15 例和正常人 16 例的舒张期血压($x1$)和血浆胆固醇($x2$),结果如表 18-3 所示,试做一般判别分析。

表 18-3　冠心病人和正常人舒张期血压和血浆胆固醇数据表

\multicolumn{3}{c	}{冠心病组}	\multicolumn{3}{c}{正常组}
编号	舒张压 kPa（dbp）	胆固醇 mmol/L（chol）	编号	舒张压 kPa（dbp）	胆固醇 mmol/L（chol）
1	9.86	5.18	1	10.66	2.07
2	13.33	3.73	2	12.53	4.45
3	14.66	3.89	3	13.33	3.06
4	9.33	7.10	4	9.33	3.94
5	12.80	5.49	5	10.66	4.45
6	10.66	4.09	6	10.66	4.92
7	10.66	4.45	7	9.33	3.68
8	13.33	3.63	8	10.66	2.77
9	13.33	5.96	9	10.66	3.21
10	13.33	5.70	10	10.66	5.02
11	12.00	6.19	11	10.40	3.94
12	14.66	4.01	12	9.33	4.92
13	13.33	4.01	13	10.66	2.64
14	12.80	3.63	14	10.66	2.43
15	13.33	5.96	15	11.20	3.42
			16	9.33	3.63

数据存于 F:\sasfile\heart.txt 文本文件中，其中仅有 dbp 和 chol 两个变量的值，程序如下：

```
data ex18_1;
  infile 'f:\sasfile\heart.txt';
  input dbp chol;
    if _n_<16 then group=1;
    else group=2;
run;
proc discrim list;
  class group;
  var dbp chol;
run;
```

本程序从文本文件 HEART.TXT 中读入变量 dbp（舒张压）和 chol（胆固醇）。前 15 个观测为冠心病组 group=1，后面为正常人组 group=2，用 IF 语句获得 group 值。判别分析 DISCRIM 过程中，以变量 group 分组，以变量 dbp（舒张压）和 chol（胆固醇）为判别变量进行判别分析。输出结果主要部分如图 18-1 至图 18-4 所示。

◆ Discrim 主目录下的 4 张结果表给出了此次判别分析的数据的基本信息,如图 18-1 所示。其中给出的信息有:总的样本数、变量数、分的类别数、各类别样本中的频数、协方差矩阵信息等。

图 18-1 判别分析的数据的基本信息

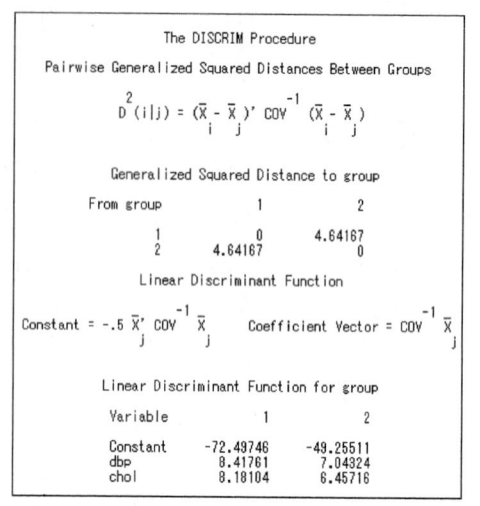

图 18-2 判别分析的线性判别函数

◆ Squared Distance 目录下的判别分析结果表,给出了各类别之间的距离数据和线性判别函数的常数及系数向量。

如图 18-2 所示。本例最终的线性判别函数为:

$$Z1 = -72.497\ 46 + 8.417\ 61 dbp + 8.181\ 04 chol$$
$$Z2 = -49.255\ 11 + 7.043\ 24 dbp + 6.457\ 16 chol$$

根据上述的判别函数可将每个个体的两个指标代入函数进行计算,得到两个函数值,函数值中最大的值对应的类别即为该个体所属类别。本例第一例为冠心病人,将其 dbp = 9.86 及 chol = 5.18 代入上式得:

$$Z1 = -72.497\ 46 + 8.417\ 61 \times 9.86 + 8.181\ 04 \times 5.18 = 52.877\ 96$$
$$Z2 = -49.255\ 11 + 7.043\ 24 \times 9.86 + 6.457\ 16 \times 5.18 = 53.639\ 32$$

由于 $Z2$ 比较大,据此被判为正常人,但与实际情况比较是判错的。

◆ Resubstitution 目录下包括三张结果数据表,分别如下所示。

● Posterior 表给出了所有观测分类的基本结果,如图 18-3 所示。其中表格中各列分别为观测序号、所属类别、重分类后的类别、分为各类的后验概率,其中观测的判别有误的以"*"号标识。将原数据集中的个体值代入上述判别函数,判断出该个体的类别,再与该个体的原始分类进行比较,从而得到判断正确和判断错误的个数及错判率。由图 18-3 可见本例有 3 例(1、6、7 号)冠心病人错判为正常人,有 3 例正常人(17、18、25 号)即正常组编号 2、3、10 号被错判为冠心病人。

● Number Classified 表给出了判别分析分类的汇总信息,如图 18-4 所示。该表给出了各原始类的数据分别分到各类的频数。

Posterior Probability of Membership in group

Obs	From group	Classified into group	1	2
1	1	2 *	0.3183	0.6817
2	1	1	0.8188	0.1812
3	1	1	0.9737	0.0263
4	1	1	0.8606	0.1394
5	1	1	0.9784	0.0216
6	1	2 *	0.1764	0.8236
7	1	2 *	0.2849	0.7151
8	1	1	0.7918	0.2082
9	1	1	0.9953	0.0047
10	1	1	0.9926	0.0074
11	1	1	0.9806	0.0194
12	1	1	0.9785	0.0215
13	1	1	0.8798	0.1202
14	1	1	0.6473	0.3527
15	1	1	0.9953	0.0047
16	2	2	0.0065	0.9935
17	2	1 *	0.8389	0.1611
18	2	1 *	0.5874	0.4126
19	2	2	0.0259	0.9741
20	2	2	0.2849	0.7151
21	2	2	0.4725	0.5275
22	2	2	0.0167	0.9833
23	2	2	0.0215	0.9785
24	2	2	0.0449	0.9551
25	2	1 *	0.5156	0.4844
26	2	2	0.1037	0.8963
27	2	2	0.1259	0.8741
28	2	2	0.0188	0.9812
29	2	2	0.0121	0.9879
30	2	2	0.1241	0.8759
31	2	2	0.0153	0.9847

* Misclassified observation

图 18 - 3　一般判别分析的分类结果表

Number of Observations and Percent Classified into group

From group	1	2	Total
1	12	3	15
	80.00	20.00	100.00
2	3	13	16
	18.75	81.25	100.00
Total	15	16	31
	48.39	51.61	100.00
Priors	0.5	0.5	

Error Count Estimates for group

	1	2	Total
Rate	0.2000	0.1875	0.1938
Priors	0.5000	0.5000	

图 18 - 4　判别分析的分类汇总和错判表

● Error Counts 表给出判别分析数据的错判的情况。由图 18 - 4 可见总的分类信息。本例第一组冠心病例判对 12 例占 80%，判错 3 例占 20%；正常人判对 13 例占 81.25%，判错 3 例占 18.75%。本例总的错判率为 0.1938。

第二节　典型判别分析

在 SAS 系统中的典型判别分析对应于我们经常使用的 Fisher 判别分析，通过 CANDISC 过程实现。本节将首先对典型判别分析进行简单的介绍，然后通过具体的实例演示其实现过程。

一、典型判别分析概述

典型判别分析的基本思想类似于主成分分析，通过数据的降维技术，找到能区分各类别的变量的线性组合。典型判别分析（Fisher 判别分析）方法的本质即为确定该线性判别函数。该判别函数为如下的线性函数：

$$f = a_1 x_1 + a_2 x_2 + \cdots + a_n x_n$$

其中，变量 $x_1, \cdots, x_n$ 为各变量，$a_1, \cdots, a_n$ 为待求解的判别函数的系数，其具体的计算主要基于以下的原则：同一类中的变量的差异最小，而不同类中变量的差异最大。

二、CANDISC 典型判别过程

CANDISC 过程专用于 SAS 系统内的典型判别分析,但在使用的时候 CANDISC 过程一般仅给出典型变量和其得分数据,要获得完整的判别分析结果,需要再将 CANDISC 过程的输出结果作为 DISCRIM 过程的输入,进行一般判别分析。

一般判别分析 DISCRIM 过程在本章上一节中已详细介绍过,而典型判别分析 CANDISC 过程语句的基本的语法格式为:

SAS 程序格式	意 义
PROC CANDISC [选项];	调用 CANDISC 过程对数据进行典型判别分析,必需语句
CLASS 变量;	指定作为类别标志的变量,可为数值型或字符型,必需语句
VAR 变量列表;	指定用于进行判别分析的变量(判别指标变量),必须为数值型变量,省略时将对数据集内其他语句未使用的所有数值型的变量进行判别分析
BY 变量;	指定进行分析的分组变量,需为已排序的变量
FREQ 变量;	指定训练数据集中作为观测频数的变量
WEIGHT 变量;	指定作为每条观测的相对权重系数的变量
RUN;	向 SAS 系统提交过程步中的语句

其中 PROC CANDISC 语句和 CLASS 语句是必需语句,其他均为可选语句。

PROC CANDISC 语句用于指定需要分析的过程为 CANDISC 典型判别分析,其后可跟的选项说明如表 18-4 所示。

表 18-4 PROC CANDISC 语句的选项说明

选 项	意 义
DATA=数据集名	指定需要进行判别分析的数据集
OUT=数据集名	指定典型判别分析结果保存的数据集,包括原始数据和典型变量得分
OUTSTAT=数据集名	指定一个数据集,其中包含典型判别分析各种统计量
NCAN=数值	指定计算的典型变量的个数。其值必须小于或等于变量的个数
PREFIX=前缀名	指定典型变量名的前缀
SINGULAR=p	指定判别全样本相关矩阵和合并类内协方差矩阵奇异值的标准,其值的范围为 0 到 1
ANOVA	对数据中的每一个变量进行方差分析,以检验其显著性
SIMPLE	计算数据的简单描述性统计量
STDMEAN	计算全样本和合并的类内标准化均值
DISTANC	输出类均值间的平方马氏距离
BCORR	输出类间相关系数
PCORR	输出合并类内相关系数
TCORR	输出全样本相关系数
WCORR	在结果中输出每一类水平的类内相关系数
BCOV	在结果中输出类间协方差矩阵
PCOV	输出合并类内协方差矩阵
TCOV	输出全样本协方差矩阵
WCOV	输出每一类水平的类内协方差矩阵
ALL	输出以上所有结果
NOPRINT	不打印任何结果

三、典型判别分析的 SAS 实例应用

下面我们结合实例介绍典型判别分析的 SAS 应用。

【例 18.2】 利用典型判别分析对表 18-5 中湖泊富营养化的评价指标数据进行典型判别分析。

表 18-5 湖泊富营养化的评级情况

总氮 N (mg/L)	总磷 P (mg/L)	叶绿素 (mg/L)	高锰酸盐指数 COD(mg/L)	透明度	类型
0.025	0.578	0.008	2.345	2.7	中度富营养化
0.000 5	0.101	0.001 2	1.7	7.4	轻度富营养化
0.003	0.445	0.006 7	4.8	1.0	中度富营养化
0.027	0.232	0.003	4.2	2.2	中度富营养化
0.90	0.856	0.006 5	4.9	0.6	重度富营养化
0.000 23	0.012 5	0.001	1.2	8.5	轻度富营养化
0.000 47	0.045 6	0.005	2.1	6.9	轻度富营养化
0.80	0.899	0.01	3.9	1.1	重度富营养化
0.000 35	0.034 6	0.003	2.0	7.0	轻度富营养化
0.67	0.90	0.007 5	5.0	0.8	重度富营养化
0.085	0.666	0.008 9	1.3	5.9	轻度富营养化
0.02	0.467	0.007 5	3.6	1.9	中度富营养化
0.12	0.789	0.007 8	5.6	0.1	重度富营养化
0.034	0.348	0.005	3.3	2.9	中度富营养化
0.50	0.876	0.009 8	4.5	0.3	重度富营养化

本实例需要使用 CANDISC 过程进行典型判别分析，首先根据表 18-5 中的数据创建判别分析的数据集 EX18_2，其中评判湖泊富营养化的指标名称分别为变量 $x1 \sim x5$，湖泊的富营养化程度按照轻度、中度、重度，使用数据 0、1、2 进行编码；然后，通过 CANDISC 过程建立典型判别程序，获得典型变量及其得分数据；最后，仍然通过 DISCRIM 过程获得最终的判别分析的分类结果。具体程序如下：

```
data ex18_2;
  input x1- x5 type;
cards;
0.02 50.578 0.008 2.345 2.7 1
0.0005 0.101 0.0012 1.7 7.4 0
0.003 0.445 0.0067 4.8 1 1
```

```
     0.027    0.232   0.003   4.2  2.2  1
     0.9      0.856   0.0065  4.9  0.6  2
     0.00023  0.0125  0.001   1.2  8.5  0
     0.00047  0.0456  0.005   2.1  6.9  0
     0.8      0.899   0.01    3.9  1.1  2
     0.00035  0.0346  0.003   2    7    0
     0.67     0.9     0.0075  5    0.8  2
     0.085    0.666   0.0089  1.3  5.9  0
     0.02     0.467   0.0075  3.6  1.9  1
     0.12     0.789   0.0078  5.6  0.1  2
     0.034    0.348   0.005   3.3  2.9  1
     0.5      0.876   0.0098  4.5  0.3  2
;
run;
proc candisc data= ex18_2 out= result;
   class type;
   var x1- x5;
run;
proc discrim data= result  list ;
   class type;
   var x1- x5;
run;
```

执行上述程序,生成结果的目录树中,主要包括典型判别分析和一般判别分析的结果,分别在 Candisc 和 Discrim 目录里。具体结果如下列图 18-5 到图 18-10 所示。

图 18-5 给出了典型判别分析过程的典型变量间的相关系数、各对典型系数的特征值、特征值所占方差信息量的贡献、典型相关检验等计算结果。表明两个典型变量的特征值的累积贡献度已达 100%,而且其典型相关检验均为显著的。

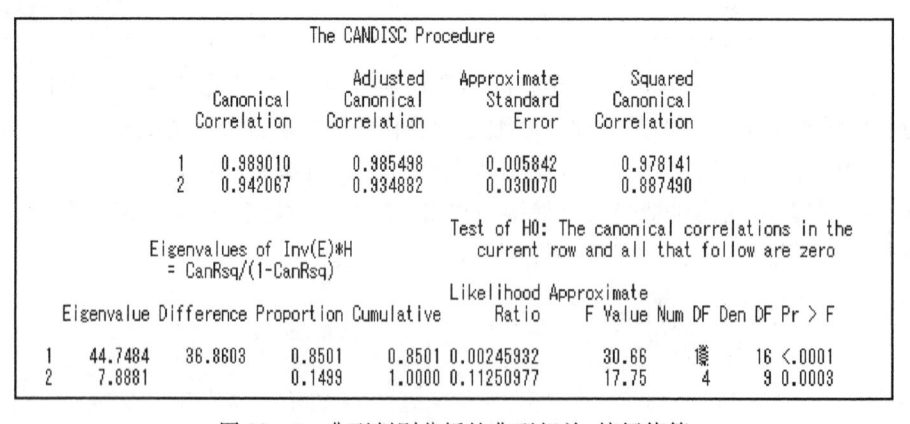

图 18-5 典型判别分析的典型相关、特征值等

图 18-6 给出了典型判别分析过程计算的典型结构矩阵,即原变量与两个典型变量之

间的相关系数,也是构成典型变量的原变量系数,其绝对值的大小反映了原变量在典型变量中的权重,也表明原变量对典型相关系数的影响程度。据此,第一典型变量与 COD($x4$)、透明度($x5$)之间相关性的影响较大,第二典型变量与总氮 N($x1$)之间相关性的影响较大。

```
                    The CANDISC Procedure
                     Total Canonical Structure

        Variable              Can1              Can2

        x1                 0.448515          0.786039
        x2                 0.682843          0.586823
        x3                 0.570951          0.344715
        x4                 0.854917          0.334505
        x5                -0.960812         -0.225802

                    Between Canonical Structure

        Variable              Can1              Can2

        x1                 0.513887          0.857858
        x2                 0.773802          0.633427
        x3                 0.866870          0.498535
        x4                 0.937036          0.349234
        x5                -0.975848         -0.218450

                 Pooled Within Canonical Structure

        Variable              Can1              Can2

        x1                 0.131345          0.522233
        x2                 0.206810          0.403218
        x3                 0.111255          0.152393
        x4                 0.293242          0.260309
        x5                -0.624331         -0.332879
```

图 18-6　典型判别分析的典型结构矩阵

图 18-7 给出了典型判别分析过程计算的各类典型系数、不同类型的典型变量的均值等结果。其中 Raw Canonical Coefficients 表给出了原始数据提取的典型变量的系数,由此就可得到典型变量表达式:

```
              The CANDISC Procedure
 Total-Sample Standardized Canonical Coefficients

  Variable          Can1              Can2

  x1             0.35498059        1.19533740
  x2            -1.55379957        2.74589455
  x3            -2.00416224        0.70579438
  x4            -4.70736013        4.69541235
  x5           -12.83548640        7.10680661

Pooled Within-Class Standardized Canonical Coefficients

  Variable          Can1              Can2

  x1             0.193576761       0.651837177
  x2            -0.819276522       1.447835991
  x3            -1.642469684       0.578419181
  x4            -2.191594229       2.186031729
  x5            -3.154435269       1.746561114
```

```
              Raw Canonical Coefficients

  Variable          Can1              Can2

  x1             1.0855953         3.6555596
  x2            -4.5687665         8.0739829
  x3          -686.5110779       241.7646909
  x4            -3.1818479         3.1737720
  x5            -4.3153446         2.3893383

         Class Means on Canonical Variables

  type              Can1              Can2

  0             -8.461153717       0.033353994
  1              4.161778111      -3.093185786
  2              4.299375605       3.059831792
```

图 18-7　典型判别分析的典型变量系数

$$Can1 = 1.085\,595\,3x1 \quad 4.568\,766\,5x2 - 686.511\,077\,9x3$$
$$- 3.181\,847\,9x4 - 4.315\,344\,6x5$$
$$Can2 = 3.655\,559\,6x1 + 8.073\,982\,9x2 + 241.764\,690\,9x3$$
$$+ 3.173\,772\,0x4 + 2.389\,338\,3x5$$

图 18-8 给出了一般判别分析的线性判别函数等结果。Liner Discriminant Function for type 给出了对应于类别为 0、1、2 的各类线性判别函数的系数。

```
                    The DISCRIM Procedure

     Pairwise Generalized Squared Distances Between Groups

                  2                            -1
                 D (i|j) = (X̄ - X̄ )' COV   (X̄ - X̄ )
                             i   j             i   j

            Generalized Squared Distance to type

     From type          0             1             2

         0              0     169.11366     171.99068
         1      169.11366             0      37.87856
         2      171.99068      37.87856             0

                Linear Discriminant Function

                       -1 _                              -1 _
  Constant = -.5 X̄' COV   X        Coefficient Vector = COV   X
                  j         j                                    j

            Linear Discriminant Function for type

       Variable            0             1             2

       Constant        -1140    -648.66789    -796.67412
       x1           21.84025      24.11440      46.75650
       x2          375.36588     292.45102     341.50173
       x3              37542         28120         29513
       x4          222.26273     172.17556     191.26602
       x5          238.40113     176.45846     190.56632
```

图 18-8　一般判别分析的线性判别函数

```
                    The DISCRIM Procedure
       Classification Results for Calibration Data: WORK.RESULT
      Resubstitution Results using Linear Discriminant Function

                Generalized Squared Distance Function

                    2                   -1
                   D (X) = (X-X̄ )' COV   (X-X̄ )
                    j          j             j

          Posterior Probability of Membership in Each type

                          2                       2
        Pr(j|X) = exp(-.5 D (X)) / SUM exp(-.5 D (X))
                           j          k            k

             Posterior Probability of Membership in type

              From     Classified
     Obs      type     into type          0          1          2

       1         1             1     0.0000     1.0000     0.0000
       2         0             0     1.0000     0.0000     0.0000
       3         1             1     0.0000     1.0000     0.0000
       4         1             1     0.0000     1.0000     0.0000
       5         2             2     0.0000     0.0000     1.0000
       6         0             0     1.0000     0.0000     0.0000
       7         0             0     1.0000     0.0000     0.0000
       8         2             2     0.0000     0.0000     1.0000
       9         0             0     1.0000     0.0000     0.0000
      10         2             2     0.0000     0.0000     1.0000
      11         0             0     1.0000     0.0000     0.0000
      12         1             1     0.0000     1.0000     0.0000
      13         2             2     0.0000     0.0000     1.0000
      14         1             1     0.0000     1.0000     0.0000
      15         2             2     0.0000     0.0000     1.0000
```

图 18-9　一般判别分析的数据判别分类结果

图 18-9 给出了一般判别分析过程中对标准化数据的判别分类结果。结果显示，15 个数据的判别分类结果均正确无误。

图 18-10 给出了本例典型判别分析的总的判别分类信息和错判率。本例中各类标本的判别归类都正确无误，错判率为 0.000 0。

```
                    The DISCRIM Procedure
       Classification Summary for Calibration Data: WORK.RESULT
      Resubstitution Summary using Linear Discriminant Function

                Generalized Squared Distance Function

                    2                   -1
                   D (X) = (X-X̄ )' COV   (X-X̄ )
                    j          j             j

          Posterior Probability of Membership in Each type

                          2                       2
        Pr(j|X) = exp(-.5 D (X)) / SUM exp(-.5 D (X))
                           j          k            k
```

```
     Number of Observations and Percent Classified into type

  From type          0           1           2       Total

      0              5           0           0           5
                100.00        0.00        0.00      100.00

      1              0           5           0           5
                  0.00      100.00        0.00      100.00

      2              0           0           5           5
                  0.00        0.00      100.00      100.00

  Total              5           5           5          15
                 33.33       33.33       33.33      100.00

  Priors       0.33333     0.33333     0.33333

                 Error Count Estimates for type

                             0           1           2       Total

  Rate                  0.0000      0.0000      0.0000      0.0000
  Priors                0.3333      0.3333      0.3333
```

图 18-10　一般判别分析的判别分类结果小结

第三节　逐步判别分析

前面介绍的两种判别分析都是根据数据中的所有变量进行判别分析,但是在实际的应用中影响某一事物分类的因素(变量)往往很多,但是是否每个变量都对最后的类别判定具有显著的影响,这里需要通过逐步判别的方法首先确定有效的变量,然后进行判别分析。本节将重点介绍逐步判别分析及其具体实现过程 STEPDISC。

一、逐步判别分析概述

逐步判别的基本思想和逐步回归是类似的。逐个引入变量,每次把一个判别能力最强的变量引入判别式,每引入一个新变量,对判别式中的原有变量逐个进行检验,如其判别能力因新变量的引入而变得不显著,应把它从判别式中剔除。这种通过逐步筛选变量使得建立的判别函数中仅保留判别能力显著的变量的方法,就是逐步判别法。

逐步判别只选出有显著意义的变量并检验其判别效果的统计意义,但并不给出判别函数等内容。可以在逐步判别之后应再用 DISCRIM 过程来分析。

在逐步判别中变量的选择方法也与逐步回归分析的一样,分为(1) 向前选择法;(2) 向后剔除法;(3) 逐步选择法。其具体的筛选变量的思想也类似于之前逐步回归中介绍的。选择变量进入模型依据可用两种假设检验之一:或者用 Wilks's Lambda 统计量的显著性水平,或者用 CLASS 变量预测欲引进模型的变量的偏相关平方,控制已被模型选择的变量的作用。

(1) 向前选择法(forward selection method)

变量由少到多逐个引入判别函数,开始时模型的变量数为零,然后每步都将对模型的判别能力显著且贡献最大的变量选入模型中,判别能力用 Wilks λ 值即似然比准则来度量。当未被选入的变量其判别能力均不显著时,停止引入变量。

(2) 向后剔除法(backward elemination method)

变量由多到少逐个剔除,开始时全部变量都进入模型中,然后在每一步中将对模型的判别能力不显著且贡献最小的变量剔出,直到所有剩下来的变量判别能力都显著时停止。

(3) 逐步选择法(stepwise selection method)

将向前选择法和向后剔除法结合起来使用,在每一步中,如果模型中有对模型判别能力不显著的变量则将其从模型中剔除;同时对未入选变量如果有判别能力显著的,则选择其对模型判别能力贡献最大的变量进入模型中。当模型中所有入选变量都显著,而且不在模型中的变量均不显著时,则停止逐步选择处理。

二、STEPDISC 逐步判别过程

STEPDISC 逐步判别分析过程用于在判别分析前筛选出对数据的判别具有显著影响的变量,而具体判别分析的实现还需要通过上面介绍的 DISCRIM 或 CANDISC 判别分析过程。

针对具有一个分类变量和若干数值型变量(指标变量)的数据集,STEPDISC过程执行逐步判别分析(stepwise discriminant analysis)的过程,从指定的指标变量(VAR变量)中筛选出一组变量,以用于随后的判别分析。逐步判别分析要求指标变量在各组内服从多元正态分布,并且具有相同的协方差矩阵。

STEPDISC过程选择变量的方法包括向前选择法(forward selection)、向后剔除法(backward elimination)以及逐步选择法(stepwise selection)等。在使用DISCRIM过程进行判别分析之前,一般情况下均需先调用STEPDISC过程对指标变量进行筛选,以避免无关变量对判别分析结果的影响或指标变量过多导致判别结果的不稳定。

STEPDISC过程的基本语法格式:

SAS程序格式	意 义
PROC STEPDISC [选项];	调用STEPDISC过程对数据进行逐步判别分析,必需语句
CLASS 变量;	指定作为类别标志的变量,可为数值型或字符型,必需语句
VAR 变量列表;	指定用于进行逐步判别分析的变量,必须为数值型变量,省略时将对数据集内其他语句未使用的所有数值型的变量进行判别分析
BY 变量;	指定进行分析的分组变量,需为已排序的变量
FREQ 变量;	指定训练数据集中作为观测频数的变量
WEIGHT 变量;	指定作为每条观测的相对权重系数的变量
RUN;	向SAS系统提交过程步中的语句

PROC STEPDISC语句和CLASS语句为STEPDISC过程的必需语句,其余均为可选语句。

PROC STEPDISC语句用于指定进行STEPDISC逐步判别分析过程,其后的常用选项说明如表18-6所示。还有些选项如BCORR、PCORR、TCORR、WCORR、BCOV、PCOV、TCOV、WCOV、ALL、SIMPLE、STDMEAN等与表18-4的PROC CANDISC过程的同名选项意义相同。

表18-6 PROC STEPDISC语句的常用选项说明

选 项	意 义
DATA=数据集名	指定进行逐步判别分析的数据集
METHOD=方法	指定逐步判别分析中变量筛选的方法,包括FORWARD(前向选择法)、BACKWARD(向后选择法)和STEPWISE(逐步选择法)
SLENTRYISLE=p	在向前选择方法中,指定变量选入的显著性水平,默认值为0.15
SLSTAYISLS=p	在向后剔除方法中,指定变量保留的显著性水平,默认值为0.15
INCLUDE=m	指定VAR语句中的前m个变量包含在每一个模型中,该选项的默认值为0
MAXSTEP=m	指定逐步筛选的最大步数,默认情况下其值为判别分析变量数的两倍
START=m	指定逐步判别分析中,初始情况下选择VAR语句中前m个变量
STOP=m	指定最终模型中的变量数为m
SINGULAR=p	指定变量进入模型时奇异性判断标准$p(0<p<1)$,默认值10^{-8}
SHORT	不输出变量选择的每一个步骤的信息

VAR语句指定用于进行逐步判别分析的筛选变量范围,需要考察的变量必须全部在VAR语句中列出,省略时将对数据集内其他语句未使用的全部数值型变量作为VAR变量。

三、逐步判别分析的 SAS 实例应用

下面我们结合实例介绍逐步判别分析的 SAS 应用。

【例 18.3】(胃癌的鉴别) 从某医院消化内科的病人中,抽取 140 例病人做五项生化指标的检测,其中经临床确诊为胃癌者 46 例,确诊为非胃癌者(包括萎缩性胃炎病人)94 例,数据见表 18-7。数据存放在名为"h:\sasfile\stomach.txt"的文件中。数据中有 6 个变量:分类变量 illness(1=非胃癌,2=胃癌);5 个解释变量:water(水试验)、purple(蓝色反应)、copper(血清铜蓝蛋白含量)、indole(吲哚乙酸)、sulfo(中性硫化物)。

表 18-7 STOMACH.TXT 文件内容

1	0.0	100	175	0.190	0.180	2	2.0	112	150	0.110	0.090	2	4.0	290	250	0.600	1.000
1	1.0	100	205	0.140	0.380	2	2.0	150	260	0.500	0.230	2	2.5	135	200	0.140	0.250
1	0.0	100	130	0.250	0.140	2	4.0	160	250	0.270	0.350	2	4.0	240	320	0.330	0.175
1	0.0	115	250	0.120	0.600	2	2.0	150	220	0.600	0.390	2	4.0	190	176	0.500	0.090
1	0.0	115	205	0.290	0.155	2	4.0	130	180	0.600	0.310	2	4.0	195	265	0.450	0.330
1	0.0	105	175	0.240	0.430	2	3.0	135	175	0.270	0.050	2	4.0	200	285	0.600	0.600
1	0.0	125	230	0.130	0.370	2	4.0	160	200	0.600	0.400	2	3.0	195	240	0.340	0.090
1	0.0	105	155	0.600	0.330	2	4.0	165	230	0.240	0.210	2	4.0	105	150	0.340	0.280
1	3.0	180	350	0.190	0.150	2	4.0	170	280	0.600	0.420	2	0.5	160	220	0.300	0.600
1	0.0	125	180	0.370	0.600	2	1.0	125	190	0.600	0.600	2	2.0	200	280	0.215	0.360
1	0.0	105	130	0.070	0.080	2	2.0	100	190	0.600	0.150	1	0.0	120	195	0.090	0.110
1	0.0	100	150	0.140	0.110	2	4.0	190	120	0.600	0.600	1	0.0	125	205	0.110	0.110
1	0.0	110	200	0.080	0.100	2	4.0	180	265	0.400	0.600	1	0.0	80	130	0.080	0.050
1	0.0	120	210	0.120	0.360	2	2.0	120	200	0.340	0.380	1	0.0	100	160	0.180	0.320
1	0.0	110	180	0.240	0.600	2	2.0	150	180	0.320	0.500	1	0.0	125	125	0.040	0.060
1	0.0	100	185	0.180	0.370	2	2.0	190	300	0.250	0.600	1	0.0	115	150	0.250	0.160
1	0.0	130	150	0.230	0.160	2	3.0	170	280	0.360	0.600	1	0.0	100	140	0.120	0.110
1	0.0	140	195	0.500	0.170	2	4.0	160	140	0.500	0.600	1	0.0	100	120	0.150	0.090
1	4.0	170	200	0.600	0.600	2	2.0	140	195	0.270	0.120	1	0.0	80	155	0.170	0.140
1	0.0	100	145	0.080	0.140	2	4.0	200	460	0.210	0.500	1	4.0	105	280	0.130	0.220
1	0.0	100	260	0.150	0.310	2	3.0	150	210	0.230	0.120	2	3.0	150	120	0.300	0.495
1	0.0	105	140	0.600	0.370	2	3.5	140	240	0.300	0.170	2	1.0	180	260	0.290	0.600
1	0.0	105	120	0.220	0.190	1	0.0	130	310	0.180	0.090	2	4.0	130	210	0.450	0.180
1	0.0	100	170	0.180	0.090	1	0.0	125	160	0.190	0.145	2	2.0	90	130	0.600	0.240
1	0.0	110	170	0.180	0.250	1	0.0	105	190	0.165	0.165	2	2.0	165	290	0.310	0.600
1	0.0	115	205	0.125	0.010	1	1.0	130	175	0.270	0.160	2	3.0	120	330	0.600	1.000
1	0.0	110	175	0.400	0.600	1	0.0	140	240	0.190	0.300	2	3.0	120	160	0.340	0.350
1	0.0	130	155	0.320	0.130	1	0.0	125	220	0.060	0.060	2	0.0	200	330	0.600	0.190
1	0.0	110	160	0.055	0.130	1	0.0	100	165	0.200	0.100	2	3.0	200	255	0.600	0.470
1	0.5	115	230	0.270	0.340	1	0.0	110	170	0.130	1.000	2	4.0	160	210	0.090	0.600
1	0.0	130	200	0.190	0.290	1	0.0	90	210	0.130	0.140	1	0.0	100	210	0.190	1.000
1	0.0	90	190	0.210	0.120	1	0.0	95	155	0.350	0.210	1	1.0	90	170	0.400	0.240

1	0.0	90	165	0.190	0.040	1	0.0	105	195	0.200	0.250	1	0.0	125	170	0.370	0.270
1	0.0	105	170	0.500	0.190	1	0.0	100	150	0.220	0.500	1	0.0	110	210	0.110	0.080
1	0.0	90	135	0.360	0.130	1	0.0	110	200	0.160	0.230	1	0.0	135	150	0.080	0.400
1	4.0	180	380	0.450	0.360	1	0.0	115	140	0.600	0.280	1	3.0	135	180	0.150	0.150
1	0.0	125	230	0.210	0.120	1	4.0	160	180	0.310	0.380	1	2.0	140	295	0.190	0.400
1	1.0	150	290	0.600	0.100	1	0.0	130	120	0.600	0.600	1	0.0	135	250	0.220	0.600
1	0.0	110	190	0.120	0.040	1	0.0	250	215	0.420	0.600	1	0.0	90	145	0.100	0.080
1	0.0	110	145	0.390	0.600	1	0.0	100	210	0.500	0.500	1	0.0	125	160	0.190	0.080
1	0.0	95	200	0.160	0.120	1	0.5	140	220	0.400	0.600	2	4.0	150	220	0.400	0.600
1	0.0	140	200	0.220	0.230	1	1.0	170	310	0.290	0.500	2	3.0	145	290	0.350	1.000
1	0.0	125	190	0.110	0.210	1	0.0	85	135	0.150	0.080	2	3.0	200	370	1.000	0.600
1	0.0	195	190	0.100	0.110	1	0.0	205	200	0.350	0.600	2	4.0	125	195	0.600	1.000
1	0.0	105	230	0.210	0.400	1	0.0	160	195	0.600	0.300	1	0.0	90	125	0.220	0.050
1	0.0	100	140	0.190	0.210	1	0.0	125	165	0.240	0.090	1	0.0	130	185	0.270	0.120
1	0.0	140	320	0.330	0.200	1	0.0	110	145	0.270	0.260						

试根据表 18-7 中的数据，通过逐步判别分析，筛选出主要变量以进行判别分析。

1. 筛选判别变量

根据题意，编写进行逐步判别分析的 SAS 程序如下。

```
libname library 'h:\sasfile';
proc format library= library;
    value illname 1= '非胃癌' 2= '胃癌';
data library.stomach;
    infile "h:\sasfile\stomach.txt";
    input illness water purple copper indole sulfo @@;
    format illness illname.;
proc stepdisc method= stepwise;
    class illness;
run;
```

程序说明：

在语句"libname library 'h:\sasfile'；"中，LIBRARY 为逻辑库名，之所以使用此特殊的逻辑名，是为将 FORMAT 过程创建的格式永久保存。

在语句"proc format library=library"；中，LIBRARY 是 FORMAT 过程的选项，能将 FORMAT 过程创建的格式永久保存，而后面的 LIBRARY 是规定的已创建的逻辑库名。

疾病名称 illname 以 1 表示非胃癌，2 表示胃癌。为了清楚地显示疾病名称，使用 FORMAT 过程为变量 illness 设定格式值：

```
proc format;
    value illname 1 = '非胃癌' 2= '胃癌';
```

在建立数据集时使用此格式：

```
format illness illname.;
```

在语句"proc stepdisc method=stepwise;"中,method=stepwise 表示用逐步判别方法选择判别变量。

程序运行结果如图 18-11 至图 18-15 所示。

结果分析:

(1) 图 18-11 输出总样本数、类别数、分析中的变量数,将要包含在方程即线性判别函数里的变量数、变量引入方程和剔出方程的临界值 0.15;每个类别的频数、权值和百分率。

```
                    The STEPDISC Procedure
            The Method for Selecting Variables is STEPWISE

Observations       140      Variable(s) in the Analysis       5
Class Levels         2      Variable(s) will be Included      0
                            Significance Level to Enter    0.15
                            Significance Level to Stay     0.15

                       Class Level Information

                Variable
    illness     Name        Frequency      Weight    Proportion

    非胃癌       _____             94      94.0000      0.671429
    胃癌         _____             46      46.0000      0.328571
```

图 18-11　胃癌资料的逐步判别分析结果 1

(2) 图 18-12 输出逐步选择变量的第一步,找到 F 最大值所对应的变量 water,$P<0.0001$(小于引入变量的临界值 0.15),说明它对判别效果贡献最大,因而首先引入方程;显示出 water 进入后的多元统计量。

```
                    The STEPDISC Procedure
                  Stepwise Selection: Step 1
               Statistics for Entry, DF = 1, 138

     Variable    R-Square    F Value    Pr > F    Tolerance

     water        0.6470     252.83     <.0001      1.0000
     purple       0.2800      53.66     <.0001      1.0000
     copper       0.1084      16.77     <.0001      1.0000
     indole       0.2115      37.02     <.0001      1.0000
     sulfo        0.1083      16.76     <.0001      1.0000

              Variable water will be entered.
          Variable(s) that have been Entered
                           water

                   Multivariate Statistics

Statistic                                Value    F Value   Num DF   Den DF   Pr > F

Wilks' Lambda                         0.353002    252.83        1      138   <.0001
Pillai's Trace                        0.646998    252.83        1      138   <.0001
Average Squared Canonical Correlation 0.646998
```

图 18-12　胃癌资料的逐步判别分析结果 2

(3) 图 18-13 给出逐步选择变量的第二步,找到 F 最大值所对应的变量 indole,其显著性概率值 $P=0.0329<0.15$,说明它对判别效果贡献最大,因而引入变量 indole;多元统计量显示出 water、indole 进入后的检验是极其显著的。

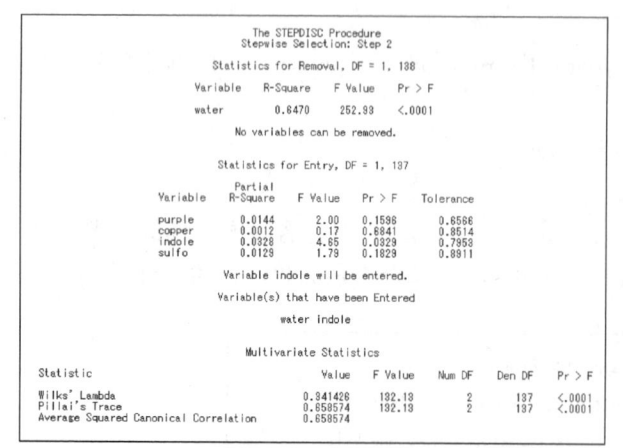

```
          The STEPDISC Procedure                          The STEPDISC Procedure
         Stepwise Selection: Step 2                      Stepwise Selection: Step 3
       Statistics for Removal, DF = 1, 138              Statistics for Removal, DF = 1, 137
          Variable   R-Square   F Value   Pr > F                   Partial
          water       0.6470    252.93    <.0001         Variable  R-Square   F Value   Pr > F
              No variables can be removed.              water      0.5670    179.39    <.0001
                                                        indole     0.0328      4.65    0.0329
       Statistics for Entry, DF = 1, 137
                  Partial                                   No variables can be removed.
        Variable   R-Square  F Value  Pr > F  Tolerance
        purple     0.0144     2.00    0.1598   0.6566    Statistics for Entry, DF = 1, 136
        copper     0.0012     0.17    0.6841   0.8514              Partial
        indole     0.0328     4.65    0.0329   0.7953    Variable  R-Square  F Value  Pr > F  Tolerance
        sulfo      0.0129     1.79    0.1829   0.8911
                                                         purple    0.0077    1.06    0.3050   0.6012
            Variable indole will be entered.             copper    0.0008    0.11    0.7395   0.7058
          Variable(s) that have been Entered             sulfo     0.0039    0.53    0.4676   0.7213
                   water indole
                                                             No variables can be entered.
              Multivariate Statistics                        No further steps are possible.
     Statistic                 Value    F Value  Num DF  Den DF  Pr > F
     Wilks' Lambda            0.341426  132.13    2      137    <.0001
     Pillai's Trace           0.658574  132.13    2      137    <.0001
     Average Squared Canonical Correlation  0.658574
```

图 18-13　胃癌资料的逐步判别分析结果 3　　　　图 18-14　胃癌资料的逐步判别分析结果 4

（4）图 18-14 给出了逐步选择变量的第三步，已引入的两个变量其 P 值都小于 0.05，因此没被剔除，其余三个未引入方程的变量其 P 值都大于引入变量的临界值 0.15，所以选择变量过程结束。

（5）图 18-15 输出逐步选择变量总结表，列出进入方程的两个变量 water 和 indole，经 Wilk's 检验，P 值均<0.000 1，说明检验极其显著，即这两个变量对判别效果有高度显著意义。

```
                    The STEPDISC Procedure
                  Stepwise Selection Summary
                                                        Average
                                                        Squared
         Number              Partial                  Wilks'    Pr <     Canonical   Pr >
   Step    In   Entered Removed R-Square  F Value  Pr > F  Lambda  Lambda   Correlation  ASCC
    1      1    water            0.6470   252.93   <.0001  0.35300237 <.0001  0.64699763  <.0001
    2      2    indole           0.0328     4.65   0.0329  0.34142594 <.0001  0.65857406  <.0001
```

图 18-15　胃癌资料的逐步判别分析结果 5

2. 建立判别函数

【例 18.4】　由于 STEPDISC 过程只能进行变量选择，因而其输出结果不包括判别函数和正确判别率与错误判别率，所以再用 DISCRIM 过程对 STEPDISC 过程选入判别函数的两个变量 water 和 indole 进行判别分析。

编写的 SAS 程序如下。

```
libname ep 'h:\sasfile';
proc discrim data= ep.stomach  outstat= ep.out;
   var water indole;
   class illness;
run;
```

程序中,OUTSTAT=EP.OUT 将结果输出至永久数据集 EP.OUT 中,包括一般的判别统计信息,以便将来用于待分样本进行分类,结果见图 18-16。

图 18-16 逐步判别分析:基本信息

图 18-17 逐步判别分析:线性判别函数

图 18-17 给出了利用 water 和 indole 变量建立的各类别线性判别函数的常数及系数向量。由此可得本例逐步判别分析最终的线性判别函数为:

$$Z1 = -1.17598 + 0.05926\text{water} + 9.63543\text{indole}(非胃癌)$$
$$Z2 = -7.31303 + 2.99233\text{water} + 13.82922\text{indole}(胃癌)$$

利用该线性判别函数即可对各病例进行判别归类,计算 $Z1$ 与 $Z2$ 的值,将其归为 Z 值较大的对应类别,并与所在实际类别进行比较,得到其正确或错误的比例。

图 18-18 胃癌资料逐步判别分析:错判分析

图 18-18 给出了利用逐步判别分析所得线性判别函数进行判别的总的分类信息和错判率。从表中看到非胃癌组正确判别率为 93.62%,错误判别率为 6.38%;胃癌组正确判别率为 91.30%,错误判别率为 8.70%,总体错判率为 0.0754,可见仅用两个变量判别效果非常

Chapter 18 判别分析

不错。

3. 检验待判病例

【例 18.5】 有 8 个待判病例，测得每位患者的 water 和 indole 化验值如表 18-8 所示。试利用上述建立的判别函数方程来判别这些病例是否胃癌？

表 18-8 待判病例患者的 water 和 indole 化验值

编号	water	indole	编号	water	indole
1	0.0	0.37	5	0.0	0.25
2	4.0	0.24	6	0.4	0.22
3	0.0	0.15	7	0.0	0.29
4	3.0	0.26	8	3.0	0.60

根据题意，编写 SAS 程序具体如下。

```
proc format;
  value illname 1 = '非胃癌' 2= '胃癌';
data test;
  input water indole @@;
cards;
0.0  0.37  4.0  0.24  0.0  0.15  3.0  0.26
0.0  0.25  0.4  0.22  0.0  0.29  3.0  0.60
;
run;
libname ep 'h:\sasfile';
proc discrim data= ep.out testdata= test testout = out2;
    var water indole;
    class illness;
proc print data= out2;
run;
```

数据步建立待判别样本数据集 TEST；DISCRIM 过程对待判别样本进行分类。EP.OUT 是前面程序中 OUTSTAT＝输出的数据集，TESTDATA＝TEST 指出使用刚建立的待判别样本数据集 TEST，TESTOUT＝OUT2 输出 8 个待测样本及后验概率和判别类别。在 DISCRIM 中我们没有选择 CROSSLISTERR 参数，是由于它要求的 DATA＝数据集是由原始数据建立的 SAS 数据集，而程序中 DATA＝EP.OUT 为混合类型数据集。输出结果如图18-19、图 18-20 所示。

```
              The DISCRIM Procedure
     Classification Summary for Test Data: WORK.TEST
   Classification Summary using Linear Discriminant Function

            Generalized Squared Distance Function
                 2                    -1
                D (X) = (X-X )' COV   (X-X )
                 j          j             j

         Posterior Probability of Membership in Each illness
                                2                  2
              Pr(j|X) = exp(-.5 D (X)) / SUM exp(-.5 D (X))
                                j        k          k

       Number of Observations and Percent Classified into illness
                   非胃癌         胃癌           Total
           Total     5            3              8
                   62.50        37.50          100.00
           Priors   0.5          0.5
```

Obs	water	indole			_INTO_
1	0.0	0.37	0.98990	0.01010	非胃癌
2	4.0	0.24	0.00136	0.99864	胃癌
3	0.0	0.15	0.99596	0.00404	非胃癌
4	3.0	0.26	0.02292	0.97708	胃癌
5	0.0	0.25	0.99387	0.00613	非胃癌
6	0.4	0.22	0.98273	0.01727	非胃癌
7	0.0	0.29	0.99276	0.00724	非胃癌
8	3.0	0.60	0.00561	0.99439	胃癌

图18-19 待分类样本的判别分类百分比　　图18-20 待分类样本的判别归类结果

从图18-19的表中看出对于待判别的8个样本,其中5个样本判为非胃癌组,占待判别样本数62.5%,3个样本判为胃癌组,占待判别样本数37.5%。各组先验概率均为0.5。图18-20给出了每个样本分类判别的具体结果。例如,第一个样本其属于非胃癌组的后验概率为0.989 9,而属于胃癌组的后验概率为0.010 10,显然属于非胃癌组的后验概率大于属于胃癌组的后验概率,结果第一个样本判为非胃癌组。同理,根据后验概率也可以得到其余样本判别分类。

(蒋丽芸)

Chapter 19 聚类分析

第一节　聚类分析概述
　　一、聚类分析概念
　　二、聚类分析中"亲疏程度"的度量
第二节　系统聚类分析
　　一、系统聚类法
　　二、不同类间度量的常用系统聚类法
　　三、确定适当分类结果的准则
第三节　系统聚类的 SAS 过程
　　一、CLUSTER 聚类分析过程
　　二、TREE 聚类作图过程
　　三、系统聚类的 SAS 实例应用
第四节　变量聚类的 SAS 过程
　　一、变量聚类方法概述
　　二、VARCLUS 变量聚类过程
　　三、变量聚类的 SAS 实例应用
第五节　快速聚类的 SAS 过程
　　一、快速聚类方法概述
　　二、FASTCLUS 快速聚类过程
　　三、快速聚类的 SAS 实例应用

第一节 聚类分析概述

一、聚类分析概念

聚类分析是统计学中研究"物以类聚"问题的多元统计分析方法。聚类分析直接比较各事物之间的性质,将性质相近的归为一类,将性质差别较大的归为不同的类。聚类分析在统计分析的应用领域已经得到了极为广泛的应用。

聚类分析内容非常丰富,有系统(层次)聚类法、快速聚类法、有序样本聚类法、动态聚类法、模糊聚类法等。本章主要介绍使用较多的系统(层次)聚类法和快速聚类法。

二、聚类分析中"亲疏程度"的度量

聚类分析中,个体之间的"亲疏程度"是极为重要的,它将直接影响最终的聚类结果。对"亲疏程度"的测度一般有两个视角:第一,个体间的相似程度,第二,个体间的差异程度。衡量个体间的相似程度通常可采用简单相关系数或等级相关系数等。个体间差异程度通常通过某种距离来测度,这里将对此做重点讨论。

为定义个体间的距离应先将每个样本数据看成 k 维空间上的一个点。通常,点与点之间的距离越小,意味着它们越"亲密",越有可能聚成一类。点与点之间的距离越大,意味着它们越"疏远",越有可能分别属于不同的类。

个体间距离的定义会受 k 个变量类型的影响。由于变量类型一般有定性和定量变量之分,其个体间距离的定义也因此不同。

(一) 定量变量个体间距离

如果所涉及的 k 个变量都是定量变量,考虑两个体 X、Y 间距离,其中 x_i 是个体 X 的第 i 个变量的变量值,y_i 是个体 Y 的第 i 个变量的变量值,那么两个体间距离的定义通常有以下几种方式。

(1) 欧式距离(Euclidean distance)

两个体 X、Y 间的欧式距离是两个体 k 个变量值之差平方和的平方根,数学定义为

$$\text{EUCLID}(X,Y) = \sqrt{\sum_{i=1}^{k}(x_i - y_i)^2}$$

(2) 平方欧式距离(squared Euclidean distance)

两个体 X、Y 间的平方欧式距离是两个体 k 个变量值之差的平方和,数学定义为

$$\text{SEUCLID}(X,Y) = \sum_{i=1}^{k}(x_i - y_i)^2$$

(3) 切比雪夫(Chebychev)距离

两个体 X、Y 间的切比雪夫距离是两个体 k 个变量值绝对差的最大值,数学定义为

$$\text{CHEBYCHEV}(X,Y) = \max_{1 \leq i \leq k}\{|x_i - y_i|\}$$

(4) Block 距离

两个体 X、Y 间的 Block 距离是两个体 k 个变量值绝对差的总和,数学定义为

$$\text{BLOCK}(X,Y) = \sum_{i=1}^{k}|x_i - y_i|$$

(5) 明考夫斯基(Minkowski)距离

两个体 X、Y 间的明考夫斯基距离是两个体 k 个变量值绝对差 p 次方总和的 p 次方根(p 可以任意指定),数学定义为

$$\text{MINKOWSKI}(X,Y) = \sqrt[p]{\sum_{i=1}^{k}|x_i - y_i|^p}$$

当 $p=1$ 时为 Block 距离,$p=2$ 时为欧式距离,$p=\infty$ 时为切比雪夫距离。

当各变量的测量值相差悬殊时,用明考夫斯基距离并不合理,常需首先对数据标准化,然后用标准化后的数据计算距离。

(6) 用户自定义(customized)距离

两个体 X、Y 间的用户自定义距离是两个体 k 个变量值绝对差 p 次方总和的 r 次方根(p,r 可以任意指定),数学定义为

$$\text{CUSTOMIZED}(X,Y) = \sqrt[r]{\sum_{i=1}^{k}|x_i - y_i|^p}$$

(二) 定量变量个体间相似系数

研究样本之间的关系,除了用距离表示外,还可以用相似系数来表示。相似系数是描述样本之间相似程度的统计量,常用的相似系数有以下两种。

(1) 夹角余弦(cosine)

两个体 X、Y 间的夹角余弦距离的数学定义为

$$\text{COSINE}(X,Y) = \frac{\sum_{i=1}^{k}x_i y_i}{\sqrt{(\sum_{i=1}^{k}x_i^2)(\sum_{i=1}^{k}y_i^2)}}$$

其中,$0 \leq \text{COSINE}(X,Y) \leq 1$。

当 $\text{COSINE}(X,Y)=1$,说明两个样本 X 与 Y 完全相似;$\text{COSINE}(X,Y)$ 接近 1,说明 X 与 Y 相似密切;$\text{COSINE}(X,Y)=0$ 说明 X 与 Y 完全不一样;$\text{COSINE}(X,Y)$ 接近 0,说明 X 与 Y 差别大。

(2) 相关系数(Pearson correlation)

相关系数一般指变量间的 Pearson 简单相关系数,作为刻画样本间的相似关系也可类似给出定义,即样本 X 与样本 Y 之间的 Pearson correlation(Pearson 相关系数)定义如下

$$r(X,Y) = \frac{\sum_{i=1}^{k}(x_i - \overline{x})(y_i - \overline{y})}{\sqrt{\sum_{i=1}^{k}(x_i - \overline{x})^2 \sum_{i=1}^{k}(y_i - \overline{y})^2}}$$

其中 $\overline{x} = \frac{1}{k}\sum_{i=1}^{k}x_i$, $\overline{y} = \frac{1}{k}\sum_{i=1}^{k}y_i$，且有 $-1 \leqslant r(X,Y) \leqslant 1$。其绝对值含义与夹角余弦类似。

（三）定性变量个体间距离

如果所涉及的 k 个变量都是定性(count)的非连续变量，那么个体间距离的定义通常有多种方式，主要方式有两种。

(1) 卡方(Chi-square measure)距离

两个体 X、Y 间卡方距离的数学定义为

$$\mathrm{CHISQ}(X,Y) = \sqrt{\sum_{i=1}^{k}\frac{(x_i - E(x_i))^2}{E(x_i)} + \sum_{i=1}^{k}\frac{(y_i - E(y_i))^2}{E(y_i)}}$$

式中，x_i 是个体 X 第 i 个变量的变量值(频数)，y_i 是个体 Y 的第 i 个变量的变量值(频数)。$E(x_i)$ 和 $E(y_i)$ 分别为期望频数。

卡方距离较大说明个体与变量取值有显著差异，个体间变量取值差异性较大。

(2) Phi 方(Phi-square measure)距离

两个体 X、Y 间 Phi 方距离的数学定义为

$$\mathrm{PHISQ}(X,Y) = \sqrt{\frac{\sum_{i=1}^{k}\frac{(x_i - E(x_i))^2}{E(x_i)} + \sum_{i=1}^{k}\frac{(y_i - E(y_i))^2}{E(y_i)}}{n}}$$

式中，x_i 是个体 X 第 i 个变量的变量值(频数)，y_i 是个体 Y 的第 i 个变量的变量值(频数)。$E(x_i)$ 和 $E(y_i)$ 分别为期望频数。

Phi 方距离较大说明个体与变量取值有显著差异，个体间变量取值差异性较大。

（四）二值变量个体间距离

如果所涉及的 k 个变量都是二值(binary)定性变量，那么个体间距离的定义通常有以下几种方式。

(1) 简单匹配系数(simple matching)

简单匹配系数是建立在两个体 k 个变量值同时为 0(或 1)和不同时为 0(或 1)的频数表基础之上的。该频数表如表 19-1 所示。

表 19-1 二值定性变量间的频数表

		个体 Y	
		1	0
个体 X	1	a	b
	0	c	d

在表 19-1 中，a 为两个体同时为 1 的频数，d 为两个体同时为 0 的频数，$a+d$ 反映了两个体间的相似程度；b 为个体 X 为 1，个体 Y 为 0 的频数，c 为个体 X 为 0，个体 Y 为 1 的频数，$b+c$ 反映了两个体的差异程度。简单匹配系数重点考察两个体的差异性，其定义为

$$S(X,Y) = \frac{b+c}{a+b+c+d}$$

简单匹配系数排除了同时拥有或同时不拥有某特征的频数，反映了两个体间的差异程度。另外简单匹配系数不会因编码方案的变化而变化，也即 0 和 1 的地位是等价的。

SAS 中计算的是 $1-S(X,Y)$，即 X 和 Y 的相似性。

(2) 雅科比系数(Jaccard)

雅科比系数与简单匹配系数有相似之处，也是在简单匹配系数的频数表基础上定义的，其数学定义为

$$S(X,Y) = \frac{b+c}{a+b+c}$$

由该式可知，雅科比系数也排除了同时拥有或同时不拥有某特征的频数，反映了两个体间的差异程度，但它忽略了两个体同时为 0 的频数。另外，雅科比系数会因编码方案的变化而变化，也即 0 和 1 的地位是不等价的。

注意：有时，用户选择不同的距离和相似系数的定义可能会得到不同的聚类分析结果，此时要结合问题的实际意义进行详细分析，不可盲目相信结果。

第二节　系统聚类分析

一、系统聚类法

系统聚类又称为层次聚类，简单地讲是指聚类过程是按照一定层次进行的。

系统聚类有两种类型，分别是样本聚类(Q 型)和变量聚类(R 型)。

(1) 样本聚类(Q 型聚类)

样本聚类，又称 Q 型聚类，是对观测样本进行聚类，即对个案(cases)进行聚类，它根据被观测对象的各种特征进行分类的，使具有相似特征的样本聚集在一起，使差异性大的样本分离开来。

(2) 变量聚类(R 型聚类)

变量聚类，又称 R 型聚类，是对变量进行聚类，它使具有相似性的变量聚集在一起，使差异性大的变量分离开来，可在相似性变量中选择少数具有代表性的变量参与其他分析，实现减少变量个数，达到变量降维的目的。

SAS 中的系统聚类法采用的是凝聚法，即开始把参与聚类的每个个体(观测量或变量)视为一类，根据两类之间的距离或相似性逐步合并，直到合并为一个大类。该算法的具体步

骤如下。

(1) 首先将每个个体(观测量或变量)各自作为一类,这时有 n 类,按照所定义的距离计算各个体数据点之间的距离,形成一个距离阵。

(2) 将距离最近的两个个体并为一个类别,从而成为 $n-1$ 个类别,计算新产生的类别与其他各个体或类别之间的距离或相似度,形成新的距离阵。

(3) 按照和第二步相同的原则,再将距离最接近的两个个体或类别合并,这时如果类的个数仍然大于1,则继续重复这一步骤,直到所有的个体都被合并成一个类别。

二、不同类间度量的常用系统聚类法

系统聚类法中,度量数据之间的亲疏程度是极为关键的。如何衡量数据间的亲疏程度呢?这涉及两个方面的问题,一是如何度量个体间的亲疏程度;二是如何度量个体与小类之间、小类与小类之间的亲疏程度。测度个体间亲疏程度的方法在前面已经讨论过,这里重点讨论如何测度个体与小类、小类与小类间的亲疏程度。

SAS中提供了多种度量个体与小类、小类与小类间"亲疏程度"的方法。与个体间"亲疏程度"的测度方法类似,应首先定义个体与小类、小类与小类的距离。距离小的关系"亲密",距离大的关系"疏远"。这里的距离是在个体间距离的基础上定义的。

因个体之间和类与类之间距离有多种定义,而这些不同距离定义产生了不同的系统聚类法。现用 d_{ij} 表示个体 $X^{(i)}$ 与 $X^{(j)}$ 之间的距离, D_{pq} 表示类 G_p 与类 G_q 之间的距离,类 $G_r = \{G_p, G_q\}$ 表示由类 G_p、G_q 合并成的新类,则利用不同的类与类之间距离所得的常用系统聚类法如下所示。

(1) 最短距离法(SINGLES|SIN)

类间距离为两类中距离最近的一对个体之间的距离,即

$$D_{pq} = \min_{i \in G_p, j \in G_q} \{d_{ij}\}$$

而计算新类 $G_r = \{G_p, G_q\}$ 与其他类距离(以下简称新类距离)的递推公式为

$$D_{rk} = \min\{D_{pk}, D_{qk}\}$$

该法的空间距离收缩性使其不适用于一般数据的分类,故不提倡使用。

(2) 最长距离法(COMPLETES|COM)

类间距离为两类中距离最远的个体之间的距离,即

$$D_{pq} = \max_{i \in G_p, j \in G_q} \{d_{ij}\}$$

其新类 $G_r = \{G_p, G_q\}$ 的距离递推公式为

$$D_{rk} = \max\{D_{pk}, D_{qk}\}$$

最长距离法严重倾向于产生直径大致相等的类,而且可能被异常值严重扭曲。

(3) 中位数法(MEDIAN|MED)

该法采用介于最短距离与最长距离间的中位数距离,其新类 $G_r = \{G_p, G_q\}$ 的距离递推公式为

$$D_{rk}^2 = (D_{pk}^2 + D_{qk}^2)/2 - D_{pq}^2/4$$

(4) 重心法(CENTROID|CEN)

类间距离为两类重心(即类别中所有个体的均值)之间的欧氏距离

$$D_{pq}^2 = d^2(\bar{X}^{(p)}, \bar{X}^{(q)})$$

其新类 $G_r = \{G_p, G_q\}$ 的距离递推公式为

$$D_{rk}^2 = n_p D_{pk}^2/n_r + n_q D_{qk}^2/n_r - n_p n_q D_{pq}^2/n_r^2$$

其中 n_p, n_q, n_r 分别为类 G_p、G_q、G_r 所含的个体数,而 $\bar{X}^{(i)}$ 为 G_i 的重心($i = p, q$)。

重心距离法较充分地利用了距离信息,同时也考虑了小类内的样本数,在处理异常值上比其他方法更稳健,但在其他方面不如 Ward 法或类平均法效果好。

(5) 类平均法(AVERAGE|AVE)

类间距离为两类个体中两两之间距离平方的均值

$$D_{pq}^2 = \left(\sum_{i \in G_p} \sum_{i \in G_q} d_{ij}^2\right)/n_p n_q$$

其新类 $G_r = \{G_p, G_q\}$ 的距离递推公式为

$$D_{rk}^2 = (n_p D_{pk}^2 + n_q D_{qk}^2)/n_r$$

该法利用了个体与小类的所有距离信息,克服了最近或最远邻居距离中距离易受极端值影响的弱点,趋向于合并具有较小偏差的类,是系统聚类法中使用较广泛、效果较佳者。

(6) 可变类平均法(FLEXIBLE|FLE)

该法为类平均法的修正,即在新类 $G_r = \{G_p, G_q\}$ 的距离递推公式中增加 D_{pq} 的影响项:

$$D_{rk}^2 = (1-\beta)(n_p D_{pk}^2 + n_q D_{qk}^2)/n_r + \beta D_{pq}^2$$

其中 $\beta < 1$ 为参数。

(7) Ward 离差平方和法(WARD|WAR)

类间距离为两类间离差平方和的距离

$$D_{pq}^2 = n_p n_q (\bar{X}^{(p)} - \bar{X}^{(q)})'(\bar{X}^{(p)} - \bar{X}^{(q)})/(n_p + n_q)$$

其新类 $G_r = \{G_p, G_q\}$ 的距离递推公式为

$$D_{rk}^2 = [(n_p + n_k)D_{pk}^2 + (n_q + n_k)D_{qk}^2 - n_k D_{pq}^2]/(n_r + n_k)$$

该法是 Ward 于 1936 年基于方差分析思想而提出的,聚类的原则是,聚类过程中使小类内离差平方和增加最小的两类应首先合并为一类。该法趋向于合并具有少量观测的类,并倾向于形成数量大致相同的观测的类,在实际应用中效果较好。

(8) 最大似然法(EML)

类间距离为

$$D_{pq} = Nm \ln(1 + B_{pq}/P) - 2(n_r \ln n_r - n_p \ln n_p - n_q \ln n_q)$$

其中 B_{pq} 为两类间距离,而 P 为当前各类的类内离差平方和之和。该法合并类的准则是,使得在谱系的每个水平上似然值最大,偏向于生成大小不等的类,与 Ward 离差平方和法很相似。

(9) M 相似分析法(MCQUITTY|MCQ)

该法的新类 $G_r = \{G_p, G_q\}$ 的距离递推公式为

$$D_{rk}^2 = (D_{pk}^2 + D_{qk}^2)/2$$

(10) 密度估计法(DENSITY|DEN)

该法首先基于非参数密度估计法和近邻关系来定义一种新的距离 d^*，再由 d^* 应用最短距离法进行聚类。而由 d^* 的不同定义，可得不同的密度估计法：k 最近邻估计法、一致核估计法和 Wong 混合法。

(11) 两阶段密度估计法(TWOSTAGE|TWO)

该法为密度估计法的修正，可分为两个阶段：首先采用密度估计法将样本分成互不相交的类，然后将已分成的类再按最短距离法进行分类。

上述各种系统聚类法中，除了类间距离不同外，其并类的原则和步骤基本一致。1967 年 Lance 和 Williams 还对前八种系统聚类法的聚类递推公式给出了统一形式：

$$D_{rk}^2 = \alpha_p D_{pk}^2 + \alpha_q D_{qk}^2 + \beta D_{pq}^2 + \gamma |D_{pk}^2 - D_{qk}^2|$$

其中 α_p、α_q、β、γ 为参数。

SAS 软件提供以上 11 种不同聚类方法，通过 METHOD=方法选项供选用。

三、确定适当分类结果的准则

当选定某种系统聚类法时，即可按聚类步骤，得到相应的聚类谱系图（又称树状图）。由于聚类谱系图只给出各样本间的近似关系，而如何由聚类谱系图来确定合适的分类数和分类结果，至今没有唯一准确的标准。一般可规定一个适当的并类水平临界值，用以分割谱系图以确定最终分类结果。1972 年，Bemirmen 提出了以下几条根据谱系图及实际问题的意义来确定适当分类结果的准则，可供参考。

(1) 分类数与实际问题的意义相一致；
(2) 各类重心之间的距离应相当大；
(3) 各类所含元素一般不宜太多；
(4) 如果采用不同的系统聚类法，则在各自聚类谱系图中应该有大致相同的结果。

系统聚类法的特点是非常明显的：可以对变量或样本（个案）进行聚类，变量可以为连续或分类变量，提供的距离测量方法也非常丰富。但最好不要有不同类型变量的混合，不同变量类型可选择不同的距离度量。当样本量太大或变量较多时，由于系统聚类法要反复计算距离，采用它运算速度明显较慢，因此，系统聚类法主要适用于小样本数据资料的样本聚类或变量聚类。

第三节 系统聚类的 SAS 过程

在 SAS 系统中，CLUSTER 过程专门用于系统聚类的实现。CLUSTER 提供了 11 种不同的系统聚类分析方法，并且同时可对原始或距离数据进行聚类分析。如果为原始数据，

将首先计算其欧式距离,然后进行聚类分析。CLUSTER 过程可以给出聚类分析相关的统计量,并将整个聚类分析过程保存下来,在其后常通过 TREE 过程,展示聚类分析的谱系图,便于直观地观察聚类过程。

但是 CLUSTER 过程对于大样本数据的分类问题表现不是很好,数据计算的速度较慢,后面介绍的快速聚类过程(FASTCLUS)更适合于大样本数据的聚类。

一、CLUSTER 聚类分析过程

聚类分析的 CLUSTER 过程语句的基本语法格式如下:

SAS 程序格式	意 义
PROC CLUSTER [选项];	对"DATA="指定或最新数据集进行聚类分析,必需语句
VAR 变量列表;	指定用于进行聚类分析的数值型变量,省略时将对数据集内其他语句未使用的所有数值型的变量进行聚类分析
ID 变量;	指定用来作为观测标识的变量,ID 变量的值用以区别样本的不同
COPY 变量;	将指定的变量直接复制到 OUTTREE= 所指定的输出数据集
BY 变量;	指定进行聚类分析的分组变量,需为已排序的变量
FREQ 变量;	指定数据集中作为观测频数的变量
RMSSTD 变量;	当输入数据集为类的均值时,指定代表均方根标准差的变量
RUN;	向 SAS 系统提交过程步中的语句

通常只有 PROC CLUSTER 和 VAR 语句是必要的,其余都为可选语句。

PROC CLUSTER 语句用于指定分析的过程为聚类分析的 CLUSTER 过程,为必需语句,其后可跟的选项说明如表 19-2 所示。

表 19-2　PROC CLUSTER 语句选项说明

选　项	意　义
DATA=数据集	指定聚类分析的输入数据集。如果省略,默认地将使用最新建立的数据集。如果数据集是距离矩阵,那么变量个数必须与观测数相同,并且应指定 TYPE=DISTANCE,否则数据被解释成欧几里得空间坐标,并计算欧氏距离
METHOD=方法名	用于指定聚类分析的方法,为必需选项,共有 11 种方法可供选择,分别为: SINGLES|SIN(最短距离法)、COMPLETES|COM(最长距离法)、CENTROID|CEN(重心法)、AVERAGE|AVE(类平均法)、MEDIAN|MED(中位数法)、WARD|WAR(离差平方和法)、FLEXIBLE|FLE(可变类平均法)、DENSITY|DEN(密度估计法)、EML(最大似然法)、MCQUITTY|MCQ(相似分析法)、TWOSTAGE|TWO(两阶段密度估计法)
OUTTREE=数据集	指定聚类分析的输出数据集名,以便利用 TREE 过程去画出谱系图(树状图)。如果省略此选项,则按惯例命名为 DATAn
STANDARD	控制对原始数据的标准化(均值为 0,标准差为 1),添加该选项后将对标准化后的数据集进行聚类分析
NONORM	类间距离不进行标准化
RSQUARE|RSQ	输出每一种聚类的 R^2(复相关系数的平方)和半偏 R^2(半偏复相关系数的平方)
PSEUDO	计算判断分类数的伪 F 和伪 R^2 统计量
CCC	计算 R^2、半偏 R^2 和三次方聚类标准,可用于判断聚类效果
SIMPLE	输出数据中每个变量的简单描述性统计结果,包括标准差、均值等

续表

选项	意义
NOPRINT	不输出聚类分析计算结果
PRINT=n	输出聚类分析中最后 n 层的计算结果
MODE=m	指定模式类别中最少要包含的成员数

ID 语句用来指定作为观测标识的变量,在 OUTTREE=数据集中显示聚类过程时,用 ID 变量值识别观测,区别不同的样本。

FREQ 语句的变量代表该观测的频数;如果省略此选择,若数据集中有变量_FREQ_,那么频数从_FREQ_变量中读取。

二、TREE 聚类作图过程

TREE 聚类作图过程不是一个独立的过程,它利用聚类分析 CLUSTER 或 VARCLUS 过程建立的特定数据集作为输入数据集绘制聚类分析谱系图(树状图),从而使聚类的结果更加形象。

TREE 聚类作图过程语句基本的语法格式为:

SAS 程序格式	意义
PROC TREE [选项];	对"DATA="指定数据集调用 TREE 过程,绘制聚类树状图,必需语句
ID 变量;	指定用来作为标识聚类原始对象的变量,可为字符型或数值型变量
NAME 变量;	指定用来标识观测所代表树状图中节点的变量,可为字符型或数值型
COPY 变量;	将指定的变量直接复制到 OUT=所指定的输出数据集
BY 变量;	指定进行分析的分组变量,需为已排序的变量
FREQ 变量;	指定数据集中作为观测频数的变量
HEIGHT 变量;	指定用来表示树状图中节点高度的数值型变量
RUN;	向 SAS 系统提交过程步中的语句

如果输入数据集是由 CLUSTER 或者 VARCLUS 过程建立的,则仅有 PROC TREE 语句是必须的语句,其余皆为可选择语句。

PROC TREE 语句为必需语句,用于指定分析的过程为 TREE 过程,其后可跟的选项说明如表 19-3 所示。

表 19-3 PROC TREE 语句的选项说明

选项	意义
DATA=数据集名	指定谱系图(树状图)绘制的数据集来源,该数据集为聚类分析过程中 OUTTREE 产生的输出数据集
OUT=数据集名	用于存储最后的分类结果,即每一观测或变量属于哪一类
HORIZONTAL	控制绘制的谱系图(树状图)为横向的图形,默认情况下为纵向谱系图
PAGE=n	控制谱系图(树状图)绘制所需的页数
SPACE	控制绘制的谱系图(树状图)上指标变量之间的间距
NCLUSTERS=m	人为规定样本观测最后分为多少个类
NOPRINT	只输出最后的分类结果数据集 OUT,但不绘制谱系图

续 表

选 项	意 义
LEVEL=m	指定 OUT=所指定的输出数据集中包含类别的层级水平数
HEIGHT=选项	指定某个统计量作为树状图的高度轴,可设置为:HEIGHT、LENGTH、MODE、NCL、RSQ 之一
DISSRAILAR	用以表示 HEIGHT 变量的值为差异度的度量值
SORT	对每一节点的子节点针对 HEIGHT 变量按照类别构成的次序排序
DESCENDING	将 SORT 选项的排序方向转为逆向
MAXHEIGHT=m	指定高度轴上显示的最大值
MINHEIGHT=n	指定高度轴上显示的最小值
NTICK=m	指定高度轴上刻度标记的个数

ID 语句用来作为标识聚类原始对象的变量,可以是任意长度的字符或数值变量,在树状图中识别对象。如果没有 ID 语句,则 NAME 语句指定的变量将被视为 ID 变量。如果两个语句都没有,则会在输入数据集中自动寻找"_NAME_"变量用作聚类对象的标识变量。如找不到,系统将会显示出错信息。

TREE 过程产生的显示输出包括:(1)树中对象的名被显示在树状图底部;(2)纵轴(高度)显示在树状图左边。

三、系统聚类的 SAS 实例应用

本节将通过具体的实例演示系统聚类分析,这里我们仅使用了一种方法,在实际的应用中应该考虑不同的情况,采用相应的聚类方法。而同时需要注意的是在实际的使用中由于使用的聚类方法的不同,或者评判分类的准则的不同,可能相同的数据会得到不同的分类结果。

【例 19.1】 表 19-4 为我国 2006 年法定报告传染病发病及死亡情况统计,其中有各传染病病名和发病率(十万分之一)、死亡率(十万分之一)和病死率(%)的统计数据。试根据表中的发病率、死亡率和病死率进行各传染病的样本聚类分析。

表 19-4 我国 2006 年法定报告传染病发病及死亡情况统计

病 名	发病率 (1/10 万)	死亡率 (1/10 万)	病死率 (%)
鼠 疫	0.000 8	0.000 2	30.000 0
霍 乱	0.074 4	0.000 3	0.411 1
病毒性肝炎	91.422 2	0.092 4	0.101 1
痢 疾	34.916 8	0.010 5	0.030 0
伤寒副伤寒	2.653 6	0.001 1	0.040 4
艾滋病	0.429 9	0.100 6	23.412 2
淋 病	13.790 8	0.000 1	0.000 6
梅 毒	9.670 7	0.005 7	0.058 5
脊髓灰质炎	0.000 0	0.000 0	0.000 0

续　表

病　名	发病率 (1/10万)	死亡率 (1/10万)	病死率 (%)
麻　疹	9.417 6	0.004 2	0.044 7
百日咳	0.294 0	0.000 2	0.052 0
白　喉	0.000 1	0.000 0	0.000 0
流　脑	0.177 3	0.015 8	8.887 0
猩红热	1.917 2	0.000 2	0.008 0
出血热	1.596 7	0.020 7	1.298 1
狂犬病	0.194 0	0.194 0	100.000 0
钩端螺旋体病	0.108 2	0.003 4	3.180 2
布氏杆菌病	1.408 5	0.000 3	0.021 7
炭　疽	0.040 7	0.000 9	2.255 6
乙　脑	0.389 8	0.016 4	4.198 5
血吸虫	0.240 5	0.000 2	0.063 6
疟　疾	3.032 9	0.003 4	0.113 5
登革热	0.003 1	0.000 1	2.500 0
新生儿破伤风	0.190 2	0.021 1	11.082 9
肺结核	96.313 4	0.260 2	0.270 1
传染性非典型肺炎	0.000 0	0.000 0	0.000 0
人禽流感	0.000 5	0.000 4	71.428 6

本例将采用系统聚类法对发病率、死亡率和病死率这三个指标变量进行样本聚类分析，并根据聚类步骤，得到聚类谱系图，最终给出这27种传染病的较合适的聚类分类结果。

```
data ex19_1;
    input  illname $ x1 x2 x3;
cards;
鼠疫     0.0008  0.00023  0.0000
霍乱     0.0744  0.0003   0.4111
病毒性肝炎  91.4222  0.0924  0.1011
痢疾     34.9168  0.0105  0.0300
伤寒副伤寒  2.6536  0.0011  0.0404
艾滋病    0.4299  0.1006  23.4122
淋病     13.7908  0.0001  0.0006
梅毒     9.6707  0.0057  0.0585
脊髓灰质炎  0.0000  0.0000  0.0000
麻疹     9.4176  0.0042  0.0447
百日咳    0.2940  0.0002  0.0520
```

```
白喉         0.0001  0.0000  0.0000
流脑         0.1773  0.0158  8.8870
猩红热       1.9172  0.0002  0.0080
出血热       1.5967  0.0207  1.2981
狂犬病       0.1940  0.1940  100.0000
钩端螺旋体病 0.1082  0.0034  3.1802
布氏杆菌病   1.4085  0.0003  0.0217
炭疽         0.0407  0.0009  2.2556
乙脑         0.3898  0.0164  4.1985
血吸虫       0.2405  0.0002  0.0636
疟疾         3.0329  0.0034  0.1135
登革热       0.0031  0.0001  2.5000
新生儿破伤风 0.1902  0.0211  11.0829
肺结核       96.3134 0.2602  0.2701
非典型肺炎   0.0000  0.0000  0.0000
人禽流感     0.0005  0.0004  71.4286
;
run;
proc print;
run;
proc cluster data= ex19_1 outtree= aa method= average;
   id illname;
proc tree data= aa horizontal;
   id illname;
run;
```

本实例的程序首先创建一个 SAS 数据集 EX19_1,包括变量 illname 用于标识观测的传染病病名,$x1 \sim x3$ 变量为表 19-2 中的三个指标变量:发病率($x1$)、死亡率($x2$)和病死率($x3$);然后通过 CLUSTER 过程完成系统聚类分析,其中使用的聚类分析方法为类平均法;最后,使用 TREE 过程绘制谱系图,观察聚类分析的分类结果。

执行上述程序,生成的系统聚类分析的结果如图 19-1 所示,包括 2 张表和 1 张谱系图,其中在结果目录的 Cluster 目录下主要包含以下结果表。

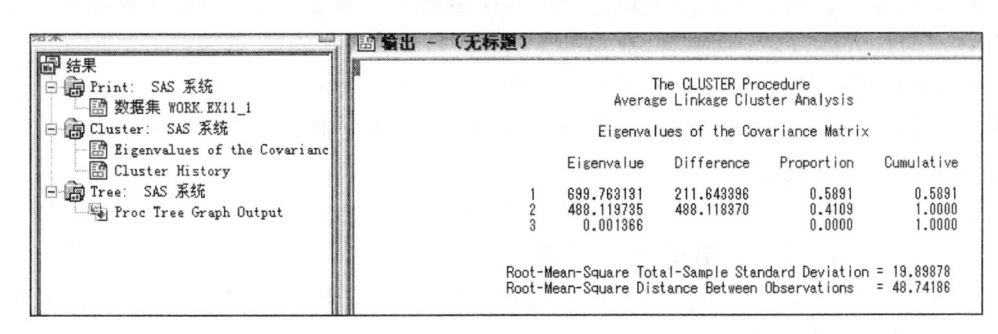

图 19-1 系统聚类的结果目录树(左侧)和协方差矩阵特征值表(右侧)

◆ Eigenvalues of the Covariance Matrix(协方差矩阵的特征值表):给出了协方差矩阵的特征值的计算结果,如图 19-1 右侧所示。表中从左到右各列分别为特征值(按从大到小的顺序排列)、特征值之差、贡献率和累积贡献率。

◆ Cluster History(聚类分析过程表):给出了整个聚类分析各步分类的过程,如图 19-2 所示。从中可以看到整个分类过程共进行了 26 步。

```
                         Cluster History
                                                       Norm   T
                                                       RMS    i
                                                              e
   NCL    --Clusters Joined---    FREQ   PSF    PST2   Dist

   26    脊髓灰质    非典型肺        2                         0     T
   25    CL26       白喉            3     4E11           205E-8
   24    百日咳      血吸虫          2     27E5           0.0011
   23    炭疽       登革热           2     18E4           0.0051
   22    梅毒       麻疹            2     11E4           0.0052
   21    CL25       CL24           5     6E4    180     0.0056
   20    伤寒副伤    疟疾            2     5E4            0.0079
   19    霍乱       CL21           6     39E3   5.5     0.0085
   18    猩红热      布氏杆菌        2     34E3           0.0104
   17    钩端螺旋     CL23          3     21E3   14.2    0.0168
   16    CL20       CL18          4     9780   13.7    0.0251
   15    CL16       出血热         5     6761   3.0     0.0318
   14    CL17       乙脑           4     5314   8.2     0.0336
   13    CL19       CL15          11    2111   29.6    0.045
   12    流脑       新生儿破        2     2162           0.0451
   11    CL13       CL14          15    1082   20.0    0.0675
   10    淋病       CL22          3     1010   374     0.0872
    9    病毒性肝    肺结核          2     996            0.1005
    8    鼠疫       艾滋病          2     914            0.1355
    7    CL11       CL12          17    432    47.7    0.1905
    6    CL7        CL10          20    248    24.7    0.2286
    5    CL8        CL6           22    97.0   45.6    0.5286
    4    狂犬病      人禽流感       2     107            0.5862
    3    CL5        痢疾           23    107    13.4    0.7017
    2    CL3        CL4           25    24.9   91.7    1.7215
    1    CL2        CL9           27           24.9    1.9404
```

图 19-2 系统聚类的过程表

如图 19-2 聚类分析过程结果表中,各列的表示为

● NCL (Number of CLuster)类数,为当前步中的数据的类别数,从最初的 27 类到最后的 1 类;每聚一次,类数减少 1。

● Clusters Joined 指出每次被合并的类。例如第一次合并的是脊髓灰质炎和非典型肺炎。

● FREQ (FREQuency of New Cluster),新类中的样本频数。显示当期合并的类中有多少样本数。

● PSF,伪 F 值,其中的缺值项是公式中的分母为零所致。

● PST2 伪 t^2 值,其中的缺值项是公式中的分母为零所致。在 $G=2$ 处有较大的峰值 91.7,由于最佳分类为它上面一种,故本例表明它支持 3 分类。

● Normalized RMS Distance 标准化的均方根距离,由类间距离除以观测间距离均方根得来。用此距离可以判断聚类的合适数量,当某一步的标准化的均方根距离增加的幅度最大时,此步前的聚类数最合适。

本例当类别从 3 个变为 2 个时,标准化均方根距离增加的幅度最大,由 0.7017 增加到 1.7215。可判断此例聚类的合适数量为三类。

另外,在系统聚类结果目录中的 Tree 目录树下,包含 TREE 图,双击该子目录项,将打开如图 19-3 所示的谱系图。

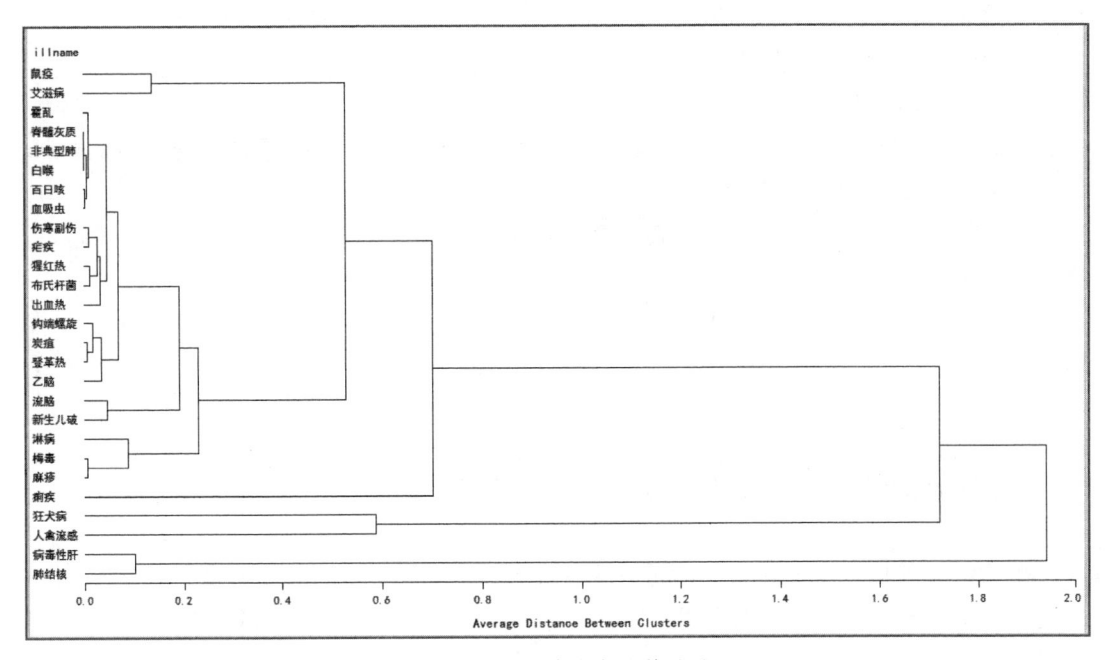

图 19-3 系统聚类的谱系图

从谱系图中可以看到系统聚类各步分类的过程。其分类结果以三类较为适宜。
如果分为三类,最后的分类结果为:
- 第一类:病毒性肝炎,肺结核;
- 第二类:狂犬病,人禽流感;
- 第三类:其他传染病。

第四节　变量聚类的 SAS 过程

变量聚类就是对多个变量即指标进行分类,以便从各个类别中挑选出关键变量,代替数据的整体特征进行分析。

一、变量聚类方法概述

变量聚类的原理与前面介绍的样本的系统聚类有所不同,主要是通过相关性来判断变量之间的关系,而类的选择主要是基于主成分变换的思想,使各类的第一主成分对该类数据的解释能力最强,也就是使原始变量总方差中由类分量所解释的部分达到最大化。变量聚类若用相关矩阵进行分析,则全部变量具有完全相同的重要性,各变量对分析结果的影响相等;若用协方差矩阵进行分析,则具有较大方差的变量会对分析结果有更大的影响。

对变量的聚类方法其实质是因子分析法中斜交旋转方法的改进,所依据的分类指标主要有类方差比例(类的主成分所解释的方差占总方差的比例)、类的第二大特征值、变量的复

相关系数 R^2、本类与关系最密切的其他类$(1-R^2)$的比例等。

变量聚类过程的具体实施步骤如下。

（1）先将全部变量归为一类；

（2）选择一个类对数据分为两类，类选择的依据为其主成分所解释的方差百分比最小，或第二主成分的特征值最大；

（3）计算分类指标，如果第二主成分的特征值大于标准值（默认值为1），则将与第二主成分相关最密切的变量分为第二类；

（4）分成两类后，对各类分别进行斜交因子分析，按照分类的判断指标重复上述步骤（2）（3）进行再分类或重新分类。直至每一类的第二主成分特征值均小于标准值，变量聚类过程就停止。

二、VARCLUS 变量聚类过程

在 SAS 系统中进行变量聚类的过程为 VARCLUS，由 VARCLUS 过程的输出数据再通过调用 TREE 过程来绘制聚类树状图。变量聚类的 VARCLUS 过程语句基本的语法格式如下：

SAS 程序格式	意　义
PROC VARCLUS [选项];	对"DATA="指定或最新数据集进行变量聚类分析，必需语句
VAR 变量列表;	指定用于进行变量聚类的数值型变量，省略时将对数据集内其他语句未使用的所有数值型变量进行变量聚类分析
SEED 变量;	指定用于进行初始分类的变量
PARTIAL 变量;	指定在变量聚类分析中需要消除其影响的变量
BY 变量;	指定进行变量聚类分析的分组变量，需为已排序的变量
FREQ 变量;	指定数据集中作为观测频数的变量
WEIGHT 变量;	指定数据集中作为观测权重的变量
RUN;	向 SAS 系统提交过程步中的语句

通常仅需要用 PROC VARCLUS 语句和 VAR 语句即可对变量进行聚类分析，其余语句较少用到。

PROC VARCLUS 语句用于指定分析的过程为变量聚类的 VARCLUS 过程，其后可跟的选项说明如表 19-5 所示。

表 19-5　PROC VARCLUS 语句的选项说明

选项	意　义
DATA=数据集名	指定需要进行变量聚类分析的数据集名，除一般类型外，数据类型还可为 CORR、UCORR、COV、UCOV、FACTOR 以及 SSCP 等类型
OUTTREE=数据集名	指定存储的聚类树状结构方面信息的输出数据集，可用于 TREE 过程绘制变量聚类的树状图
OUTSTAT=数据集名	指定用于存储变量聚类分析统计量的输出数据集，包括相关系数、类得分系数以及类结构等
COV|COVARIANCE	指定协方差矩阵进行变量聚类分析，省略时为默认的相关矩阵

续表

选项	意 义
PROPORTION=数值	指定每一类中变量的变异至少被解释的比例或者百分比,其值介于0和1之间的小数,或1和100之间的正数
MAXEIGEN=值	指定每个类别中第二特征值的上限,超过此值就要分为两类
MAXC|MAXCLUSTERS=m	指定变量聚类分析允许的最大类别数,默认为变量数
MINC|MINCLUSTERS=n	指定变量聚类分析允许的最小类别数
CORR	聚类分析结果中输出相关矩阵
SIMPLE	聚类分析结果中输出变量基本的统计量
NOPRINT	不在结果窗口输出聚类分析结果
CENTROID	指定以重心分量作为聚类的类分量
HIERARCHY	保留不同层级的聚类结果以保持聚类过程的树状结构
INITIAL=方法名	指定用于初始化分类的方法,可设定为:GROUP、INPUT、RANDOM、SEED
SHORT	不输出聚类结构、类得分系数以及类间相关系数矩阵等
SUMMARY	只输出最终的描述性统计量列表,其他所有分析结果均不输出

另外,在使用 VARCLUS 过程进行变量聚类后,与 CLUSTER 样本的系统聚类过程一样,一般还需要调用 TREE 过程,对其输出的 OUTTREE= 所指定的数据集进一步绘制变量聚类的谱系图(树状图),以便得到并解读完整的变量分类结果。下面我们结合实例加以介绍。

三、变量聚类的 SAS 实例应用

下面结合实例来介绍变量聚类的 SAS 应用。

【例 19.2】 考察第 17 章第二节的例 17.1 的某医院三年来医疗工作质量评价数据集 HOSPITAL,包括门诊人次、出院人数、病床利用率、病床周转次数、平均住院天数、治愈好转率、病死率、诊断符合率和抢救成功率等九个变量指标,试利用该数据集 HOSPITAL 进行这些变量指标的聚类分析,得到其变量分类结果。

本例需要进行变量的聚类分析,首先对例 17.1 所建的数据集 HOSPITAL,包括的变量 $x1 \sim x9$ 为该医院三年来医疗工作质量的 9 个变量,通过 VARCLUS 过程进行变量聚类,生成 OUTTREE= 所指定输出数据集,再调用 TREE 过程中绘制谱系图(树状图)。下面为具体的程序。

```
proc varclus data= hospital outtree= var_tree;
    var x1- x9;
proc tree data= var_tree horizontal;
run;
```

执行上述程序,生成的变量聚类分析结果的目录树如图 19-4 所示,从中可以看到变量聚类分析的结果主要包括 Varclus 和 Tree 两个目录,而其中 Varclus 目录下又包含四次聚类的过程,在每一步聚类中 SAS 系统都输出了相关的统计表。

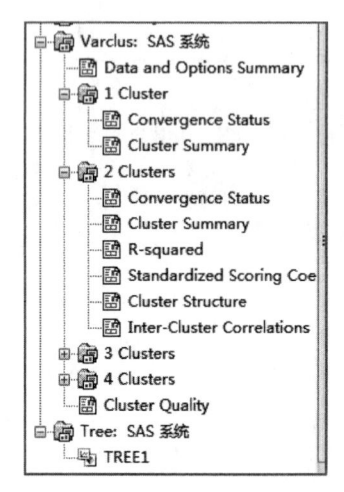

图 19-4　变量聚类的结果目录树

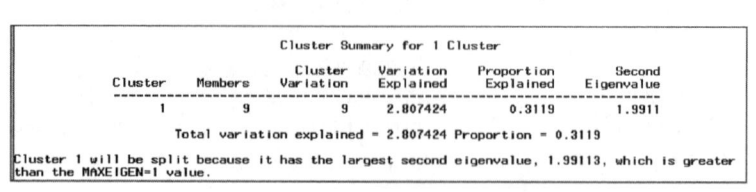

图 19-5　变量聚类的第一步结果汇总表

第一步的变量聚类分析将全部的变量归为一类，具体的汇总结果表如图 19-5 所示。其分类对方差的解释能力为 2.807 4，贡献率为 0.311 9，第二特征值为 1.991 1＞1，故将其分为两类。

第二步的变量聚类分析将全部的变量分为两类，其中变量 $x1$、$x2$、$x5$、$x8$ 和 $x9$ 归为一类，其余的变量归为另一类，如图 19-6 所示。

图 19-6　变量聚类的第二步主要结果表

同样，变量聚类第二步的最大第二特征值＝1.324 1＞1，故将其第二类（$x3$、$x4$、$x6$、$x7$）分为 $x3$、$x4$ 与 $x6$、$x7$ 两类，则第三步的变量聚类分成了三类；变量聚类第三步的最大第二特征值＝1.048 5＞1，故将其第一类（$x1$、$x2$、$x5$、$x8$、$x9$）分为 $x1$ 与 $x2$、$x5$、$x8$、$x9$ 两类，则最终的第四步的变量聚类共分四类，其结果包括聚类汇总表、分类的相关统计量表、标准回归系数表、聚类结构表、各类相关系数表。如图 19-7 所示。

变量聚类最终分类的第四步聚类分析结果表包括分类的汇总表、分类的相关统计量表、标准回归系数表和类结构表。

◆ Cluster Summary for 4 Clusters：分类的汇总表，包括被解释的方差、方差贡献率、第二特征值等。可以看到其第二特征值已经都小于 1（默认的标准值），故变量聚类结束。

```
                    Cluster Summary for 4 Clusters
                       Cluster   Variation   Proportion   Second
Cluster    Members    Variation   Explained   Explained   Eigenvalue
   1          4          4        2.27747      0.5694       0.6652
   2          2          2        1.677792     0.8389       0.3222
   3          2          2        1.379614     0.6898       0.6204
   4          1          1            1        1.0000

Total variation explained = 6.334876  Proportion = 0.7039

                              R-squared with
  4 Clusters
                            Own       Next      1-R**2
  Cluster      Variable    Cluster    Closest    Ratio
  Cluster 1      x2        0.5678     0.1281    0.4956
                 x5        0.5530     0.1063    0.5002
                 x8        0.5239     0.1207    0.5414
                 x9        0.6327     0.1808    0.4483
  Cluster 2      x3        0.8389     0.0800    0.1751
                 x4        0.8389     0.2209    0.2068
  Cluster 3      x6        0.6898     0.0139    0.3146
                 x7        0.6898     0.0525    0.3274
  Cluster 4      x1        1.0000     0.1231    0.0000
```

```
              Standardized Scoring Coefficients
Cluster        1           2           3           4
  x1        0.00000     0.00000     0.00000     1.00000
  x2        0.33087     0.00000     0.00000     0.00000
  x3        0.00000     0.54590     0.00000     0.00000
  x4        0.00000     0.54590     0.00000     0.00000
  x5       -0.32652     0.00000     0.00000     0.00000
  x6        0.00000     0.00000     0.60201     0.00000
  x7        0.00000     0.00000    -0.60201     0.00000
  x8       -0.31781     0.00000     0.00000     0.00000
  x9        0.34926     0.00000     0.00000     0.00000

                  Cluster Structure
Cluster        1           2           3           4
  x1       -0.35088     0.31138    -0.05650     1.00000
  x2        0.75356     0.35789     0.20637     0.04376
  x3       -0.00822     0.91591     0.05108     0.28289
  x4        0.46996     0.91591     0.14596     0.28750
  x5       -0.74364    -0.28505     0.12250     0.32603
  x6       -0.02884    -0.05045     0.83055    -0.11770
  x7       -0.22457    -0.22912    -0.83055    -0.02385
  x8       -0.72381    -0.03985    -0.08866     0.34735
```

图 19-7 变量聚类的第四步的最终结果表

◆ R-squared with：分类的相关统计量，包括各指标与所属类的 R^2（with own cluster），各指标与相邻类的 R^2（with next closet）。同时给出了变量聚类的最终分类结果：

第一类：变量 $x2$、$x5$、$x8$、$x9$；

第二类：变量 $x3$、$x4$；

第三类：变量 $x6$、$x7$；

第四类：变量 $x1$。

◆ Standardized Scoring Coefficients：标准得分系数表，给出了根据标准化变量分类的标准得分系数：

◆ Cluster Structure：类结构表，给出了每个变量与各类主成分的相关系数表，也即因子模型的系数。

变量聚类分析输出结果的最后给出了各类之间的相关系数表和每一步聚类的效果评价参数表，包括类别数、各类总的方差解释量、各类方差贡献率、各类解释方差的最小和最大比例、各类最小 R^2 和最大 $1-R^2$，如图 19-8 所示。

```
              Oblique Principal Component Cluster Analysis
                        Inter-Cluster Correlations
  Cluster        1           2           3           4
     1       1.00000      0.25207     0.11783    -0.35088
     2       0.25207      1.00000     0.10756     0.31138
     3       0.11783      0.10756     1.00000    -0.05650
     4      -0.35088      0.31138    -0.05650     1.00000

No cluster meets the criterion for splitting.

              Total      Proportion   Minimum    Maximum    Minimum    Maximum
  Number    Variation   of Variation  Proportion  Second   R-squared  1-R**2 Ratio
    of      Explained    Explained    Explained  Eigenvalue  for a     for a
 Clusters  by Clusters  by Clusters  by a Cluster in a Cluster Variable  Variable
     1      2.807424      0.3119       0.3119     1.991130   0.0015
     2      4.275585      0.4751       0.4498     1.324082   0.0233    0.9768
     3      5.533899      0.6149       0.4953     1.048453   0.3052    0.7694
     4      6.334876      0.7039       0.5694     0.665238   0.5239    0.5414
```

图 19-8 各类间相关系数表和每一步聚类效果评价表

执行绘制树状图的 TREE 过程可以得到直观反映变量聚类过程的树状图（谱系图），如图 19-9 所示。

从图 19-9 给出的变量聚类树状图（谱系图）中可以看到变量聚类各步分类的过程，其

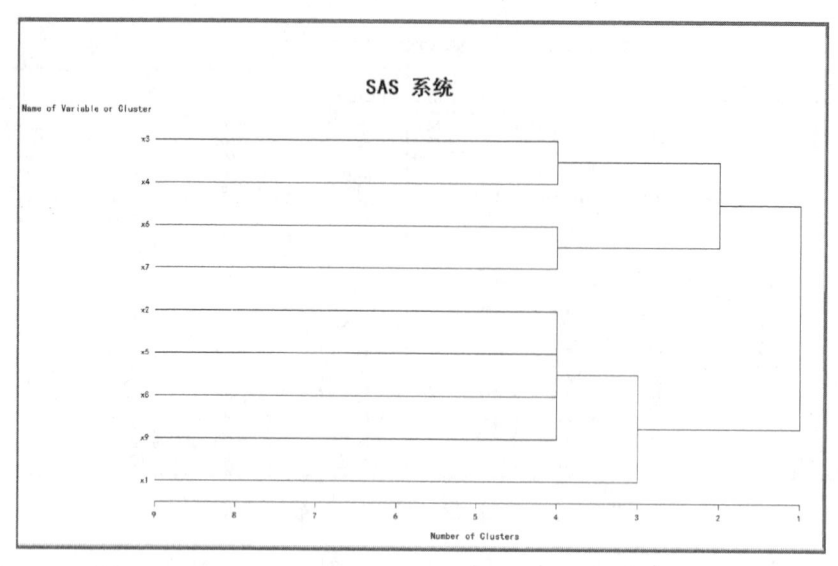

图 19-9 例 19.2 的变量聚类树状图(谱系图)

分类结果以四类或者三类较为适宜。如果分为四类,最后的分类结果为
- 第一类:变量 $x2$、$x5$、$x8$、$x9$;(出院人数、平均住院天数、诊断符合率、抢救成功率)
- 第二类:变量 $x3$、$x4$;(病床利用率、病床周转次数)
- 第三类:变量 $x6$、$x7$;(治愈好转率、病死率)
- 第四类:变量 $x1$。(门诊人次)

这与前面分析得到的分类结果是一致的。从各变量指标的实际意义来看,这种分类结果也较为客观合理。如果将变量 $x1$ 与变量 $x2$、$x5$、$x8$、$x9$ 归为一类,这即得到分三类的结果。

第五节 快速聚类的 SAS 过程

当所考察样本的容量较大时,通过上述的系统聚类方法进行聚类分析可能不太现实,计算的成本较大,需要对每一个样本(变量)类间距离进行不断的计算和比较。快速聚类是有效处理大样本数据分类的方法,该方法首先将数据分为若干类,然后基于类间样本(变量)的距离较小的原则,不断调整分类的结果,使最后的数据分类产生类内距离最小、类间距离最大的分类效果。本节将首先对快速聚类方法的实现做具体介绍,然后通过实例演示其 SAS 执行过程。

一、快速聚类方法概述

快速聚类方法基本原理为根据初始的凝聚点对样本进行初步分类,然后根据初步分类结果不断优化分类结果,直至产生最好的分类结果为止。其具体的实现过程如下:
(1) 可以随机或根据经验选择若干个样本作为凝聚点;

（2）计算各个样本到凝聚点的距离，根据就近归类原则，将各样本划分到距离最近的类中，使其成为一类；

（3）根据新的分类结果，重新计算每一类的样本点的平均值，得到新的凝聚点；

（4）使用新的凝聚点重复步骤（2），调整分类结果，不断反复，至最后达到收敛条件，即凝聚点不再有显著变化，即得最优的分类结果。

二、FASTCLUS 快速聚类过程

FASTCLUS 过程是 SAS 系统中专门用于快速聚类的过程，可用于大样本观测的快速聚类，且聚类后可以输出各类间的统计参数，方便比较。

快速聚类的 FASTCLUS 过程语句基本的语法格式为：

SAS 程序格式	意义
PROC FASTCLUS [选项];	对"DATA="指定或最新数据集进行快速聚类分析，必需语句
VAR 变量列表;	指定用于进行快速聚类分析的数值型变量，省略时将对数据集内其他语句未使用的所有数值型的变量进行聚类分析
ID 变量;	指定用来作为观测标识的变量，ID 变量的值用以区别样本的不同
BY 变量;	指定进行快速聚类分析的分组变量，需为已排序的变量
FREQ 变量;	指定数据集中作为观测频数的变量
WEIGHT 变量;	指定数据集中作为观测权重的变量
RUN;	向 SAS 系统提交过程步中的语句

PROC FASTCLUS 语句是必需语句。通常只有 VAR 语句、ID 语句需要和 PROC FASTCLUS 语句一起使用。

PROC FASTCLUS 语句用于指定分析的过程为 FASTCLUS 快速聚类过程，其后可跟的选项说明如表 19-6 所示。

表 19-6 PROC FASTCLUS 语句的选项说明

选 项	意 义
DATA=数据集名	指定快速聚类过程的输入数据集
DISTANCE	输出各类样本均值间的距离
CLUSTER=变量名	设置生成的结果数据集中，存储观测属于哪一类变量的名字，默认为 CLUSTER
OUT=数据集名	规定输出结果数据集的名称，其中包括原始数据集、DISTANCE 和 CLUSTER 中存储的变量
SEED=数据集名	根据经验指定初始凝聚点的数据集
MAXCLUSTERS=K	指定聚类分析过程中允许的最大分类个数，即最大凝聚点个数，默认值为 100
MEAN=数据集名	用于存储各类均值和相关统计量的一个输出数据集
RADIUS=T	设置凝聚点选择的最小距离准则。当观测点与已有的凝聚点的最小距离均大于 T 值时，该观测可考虑用作新的凝聚点
REPLACE=凝聚点替换法	设置聚类分析中凝聚点替换的方法，包括：FULL（一般替换方式，默认选项）、PART（观测和最近凝聚点距离大于凝聚点间最小距离时替换）、RANDOM（选择伪随机样本作为凝聚点）、NONE（凝聚点不替换）

选 项	意 义
LIST	列出最终的分类结果,其中包括观测的序号、观测的分类号、观测到凝聚点的距离

在使用 FASTCLUS 的过程中,还需要注意以下几点:
- FASTCLUS 过程在计算过程中不会对数据进行标准化,因而在进行 FASTCLUS 过程快速聚类分析前,往往需要用 STANDARD 过程,先将原始数据标准化。
- FASTCLUS 过程不能自动确定类别数,要根据经验确定类别数。
- 要根据经验选取凝聚点,或者 SAS 系统自动选取初始凝聚点。
- 不输出谱系图。

三、快速聚类的 SAS 实例应用

下面通过一个具体实例介绍快速聚类的 SAS 应用。

【例 19.3】 考察第 16 章的例 16.1 建立的 2001 年全国 31 个省市自治区各类小康和现代化指数的数据,包括六类指数,分别是综合指数、社会结构指数、经济发展指数、人口素质指数、生活质量指数、法制与治安指数,如表 16-3 所示。

试利用快速聚类法对 31 个省市自治区进行小康指数的分类分析,并列出各省市分成三类的具体分类结果。

本实例需要进行快速聚类分析,可调用第 16 章例 16.1 建立的 SAS 数据集 EX16_1,通过 FASTCLUS 过程实现快速聚类,其中最大凝聚点设为 3,并列出所有的分类结果(LIST)。下面为具体的程序。

```
proc fastclus data= ex19_1 maxclusters= 3 list;
    var x1- x6;
    id region;
run;
```

执行上述程序,生成的结果目录树如图 19-10 左侧所示,从中可以看到快速聚类分析的结果(Fastclus)主要包括 10 张统计表。

◆ Initial Seeds(初始凝聚点表):给出初始设置的 3 个凝聚点,如图 19-10 右侧所示。

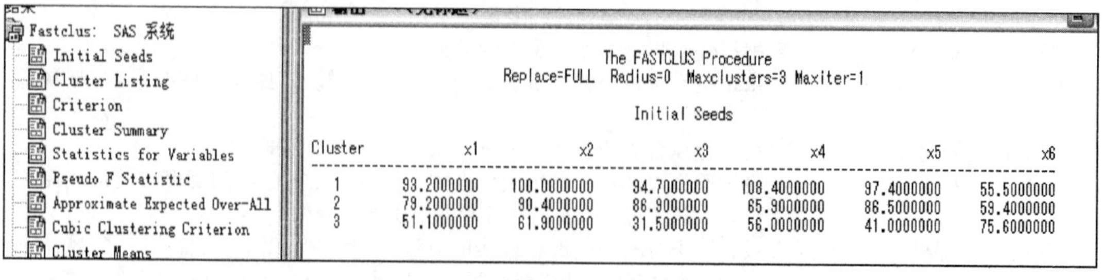

图 19-10 快速聚类的结果目录树(左侧)和初始凝聚点表(右侧)

◆ Cluster Listing(分类结果表):给出了最终的分类结果,如图19-11所示。

最后的观测样本被分为三类,其中表中第1列为观测序号,第2列为数据中标识变量:region(地区),第3列为各观测所属的类别,第4列为所属类到凝聚点的距离。

最后的三分类的结果为:
- 第一类:北京,上海,天津;
- 第二类:浙江,广东,江苏,辽宁,福建,山东,黑龙江;
- 第三类:其他省、自治区。

◆ Cluster Summary(快速聚类的汇总表):给出了快速聚类的汇总表,如图19-12所示。显示了每一类的基本信息,该表从左到右分别为类别数、频数、类内标准差、最邻近的类和类重心间的距离。

```
                              Cluster Listing
                                                 Distance
                                                     from
Obs        region        Cluster                    Seed
  1        北京             1                      7.1019
  2        上海             1                      6.3074
  3        天津             1                     11.4307
  4        浙江             2                     20.8196
  5        广东             2                     24.3875
  6        江苏             2                      8.8747
  7        辽宁             2                     18.0705
  8        福建             2                     12.5325
  9        山东             2                     18.0448
 10        黑龙江           2                     20.7988
 11        吉林             3                     26.1988
 12        湖北             3                     15.4273
 13        陕西             3                     18.0235
 14        河北             3                     19.8194
 15        山西             3                     15.6676
 16        海南             3                     26.0115
 17        重庆             3                     14.4384
 18        内蒙古           3                     12.9069
 19        湖南             3                     12.8530
 20        青海             3                     10.7956
 21        四川             3                      7.2358
 22        宁夏             3                     17.1364
 23        新疆             3                     20.2716
 24        甘肃             3                      9.8437
 25        安徽             3                     14.0048
 26        云南             3                     11.1439
 27        广西             3                     14.3717
 28        江西             3                     15.6144
 29        河南             3                     19.9733
 30        贵州             3                     23.5792
 31        西藏             3                     31.6193

Criterion Based on Final Seeds =    7.1174
```

图19-11 快速聚类的分类结果表

```
                          Cluster Summary
                        Maximum Distance
           RMS Std         from Seed        Radius     Nearest    Distance Between
Cluster  Frequency Deviation  to Observation Exceeded  Cluster    Cluster Centroids
   1         3      4.2903       11.4307                  2            45.0155
   2         7      8.1280       24.3875                  1            45.0155
   3        21      7.5405       31.6193                  2            45.0502
```

图19-12 快速聚类的汇总表

◆ Statistics for Variables(快速聚类的统计参数表):给出了每个变量的相关统计参数,包括标准差、R^2等,如图19-13所示。

```
                    Statistics for Variables
Variable   Total STD   Within STD   R-Square   RSQ/(1-RSQ)
x1         11.39906     4.74533     0.838255     5.182585
x2         12.11676     6.87837     0.699230     2.324799
x3         18.57586     7.53393     0.846474     5.513555
x4         13.80564     8.62339     0.635850     1.746124
x5         16.62335     7.69909     0.799793     3.994836
x6         10.32203     8.73407     0.331748     0.496441
OVER-ALL   14.11437     7.48903     0.737237     2.805708

            Pseudo F Statistic =     39.28
```

图19-13 快速聚类的统计参数表

◆ Cluster Means(类均值表)和Cluster Standard Deviations(类标准差表):给出了各类变量的均值、标准差,如图19-14所示。

```
                              Cluster Means
Cluster        x1            x2            x3            x4            x5            x6
-------------------------------------------------------------------------------------------
   1       91.1333333    96.1666667    92.0333333   106.1333333    94.2666667    58.5666667
   2       75.4857143    82.8571429    72.4142857    77.7428571    75.8428571    67.1714286
   3       60.0190476    66.8571429    44.0333333    69.3238095    51.8142857    76.1476190

                        Cluster Standard Deviations
Cluster        x1            x2            x3            x4            x5            x6
-------------------------------------------------------------------------------------------
   1       2.83607710    3.42685473    3.05505046    7.27002980    3.82796726    3.71662930
   2       4.12287463    6.79751355   11.03576437    9.24335025    8.05250626    7.81744082
   3       5.06178023    7.15545746    6.48030349    8.55516831    7.87834283    9.33180685
```

图 19-14 类均值表和类标准差表

（阎航宇）

Chapter 20 生存分析

第一节　生存分析概述
　　一、生存分析常用术语
　　二、生存时间函数
　　三、生存分析的研究内容
　　四、生存分析的基本方法
第二节　生存分析的 SAS 过程
　　一、LIFEREG 生存回归过程
　　二、LIFEREG 过程的 SAS 实例应用
　　三、LIFETEST 生存检验过程
　　四、LIFETEST 过程的 SAS 实例应用
　　五、PHREG Cox 回归过程
　　六、PHREG 过程的 SAS 实例应用
第三节　【分析家】模块进行生存分析

在各类疾病的随访研究中,除了考虑事件的结局(如死亡或痊愈等)是否出现外,还需要考虑事件结局出现的时间长短。生存分析(survival analysis),就是将事件结局的出现与到达事件结局的时间结合起来分析的统计分析方法。

在随访研究中,由于某种原因(如失访或者研究意外终止等)未能观察到病人的明确结局(终点事件)的数据资料,称为不完全数据,又称删失数据。经典的统计方法很难处理这类不完全数据,而生存分析可以充分利用不完全数据,对生存时间的分布特征进行统计描述和统计推断,也可以通过多因素模型对影响生存时间的主要影响因素进行分析。

生存分析起源于生物医学研究,研究的结果是"生存与死亡",因此得名生存分析。生存分析方法还广泛应用于经济学、工程学和社会学等领域,又称为事件历史分析(event history analysis)、失效时间分析(failure time analysis)或可靠性分析(reliability analysis)等。

本章将重点介绍生存分析的三种主要方法及其相应SAS实现过程。其内容主要包括

- 对生存率等生存状况参数的描述性统计分析;
- 分析影响生存时间的主要因素;
- 估计生存函数;
- 建立影响生存的危险因素与生存时间的关系模型;
- 比较两组或两组以上的生存曲线。

第一节 生存分析概述

生存分析数据资料一般采用纵向随访观察所得,其特点为:(1) 同时考虑生存时间和生存结局;(2) 通常含有删失数据;(3) 生存时间的分布通常不服从正态分布。生存分析的主要内容包括描述生存过程、比较生存过程以及分析影响生存时间的因素等;生存分析的基本方法分为非参数法、参数法以及半参数法等,下面加以具体介绍。

一、生存分析常用术语

生存分析中使用的术语主要有以下这些。

◆ 生存时间(survival time):指观察到的存活时间。通常称为失效时间,而事件时间是未删失的生存时间。生存分析中必须指定生存时间,并且只可以指定一个变量作为生存时间变量。生存时间的分布通常不呈正态分布,而呈偏态分布,如指数分布、Weibull分布、对数Logistic分布等。

生存时间有如下两种类型。

- 完全数据(complete data):指从起点至事件发生时所经历的时间,即对象失效时间。
- 删失数据(censored data):由于失访、改变防治方案、研究时间结束时事件尚未发生等情况,使得部分对象不能随访到底,称之为删失。从起点至删失所经历的时间,也称删失数据或删失值。如1 400天,记为1 400+天(实际处理时,采用负数表示),提供了其生存期长于观察期的信息。

- 删失变量:指示删失数据的变量。这些值指示生存时间是否删失,删失变量的值应为数值型的非缺失值。
- 层变量:指定其值确定层水平的变量。如果不指定数值变量的端点,则由层变量的唯一值水平的组合确定层。允许缺失值构成有效层水平。
- 检验协变量:指定用来检验与失效时间相关的数值(连续)变量。
- ID 变量:ID 变量的值可用作乘积限(Kaplan-Meier)生存估计观测的标签。
- 分析分组依据变量:指定对表排序依据的一个或多个变量,以便对每个组执行分析。
- 生存概率:表示在某单位时段开始时存活的个体到该时段结束时仍存活的可能性大小,记为 p。

二、生存时间函数

描述生存时间分布规律的函数统称为生存时间函数,常用的有:生存函数(survival rate)、死亡函数、死亡密度函数、风险函数(hazard function)等,如表 20-1 所示。

表 20-1 常用生存时间函数

名称	定义	公式	说明
生存函数 $S(t)$ (生存率或累积生存率)	观察对象生存时间 T 大于某时刻 t 的概率	$S(t)=\text{Prob}\{T>t\}$ 当 $t=0$ 时为 1; 当观察期 t 为 ∞ 时为 0。 估计:$S(t)\approx\dfrac{\text{生存时间大于}\,t\,\text{的观察对象人数}}{\text{观察对象总数}}$	随时间下降的函数,表示到 t 时刻的累积生存率
死亡函数 $F(t)$ (死亡概率或死亡概率函数)	观察对象从开始到时刻 t 为止的死亡概率	$F(t)=\text{Prob}\{T\leq t\}$ $F(t)=1-S(t)$ 当 $t=0$ 时为 0; 当观察期为 ∞ 时为 1。	随时间上升的函数,表示到 t 时刻的累积死亡率
死亡密度函数 $f(t)$ (简称密度函数)	观察对象在 t 时刻的瞬时死亡率	$f(t)=F'(t)=\lim\limits_{\Delta t\to 0}\dfrac{\text{Prob}\{t\leq T\leq t+\Delta t\}}{\Delta t}$ 估计:$f(t)\approx\dfrac{\text{时刻}\,t\,\text{开始的区间内死亡人数}}{\text{观察总数}\times\text{区间长度}}$	是死亡概率函数的导数
风险函数 $h(t)$ (危险函数)	已存活到时刻 t 的观察对象在时刻 t 的瞬时死亡率	$h(t)=\dfrac{f(t)}{S(t)}=\lim\limits_{\Delta t\to 0}\dfrac{\text{Prob}\{t\leq T\leq t+\Delta t\mid T\geq t\}}{\Delta t}$ $h(t)=\lim\limits_{\Delta t\to 0}\dfrac{P\{t\,\text{时刻存活的病人在}\,[t,t+\Delta t]\,\text{内死亡}\}}{\Delta t}$ 估计:$h(t)=\dfrac{f(t)}{S(t)}=\dfrac{[t,t+\Delta t]\,\text{内死亡人数}}{t\,\text{时刻存活人数}\times[t,t+\Delta t]\,\text{所含的单位时间数}}$	是条件瞬时死亡率。随时间变化呈现递增、递减或其他的波动

除了上述生存时间函数外,生存时间的均值、中位数、半数生存期等也是反映生存时间平均水平常用的统计指标,其中半数生存期是指寿命的中位数,表示有且只有50%的观察对象所生存的时间。由于生存资料多呈正偏态分布,因此更适宜选用百分位数,包括中位数等指标。

三、生存分析的研究内容

生存分析研究内容主要包括以下三个方面。

1. 描述生存过程,即研究生存时间的分布规律

根据样本生存资料,研究生存时间的分布特点,估计生存率及平均存活时间,绘制生存曲线等。根据生存时间的长短,可以估计出各时点的生存率,并根据生存率来估计中位生存时间。同时,也可以根据生存曲线分析其生存特点,对频数表资料采用寿命表法进行分析,也常采用 Kaplan-Meier 法(也叫乘积极限法)进行描述分析。计算生存率需要考虑生存时间的顺序,属于非参数统计方法。

2. 比较生存过程,即研究两组或多组生存时间的分布规律,并进行比较

可通过生存率及其标准误对各样本的生存率进行比较,以探讨各总体的生存过程是否有差别。例如比较不同基因蛋白表达对乳腺癌生存率的影响,以发现影响乳腺癌生存的重要生物标志物。一般常采用 Log-rank 检验或 Breslow 检验,其原假设是假定两组或多组总体生存时间分布相同,而不对具体的分布形式做具体要求,也属于非参数统计方法。

3. 分析影响生存时间的因素,建立数学模型

其重点是通过生存分析模型来探讨影响生存时间的因素,通常以生存时间和结局为因变量,而将影响它们的因素作为自变量,如年龄、性别、病理类型、淋巴结是否转移、治疗方案、基因是否表达等。通过拟合生存分析模型,筛选出影响生存时间的保护因素和风险因素,为临床治疗提供重要的参考。

四、生存分析的基本方法

生存分析的主要内容包括描述生存过程、比较生存过程以及分析影响生存时间的因素等。统计描述是生存分析最基本的部分,包括求生存时间的分位数、中位生存期、平均值;生存函数、死亡函数、风险函数等的估计;判断生存时间的图示法等,但不对所分析的数据做出任何统计推断结论。

根据不同的数据资料分布形式,生存分析研究的基本方法分为非参数法、半参数法和参数法,如表 20-2 和表 20-3 所示,各类方法又包含多种具体的分析方法。非参数法中常用的方法包括乘积极限法和寿命表法等;参数法中常用方法有指数分布法、威布尔分布(Weibull distribution)法、对数正态回归分析法以及对数 Logistic 回归分析法等。半参数法主要用于分析影响生存时间和生存率的因素,属多因素分析法,Cox 模型分析法是典型的半参数方法。

表 20-2　生存分析研究的基本方法

方　法	内　容	常用方法	对应 SAS 过程
非参数法	检验分组变量各水平所对应的生存曲线是否一致,检验危险因素对生存时间的影响。	乘积极限法(PL 法)、寿命表法(LT 法)	LIFETEST 过程
参数法	已知生存时间服从特定的参数模型时,拟合相应的参数模型,建立生存时间与危险因素之间依存关系的模型,分析危险因素对生存时间的影响。	指数分布法、威布尔分布、对数正态回归法、对数 Logistic 回归法	LIFEREG 过程
半参数法	在特定的假设之下,建立生存时间随多个风险因素变化的回归方程,通过模型来分析生存时间的分布规律,以及危险因素对生存时间的影响。	Cox 比例风险回归法	PHREG 过程

表 20-3　参数分布及其函数计算

分　布	死亡密度 $f(t)$	风险函数 $h(t)$	$H(t)$	生存函数 $S(t)$
指数分布	$\lambda \mathrm{Exp}(-\lambda t)$	λ	λt	$\mathrm{Exp}(-\lambda t)$
Weibull 分布	$\lambda p t^{b-1}$	$\lambda p t^{b-1}$	λt^p	$\mathrm{Exp}(-\lambda tp)$
Gompertz 分布	$a e^{bt} \mathrm{Exp}(-a/b(e^{-bt}-1))$	$a e^{bt}$	$a/b(e^{-bt}-1)$	$\mathrm{Exp}(-a/b(e^{-bt}-1))$
对数 Logistic 分布	$abt^{b-1}/(1+at^b)^2$	$abt^{b-1}/(1+at^b)$	$\ln(1+at^b)$	$1/(1+at^b)$

第二节　生存分析的 SAS 过程

在 SAS 系统中,与生存分析相关的过程包括 LIFEREG 回归过程、LIFETEST 检验过程和 PHREG 回归过程,分别对应于参数法、非参数法和半参数法对生存分析的求解。在本节中将具体介绍这三个过程的 SAS 实现方式,并通过具体实例展示其应用。

一、LIFEREG 生存回归过程

(一) LIFEREG 过程简介

LIFEREG 过程又称生存回归过程,它是用有关生存时间的参数模型拟合可能有删失值的生存数据。所建立的模型为线性模型,模型的分布类型可以是指数、威布尔、GAMMA、正态、Logistic、对数正态或者对数 Logistic 分布。

LIFEREG 过程所拟合的参数模型形式为

$$Y = X\beta + \sigma\varepsilon$$

其中 Y 为因变量值组成的向量,通常是生存时间的对数,X 为协变量或自变量组成的矩阵(常含一个截距项),β 为需估计的回归参数向量,σ 为尺度参数(scale parameter),ε 为来自已知分布的误差向量。

虽然可以通过设置"NOLOG"选项对未经转换的原始变量拟合模型,但应用经对数转换的数据拟合模型的情况更为普遍。通常"NOLOG"选项仍较少被使用,除非你需要拟合的模型是适用于原始失效时间的分布形态,例如极值分布而并非威布尔分布。

通常情况下,参数的标准误是通过对大样本数据的正态近似来计算的,然而对于小样本数据,这种近似计算的效果不佳。有时可通过数据转换以得到更为精确的参数标准误及置信区间。在 LIFEREG 过程的输出数据集中,包括了各种参数的估计值及其协方差矩阵,可用来对参数进行统计检验或构建参数的置信区间。此外,对参数的统计检验还通过对数似然比(log-likelihood ratio)法来进行,且对于小样本数据,似然比检验方法更可靠。

(二) LIFEREG 过程使用的语句

LIFEREG 语句基本的语法格式为:

SAS 程序格式	意 义
PROC LIFEREG [选项];	对"DATA="指定或最新生存数据集进行生存回归分析
CLASS 变量表;	指定生存分析中的分类变量,必须排在 MODEL 语句之前
[标签]MODEL 因变量[* 删失变量] = 自变量(效应)表[/选项];	定义所要拟合的生存回归模型(因变量、自变量及相互作用方式),必需语句
BY 变量;	指定进行生存回归分析的分组变量,需为已排序的变量
PROBPLOT [/选项];	对生存数据绘制概率图(即 P-P 图)
INSET [关键词列表] [/选项];	绘制概率图时,指定插入概率图中列表框内的项目及外观
OUTPUT [OUT= 数据集] 关键字= 名字 /[选项];	新建 OUT= 指定的输出数据集,用于存储拟合模型的有关统计量等分析结果
WEIGHT 变量;	指定作为观测权重的变量
RUN;	向 SAS 系统提交过程步中的语句

在上述语句中,PROC LIFEREG 语句和 MODEL 语句为必需语句。

PROC LIFEREG 语句用于指定分析的 SAS 过程为生存回归 LIFEREG 过程,其后的选项说明如表 20 - 4 所示。

表 20 - 4　PROC LIFEREG 语句的选项说明

选 项	意 义
DATA=数据集名	指定要进行分析的输入数据集
OUTTEST=数据集名	建立一个输出数据集,其中含有参数估计及最大对数似然值。如果语句中使用了 COVOUT 在数据集中增加估计协方差矩阵
COVOUT	要求将协方差矩阵输出到"OUTTEST="所指定的数据集中
NOPRINT	不打印输出结果
PLOTS=选项	控制生存分析图形的绘制,其中 NONE 将不输出任意图形;PROBPLOT 选项值将根据 MODEL 语句设置的变量生成概率图
XDATA=输入数据集名	指定用以绘制概率图的输入数据集,其中包含所有在 MODEL 语句中指定的自变量和分类变量的观测值
WEST=数据集名	指定一个包含全部有关参数初始估计值的数据集

MODEL 语句为必需语句,用于对生存时间的因变量和删失指示变量和自变量做出定义。可以写成如下三种格式:

(1) [标签]MODEL 因变量[*删失变量]=自变量(效应)表[/选项];

该格式适用于包含右删失值的数据。如果因变量(response)可能有右删失值,必须指定另一个删失变量(censor)置于因变量后,用以表示因变量是否为删失值,它和因变量间须以星号"*"相连接,紧跟其后的圆括号中还必须指定一个以逗号或空格相隔的变量值列表,用以标识删失值。如果删失变量的取值为括号中所列值之一,则相应的因变量值即为右删失值,否则相应的因变量值为完全值。

(2) [标签]MODEL(上限变量,下限变量)=自变量(效应)表[/选项];

该格式指定圆括号中的两个变量表示删失区间的两个端点。如果两个变量值相等且不缺失,表示因变量值为完全测量值且等于该值;如果下限值缺失,则上限值被当作左删失值;如果上限值缺失,则下限值被当作右删失值;如果上下限值都存在且上限值大于下限值,则因变量值被认为是上下限值之间的区间删失值;如果上限值小于下限值或上下限值均缺失,则该条观测将被剔除出分析过程。

(3) [标签]MODEL 事件数/试验总数=自变量(效应)表;

该格式适用于两个因变量为二分类定性资料情形。分子变量"事件数"表示某事件发生(成功)的次数,为非负数;分母变量"试验总数"表示所进行试验的总次数,为正数。两个变量的值无须为整数,等号后面的效应是模型中的变异。

上述格式中,标签的作用是对输出数据集中有关模型参数估计值的部分进行标识。

LIFEREG 过程的 MODEL 语句中斜线(/)后可用的选项说明如表 20-5 所示。

表 20-5 LIFEREG 过程的 MODEL 语句的选项说明

选 项	意 义
DISTRIBUTION|D=分布类型	生存数据拟合的模型分布的选择:WEIBULL(威布尔分布,默认)、EXPONENTIAL(指数分布)、GAMMA(GAMMA 分布)、LOGISTIC(Logistic 分布)、LLOGISTIC(对数 Logistic 分布)、LNORMAL(对数正态分布)
ALPHA=P	为回归参数估计值以及生存概率等的置信区间设置置信水平,所设置的值必须在 0~1,默认值为 0.05
CORRB	计算估计的模型参数的相关系数矩阵
COVB	计算估计的模型系数的协方差矩阵
CONVERGE=标准	指定收敛的标准。默认的收敛标准为 10^{-8}
INTERCEPT=数值	设置模型截距项的初始估计值,默认时其初始值通过最小二乘拟合获得
ITPRINT	规定显示模型参数估计时的迭代过程
MAXITER=m	设置模型参数估计的最大迭代次数,默认情况下为 50
SINGULAR=p	指定矩阵奇异性判断标准。默认值为 10^{-12}
NOLOG	要求不对因变量进行对数变换,默认情况下,LIFEREG 过程拟合 GAMMA 分布、对数 Logistic 分布、对数正态分布以及威布尔分布模型时均进行针对因变量的对数变换过程
NOINT	使截距项固定。由于通常情况下发生的对数变换过程,截距项对于原始因变量属于尺度参数,对于对数转换后的因变量则属于位置参数
INITIAL	设置回归参数的初始值,以提供迭代运算效率
SCALE=数值	设置尺度参数的初始值
NOSCALE	使尺度参数固定。如果未设置"SCALE="选项,尺度参数固定为 1

选项 NOLOG 要求不对因变量进行对数变换,默认情况下,LIFEREG 过程拟合 GAMMA 分布、对数 Logistic 分布、对数正态分布以及威布尔分布模型时均需对因变量进行对数变换过程。而不同分布类型是否用"NOLOG"选项会导致的不同结果,如表 20-6 所示。

表 20-6 分布类型与是否选"nolog"选项所导致的不同结果

Distribution=分布类型	拟合的分布类型	设置 NOLOG 时拟合的分布类型
Exponential	指数分布	单参数极值分布
Gamma	广义伽马分布	未转换因变量的伽马分布
Logistic	Logistic 分布	(NOLOG 选项此处无效)
Logistic	对数 Logistic 分布	Logistic 分布
Lnormal	对数正态分布	正态分布
Normal	正态分布	(NOLOG 选项此处无效)
Weibull(默认)	威布尔分布	极值分布

CLASS 语句用于定义生存分析的分类变量。如果变量中存在分类变量(不是数值型变量)必须用 CLASS 语句列出,而且必须在 MODEL 语句前出现。对于列在 CLASS 语句中的每一个解释变量,将对每个水平产生一指示变量。

OUTPUT 语句要求将拟合模型的统计量输出到一个新的 SAS 数据集中,语句中至少要有一个关键字=名称被指定。OUTPUT 语句可以有多个,每个与它前面的 MODEL 语句相对应。在 OUTPUT 语句中,除了关键字指定的统计量进入输出数据集外,输入数据集中的所有其他变量都将加到输出数据集中去。

OUTPUT 语句后可用的选项说明如表 20-7 所示。

表 20-7 LIFEREG 过程的 OUTPUT 语句的选项说明

选项	意义
OUT=数据集名	命名一个输出数据集,否则将自动按 DATAn 的惯例命名。
Q	指定计算分位数值列表,列出值须在(0,1),默认为 Q=0.5,即中位数。
P	指定分位数估计值变量名。
STD	指定表示分位数估计的标准误估计的变量名,这些估计值用来计算分位数置信区间。
CENSORED	指定一个变量,指示观测是否为删失值,其变量值 1 为删失值,否则为 0。

二、LIFEREG 过程的 SAS 实例应用

下面我们结合实例介绍生存分析资料回归建模的 SAS 应用。

【例 20.1】(利用 LIFEREG 过程进行生存分析) 表 20-8 为追访的 15 位糖尿病患者的基本情况,其中包括诊断出糖尿病时的年龄、吸烟情况、体重指数和存活月数几个变量。其中吸烟情况中 0 代表不吸烟,1 代表吸烟,存活月数中"+"代表数据有删失。试以存活月数为因变量,其他变量为效应变量,利用 LIFEREG 过程建立生存分析的模型。

表 20-8　糖尿病患者的基本情况调查表

编　号	诊断出糖尿病时的年龄	吸烟情况	体重指数	存活月数
1	45	0	29.4	239
2	50	0	33.2	150
3	47	1	23.7	360
4	34	1	21.5	400+
5	56	0	28	375
6	65	1	25.3	280
7	48	0	22.5	100+
8	56	0	23.4	277
9	66	1	27.9	126
10	75	0	20.4	10+
11	67	1	24.3	170
12	46	1	19.8	500
13	65	0	20.4	300
14	45	1	22.2	360
15	85	0	34	36

编制如下 SAS 程序,首先创建一个数据集 EX20_1,其中包括变量 id(编号)、age(年龄)、smoke(吸烟情况)、weight(体重指数)、month(存活月数);然后,通过 LIFEREG 过程进行生存分析,建立回归模型的方程。

```
data ex20_1;
 input id age smoke weight month;
    index= (month<0);
    month= abs(month);
cards;
    1  45  0  29.4   239
    2  50  0  33.2   150
    3  47  1  23.7   360
    4  34  1  21.5  - 400
    5  56  0  28.0   375
    6  65  1  25.3   280
    7  48  0  22.5  - 100
    8  56  0  23.4   277
    9  66  1  27.9   126
   10  75  0  20.4  - 10
   11  67  1  24.3   170
   12  46  1  19.8   500
   13  65  0  20.4   300
```

```
            14  45  1  22.2  360
            15  85  0  34.0   36
         ;
     run;
     proc lifereg data= ex20_1;
         class smoke;
         model month * index(1)= age smoke weight;
     run;
```

程序 DATA 步中,index=(month<0)语句是建立删失标志 index,当 month<0 时为 1,否则为 0。month=abs(month)语句保证所有因变量皆为正值。

MODEL 语句给出了回归模型:等号左端 month * index(1)表明 month 为因变量,代表生存时间,而 index 为删失变量,括号内给出删失指示值,index 为 1 时,month 为右删失值,否则为完全值。等号右边为自变量。MODEL 语句默认用/D=WEIBULL 分布。

执行上述程序,生成的结果如图 20-1、图 20-2 所示,有如下三个主要结果表。

```
              The LIFEREG Procedure
                 Model Information

Data Set                           WORK.EX20_1
Dependent Variable                  Log(month)
Censoring Variable                       index
Censoring Value(s)                           1
Number of Observations                      15
Noncensored Values                          12
Right Censored Values                        3
Left Censored Values                         0
Interval Censored Values                     0
Number of Parameters                         5
Name of Distribution                   Weibull
Log Likelihood                    -2.996377435

Number of Observations Read         15
Number of Observations Used         15
```

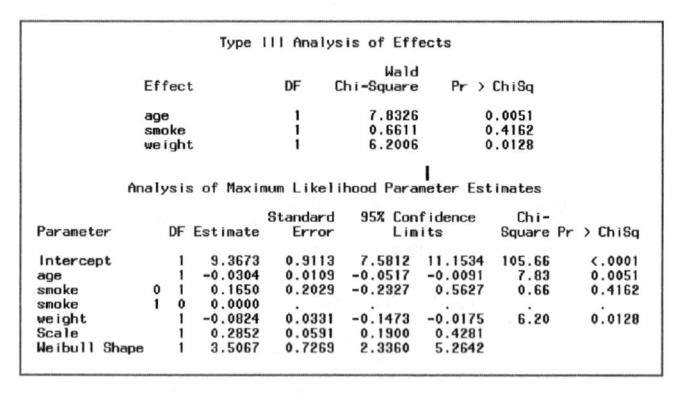

图 20-1 LIFEREG 的模型信息表

```
            Type III Analysis of Effects

                          Wald
 Effect       DF    Chi-Square    Pr > ChiSq
  age          1        7.8326        0.0051
  smoke        1        0.6611        0.4162
  weight       1        6.2006        0.0128

    Analysis of Maximum Likelihood Parameter Estimates

                          Standard   95% Confidence     Chi-
Parameter     DF Estimate   Error        Limits       Square Pr > ChiSq
Intercept      1   9.3673  0.9113   7.5812  11.1534  105.66   <.0001
age            1  -0.0304  0.0109  -0.0517  -0.0091    7.83    0.0051
smoke     0    1   0.1650  0.2029  -0.2327   0.5627    0.66    0.4162
smoke     1    0   0.0000
weight         1  -0.0824  0.0331  -0.1473  -0.0175    6.20    0.0128
Scale          1   0.2852  0.0591   0.1900   0.4281
Weibull Shape  1   3.5067  0.7269   2.3360   5.2642
```

图 20-2 LIFEREG 的模型检验和参数估计表

◆ Model Information 表:图 20-1 给出了拟合的时间函数模型的基本信息,包括模型使用的数据集、模型的因变量、删失变量(Censoring Variable):index、删失值(Censoring Value(s))、观测数、非删失值(Noncensored Value(s))、右删失值(Right Censored Values)、左删失值(Left Censored Values)、区间删失值(Interval Censored Values)、分布名称(Name of Distribution):威布尔分布、对数似然估计(Log Likelihood):-2.996 37,此数越接近 0,模型拟合效果越好。

◆ Type III Analysis of Effects 表:图 20-2 首先给出了该模型自变量效应的分析表。表中包括 4 列参数,分别为模型效应名、自由度、卡方值(Wald Chi-Square)和概率 P 值(Pr>ChiSq)。表中结果表明,对模型的 3 个效应变量,age(Wald χ^2=7.832 6,P 值=0.005 1<0.05)和 weight (Wald χ^2=6.200 6,P 值=0.012 8<0.05)是对 month(存活月数)有显著影响的两个显著效应变量;而 smoke(Wald χ^2=0.661 1,P 值=0.416 2>0.05)是不显著的效应变量。

◆ Analysis of Parameter Estimates 表:图 20-2 还给出了回归模型参数的估计值表,包括模型各参数的估计值(Estimate)、标准误(Standard Error)、95% 置信区间(95% Confidence Limit)、卡方值(Chi-Square)和概率 P 值(Pr>ChiSq)。由回归模型参数估计值

(Estimate)即可得到生存分析的回归模型方程为：

month(存活月数)＝9.367 3－0.030 4 * age＋0.165 0 * smoke(0) －0.082 4 * weight

在回归方程的 3 个自变量效应 age、smoke 和 weight 中，age(P 值＝0.005 1＜0.05)和 weight(P 值＝0.012 8＜0.05)其概率 P 值均＜0.05，其回归参数估计是显著的；而 smoke 的概率 P 值＝0.416 2＞0.05，其回归参数估计不显著。

三、LIFETEST 生存检验过程

（一）LIFETEST 过程简介

LIFETEST 又称生存检验过程，专门用来对可能有右删失值的数据进行生存分布的非参数估计，并且计算因变量与其他变量(称为协变量)相关联的秩次检验。生存估计是分层计算的，而秩次检验则被合并，此外还给出检验各层之间的一致性的统计量。

通常，分析这种数据的第一步是估计生存时间的分布。首先要用到生存分布函数(SDF)又称为生存函数，用来描述感兴趣总体的寿命，SDF 的值是在 t 时刻计算出的 SDF 值，表示从总体中随机选择一个实验体的寿命超过 t 的概率。也即 $S(t)=\text{Prob}\{T>t\}$，此处 $S(t)$ 为生存分布函数，T 是总体中随机抽取的实验个体的寿命。计算生存分布函数的方法有乘积极限法和寿命表法，可供选择。乘积极限法基于实际生存时间，而寿命表法将生存时间分组为区间，默认的方法是乘积极限法。

LIFETEST 过程可以通过乘积极限法和寿命表法估计生存率等；可以使用两种秩检验方法(对数秩检验(Log-rank test)、Wilcoxon 检验)和一种似然比检验方法来比较检验两组或两组以上的生存函数。

除了生存分布函数(SDF)之外，还有如下一些函数常被使用：累积分布函数 CDF $F(t)$、概率密度函数 PDF $f(t)$、风险函数 HAZARD，$h(t)$(定义为 $f(t)/S(t)$)。

在生存数据分析中，一项重要的任务是比较生存曲线。各种生存函数曲线均可有选择地显示，而且可以产生输出数据集，以便进一步分析。

（二）LIFETEST 过程使用的语句

LIFETEST 检验过程语句的基本语法格式为：

SAS 程序格式	意 义
PROC LIFETEST [选项];	对"DATA="指定或最新数据集进行生存检验分析，必需语句
TIME 因变量* 删失变量表;	定义生存时间和删失指示变量，必需语句
BY 变量;	指定进行分析的分组变量，需为已排序的变量
TEST 变量;	定义生存分析过程中需检验的变量
STRATA 变量;	定义生存分析过程中生存率比较的分层变量
SURVIVAL 选项;	用于建立包含生存函数估计值的输出数据集
ID 变量;	指定作为观测标识的标记变量
FREQ 变量;	指定作为观测频数的变量
RUN;	向 SAS 系统提交过程步中的语句

LIFETEST 最简单的应用是对生存数据的一组样本进行生存函数的估计,在这种情况下,除了 PROC LIFETEST 语句之外,只有 TIME 语句是必需的,而且各语句之间无顺序关系。TIME 语句只限用一次。

PROC LIFETEST 语句用于指定分析的过程为 LIFETEST 生存检验分析过程,其主要选项说明如表20－9所示。

表20－9　PROC LIFETEST 语句的主要选项说明

选　项	意　义
DATA=数据集	指定生存分析的数据集
METHOD=方法名	指定计算生存函数参数估计的方法,可设置的方法:PL(乘积极限法或 Kaplan-MEIER 法,默认)、ACT(或 LIFE 或 IT,寿命表法)
NINTERVAL=数值	指定用以计算寿命表的区间个数。当同时存在"WIDTH=参数值"和"INTERVALS=参数值"选项时,NINTERVAL 选项设置的参数将被掩盖。默认情况下区间个数为10
WIDTH=数值	在使用寿命表法计算生存函数参数估计值时,指定寿命表的区间宽度。此选项功能可被"INTERVALS=数值"选项覆盖
INTERVALS=数值	指定寿命表计算的区间端点,区间端点须为非负数
ALPHA=P	设置生存函数参数估计置信区间的显著性水平,默认为 ALPHA=0.05
ALPHAQT=P	指定生存时间四分位数间距的置信水平,默认为 ALPHAQT=0.05
PLOTS=(绘图类型)	为生存分析绘制相关的图形。可以绘制的图形包括 S(T~SDF 的分布图)、LS(T~－LOGS(SDF)的图形)、LLS(LOG(T)~LOG(－LOG(SDF))的图形)、H(T~H(T)的风险函数图),参见表20－10
GRAPHICS	要求以 Graph(高清图形)模块输出所绘制的图形
MISSING	规定当数据中存在缺失数据时仍然为有效观测
OUTSURV=数据集名	指定一个输出数据集,用以保存各层生存函数估计值及其置信区间等
OUTTEST=数据集名	指定一个输出数据集,用以保存 TEST 变量与生存时间关联性的总 χ^2 检验统计量、TEST 变量的单变量秩检验统计量以及协方差矩阵
CENSOREDSYMBOL=标记符号	为删失值指定标记符号(如"STAR",代表星号"*")或标记字符串(须以单引号括起),默认设置为"CIRCLE",代表"圆圈"标记符号

表20－10　选项 PLOTS=的绘图类型关键字及相应的绘图类型

绘图类型关键字	绘图类型
CENSORED|C	绘制各层有关删失值情况的生存曲线图形
SURVIVAL|S	以生存分布函数估计值关于时间的生存曲线绘图
LOGSURV|LS	以生存分布函数估计值的对数关于时间的生存曲线绘图
LOGLOGS|LLS	以 LOG(－LOG(SDF))关于时间的对数 LOG(time)绘图
HAZARD|H	以风险函数估计值关于时间绘图
PDF|P	以概率密度函数估计值关于时间绘图

TIME 语句为调用 LIFETEST 过程所必需,用以定义生存时间和删失指示变量,其中生存时间变量名称必须指定,随后的"*删失变量(表)"项可选用,用来表示数据的删失值情况,即用来说明各观测上生存时间变量值是否为删失值,此处的删失值均表示右侧删失值。当生存分析的数据中存在失效或删失数据时需要定义删失数据的类型,默认情况下失效事件用0来表示,删失事件用1来表示。

例如 time t*flag(1,2);表示变量"t"为生存时间变量,"flag"为表示删失值状况的变量,如果 flag 取值为 1 或 2,则同一观测上变量"t"的值为(右侧)删失值。

TEST 语句定义生存分析过程中需检验的变量,即分析生存时间与该变量是否有关。对于 TEST 变量,LIFETEST 过程将通过两类秩检验统计量来检验它们与生存时间的关联性,给出每一个 TEST 变量的单变量检验的统计量和有关协变量联合效应的统计量列表。

ID 语句用以指定作为观测标识的标记变量。在输出结果或输出数据集中,标记变量的值将被用作每一条观测乘积极限生存函数估计值的标识。在使用 ID 变量作为观测标识之前,可用 FORMAT 语句先对标记变量的取值进行格式化。

SURVIVAL 语句用以建立包含生存函数估计值的输出数据集。该语句具有多种"OUTSURV="选项所不具有的控制功能,如将置信带(CONFIDENCE BANDS)输出、计算逐点置信区间和置信带时指定生存时间的变换方式等。

SURVIVAL 可设置的选项说明如表 20-11 所示。

表 20-11 LIFETEST 过程的 SURVIVAL 语句的选项说明

选 项	意 义
OUT=数据集名	为输出数据集指定名称
CONFTYPE=变量变换方式	在计算逐点置信区间和置信带时,指定生存函数的变量变换方式,此选项须设置为特定的关键字,分别代表特定的变量变化方法
CONFBAND=置信带类型	指定要输出的置信带类型,置信带仅在采用乘积极限法时产生。此选项可设置为:"ALL"、"EP"、"HW"三个关键字中的一个
BANDMAX=时间	指定置信带的最大时间,默认值为最大的非删失值。当指定的值超过最大非删失值,则最大非删失值将被作为该选项的设置值
BANDMIN=时间	指定置信带的最小时间,默认值为最小的非删失值
STDERR	在输出数据集中输出生存函数的标准误(变量名为 SDF STDERR)

四、LIFETEST 过程的 SAS 实例应用

【例 20.2】(LIFETEST 进行生存分析) 对 A 和 B 两组患者的病程情况进行调查,他们分别接受了两种不同的治疗方法,表 20-12 为调查所得的 A、B 两组患者各自的患病天数的数据,试通过 LIFETEST 过程分析两组患者的患病天数是否有显著差异?其中"+"为删失数据。

表 20-12 A 和 B 两组患者的病程情况(患病天数)

组 别	患病天数									
A	133	108	34+	57	87	99	109	178	123	76
B	45	67	99	102	199+	201	95+	73	139	120

本实例需要利用 LIFETEST 过程进行生存分析,首先利用表 20-12 中的数据,创建一个 SAS 数据集,包括两个变量 group 和 day,分别为患者的组别和患病天数。然后通过 LIFETEST 进行生存分析。其具体程序如下。

```
data ex20_2;
  do group= 1 to 2;
    do i= 1 to 10;
      input   day @@;
      index= (day<0);
      day= abs(day);
      output;
    end;
  end;
drop i;
cards;
133  108  -34  57  87  99  109  178  123  76
45  67  99  102  -199  201  -95  73  139  120
;
run;
proc lifetest data= ex20_2 method= pl graphics plots= (s,lls);
  time  day * index(1);
  strata  group;
run;
```

程序 DATA 步中,index=(day<0)语句是建立删失标志 index,当 day<0 时为1,表明是删失值,否则为0,数据中带有负号者为删失值。由于在分析时仍需用正的日数进行分析,故再对日数取绝对值,用 days=ABS(days)语句,保证因变量 day 皆为正值。

用 PROC LIFETEST 进行生存分析,语句中 METHOD=PL 要求使用乘积极限法来计算生存函数估计值;GRAPHICS 要求画高清的生存曲线图;选项 PLOTS=(S,LLS)为绘制两种生存曲线图,其中 S 表示生存分布函数($T\sim SDF$)图,LLS 分别表示对数-对数生存曲线($LOG(T)\sim LOG(-LOG(SDF))$)图。STRATA 语句表示对 group 进行分层生存分析。

执行上述程序生成的结果包括对两组数据的描述性统计分析和对两组数据资料的比较检验等。生成的结果如图 20-3、图 20-4 所示,包括如下输出结果表:

对变量 group 的不同组别分别给出乘积极限法生存估计寿命表,如图 20-3 所示。

◆ Product-Limit Survival Estimates 表,如图 20-3 所示,给出了乘积极限法的生存函数估计—寿命表,包括各生存时间区间的 Survival(存活率)、Failure(死亡率)、Survival Standard Error(存活率的标准误)、Number Failed(死亡数)、Number Left(存活数)等。还给出了因变量生存时间 day 的四分位数估计(Quartile Estimates)的点估计和置信区间估计值、均值、标准差。

◆ Summary of the Number of Censored and Uncensored Values 表:给出了两组变量中观测数据的删失(Censored)与非删失数据的统计情况,如图 20-4 所示。

```
                    The LIFETEST Procedure                                          The LIFETEST Procedure
                      Stratum 1: group = 1                                            Stratum 2: group = 2
                  Product-Limit Survival Estimates                                Product-Limit Survival Estimates

                             Survival                                                        Survival
                             Standard   Number  Number                                       Standard   Number  Number
      day    Survival Failure  Error    Failed   Left                day    Survival Failure  Error    Failed   Left
      0.000   1.0000    0        0        0       10                0.000   1.0000    0        0         0       10
     34.000*    .       .        .        0        9               45.000   0.9000  0.1000   0.0949     1        9
     57.000   0.8889  0.1111   0.1048     1        8               67.000   0.8000  0.2000   0.1265     2        8
     76.000   0.7778  0.2222   0.1386     2        7               73.000   0.7000  0.3000   0.1449     3        7
     87.000   0.6667  0.3333   0.1571     3        6               95.000*    .       .        .        3        6
     99.000   0.5556  0.4444   0.1656     4        5               99.000   0.5833  0.4167   0.1610     4        5
    108.000   0.4444  0.5556   0.1656     5        4              102.000   0.4667  0.5333   0.1658     5        4
    108.000   0.3333  0.6667   0.1571     6        3              120.000   0.3500  0.6500   0.1602     6        3
    123.000   0.2222  0.7778   0.1386     7        2              139.000   0.2333  0.7667   0.1431     7        2
    133.000   0.1111  0.8889   0.1048     8        1              199.000*    .       .        .        7        1
    178.000     0     1.0000     .        9        0              201.000     0     1.0000     .        8        0

  NOTE: The marked survival times are censored observations.     NOTE: The marked survival times are censored observations.

         Summary Statistics for Time Variable day                        Summary Statistics for Time Variable day
                    Quartile Estimates                                              Quartile Estimates
                Point       95% Confidence Interval                              Point       95% Confidence Interval
     Percent   Estimate   Transform   [Lower    Upper)             Percent    Estimate   Transform   [Lower    Upper)
       75      123.000     LOGLOG     99.000    178.000              75       139.000     LOGLOG     99.000    201.000
       50      108.000     LOGLOG     57.000    133.000              50       102.000     LOGLOG     45.000    201.000
       25       87.000     LOGLOG     57.000    108.000              25        73.000     LOGLOG     45.000    102.000

                 Mean       Standard Error                                       Mean       Standard Error
                107.778        11.725                                           119.067       18.322
```

图 20-3　例 20.2 的乘积极限生存估计—寿命表

```
        Summary of the Number of Censored and Uncensored Values

                                                        Percent
    Stratum      group     Total   Failed   Censored   Censored

       1           1         10      9         1        10.00
       2           2         10      8         2        20.00
       -------------------------------------------------
                 Total       20     17         3        15.00
```

图 20-4　例 20.2 的两组资料的删失数据汇总

◆ Testing Homogeneity of Survival Curves 表，给出了两组资料生存曲线一致性检验的结果，如图 20-5 所示，给出了秩和检验、Log-Rank 统计量的协方差、Wilcoxon 检验和显著性检验。两组及多组生存曲线的比较一般用 Log-Rank 检验。Log-Rank 检验是以生存时间的对数为基础推导出来的，其基本思想是实际死亡数与期望死亡数之间的比较。本例的 Log-Rank 检验的 $\chi^2 = 0.6291$，显著性概率 P 值为 $P = 0.4227 > 0.05$，说明 A 和 B 两组资料的生存时间没有显著差异。

```
           The LIFETEST Procedure                       Covariance Matrix for the Wilcoxon Statistics
 Testing Homogeneity of Survival Curves for day over Strata
                                                           group         1            2
              Rank Statistics
                                                             1         570.455     -570.455
        group    Log-Rank    Wilcoxon                        2        -570.455      570.455

          1       1.5549      5.0000
          2      -1.5549     -5.0000                           Test of Equality over Strata

    Covariance Matrix for the Log-Rank Statistics                                            Pr >
                                                          Test         Chi-Square   DF    Chi-Square
        group        1            2
                                                          Log-Rank       0.6291      1      0.4277
          1        3.84341    -3.84341                    Wilcoxon       0.0438      1      0.8342
          2       -3.84341     3.84341                    -2Log(LR)      0.2544      1      0.6140
```

图 20-5　例 20.2 的两组资料的生存曲线一致性检验

图 20-6、图 20-7 给出了利用选项 PLOTS=(S, LLS)绘制的两种生存曲线图:生存分布函数(T~SDF)图和对数-对数生存曲线(LOG(T)~LOG(-LOG(SDF))图。它们从不同角度直观反映这两组数据对应的生存曲线没有显著差异的一致性特征。

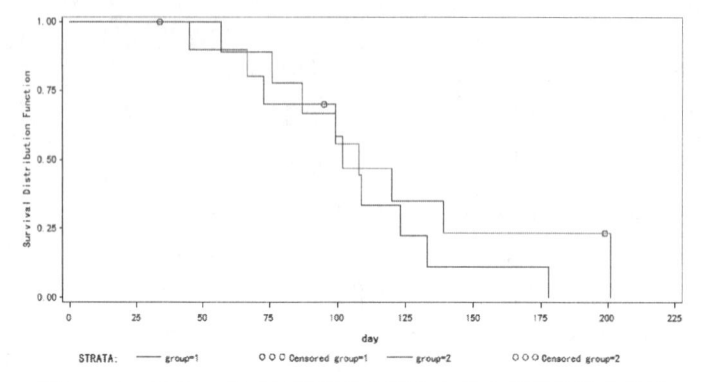

图 20-6 例 20.2 的两组资料的分层生存分布函数曲线比较图

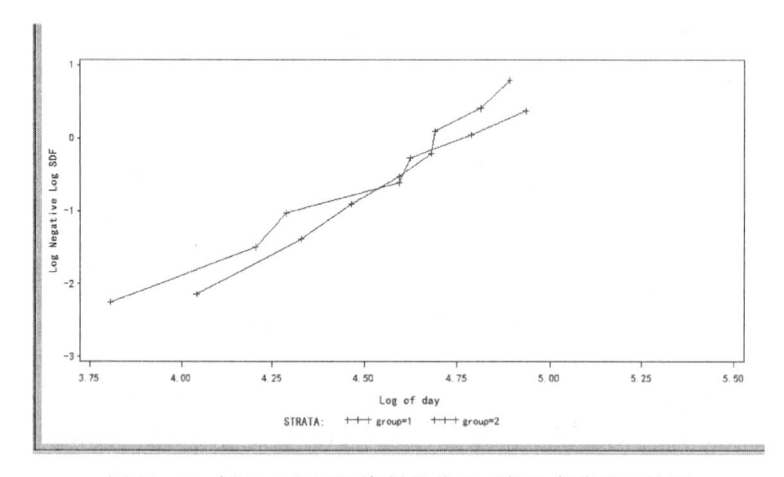

图 20-7 例 20.2 的两组资料的分层对数生存曲线比较图

五、PHREG Cox 回归过程

PHREG 过程针对生存数据执行基于 Cox 比例风险模型(Cox proportional hazards model)的回归分析。在生存数据的分析中,用以解释危险因素(自变量)按风险比例对生存时间(因变量)的效应。

(一) Cox 比例风险模型

1. Cox 模型的建立、参数估计与检验

生存分析的主要目的在于研究协变量 x 与观察结果即生存率之间的关系,当生存率 $S(t)$ 受到协变量的影响时,传统的方法是考虑回归分析,即各协变量对 $S(t)$ 的影响。但医学临床随访资料与一般的资料相比较为特殊,主要表现在生存时间的分布种类繁多且难以

确定,并存在删失数据,需要考虑多个协变量的影响等。为此,英国统计学家 Cox 于 1972 年提出了 Cox 比例风险模型(Cox's proportional hazard regression model),简称 Cox 模型。Cox 模型不直接考察生存函数 $S(t)$ 与协变量的关系,而是用风险率函数 $h(t,x)$ 作为因变量,并假定其模型为

$$h(t,x) = h_0(t)\exp(\beta'X) = h_0(t)\exp(\beta_1 X_1 + \beta_2 X_2 + \cdots + \beta_m X_m)$$

上式是具有协变量 X 的个体在时刻 t 时的风险函数,又称瞬时死亡率。公式中,t 表示生存时间,$X=(X_1,X_2,\cdots,X_m)$ 表示与生存时间可能有关的协变量或交互项;$h_0(t)$ 是所有协变量为 0 时的基础风险率,它是未知的,对基线风险不做任何限制,但 Cox 模型要求 $h(t,x)/h_0(t)$ 在任何时刻风险的比值是不变的,即满足"等比例风险(proportional hazards)"条件;$\beta=(\beta_1,\beta_2,\cdots,\beta_m)$ 为 Cox 模型的回归系数,是一组未知的参数,需要根据实际的数据来估计。

在 $h(t,x)$ 公式中,$h_0(t)$ 没有明确的定义,其分布与形状无明确的假定,这是非参数部分;$\exp(\beta'X)$ 是参数部分,其参数可以通过样本的实际观察值来估计。正因为 Cox 模型由参数和非参数两部分组成,故又称为半参数模型。公式可转换成以下形式:

$$h(t,x)/h_0(t) = \exp(\beta_1 X_1 + \beta_2 X_2 + \cdots + \beta_m X_m) = \exp(\beta'X)$$

与 Logistic 回归一样,Cox 模型中回归系数 β_j 的含义是在其他协变量不变的情况下,协变量 X_j 每改变一个测量单位时所引起的相对危险度/风险比的自然对数的改变量。

因模型未定义 $h_0(t)$,故不能用一般的方法估计回归系数。Cox 提出用各时刻出现死亡者的条件概率建立下列偏似然函数(partial likelihood function)来估计,并可借用经典的完全似然法估计和检验参数,其中 $R(t_i)$ 为生存时间大于 t_i 的所有病人组成的集合。

$$L(\beta) = \prod_{i=1}^{n} \frac{\exp(\beta_1 X_{i1} + \beta_2 X_{i2} + \cdots + \beta_m X_{im})}{\sum_{s \in R(ti)} \exp(\beta_1 X_{s1} + \beta_2 X_{s2} + \cdots + \beta_m X_{sm})}$$

并用最大似然理论对 $L(\beta)$ 进行估计,可得到 β 估计值并进行假设检验。

在实际情况中,有时医学临床随访资料为删失资料,$\delta_i = 1$ 表示病人在 t_i 时刻死亡;$\delta_i = 0$ 表示病人在 t_i 时刻删失。其偏似然函数为

$$L(\beta) = \prod_{i=1}^{n} \left[\frac{\exp(\beta_1 X_{i1} + \beta_2 X_{i2} + \cdots + \beta_m X_{im})}{\sum_{s \in R(ti)} \exp(\beta_1 X_{s1} + \beta_2 X_{s2} + \cdots + \beta_m X_{sm})} \right]^{\delta_i}$$

对上式取自然对数,得

$$\ln L(\beta) = \sum_{i=1}^{n} \{\delta_i [(\beta_1 X_{i1} + \beta_2 X_{i2} + \cdots + \beta_m X_{im}) - \ln \sum_{s \in R(ti)} \exp(\beta_1 X_{s1} + \beta_2 X_{s2} + \cdots + \beta_m X_{sm})]\}$$

对 $\ln L(\beta)$ 求关于 $\beta_j(j=1,2,\cdots,n)$ 的一价偏导数,并求其等于 0 的解,即可得到 β_j 的最大似然函数估计值 b_j,从而得到参数的估计值 $b_1,b_2,\cdots,b_m$。

类似于 Logistic 回归的情形,这里回归系数常用的检验方法也是似然比检验、得分检验和 Wald 检验:最大似然比检验(maximum likelihood ratio test)用于模型中原有不显著变量的剔除和新变量的引入,以及包括不同协变量数时模型间的比较;得分检验(score test)不仅

可用于新变量能否选入模型,还可以检验变量之间的交互作用;Wald 检验用于检验模型中的协变量是否应从模型中剔除。

Cox 回归常用近似法估计生存率。Breslow 采用概率乘法得到 t_i 时刻基准生存概率的估计式为:

$$S(t_i) = [S_0(t_i)]\exp(\beta_1 x_1 + \beta_2 x_2 + \cdots + \beta_m x_m)$$

$$S_0(t_i) = \prod_{j=1}^{i}[1 - d_j / \sum_j \exp(\beta_1 x_1 + \beta_2 x_2 + \cdots + \beta_m x_m)]$$

上式中,$\sum_j$ 表示对 j 时刻暴露人群求和,$S_0(t_i)$ 表示所有协变量均为 0 的病人在 t_i 时刻的基础生存率,d_j 为 j 时刻死亡例数。

2. Cox 最佳模型的建立

影响生存时间的因素称为协变量,当协变量较多时,在建立模型之前需要对这些协变量进行筛选。常用的方法有 χ^2 检验、Log-Rank 检验等,如果这些因素通过上述检验有统计显著意义,再进行 Cox 模型多因素分析。另外,也可以对每一个协变量进行单因素的 Cox 模型分析,将不具有统计显著性的协变量剔除,然后再做多因素 Cox 模型分析。如果研究的协变量不多,也可以直接将各协变量纳入模型进行 Cox 模型多因素分析。

为建立最佳模型,常对研究的因素进行筛选,筛选因素的方法有前进法、后退法和逐步回归法,实际工作中要根据具体情况选择使用,最常用的方法为逐步回归法。检验各因素是否有统计显著性的方法有似然比检验、Wald 检验和得分检验,在实际工作中可根据具体情况而定。

Cox 模型在分析时可以给出回归系数和标准回归系数。回归系数用来反映因素对生存时间影响的强度,标准回归系数可以比较不同因素间对生存时间的影响程度,标准回归系数较大的因素对生存时间的影响也较大。

3. Cox 模型分析的注意事项

(1) 在进行 Cox 模型分析时,样本量不宜过小,一般在 40 以上。当协变量增多时,要求样本量是协变量的 10~20 倍。尽管 Cox 模型可以分析有删失的数据,但要尽量避免观察对象的失访,因为过多的失访易造成研究结果的不可信。

(2) 注意共线性的问题。在 Cox 模型拟合时,首先要注意多元共线性,即避免相关性较大的协变量同时进入模型中,一般相关系数绝对值在 0.7 以上的变量要避免同时进入模型。判断共线性可用相关的统计方法进行诊断。

(3) Cox 模型要求病人的风险函数与基础风险函数成比例,即要求病人的死亡风险与其基础风险在所有生存时间点上都保持一个恒定的比例。如果这一假设不成立,则不能用 Cox 模型进行分析。另外,当两组病人的生存曲线呈明显交叉时,说明存在影响病人生存的混杂因素,此时需要采用其他统计方法,剔除混杂因素的影响后,再进行 Cox 模型分析。

(4) Cox 模型分析有两种分析思路:一是尽量将所有影响生存时间的因素都筛选出来,得到一个综合性包括许多有意义的协变量的最佳模型。二是只在模型中设定一个主要研究因素,其他因素作为调整因素来考虑;调整了混杂后,该研究因素还能与因变量有显著关联,说明该因素是影响生存时间的一个重要的独立因素。

4. COX 模型的有效性检验

Cox 模型中,假设风险比值 $h(t,x)/h_0(t)$ 不随时间变化。如果风险比值随时间改变,就违反了比例风险模型的假设。例如,在研究的 10 年中,糖尿病患者心脏病发作的可能性是非糖尿病患者的 3 倍,无论是在研究的第一年,还是第二年……。对其有效性检验有以下三种:

(1) 绘制协变量在不同水平时的生存率曲线图。如果曲线相交,则等比例风险不成立。

(2) 直接绘制协变量不同水平时 $\log[-\log(\text{生存率})]$ 与时间的趋势图。如果几条线是平行的,则等比例风险成立。

(3) 在模型中增加协变量与时间的交互项,考察该交互作用项是否有统计显著意义。如果无统计显著性,则说明等比例风险条件成立。

上述方法中,方法(1)(2)是图示法,比较直观。

下列表 20-13 给出了多元线性回归、Logistic 回归与 Cox 回归的不同特征的比较。

表 20-13　多元线性回归、Logistic 回归和 Cox 回归的比较

项目	多元线性回归	Logistic 回归	Cox 回归
因变量	连续变量	分类变量	两分类变量和生存时间
分布	正态分布	二项分布	无特定要求
删失	不允许	不允许	允许
模型结构			$h(t,Z_i)=h_0(t)\exp(Z_i'\beta)$
参数估计	最小二乘法	最大似然法	最大似然法
参数检验	F 检验;t 检验	似然比检验;计分检验;Wald 检验	似然比检验;计分检验;Wald 检验
参数解释	其他变量不变条件下,变量 X_j 每增加一个单位所引起的 Y 的平均变化量	其他变量不变条件下,变量 X_j 每增加一个单位所引起 OR 自然对数变化量	其他变量不变条件下,变量 X_j 增加一个单位所引起的相对危险度 RR 自然对数变化量
预测指标	$\hat{Y}(-\infty \leqslant \hat{Y} \leqslant \infty)$		$\hat{S}(t)(0 \leqslant \hat{S}(t) \leqslant 1)$
样本含量	至少 5~10 倍于自变量个数	至少 15~20 倍于自变量个数	至少 15~20 倍于自变量个数

(二) PHREG 过程概述

PHREG 过程针对生存数据执行基于 Cox 比例风险模型(Cox proportional hazards model)的回归分析。在生存数据的分析中,用以解释危险因素(自变量)按风险比例对生存时间(因变量)的效应。

在 Cox 比例风险模型中,假定总体中每一个成员的生存时间服从自身的风险函数 $h_i(t)$,其表达式为

$$h_i(t)=h(t,Z_i)=h_0(t)\exp(Z_i'\beta)$$

对应的存活函数表达为

$$S(t,Z_i)=[S_0(t)]^{\exp(Z_i'\beta)}$$

其中,$S_0(t)$ 为基线存活函数,为估计 β 引入了偏似然函数,此方法无须考虑未知的基线风险函数 $h_0(t)$ 和解释删失的生存时间。

Cox 的偏似然函数允许使用时间依赖型解释变量的存在。对于给定的任何个体,如果一个变量的值能随时间变化,这个变量就称为时间依赖型变量。时间依赖型变量在生存分析中具有很多的用途,使用时间依赖型解释变量能建立一个项目效应随处理组改变的模型,比如血压、血液化学测量这些都是在研究期间随时间而变化的时间依赖变量,也能用时间依赖变量检验比例风险模型的效度等。

当时间标度为离散的,或连续性时间模型产生的生存时间被分为若干个较大的组时,失效时间可能产生同秩现象。PHREG 过程具有四种处理同秩现象的方法,其中离散 Logistic 模型适用于离散型时间数据,其余三种方法适用于连续型时间数据。

PHREG 过程提供四种变量筛选方法,可从从多个备选变量中筛选出重要的预测因子变量,分别为前进法、后退法、逐步法以及最佳子集法。最佳子集法是基于似然评分统计量的一种变量筛选方法,这种方法识别指定数值变量的最佳模型。

PHREG 过程具有以下主要的功能:
- 检验有关回归参数的线性假设;
- 针对配对病例对照研究,执行条件 Logistic 回归分析过程;
- 建立包含有关统计量的输出数据集;
- 建立包括存活函数估计、剩余和回归诊断等的 SAS 数据集;
- 建立包括生存分布估计、存活函数的置信区间等的 SAS 数据集;
- 对离散选择数据拟合多项式 Logit 选择模型。

(三) PHREG 回归过程使用的语句

在 SAS 系统中 PHREG 回归过程语句基本的语法格式为:

SAS 程序格式	意 义
PROC PHREG [选项];	对生存数据集进行 Cox 模型的生存回归分析,必需语句
MODEL 生存时间变量[* 删失变量] = 自变量表 [/选项];	定义生存时间和删失指示变量及说明变量,必需语句
BY 变量;	指定进行分析的分组变量,需为已排序的变量
TEST 变量线性假设[/选项];	检验有关回归系数的线性假设
STRATA 变量;	定义生存分析过程中的分层变量
OUTPUT [OUT= 数据集] 关键字= 名字 [/选项];	用于建立 OUT= 所指定的输出数据集,包括各观测计算的各类统计量
ID 变量;	指定作为观测标识的标记变量
FREQ 变量;	指定作为观测频数的变量
WEIGHT 变量;	指定作为观测权重系数的变量
RUN;	向 SAS 系统提交过程步中的语句

上述程序语句中,除了 PROC PHREG 和 MODEL 语句为必需语句外,其余语句为可选语句。

PROC PHREG 语句用于指定分析的生存分析过程为 PHREG,其后可跟的选项说明如表 20-14 所示。

表 20-14　PROC PHREG 语句的选项说明

选　项	意　义
DATA=数据集名	指定需要进行生存分析的输入数据集名称
OUTEST=数据集名	建立一个包含回归系数估计值的数据集。
COVOUT	计算模型参数估计值的协方差矩阵,并将其输出到 OUTEST=数据集中
NOPRINT	不进行任何输出结果的显示
SIMPLE	对于 MODEL 语句中指定的自变量进行简单统计分析

MODEL 语句为必需语句,用于对生存时间和删失指示变量和说明变量做出定义,其后可跟的选项说明如表 20-15 所示。

表 20-15　PHREG 过程的 MODEL 语句选项说明

选　项	意　义
TIES=方法名	指定对失效时间中同秩情况的处理方法。TIES=选项可设置的值(其含义)为:Breslow(Breslow 近似概然法)、Discrete(将比例风险模型以离散 Logistic 模型取代)、Efron(Efron 近似概然法)、Exact(计算精确的条件概率)。默认设置为 TIES=Breslow
ENTRYTIME=变量名	指定作为左侧删失值形式的生存时间变量
SELECTION=方法名	指定模型拟合中变量选择的方法,可以设置的选项包括:FORWARD、BACKWARD、STEPWISE、SCORE、NONE(默认项)
CORRB	计算拟合的模型系数的相关系数矩阵
COVB	计算拟合的模型系数的协方差矩阵
ITPRINT	要求显示迭代运算的详细过程,包括对梯度向量的最终评价
RISKLIMITS	对于每一个自变量,显示其风险比例(EXP(β_i))的置信区间

在 MODEL 语句中,如果因变量的值包含删失值,则必须指定"删失变量"项,它代表用来表示删失值状态的变量名称,紧跟删失变量后的圆括号中还必须指定一组(或一个)以逗号或空格分隔的变量值,用以标识删失值的情况。如果删失值状态变量的取值为括号中所列变量值之一,则相应观测上的因变量值为删失值,否则相应的因变量值为完全数据。

OUTPUT 语句建立一个新的数据集,包括对每一个观测计算的统计量。

TEST 语句用于检验有关回归系数的线性假设。对于单个 TEST 语句所指定的假设,PHREG 过程执行合并假设的 Wald 检验过程。可以发送多个 TEST 语句。如果等式中的等号被忽略,则相应表达式被默认设置为等于 0。

TEST 语句中/后可设置的选项说明如表 20-16 所示。

表 20-16　PHREG 过程 TEST 语句的选项说明

选　项	意　义
AVERAGE	对 TEST 语句指定的变量的平均效应做出估计
E	要求将线性系数和常数项一并输出
PRINT	要求将中间计算过程一并输出

六、PHREG 过程的 SAS 实例应用

下面我们结合实例介绍生存分析资料 Cox 回归建模的 SAS 应用。

【例 20.3】 对以 A、B 治疗法分别治疗的癌症病人进行随访,所得 25 例患者资料如表 20-17 所示,其中,编辑"+"为删失值数据。对肾功能损害变量,用 1 表示"有肾功能损害",0 表示"无肾功能损害"。试对该生存数据资料进行 Cox 回归分析。

表 20-17 A、B 治疗法发生肾功能损害的生存数据

\multicolumn{3}{c}{A 疗法}	\multicolumn{3}{c}{B 疗法}
编 号	肾功能损害	生存日数	编 号	肾功能损害	生存日数
1	1	8	13	1	13
12	0	52	16	1	18
5	1	58	25	1	23
8	1	63	11	0	70
21	1	63	10	0	76
7	0	220	2	0	180
24	0	365	9	0	195
4	0	452	20	0	210
18	0	496	3	0	232
22	0	528+	17	0	300
19	0	560+	23	0	396
5	0	676+	14	0	490+
			6	0	540+

根据题意,编制如下 SAS 程序。

```
data ex20_3;
  input group renal day @@;
  censor= (day<0);
  days= abs(day);
cards;
1  1  8    1  0  52    1  1  58   1  1  63
1  1  63   1  0  220   1  0  365  1  0  452
1  0  496  1  0  -528  1  0  -560 1  0  -676
2  1  13   2  1  18    2  1  23   2  0  70
2  0  76   2  0  180   2  0  195  2  0  210
2  0  232  2  0  300   2  0  396  2  0  -490
2  0  -540
```

```
;
run;
proc phreg data= ex20_3;
   model days*censor(1)= group renal;
run;
```

该程序用 DATA 步建立数据集 EX20_3，包括变量：days(生存日数)、group(组别)及 renal(肾功能损害)。用 PHREG 过程进行生存分析，MODEL 语句中，days 为因变量，ensor(1)表示删失变量取 1 时为删失值，自变量为 group 和 renal。

程序运行结果见图 20-8、图 20-9、图 20-10。

图 20-8　例 20.3 的 PHREG 过程输出结果 1

图 20-9　例 20.3 的 PHREG 过程输出结果 2

图 20-8 所显示的输出结果，首先输出模型信息(Model Information)：数据集、因变量及自变量的名称，并说明删失变量值取 1 时为删失数据，对 Tie(相等)数据的处理用 BRESLOW 方法。其次输出死亡数、删失数及占总数的百分数等。并显示输出收敛状态，满足的收敛标准为 GCONV=1E−8 即 10^{-8}。

图 20-9 的输出结果首先显示模型的拟合统计量(Model Fit Statistics)，再进行模型总的显著性检验，其零假设：BETA=0。本例对模型的总的检验用三种方法：似然比检验、得分检验和 Wald 检验，其概率 P 值皆小于 0.001，表明总的模型具有极高的统计显著性。

图 20-10　例 20.3 的 PHREG 过程输出结果 3

图 20-10 给出了模型中各自变量回归参数的最大似然估计分析(Analysis of Maximum Likelihood Estimates)，对于 group，其显著性检验的 $\chi^2 = 3.5736$，概率 P 值

(Pr>ChiSq)$P=0.058\ 7>0.05$,表明 group 对因变量生存时间的影响不显著;对于 renal(肾功能损害),其显著性检验的$\chi^2=13.045\ 3$,概率值 P 为 $0.000\ 3<0.01$,说明肾功能是否损害对生存时间影响极为显著。

根据参数估计值(Parameter Estimate),可得到 Cox 比例回归方程为:
$$h(t;x)=h_0(t)*\exp(0.989\ 73*group+4.112\ 20*renal)$$

最后输出风险度(Hazard ratio),组别 group 的风险度为 2.690,表示 B 组风险度为 A 组的 2.69 倍;肾功能 renal 的风险度为 61.081,表示肾功能损害者的风险度为未损害者的 61.081 倍。

第三节 【分析家】模块进行生存分析

在 SAS 系统中,生存分析也可以通过【分析家】模块来实现。本节将结合实例具体介绍如何通过【分析家】模块界面操作进行生存分析。

【例 20.4】(利用【分析家】模块进行生存分析) 考察例 20.2 问题,对分别接受了两种不同治疗法的 A 和 B 两组患者,其病程天数等情况如表 20-12 所示。试用【分析家】模块进行生存分析,分析两组患者的患病天数是否有显著差异?

对例 20.4 利用【分析家】模块进行生存分析,具体步骤如下。

(1) 启动【分析家】模块,打开数据集 EX20_2。

(2) 单击【分析家】模块的菜单【统计】→【生存分析】→【生命表】,在如图 20-11 所示的【Life Tables】主对话框中,选择时间变量 day,单击 Time 选定;选中变量 index,单击 Censoring 选定;选中 group 变量,单击 Strata 选定;在 Censoring values 中点击其右下侧的 ▼ 按钮,选中数值 1。

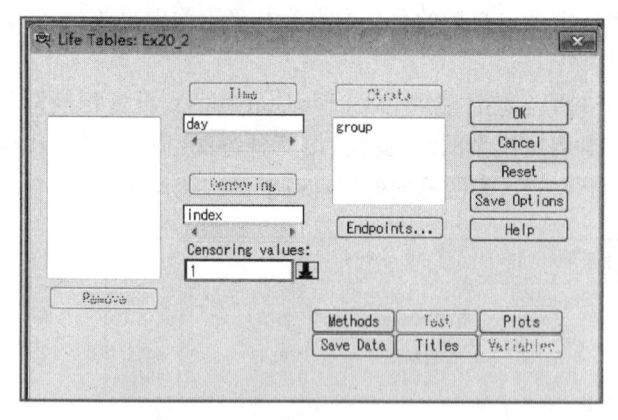

图 20-11 【分析家】模块【Life Tables】对话框 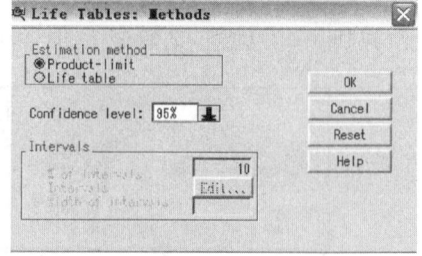   图 20-12 【分析家】模块【Life Tables: Methods】框

(3) 单击生存分析对话框中的 Methods ,在弹出的【Life Tables:Methods】对话框中选

择模型参数拟合的方法,包括 Product-limit(选定)和 Life table 两种方法,同时可以设置模型的显著性水平,这里设置 95% 的置信水平,如图 20-12 所示。单击 OK,返回【Life Tables】的主对话框。

(4) 单击 Plots,选择需要绘制的生存分析的图形,如图 20-13 所示。这里选择输出 Survival function(生存函数)和 Log(-Log(survival function))。单击 OK,返回【Life Tables】的主对话框。最后点击 OK,完成生存分析。

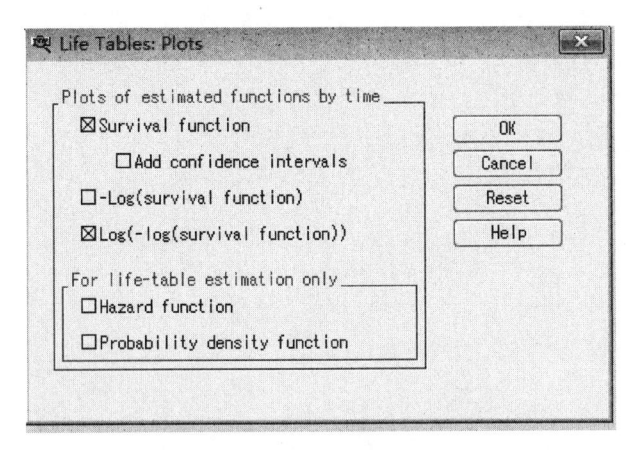

图 20-13　【分析家】模块【Life Tables：Plots】

【分析家】模块生成的生存分析输出结果与之前介绍过的例 20.2 的基于 SAS 过程编程实现生存分析的结果完全一样,见图 20-3～图 20-7,所得检验结论与例 20.2 的结论也相同,这里就不再赘述。

(言方荣)

Chapter 21 绘制统计图形

第一节 【分析家】模块绘制统计图形
  一、条形图与饼图
  二、直方图与盒形图
  三、散点图与概率图(P-P 图)
第二节 INSIGHT 模块绘制统计图形
  一、直方图与盒形图
  二、散点图
第三节 绘制统计图形的 SAS 过程
  一、GPLOT 过程绘图
  二、GCHART 过程绘图
  三、CAPABILITY 过程绘图
  四、其他统计过程绘图
第四节 图形编辑

在实际的应用中,为了更好地观察数据的分布特征,常常需要绘制统计图形。统计图(statistical graph)是利用点、线、面等各种直观和形象的几何图形将复杂的统计数据表现出来的一种形式,其特点是简单明了、形象全面,可以形象直观地表示数量变化的统计特征和规律。统计图的种类很多,如条形图、饼图(圆图)、直方图、盒形图、连线图、概率图、茎叶图等,应根据绘图的目的要求和数据资料本身特性来确定合适的统计图类型。

统计作图是 SAS 中最有特色的功能之一。SAS 的作图功能很强,可以选用多种相应的图形,也可以直接从作图菜单中产生统计图形,并加以修饰、编辑。

使用 SAS 作图(Graphics)功能制作图形的过程一般是:先建立(或转换)数据文件,然后根据要求选用恰当的模型,生成图形,经编辑、整理,最后得到满意的图形结果。

第一节 【分析家】模块绘制统计图形

SAS 系统的【分析家】应用模块界面包括大量统计分析和图形功能。在【分析家】模块下统计图形的绘制主要通过"图形"菜单实现,如下页图 21-1 所示,其中包括条形图、饼图、直方图、盒形图、概率图、散点图、等高线图、曲面图的绘制。

一、条形图与饼图

(一) 条形图

对定性数据或离散变量数据,常用条形图、饼图(圆图)来反映数据分布特征和构成比。

条形图(bar chart)是用相互间隔的等宽直条来表示各指标数值大小的图形,主要用于定性数据及离散型数值变量分布的图示。在表示定性数据的分布时,条形的长短表示各类别数据的频数或频率,图中各直条可以纵列,也可以横排,纵列时又称为垂直条形图或柱形图;横排时又叫水平条形图或带形图。

【例 21.1】 对 SAS 系统的中学生数据集 SASHELP.CLASS,利用【分析家】模块绘制数据集中学生 sex 变量的水平条形图。

利用【分析家】模块绘制学生 sex 变量的水平条形图具体步骤如下。

(1) 启动【分析家】模块,打开 SAS 系统 SASHELP 逻辑库中的数据集 CLASS。

(2) 单击【分析家】主窗口内的菜单【图形】→【条形图】→【水平】,打开如图 21-2 的【水平条形图】对话框。

图 21-1 【分析家】"图形"菜单

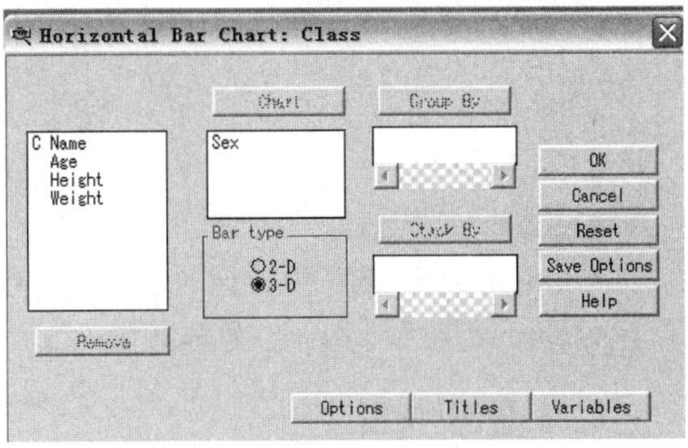

图 21-2 【水平条形图】对话框

在【水平条形图】对话框中,选中变量 Sex,单击 Chart,使其进入 Chart 下方的空白区域;在 Bar type 列表框中,若选择○2-D,则生成二维平面条形图;现选择⊙3-D,生成三维立体条形图。单击 OK ,即可生成图 21-3 所示的水平条形图。

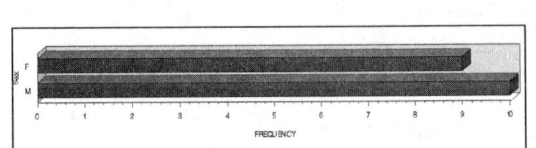

图 21-3 性别变量 Sex 的水平条形图

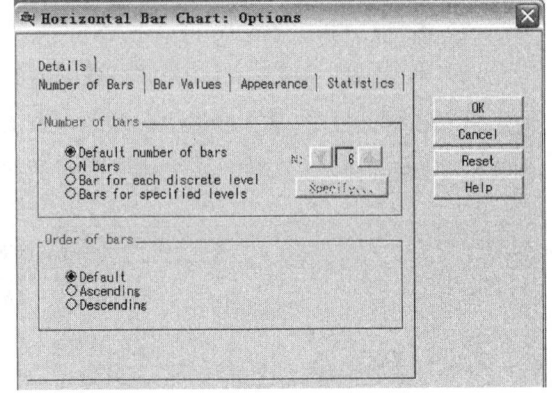

图 21-4 条形图 Options 对话框

如果单击 Options ,弹出图 21-4 所示的对话框。

在 Number of Bars 选项卡中的 Number of bars(条形的个数)列表框中,各选项功能如下:

- Default number of bars:缺省的条形个数。
- N bars:点击右边的按钮,任意设定条形的个数。
- Bar for each discrete level:将数值变量的值当作离散值输出。
- Bars for specified levels:点击右边的 Specify ,在弹出的对话框中设定条形的个数,同时给定每个条形对应的变量的值。

Number of Bars 选项卡中的 Order of bars(条形的顺序)列表框中,各选项的功能如下:

- Default:默认顺序
- Ascending:升序
- Descending:降序

Chapter 21 绘制统计图形　521

如果想改变条形图的值,单击 Bar Values(条形图的值)选项卡,其中各选项功能如下:
- Frequency(default):频数(出现次数,默认值)
- Percent:百分比
- Sum:总和
- Average:均值
- CumulateL:累积百分比
- Cumulate frequency:累积频数

(二) 饼图(圆图)

饼图(pie chart)又称圆图,是用整个圆的面积表示研究对象总体(为100%),圆内各扇形面积来表示组成总体的各构成部分所占百分比的统计图形,主要用来表示定性数据的构成比,表示全体各部分的构成。

【例 21.2】 对中学生数据集 SASHELP.CLASS,利用【分析家】模块绘制学生年龄 Age 变量的饼图。

利用【分析家】模块绘制学生年龄 Age 变量的饼图具体步骤如下。

(1) 启动【分析家】模块,打开 SAS 系统 SASHELP 逻辑库中的数据集 CLASS。

(2) 单击【分析家】主窗口内的菜单【图形】→【饼图】,打开如图 21-5 的【Pie Chart(饼图)】对话框。在对话框中,选中变量 Age,单击 Chart ,使其进入 Chart 下方的空白区域;在 Pie type 列表框中,现选择⊙2-D,则生成二维平面饼图;若选择○3-D,生成三维立体饼图。

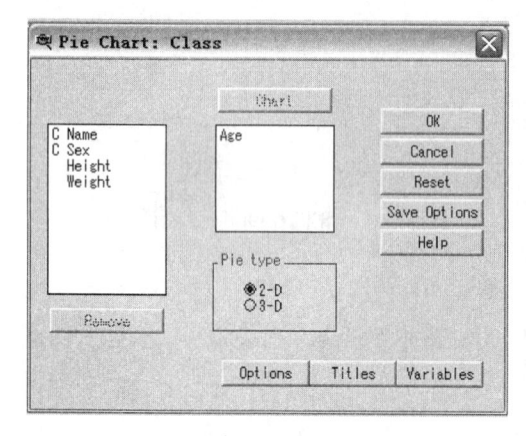

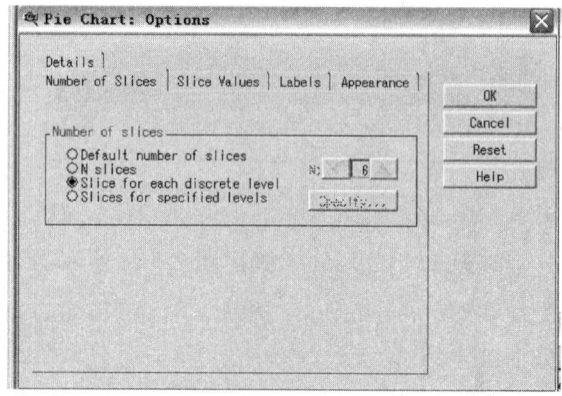

图 21-5 【Pie Chart(饼图)】对话框   图 21-6 【Pie Chart:Options】对话框1

单击 Options ,在弹出的【Pie Chart:Options】对话框中,如图 21-6 所示,在"Number of Slices"中选定⊙Slice for each discrete levels。

再单击 Slice Values(扇形的值)选项卡,如图 21-7 所示,在 Statistic to chart 列表中有四个单选项:
⊙ Frequency:频数   ○ Sum:总和
○ Percent:百分比   ○ Average:均值

本例选中 Frequency 项,然后单击 OK ,回到变量对话框,单击 OK ,生成图 21-8 所示的学生年龄 Age 变量的饼图图形。

如果想改变扇形的个数,单击 Number of Slices 选项卡,选定其中相应的项。如果想按性别分组显示饼图,单击变量对话框中的 Variables ,从弹出的对话框左边的列表框中选择变量 Sex 到 By Group 下方的框中(本例不设定此项),则每组生成一个饼图,且在不同页内显示图形。

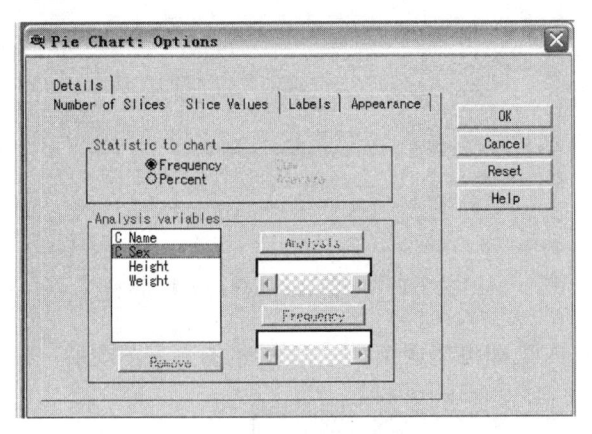

图 21-7 【Pie Chart:Options】对话框 2

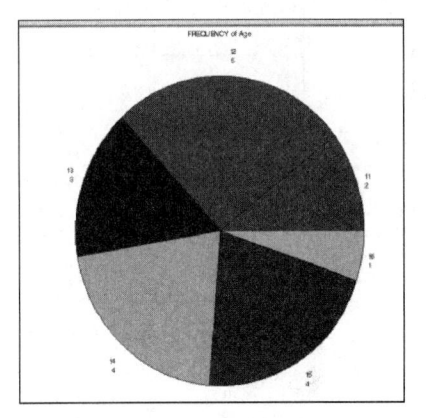

图 21-8 年龄 Age 变量的饼图图形

二、直方图与盒形图

(一)直方图

对于连续变量数据,通常用直方图和频数折线图来直观表示其数据分布特征。

直方图(histogram)是用一组无间隔的直条图来表示连续变量数据频数分布特征的统计图,又称频数分布图。直方图中,每一直条的高度表示相应组别的频数或频率(百分比),宽度则表示各组的组距。注意:直方图的各直条是连续排列,形成一密闭图形;而条形图的各直条则是分开排列。

在利用【分析家】模块制作直方图时,可对直方图拟合四种分布的密度曲线,它是作为直方图的附加项进行的。例如对数据集 CLASS 中变量 Weight 的直方图要拟合正态分布曲线,其均值方差就取其样本均值和样本方差。

【例 21.3】 对中学生数据集 SASHELP.CLASS,利用【分析家】模块绘制学生体重 Weight 变量的直方图,并要拟合正态分布曲线。

利用【分析家】模块绘制学生体重 Weight 变量的直方图的具体操作如下。

(1) 启动【分析家】模块,打开数据集 SASHELP.CLASS。

(2) 单击【分析家】主窗口内的菜单【图形】→【直方图】,如图 21-9,在【Histogram(直方图)】对话框中,选中体重变量 Weight 进入 Analysis 下变量框中。

再单击选项 Fit (拟合),弹出图 21-10 所示的拟合对话框。该对话框中可选择的分布

Chapter 21 绘制统计图形 523

有:Normal(正态分布)、Lognormal(对数正态分布)、Exponential(指数分布)、Weibull(威布尔分布)。选定 Normal 前的方框选中该选项,这时参数(Parameters)栏中显示默认的设定方式:用样本的估计值(Sample estimates)。并单击 OK 返回拟合选项窗口。

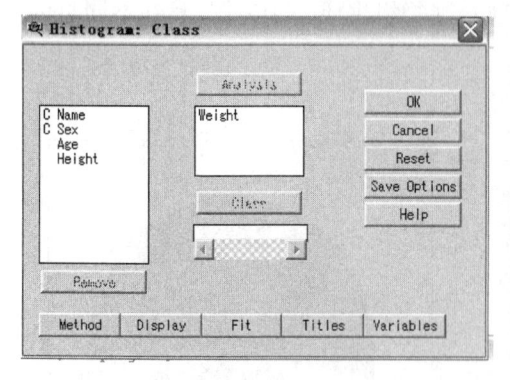

图 21-9 【Histogram(直方图)】对话框

图 21-10 【Histogram:Fit】对话框

(3) 单击 OK 返回变量对话框,再单击 OK 即可生成图 21-11 所示的直方图图形。

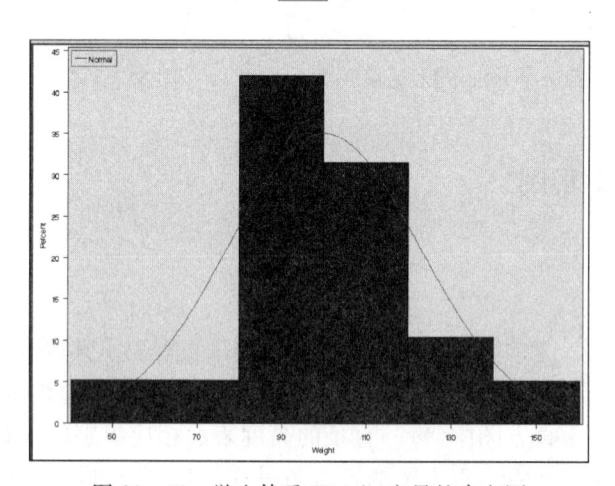

图 21-11 学生体重 Weight 变量的直方图

(二) 盒形图

盒形图(boxplot)又称箱图、箱线图,或盒状图,是用数据的最大值、最小值、中位数和上、下四分位数这 5 个特征值制成的、反映原始数据分布状况的统计图形。如图 21-12 所示,盒形图由一个箱子和两条线段组成,其中箱子两端边线分别是下四分位数 Q_1 和上四分位数 Q_3,箱子中间横线是中位数,连线两端分别是除异常值外的最大值和最小值。

图 21-12 简单盒形图与其 5 个特征值

盒形图中箱子的长度是四分位间距,整个箱子包括了中间 50% 数据的数值分布范围。箱子越大,数据的变异程度越大。如果中间横线即中位数在箱子的中点,表明分布对称,否则不对称。异常值是指与箱子边线的距离超过四分位间距(箱子长度)1.5 倍的数据值,用"○"表示,超过 3 倍的为极端值,用"*"表示。通过盒形图,不仅可以反映一组数据分布的特征,还可用于多组数据分布特征的比较,即将分类数据的若干个盒形图放在一个图中比较。

【例 21.4】 对中学生数据 SASHELP.CLASS,利用【分析家】模块绘制其不同性别比较的体重 Weight 变量盒形图,以观察其不同性别体重的差异。

利用【分析家】模块绘制其不同性别比较的体重变量盒形图的具体步骤如下。

(1) 启动【分析家】模块,打开数据集 SASHELP.CLASS。

(2) 单击【分析家】主窗口内的菜单【图形】→【盒形图】,如图 21-13,在【Box Plot(盒形图)】对话框中,选中体重变量 Weight 进入 Analysis 下变量框中,选中分组变量 Sex 进入 Class 下变量框。

(3) 单击 OK ,将生成如图 21-14 所示的不同性别比较的体重 Weight 变量盒形图。其中箱子中的符号＋的位置表示样本数据的均值。

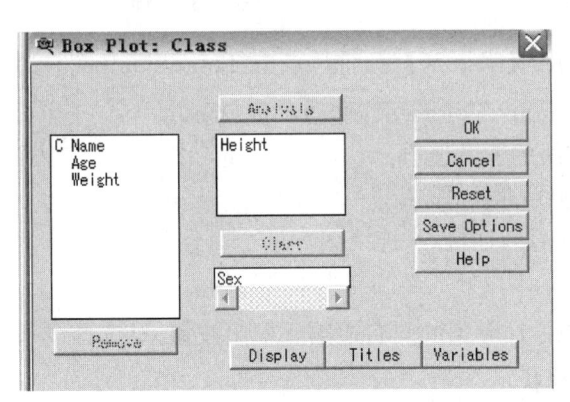

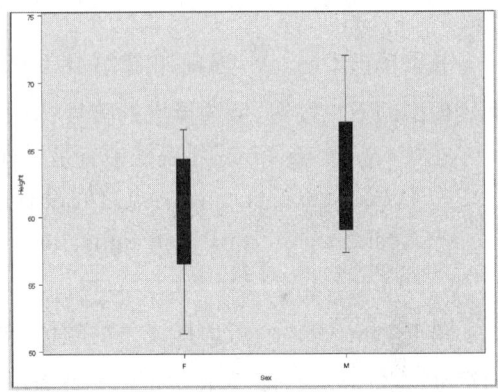

图 21-13　【Boxplot(盒形图)】对话框　　　图 21-14　不同性别比较的体重 Weight 变量盒形图

由该不同性别比较的体重 Weight 变量盒形图可以看出,这些中学生不同性别的体重有较显著的差异,总体而言,男生的体重明显大于女生的体重。

三、散点图与概率图(P-P 图)

(一) 散点图

散点图(scatter plot)是考察两个变量间相关关系的图形表示法。现以直角坐标系的横轴代表一个变量 X,纵轴代表另一变量 Y,将两个变量的数据作为点的坐标描绘在直角坐标系中,所得的图称为散点图。在 SAS 系统制作的散点图中,除了两个变量的二维散点图(two-dimensional)外,还可绘制三个变量的三维散点图(three-dimensional)。

【例 21.5】 对中学生数据集 SASHELP.CLASS,利用【分析家】模块绘制其体重 Weight

变量与身高 Height 变量的二维散点图。

利用【分析家】模块绘制其两个变量的二维散点图具体步骤如下。

(1) 启动【分析家】模块,打开数据集 SASHELP.CLASS。

(2) 单击【分析家】主窗口内的菜单【图形】→【散点图】→【二维】,如图 21-15,在【2-D Scatter Plot(散点图)】对话框中,选中身高变量 Height 进入 X Axis 下变量框中,选中体重变量 Weight 进入 Y Axis 下变量框中。

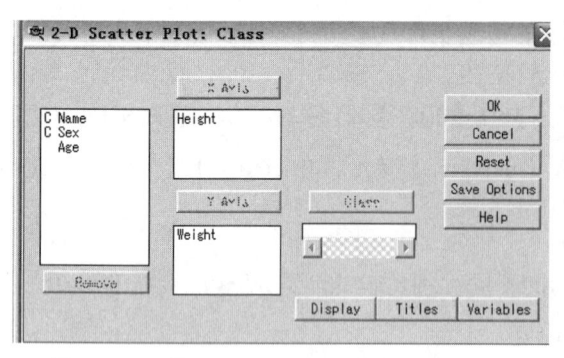

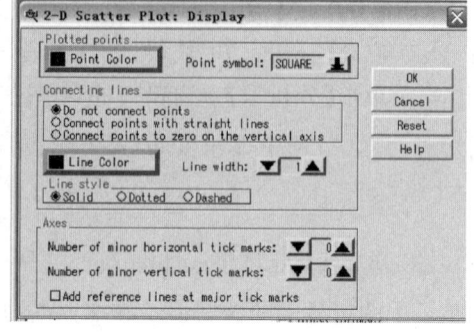

图 21-15 【2-D Scatter Plot(散点图)】对话框

图 21-16 【Display】对话框

如果单击 Display ,出现如图 21-16 所示的【Display】对话框,点击"Point symbol"右边列表框中的下拉按钮,可选择点的符号;单击 Point Color,可选择点的颜色。

在"Connecting Line"列表框中有是否连线的三个选项：

⊙ Do not connect points：点之间没有连线(散点图,默认)

○ Connect points with straight lines：用直线连接点(连线图)

○ Connect points to zero on the vertical axis：分别连接与纵轴平行的点

单击 Line Color ,可选择线条的颜色;单击 Line width 右边输入框中按钮,可选择线条的宽度;在"Line style"列表中可选择线条的形状。

(3) 单击 OK ,回到变量对话框,再单击 OK ,即可生成图 21-17 所示的体重 Weight 变量与身高 Height 变量的二维散点图。

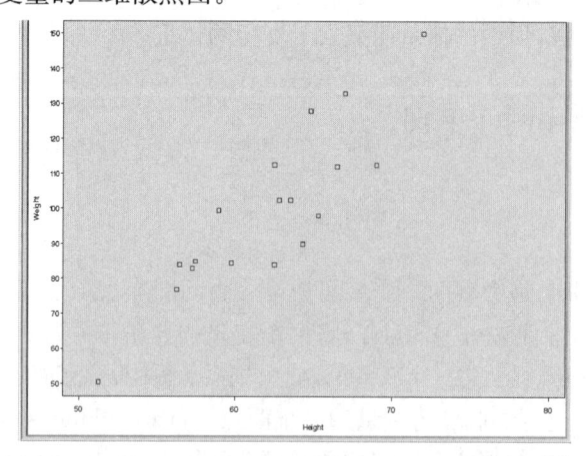

图 21-17 体重 Weight 变量与身高 Height 变量的散点图

上述操作步骤中,如果在图 21-16 的 Connecting Lines 列表框中选择 Connect points with straight lines,则生成连线图。

(二) 概率图(P-P 图)

概率图(Probability plot),又称 P-P 图、正态概率图,用于大致确定数据是否符合正态分布等分布。正态概率图的横轴为标准百分位的百分位数,纵轴为实际观测值,使用散点符号代表实际的观测值,对角线代表正态分布的参考线,当实际观测的点与参考线较为接近时,即可大致判定数据服从正态分布。

【例 21.6】 对中学生数据集 SASHELP.CLASS,利用【分析家】模块绘制其身高 Height 变量的数据的概率图,以考察其身高 Height 数据是否服从正态分布。

利用【分析家】模块绘制其身高 Height 变量数据的概率图的具体步骤如下。

(1) 启动【分析家】模块,打开数据集 SASHELP.CLASS。

(2) 单击【分析家】主窗口内的菜单【图形】→【概率图】,如图 21-18,在【Probability Plot (概率图)】对话框中,选中身高变量 Height 进入 Analysis 下变量框中。

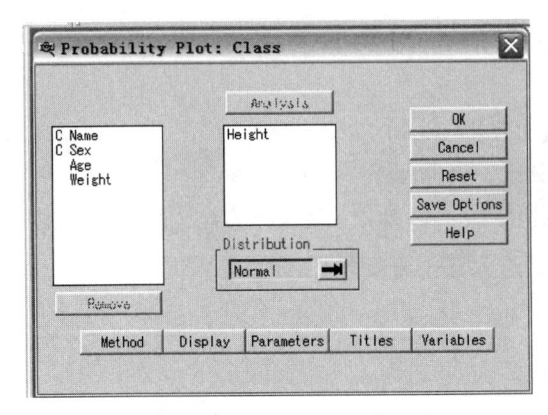

图 21-18 【Probability plot】对话框 1

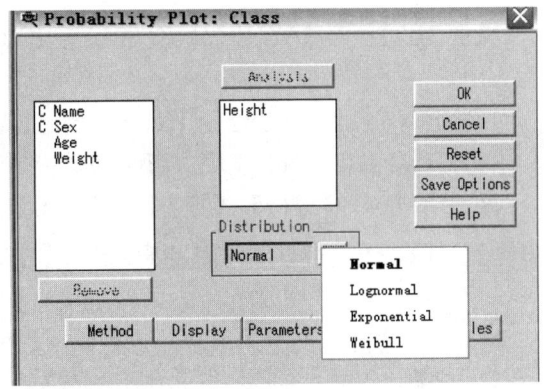

图 21-19 【Probability plot】对话框 2

若点击其 Distribution 下的选项框右侧按钮 ⇒,如图 21-19 所示,将有四种可拟合的分布选择:Normal(正态分布,默认)、Lognormal(对数正态分布)、Exponential(指数分布)、Weibull(威布尔分布)。选定默认的 Normal 选项。

(3) 单击 OK,将生成如图 21-20 所示的身高 Height 数据的概率 P-P 图,可以大致判断数据是否呈正态分布。

从该正态概率图上可以发现,身高 Height 变量数据散点较为紧密地分布在对角线周围,故可认为身高数据是服从正态分布的。

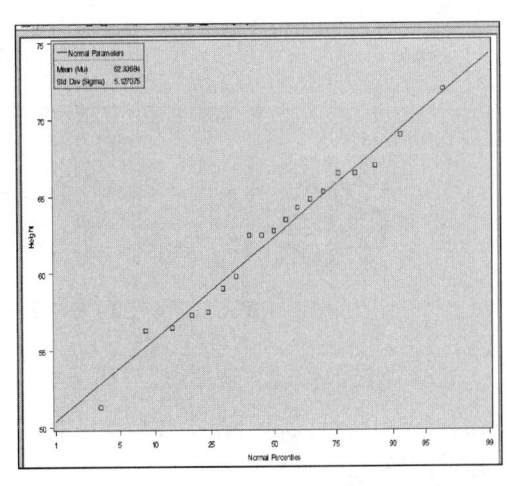

图 21-20 身高 Height 变量数据的概率图

第二节　INSIGHT 模块绘制统计图形

在 SAS 系统中，INSIGHT 模块同样可以绘制多种统计图形，如图 21 - 21 所示，在 INSIGHT 模块主窗口的菜单【分析】下进行图形种类的选择。一般可用条形图/散点图和盒形图来研究单个变量数据的分布，用散点图和线图来研究两个变量的二维数据的关系，用等高线图和旋转图来研究三个变量的状况，其作图的具体步骤操作比较类似，本节将结合实例具体演示常用的统计图形在 INSIGHT 模块中的绘制方法。

一、直方图与盒形图

（一）直方图

【例 21.7】 对 SASHELP.CLASS，利用 INSIGHT 模块绘制学生身高 Height 变量的直方图。

利用 INSIGHT 模块绘制 Height 变量的直方图的具体步骤如下。

（1）启动 INSIGHT 模块，打开数据集 SASHELP.CLASS。

（2）单击菜单【分析】→【直方图/条形图】，如图 21 - 22 所示。在【直方图/条形图】对话框中选择需要绘制直方图的变量 Height，点击 Y 进入其下方变量框区域。

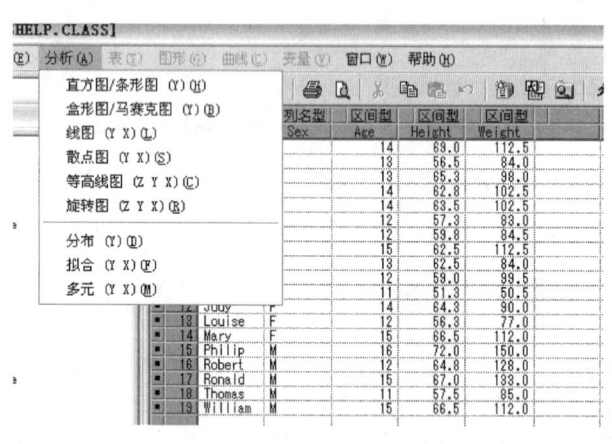

图 21 - 21　INSIGHT 的菜单【分析】 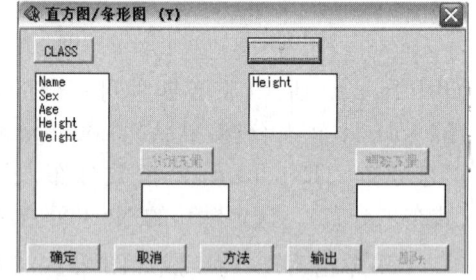　　　图 21 - 22　【直方图/条形图】对话框

（3）单击【直方图/条形图】对话框中的 确定 ，将生成如图 21 - 23 所示的身高 Height 变量的直方图。可以看到直方图上身高变量被划分为 5 个区间，而直方图的高度代表各个区间下数据的频数。

（4）单击 INSIGHT 内绘制的直方图的左下角，将弹出对图形简单编辑的菜单，如图 21 - 24 所示。其中包括以下几个菜单。

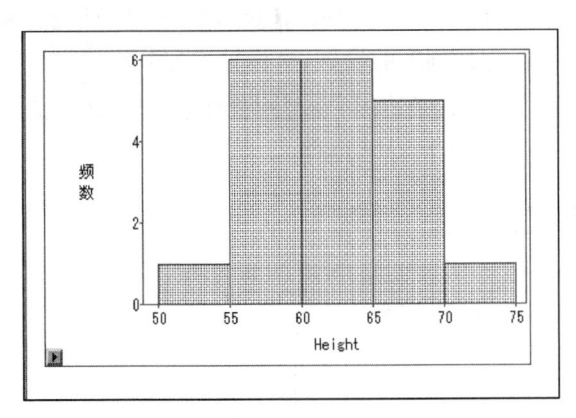

图 21-23　身高 Height 变量的直方图　　　图 21-24　Height 变量直方图的编辑选项

- "刻度"菜单:将执行对绘制图形刻度的编辑功能,选择该菜单项后将实现编辑图形的坐标轴。
- "轴"菜单:用于控制绘制的图形的坐标轴是否显示,选择该菜单项将显示坐标轴。
- "观测"菜单:用于控制图形的显示。
- "值"菜单:选择"值"菜单,将在绘制的直方图的上方添加各类别的频数。
- "参考线"菜单:可用于在绘制的图形上添加参考线,方便查看图形。

(二) 盒形图

【例 21.8】 对中学生数据集 SASHELP.CLASS,利用 INSIGHT 模块绘制其不同性别比较的身高 Height 变量盒形图,以观察不同性别身高数据分布的差异。

利用 INSIGHT 模块绘制不同性别比较的身高 Height 变量盒形图的具体步骤如下。

(1) 启动 INSIGHT 模块,打开 SAS 数据集 SASHELP.CLASS。

(2) 单击菜单【分析】→【盒形图/马赛克图】。如图 21-25 所示,在【盒形图/马赛克图】对话框中,将变量 Height 选入 Y 下的变量框区域,将变量 Sex 选入 X 下的变量框区域。

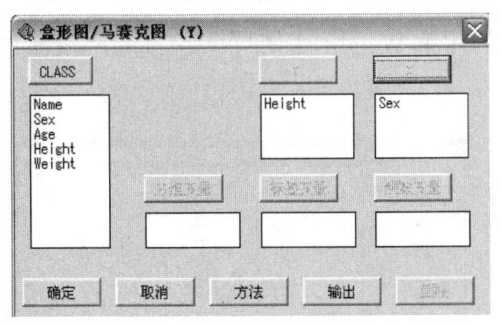

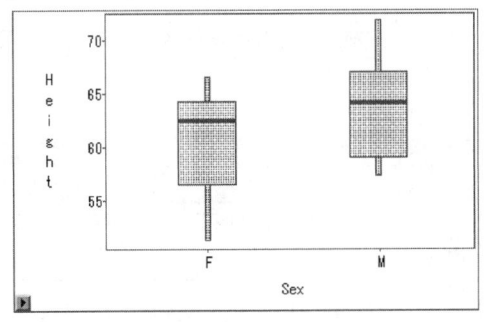

图 21-25　【盒形图/马赛克图】对话框　　　图 21-26　不同性别身高 Height 变量盒形图

(3) 单击 确定 ,将生成如图 21-26 所示的不同性别的身高 Height 变量盒形图。从图中可以看到不同性别的 Height 变量的中位数值、上下四分位数及是否有异常数据等数据分布信息。由该盒形图可看出,总体而言,不同性别的 Height 变量数据的分布有较显著的差异。

(4) 若单击盒形图左下角的黑色三角,弹出如图 21-27 所示的【盒形图/马赛克图】的编辑菜单。由此可以完成盒形图图形的编辑功能,包括刻度的设置、坐标轴、观测、均值、衬线、值、参考线的显示,标记大小等的调整。这里选定:☑值,即可在盒形图上标出 5 处特征统计量(最大值、上四分位数、中位数、下四分位数和最小值)的数据值。

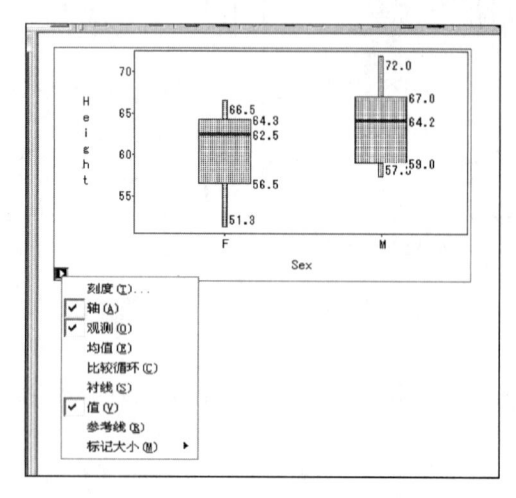

图 21-27 【盒形图/马赛克图】的编辑选项

二、散点图

【例 21.9】 对中学生数据集 SASHELP.CLASS,利用 INSIGHT 模块绘制其体重 Weight 变量与身高 Height 变量的散点图,以观察两者的关系。

利用 INSIGHT 模块绘制 Weight 变量与 Height 变量散点图的具体步骤如下。

(1) 启动 INSIGHT 模块,打开 SAS 数据集 SASHELP.CLASS。

(2) 单击菜单【分析】→【散点图】。如图 21-28 所示,在【散点图】对话框中,将变量 Weight 选入 Y 下的变量框区域,将变量 Height 选入 X 下的变量框区域。

(3) 单击 确定 ,将生成如图 21-29 所示的体重 Weight 变量与身高 Height 变量的散点图。

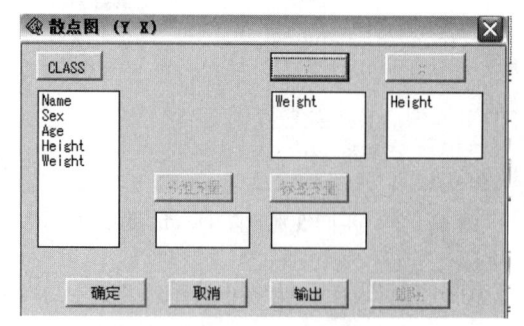

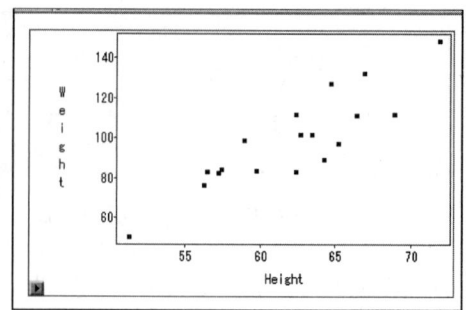

图 21-28 【散点图】对话框　　　　图 21-29 Weight 与 Height 的散点图

第三节　绘制统计图形的 SAS 过程

用 SAS 的程序语句来绘制统计图形也非常简单。对于熟悉编程的用户,当需要绘制图形时,调用相应的过程语句就能完成。如果对程序语句稍做修改,就能产生另外的图形。

一、GPLOT 过程绘图

在 SAS 系统中,GPLOT 过程可用于绘制散点图、曲线图和线图等。本节将具体学习 GPLOT 过程的基本调用格式,并通过实例演示如何利用 GPLOT 过程绘制散点图、曲线图和线图等。

(一) GPLOT 过程

GPLOT 过程常用于绘制二维图形,可以绘制一幅或多幅图形的叠加。GPLOT 过程可以绘制简单散点图、线图、曲线图和气泡图等。

GPLOT 过程语句的基本语法格式为:

SAS 程序格式	意　义
PROC GPLOT [选项];	对 DATA=指定或最新数据集绘制高清晰散点图、曲线图和线图等
PLOT 纵轴变量* 横轴变量 [= 分类变量]/[选项];	规定绘制散点图的横轴变量和纵轴变量等,如有"= 分类变量",则定义分类变量,用于对绘制的散点图中的散点分类
PLOT2 纵轴变量* 横轴变量 [= 分类变量]/[选项];	在绘制的原图上叠加绘制第二幅散点图,规定其绘图的横轴和纵轴的变量等
BUBBLE 纵轴变量* 横轴变量 = 气泡尺寸变量/[选项];	规定绘制气泡散点图的横轴变量和纵轴变量等
BUBBLE2 纵轴变量* 横轴变量 = 气泡尺寸变量/[选项];	在绘制的原图上叠加绘制第二幅气泡图,规定其绘图的横轴和纵轴的变量等
SYMBOLn [选项];	用于设置第 n 个绘制的图形的符号、连接方式等
AXIS [选项];	规定图形中坐标轴的形式
RUN;	向 SAS 系统提交过程步中的语句
QUIT;	结束该绘图过程

其中 PROC 语句和 PLOT 语句为必需语句,SYMBOL 为全程语句。

PROC GPLOT 语句用于指定分析的过程为 GPLOT 绘图过程,用来绘制高清晰的散点图、曲线图、线图和气泡图等,其后可跟的选项如表 21-1 所示。

表 21 - 1 PROC GPLOT 语句的选项说明

选 项	意 义
ANNO＝数据集名	指定一个数据集,其中存放的数据用于添加图形的标注信息
DATA＝数据集名	指定一个数据集,其中存放用于绘图的数据
GOUT＝输出目录	指定绘制的图形的输出目录,如果默认该选项,将在 SAS 的 WORK 目录下输出
IMAGEMAP＝输出数据集	产生一个临时数据集,用于存放 HTML 格式图形输出
UNIFORM	规定图形的横、纵坐标使用相同的比例尺
VTOH＝数值	规定图形的纵、横坐标的比例

PLOT 语句用于规定绘图的变量(横轴和纵轴的变量),同时也可以通过语句"PLOT 纵轴变量 Y * 横轴变量 X＝分类变量",定义分类变量用于对绘制的散点图中的散点分类。其后可跟的选项说明如表 21 - 2 所示。

表 21 - 2 GPLOT 过程的 PLOT 语句的选项说明

选 项	意 义
ANNOTATE＝数据集名	指定存放对分类数据作出标注的数据集名
CAXIS＝颜色	设置坐标轴的颜色
FRAM|NOFRAM	规定在图形四周是否加入边框,默认为加入
CFRAM＝颜色	指定图形边框内的颜色,默认为白色
AUTOHREF	在横坐标轴的每个主刻度处加入水平(或垂直)参考线
AUTOVEREF	在纵坐标轴的每个主刻度处加入水平(或垂直)参考线
NOAXIS	取消图形的坐标轴及相关元素
CTEXT＝颜色	设置坐标轴文本字符的颜色
HAXIS＝值	设置横坐标轴主刻度的值
VAXIS＝值	设置纵坐标轴主刻度的值

PLOT2 语句可以在绘制的第一幅图形上叠加绘制第二幅图形,其后可跟的选项与 PLOT 语句类似,这里不再详细展开叙述。

SYMBOL n 语句用于设置第 n 个绘制的图形的符号、连接方式等,其后可用的选项说明如表 21 - 3 所示。

表 21 - 3 PROC GPLOT 语句的选项说明

选 项	意 义
V＝数据点图形符号	指定设置的符号:NONE(无符号)、PLUS(＋)、STAR(☆)、DOT(●)、SQUARE(□)、DIAMOND(◊)、TRANGLE(△)、CIRCLE(○)
I＝数据点连接方式	NONE、JOIN(用直线连接)、SPLINE(用光滑的曲线连接)、NEEDLE(从数据点到横坐标画垂直线)、HILOC(最高、最低、收盘价)、RL(直线回归线)
COLOR|C＝颜色	定义点的符号和连线颜色,可设置的颜色包括 BLACK(黑色)、RED(红色)、GREEN(绿色)、BLUE(蓝色)、CYAN(青色)、MAGENTA(洋红色)、GRAY(灰色)、PINK(粉色)、ORANGE(橘黄色)、BROWN(棕色)、YELLOW(黄色)
CV＝符号的颜色	只定义点的符号的颜色,可以设置的颜色同 COCLOR 选项
CL＝连线的颜色	只定义连线的颜色,可以设置的颜色同 COCLOR 选项
WIDTH|W＝宽度	定义数据点和连线的宽度
L＝N	定义连线的线型,其中 N 为 0 代表空白线,为 1 代表实线,为 2 代表虚线

AXIS 语句为可选语句,用于规定图形中坐标轴的形式。AXIS 语句后的基本选项说明如表 21-4 所示。

表 21-4 GPLOT 过程的 AXIS 语句的基本选项说明

选 项	意 义
LABEL="标签"	给坐标轴加标签
ANGLE=值	规定坐标轴的角度,0 表示水平,90 表示竖直
LENGTH=值	规定坐标轴的长度

(二) 散点图

下面通过一个具体的实例演示如何利用 GPLOT 过程绘制常用的散点图。

【例 21.10】 对数据集 SASHELP.CLASS,用 GPLOT 过程绘制以体重 Weight 变量数据为纵坐标,身高 Height 变量为横坐标的散点图。

根据题意,用 GPLOT 过程绘制以体重 Weight 变量数据为纵坐标,身高 Height 变量为横坐标的散点图的 SAS 程序如下。

```
proc gplot data= sashelp.class;
    symbol1 i= none v= diamond;
    plot weight * height;
run;
```

执行上述程序,将生成如图 21-30 所示的散点图。

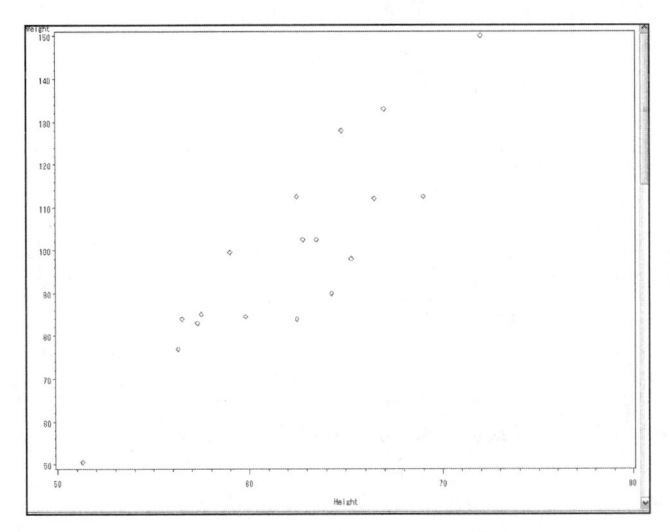

图 21-30 基于 GPLOT 过程的散点图

(三) 线图

线图(ling plot)又称折线图,是在平面坐标上用折线反映数量变化特征和规律的统计图,可用于动态描述数据的升降变化。当横轴指标为时间变量时,又称为时间序列图(time sequence plot)。线图形式简单易懂，尤其在同一图上进行多组现象比较时应用更广。

在 SAS 系统中，线图的绘制只需要把散点连接起来即可，通过 SYMBOL 语句的 join 选项来设置。下面通过一个实例具体演示线图的绘制。

【例 21.11】 由《中国统计年鉴 2021》提供的 2014～2020 年我国国内生产总值增长及三大产业构成统计数据如表 21-5 所示，试绘制 2014～2020 年我国第一产业、第二产业、第三产业生产总值的线图。

表 21-5 2014～2020 年我国国内生产总值及构成统计（单位：万亿）

年份	国内生产总值	第一产业	第二产业	第三产业
2014	64.35	5.56	27.72	31.06
2015	68.88	5.77	28.13	34.97
2016	74.63	6.02	29.54	39.08
2017	83.20	6.21	33.15	43.83
2018	91.92	6.47	36.48	48.97
2019	98.65	7.05	38.06	53.53
2020	101.59	7.77	38.42	55.39

根据实例要求首先创建一个数据集，然后通过 GPLOT 过程绘制线图，并在同一坐标系内显示我国第一产业、第二产业、第三产业生产值的变化，具体程序如下：

```
data ex21_11;
  input year GDP industry1 industry2 industry3;
cards;
2014  64.35   5.56   27.72   31.06
2015  68.88   5.77   28.13   34.97
2016  74.63   6.02   29.54   39.08
2017  83.20   6.21   33.15   43.83
2018  91.92   6.47   36.48   48.97
2019  98.65   7.05   38.06   53.53
2020  101.59  7.77   38.42   55.39
;
symbol1 i= line v= dot c= red l= 1;
/* 图 1 绘制以● 为符号的直线实线相连的红色线图*/
symbol2 i= splines v= star c= blue l= 1;
/* 图 2 绘制以* 为符号的光滑曲线实线相连的蓝色线图*/
symbol3 i= splines v= square c= green l= 2;
/* 图 3 绘制以□为符号的光滑曲线虚线相连的绿色线图*/
proc gplot;
   plot industry1* year industry2 * year   industry3* year / overlay;
/* 将三个散点图重叠绘制在同一幅图形中*/
run;
```

执行上述程序，将生成如图 21-31 所示的线图，图中通过三条折线展示 2014～2020 年我国第一产业、第二产业、第三产业生产值的发展趋势。

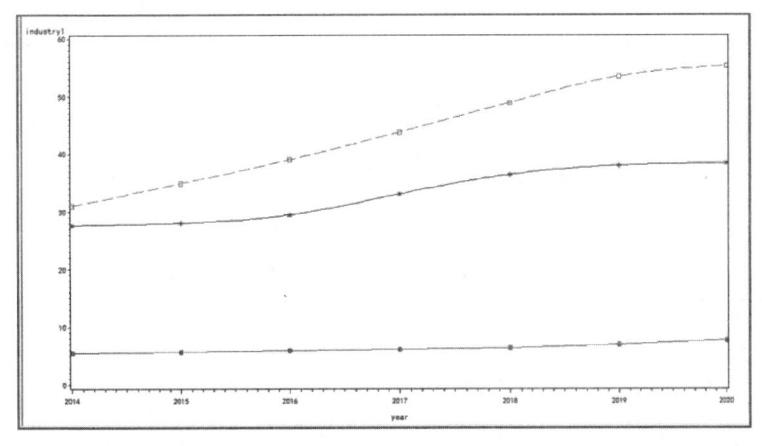

图 21-31　例 21.11 绘制的 2014～2020 年我国三大产业发展趋势的线图

二、GCHART 过程绘图

GCHART 过程可以绘制水平条形图（HBAR）、垂直条形图（VBAR）、饼图（PIE）等。本节主要介绍如何利用 GCHART 过程绘制相关的统计图形。

（一）GCHART 过程语句

GCHART 过程通过在其后加相应的图形语句，可以输出各种高分辨率的统计图形。GCHART 过程语句的基本语法格式为：

SAS 程序格式	意　义
PROC GCHART[选项];	对"DATA="指定或最新的数据集绘制输出高清晰统计图形
HBAR 变量/[选项];	指定绘制水平条形图
HBAR3D 变量/[选项];	指定绘制三维水平条形图
VBAR 变量/[选项];	指定绘制垂直条形图
VBAR3D 变量/[选项];	指定绘制三维垂直条形图
BLOCK 变量/[选项];	指定绘制块状图
PIE 变量/[选项];	指定绘制饼图
PIE 3D 变量/[选项];	指定绘制三维饼图
DONUT 变量/[选项];	指定绘制环形图
STAR 变量/[选项];	指定绘制星状图
AXISn 变量[选项];	指定对坐标轴的形状和颜色等
BY 变量[选项];	指定分组变量，将对分组后的变量进行相关的绘图操作
RUN;	向 SAS 系统提交过程步中的语句
QUIT;	结束该绘图过程

在 GCHART 过程中，除了 PROC 语句为必需语句外，至少选一个 HBAR 语句或 VBAR、BLOCK、PIE、STAR 等语句，即至少需要指定输出一种图形。

PROC GCHART 语句用于指定分析的过程为 GCHART,其后可跟的选项将影响 GCHART 过程中绘制的所有图形。常用的选项说明如表 21-6 所示。

表 21-6 PROC GCHART 语句的选项说明

选 项	意 义
DATA=数据集名	指定用于绘图的数据集名
ANNOTATE=数据集名	指定用于图形注释的数据集名

上述 HBAR、VBAR、BLOCK、PIE 等绘图语句后可跟的主要选项说明如表 21-7 所示。

表 21-7 GCHART 过程的绘图语句的选项说明

选 项	意 义
DISCRETE	说明作图数值变量为离散变量,绘制的图为不连续的,如果省略该选项,GCHART 过程假定所有数值变量都是连续的
TYPE=作图类型关键字	指定绘制的统计图形的统计量:FREQ(频数,默认)、CFREQ(累积频次)、PERCENT(百分比)、CPERCENT(累积百分比)、SUM(总和)、MEAN(均数)
MISSING	对含有缺失值的观测也进行相关绘图
GROUP=变量名	指定分组变量,按变量分组后每个分组变量值绘一个图
SUMVAR	指定用于计算总和或均值的绘图变量
MIDPOINTS=值列表	指定分组的中点值。值类别形式:"值 1 … 值 n"或者"起始值 TO 终止值 BY 步长",若不指定则由系统自行确定
LEVELS=n	指定将变量数据分为 n 组
SUBGROUP=变量名	当变量为离散型时,将每个条形再分为几段,每段对应变量的一个值
ASCENDING	按升序排列条形
DESCENDING	按降序排列条形
NOAXIS	不画坐标轴
AUTORER	根据坐标轴画出参考线

(二) 条形图

【例 21.12】 对中学生数据集 SASHELP.CLASS,(1) 绘制不同年龄 Age 同学频数的水平条形图(频数);(2) 绘制各年龄 Age 按性别分组的同学百分比的垂直条形图(百分比)。

下面的程序利用 GCHART 过程绘制年龄 Age 变量数据的水平条形图(频数)和垂直条形图(百分比),具体程序如下。

```
proc gchart data= sashelp.class;
 hbar age/discrete;
 vbar sex/group= age discrete type= percent;
run;
```

执行上述程序,生成的各年龄频数的水平条形图(频数)如图 21-32 所示,各年龄按性别分组的同学百分比的垂直条形图如图 21-33 所示。

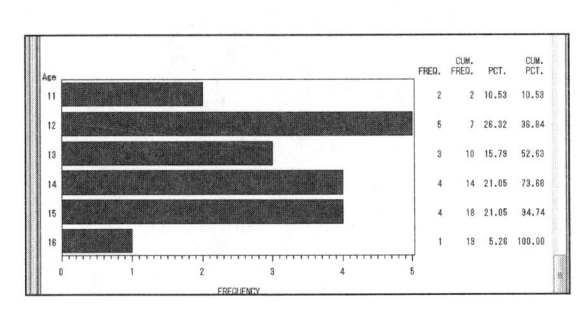

图 21-32　GCHART 生成的水平条形图 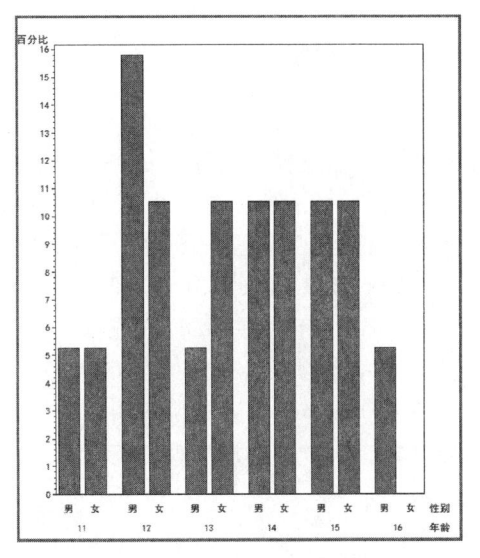　　　　图 21-33　GCHART 生成分组垂直条形图

(三) 饼图

饼图可以描述分类变量中各类数据的频数或比例,可以快速查看各类数据所占的比例情况。在 SAS 中可以通过 PROC GCHART 过程加上 PIE 语句绘制饼图。PIE 语句的选项除了表 21-7 的一些选项外,还有以下特有的选项,如表 21-8 所示。

表 21-8　GCHART 过程的 PIE 语句的选项说明

选项	意　义
FILL=选项	指定对饼图的扇区填充的方式:SOLID(实心)、X(网格线)
NOGROUPHEADING	不用分组值作为扇面的标题
PERCENT= 选项	在饼图的每个扇区标出百分比的方法:ARROW(标在扇区)、NONE(不标)、OUTSIDE(标在扇区外)
SLICE=选项	在饼图的每个扇区标出频率的方法,选项同 PERCENT
VALUE= 选项	在饼图的每个扇区标出统计量的方法,选项同 PERCENT

下面通过具体的实例演示 GCHART 过程绘制饼图。

【例 21.13】　对中学生数据集 SASHELP.CLASS,用 GCHART 过程绘制年龄 Age 变量数据的饼图(标出百分比)。

下面的程序根据 CLASS 中的年龄 Age 数据绘制饼图,具体程序如下:

```
proc gchart data= sashelp.class;
    pie age/discrete type= percent;
run;
```

执行上述程序,将生成如图 21-34 所示的饼图,其中饼图被划分为 6 个扇形,其大小分别代表 CLASS 数据集中 11~16 岁学生不同年龄所占的百分比数据,在各个扇形的外侧标注了学生的年龄及所占的百分比。

(四)块状图

块状图可视为立体化的条形图,是用相互间隔的等底长方盒来表示各指标数值大小的图形,并清晰标注其相应数据,主要用于定性数据及离散型数值变量分布的图示。

【例 21.14】 利用例 21.11 建立的 2014~2020 年我国 GDP 和三大产业产值的 SAS 数据集 EX21_11,(1) 绘制各年份按三大产业产值分列的块状图;(2) 绘制各年份按三大产业叠加的垂直条形图。

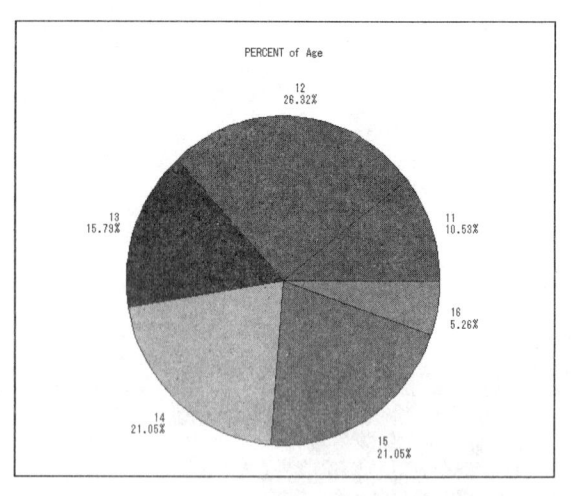

图 21-34 GCHART 过程的饼图绘制

```
data ex21_14;
  set ex21_11;
  industry= 1;value= industry1;output;
  industry= 2;value= industry2;output;
  industry= 3;value= industry3;output;
run;
proc print;run;
proc gchart data= ex21_14;
  block year/group= industry sumvar= value discrete;
  vbar year/subgroup= industry sumvar= value discrete;
run;
```

执行上述程序,即可得到各年份按三大产业产值分列的块状图(图 21-35)和各年份按三大产业叠加的垂直条形图(图 21-36)。

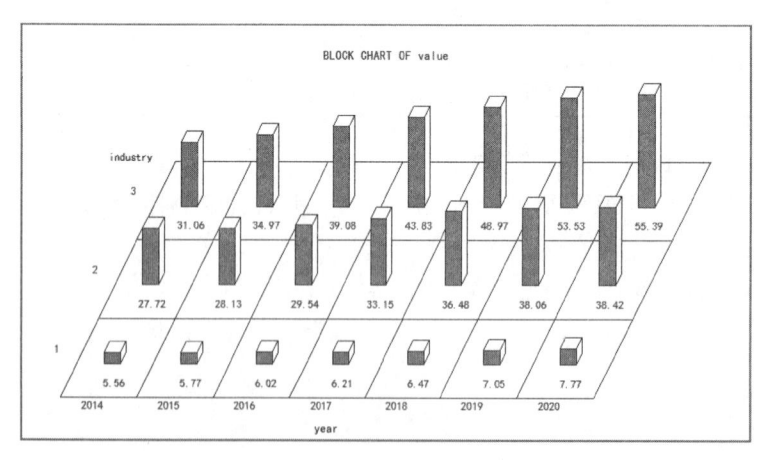

图 21-35 各年份按三大产业产值分列的块状图

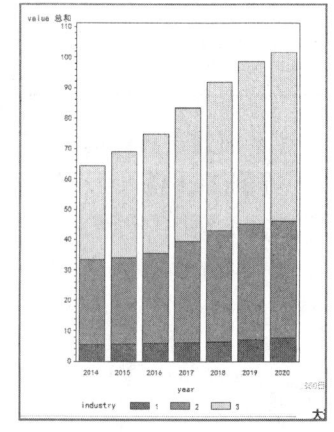

图 21-36 各年份的垂直叠加条形图

三、CAPABILITY 过程绘图

在统计应用中,有时还需要利用 SAS 编程法去绘制较为专业的直方图、经验分布图和 Q-Q 图等统计图,这些利用前面介绍的 GPLOT 和 GCHART 过程都无法完成,这就需要调用 CAPABILITY 过程才能够绘制。

(一) CAPABILITY 过程语句

CAPABILITY 过程是由 SAS/QC 模块提供,具有计算描述统计量、参数估计和假设检验等功能,并可以用来绘制直方图、经验分布图和 Q-Q 图等常用统计图。

CAPABILITY 过程语句的语法格式为:

SAS 程序格式	意 义
PROC CAPABILITY[选项];	对"DATA="指定或最新的数据集绘制输出高清晰统计图形和结果
HISTOGRAM 变量/[选项];	对指定的变量绘制直方图和拟合分布曲线
CDFPLOT 变量/[选项];	指定绘制经验分布图
QQPLOT 变量/[选项];	指定绘制 Q-Q 图
RUN;	向 SAS 系统提交过程步中的语句

PROC 语句开始运行 CAPABILITY 过程并指定要分析的数据集名。

PROC CAPABILITY 语句中常用的选项说明如表 21-9 所示。

表 21-9 PROC CAPABILITY 语句中常用的选项说明

选 项	意 义
DATA=数据集名	指定用于 CAPABILITY 过程的数据集名
NOPRINT	规定不输出描述统计量
LINEPRINTER	规定在输出窗口输出由字符构成的图形,省略该选项,则在 GRAPH 窗口输出高分辨率的图形
FORMCHAR="字符"	当使用选项 LINEPRINTER 时,规定绘制图形用的字符;缺省时,用系统默认的字符绘图

HISTOGRAM 语句用来对指定的变量绘制直方图和拟合分布曲线。HISTOGRAM 语句后的选项说明如表 21-10 所示。

表 21-10 CAPABILITY 过程 HISTOGRAM 语句的选项说明

选 项	意 义
ENDPOINTS=值	指定每个分组区间的末端点值
MIDPOINTS=值	指定每个分组区间的中点值
NENDPOINTS=n	指定分组区间末端点的个数
NMIDPOINTS=n	指定分组区间中点的个数
CFILL=颜色	规定填充矩形用的颜色。默认为不填充颜色
CFRAME=颜色	规定填充框图背景的颜色。默认为不填充颜色
VSCALE=选项	规定纵轴刻度的选项:COUNT(频数)、PERCENT(百分比)、PROPORTION(比例)

续 表

选 项	意 义
NORMAL(参数)	规定拟合正态分布曲线。其中参数 MU=值、SIGMA=值,指定正态分布的均值、标准差,缺省时采用样本的估计值
LOGNORMAL(参数)	规定拟合对数正态分布曲线,参数有:ZETA=值、SIGMA=值,指定对数正态分布的尺度参数、形状参数
EXPONENTIAL(参数)	规定拟合指数分布曲线,参数有:SIGMA=值,指定指数分布的尺度参数
WEIBULL(参数)	规定拟合 Weibull 分布曲线,参数有:C=值、SIGMA=值等,指定 Weibull 分布的形状参数、尺度参数

NORMAL(参数)是规定拟合正态分布曲线的选项,可使用的参数有:MU=值、SIGMA=值,指定正态分布的均值、标准差,缺省时采用样本的估计值;COLOR=颜色,指定绘制曲线的颜色;L=n,指定线的类型(1 为实线,2 为虚线)等。以上参数若省略则采用系统的默认值。

CDFPLOT 语句用来对指定的变量绘制样本经验分布图以及拟合分布曲线,其基本选项类似 HISTOGRAM 语句,见表 21-10。

QQPLOT 语句用来对指定的变量绘制 Q-Q 图,其基本选项类似 HISTOGRAM 语句,见 21-11。

(二) 经验分布图与 Q-Q 图

经验分布图(Empirical Cumulative Distribution Plot)是根据样本观测值作出的经验分布函数而绘制的,经验分布函数是样本对总体累积分布函数的估计。

Q-Q 图(Quantile-Quantile Plot)与前面介绍的概率图(P-P 图)类似,是判断鉴别样本分布是否近似于某种类型的常用概率分布的一种直观简便的图形。它是以待验证的某种分布的分位数为横坐标,以样本值为纵坐标绘制的散点图,可以直观判断该样本数据的分布是否符合待验证的常用概率分布。

【例 21.15】 利用第 10 章例 10.1 研究所建立的 45 名 30~49 岁健康男子的总胆固醇值数据集 EX10_1,绘制其总胆固醇值数据的直方图、经验分布图和 Q-Q 图,并对正态分布曲线进行拟合,考察其是否符合正态分布。

在绘制图形和拟合分布前,可利用 CAPABILITY 过程提供的描述统计量,先对数据有一个初步的了解。编写 SAS 程序如下:

```
proc capability data= ex10_1;
run;
```

运行上述程序,查看输出窗口,可以看到 CAPABILITY 过程给出了较为全面的描述性统计量和位置检验等结果,如图 21-37 所示。

从图 21-37 的输出结果可知,总胆固醇数据的均值为 181.23,标准差为 36.54,最小值为 109.7,最大值为 278.8。据此,我们可以对数据进行区间划分,以便绘制直方图。确定的划分区间为:

(100,130],(130,160],(160,190],(190,220],(220,250],(250,280]

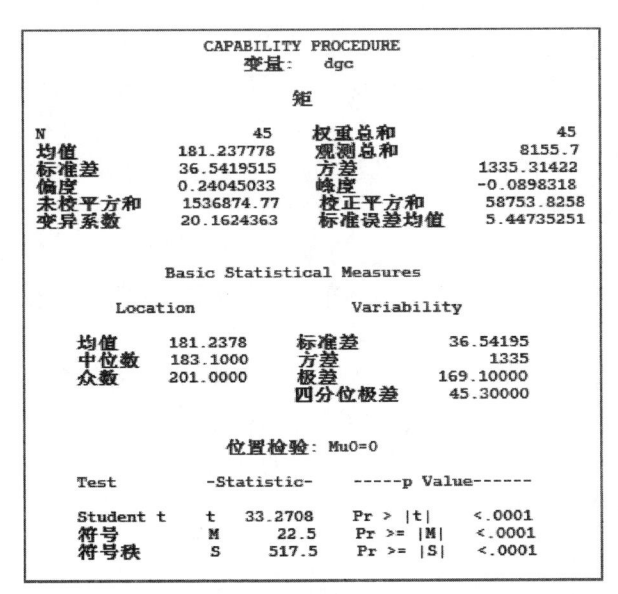

```
                    CAPABILITY PROCEDURE                           分位数（定义 5）
                        变量： dgc                            Quantile        Estimate
                          矩
                                                           100%    最大值       278.8
N                      45      权重总和             45      99%                 278.8
均值           181.237778      观测总和         8155.7      95%                 241.2
标准差          36.5419515      方差          1335.31422    90%                 225.7
偏度           0.24045033      峰度          -0.0898318    75%  Q3              201.0
未校平方和      1536874.77      校正平方和     58753.8258    50%    中位数       183.1
变异系数        20.1624363      标准误差均值    5.44735251    25%  Q1              155.7
                                                           10%                 131.7
              Basic Statistical Measures                   5%                  130.0
         Location              Variability                 1%                  109.7
                                                           0%     最小值       109.7
   均值       181.2378    标准差         36.54195
   中位数     183.1000    方差              1335                Extreme Observations
   众数       201.0000    极差          169.10000
                         四分位极差      45.30000        -----Lowest----      ----Highest----

                    位置检验：Mu0=0                         Value     Obs      Value      Obs

   Test         -Statistic-     -----p Value------         109.7      45      225.7       38
                                                           129.2      40      237.0        4
   Student t    t    33.2708    Pr > |t|       <.0001      130.0       3      241.2       30
   符号         M      22.5     Pr >= |M|      <.0001      131.6      35      243.1       13
   符号秩       S     517.5     Pr >= |S|      <.0001      131.7      17      278.8       15
```

图 21-37　例 21.15 的总胆固醇数据的描述统计量

这些区间的中点分别为 115、145、175、205、235 和 265。由此就可利用 CAPABILITY 过程分别绘制其直方图、经验分布图和 Q-Q 图，并指定拟合正态分布曲线。所编写 SAS 程序如下：

```
proc capability data= ex10_1 noprint;
    histogram dgc/midpoints= 115 to 165 by 30 normal;
    cdfplot dgc/normal(mu= 181.2 sigma= 36.5 color= red);
        /* 利用 CDFPLOT 语句绘制经验分布图，并拟合正态分布 N(181.2, 36.5²) */
    qqplot dgc/normal(mu= 181.2 sigma= 36.5 color= red);
        /* 利用 QQPLOT 语句绘制 Q-Q 图，并拟合正态分布 */
run;
```

提交运行上述程序后，查看主窗口的最新结果目录树，即可得到如图 21-38 所示的程序执行 CAPABILITY 过程产生的直方图、Q-Q 图和 CDF 图的目录。点击其中直方图 1 就可在 GRAPH 窗口得到的本例的直方图，如图 21-39 所示。

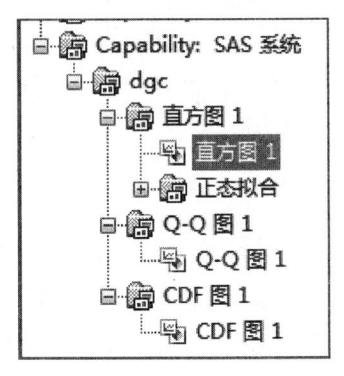

图 21-38　例 21.15 的输出结果目录

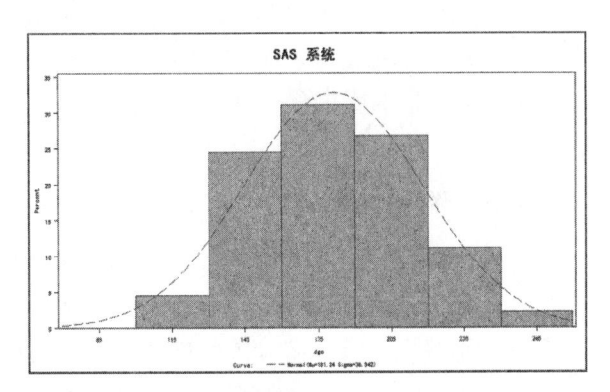

图 21-39　例 21.15 的总胆固醇数据的直方图

由于 HISTOGRAM 语句中并未指定拟合的正态分布的参数,所以 SAS 系统自动指定为样本的估计值,即拟合正态分布 N(181.23,36.54^2)。从图 21-39 可以看出,数据直方图与正态分布曲线拟合得较好。

再点击目录树中的 Q-Q 图 1,就可在 GRAPH 窗口显示数据的第二张图:Q-Q 图,如图 21-40 所示。在 QQPLOT 语句中,指定拟合的分布是正态分布 N(181.2,36.5^2),所以 Q-Q 图以该正态分布的分位数为横坐标,样本值为纵坐标画出所有的样本点,以"*"表示,直线代表正态分布。由图 21-40 可知,样本点"*"都较为紧密地分布在直线周围,说明数据和该正态分布拟合得较好。

最后在目录树中点击查看 CDF 图 1,即可在 GRAPH 窗口显示数据的经验分布图,如图 21-41 所示。图中曲折线为经验分布曲线,它是根据样本数据的经验分布函数而绘制,光滑曲线代表正态分布的累积分布曲线,是根据 CDFPLOT 语句中指定的拟合正态分布选项 NORMAL 要求所绘制。从图 21-41 可看出,两个曲线拟合得较为理想。

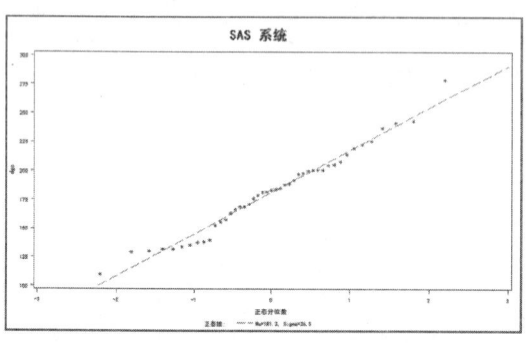

图 21-40 例 21.15 的总胆固醇数据的 Q-Q 图 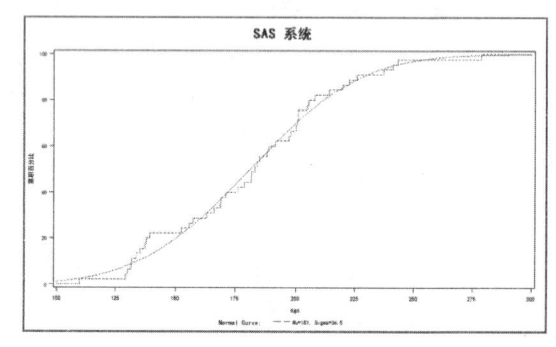　　图 21-41 例 21.15 的总胆固醇数据的经验分布图

以上数据的直方图、Q-Q 图和经验分布图,均表明了本例的总胆固醇数据对正态分布曲线的拟合效果较好,符合正态分布的规律。

四、其他统计过程绘图

在 SAS 系统中,还有许多统计分析过程或实用过程的输出结果包含各种统计图形,例如回归分析 REG 过程生成散点图、直线拟合图和残差图,主成分分析 PRINCOMP 过程生成主成分碎石图和主成分散点图,聚类分析 TREE 过程生成聚类的树状图(谱系图),生存分析 LIFETEST 过程生成生存曲线图,等等,可参见前面相应章节。这里将介绍如何利用 UNIVARIATE、G3D 等过程生成茎叶图、三维统计图等常用统计图形。

(一) 茎叶图

茎叶图(stem-leaf plot)是直观反映数据分布状态并能完整保留数据信息的统计图。参考图 21-42,茎叶图中的数据分成两部分:整数部分和尾数部分,整数部分形成图的茎,尾数部分形成图的叶。茎叶图的排列方式与频数表有些类似,每行用一个整数的茎和若干叶构成。左边是茎(Stem)的数值,右边是叶(Leaf),显示每个叶的尾数数值,最后一列为数据的频数。而图的下方一般会列出茎宽(Stem width)和每个叶(Each leaf)代表几个实际数据,实际数据值应该为:茎.叶×茎宽。茎叶图可非常直观地显示数据的分布范围和形态,又能保留每个原始数据的信息,是近年来较常用的统计图形。

在 SAS 系统中,茎叶图可以通过 UNIVARIATE 过程加 PLOT 选项来实现,具体通过下列实例来说明。

【例 21.16】 对中学生数据集 SASHELP.CLASS,试绘制体重 Weight 变量数据的茎叶图和对正态分布检验的 Q-Q 图。

利用 UNIVARIATE 过程绘制体重 Weight 变量数据的茎叶图和对正态分布检验的 Q-Q 图(字符型作图),其程序如下。

```
proc univariate data= sashelp.class plot normal;
  var weight;
run;
```

执行上述程序结果中即可得到图 21-42 所示的茎叶图和图 21-43。茎叶图的"茎"为数据的整数位数,"叶"为数据的小数位数,实际数据值应该为:茎.叶×10。

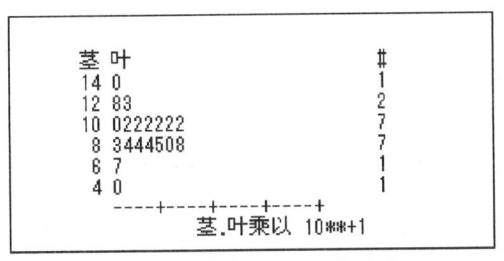

图 21-42　UNIVARIATE 过程绘制的茎叶图

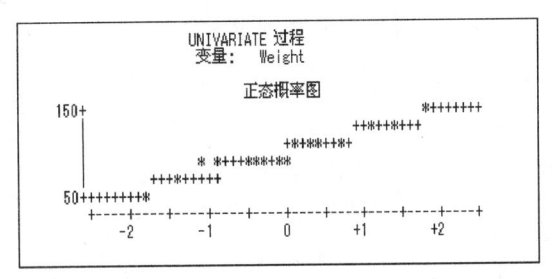

图 21-43　UNIVARIATE 过程绘制的Q-Q图

该茎叶图中,茎与叶分别给出了数据的整数和小数(是 1 位小数),而且每行的组距为 2。以第二行(12.83)为例,茎数是 12,各叶尾数是 8、3,构成的茎叶数值是 12.8、13.3,最后一列♯给出茎叶图中对应各组的数据频数,同时图中下方列出茎.叶的乘数是茎宽(Stem width)为 10,而实际数据值=茎.叶数值×10,故该组表示的实际体重数据是 128、133。显然,茎叶类似于横向的直方图,它既给出了数据分布的特征,又能保留每个原始数据的信息,而直方图则不能给出原始数值。

在实用中,茎叶图行数可根据数据个数和分散状况来确定,以能充分显示其分布特征为佳。当数据较多,茎叶图显得过于拥挤时,可根据需要将其"拉长"或扩展。例如,每个树茎重复两次,分为两行,叶子上的数分别表示为 0~4 和 5~9。有时每个叶子上的数字代表几个数据,等等。

图 21-43 给出了对正态分布检验的 Q-Q 图,为字符作图非高清晰图。这里的 Q-Q 图使用"＊"号代表实际的样本观测值,"＋"号代表正态分布的参考直线,当样本观测的点(＊)与参考线上的点(＋)较为接近甚至替代时,即可大致判定数据服从正态分布。显然图 21-43 的 Q-Q 图结果表明,Weight 变量数据基本符合正态分布。

(二) 三维统计图

前面介绍的常用统计图一般都是二维图形,这里我们将介绍如何用 SAS 过程来制作曲面图等用三个坐标变量表示的三维统计图。

在 SAS 系统中,G3D 过程可用于绘制曲面图等三维图形,其基本语句的格式如下所示。

```
PROC G3D DATA=数据集名称;
    PLOT 变量 X* 变量 Y= 变量 Z;
RUN;
```

其中,变量 X、Y、Z 都是数据集中的变量。

另外还有用于绘制曲面等高线的 GCONTOUR 过程。等高线指的是地形图上高度相等的相邻各点所连成的闭合曲线,在等高线上标注的数字为该等高线的海拔即高度 Z 的值。GCONTOUR 过程基本语句的格式如下所示。

```
PROC  GCONTOUR DATA=数据集名称;
    PLOT 变量 X* 变量 Y= 变量 Z;
RUN;
```

对一个二元函数 $Z = f(X, Y)$,有了 X 取等间隔值、Y 取等间隔值时 Z 的值,就可用 G3D 过程绘制其曲面图形,用 GCONTOUR 过程绘制其曲面的等高线图。

【例 21.17】 绘制 $z = \sin\sqrt{x^2 + y^2}$ 函数的曲面图和等高线图。

首先生成绘图的数据集 EX21_17,程序如下。

```
data ex21_17;
 do x= -5 to 5 by 0.25;
  do y= -5 to 5 by 0.25;
   z= sin(sqrt(x*x+ y*y));
   output;
  end;
 end;
run;
```

用 G3D 过程绘制其曲面图形的程序为:

```
proc g3d data= ex21_17;
    plot x* y= z;
run;
```

执行上述程序,即可得到输出结果,如图 21-44 所示的曲面图。

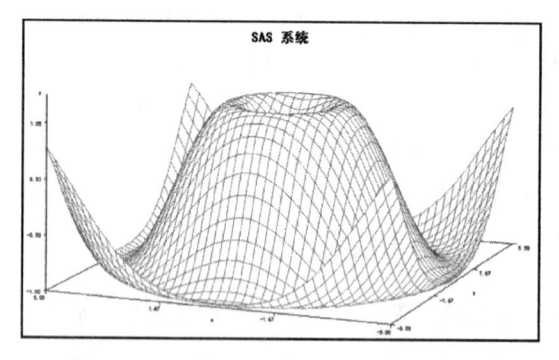

图 21-44 例 21.17 的 G3D 绘制的曲面图 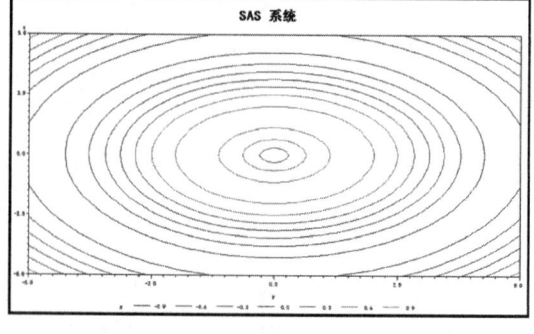   图 21-45 例 21.17 的 GCONTOUR 绘制的等高线图

用 GCONTOUR 过程绘制其等高线图的程序为：

```
proc gcontour data= ex21_17;
    plot x* y= z;
run;
```

执行上述程序，即可得到输出结果，如图 21 - 45 所示的等高线图。

第四节　图形编辑

通过 SAS 系统默认情形绘制的图形有时不能完全满足用户的要求，就需要对已绘制的图形进行相关的编辑操作。在 SAS 系统中，图形的编辑主要在图形编辑窗口内完成；本节将结合具体的实例演示其图形编辑功能。

【例 21.18】　利用图形编辑窗口对本书之前例 21.14 绘制的图 21 - 36 进行相关的编辑操作，以演示图形编辑操作的执行。具体步骤如下。

（一）图形编辑窗口的启动

例 21.14 生成图 21 - 36 的图形后，在命令窗口内输入"edit graph"命令，图形将进入图形编辑窗口，图形处于可编辑状态，如图 21 - 46 所示。用户可以看到在图形编辑窗口的左侧有一排图形编辑按钮，图 21 - 46 中第一个按钮（选择对象）处于激活状态，其他按钮处于可选状态。用户将鼠标移动到其他按钮上方即可选中相应的图形编辑功能。

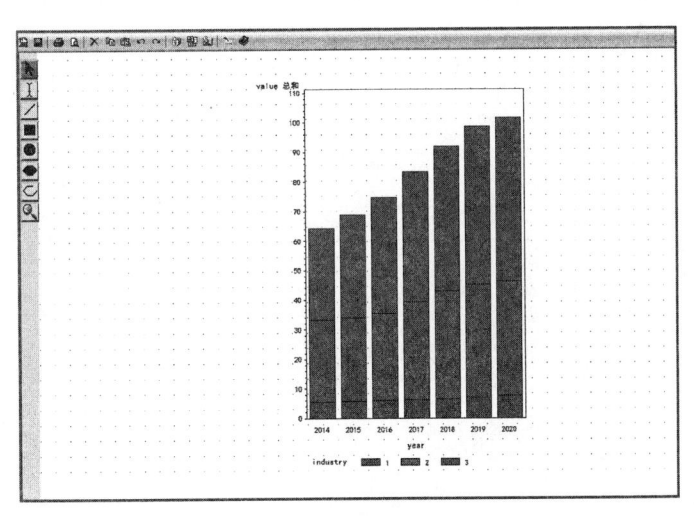

图 21 - 46　图形编辑窗口的启动

（二）图形属性的编辑

在选中了需要编辑的图形对象后，单击 SAS 主界面工具栏上的图标，将打开如图

21-47所示的窗口。本实例中我们选中条形中的一段,可以设置的属性包括颜色和填充模式等。

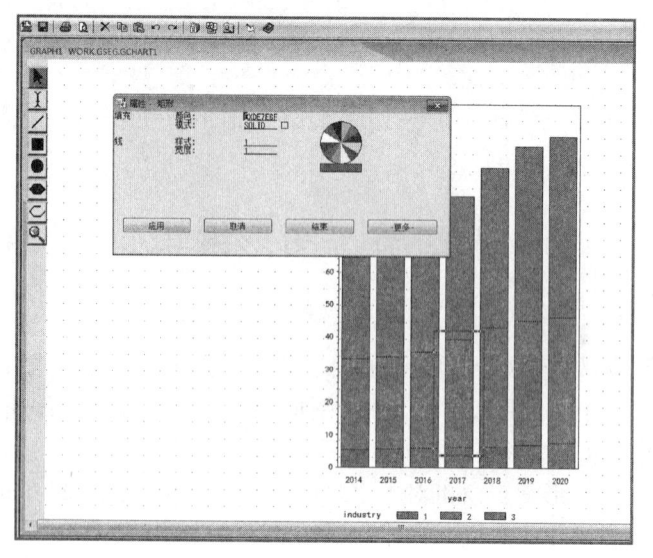

图 21-47　图形属性的设置

(三) 图形与文本的添加

通过图形编辑窗口左侧的编辑按钮,如图 21-47 所示,可以在图形上方绘制一些简单的图形,包括直线、方框、圆形、六边形、任意边形等。

利用编辑按钮可以在图形的任意位置添加文本,可以给图形做出一定注释,以增强图形的表达能力。

(江　波)

参考文献

[1] 高祖新,言方荣.概率论与数理统计.第 2 版.南京:南京大学出版社,2020.
[2] 盛骤,谢式千.概率论与数理统计.第 4 版.北京:高等教育出版社,2008.
[3] 高惠璇等.SAS 系统 SAS/STAT 软件使用手册.北京:中国统计出版社,1997.
[4] 高惠璇等.SAS 系统 BASE SAS 软件使用手册.北京:中国统计出版社,1997.
[5] 高祖新,言方荣.医药统计分析与 SPSS 软件应用.北京:人民卫生出版社,2018.
[6] 董大钧.SAS 统计分析应用.第 2 版.北京:电子工业出版社,2014.
[7] 姚鑫锋,王薇.SAS 统计分析实用宝典.第 2 版.北京:清华大学出版社,2013.
[8] 薛富波,张文彤,田晓燕.SAS8.2 统计应用教程.第 2 版.北京:北京希望电子出版社,2004.
[9] 汪海波,罗莉等.SAS 统计分析与应用从入门到精通.第 2 版.北京:人民邮电出版社,2013.
[10] 阮敬,纪宏.实用 SAS 统计分析教程.北京:中国统计出版社,2013.
[11] 薛薇.SPSS 统计分析方法及应用.第 3 版.北京:电子工业出版社,2013.
[12] 张文彤,董伟.SPSS 统计分析高级教程.第 2 版.北京:高等教育出版社,2013.
[13] 高祖新,尹勤.实用统计计算.南京:南京大学出版社,1996.
[14] 高祖新,韩可勤,言方荣.医药应用概率统计.第 3 版.北京:科学出版社,2018.
[15] 高祖新.医药数理统计方法.第 6 版.北京:人民卫生出版社,2016.
[16] 高祖新,言方荣,王菲.SPSS 医药统计教程.北京:人民卫生出版社,2019.
[17] 言方荣,高祖新,王菲.医药应用统计学(英文版).北京:人民卫生出版社,2019.
[18] 胡良平.SAS 统计分析教程.北京:电子工业出版社,2010.
[19] 胡良平.SAS 实验设计与统计分析.北京:人民卫生出版社,2010.
[20] 汪远征,徐雅静.SAS 软件与统计应用教程.北京:人民邮电出版社,2007.
[21] 贾俊平.统计分析与 SPSS 应用.第 5 版.北京:中国人民大学出版社,2017.
[22] 杨池然.SAS 开发经典案例解析.北京:机械工业出版社,2013.
[23] 冯国双,罗凤基.医学案例统计分析与 SAS 应用.北京:北京大学出版社,2011.
[24] 黄燕,吴平.SAS 统计分析及应用.北京:机械工业出版社,2007.
[25] 姚志勇.SAS 编程与数据挖掘商业案例.北京:机械工业出版社,2013.
[26] 王芳,陈胜可,冯国双.SAS 统计分析与应用.北京:电子工业出版社,2011.
[27] 杜强,贾丽艳.SAS 统计分析标准教程.北京:人民邮电出版社,2010.
[28] 朱世武.SAS 编程技术教程.第 2 版.北京:清华大学出版社,2013.
[29] 杨池然,刘璐.洞察大数据价值 SAS 编程与数据挖掘.北京:机械工业出版社,2020.
[30] 沈其君.SAS 统计分析.北京:高等教育出版社,2005.
[31] 张明芝,李红美,吕大兵.实用医学统计学与 SAS 应用.苏州:苏州大学出版社,2015.
[32] 谢龙汉,尚涛.SAS 统计分析与数据挖掘.北京:电子工业出版社,2012.
[33] 刘荣,冯国双.SAS 统计分析与应用.北京:机械工业出版社,2011.
[34] 吴辉.英汉统计词汇.北京:中国统计出版社,1987.